Emma Rothschild

EINE HOCHZEIT
IN DER PROVINZ

Die Spuren der Familie Aymard
über zwei Jahrhunderte
europäischer Geschichte

Aus dem Englischen von
Tobias Gabel und Jörn Pinnow

Die englische Originalausgabe ist 2021 bei Princeton University Press unter dem Titel *An Infinite History* erschienen.
© 2021 by Emma Rothschild

Die Deutsche Nationalbibliothek verzeichnet diese Publikation in der Deutschen Nationalbibliografie; detaillierte bibliografische Daten sind im Internet über www.dnb.de abrufbar.

wbg Theiss ist ein Imprint der wbg.
© 2022 by wbg (Wissenschaftliche Buchgesellschaft), Darmstadt
Die Herausgabe des Werkes wurde durch die Vereinsmitglieder der wbg ermöglicht.
Lektorat: Kristine Althöhn, Mainz
Satz und Herstellung: Arnold & Domnick, Leipzig
Umschlagabbildung: Gruppenbild eines Brautpaares mit seinen Gästen auf einer Handkarre in der Rue de Montreuil, Paris, Foto, um 1908. © akg-images
Umschlaggestaltung: Jens Vogelsang, Aachen
Abbildung auf S. 2/3: Blick auf die Kathedrale von Angoulême, Fotografie von ca. 1860.
© mauritius images / Well/BOT / Alamy / Alamy Stock Photos

Gedruckt auf säurefreiem und alterungsbeständigem Papier
Printed in Europe

Besuchen Sie uns im Internet:
www.wbg-wissenverbindet.de

ISBN 978-3-8062-4443-4

Elektronisch sind folgende Ausgaben erhältlich:
eBook (PDF): ISBN 978-3-8062-4480-9
eBook (epub): ISBN 978-3-8062-4481-6

INHALT

EINLEITUNG

Von Ebbe und Flut des Lebens

Das Buch, das Sie in Händen halten, ist ein Buch voller Geschichte – und voller Geschichten. Es stellt die Geschichte von drei- oder viertausend Menschen dar, die in bewegten Zeiten gelebt haben. Und es erzählt eine Geschichte – oder besser: 98 Geschichten – über eine kleine Stadt und eine wissbegierige, wenn auch ungebildete Frau namens Marie Aymard, die dort ihr gesamtes Leben verbracht hat. Es entfaltet zudem die Geschichte (und die Geschichten) eines ganzen Familienclans im Raum und in der Zeit, während jener historischen Epochen, die wir das 18. und das 19. Jahrhundert nennen: Marie Aymards Familie ist es, deren verschlungenen, oft reichlich merkwürdigen Lebenswegen wir über fünf Generationen hinweg nachgehen, bis zum Tod von Maries Ururenkelin Louise im Jahr 1906. Und es möchte der Frage nachgehen, wie sich in unserer eigenen Zeit die Möglichkeiten historischer Forschungsarbeit verändern angesichts einer schier grenzenlosen Menge an Quellenmaterial und Zeugnissen vergangener Leben.

Die kleine Stadt ist Angoulême, im Südwesten Frankreichs gelegen, und zu Lebzeiten Marie Aymards galt sie als ein Ort der „Unrast", der Selbstbezogenheit und endloser „Händel" in Justiz und Finanz.[1] Noch zwei Generationen später waren die Stadt Angoulême und ihre Bewohner „zum düstersten Dahindämmern verdammt", wie Honoré de Balzac in einem Band seiner *Comédie humaine* schreibt, jener ausufernden Folge von Romanen, die der Schriftsteller selbst als ein „Drama mit drei- bis viertausend handelnden Personen" beschrieb.

Der Provinz entfliehen, „unprovinziell werden", das nannte Balzac in *Verlorene Illusionen* (*Les Illusions perdues*), seinem Epos von Papierherstellung und Druckerschwärze, *se désangoulêmer*, also „sich des-", sich entangoulêmisieren.[2]

Unsere Geschichte beginnt im Winter 1764, und sie beginnt mit zwei Stücken Papier. Bei dem einen handelte es sich um eine Vollmachtsurkunde, die Marie Aymard im Zuge ihrer „Nachforschungen" (wie sie selbst es nannte) zum Schicksal ihres verstorbenen Ehemannes bezeugt hatte. Dieser, ein Zimmermann, war auf die Karibikinsel Grenada ausgewandert und hatte es dort – so war es der Witwe jedenfalls zu Ohren gekommen – bis zum Eigentümer „einer gewissen Anzahl von Negern*" gebracht. Das andere Dokument war ein Heirats- oder Ehevertrag, der einige Wochen später in Angoulême von sage und schreibe 83 Personen unterzeichnet wurde, um die Heirat von Marie Aymards Tochter mit dem Sohn eines Schneiders zu bestätigen.[3] Diese beiden urkundlichen Vereinbarungen, die ein Notar aus der Stadt aufgesetzt hatte, bildeten den Ausgangspunkt für eine Geschichte, die von einer Einzelperson zu ihrem unmittelbaren Bezugskreis aus Verwandten und Bekannten führte, weiter zu deren zahlreichen Bezugspersonen und so schließlich zu einer weit ausgreifenden historischen Recherche – einer Beziehungs- und Vernetzungsgeschichte der Neuzeit. In der Generation der Enkelsenkel von Marie Aymard treten darin auf: eine bitterarme Schneiderin vom Pariser Montmartre und ihre Schwester, eine Straßenhändlerin; ein Marine-Apotheker auf Tahiti; die Witwe eines gescheiterten Bankiers aus Le Mans; und der Kardinalerzbischof von Karthago.[4]

Immer wieder nehmen die Lebensläufe einzelner Familienmitglieder gänzlich unerwartete Wendungen, und dasselbe gilt von ihren Bekannten und Nachbarn, deren Geschichten nicht weniger unvorhersehbar sind. Wenn diese Geschichte einen Wappenvogel hätte, dann wäre es wohl die *gazza ladra*, die „diebische Elster" aus der gleichnamigen Rossini-Oper, die mit Silberlöffeln, Geschirr und glänzenden Münzen auf und davon fliegt.[5] Sie ist unendlich – oder doch zumindest von unendlichem Potenzial –, weil der Informationsfülle, der Nebenwege und Episoden des All-

---

*   Die Verwendung der Begriffe ‚Neger' bzw. ‚Negerin' im vorliegenden Buch geschieht ausschließlich im Zusammenhang historischer Quellenzitate. Sie gibt die englischen bzw. französischen Begriffe *negro* bzw. *nègre/naigre* wieder und reflektiert den Sprachgebrauch des 18. und 19. Jahrhunderts.

Emma Rothschild

Eine Hochzeit in der Provinz

tagslebens schlicht kein Ende ist. Es geht um Nähe in dieser Geschichte – um die Nähe im Raum, auch in dem Raum sozialer Beziehungen: Die Recherche nimmt ihren Ausgang bei Marie Aymards engsten Verwandten, bei dem weiteren sozialen Netzwerk, das von den 83 Unterzeichneten des Heiratsvertrages von 1764 gebildet wird, und schließlich dem noch größeren Sozialgefüge von 4089 Individuen, die in den Gemeinderegistern von Angoulême aus demselben Jahr aufgeführt sind. Und es geht um die Nähe in der Zeit, um das Überlappen der Generationen einer Familie, deren Lebenswege in die ereignisreiche historische Epoche der Französischen Revolution hineinlaufen, bevor manche von ihnen auch die ökonomischen Umwälzungen des 19. Jahrhunderts noch erleben. Es ist eine Geschichte, die angeregt ist von einem Interesse an fremden Leben (daran, was als jeweils Nächstes geschah, und daran, was das alles bedeuten sollte) und beflügelt von dem Gefühl, wie unerschöpflich die Möglichkeiten der historischen Nachforschung tatsächlich sind – was, bei aller Begeisterung, doch manchmal auch zu einer gewissen Erschöpfung führen kann.

Die Geschichte Marie Aymards und ihrer Familie gleicht einer Reise durch Raum und Zeit, und ist dabei auch meine eigene Reise. Im Sommer 1980 fiel mir beim Stöbern in einer Buchhandlung in Florenz ganz zufällig ein Heft der geschichtswissenschaftlichen Fachzeitschrift *Quaderni Storici* in die Hände. Darin abgedruckt war ein Beitrag, der mich wünschen ließ, eines Tages auch als Historikerin zu arbeiten: Carlo Ginzburg und Carlo Ponis Manifest einer „Prosopografie von unten", das heißt einer Geschichtsschreibung, die voller Individuen und individueller Geschichten steckt und dabei nicht zwingend eine Geschichte der Mächtigen und Berühmten sein muss.[6] Fünfzehn Jahre später – in Angoulême, in der Nähe des Bahnhofs, im wenig romantischen Ambiente der *Archives départementales de la Charente* – schlug mich die Welt der Archive in ihren Bann, und diesem Bann habe ich seither nicht eine Sekunde entfliehen wollen.

In den vierzig Jahren, die seit 1980 vergangen sind, haben sich die technologischen Grundlagen der geschichtswissenschaftlichen Forschung so stark gewandelt, dass sie kaum noch wiederzuerkennen sind – und auch das gehört zur Geschichte dieses Buches. An 795 Tagen seit dem Frühjahr 2012 habe ich mich zu virtuellen Recherchebesuchen auf der Website des Angoulêmer Departementsarchivs aufgehalten, und meine handschriftlichen Notizen sind auf 1348 Digitalseiten festgehalten. Aber das Gefühl, die individuellen Lebensgeschichten mir fremder Individuen gleichsam mit der Hand greifen und berühren zu können, bleibt dennoch bestehen, und genauso ist es mit dem Eindruck unendlicher Möglichkeiten. Sich in einem solchen Meer von Möglichkeiten zu verlieren, ist die reine Wonne, „e il naufragar m'è dolce in questo mare".[7]

Auf allen Etappen dieser Geschichte komme ich zudem auf Romane zurück, und auf diejenigen, die sie geschrieben haben. Mein Buch bildet eine Folge unvollendeter Geschichten und ähnelt darin *A Sentimental Journey*, Laurence Sternes Roman ohne Schluss; und tatsächlich handelt eine der 98 Geschichten, die ich erzähle, von dem bunt gefleckten Hündchen, das Sternes Tochter Lydia im Jahr 1769 in einer stillen Seitenstraße von Angoulême gestohlen wurde.[8] Einige der ergreifendsten Szenen in Balzacs *Les Illusions perdues* spielen an einer Ecke derselben Straße, in der 1837 auch sechs Enkelinnen von Marie Aymard wohnten. Und die Lebensbilder der Familienangehörigen im 19. Jahrhundert wirken zusammengenommen wie das Tableau aus dem Rougon-Macquart-Zyklus, Émile Zolas Antwort auf Balzacs *Comédie*, denn wie bei Zola ergeben sie das Gruppenporträt der Nachkommenschaft einer Matriarchin aus einer isolierten Provinzstadt, die sich im Laufe von fünf Generationen bis in die entlegensten Winkel Frankreichs verteilt haben.

Eines vermittelt mein Buch dabei jedoch nicht: ein Gefühl von Schicksal oder Fügung, genauso wenig wie es vorgibt, die charakterliche Entwicklung einzelner Personen im Verlauf der Zeit darzustellen. Es ist so „flach" und „positivistisch", wie es, Émile Zola zufolge, der naturalistische Roman zu sein hatte: als ein „genaues Studium der Dinge und Tatsachen".[9] Es geht von einer Beobachtung über die Gegenwart aus und von der Annahme über Individuen in der Vergangenheit, dass ausnahmslos jeder, damals wie heute, inmitten eines dichten Geflechts von Beziehungen und Austauschverhältnissen existiert, durch deren Vermittlung Güter, Neuigkeiten und Informationen von einem Menschen zum anderen wandern. „Es [ist] unmöglich …, die Vergangenheit zu verstehen, ohne sich mit der Gegenwart zu beschäftigen", schrieb der französische Historiker Marc Bloch im Jahr 1940, und für ihn, den Experten für das Landleben im Mittelalter, war der genaue Blick auf die überlieferte Form von Feldern und Äckern genauso wichtig wie die Fähigkeit, alte Handschriften lesen zu können.[10] Auch in unserer heutigen Zeit ist es wichtig, die Gespräche und das Schweigen auf den Straßen wahrzunehmen – sich umzusehen im Hier und Jetzt, all die Leute zu betrachten, die praktisch ohne Ausnahme Geschichten erzählen und Bilder anschauen, Storys posten und Nachrichten versenden – und sich dann zu fragen: Wie wäre es wohl, wenn es schon immer *so* gewesen wäre?

Es war der 1764 geschlossene Ehevertrag von Marie Aymards Tochter, mehr noch sogar als die nur wenig früher aufgesetzte Vollmacht, der mich erkennen ließ, dass es auf dieser Reise durch die Geschichte kein Zurück mehr gab und ich dieses Buch unbedingt schreiben musste. Sowohl der Anlass für den Vertrag als auch die Namen der Unterzeichneten haben mich seitdem immer wieder aufs Neue irritiert und überrascht: Im Verlauf der zwei Seiten, über die sich die Signaturen erstrecken, sind verschiedene Tinten und eine Vielzahl unterschiedlicher Schnörkel zu entdecken; es gibt Kindernamen („Rosemarin") und pompöse Namen („Marchais de la Chapelle"); es gibt Namen, die eng und wie zusammengedrängt beieinander stehen, und andere, die unmöglich zu entziffern sind. Es ist ganz, als wenn die 83 Unterschriften sich, jede für sich, von ihrem Platz auf der Seite erheben wollten. „Auf dem großen Schachbrett der Gesellschaft [besitzt] jede einzelne Figur ein eigenes Bewegungsprinzip", wie der schottische Ökonom und Philosoph Adam Smith über dieses Spiel des menschlichen Zusammenlebens geschrieben hat.[11]

Die erste Erweiterung von Marie Aymards persönlicher Geschichte zu einer größeren Geschichte der Neuzeit bestand also in der Erforschung der einzelnen Unterzeichner auf dem Ehevertrag ihrer Tochter, in der Aufdeckung der sozialen Beziehungen, die sie untereinander sowie mit anderen verbanden. Wer waren all diese Menschen, und warum hatten sie sich an einem düsteren Dezembernachmittag des Jahres 1764 dort versammelt? Als historisches Forschungsprojekt ist diese Recherche zu den Unterzeichneten erschreckend unbeständig gewesen: Versucht man auf diese Weise, das Individuum zu einem bestimmten Namen ausfindig zu machen, kommt es immer wieder zu Irrtümern, alles muss man endlos oft wiederholen, dieselben alten Registerseiten immer und immer wieder neu lesen – und eine Portion Glück ist auch vonnöten. Eine Art Detektivarbeit ist es, die einiges an Spürsinn erfordert und ein beinahe unanständiges Interesse an den Leben anderer Menschen. Eine Vielzahl verworrener Identitäten tritt auf, und manche Beziehungen zwischen ihnen ergeben erst einen

Sinn, wenn man entweder weit zurück in die Vergangenheit geht oder aber weit nach vorn in die (vergangene) Zukunft. Diese Erforschung der Vertragsunterzeichner führte schließlich zu einer größer angelegten Untersuchung der sozialen Beziehungen innerhalb Angoulêmes, und das erschien – zumindest anfangs – wie ein Abstecher in Richtung Regelmäßigkeit und Ordnung. Am Ende standen eine Liste mit Namen sowie ein Netzwerkdiagramm zur Visualisierung der sozialen Beziehungen zwischen allen Personen, die in den Kirchenbüchern der katholischen Pfarrgemeinden von Angoulême im Jahr 1764 aufgeführt waren oder erwähnt wurden: eine virtuelle Stadtgesellschaft mit 4089 Mitgliedern. Es war der Versuch, mit Blick auf die Einwohnerschaft, unter deren Angehörigen sich die Geschichten Marie Aymards und der 83 Unterzeichneten abgespielt hatten, zumindest eine Ahnung von Vollständigkeit und Abgeschlossenheit zu erlangen.[12]

Die anschließende Erweiterung des Vorhabens bestand, wie auch der Großteil des vorliegenden Buches, nicht in einer Erweiterung des geografischen oder sozialen Untersuchungsraums, sondern in einer Weitung des historischen Ausgriffs, einer Erweiterung in der Zeit. Wollte man nämlich herausfinden, wer all diese Leute gewesen waren, gab es letztlich nur eines: Man musste herausfinden, was als Nächstes geschehen war. So ist aus den einzelnen Geschichten schließlich eine Geschichte von Angoulême in den Jahren vor der Französischen Revolution geworden, in der die Rechtsstreitigkeiten der 1760er-, 1770er- und 1780er-Jahre eine gewisse Rolle spielen; eine Geschichte der Französischen Revolution in Angoulême; eine Geschichte von Marie Aymards Enkeln und deren wechselhaften Schicksalen während der Revolutionsjahre und in der napoleonischen Zeit; eine Geschichte des Wirtschaftssystems im 19. Jahrhundert, in dem Kredite, Steuern, die Kolonien und die Kirche von Bedeutung waren – und all das wird betrachtet aus der Perspektive einer unbedeutenden Familie in einer unbedeutenden Stadt. Wie in so vielen Geschichten des 19. Jahrhunderts ergibt sich auf diese Weise eine Erzählung von revolutionärer Politik, Migration, gesellschaftlichem Wandel und wirtschaftlichen Aufstiegschancen, die aber zugleich eine Erzählung von Bewegungslosigkeit, ja Bewegungsunfähigkeit ist. Vermittelt durch die Leben der hier vorgestellten Individuen und anderer, die ihnen verbunden waren, ist es eine Geschichte des Wandels in früher Neuzeit und anbrechender Moderne.

Eine Geschichte über Information

In den Unterlagen zum Personenstandswesen, erklärte 1826 ein Enkel Marie Aymards in einer Randnotiz am Geburtsregister der Hafenstadt Bayonne, „ist alles gewichtig, ernst und bedeutsam" – „jegliche Kundgebung, die sie tun, soll mit der Wahrheit genauestens übereinstimmen".[13] Diese Universalarchive des Alltagslebens – ihre Protokolle, Verzeichnisse und Register – sind es, die über eine Spanne von zwei Jahrhunderten hinweg das Herzstück der vorliegenden Untersuchung bilden. Bisweilen handelt es sich bei ihnen um nicht mehr als Listen voller Namen und Daten.[14] Aber sie stecken auch voller Geschichten. Sie sind Archive, die man lesen kann wie Literatur – oder wie Geschichtsschreibung. Sie lassen sich auf Zahlen reduzieren, und man kann sie mit allen Insignien historischer Gelehrsamkeit verzieren, mit Fußnoten und Quellenkritik.[15]

Die diversen Geburts-, Heirats-, Scheidungs- und Sterberegister haben mich in andere, sogar noch schmucklosere Archive geführt, zu den dokumentarischen Hinterlassenschaften des Geschäfts- und Wirtschaftslebens von einst – den Aufzeichnungen der Steuerverwaltung, die mit den ersten Regungen eines universalen Erfassungsanspruchs etwa festhielt, wer neben wem wohnte auf den verschiedenen „Steuerinseln" des alten Angoulême; den „Listen", „Bündeln" und „Säcken" mit Meldungen der unteren Finanzverwaltung, die ein Archivar des Departements Charente 1858 auf einem Dachboden wiedergefunden hatte, wo sie unter einer „äußerst lästigen Schicht von Staub" verborgen waren; den Notarsurkunden, Anspruchsnachweisen und Schätzungen; den Registern von Enteignungen während der Revolutionszeit und solchen, in denen schlicht festgehalten war, wer wem wann ein Haus abgekauft hat – sowie zu vielen anderen Aufzeichnungen über Volkszählungen, Grundbuch-, Hypotheken- und Erbangelegenheiten aus dem 19. Jahrhundert.[16]

Von Anfang an war diese Geschichte auch eine Begegnung mit den vorherrschenden Technologien der damaligen Informationsgesellschaft. Immer geht es um „persönliche Kontakte", um „Freunde, Familie und Gruppen", ganz wie in den sozialen Netzwerken unserer Tage: „Verbindungen und Communitys aufbauen", „Menschen helfen, sich miteinander zu verbinden und die Welt näher zusammenzubringen", „Familie und

Freunde zusammenbringen und wichtige Momente auf der ganzen Welt gemeinsam erleben".[17] Die Universalarchive des Alltagslebens im 18. und 19. Jahrhundert bilden zugleich ein Verzeichnis zwischenmenschlicher Beziehungen, und sogar eine Chronik von Augenblicken aus der Lebenswelt. Aber sie liefern bloß Belege für die *Anlässe* zu Konversation oder Austausch, nicht über den *Inhalt* des Gesagten selbst; für die *Möglichkeiten* von „persönlicher Einflussnahme" und „individueller Meinung" – oder doch zumindest jener Rahmenbedingungen, die durch die soziologische Untersuchung sozialer Netzwerke erforscht werden –, nicht jedoch von konkreten Meinungen oder Vorstellungen.[18]

Bei der wirtschaftswissenschaftlichen Erforschung sozialer Netzwerke, die eine der Inspirationen für dieses Buch gewesen ist, steht Datenmaterial in einer Menge zur Verfügung, die in der historischen Forschung unvorstellbar bleibt: So etwa bei einer Befragung in einer unlängst erschienenen Studie, bei der das Forscherteam „alle Erwachsenen in jedem der 35 Dörfer baten, diejenige Person in ihrem eigenen Dorf zu benennen, der man am ehesten die Weiterverbreitung von Informationen zutraute".[19] Eine solche Gründlichkeit sucht man in der Geschichte Marie Aymards und ihrer Familie vergebens, die ja dennoch Neuigkeiten und Informationen austauschten, über Zeit und Raum und den Atlantischen Ozean hinweg.

Die Aufzeichnungen der Stadt Angoulême steckten voller „Informationen" im juristischen Sinne einer Meldung oder Anzeige: Es gab Berichte über Beleidigung und Körperverletzung und schreckliche, verleumderische Schmählieder. Aber was es bei den Druckern und Papiermachern von Angoulême um die Mitte des 18. Jahrhunderts nicht gab, waren veröffentlichte Nachrichtenquellen wie etwa Zeitungen; selbst Bücher waren rar.[20] Noch im 19. Jahrhundert hinterließen die Nachfahren von Marie Aymard – mit der Ausnahme des Kardinals und einer seiner Großcousinen, die mit ihren beiden Söhnen in Paris ein einfaches Speiselokal führte – nur sehr wenige Spuren.[21] Gerade einmal eine Handvoll persönlicher Briefe habe ich aufspüren können, und diese schrieb in den 1880er-Jahren Louise Lavigerie, die Schwester des Kardinals, mit der dieses Buch auch endet; aufbewahrt werden sie im Nachlass des Kardinals in Rom. Gerade die Vielzahl kleiner „Histörchen" und Mikrogeschichten aber ist es, die unter den gegebenen Umständen eine Annäherung an den riesigen, kaum zu bewältigenden Materialbefund moderner Austauschbeziehungen ermöglicht.

Die Geschichte von Marie Aymards Familie hat mich mit noch einer weiteren Schlüsseltechnologie unserer Gegenwart in Verbindung gebracht, oder anders gesagt, mit der Suche nach Genealogie: nach einer Abstammungslinie von einem Individuum in der Gegenwart zu seinen Vorfahren in der Vergangenheit oder einer „Kette aus Geschichten von Verbindungen".[22] Auch dies ist eine der Mammut-Industrien unserer Tage mit „Milliarden von Einträgen" und „Millionen von Stammbäumen", die „Forschung und Selbstfindung zusammenbringen", um es „allen, überall [zu ermöglichen], die Geschichte ihrer eigenen Herkunft zu entdecken".[23] Diese „Stammbaum-Industrie" in ihrer modernen Form ist ein Produkt der Zeit seit den 1990er-Jahren; ihre Form ist die eines Archivs, das sich mit der Zeit beständig verändert.[24]

Die Technologien der Ahnenforschung haben die Recherchen zu diesem Buch konstant begleitet, und das, obwohl die darin erzählte Geschichte ja im Wesentlichen eine matrilineare und damit nur in Teilen eine „Geschichte von Verbindungen" ist. Die Zentralgestalt in der Finanzgeschichte der Familie im 19. Jahrhundert war, wie sich herausstellen sollte, die älteste Tochter des Paares aus dem Heiratsvertrag, Jeanne Allemand Lavigerie, die zeitlebens mit ihren vier Schwestern zusammenlebte, niemals heiratete und 1860 im hohen Alter von 91 Jahren starb, nur wenige Minuten Fußweg vom Ort ihrer Geburt entfernt. Die Geschichte dieser Familie erzählt eine Geschichte über die Zeit in dem Sinne, dass sie den Kindern und Kindeskindern bei ihrer Vorwärtsbewegung durch die geschichtliche Zeit gefolgt ist (oder dies doch zumindest versucht hat), aber auch über ihren jeweiligen Lebensweg hinweg, Schritt für Schritt, in eine vorerst nur imaginierte, unbekannte Zukunft hinein. Erzählt wird sie, bis zu einem gewissen Grad jedenfalls, aus ihrer eigenen Perspektive, oder zumindest aus der Sicht der Individuen, unter denen sie lebten. Und diese Perspektive, diese Sicht ist eine ganz andere als die, mit der ihre spätere Nachwelt aus zehn oder mehr Generationen Abstand zurückblickt. Die (möglichst) zeitgenössische Sicht ist nicht vertikal und genealogisch, sondern horizontal und historisch; ihr geht es darum, „wie es eigentlich gewesen" ist, nicht darum, „wer *ich* eigentlich bin" (das unbekannte „Ich" in einer nie imaginierten Zukunft).

Gleichwohl gibt es auch noch andere Hinsichten, unter denen die Recherchen von Historikerinnen und Familienforschern sich nicht immer so trennscharf unterscheiden lassen. Ihr Quellenmaterial ähnelt sich oder ist sogar identisch; die Geschichte Marie Aymards und ihrer Kinder, die ich erzähle, ist zugleich auch die (Familien-)Geschichte von anderer Leute Vorfahren. Die Familienforscherin fragt: „Wer bin *ich* eigentlich?" (oder: „Was hat dazu geführt, dass es mich gibt?"), und sie fragt auch: „Wer waren *die* eigentlich?" – jene fernen Ahninnen und Ahnen nämlich in ihrer so ganz anderen, fernen Welt. Auch das ist eine Art von historischer Erkenntnis. Es ist eine Möglichkeit, die Vergangenheit imaginativ wieder lebendig werden zu lassen, die Straßen zu erkunden, in denen die Vorfahren aufwuchsen, die Personen kennenzulernen, in deren Mitte sie gelebt haben. Beziehungen zwischen Menschen beruhen aber nicht nur auf Abstammung, sondern auch auf den geschichtlichen Umständen, auf Zufällen und Sympathien – Wahlverwandschaften. Als Marie Aymards jüngster Enkel im Jahr 1839 in einer kleinen Gewerbestadt an der Mündung der Yonne in die Seine eine Limonadenverkäuferin heiratete, gab er an, dass alle seine Großeltern tot seien und er noch nicht einmal wisse, wo sie gelebt hatten oder wann sie gestorben waren.[25] Wie wir noch sehen werden, waren die fünf unverheirateten Schwestern gerade wegen ihrer ökonomischen Position und ihrer Verbindungen zu ihren Nichten und Großnichten für unsere Geschichte von großer Bedeutung.

Die Arbeit an diesem Buch gestaltete sich als ein Prozess der Entdeckung und auch der „Suche": der Suche nämlich im Sinne von Suchfunktionen und Suchläufen, im Sinne jener beiläufigen, repetitiven, oftmals belanglosen Such- (und Finde-)Vorgänge, die genauso zur spezifischen Perspektive unserer Gegenwart gehören wie das Anschauen von Bildern, das Posten von Storys und Versenden von Nachrichten. Es ist eine Familiengeschichte, deren Entstehung den Stoff für eine Erzählung – eine romantische Erzählung – abgibt, die in den Provinzarchiven von Angoulême und anderswo spielt. Es steckt voller Beschreibungen von Zetteln und Papierstücken, deren Schrift verblichen ist und niemals fotografiert wurde. Aber es gibt auch noch andere Quellen, vor allem mit Blick auf die Geschichte des 19. Jahrhunderts: Zeitungsberichte über tragische Unglücksfälle auf Bahnhöfen; Abhandlungen über die Geschichte Mesopotamiens und über die färbende Wirkung bestimmter Pflanzen; Gewerbeverzeichnisse und Gerichtsurteile aus dem Bankenaufsichtsrecht – alles Quellen, beziehungsweise Texte, die online gelesen und durchsucht werden können. Auch viele der Kirchenbücher sind inzwischen online einsehbar, ebenso die meisten staatlichen Personenstandsbücher; und einige dieser Quellen – mit der Zeit immer mehr – sind sogar durch Indizes erschlossen oder transkribiert worden.

Es sind also die gewohnten Quellen, die jedoch ungewohnte Fragen aufwerfen. Der älteste von Marie Aymards überlebenden Söhnen, Gabriel Ferrand, war in den 1790er-Jahren für eine Zeit lang der Archivar des Departements Charente. Die Seite des Kirchenbuchs, auf der seine Taufe verzeichnet ist, fehlt unter den online verfügbaren Abbildungen des Registers.[26] Er heiratete 1763 in Angoulême; ein großer Tintenfleck verdeckt den Namen der Braut.[27] Im Jahr 1793, inmitten der stürmisch-revolutionären Phase, in der enteigneter Kirchenbesitz auf den Grundstücksmarkt gelangte, erwarb er das Nutzungsrecht an einer „vormaligen Kirche"; die Seite, auf der dieses Geschäft im Pachtregister verzeichnet wurde, fehlt in der Onlineversion des Verzeichnisses.[28] Einst gab es auch ein Bild von Gabriel Ferrand (oder das Bild eines Bildes); seit 1910 hat man es nicht mehr gesehen.[29]

Selbst in dem Universum der gedruckten Quellen, das ja einem ständigen Wandel unterworfen ist, sind die tatsächlichen Grenzen der Nachforschung – über eine Familie, über eine kleine Provinzstadt – nur schwer zu ziehen.[30] So ist die hier skizzierte Art, Geschichte zu schreiben – auf der Grundlage kleinster Details und Indizien nämlich –, selbst wieder Ausdruck (oder Abbild) unserer heutigen Perspektive. So viele Entdeckungsreisen in die Geschichte sind jetzt möglich, virtuelle und andere, und es gibt viele, allzu viele Möglichkeiten, sich auf Abwege oder lange, weitschweifige Umwege zu begeben. Die Geschichte in diesem Buch ist eine lokale, und der Größe nach ist es eine „Mikrogeschichte", die sich in angrenzende Bereiche ausgeweitet hat – indem die Darstellung einzelnen Personen in das Umfeld ihrer Familien, Freunde und Nachbarn hinein folgt oder sie auf ihren eigenen Reisen durch Raum und Zeit begleitet. Es ist eine flache, positivistische Geschichte in dem Sinne, dass sie mit einem Anmerkungsapparat verziert (oder vielleicht überladen) ist, der sich nicht selten auf das Gemeindearchiv von Angoulême bezieht. Aber es ist auch eine opportunistische Geschichts*erzählung*, deren Figuren nur flüchtig, gleichsam aus dem Augenwinkel (oder am Bildschirmrand), erblickt werden können. Es ist eine Geschichte, wie so oft im Online-Universum, von Einsamkeit – „von einem Geist,/der ständig reist durch unbekanntes Meer/des Denkens, ganz allein" – und Agoraphobie zugleich.[31]

Eine „historische Geschichte"

Die Geschichte von Marie Aymard und ihrer Familie ist als Erzählung aus-
ufernd, geradezu uferlos: Sie umfasst die lange Französische Revolution
genauso wie die ökonomische Revolution des 19. Jahrhunderts. Wie so viel
von der historischen Forschung im 20. Jahrhundert ist sie dem Gedanken
einer Geschichte „von unten" verpflichtet, und insbesondere solchen
Einzelstudien, die eine große, bedeutende Geschichte anhand der „kleineren" Geschichte einer Einzelperson, eines Ortes, einer Familie oder Berufsgruppe erzählt haben.[32] Dieses historische Genre ist so etabliert wie umfangreich, und es mangelt nicht an Studien zu den unterschiedlichsten
Epochen und Orten. Eine der Hauptinspirationen für dieses Buch ist die
Mikrogeschichte des frühneuzeitlichen Italien, eine andere die „Geschichte der Welt von San José" mit ihren Kirchenbüchern und „winzigen Tatsachen", ihrem forschenden Blick „in alle Richtungen".[33] Die Inspiration
durch den Realismus (und Naturalismus) der Romanliteratur ist sogar
noch ausgedehnter; sie reicht von Schanghai bis auf den Montmartre.[34]
Der Wandel in den Zugangsbedingungen zu Informationen – auch und
vor allem Informationen über die Lebenswege von Individuen –, der eine
Grundvoraussetzung meiner Recherche gewesen ist, ist im wahrsten Sinne
des Wortes ein weltweites Phänomen.

Es ist eine typische Geschichte *à la française*, insofern sie von der un-
glaublichen Fülle an Aufzeichnungen und Unterlagen inspiriert ist, die in
Frankreichs Archiven zur Verfügung stehen. Nicht weniger als 19 Notare
waren 1764 in Angoulême tätig – oder waren vielmehr faul und untätig,
wenn man einem königlichen Edikt aus dem Folgejahr glauben darf; und
im Verlauf jenes einen Jahres fertigten diese 19 Notare mindestens eintausend Urkunden aus: „Archive sind etwas unendlich Kostbares", wie es
in einem Rundschreiben des französischen Innenministers von 1829 heißt,
das im Archiv des Departements Charente erhalten ist.[35] Aber meine Geschichte ist auch inspiriert von (mindestens) einer Generation an Einzelstudien über ganz gewöhnliche Lebenswege in der französischen Provinz – von dem Idyll der „sichere[n], nachprüfbare[n] Gegebenheiten"
und der Überzeugung, dass tausend Druckseiten über einen Menschen,
der schlicht „gelebt" hat, eine Reise sein können, die letztlich in die Ge-

schichte der Moderne einmündet.[36] Aus dieser Herkunft aus der Tradition der Mikrogeschichten einerseits, deren Maßstab so variabel ist wie ihre Beispielhaftigkeit (oder Repräsentativität), sowie dem Versuch, andererseits, den „Lebenswegen einiger tausend Menschen" einen Sinn abzugewinnen, ergibt es sich, dass die vorliegende Studie zwischen Mikro- und Makrogeschichte einen Mittelweg einschlägt, den man mithin als „Mesogeschichte" bezeichnen könnte.[37] Um eine „Sozialgeschichte von Individuen" handelt es sich, die der ganzen Vielfalt von Quellen zum Familienleben Rechnung tragen soll.[38] Dabei greift sie auch auf Ansätze zurück, die den Brückenschlag zwischen Mikro- und Makrogeschichte anhand der von den untersuchten Individuen selbst geknüpften Beziehungsnetze erreichen wollen, darunter solche von Freundschaft, Ortszugehörigkeit oder Familie.[39]

Die 98 Geschichten in diesem Buch sind zugleich noch von einer anderen, stärker zerstreuten Form der Geschichtsschreibung inspiriert, nämlich der Wirtschaftsgeschichte als Sammlung von Geschichten des Wirtschaftslebens. Meine Geschichte begann mit einer außergewöhnlichen (wenn auch ungebildeten, des Lesens unkundigen) Einzelperson, und sie fand zwei völlig unerwartete Endpunkte in der Finanzwelt und der römischen Amtskirche des 19. Jahrhunderts. Sie ist dem Geist jener neuen Wirtschaftsgeschichte verpflichtet, der Marc Bloch einst freudig entgegensah, in der Politik, Ökonomie und Religion miteinander verschränkt sein würden, im Gegensatz zu der „blutleere[n]" Geschichte einer „Welt ohne Menschen".[40] Blochs neue Art der Geschichtsschreibung, der „die Vielfalt der historischen Zeugnisse … nahezu unbegrenzt" erscheint, ist heute eine florierende, eklektische und weltweit praktizierte Teildisziplin der Wirtschaftsgeschichte, in der Ökonomen auf „völlig unterschiedlich geartete[] Zeugnisse[]" zurückgreifen, Wirtschaftshistorikerinnen wirtschaftsfremde Quellen verwenden und Historiker des Wirtschaftslebens eine Vielzahl von juristischen, bildlichen und ökonomischen Belegen zusammentragen, um ihren ebenso vielfältigen Studien nachzugehen.[41]

Dieses Buch ist ein Experiment, ist der Versuch einer Geschichtsschreibung aufgrund von „historischer Nachbarschaft", aufgrund der Nähe seiner Untersuchungsgegenstände – immerhin drei- bis viertausend Personen – in Raum und Zeit. Und diese „Geschichte aus Kontiguität", wie man sie auch nennen könnte, stellt zugleich den Versuch dar, das Individuelle und das Kollektive zusammenzubringen, das Ökonomische mit dem Politischen und eine „Geschichte von unten" mit der „Höhenkammgeschichte" großer und größter Ereignisse der Neuzeit. Sie nimmt eine Untersuchung individueller Lebensumstände vor und stellt zugleich die Frage nach dem „Warum" (und dem „Wie") ökonomischer Wandlungsprozesse und politischer Vorgänge.[42] Kausalgeschichten sind im Grunde stets gegen die fundamentale Bedingung historischer Forschung gewendet, dass nämlich die Leben von Individuen in der Vergangenheit verstanden werden sollten, was immer bedeutet, eine Geschichte der „individuellen Bewusstseine" zu schreiben.[43] Aber wir denken doch nie nur an das „Wie", sondern immer auch an das „Warum". Im Einklang damit erzählt dieses Buch eine Vielzahl kleiner, ja kleinster Geschichten und bejaht damit die Möglichkeit, sich sowohl dem Verstehen als auch der Erklärung historischer Gegenstände in winzigen Schritten anzunähern, wie bei dem Kinderspiel „Tipp-topp", bei dem die kleinen Füße immer weiter aufeinander zutrippeln.

Die Entscheidung für einen bestimmten historischen Maßstab, eine bestimmte „Rastergröße" hat immer etwas Anrührendes, und sie ist ideologisch, insofern sie die Toten auf den gewaltigen Gräberfeldern der Geschichte in eine „Zwei-Klassen-Gesellschaft" sortiert: hier die Bedeutenden (Individuen mit Gedanken und Gefühlen), dort die Unbedeutenden (Individuen, von den es keine – oder kaum eine – Überlieferung gibt, die vielleicht gezählt, aber doch keinesfalls verstanden werden können). Wenn eine Historikerin sich also dafür entscheidet, mit der Geschichte von Individuen den kleinstmöglichen historischen Maßstab zu wählen, entscheidet sie sich zugleich dafür, nur kleine und unbedeutende Veränderungen und Wandlungsprozesse zu verstehen (es sei denn natürlich, die auf diese Weise untersuchten Individuen sind selbst bedeutend, so wie Marie Aymards Ururenkel, der Kardinal). Entscheidet sie sich für die Geschichte einer ganzen Sozial- und Wirtschaftsordnung, legt sie sich darauf fest, ihrem Forschungsgegenstand in einer vergangenen Welt ohne Gedanken oder Hoffnungen oder Freundschaften nachzugehen, dafür aber große Veränderungsprozesse zu verstehen, etwa die Ursachen von Revolutionen oder die Entstehung der modernen Ökonomie. Jedoch sind dies nicht die einzigen beiden Möglichkeiten, und es gibt Zeiten – wie auch unsere eigene Gegenwart –, in denen es wichtig, ja sogar vorrangig ist, ein Verständnis von politischen und ökonomischen Wandlungsprozessen gerade aus der Perspektive von Individuen und Familien anzustreben: aus der Perspektive des Alltagslebens.

Die Protagonisten meiner Geschichte – die eine Geschichte des Wirtschaftslebens ist – haben in einer Zeit tiefgreifenden Wandels gelebt, in der Epoche der langen Französischen Revolution, die ein politischer Vorgang war, jedoch ökonomische Ursprünge und ökonomische Folgen hatte; und in einer Zeit ökonomischer Umbrüche, in der Epoche der industriellen Revolution und ihrer wirtschaftlichen Auswirkungen im 19. Jahrhundert, die ihrerseits politische Ursprünge und politische Folgen hatten.[44] Aber der Blick „von unten", in diesem Fall der Blick aus der Perspektive einer bestimmten (unbedeutenden) Familie, wirkt befremdlich im Verhältnis zu manchen Unterscheidungen, die von der „Geschichte im großen Maßstab" ganz selbstverständlich getroffen werden. Die Leben von Einzelpersonen lassen sich eben nicht ohne Weiteres aufspalten in einen „ökonomischen", einen „persönlichen" und einen „politischen" Bestandteil. Die Innenwelt jedes Individuums bietet ein buntes Sammelsurium von „erhabenen" und „ordinären" Vorstellungen. Religion, zum Beispiel, ist persönlicher Glaube, Glaubenspraxis und – in institutioneller Gestalt – Akteurin des Wirtschaftslebens. Ökonomische Austauschbeziehungen können interessengeleitet oder interesselos sein, öffentlich oder privat oder intim. Verschiedene Individuen sind in ihrer Lebenswelt mobil oder immobil, flexibel oder unflexibel, und dasselbe gilt von der Innenwelt ihrer Vorstellung – von den Informationen oder Fehlinformationen, die sie über weit entfernte Orte und lange schon aus den Augen verlorene Freunde haben.

Angoulême war ein Ort, an dem im Verlauf der Französischen Revolution – oder zumindest im Sinne von deren historischer Erforschung – nur sehr wenig wirklich passierte, und die Familie Marie Aymards ist, von einer kleinen Ausnahme abgesehen, in der gesamten geschichtswissenschaftlichen Literatur unsichtbar geblieben. Jedoch ist die Geschichte der Revolutionsjahre, aus der Perspektive eines unbedeutenden Ortes und einer unbekannten Familie erzählt, selbst eine „große Erzählung", wie noch deutlich werden wird. Es gibt darin eine Art Revolutionshelden, der in unmittelbarer Nähe der Familie aufgewachsen war, und eine Heldin der Gegenrevolution. Die Lebenswege von Marie Aymards Enkeln skizzierten, in ihrer je eigenen Art, eine Geschichte der sich verändernden Lebensbedingungen in der Epoche der Revolution.

Die Geschichte, wie sie in diesem Buch erzählt wird, mag auch dann be-
fremden, wenn man sie im Zusammenhang mit (allzu) weitreichenden
Vorannahmen über die anbrechende Moderne betrachtet.[45] Die Nachfahren Marie Aymards im 19. Jahrhundert waren tatkräftige, fleißige
Leute – oder zumindest gab es unter ihnen einige, auf die diese Beschreibung zutrifft. Ihre Tatkraft und ihren Fleiß lebten sie allerdings eher
in der ausgedehnten Staatswirtschaft ihrer Zeit aus – und ähnlich innerhalb der Kirche – als auf dem freien Markt, oder aber in einer Reihe von
Geschäftsbeziehungen, die man als eine vage Mischform von Markt- und
Staatswirtschaft charakterisieren könnte. Sie verhielten sich „unökonomisch", insofern sie ihr Fortkommen im Bereich jener öffentlichen und privaten Dienstleistungen suchten, die im Wirtschaftsleben – damals wie
heute – von so entscheidender Bedeutung ist. Bisweilen bestimmten über
ihr ökomisches Schicksal auch die Entscheidungen kalkulierender, fleißiger Frauen, die niemals irgendwohin gingen – so wie Marie Aymards Enkelinnen, deren Leben (und Ersparnisse) eine zentrale Rolle in der Geschichte der Familie im 19. Jahrhundert spielen sollten. Das einzige
Familienmitglied, das es im weiteren Rahmen der französischen Ökonomie zu einiger Bedeutung brachte, war Marie Aymards Enkelsenkel, der
Erzbischof von Karthago und *Primas Africae*: Charles Martial Allemand
Lavigerie, der Visionär der humanitären Öffentlichkeitsarbeit und Kämp-
fer gegen den Sklavenhandel im Afrika südlich der Sahara; nach der Einschätzung seiner Kritiker war der Kardinal zugleich ein „fabelhaft ge-
schickter Geschäftsmann", „ein Millionär, ein Multimillionär".[46]

Aber vor allem sind die Geschichten von Marie Aymard und ihrer Familie befremdlich, weil sie immer wieder die Asymmetrie der Zeit unter-
laufen, weil sie das Elend des „Immer-schon-Bescheidwissens" über den
weiteren Verlauf der Geschehnisse, an dem wir Nachgeborenen leiden,
ausheben. Wenn man über so gut wie gar kein Belegmaterial verfügt, von
den kargen Informationen ganz gewöhnlicher Personenstandsarchive abgesehen, dann muss man eben den Rhythmen des Alltagslebens folgen;
muss in der Gegenwart (der Individuen aus der Vergangenheit) leben und
in deren (annäherungsweise) erinnerter Vergangenheit; darf nichts von
ihrer Zukunft wissen und von den großen, revolutionären Umwälzungen,
an denen sie teilhatten. Man muss sich darauf beschränken, (fast) nur das
zu wissen, was sie auch wussten, oder allenfalls ahnten; nur diejenigen

Menschen zu kennen, die sie aus ihrem alltäglichen Leben auch kannten. Doch ergibt sich daraus selbst wieder eine Wissens- und Informationsgeschichte, und eine Geschichte allmählichen Wandels.

Diese Geschichte Marie Aymards und ihrer Familie ist entstanden auch als ein zweifaches Experiment im „Denken mit Zahlen" – in einer Welt, die in Information schwimmt – und im „Denken mit Geschichten" – in einer Welt schier endlosen Geschichtenerzählens. In allen ihren Teilen ist sie inspiriert durch ein Bewusstsein von der Unvollständigkeit – bei gleichzeitiger Unermesslichkeit – des historischen Quellenmaterials; von der grundsätzlichen Möglichkeit, alle und jeden aufzuspüren (ob in der Generation der Ururenkel oder in den Angoulêmer Kirchenbüchern von 1764), bei zugleich notwendiger Begrenztheit selbst der umfänglichsten dokumentarischen Überlieferung. Auch in dieser Hinsicht ist sie also eine unendliche, nicht abschließbare Geschichte. Der einzige Trost auf unserem Weg wird sein, so offen und sinnfällig wie möglich mit unseren Quellen und statistischen Grundlagen umzugehen, und zu hoffen, dass nach uns andere kommen, die noch mehr Verbindungen aufdecken, noch mehr Quellen aufspüren und noch mehr Hypothesen aufstellen, die dann zu erkunden wären.[47] Es ist eine Geschichte wie gemacht für unsere Zeit: eine Geschichte, die davon erzählt, wie es ist, mit Ungewissheit zu leben, eine Geschichte ohne absehbares Ende. Und es ist eine Geschichte aus wechselvollen Zeiten, die aus der Perspektive einer einzigen, aber großen und ungleichen Familie erzählt wird. Vor allem aber ist es eine Geschichte, die uns erkennen lässt, was es heißt, inmitten von Entwicklungen und Ereignissen zu leben, die unserer Kontrolle entzogen sind.

Der 1764 geschlossene Ehevertrag von Marie Aymards Tochter. *Archives départementales de la Charente,* „Contrat de marriage de Estienne Allemand et Françoize Ferrand", 9. Dezember 1764, Bernard, Notar, 2E153.

obligée tout ce qu'elle justifiera avoir porté
avec son autre époux

à l'exclusion elle aura hypotèque de ce jour

et soit qu'elle accepte ou répudie la communauté
elle aura pareillement exempt de dotes et charges
par preciput et privillege personnel ses bagues
joyaux, habits, linges, et autres choses servant
à sa personne

pareille faculté de de renonciation reprise garantie
et hypotèque est accordée aux heritiers
dividents et collateraux de la predite

les parties ont denommé un gain de noces

tout ce que depuis elles ont loué reunies entre
stipulé et accepté pour l'execution elle ont
obligé et hypotèque tous leurs biens
présents et futurs

Fait en la ville d'angoulesme après mes
maison dudit ferrand et se présentement
le neufieme jour du mois de Decembre l'an
mille sept cent soixante quatre et

parties comparents présents ont signé de ces puis
et ledit demoiselle ferrand a declaré ne le savoir de ce
enquis a le mot en interpellée suivant les deux mois

françoise ferrand. Et allemand. allemand
Giraud ferrand d'auffrete pere
marie allemant
G. Saumon Marquier

KAPITEL 1: DIE WELT DER MARIE AYMARD

Was die Quellen sagen

Marie Aymard kam 1713 in Angoulême zur Welt und starb 1790 in ihrer Heimatstadt.[1] Sie war ein Einzelkind. Ihre Eltern hatten bei ihrer Heirat 1711 angegeben, sie könnten ihre Namen nicht schreiben. Ihre Mutter war die Tochter eines Schusters, der aus einem kleinen Ort südwestlich von Angoulême in die Stadt gekommen war; ihr Vater wurde als ein Ladenbesitzer oder Kaufmann bezeichnet, als *marchand*.[2] Er starb noch während Maries früher Kindheit, und als sie fünf Jahre alt war, heiratete ihre Mutter erneut, einen verwitweten Zimmermeister.[3] Im Jahr 1735 heiratete Marie selbst, und zwar den Schreinerlehrling Louis Ferrand. Anlässlich ihrer Heirat erklärte auch sie – wie später noch bei vielen anderen Gelegenheiten –, dass sie nicht imstande sei, ihren Namen zu schreiben – in der historischen Forschung sagt man: Sie war *nicht signierfähig*. Ihr Bräutigam, der seine Unterschrift im Heiratsregister leisten konnte, war als Zugezogener in die Stadt gekommen; sein Vater war ein Holzschuhmacher aus dem Bistum Tours, rund 200 Kilometer – oder mehrere Tagesmärsche – nördlich von Angoulême.[4]

Im Lauf der folgenden vierzehn Jahre brachte Marie Aymard acht Kinder zur Welt, von denen zwei früh starben. Es ist zwar möglich, aber eher unwahrscheinlich, dass sie Angoulême jemals verlassen hat. Sie und ihr Ehemann zogen häufig um, jedoch stets innerhalb der Mauern ihrer kleinen Stadt; während der sechs Jahre von 1738 bis 1744 gebar Marie sechs Kinder in vier verschiedenen Pfarrgemeinden, die alle im alten Stadtkern von Angoulême lagen.[5] Louis blieb ein Außenseiter; in dem Taufvermerk für sein jüngstes Kind Jean (oder Jean-Baptiste) wird er beschrieben als

Ferrand dit tourangeau – „Ferrand, genannt der Tourainer" oder „Mann aus Tours".[6] Aber er wurde schließlich Schreinermeister, und 1744 begegnet er uns als *sindic*, als „Syndikus" oder gewählter Repräsentant der kleinen Schreinergilde oder -innung von Angoulême.[7] Die Bekannten oder Verwandten, die er und Marie als Paten für ihre acht Kinder auswählten, gehörten demselben Milieu ihrer Heimatstadt an: ein Zimmermann, ein Hutmacher, gleich drei verschiedene Schlosser, eine Küfersgattin sowie die Frau noch eines weiteren Schlossers.[8]

Im Juni 1753 ereignete sich im Leben der Familie Großes. In der Stadt Angoulême gab es eine berühmte höhere Schule, zur damaligen Zeit ein Jesuitenkolleg, an der begabte Söhne der Stadt kostenlosen Unterricht erhalten konnten. Und 1753 tat nun Gabriel, der älteste Sohn der Eheleute Aymard, den ersten Schritt in Richtung einer späteren Priesterweihe, indem er die Tonsur empfing – jene spezifische Haartracht, die ihn als Angehörigen des (katholischen) Klerus auswies. Er war fünfzehn Jahre alt.[9] Im Dezember desselben Jahres machte sich Louis Ferrand auf, um sein Glück zu suchen und seiner Familie ein Vermögen zu gewinnen. Er und ein weiterer, der Zimmermann war, unterschrieben eine Vereinbarung, in der sie sich zu einer zweijährigen Arbeitszeit als Vertragsknechte (*engagés*) auf der Karibikinsel Grenada verpflichteten, wofür sie 500 Livres pro Mann und Jahr erhalten sollten, dazu freie Kost, Logis und Wäsche „in Gesundheit und in Krankheit". Ihr Vertragspartner war ein aufstrebender Plantagenbesitzer namens Jean-Alexandre Cazaud, der auf Guadeloupe geboren war und sich in Angoulême niedergelassen hatte, wo er die Tochter eines ortsansässigen Seidenhändlers heiratete; für Cazaud zeichnete den Arbeitsvertrag dieser Schwiegervater, der später einer der Protagonisten (der wichtigste „Kapitalist") in dem berüchtigtsten Justiz- und Finanzskandal der Stadt werden sollte – oder eben in der kommerziellen „Revolution" von Angoulême, die 1769 begann.[10]

Zum Zeitpunkt der Abreise ihres Mannes hatte Marie Aymard sechs minderjährige Kinder, die zwischen vier und fünfzehn Jahren alt waren. Ihr eigener Stiefvater starb zwei Jahre darauf, 1755, und ihre Mutter im Jahr 1759; der Zimmermann, der mit Louis nach Grenada aufgebrochen war, starb ebenfalls.[11] Und dann, es muss irgendwann vor dem Mai 1760 gewesen sein, erhielt Marie die schreckliche Nachricht vom Tod ihres Mannes. In einer Vereinbarung mit ihrem Sohn Gabriel, die von einem Notar aufgesetzt wurde, dessen „übler Charakter" allgemein bekannt war – und das in einer Stadt, in der die Anzahl praktizierender Notare „derart übermäßig" war, dass die französische Krone regulierend eingriff –; in dieser Vereinbarung also wurde sie als die „Witwe des Louis Ferrand" bezeichnet.[12]

Gabriel war zu diesem Zeitpunkt kein Kleriker mehr und befand sich auch nicht auf dem Weg zur Priesterweihe. Aber das Notarsdokument setzt mit einer Nacherzählung seiner – zugegebenermaßen imponierenden – Pläne ein: „Der besagte Ferrand hatte zuerst den Entschluss gefasst, den Grad eines Magister Artium zu erlangen, um der Jugend Unterricht erteilen zu können, und beschloss dann, einen Haushalt zu gründen … in dem er noch heute lebt und den er auf eigene Kosten eingerichtet hat." Dann lieferte Gabriel eine Geschichte seiner Ansichten und Gefühle. Er kenne wohl die „strengen Verpflichtungen der Kinder gegenüber jenen, denen sie ihr Dasein verdankten", und wolle seiner Mutter nun beweisen, dass „sein Empfinden darauf abzielt, sie zu trösten, so weit es in seiner Macht steht, und ihr Leben weniger hart zu machen". „Da er seine Mutter in einer Lage erblickt hat, in der sie nicht länger imstande war, zu leben und sich ohne seine Hilfe selbst zu versorgen", habe er sie dringend gebeten, zu ihm zu ziehen.[13]

Marie Aymards Antwort – in den Worten, die sie oder ihr Sohn diktiert hatten oder der Notar selbst formulierte – war eher kühl. „Da sie von dem guten Herzen ihres Sohnes nutznießen will", heißt es da, und „unter der Annahme, dass sein Wohlwollen ihr gegenüber anhalten und er sie nicht jenem schlimmen Schicksal überlassen wird, in das ihr trauriges Los sie ohne Zweifel bringen würde", habe sie ihrerseits entschieden, sein Angebot anzunehmen und in seinen Haushalt zu ziehen. Ihre Möbel sowie ihren sonstigen Hausrat brachte sie mit, und auch diese werden in der Notarsurkunde benannt und beschrieben: zwei alte hölzerne Betten mit einem schon stark verschlissenen Bezug aus grünem Sergestoff; zwei Halbkommoden oder Schränkchen aus Pappelholz; ein „abgenutzter" Tisch mitsamt „zehn alten, schlechten Stühlen"; zwölf Teller, sechs Löffel aus schlichtem Zinn, sechs Gabeln aus Blech und sechs Bettlaken. Die „beiden Parteien" – Marie Aymard und ihr Sohn – vereinbarten, dass der Wert des mütterlichen Besitzes 130 Livres betrug und dass sie aufgrund des Umzugs „keinerlei Gemeinschaft oder Vereinigung begründe[te]n, weder direkt noch indirekt, weder stillschweigend noch aus Gewohnheitsrecht".[14]

Doch auch in dem neuen Haushalt, der keine Gemeinschaft oder Ver- einigung war, blieb das Leben wohl hart, und als Gabriel im Oktober 1763 heiraten wollte – und zwar Marie Adelaide Devuailly, die einer Tuch- färberfamilie aus Amiens entstammte und sich erst kürzlich in Angou- lême niedergelassen hatte –, da gab er an, dass seine Mutter „zum jetzigen Zeitpunkt über keinerlei Besitz, Mobiliar oder Grundeigentum verfügt".[15] Einige Wochen darauf tauchten Marie Aymards Möbel schon wieder in einer notariellen Urkunde auf. Im Januar 1764 erschienen Gabriel und seine Mutter vor einem anderen Notar, Jean Bernard mit Namen, von dem es hieß, er habe „zahlreiche Schriftstücke für die kleinen Leute gemacht". Bei dieser Gelegenheit wurde Gabriel als „Schreibemeister" oder „Meister- schreiber" bezeichnet.[16] Und auch dieses Mal erzählten Gabriel Ferrand und Marie Aymard eine Geschichte. In den Jahren seit 1760, so legten sie dar, hatte Gabriel sich mehrfach gezwungen gesehen, Zahlungen an eine Reihe von Gläubigern seiner Mutter zu leisten, und zwar „aus eigenen Mit- teln", denn jene hätten sonst „das besagte Mobiliar" gepfändet. Marie hatte Schulden bei einem Schuster; einem Produzenten von Pottasche (die als Waschmittel verwendet wurde); einer Person, die Kochfett verkaufte; und einem Tuchhändler. Insgesamt beliefen sich ihre Schulden auf 290 Livres.[17]

Um wenigstens einen Teil seiner Aufwendungen zurückzuerhalten, er- klärte Gabriel, habe er bereits mit dem Gedanken gespielt, eine amtliche Verfügung gegen seine Mutter zu erwirken, damit er selbst das Mobiliar einziehen und gerichtlich versteigern lassen könne. Jedoch habe Marie ihm versichert, dass schon die Kosten einer solchen Zwangsversteigerung den Wert der Möbel fast zur Gänze aufzehren würden. Deshalb schlug sie vor, das Konvolut *ihm* zu verkaufen, „a la miable": zu einem Freund- schaftspreis; so hatte er 1763 das gesamte Mobiliar für 130 Livres erstan- den.[18] Am Tag darauf beurkundete Marie Aymard vor wiederum einem anderen Notar, dass auch der Dienstherr ihres verstorbenen Mannes für sie eine Schuld über 150 Livres beglichen und zusätzlich die Summe von 606 Livres – eine Menge Geld, mehr als der Jahreslohn ihres Mannes – an zwei Bäckerfamilien aus Angoulême gezahlt habe.[19]

Die Vollmacht

Im Oktober 1764 wurde Marie Aymard erneut bei dem Notar Jean Bernard vorstellig und erklärte, sie sei die Witwe des „Zimmermeisters" Louis Ferrand und Mutter fünf minderjähriger Kinder. „Sie sagte uns, [dass] ihr Gemahl die besagte Stadt Angoulême verlassen habe und im Jahre 1753 zusammen mit Monsieur Cazaud nach der Insel Martinique gefahren sei", vermerkte der Notar; „hernach sei jener nach Grenada gegangen, um dort seinen Wohnsitz zu nehmen." Im Laufe der folgenden Jahre habe Marie Aymard „davon Kenntnis erlangt, dass ihr besagter Gemahl eine gewisse Anzahl von Negern sowie einige Maultiere erworben habe und 24 Livres am Tag verdiene, zusätzlich zu den 15 Livres, welche seine Neger ihm einbrächten, gleichfalls *per diem*". Wie es heißt, hatte Louis „im Verlauf der vier oder fünf Jahre, die er auf Grenada verbrachte, ein kleines Vermögen angehäuft" und sei „nach Martinique zurückgekehrt mit dem Vorsatz, von dort zu seiner Familie zurückzukehren". Jedoch sei er „von einer Krankheit überrascht worden und am dritten Tage verstorben", allen Bemühungen der „Pères de la Charité" zum Trotz, die auf Martinique ein Missionsspital führten.[20]

Der Zweck sowohl von Marie Aymards Aussage als auch der Vollmacht, deren Ausstellung sie erbat, bestand darin, Klarheit über den Verbleib des kleinen, etwaigen Vermögens zu erlangen, das Louis Ferrand dem Vernehmen nach „angehäuft" hatte. Vor seinem Tod habe ihr Ehemann „sein Vermögen in die Hände eines gewissen M. Vandax gegeben, eines Schiffseigners oder Kaufmanns, der an der Promenade du Mouillage [von Martinique] oder aber in Fort Saint-Pierre lebt". So hatte man es ihr jedenfalls gesagt; „dies sind die Tatsachen, von denen die ansuchende Partei zu verschiedenen Zeiten durch gewisse Personen in der Stadt Angoulême unterrichtet worden ist". Die Informanten hätten Marie „zugleich mitgeteilt, dass der besagte M. Vandax auf die mündlichen Nachfragen, die sie in der selbigen Angelegenheit an ihn gerichtet hatten, nur undeutlich und vage geantwortet habe, was sie dennoch zu der Hoffnung bewegte, dass ihr Anspruch erfüllt würde, sobald erst ihre Kinder die Volljährigkeit erlangt hätten".[21]

Und auf diesem Stand war die Sache dann für eine ganze Weile geblieben. „Diese Hoffnung, ihre eigene Mittellosigkeit sowie die große Entfernung [nach Martinique]", erklärte Marie Aymard, „hatten sie gezwungen, ihre Nachforschungen bis dato aufzuschieben" – und damit auch ihre Bemühungen zur Herausgabe ihres Erbes, „ohne welches sie sich nicht länger ernähren konnte". Nun hatte sie jedoch erfahren, dass ein Unterleutnant zur See der französischen Handelsmarine namens Pascal Chauvin, der auf Heimatbesuch in Angoulême weilte, kurz vor der Abreise nach Martinique stand. Die erbetene Notarsurkunde wurde für ihn ausgestellt, der als „allgemeiner und besonderer Bevollmächtigter" Marie Aymards auftreten sollte, und endete mit einer Fülle rechtssprachlicher Fachausdrücke. Chauvin wurde ermächtigt, Marie gegenüber „allen Richtern, Notaren, Amtsschreibern und anderen öffentlichen Personen" zu vertreten; „sämtliche Forderungen gegen den besagten M. Vandax und alle anderen zu erheben, nach seinem Gutdünken"; er war autorisiert, „zu bitten, plädieren, einzuwirken, abzulehnen, zu verteidigen und zu widersprechen". Indem Marie Aymard jegliches weitere Handeln ihres Bevollmächtigten „billigte und zu billigen verspricht", stellte sie ihn zugleich von der Haftung für etwaige zukünftige Verluste frei, für die sie vielmehr selbst „in Verpflichtung getreten ist und all ihren Besitz sowie den ihrer besagten Kinder verpfändet hat".[22]

Marie Aymard konnte nicht schreiben: „die ansuchende Partei hat erklärt, dass sie ihren Namen nicht zu schreiben vermöge". Aber sie lebte in einer wahren Wolke von Neuigkeiten. Da gab es die „Tatsachen", von denen man sie „unterrichtet" hatte, und die Berichte über vage Erkundigungen auf Martinique; da gab es ihre eigenen Nachforschungen und das, was sie aus verschiedenen Quellen sonst noch erfahren hatte. Briefe ließ sie für sich schreiben und hatte das schon getan, als sie und ihr Mann noch – aus heutiger Sicht unvorstellbar langsam – Informationen über den Ozean hinweg ausgetauscht hatten. Sie wusste, dass er in der Gemeinde „Marquis a la Cabeste" auf Grenada „besondere Bekanntschaft" mit einem gewissen M. de Flavigné geschlossen hatte, ebenso mit einem Mann namens Herbert du Jardin, der als Kaufmann in Saint-Pierre auf Martinique ansässig war und an dessen Adresse sie ihre Briefe an Louis richtete. Ihr waren zwei mögliche Wohnorte des ominösen M. Vandax bekannt. Sie kannte Namen und Adressen und Zahlen wie jene der „15 Livres, welche seine Neger ihm einbrächten, gleichfalls *per diem*".[23]

Dieses war nun also die Vollmachtsurkunde, ein einzelnes, gefaltetes Blatt Papier. Die Geschichte Marie Aymards wirkte zunächst so faszinierend, weil sie Einblick zu gewähren schien in die rege Geschäftigkeit, die schon im 18. Jahrhundert die Vermittlung von Informationen (oder Fehlinformationen) bestimmte, selbst im tiefsten Inneren der französischen Provinz. Von Interesse war sie also in Bezug auf die traditionelle historische Frage danach, „wie es eigentlich gewesen ist". Marie Aymard beschrieb, in der formalisierten Sprache der Notare, die ungeschriebenen Austauschbeziehungen, die Tatsachen und Neuigkeiten und obskuren Erkundigungen, die in der Frühen Neuzeit die maßgeblichen Informationsmedien darstellten, und die in den Archiven wie auch in den digitalen Datenbanken der historischen Forschung so vergänglich und störungsanfällig sind.

Die Geschichte war aber auch aus der Perspektive einer anderen historischen Fragestellung interessant; jener nämlich, „was eigentlich geschehen ist". Marie Aymard erzählte eine Geschichte mit einem klaren Anfang im Jahr 1753, als ihr Ehemann die Stadt Angoulême verlassen hatte, und einem überaus obskuren, um nicht zu sagen offenen Ende. Was hatte denn jener Unterleutnant zur See schließlich herausgefunden, sofern er tatsächlich jemals wieder nach Martinique gekommen war? Wer war M. Cazaud, der Dienst- und Lohnherr ihres Mannes, der Marie Aymards Schulden bei der örtlichen Bäckerschaft beglich, sich ausweislich anderer, mit Marie in keinerlei Zusammenhang stehender Prozessakten aus dem Jahr 1779 jedoch als „brutaler", „gewalttätiger", „unbarmherziger", „geiziger", ja von Grund auf „scheußlicher" Mensch entpuppte – ganz abgesehen davon, dass er der Schwiegersohn des wichtigsten „Kapitalisten" (oder Gläubigers) in der Finanzkrise von 1769 war?[24] Wer war M. Vandax? Wer waren die „Neger", über die ihr Ehemann Louis gebot, sofern er das denn jemals wirklich getan hatte? Und wer war *sie* denn eigentlich, diese ebenso mittellose wie erfindungsreiche und beharrliche Marie Aymard?

Es gibt Belege – mehr oder minder – für Marie Aymards wirtschaftliche Situation: Ihr gesamter weltlicher Besitz im Jahr 1764 – und die Genauigkeit dieser Schätzung ist ungewöhnlich – belief sich auf minus 160 Livres. Es gibt eine Beschreibung der Dinge, mit denen sie lebte, den ramponierten alten Stühlen und den sechs Blechgabeln, und von den Personen, mit denen sie Tausch- und Austauschbeziehungen unterhielt oder Kredit- und

Schuldenbeziehungen. In der erhaltenen Vollmachtsurkunde werden ihre Informations- (und Fehlinformations-)Quellen zumindest angedeutet: die „Tatsachen", von denen Marie „unterrichtet" worden war; ihre eigenen „Nachforschungen"; die Leute, die ihr „mitgeteilt" hatten, der Kaufmann an der Promenade von Martinique habe nur „undeutlich und vage" auf ihre Nachfragen geantwortet; die Berichte von Briefen, die man ihr vorgelesen, und von Briefen, die man für sie geschrieben hatte. Es gibt eine Liste ihrer Bekanntschaften – oder zumindest jener 83 Zeugen, die an einem Dezembertag des Jahres 1764 den Ehevertrag ihrer Tochter unterzeichneten. Aber das ist dann auch schon der gesamte Umfang der historischen Überlieferung zu ihrer Person. Marie Aymard hatte 22 Enkel, die zu ihren Lebzeiten in Angoulême geboren wurden; einer von ihnen – der Großvater von Louise Lavigerie und des zukünftigen Kardinals Lavigerie – war zum Zeitpunkt von Maries Tod bereits verheiratet. Seine Großmutter hatte die ersten neun Monate der Französischen Revolution durchlebt; sie starb im Bezirk der Pfarrei Petit-Saint-Cybard im Alter von 77 Jahren und wurde auf dem Kirchhof noch einer weiteren Pfarrei – der von Notre-Dame-de-Beaulieu – zur letzten Ruhe gebettet.[25]

Acht Kinder

Selbst die Lebenswege von Marie Aymards Kindern (oder jedenfalls der meisten ihrer Kinder) hat der Sand der Zeit unter sich begraben. Ihr erstes Kind, *Anne Ferrand*, wurde 1736 geboren und starb bereits im März 1738, im Alter von 19 Monaten.[26] *Gabriel Ferrand*, ihr zweites Kind (und das erste, das sein Kleinkindalter überleben sollte), kam im April 1738 zur Welt, nur wenige Tage nach dem Tod seiner älteren Schwester; der Zweitgeborene sollte auch das einzige unter Maries Kindern sein, dessen Leben – zumindest eine Zeit lang – ausgiebig, ja obsessiv dokumentiert werden würde.[27] Sein ganzes Leben verbrachte Gabriel in der Welt des Wortes, und er sollte seine früh geäußerte Absicht wahr machen und „der Jugend Unterricht erteilen". Er heiratete eine Frau namens Marie Adelaide Devuailly und hatte mit ihr sechs Söhne, die allesamt in Angoulême geboren wurden; zu dem Zeitpunkt, zu dem sein Jüngster 1775 getauft wurde, war er ein „Schreibmeister und Rektor einer Internatsschule". Als er 1816 in Angoulême starb, wurde er als der „Leiter des archivarischen Bureaus der Präfektur des Departements Charente" bezeichnet.[28]

Das dritte Kind von Marie Aymard und Louis Ferrand, *Léonard Ferrand*, starb ebenfalls im Kleinkindalter: Er kam 1739 zur Welt und verließ sie bereits kurz nach seinem zweiten Geburtstag wieder.[29] *Françoise Ferrand*, die Braut aus dem Heiratsvertrag mit den vielen Unterschriften, war das vierte Kind des Ehepaares – und das zweite überlebende. Sie wurde im November 1740 geboren und führte, wie ihr Bruder Gabriel, ein zumindest in Teilen dokumentiertes Leben.[30] Im Alter von fünfzehn Jahren war sie Taufpatin der kleinen Tochter eines Zimmermeisters aus der Pfarrei Saint-Martial und unterschrieb im Taufregister mit einer ausladenden, selbstsicheren Handschrift als „Françoige Ferant".[31] Sie selbst sollte 13 Kinder bekommen, die alle in Angoulême getauft wurden; sie war Trauzeugin bei der Heirat ihres ältesten Sohnes Martial im Jahr 1790; ebenfalls Zeugin bei seiner Scheidung im beiderseitigen Einvernehmen 1796; wiederum Trauzeugin bei seiner zweiten Eheschließung 1801 mit einer gewissen Bonne oder Bonnite, einer jungen Frau aus Saint-Domingue; und unterzeichnete als Zeugin *seinen* Ehevertrag, in dem Bonnite ihrerseits versprach, dass all ihre „Besitztümer und Anrechte" sowie jegliche „anderen Sachen" nach ihrer Heirat „beschlagnahmt, erfasst und sichergestellt" werden sollten.[32] Françoise Ferrand starb 1805 in Angoulême. Ihre Kinder, Enkel und Urenkel sind es – die Nachkommenschaft Marie Aymards in weiblicher Linie –, die in den Teilen dieses Buches, die sich mit dem 19. Jahrhundert befassen, die Hauptrolle spielen.

Für die Existenz von Marie Aymards drittem überlebendem Kind, *François Ferrand*, gibt es so gut wie überhaupt keine Belege. Im Jahr 1742 wurde er getauft, und in der Vollmachtsurkunde, mit der nach dem verloren geglaubten Vermögen geforscht werden sollte, ist er als eines von Maries fünf minderjährigen Kindern aufgeführt; 1763 unterzeichnete er den Ehevertrag seines Bruders Gabriel, nicht jedoch den seiner Schwester im Jahr darauf.[33] Zwei Jahre später jedoch, 1766, muss er sich noch in Angoulême aufgehalten haben, denn er war bei der Taufe von Gabriel und Marie Adelaides drittem Sohn anwesend; der (allerdings abwesende) Pate des Kindes war dessen Onkel mütterlicherseits – sein „Oheim" also –, und François fungierte als dessen offizieller Stellvertreter mit dem Vermerk: „François Ferrand, auch ein Onkel".[34] An diesem Punkt endet die Überlieferung zu

François' Lebensweg (oder enden doch zumindest diejenigen überlieferten Dokumente, die ich bislang habe aufspüren können). Durchaus möglich, dass François mit jenem „François Ferand" identisch war, der nicht allzu weit von den Allemands und den Ferrands wohnte und in einer Steuerliste für das Jahr 1763 als „Hausbedienter" des Wirtes vom *Cheval Blanc* genannt wird; jener Gastwirt hatte, zusammen mit seiner Frau Wirtin, zu den Unterzeichneten auf Françoises Heiratsvertrag gehört.[35] Doch wenn man sich auf Familienforschungs-Websites im Internet umsieht, findet man dort rund 19 000 (neunzehntausend!) Einträge oder Stammbäume für Personen mit dem Namen „François Ferrand", und keiner von ihnen ist mit dem Diener vom *Cheval Blanc* oder mit Marie Aymards Sohn identisch.[36]

Das vierte überlebende Kind Marie Aymards, *Mathurin Ferrand*, hat bei seinem Verschwinden in der Tiefe der Zeit sogar noch weniger Spuren hinterlassen. Zwar wurde er 1743 getauft, und sein Name taucht, wie der seiner Geschwister, in der Vollmachtsurkunde von 1764 auf; aber das war es dann auch schon beinahe.[37] Auch er unterzeichnete 1763 den Ehevertrag seines Bruders – in einer eher unsicheren Handschrift –, nicht jedoch den seiner Schwester aus dem Jahr darauf.[38] Weder in den Steuerlisten noch in den kirchlichen Gemeinderegistern findet man ihn, noch – mit Stand von heute, der ja morgen schon wieder der von gestern sein wird – auf den Websites der Genealogen. Auf zweien der Listen „flüchtiger Burschen", die zur Zeit der Angoulêmer Milizlotterie von 1758 aufgestellt wurden, taucht ein gewisser „Tourangeau" auf, seines Zeichens abgängiger Lehrling eines Messerschmieds. *Tourangeau* – „der Tourainer" – war ja auch der Spitzname von Marie Aymards Ehemann gewesen, und es ist möglich, dass auch Mathurin Ferrand so genannt wurde und seine Erscheinung in der historischen Überlieferung gerade deshalb so flüchtig ist, *weil er selbst auf der Flucht war*.[39] Jedenfalls stellt er das eine, äußerst fragmentarische Extrem der Überlieferungslage zu einzelnen historischen Existenzen in Angoulême dar; sein ältester Bruder, der Archivar, steht am entgegengesetzten Ende der Skala.

Marguerite Ferrand, Marie Aymards fünftes überlebendes Kind, ist allerdings fast genauso unsichtbar. Sie wurde 1744 getauft und ist auf der Vollmachtsurkunde von 1764 genannt (wenn auch als ein Nachtrag am Rand der Seite).[40] Im Jahr 1767 war sie die Taufpatin des ältesten Sohns von Françoise und Etienne, 1768 übernahm sie dieselbe Rolle bei der Taufe von Gabriels viertem Sohn. Im Begräbnisvermerk für Françoises kleine Tochter aus dem Jahr 1767 ist sie als einzige Zeugin genannt: als „Margerite Ferrante", so ihre unsichere, vielleicht vor Trauer wacklige Unterschrift im Register.[41] Doch auch in diesem Fall war das schon alles. In der Online-Welt der Profi-Genealogen und Hobby-Ahnenforscher gibt es fast genauso viele Stammbäume für „Marguerite Ferrand" wie für „François Ferrand", aber keiner von denen, die ich bislang gesehen habe, hat irgendetwas mit der Familie von Marie Aymard zu tun. Im 18. und 19. Jahrhundert gab es zahlreiche Gründe, aus denen man durch das Raster der historischen Aufzeichnungen fallen konnte: indem man etwa „nur" eine Hausangestellte war; oder mittellos; oder auf der Flucht; oder nicht signierfähig, sodass man seinen Namen in keinem Register hinterlassen konnte; oder nicht verheiratet (oder kinderlos und damit der Möglichkeit beraubt, in deren Stammbäumen und Abstammungstafeln die Zeitläufte zu überdauern). Bislang gibt es keinerlei Hinweise darauf, was das Schicksal Marie Aymards drei mittleren Kindern François, Mathurin und Marguerite vorherbestimmt hatte – sofern von Schicksal und Bestimmung denn überhaupt die Rede sein kann. „Es ist nie angenehm, ‚ich weiß es nicht, ich kann es nicht wissen' sagen zu müssen", schrieb Marc Bloch, aber ebenso unangenehm ist es – wenn auch auf eine andere Weise –, wenn man *weiß*, dass man es vielleicht eines Tages *wissen könnte*![42]

Marie Aymards jüngster Nachkomme, *Jean-Baptiste Ferrand* (oder schlicht *Jean Ferrand*), war das einzige ihrer sechs Kinder, dessen Leben von den großen Umwälzungen seiner Zeit auf das Heftigste erfasst wurde – und das einzige, von dem wir auf der Grundlage sicherer Belege wissen können, dass es Frankreich jemals verlassen hat. Der kleine Jean-Baptiste wurde 1749 getauft – wie sollte es anders sein, bei diesem Namen – und unterzeichnete im Alter von fünfzehn Jahren den Ehevertrag seiner Schwester Françoise in einer sicheren, selbstbewussten Handschrift.[43] Im Jahr 1774 heiratete er Elizabeth Boutoute, die Tochter eines Topfschmieds; in der Familie seiner Braut bestanden, wie in seiner eigenen, Verbindungen in die ferne, weite Welt der französischen Kolonien; er selbst wird in den Quellen als Uhrmacher bezeichnet.[44] Elizabeth und Jean-Baptiste bekamen vier Kinder, von denen eines früh starb.[45] Zu irgendeinem Zeitpunkt nach dem Tod ihres Sohnes im Jahr 1777 verließ die

Familie Frankreich und übersiedelte nach Saint-Domingue, wo sie bis zu den dramatischen Tagen der Haitianischen Revolution leben sollten. Jean-Baptiste betrieb ein Ladengeschäft in Cap-Français (auch schlicht „Le Cap" genannt, das heutige Cap-Haitien), in dem er Kaffeekannen und Ölfläschchen feilbot; seiner späteren Erinnerung zufolge besaß er in jener Zeit fünfzehn „Negersklaven".[46] Bis spätestens 1795 waren er und seine Familie jedoch als mittellose Revolutionsflüchtlinge nach Angoulême zurückgekehrt; Jean-Baptiste selbst starb 1831 in Paris in „bitterer Armut".[47]

Auf der Insel Grenada

Dies sind also, knapp umrissen, die Geschichten Marie Aymards und ihrer Kinder. Aber die Antwort auf jene Frage, die sie selbst so sehr beschäftigt hat – was nämlich wirklich aus ihrem Ehemann geworden war –, ist und bleibt rätselhaft. Zudem ist das eine Frage, die wie kaum eine andere die Asymmetrie der Informationsverteilung zwischen historischen Individuen auf der einen und ihrer geschichtswissenschaftlichen Erforschung auf der anderen Seite erkennen lässt: Es besteht ja durchaus die Möglichkeit, dass ich als Historikerin etwas weiß oder herausfinde, das Marie Aymard sehnlich wissen wollte, aber nie erfahren konnte – und dieser Gedanke flößt eine gewisse Ehrfurcht ein.[48]

Es gibt jedenfalls keinerlei Hinweise darauf – oder jedenfalls keine, die ich habe finden können –, dass es das angebliche Vermögen des Louis Ferrand jemals gegeben hat (oder, falls es doch existiert hätte, dass man es seiner Familie in Frankreich zurückerstattet hätte). Unter den Kindern und Enkeln Marie Aymards gab es nicht eine Person, die auch nur andeutungsweise in Saus und Braus gelebt hätte – bei der nächsten Generation sieht die Sache dann schon wieder anders aus, aber das ist Teil der Familiengeschichte im 19. Jahrhundert. Sofern Louis Ferrand die volle Zeitdauer seiner Vertragsknechtschaft auf Grenada abgeleistet hat – zwei Jahre waren vereinbart –, ist er Anfang 1756 wieder ein freier Mann gewesen. Jean-Alexandre Cazaud jedenfalls, der ihn angeworben hatte, war zu diesem Zeitpunkt schon wieder nach Angoulême zurückgekehrt: Im April 1756 unterschrieb er den Taufvermerk seines eigenen Sohnes in der dortigen Pfarrkirche Saint-Jean.[49] Louis Ferrands neues Leben voller Arbeitseifer und Besitzerstolz hätte auf Grenada mithin zu einem Zeitpunkt begonnen, an dem der Welt der karibischen Kolonien durch den lang gezogenen Konflikt des Siebenjährigen Krieges tiefgreifende Veränderungen bevorstanden. Das Grenada der 1750er-Jahre war eine Gesellschaft, deren bestimmender Bestandteil ihre Sklavenpopulation war. Im Jahr 1755 lebten auf der Insel 12 608 versklavte Afrikaner, dazu 347 freie Schwarze oder „Mulatten" afrikanisch-europäischer Mischabstammung, aber nur 1077 Weiße. Grenada war eine Gesellschaft – oder eine Gefängnisinsel –, deren „Seelen" (um einen Ausdruck aus den französischen Volkszählungen jener Zeit zu verwenden) in 90 Prozent aller Fälle versklavt waren. Wenn Louis Ferrand sich 1755 auf Grenada befand, war er einer der 247 (natürlich weißen) „Männer, die Waffen tragen", die in der Volkszählung aufgeführt werden.[50] Das System der Sklaverei auf Grenada erlebte damals einen rapiden Expansionsprozess. In den Jahren 1740, 1755 und 1782 gab es jeweils ungefähr die gleiche Anzahl weißer bzw. europäischer Siedler auf der Insel; die Zahl der Sklaven jedoch wuchs im Verlauf desselben Zeitraums um mehr als 350 Prozent an, von 7107 im Jahr 1742 über 12 608 im Jahr 1755 bis auf 26 147 im Jahr 1782.[51]

Der Siebenjährige Krieg begann im Mai 1756. Das bedeutet, dass die Zeit, in der Louis Ferrand angeblich sein kleines Vermögen angehäuft hatte und nach Martinique aufgebrochen war – „mit dem Vorsatz, von dort zu seiner Familie zurückzukehren" –, dass diese Zeit eine Zeit der Seeschlachten, Wirtschaftskrisen und Existenzkrisen sein sollte. Auf Grenada hatte Louis „vier oder fünf Jahre" verbracht, heißt es in Marie Aymards Vollmachtsurkunde von 1764. Falls das wirklich stimmt, wäre er 1758 oder 1759 von dort weggegangen: in einer wirklich heißen Phase des Krieges, in der die Blockade von Häfen, das Aufbringen von Sklavenschiffen und das Verhungernlassen der Versklavten zu den gebräuchlichsten Taktiken der Seekriegführung zählten. Im Juli 1758 meldeten die Vertreter der französischen Kolonialmacht auf Grenada, dass drei Schiffe gekapert worden seien: eines, das Mehl von Cádiz nach Bermuda transportierte; ein weiteres, das Butter aus Dublin geladen hatte und nach Antigua bringen sollte; ein drittes, „ein kleiner Dreimaster", der an der Küste von Angola aufgebrochen war „mit 414 Negern an Bord". Aus Martinique ging bereits im März 1758 die Meldung ein, ein Schiff mit Elefantenstoßzähnen, Gold und „1007 Sklaven" an Bord sei in feindliche Hand gefallen; von den verschleppten Afrikanern seien 364 „während der Überfahrt" gestorben.[52] Im Januar 1759 unternahmen die Briten eine – erfolglose – Landeoperation auf Martinique; auf Guadeloupe hatten sie im Mai 1759 mehr Erfolg; auch Grenada nahmen sie ein; 1762 landeten sie dann noch einmal auf Martinique.

Als Marie Aymard in ihrer Vollmacht von 1764 die Informationen darlegte, über die sie verfügte, war das Chaos des Krieges noch nicht lange vergangen, und ihre „Tatsachen" waren vielmehr eine Mischung aus objektiv Zutreffendem und propagandistisch Eingefärbtem. Die beiden Personen, mit denen Louis laut seinen Briefen „besondere Bekanntschaft" geschlossen hatte – M. de Flavigné in der Gemeide Marquis a la Cabeste und M. Herbert du Jardin, Kaufmann in Saint-Pierre auf Martinique –, haben wirklich existiert. Nach der britischen Eroberung von Grenada 1762 führt die erste Volkszählung der neuen Machthaber einen M. de Flavigny in der Gemeinde Marquis auf, der für seine 167 Sklaven „die gesamte Steuerschuld beglichen" hatte; Cazaud ist in der Nachbargemeinde als Besitzer von 50 Sklaven genannt.[53] Léon Marie Herbert du Jardin war Kaufmann auf Martinique. Er starb dort im September 1764, nur wenige Wochen bevor Marie Aymard sich in Angoulême eine Vollmacht aufsetzen ließ; einige Wochen darauf wurde du Jardins kleine Tochter zur Hauptfigur in einem der endlosen Gerichtsverfahren aus jener Zeit, in dem es um ihren angefochtenen Erbanspruch auf Plantagen und Sklaven auf Grenada ging und das vor französischen und englischen Gerichten gleichermaßen geführt wurde.[54]

Der obskure M. Vandax, der „Schiffseigner oder Kaufmann", in dessen Hände Louis Ferrand sein Vermögen gelegt hatte und der auf so unbefriedigende Weise auf mündliche Nachfragen reagiert hatte, war ebenfalls real. Allerdings gab es zwei Brüder dieses Namens, Bernard Vandas – dessen Nachname auch als Vanda, Wanda, Vvanda oder Uranda angegeben wird – und Pierre Vandas, die von Zeit zu Zeit in den Akten der Gemeinde Saint-Pierre du Mouillage auf Martinique auftauchen. Beide werden dort als Kaufleute beschrieben; sie stammten aus dem südwestlich von Angoulême gelegenen Département Landes: Bernard („Vanda") wurde 1707 in Mont-de-Marsan getauft, sein Bruder Pierre („Ouanda" oder „Wanda") im Jahr 1709.[55]

Pascal Chauvin, der Unterleutnant zur See, dem Marie Aymard die vertrauensvolle Aufgabe übertrug, in ihrem Namen nach der Wahrheit zu forschen, bleibt im Vergleich eine eher schemenhafte Figur. Bei der kleinen Zeremonie zur Unterzeichnung der Vollmachtsurkunde, bei der Marie Aymard all ihren Besitz verpfändete und den ihrer Kinder noch dazu, war er nicht anwesend. Von ihm hieß es, er „werde auf Martinique leben", aber es gibt keinerlei Belege dafür, dass er jemals dort eintraf. „Jean Pascal Yrvoix Chauvin" war der Sohn eines Gemischtwarenhändlers in Angoulême, dessen Mutter im Gebiet der Pfarrei Saint-André Kochfett verkaufte, nur wenige Minuten Fußweg von den Allemands und den Ferrands entfernt. In der Pfarrkirche Saint-André wurde der junge Chauvin am Ostersonntag des Jahres 1738 getauft und muss also fast genau gleichaltrig mit Gabriel Ferrand gewesen sein.[56]

Am Ende ging er tatsächlich in die Karibik und starb auf der Insel Sainte-Lucie; anlässlich seines Todes wird er beschrieben als Kaufmann, Artillerieleutnant und Hauptmann der Miliz.[57]

Auch das Missionsspital der Pères (oder Frères) de la Charité, eine Einrichtung des Dominikanerordens, in der Louis Ferrand ja angeblich am dritten Tage seiner Krankheit verstorben sein sollte, gab es wirklich: in Saint-Pierre de Martinique, nicht weit vom Hafen. Es war ein Hospital für „Seeleute und Arbeiter": „Durchreisende oder Handwerker, die in den Kolonien anlangen oder bereits hier niedergelassen sind, die von den Ordensleuten unentgeltlich behandelt werden".[58]

Aber Saint-Pierre war in den Monaten und Jahrhunderten nach Louis Ferrands Tod auch der Schauplatz einer unvorstellbaren Serie von Naturkatastrophen. Die „Mouillage" (Ankerplatz), an der M. Vandax oder Vandas möglicherweise gelebt hat, brannte bei einem schrecklichen Großbrand im September 1759 nieder. Bei dem „großen Hurrikan" vom Oktober 1780, durch den allein in Saint-Pierre eintausend Menschen starben, wurde der Ort erneut verwüstet. Reichlich einhundert Jahre später lag Saint-Pierre genau im Zentrum der verheerendsten Naturkatastrophe der französischen Geschichte, als nach dem Ausbruch des Vulkans Mont Pelée im Mai 1902 das Dominikanerspital, die Archive und das gesamte kosmopolitische Miniatur-Universum des Städtchens vernichtet wurden.[59] Von den rund 30 000 Einwohnern überlebten drei. Saint-Pierre ist heute nur mehr eine Geisterstadt, in der das Schicksal Louis Ferrands, zusammen mit so vielen anderen Leben, tief in der Asche der Geschichte verschüttet liegt.

Ein schrecklicher Herr

Selbst die Geschichte Jean-Alexandre Cazauds, dem Louis Ferrand sich als Vertragsknecht verpflichtet hatte, bringt uns keine weiteren Einsichten in die letzten Lebensjahre seines früheren *engagé*. Oder besser gesagt: Sie bringt Einsichten lediglich in die phantasmagorische Flüchtigkeit jeglicher menschlichen Identität, die im 18. Jahrhundert dem Wechselspiel der Mächte unterworfen war. Cazaud war im September 1727 in der Gemeinde Basse-Terre auf Guadeloupe zur Welt gekommen.[60] Sein Vater war ein in Bordeaux ansässiger Advokat, der die Tochter eines Plantagenbesitzers namens Bologne oder Boulogne geheiratet hatte; Letzterer war ein Befehlshaber der Miliz auf Guadeloupe. Der ältere Cazaud war nach Guadeloupe gekommen, um einen hartnäckigen Streit mit seinem Schwiegervater über die Zahlung der Mitgift seiner Frau für sich zu entscheiden. Nach der späteren Einschätzung der Inselverwaltung, die man um Vermittlung in dem Disput gebeten hatte, hatte Cazaud „nicht gar so viel Anlass zur Beschwerde über Sr. Bologne, als er [die Behörden] hatte glauben lassen", und „Sr. Bologne wünschte sogar noch sehnlicher, seinen Schwiegersohn wieder in Frankreich zu sehen, als Sr. Cazaud selbst ersehnte, wieder dort zu sein."[61]

Zu irgendeinem Zeitpunkt in den frühen 1730er-Jahren kehrte die Familie nach Frankreich zurück, genauer: nach Angoulême. Mindestens einer ihrer Sklaven (oder Hausdiener) kam mit ihnen nach Europa. Im Juli 1733 waren zahlreiche Schaulustige, die „durch die ungewöhnliche Art der Zeremonie angelockt" worden waren, mit dabei, als in der Pfarrkirche Saint-André die Taufe eines gewissen Jean-François-Auguste vollzogen wurde, der in seinem Taufvermerk als „ein Neger vom Volke der Küste von Juda" (d. i. Ouidah im heutigen Benin) bezeichnet wird. Jean-François-Auguste war durch den älteren Cazaud, den Vater von Louis Ferrands Vertragspartner, „von den Inseln" nach Frankreich gebracht worden – „in der Absicht", wie das Gemeinderegister mitteilt, „ihn dorthin auch wieder mitzunehmen"; sein Herr (oder Besitzer) erklärte, der Täufling könne „etwa sechzehn oder siebzehn Jahre alt sein". Die Taufpaten waren Jean Cazaud, Kanonikus der Kathedrale von Angoulême, und Marie Cazaud; die Taufe vollzog gleich noch ein weiterer Cazaud, der Curé der Pfarrei Notre-Dame-de-Beaulieu. Der Anblick des „jungen Proselyten", der in ein weißes Rochett gekleidet war und ein Wachslicht auf dem Kopfe trug, wirkte so „erbaulich" auf die versammelten Gläubigen, wie *Monsieur le curé* im Gemeinderegister festhielt, dass nicht wenige von ihnen den Neugetauften baten, er möge für sie beten.[62]

Jean-Alexandre Cazaud, der Dienstherr Louis Ferrands und Sohn des Besitzers von Jean-François-Auguste, trat als Angehöriger eines in Böhmen eingesetzten Regiments berittener Infanterie in den Militärdienst ein; für den Rest seines Lebens sollte er sich als „Dragoneroffizier außer Dienst" bezeichnen.[63] Nach Angoulême kehrte er noch recht häufig zurück und heiratete 1752 Silvie Calixte Benoit des Essarts, die Tochter eines wohlhabenden Seidenhändlers und Geldwechslers aus der Stadt. Sie war siebzehn.[64] Etwas über ein Jahr später nahm er mit einer Bürgschaft seines Vaters zwei Zimmerleute als *engagés* in Dienst, deren einer Louis Ferrand war, und verließ Angoulême mit Ziel Grenada.[65]

Über die nächsten paar Jahre hinweg pendelte Cazaud gewissermaßen zwischen seiner neuen Unternehmung auf Grenada und Angoulême, wo sein Sohn und seine Tochter 1756 beziehungsweise 1757 getauft wurden, hin und her; auch begann er, den neuen und durchaus eindrucksvollen Namen „Cazaud de Roumillac" zu führen.[66] Im Kriegsjahr 1759 jedoch siedelte er endgültig nach Grenada über, wo er 1761 „etwelche beträchtliche Erwerbungen" tätigte – so beschrieb er es jedenfalls selbst in einer Nacherzählung anlässlich eines Gerichtsprozesses einige Jahre später, bei dem es um die Testamentsbestimmungen seiner Ehefrau Silvie ging –, und er holte bald auch Silvie zu sich in die Karibik, um sie „an der Spitze all seiner Niederlassungen zu platzieren".[67] Um diese Zeit war es, dass er als Eigentümer von fünfzig Sklaven genannt wurde.[68] Nach der Eroberung von Grenada durch die Briten, kehrte Silvie nach Angoulême zurück, wo sie 1764 eine weitere Tochter gebar.[69] Cazaud wurde zum Untertanen der britischen Krone. Dann holte er Silvie wiederum zu sich nach Grenada, die jedoch, „da sie sich der Neigung und dem Gefühle nach als Französin empfand, unter dem Vorwand ihrer geschwächten Gesundheit 1770 nach Frankreich zurückkehrte", wo sie bis zu ihrem Tod im Jahr 1781 blieb. Ihr tatsächlicher Grund für die Heimkehr nach Europa, plädierten Cazauds Anwälte in dem Rechtsstreit, der über ihr Testament geführt wurde, „war die Befriedigung ihrer Vorliebe für ein Leben in Ausschweifung und Pläsier".[70]

Im Laufe der folgenden Jahrzehnte war Cazaud entweder Brite oder Franzose oder beides zugleich. Im Jahr 1767 leistete er der britischen Krone den Treue- und Suprematseid; so steht es jedenfalls in einer melancholisch gefärbten Bittschrift, die 1811 sein Sohn an einen Vertreter jener Krone sandte („so schrecklich habe ich mein ganzes Leben hindurch unter gewissen nervösen Störungen meiner Befindlichkeit gelitten, dass ich immer wieder gezwungen war, den Aufenthalt zu wechseln").[71] Cazaud *père* erkannte zudem die sogenannte Testakte an, womit er seine Zugehörigkeit und Loyalität zur Kirche von England erklärte und dem katholischen Glauben abschwor, obwohl die Sache sich hier nicht ganz eindeutig verhielt. Diesen zweiten Eid, so erklärte er, als die Franzosen Grenada 1780 zurückeroberten, habe er gleichsam versehentlich geleistet: „Durch Unachtsamkeit geschah es, dass man mir ein Stück Papier hinreichte, wo ich eigentlich ein anderes hätte erhalten sollen, und ich unterzeichnete darauf, ohne der Sache mehr Aufmerksamkeit zu schenken als derjenige, der mir das Blatt gegeben hatte", schrieb Cazaud an den neuen französischen Gouverneur der Insel. Die offizielle Untersuchung der Angelegenheit durch die neue französische Verwaltung der Kolonie kam zu dem kühlen Schluss: „Wenn dieselbe Unterschrift nicht mehr gewesen sein sollte als das Ergebnis eines Mangels an Aufmerksamkeit, so ist dies ein Fehler, der nicht nur überaus beklagenswert, sondern auch im höchsten Maße unglaubhaft genannt werden muss."[72]

„Die ganze Insel befand sich in einem Zustande äußerster Gewalt & Verstörung", schrieb einer der neuen britischen Grundherren von Grenada in der Frühphase der britischen Herrschaft, und Cazaud war in die turbulente anglo-französische Politik jener Zeit voll und ganz involviert.[73] An einem Punkt im Verlauf eines Streites über die Wahlen zu der neuen Generalversammlung von Grenada wurde Cazaud beschuldigt, sich „gegenüber der Würde, Autorität und Justitia ... des Rates Seiner Majestät mit Hohn und Verächtlichkeit betragen" zu haben; es gab einen „großen *Tumult*", bei dem er „anhub, auf tumultuöse Weise ein französisch geschriebenes Papier zu verlesen, das er als einen Protest bezeichnete". Als Aufrührer wurde er im Stadtgefängnis von St. George's auf Grenada eingesperrt, „zusammen mit den entlaufenen Negern und Missetätern aller Art, eng zusammengepfercht in einem kleinen Raum, der mit mehreren Gefangenen belegt war, einer von ihnen in Ketten"; ein „abstoßender Gestank" lag in der Luft, und Cazaud sah sich „genötigt, beständig Tabak zu verbrennen und Essig zu sprengen". Nachdem er schließlich eine Konzessionsurkunde unterzeichnet hatte, in der er die „Gerechtigkeit und Mäßigung des Rates" anerkannte, schiffte er sich nach England ein.[74]

Im Jahr 1770 wurde Cazaud in einer Beschwerde britischer Geschäftsleute an den Londoner Kronrat als „ein Gentleman von Vermögen und Ansehen" beschrieben, der in einer „über die Maßen tyrannischen, konfusen und illegalen Reihe von Verfahren" einer „allerabscheulichsten Kerkerhaft" unterworfen worden war. In der Zwischenzeit war er von den „neu angenommenen Untertanen" – damit sind jene französischen Grundbesitzer gemeint, die sich der britischen Krone unterworfen hatten – „dazu bestimmt worden, [in London] den Stand ihrer Beschwerden zu repräsentieren".[75] Über die nächsten paar Jahre hinweg – und dies stammt nun wiederum aus Cazauds späterer Aussage im Prozess um Silvies Testament – „kam und ging er, manchmal nach Frankreich, manchmal nach Grenada, manchmal auch nach Italien oder anderswohin, wie es seine Geschäfte gerade nötig machten". Allerdings unterhielt Cazaud weiterhin ein Domizil auf Grenada, den „Sitz seines Vermögens" – oder, wie seine Anwälte es beschrieben, des „immensen Vermögens, das er Tag für Tag erwarb".[76]

Spätestens 1779 hielt Cazaud sich dann in Paris auf, wo er zusammen mit seiner älteren Tochter Marie Marthe und einem Sklaven, der Jean-Alexandre James genannt wurde, ein angemietetes Haus bewohnte. Jean-Alexandre, der einmal als ein „Eingeborener der Goldküste, von nahe dem Handelsposten Juda in Afrika stammend" bezeichnet wird, dann aber auch als ein „Neger aus dem Königreiche Timor", war als Kind nach Grenada verschleppt und „Monsieur Cazeau angeliefert" worden; jetzt war er wohl Anfang zwanzig.[77] Als seinen Kammerdiener nahm Cazaud ihn zuerst nach London, dann nach Paris mit. Im Juni 1779 fand Jean-Alexandre, nach einer langen Phase der „allerunmenschlichsten Behandlung" durch Cazaud und dessen Tochter, schließlich den Weg vor das Pariser Seegericht, wo er seine Freilassung einklagen wollte. „Der gestrenge und herrische Charakter dieser jungen Dame, die ihren Vater auf merkwürdige Weise dominiert, ließ diesen unglücklichen Diener nicht selten zum Opfer unerhörter Zügellosigkeit werden", schrieben Jean-Alexandres Anwälte; er wurde „auf das Grausamste behandelt", mitten im Winter aus dem Krankenbett gezerrt und

ohne Nahrung in einen dunklen, nasskalten Keller gesperrt. Cazauds sonstige Diener zeigten sich entsetzt über dieses Geschehen, wenn man den
Darstellungen der Anwälte glauben darf, und reichten ihre Kündigung ein.[78]

Das Gericht nahm den Fall an; der Kläger Jean-Alexandre war in der
Zwischenzeit festgenommen und eingesperrt worden, auf der Grundlage
„geheimer und verleumderischer Denkschriften", die Cazaud hatte an-
fertigen lassen. Im September 1779 sprach das Seegericht Jean-Alexandre
seine Freiheit zu, zuzüglich einer Schadenersatzzahlung von 500 Livres.
Und ähnlich wie sechs Jahre zuvor in dem Londoner Gerichtsprozess
Somerset v. Stewart, bei dem der Richter einem Sklaven seine Freiheit zugesprochen hatte, Elemente aus dem französischen Recht als Präzedenz
angeführt worden waren, verwies das Gericht im Fall Jean-Alexandres auf
den Präzendenzfall aus England.[79] Cazaud legte gegen das Urteil – und
damit gegen Jean-Alexandres Freiheit – Berufung ein. Im April 1780
wurde Jean-Alexandre bei einer versuchten Entführung auf offener Straße
schwer zusammengeschlagen und entkam allein dank einer „Art von Krawall"; an demselben Tag wurden noch zwei weitere Afrikaner von Cazauds
„Satelliten" in Paris angegriffen – „aus Versehen". In einem Schriftsatz für
Jean-Alexandre, der sich im Kern auf die höchsten Prinzipien der Rechtsprechung über die Sklaverei in den britischen und französischen Kolonialreichen berief, nannte der zuständige Generaladvokat der französischen
Staatsanwaltschaft das Verhalten Cazauds „widerwärtig" und „abstoßend".
Wer Cazauds Argumenten folge, sage damit, „dass es in Frankreich aus-
reicht, ein Afrikaner zu sein und von jemandem beansprucht zu werden,
um in die Sklaverei zu geraten"; „es war an der Zeit, dass die gerechte Justiz diesem Diener Genugtuung verschaffe, der in ihrer Freistatt Zuflucht
gesucht hatte".[80]

Während desselben Zeitraums – zu exakt derselben Zeit, um genau zu
sein – hatte Cazaud sich wieder einmal neu erfunden und hatte sich eine
völlig neue Identität zugelegt. Im Februar 1779 hielt ein gewisser „Mister
Cazaud" von der Insel Grenada den Mitgliedern der Royal Society of London einen langen und hochwissenschaftlichen Vortrag mit dem Titel „Bericht über eine Methode zum Anbau des Zuckerrohres". Die schriftliche
Fassung dieses Beitrages, der sich unter anderem mit den „vier Wurzel-
sätzen" der Zuckerrohrpflanze befasste – „das Wurzelwerk zweiter Ordnung setzt sich zusammen aus dem ersten Satz, *aa*, dem zweiten, *bb*, dem

dritten, *cc*, dem vierten, *dd*" –, erschien noch im selben Jahr sowohl in englischer als auch in französischer Sprache.[81] Im April 1780 wurde Cazaud zum ordentlichen Mitglied der Royal Society gewählt.[82] Bis 1785 hatte er sowohl einen neuen Namen als auch eine neue, „philosophische" Existenz erworben: Seine *Considérations sur quelques parties du méchanisme des sociétés* – eine Studie aus vierzehn „Hypothesen", deren quantitative Darstellung etwa so aussah: „Wie würden Sie dem Grundkapitalisten die Summe von £ 3.333.333: 13: & 4:[83] von jenem Anteil abringen, die er *pflichtgemäß* freizuhalten hätte, um seine Konsumsteuern zu entrichten?" – waren ausweislich der Titelseite das Werk von „le Marquis de Casaux, de la Société Royale de Londres".[84]

Einer von Hunderten

Das also war der Mann, dem sich Louis Ferrand im Dezember 1753 als Vertragsknecht verpflichtet hatte und den er in Bordeaux treffen wollte, um von dort mit ihm die lange und potenziell lebensgefährliche Reise in die Neue Welt anzutreten. Cazaud alias Casaux begegnete im Lauf seines beklagenswerten Lebens Tausenden von Menschen und besaß bzw. beschäftigte Hunderte von Dienern und Sklaven; es überrascht deshalb nicht, dass das Schicksal eines einzelnen Handwerkers aus Angoulême in seiner nach Gutsherrenart geführten Existenz kaum Spuren hinterließ. Obwohl Cazaud sich gerade in Angoulême befand, als Marie Aymard im Oktober 1764 ihre Vollmacht aufsetzen ließ (das geht jedenfalls aus den Prozessunterlagen vom Streit um Silvies Testierfähigkeit hervor), wird er in der Vollmachtsurkunde lediglich im Zusammenhang mit der Anwerbung Louis' als Vertragsknecht im Jahr 1753 erwähnt.[85] Zu den Unterzeichneten auf dem Ehevertrag der Tochter von Marie Aymard und Louis Ferrand gehörten keine Mitglieder der (erweiterten) Familie Cazaud, die durchaus nicht klein war, und das, obwohl Silvie zu jener Zeit sogar ein Haus in derselben kleinen Häuser-„Insel" von Angoulême bewohnte, in der neben dem Vater des Bräutigams auch der Notar ansässig war, der den Ehevertrag ausgefertigt hatte, sowie sechzehn (!) der Unterzeichneten.[86] Louis Ferrand war während der letzten Jahre seines Lebens nicht mehr als eine kleine Nebenfigur in dem turbulenten Universum des Jean-Alexandre Cazaud.

KAPITEL 2: DER HEIRATSVERTRAG

Nur wenige Wochen nach dem Vollmachtsvertrag wurde – um zu den ruhigeren gesellschaftlichen Verhältnissen von Angoulême zurückzukehren – im Dezember 1764 der Ehevertrag der Tochter von Marie Aymard und Louis Ferrand aufgesetzt. Die 24-jährige Françoise Ferrand war mit Etienne Allemand verlobt, dem Sohn eines Schneidermeisters aus der Stadt; auch der Bräutigam, der sich „Magister" nennen durfte, war 24 Jahre alt. In dem Vertrag erklärte das Brautpaar, künftig eine „Gesellschaft und Gemeinschaft" nach dem Gewohnheitsrecht bilden zu wollen. Beide trugen zu einer Vorschusszahlung von 50 Livres bei. Etiennes Versprechen war schlicht, denn er gelobte seiner Braut „all seine Güter und Anrechte, jetzige wie künftige". Françoises Versprechen bestand in einem Gewebe von Erwartungen, denn sie schloss darin „alle Güter und Anrechte [ein], die ihr durch den Tod ihres Vaters zugefallen sind, worin diese auch immer bestehen und wo immer sie zu finden sein mögen, sowie auch jene, die ihr künftig durch den Tod ihrer Mutter zufallen könnten, oder mögliche andere jedweden Anspruchs." Das verschwundene Vermögen also und die etwaigen Sklaven.[1]

Françoise schloss auch eine gewisse Geldsumme ein, die ihr, wie sie sagte, ihr Bruder Gabriel Ferrand schuldete. Sie präsentierte – oder „repräsentierte", wie es in dem Dokument heißt – ihrem Bräutigam und ihrem künftigen Schwiegervater sowie den anderen Angehörigen, die zugegen waren, im Beisein des Notars ein Stück Papier: einen Schuldschein über 1000 Livres, den Gabriel und seine Ehefrau ihr am 26. März 1764 ausgestellt hatten. Darauf war die vollständige Rückzahlung der Summe für den Juli 1765 terminiert. (Eintausend Livres waren viel Geld, etwa ein

Zehntel der Kaufsumme für ein „bürgerliches Haus", wie ein Mechaniker meinte, der im selben Pfarrbezirk wie der Bräutigam wohnte.)[2] Dies war ihr eigenes Geld, erklärte Françoise, die Frucht ihrer Arbeit und Sparsamkeit, und sie bestimmte es zu ihrer Mitgift.[3]

Der seltsamste Teil des Vertrages kommt zum Schluss. Dort wurde das Dokument nämlich, an einem Dezembernachmittag im Hause Gabriel Ferrands, von 83 Menschen unterzeichnet. Es muss eine Art von winterlichem Wirrwarr in diesem Haus geherrscht haben, ein Kommen und Gehen, eine wahre Prozession von Angehörigen und Nachbarn, jungen Mädchen und greisen Großvätern, von Bäckern und Krämern und Näherinnen. Es handelte sich auch um eine ungewöhnlich große Versammlung.[4] Marie Aymard unterschrieb nicht auf dem Vertrag, denn sie erklärte – wie sie das schon so oft getan hatte –, dass sie nicht schreiben könne.[5] Aber die 83 Personen, die sich um sie versammelt hatten, stellten das soziale Milieu dieser Frau dar, jedenfalls für eine gewisse Zeit. Sie war die Brautmutter, und die Zeremonie fand in ihrem eigenen Haus statt – oder doch zumindest in dem Haus, das sie gemeinsam mit ihrem Sohn bewohnte.

Diese 83 Unterschriften sind wie eine Momentaufnahme von einem ganz bestimmten Augenblick in der Geschichte: einem Sonntagnachmittag im Dezember 1764. Sie stellen die sichtbaren Indizien von 83 Lebenswegen dar, die in den meisten Fällen lange vor dem 9. Dezember 1764 begonnen hatten, die danach weiterliefen und miteinander verbunden waren, wenn auch nur eine Zeit lang. Sie sind auch ein Abbild von gesellschaftlichem Umgang und Austausch, etwa im Gespräch. Die 83 Unterzeichneten – und die anderen Individuen, die anwesend waren, aber nicht unterschrieben, darunter die Brautmutter – sprachen an jenem Nachmittag im Hause Gabriel Ferrands miteinander und tauschten Informationen aus. Es handelte sich ja schließlich nicht um eine Prozession von stummen, lautlosen Figuren, die still in einer Reihe anstanden, bis sie endlich ihre Signatur auf das Papier setzen konnten.

Die Geschichte Marie Aymards bis hierher ist eine Nachforschung in Zeit und Raum gewesen, ganz wie ihre eigene Nachforschung in der Sache ihres verschollenen Mannes und seines verschwundenen Vermögens. Mit Blick auf den Heiratsvertrag ist es eine Nachforschung im Raum sozialer Beziehungen, die von Marie Aymard ausgehend zu ihren Bekannten, Freunden und Nachbarn in den kleinen Pfarrgemeinden von Angoulême

verliefen. Einer unserer Ausgangspunkte sind dabei die sozialen Netzwerke unserer eigenen Zeit gewesen sowie die Visualisierungen (und Erklärungen), die mit modernen Technologien erreicht werden können. Die
Unterschriften auf dem Heiratsvertrag können nur ein ungefähres und
flüchtiges Bild von dem sozialen Netz abgeben, das Marie Aymard umgab,
und dasselbe gilt von den überlappenden sozialen Netzen, die sich um den
Bräutigam und seine Braut erstreckten.[6] Aber sie stellen doch das Beweis-
material dar, über das wir verfügen und das als Bild eines regelrechten Net-
zes visualisiert und verstanden werden kann.

Die 83 Unterzeichneten oder „Signatare" – zumindest die 81 von ihnen,
die ich bislang mit einiger Sicherheit habe identifizieren können – hatten
nur recht wenig miteinander gemein, abgesehen davon, dass sie an demselben Sonntag des Jahres 1764 in demselben Haus zusammenkamen. Der
älteste von ihnen war der Großvater des Bräutigams, ein 79-jähriger
Schneider; die jüngste, „Rosemarin" genannt, war die zehnjährige Tochter
eines Krämers, der in unmittelbarer Nachbarschaft des Vaters des Bräutigams wohnte.[7] Dreiundvierzig der Namen gehörten zu Frauen oder Mädchen, womit insgesamt mehr weibliche als männliche Personen das Dokument bezeugten. Drei Schneider gab es; zwei Hutmacher; zwei Bäcker;
einen Metzger; einen Kerzenmacher; zwei Näherinnen und eine Damenschneiderin; einen Knopfmacher; einen Musiker; zwei Schwestern, die
Kochfett und Geschirr verkauften; eine Witwe, die eine Tabakhandlung
führte; zwei Schreiber; einen Gastwirt; einen Sattler; eine Krämerin und
ihren Schwager, auch er ein Krämer; einen Salzhändler; die zwei Töchter
eines Angehörigen der Stadtwache; einen Goldschmied im Ruhestand;
zwei Zöglinge des Jesuitenpensionats; zwei Meisterschreiber; ein Steuereintreiber und seine Frau.[8] Der Goldschmied, der zu den reichsten Männern der Stadt gehörte, starb nur wenige Monate später, 1765; ein Knabe,
der den Heiratsvertrag im Alter von zwölf Jahren unterzeichnet hatte,
starb 75 Jahre später, 1839, in dem Dorf Aigre, nicht weit von Angoulême.[9]

Die Erforschung der Frage, wer diese Individuen im Einzelnen gewesen sind, hat einen nicht immer schnurgeraden Verlauf genommen,
um es vorsichtig auszudrücken. Vielmehr bedurfte es dazu eines ständigen Hin- und Herwechselns zwischen verschiedenen Hilfsmitteln und
Daten: den diversen Gemeinderegistern etwa, die es zu lesen galt (und
dann noch einmal, und noch ein weiteres Mal, wenn man nach jemand

anderem suchte). Dann war da die Suche nach anderen Ereignissen (Aufzeichnungen über andere Heiraten zum Beispiel oder Taufvermerke, in denen die Paten des Kindes genannt waren); man mochte herausfinden, wann und in welchem Alter bestimmte Personen verstorben waren; und schließlich ihre Kinder aufspüren, die in der nachrevolutionären Epoche unter ganz anderen Bedingungen lebten, mit den neu eingeführten Mölglichkeiten eines staatlichen Personenstandswesens, das nicht selten auch schon zu Erkundigungen über lange verloren geglaubte Großeltern genutzt wurde. Um herauszufinden, wer die Personen waren, die diesen Heiratsvertrag unterzeichnet hatten – und *warum* sie sich dort eingefunden hatten, um den Vertrag zu bezeugen –, gab es nur eine einzige Möglichkeit: Ich musste ihre Verbindungen in Zeit und Raum und Familienleben aufdecken – wann sie geboren und wann sie gestorben waren; wer ihre Eltern und wer ihre Kinder gewesen waren; wen sie als Paten für ihre Kinder auswählten und wer ihre eigenen Patenkinder waren.

So hat meine Nachforschung mich also auf diesem Weg – oder vielmehr im Laufe meines unerwartet ausgedehnten Aufenthalts im virtuellen Universum der *Archives municipales d'Angoulême* – zu einer Fülle von Informationen zu einer ziemlich großen Gruppe von Individuen geführt, die sich aus den 83 Unterzeichneten sowie ihren jeweiligen nächsten Verwandten und Freunden zusammensetzt. Diese größere Gruppe ist es, die wir einer Visualisierung des sozialen Netzwerks rund um den Heiratsvertrag zugrunde gelegt haben. Dreiundachtzig Menschen – das sind nämlich zu viele, als dass man sie sich, mitsamt ihren jeweiligen sozialen Beziehungen, rein abstrakt als ein Netzwerk vorstellen und fein säuberlich im Kopf behalten könnte. Und doch bildete dieses Netzwerk mitsamt den Beziehungen zwischen den Individuen, aus denen es sich zusammensetzt – den „Knotenpunkten" und „Verbindungslinien" also –, wiederum den Ausgangspunkt für eine Studie über das Wirtschaftsleben im Angoulême des 18. Jahrhunderts, über die politischen und ökonomischen Revolutionen des langen 19. Jahrhunderts sowie über den Einfluss der großen weiten Welt auf die französische Provinz.

Nur eine der 83 unterzeichneten Personen – ausgerechnet die jüngste von ihnen, „Rosemarin" – war eine politische Persönlichkeit, wenn auch nur in dem minimalen Sinne, dass im Laufe der Französischen Revolution eine

Polizeiakte über sie angelegt wurde: Als eine Person „von bekanntermaßen patriotischer Gesinnung" wird sie darin beschrieben; Gewährsmann für diese Einschätzung ist ein Vertreter des Wohlfahrtsausschusses, mit dem sie „beinahe jeden Tag" zusammengetroffen war.[10] Die Unterzeichneten des Heiratsvertrages, von denen mindestens 36 die Zeit der Revolution noch erlebten, verkörperten dennoch das ganz normale Alltagsleben im revolutionären Frankreich: Sie waren – oder zumindest einige von ihnen waren, wie noch deutlich werden wird – mitsamt ihren sozialen Beziehungen noch immer dort, in Angoulême, als die Revolution die Provinz erreichte und sich auch dort in der historischen Überlieferung niederschlug.

Wer waren die Signatare?

Die 83 Vertragsunterzeichner lassen sich in fünf Kategorien einteilen: die Familie der Braut; die erweiterte Familie des Bräutigams; die nahen Nachbarn des Bruders der Braut, in dessen Haus der Heiratsvertrag ja geschlossen wurde; die nahen Nachbarn des Vaters des Bräutigams; sowie auch einige „Sonstige". (Im Anhang 2 findet sich eine Liste mit den Namen aller Unterzeichneten, einschließlich des einen Namens – „Racom" – über den sich absolut nichts sagen lässt, oder über den ich jedenfalls bislang nichts habe herausfinden können.)[11]

Auf der Seite der Braut war die Zahl der Unterschriften sehr überschaubar. Ihr Bruder Gabriel unterzeichnete, ebenso ihr jüngster Bruder Jean (oder Jean-Baptiste); ihre zwei anderen Brüder und ihre Schwester hingegen, die nur wenige Wochen zuvor in der Vollmachtsurkunde über das verschwundene Vermögen genannt worden waren, unterschrieben nicht (oder waren überhaupt nicht anwesend). Als eine wichtige Person wurde Marie Aymard in der Vereinbarung namentlich genannt, zusammen mit dem verwitweten Vater des Bräutigams; als die Unterzeichnungszeremonie begann, „erklärte [sie], sie kennte es nicht" (das Handwerk des Schreibens und Unterschreibens nämlich).[12] Die einzigen Vertreter aus der erweiterten Familie der Braut waren ein Hutmacher aus der Vorstadtgemeinde Saint-Ausone, ein Großcousin Maries, der seinen Vater und seine Ehefrau mitgebracht hatte, und Gabriels Frau, Marie Adelaide Devuailly, mit ihrer Schwester Dorothée und ihrem Schwager Gabriel

Lemaitre, einem Maler, dessen Großvater ein Koch namens „Klotz" (oder „Clod" oder „Kloche") gewesen war.

Auf der anderen Seite, der Seite des Bräutigams, zu der die Personen in der zweiten Kategorie gehören, gab es wesentlich mehr Potenzial für Nachforschungen: Mindestens 35 der Unterzeichneten gehörten zur erweiterten Familie des Bräutigams Etienne Allemand. Etienne, Sohn eines Schneidermeisters, war wohl ein Musterschüler gewesen, denn seinen ersten „Auftritt" in den Gemeinderegistern von Angoulême – von seiner eigenen Taufe einmal abgesehen – hatte er mit nur elf Jahren, als er anlässlich der Taufe einer seiner Cousinen den Taufvermerk unterzeichnete, und er tat dies in einer sorgfältigen, selbstbewussten Handschrift.[13] In seinem Heiratsvertrag wird er als „Magister" bezeichnet; er hatte es also zu dem gebracht, was sein Schwager Gabriel noch zu werden hoffte. In dem Vermerk über Etiennes Heirat mit Françoise, die einige Wochen nach der Unterzeichnung des Heiratsvertrages stattfand, wird er als der Leiter eines Alumnats bezeichnet; im Taufvermerk ihres ersten Kindes heißt es, er sei ein „Schulmeister".[14]

Etiennes Vater, Marc Allemand, der Schneider, war der Enkel eines gewissen „Guillaume Allemand dit Lavigerie", der ebenfalls Schneider und wohl um das Jahr 1630 herum geboren war. Dieser Ahn war aus dem kleinen Dorf Lavigerie, das rund 10 Kilometer westlich von Angoulême gelegen ist, in die Stadt gezogen; das lässt sich aus der in Angoulême üblichen Verwendung seines Beinamens – „genannt Lavigerie" – ableiten.[15] (Noch mehr als zwei Jahrhunderte später gab es in Lavigerie noch eine Familie Allemand; im Jahr 1808 starb dort eine gewisse Marguerite Allemand, Tochter eines anderen Guillaume Allemand; und noch bei der Volkszählung von 1841 wird der Bauer Pierre Allemand als einer von 71 Einwohnern von Lavigerie aufgeführt.)[16] Marc Allemand selbst unterschrieb bisweilen als „Lavigerie"; in der Steuerliste für das Jahr 1763 ist er als „~~Lavigerie~~ allemand dit lavigerie" aufgeführt.[17]

Marc Allemand hatte acht Kinder und war zweimal verwitwet, was in jenen Zeiten der hohen Müttersterblichkeit nicht ungewöhnlich war.[18] Seine erste Frau starb im Kindbett, und ebenso erging es seiner zweiten Frau, Etiennes Mutter, als Etienne fünf Jahre alt war. Etiennes Großvater mütterlicherseits – der ebenfalls Schneider war – hatte 16 Kinder von zwei Ehefrauen; er zählte zu den Unterzeichneten des Ehevertrags, zusammen mit seiner zweiten Frau, Etiennes Stiefgroßmutter.[19] Die Verbindungen in der erweiterten Familie erstreckten sich weit zurück in die Vergangenheit. Achtundzwanzig der Unterzeichneten stammten von Etiennes Urgroßeltern väterlicherseits ab, deren Nachkommen einen geradezu beeindruckenden Grad an Exogamie an den Tag legten, das heißt, sie heirateten außerhalb ihres unmittelbaren Umfelds und suchten sich ihre Ehepartner in allen möglichen Handwerkskreisen von Angoulême. Eine der Töchter (Madeleine) heiratete einen Bäcker; eine andere (die ebenfalls Madeleine hieß) heiratete einen Salzhändler; deren Tochter Marguerite wiederum heiratete einen Tuchhändler. Von den Töchtern der jüngeren Madeleine heiratete eine einen Metzger und eine einen Sattler. Diese beiden Familien waren es, die mit ihren matrilinearen Abstammungslinien – die Godinauds wurden Bäcker, die Glaumonts Salzhändler, die Jouberts Tuchhändler, die Yrvoix Metzger und Kerzenmacher und die Dumergues Sattler – das Gros der Cousins und Cousinen unter den Signataren des Heiratsvertrages ausmachten.[20]

Die dritte Gruppe der Unterzeichneten – die nahen Nachbarn des Brautbruders Gabriel Ferrand – war ganz anders. In den Jahren 1763 und 1766 wurden in Angoulême zwei detaillierte Steuerverzeichnisse angelegt, auf denen all die Personen aufgeführt waren, die Abgaben an die französische Krone zu leisten hatten (oder von diesen Abgaben ausgenommen waren). Die Erstellung dieser Verzeichnisse war Teil einer ebenso langen wie schwer nachzuvollziehenden Kampagne, mit der in den Nachwehen des Siebenjährigen Krieges die königlichen Steuereinnahmen aufgebessert werden sollten; für die in diesem Buch erzählte Geschichte stellen sie eine der hauptsächlichen Quellen dar. In diesen Listen – die von 1766 führt 1319 Haushalte in Angoulême selbst und 1229 weitere in den umliegenden Vororten auf – sind die Einwohner der Stadt nach ihrer Zugehörigkeit zu den Häuser-„Inseln" genannt, die sie bewohnten – für die Stadtplaner des 18. Jahrhunderts war eine *isle de maisons* eine Gruppe aneinandergrenzender Wohngebäude –, und so kann man diesen Steuerverzeichnissen also entnehmen, wer wann in wessen Nachbarschaft wohnte.[21] Man kann den beiden Listen von 1763 und 1766 auch bestimmte Veränderungen ablesen, die sich über einen (vergleichsweise kurzen) Zeitraum ergaben; und man kann auch nachvollziehen, wer zur Zeit der Französischen Revolution noch immer dort lebte, denn dann wurden die Haushalte und Einwohner der Stadt in einem neuen Steuerverzeichnis erfasst, das sich heute ebenfalls im Stadtarchiv von Angoulême befindet.[22]

Die „Pension" oder das Schüleralumnat, in dem auch Gabriel mit seiner Mutter wohnte und in dessen Räumlichkeiten der Heiratsvertrag unterzeichnet wurde, lag in einem wohlhabenden, Fleiß und Gelehrsamkeit verströmenden Teil der Stadt. Es handelte sich um ein internatsähnliches Wohnheim, das von den Schülern – allesamt Jungen – des bis 1762 von den Jesuiten geführten Collége d'Angoulême bewohnt wurde.[23] Der Studie über die alten Stadtviertel und Gemeindebezirke von Angoulême zufolge, die ein Archivar des Departements Charente im 19. Jahrhundert verfasst hat, waren für die kleine Gemeinde von Notre-Dame-de-la-Peine ihre „engen Gässchen und dicht gedrängten Häuser" kennzeichnend. Hier lebten Mitglieder des Magistrats und Kanzleikräfte, Advokaten und Steuerbeamte „unter sich", zusammen mit den „kleinen Leuten, deren sie bedurften": Uhrmachern, „Magistern" und den Druckern der Stadt, deren Läden, Schreibstuben und Werkstätten sich alle dicht um jenen Bischofspalast lagerten, dem sie einen großen Teil ihrer Geschäfte verdankten.[24] Dies also war Gabriels Nachbarschaft. Fünf der Unterzeichneten waren unmittelbare Nachbarn Gabriel Ferrands in der Isle de la Place du Collège und der Isle du Collège: eine Advokatenwitwe, die im Haus nebenan wohnte; die Tochter des Postdirektors; ihr Vater; ihr Ehemann, ein Advokat; und die Tochter eines Druckers.[25]

Die nahen Nachbarn von Marc Allemand, dem Vater des Bräutigams, die ich als vierte Kategorie der Vertragsunterzeichner beschrieben habe, bildeten eine wesentlich bunter gemischte Gruppe. Dabei lebten sie nur wenige Minuten entfernt, unmittelbar östlich der Place du Mûrier (der heutigen Place Francis-Louvel) im Zentrum der Stadt. Das Haus, in dem Gabriel und seine Mutter wohnten, lag südlich der Place du Mûrier, die – damals wie heute – eher dreieckig als viereckig geformt ist und auf der sich im weiteren Verlauf der Geschichte noch Revolutionsspektakel, familiäre Tragödien und hitzige Geschäfte mit enteignetem Besitz abspielen sollten. Die maßgeblichen Grundbesitzer an der und um die Place du Mûrier waren Klöster: das der „Tiercelettes" (Franziskaner-Terziarinnen) und das der „Jakobiner" (Dominikaner). Die Familie des Bräutigams lebte östlich des Platzes in einer anderen Kirchengemeinde, Saint-Antonin, deren Häuser sich ebenfalls eng um einen großen Prachtbau drängten, nur war es in diesem Fall ein Schloss, das Château d'Angoulême, dessen mittelalterliche Mauern invalide Soldaten und Kriegsgefangene beherbergten – und damit auch Händler und Handwerker anzogen, die ihre Waren und Dienstleistungen feilboten.

Achtzehn der Unterzeichneten – oder ihre nächsten Verwandten – führte das Steuerverzeichnis in derselben Häuserinsel wie Marc Allemand auf, die 1766 als die „Isle de la Cloche Verte" bekannt war. Dazu gehörten die Gattin eines Tuchhändlers und vormaligen Schumachers, die mit dreien ihrer Töchter unterzeichnete; die Tochter eines Angehörigen der Stadtwache, die zusammen mit ihrer Schwester und ihrer Nichte unterschrieb; eine Kochfett-Verkäuferin; ein Krämer, der mit seinen beiden Töchtern unterzeichnete (die offenbar beide „Rose Marin" hießen); ein Lehrer oder „Regent"; die Krämerin Rose Rezé; ein Kanzleischreiber, der mit seiner Schwester und seinem elfjährigen Sohn unterzeichnete. Jean Bernard, der Notar, der den Heiratsvertrag aufsetzte, wohnte in derselben „Insel".[26]

Und dann gab es da noch die fünfte Kategorie für „alle anderen", die in keine der vorigen Gruppen hineinpassten, insgesamt achtzehn Personen. Darunter befanden sich etwa zwei Schüler des Alumnats, die einige Wochen später auch im Kirchenbuch von Notre-Dame-de-la-Peine unterschrieben, um die Heirat von Etienne und Françoise zu bezeugen.[27] Oder sechs Mitglieder der erweiterten Familie von Jean-Baptiste Marchais, dem Goldschmied im Ruhestand.[28] Eine Witwe gab es, die vom Tabakverkauf lebte, ein paar Jahre älter war als Marie Aymard und wie diese mit der Gefängnisverwaltung von Angoulême in Beziehung stand: Ihr Vater war – wie Marie Aymards Großvater mütterlicherseits –, ein „Concierge" (Pförtner oder Wächter) des königlichen Gefängnisses gewesen.[29] Dann gab es noch einen hohen Beamten, der die *aides* genannte Steuer einnahm und zusammen mit seiner Gattin und seiner Schwester am Ende des Dokuments, bei den Würdenträgern, unterzeichnete.[30] Es gab einen Kaufmann namens Yrvoix, der mit den Allemands aber nicht verwandt war; eine Damenschneiderin; und die 14-jährige Enkelin eines weiteren Advokaten. Es gab „St Mexant De Crevecoeur" – den zwölfjährigen Knaben, der erst 1839 sterben sollte und 1763 als „F. Crevecoeur" auf Gabriels Heiratsvertrag unterschrieb; er enstammte einer Familie von Steuereinnehmern und Offizieren aus Aigre (und auf Guadeloupe).[31] Dann war da noch einer der sechs Männer, die 1764 in Angoulême „Jean Roy" hießen; sowie der bereits erwähnte „Racom" oder „Racomp".

Ein soziales Netzwerk wird visualisiert

Dies waren also die Individuen, aus denen sich für eine kurze Zeit das flüchtige soziale Beziehungsgeflecht um Marie Aymard zusammensetzte. Sie alle hatten ihre eigenen, dauerhaften Beziehungen zu Freunden, Familienmitgliedern, Geschäftskontakten und Nachbarn: „die ihnen nahestehen in Verwandtschaft und Freundschaft", um es in der Sprache der vormodernen Stadtschreiber auszudrücken, und dieses Geflecht bildete im Angoulême des 18. Jahrhunderts so etwas wie einen entfernten Vorläufer der sozialen Netzwerke von heute, denn für die Unterzeichneten waren dies die „hauptsächlichen Kanäle, aus denen man Informationen, Meinungen und Verhaltensanregungen bezog".[32] Diese größere Gruppe von Individuen ist es – die der Unterzeichneten mit ihren jeweiligen Kontakten –, die sich als soziales Netzwerk visualieren lässt. Ich nenne diese Gruppe „die Dreiundachtzig".

Das Netzwerk der Dreiundachtzig besteht aus den Unterzeichneten des Heiratsvertrages plus einer Auswahl jener anderen, mit ihnen verbundenen Individuen: denjenigen von ihnen nämlich, die in einer *engen* Beziehung zu einer auf dem Heiratsvertrag genannten Person standen – und eine solche enge Beziehung lässt sich ja etwa aus den Kirchenbüchern und den Unterlagen des staatlichen Personenstandswesens erschließen, in Angoulême wie anderswo.[33] Die Unterzeichneten waren also über die Urkunde miteinander verbunden, hatten zudem aber noch andere, eigene Kontakte in Stadt und Land und in der weiten Welt. Im engeren Sinne kann man sie als das „Aymard-Netzwerk" bezeichnen, denn sie waren ja die Individuen, die sich an einem Nachmittag im Dezember 1764 um Marie Aymard gruppierten. Sie könnte man, mit einem Begriff aus dem Dunstkreis der Mathematik, als Träger der „Aymard-Zahl" 1 beschreiben; so wie man Mathematikern und Mathematikerinnen des 20. und 21. Jahrhunderts die Erdős-Zahl 1 zuweisen kann, wenn sie zusammen mit dem überaus produktiven ungarischen Mathematiker Paul Erdős eine Abhandlung verfasst haben. Andere, die „nur" mit Personen zusammengearbeitet haben, die ihrerseits einmal mit Erdős zusammengearbeitet haben – diesen entsprächen dann die anderen Kontaktpersonen der Leute aus Marie Aymards nächstem Umfeld –, erhalten die Erdős-Zahl 2, und so weiter. Die Individuen mit der Aymard-Zahl 2 wären also dem unmittelbaren „Aymard-Netzwerk" vorgelagert.[34]

Dieses Netzwerk ist ein historisches oder diachrones, das heißt, es stellt persönliche Beziehungen über die gesamte Lebensspanne der Dreiundachtzig dar, die ja nur für einen kurzen Augenblick am 9. Dezember 1764 tatsächlich alle miteinander in Kontakt gekommen sind. In der Visualisierung beschränkt es sich allerdings auf diejenigen miteinander verbundenen Individuen, die an irgendeinem Punkt zu Marie Aymards Lebzeiten – also zwischen 1713 und 1790 – gelebt haben und nicht im Kindesalter gestorben sind. In seiner bildlichen Form handelt es sich also, um die Sache noch etwas anders (und deutlich sentimentaler) auszudrücken, um ein Netzwerk derjenigen Menschen, die zur selben Zeit wie Marie Aymard auf dieser schönen Erde gewandelt sind. Bei diesem Buch handelt es sich ja nicht um eine (historiografische) Lebensgeschichte der Marie Aymard; und das Netzwerk, das sie an jenem Dezembernachmittag umgab, war in keinem dauerhaften Sinne *ihr* Netzwerk. In seiner erweiterten Variante, die neben den Dreiundachtzig auch noch andere Personen umfasst, war es überhaupt niemals ihres. Aber meine Forschungen begannen nun einmal mit Marie Aymard, und das Netzwerk war ein Gesellschaftsausschnitt, in dessen Zentrum sie einmal gestanden hat, an einem Nachmittag im Dezember in der Gemeinde Notre-Dame-de-la-Peine zu Angoulême.

Netzwerke sind „ein einfaches Werkzeug" der historischen Forschung, wie Claire Lemercier und Paul-André Rosental geschrieben haben: eine Denkweise insbesondere, mit der man die Lebenswege von Individuen in Netzwerken unter „Überbrückung der Mikro-Makro-Lücke" als miteinander verbunden betrachten kann.[35] Damit hat sich nun seit fast einem halben Jahrhundert die soziologische Netzwerktheorie beschäftigt, und auch in der ökonomischen und der informationstheoretischen Netzwerktheorie setzt man auf diesen Ansatz nach wie vor große Stücke.[36] Das Netzwerk der Dreiundachtzig ist ein Werkzeug in diesem Sinne. Es stellt eine unter verschiedenen Möglichkeiten dar, Marie Aymard und ihre Familie im Kontext der größeren Gesellschaft von Angoulême (und noch weiterer Räume) zu verorten. Es lässt, in dem gegebenen Fall, erkennen, wie es um die Verbindungen der Unterzeichneten nach Übersee bestellt war, und wie diese Verbindungen sich wiederum in ein noch größeres Netzwerk einfügten. Es kann letztlich einen Überblick über die nächste Generation innerhalb des Netzwerks bieten, über deren Lebenswege im Verlauf der historischen Zeit: ihre Verbindungen – falls welche bestanden – zu den Geschehnissen der Französischen Revolution; und ihre (atemberaubende) Mobilität während der Revolutionsära. Wie so vieles andere in dieser Geschichte ist das Netzwerk unvollständig. Und es ist keineswegs die einzige mögliche Herangehensweise; es gibt auch andere.

Warum waren sie alle dort?

Was können wir also, auf der Grundlage all dieser Geschichten und ihrer Visualisierung, darüber sagen, wer diese 83 Personen waren und weshalb sie dort waren, wo sie waren? Die Frage nach dem „Warum" lässt sich leichter beantworten als die nach dem „Wer", wenn unsere Geschichte auch nur ein wenig (wie Marc Bloch es für jedwede Form von Geschichtsschreibung gefordert hat) eine Geschichte „individueller Bewusstseine" sein soll.[37] Die Dreiundachtzig waren dort, weil sie neugierig waren; sie waren gewissermaßen Schaulustige, die mehr über diese seltsame, verworrene Angelegenheit erfahren wollten, von der sie gehört hatten. Sie waren (wie Adam Smith es von allen Menschen behauptet hat) daran interessiert, die „Eigenart, … Vorstellung und [das] Handeln des anderen" kennenzulernen, und die Geschichte von dem verschollenen Erbe – dessen Anrechte in den Heiratsvertrag eingingen, „worin diese auch immer bestehen und wo immer sie zu finden sein mögen", dazu die „gewisse Anzahl von Negern" aus der Vollmachtsurkunde – war fraglos hochinteressant.[38]

Mehr als die Hälfte der Unterzeichneten waren entweder Verwandte oder nahe Nachbarn von Marc Allemand, dem Vater des Bräutigams, und es ist schlicht nicht vorstellbar, dass sie in den engen, dicht bevölkerten Gassen der Innenstadtgemeinden von Angoulême *nicht* bereits irgendeine Version der seltsamen Geschichte seiner künftigen Schwiegertochter gehört haben sollten. Ein „ökonomistischer" Erklärungsansatz würde darauf verweisen, dass die Unterzeichneten – all diese Stiefgroßmütter und Cousins zweiten Grades – sich dort eingefunden hatten, weil sie hofften, selbst irgendwann einmal einen kleinen Teil jenes sagenhaften, fernen Vermögens zu erben. Die andere und wesentlich näherliegende Erklärung ist jedoch, dass sie dort waren, weil sie wissen wollten, was tatsächlich geschehen war.

Das Netzwerk der Dreiundachtzig stellt in diesem Sinne auch eine Annäherung an den Informationsaustausch im Angoulême des 18. Jahrhunderts dar: Wer ist am besten dazu geeignet, die Verbreitung einer Neuigkeit in Gang zu setzen? – Diese Frage haben heutige Netzwerktheoretiker bei ihrer Feldforschung in Indien gestellt, und wie sich zeigte, gab es bestimmte Personen in den dortigen Sozialnetzwerken, die mehrfache Möglichkeiten zum Austausch von Neuigkeiten, Meinungen und Informationen hatten.[39] Der Schneider Marc Allemand ist eine zentrale Figur unserer bisherigen Geschichte, weil es gerade die Beziehung zu ihm ist – in Form einer familiären oder nachbarschaftlichen Nähe –, die bei vielen der Unterzeichneten ihre Anwesenheit im Haus Gabriel Ferrands erklärt. Marc Allemand ist aber auch in einem formalen Sinn „zentral" für das Netzwerk der Dreiundachtzig: Von allen „Knotenpunkten" in der Visualisierung – d. h. von allen Einzelpersonen, die dort dargestellt werden, Unterzeichnete und deren jeweilige Kontakte eingeschlossen – hat er bei Weitem die meisten „Kanten", d. h. Verbindungen zu anderen Personen. Er war wohl ein besonders geselliger Typ, dieser Schneidermeister, in einem Handwerk, das notwendigerweise gesellig war, und sein Haus war in der Stadt allgemein bekannt.[40] Im Laufe der 55 Jahre von 1715 bis 1770 unterzeichnete er – bei insgesamt 44 Anlässen – in den Kirchenbüchern von neun verschiedenen Gemeinden der Stadt.[41]

Das Wirtschaftsleben in der Provinz

Die Leute, deren Unterschriften ich auf dem Heiratsvertrag vorfand, waren im Großen und Ganzen nicht sehr arm, aber eben auch nicht reich. Sie bildeten eine Untergruppe aus den Bekanntenkreisen von Braut und Bräutigam, und in gewisser Hinsicht war es eine Untergruppe, die sich selbst auswählte, denn sie konnte ja nur diejenigen Verwandten und Freunde umfassen, die imstande waren, ihren Namen zu schreiben. Nur eines von Etiennes fünf Geschwistern unterzeichnete den Heiratsvertrag, nur zwei von Françoises Geschwistern, und im Allgemeinen hatten die Personen, die an der Unterzeichnungszeremonie teilnahmen, es in der Welt eher zu etwas gebracht als diejenigen, die nicht schreiben konnten (oder das Schreiben „nicht kannten").[42] Selbst Marie Aymard, die nach dem Tod ihres Ehemannes von der Aussicht auf das „schlimme Schicksal, in das ihr trauriges Los sie ohne Zweifel bringen würde", so sehr beunruhigt gewesen war und schon ihre gegenwärtige Lage als eine der „Mittellosigkeit" beschrieben hatte, war keineswegs arm. Zwar überstiegen ihre Schulden im Jahr der Heirat ihrer Tochter den Wert ihres Besitzes (den Wert der sechs Gabeln aus Blech und der „alten, schlechten Stühle"). Aber sie wohnte ja bei ihrem Sohn; sie war nicht eine von jenen Personen – die meisten von ihnen Frauen –, deren Haushalte in dem Steuerverzeichnis von 1766 als „arm" bezeichnet wurden.

Gewiss, einige der Vertragsunterzeichner lebten wohl unter harschen Bedingungen; das geht selbst aus den spärlichen Erläuterungen der Steuerverzeichnisse hervor: der Witwer von Etiennes Tante beispielsweise, ein Musiker im Ruhestand, der bei seiner Schwägerin und seinen Töchtern wohnte, die allesamt als Näherinnen ihren Lebensunterhalt verdienten; oder seine Schwägerin und eine Tochter, als er dann gestorben war; oder die Krämerin Rose Rezé, die als Marc Allemands Nachbarin im Bezirk „Cloche Verte" lebte (und dort die ärmste Einwohnerin überhaupt war, wie aus der Steuerschätzung für die *taille* von 1766 hervorgeht).[43] Die reichste Person in derselben Häuserinsel war nach derselben Schätzung der Notar Jean Bernard, der ja den Heiratsvertrag aufgesetzt hatte; der zweitreichste „Insulaner" war der Tuchhändler und vormalige Schuhmacher, dessen Gattin und drei Töchter den Heiratsvertrag unterzeichneten.[44]

Keiner der Unterzeichneten war wirklich reich, selbst nach den provinziellen Maßstäben von Angoulême. Keiner war in den Steuerverzeichnissen als adlig aufgeführt, und nur zwei waren aufgrund ihrer besonderen Stellung von der Steuer ausgenommen: Brillet, der selbst als Steuereinnehmer für die *aides* fungierte, im Jahr 1763 und Gralhat, der Postdirektor und Gabriels Nachbar, im Jahr 1766.[45] Die Reichsten unter den Signataren waren die Familie des Goldschmieds im Ruhestand Jean-Baptiste Marchais sowie dessen jüngerer Bruder, Pierre Marchais, der Gastwirt vom *Cheval Blanc*. Der ältere Marchais starb 1765; sieben Jahre darauf war sein Sohn wohlhabend genug, sich die Würde des Bürgermeisters von Angoulême zu kaufen – für 15 000 Livres – und damit zugleich ein neues Leben als Adliger zu beginnen.[46]

Die Unterzeichneten führten unsichere Leben, und das in mehrfacher Hinsicht. Von den fünf jungen verheirateten Frauen, die den Vertrag durch ihre Unterschrift bezeugten – alle ungefähr in Françoises Alter –, starben zwei binnen weniger Jahre im Kindbett.[47] Die Wirtsfrau vom *Cheval Blanc*, Magdelaine Dumergue, verfügte innerhalb des Netzwerks über besonders viele Beziehungen; im Lauf eines halben Jahrhunderts unterzeichnete sie mit ihrer ausladenden, Selbstbewusstsein ausstrahlenden Handschrift in einer ganzen Reihe von Kirchenbüchern.[48] In den Jahren von 1728 bis 1750 brachte sie dreizehn Kinder zur Welt, von denen sieben im Säuglings- oder Kindesalter starben; das entspricht einer Kindersterblichkeit, in dieser einen Familie, von über 50 Prozent.[49] Insbesondere die Sommermonate waren in der Stadt heikel: In dem schlimmen Sommer 1740 starben allein in den Monaten August und September und allein in der Gemeinde Saint-André fünfzehn Säuglinge; darunter waren auch die kleine Schwester eines der späteren Vertragsunterzeichner, zwei Brüderchen eines anderen Signatars sowie einer der Söhne Magdelaine Dumergues.[50]

Die Berufe, mit denen einzelne Personen sich in den Gemeinderegistern ausswiesen – oder die ihnen in den Steuerverzeichnissen zugeschrieben wurden –, waren oft eher annäherungsweise oder als Absichtserklärung zu verstehen. In den Notarsurkunden herrschte diesbezüglich ein besonders großer Spielraum für Kreativität. Etienne Allemand bezeichnete sich in dem Inventar, dass im Vorfeld der Heirat seines zukünftigen Schwagers im Oktober 1763 aufgesetzt wurde, als *„bourgeois"*, also als ein Bürger, der wohlhabend genug war, dass er nicht von seiner Hände Arbeit leben musste. Gabriel selbst bezeichnete sich darin als Sohn eines „Kaufmanns".[51] Dabei entstammten so gut wie alle der Unterzeichneten letztlich Familien, die in einer von drei großen Berufsgruppen tätig waren. Die größte unter diesen bildeten die restriktiven „Gemeinschaften" oder „Zünfte" der Stadt. Der Vater des Bräutigams war über viele Jahre hinweg – wie übrigens auch der verstorbene Vater der Braut – Mitglied in jenen kleinen Gilden, Zünften und Innungen gewesen, die der Ökonom A. R. J. Turgot (damals Intendant der *Généralité de Limoges*, zu der auch Angoulême gehörte) später als lästige Überbleibsel eines unwissenden Zeitalters tadeln sollte: die Bruderschaften, Bünde und Zirkel der Schneider, Schreiner, Bäcker und anderer, die vom Staat reguliert wurden, damit sie „Verstöße" gegen ihre selbstgegebenen Satzungen ahnden konnten.[52] Mindestens 35 der Unterzeichneten entstammten den Handwerkerfamilien von Angoulême, die oft in wirtschaftlicher Unsicherheit lebten: „Die meisten Handwerker von Angoulême verharren in der größten Bedürftigkeit", heißt es in einer Beschwerde der städtischen Notabeln von 1789, „und sie sind kaum imstande, sich das nötige Werkzeug für ihr Tun anzuschaffen."[53]

Dann gab es, zweitens, diejenigen Unterzeichneten, die im Kleinhandel von Angoulême tätig waren, was jedoch in vielen Fällen Querverbindungen in die großen Handwerkerclans nicht ausschloss: so im Fall des Kerzenmachers, dessen Frau Kochfett verkaufte und dessen Schwägerin ebenfalls einen Kramladen führte; oder des Knopfmachers, dessen Frau *fripière* war, also mit Altkleidern handelte. Weitere Beispiele liefern die beiden Schwestern, die als Näherinnen arbeiteten; diejenigen Signatare, die lediglich als „Krämer" oder „Händler" bezeichnet werden; ein Kleinhändler mit seinen beiden Töchtern und seiner Schwägerin, der Krämerin Rose Rezé. Es gab einen Lebensmittel- und einen Tuchhändler, dessen Ehefrau die Tochter eines Perückenmachers war. Es gab die Tochter eines anderen Perückenmachers, die Tochter eines Küfers und die Tochter eines Weißgerbers.

Zu der dritten Tätigkeitsgruppe, die auch die Nachbarn Marie Aymards und ihres Sohnes einschloss, gehörten Advokaten, Schreiber und Beamte: Da gab es den Postdirektor mit seinem Schwiegersohn, der Anwalt war und nach dem Tod seines Schwiegervaters dessen Direktorenposten übernahm, und seiner Tochter, die schließlich ihrerseits Postdirektorin wurde, nachdem ihr Juristengatte das Zeitliche gesegnet hatte.[54] Da gab es die Witwe eines anderen Advokaten; die zwei Töchter und die Enkelin des Hauptmanns der Stadtwache; den Stadtschreiber mit seiner Schwester und seinem Sohn. Da gab es den Steuereintreiber, der die *aides* erheben durfte und auf dem Heiratsvertrag zusammen mit seiner Gattin unterschrieb – und mit noch einer anderen Person, die seine Schwester gewesen sein könnte. Diese alle waren einflussreiche Persönlichkeiten, und sie versammelten sich zu einem zeremoniellen Anlass, bei dem es auch darum ging, gesellschaftliche „Connections" zu zeigen und zu festigen – und das machte sie zu künftigen Gönnern und Beschützern der Familien Allemand und Ferrand.[55]

Mobilität und Immobilität

Die Vertragsunterzeichner gehörten zu dem immobilen Teil der Stadtgesellschaft von Angoulême, insofern (mindestens) 62 der Dreiundachtzig auch in Angoulême geboren und in einer der katholischen Pfarrgemeinden der Stadt getauft worden waren.[56] Doch ihre Leben gaben auch den Schauplatz für beständigen Wandel ab, sowohl in sozialer als auch in ökonomischer Hinsicht. Die Kirche, die *der* große Arbeitgeber und Grundbesitzer in der Stadt war – und die verlässlichste Kundin der Schneider und Kerzenmacher –, diese Kirche gab ihrerseits Impulse zur Mobilität in den Leben der Signatare und ihrer Familien. Vier der Unterzeichneten waren Lehrer, und die Kirche bot in der Tat eindrucksvolle Aufstiegsmöglichkeiten für alle, die ihre soziale Stellung durch Bildung bessern wollten.[57] So war es nicht zuletzt die 1516 gegründete Lateinschule von Angoulême, die von 1622 bis 1762 als Jesuitenkolleg geführt wurde, durch deren Wirken die Lebenswege in der Familie von Marie Aymard so sehr beeinflusst wurden. Die Posten der „Regenten" oder Lehrer waren zwar nicht gerade gut bezahlt. Aber die Chancen, die durch eine Schulbildung eröffnet wurden, kamen in allen Gemeinden der Stadt zum Tragen. Auf einer Liste von Schuljungen aus Angoulême, die – wie Gabriel Ferrand – um die Mitte des 18. Jahrhunderts den ersten Schritt in Richtung Priesterweihe machten, finden sich 17 Sprößlinge aus den erweiterten Familien der Signatare.[58]

Auch die königliche Verwaltung gab Mobilitätsimpulse – jedenfalls ab und an. Der Stadtschreiber, der als Marc Allemands enger Nachbar in der Isle de la Cloche Verte wohnte, war der Sohn eines Schreiners und heiratete die Tochter eines Topfschmieds.[59] Marie Aymards Großvater mütterlicherseits, Pierre Queil, war aus dem einige Kilometer südwestlich gelegenen La Couronne nach Angoulême gekommen. Im Jahr 1676 heiratete er die fünfzehnjährige Tochter eines Schneiders aus der Pfarrei Saint-Antonin: ein robustes, alphabetisiertes Kind, das in den nächsten siebzehn Jahren seinerseits fünfzehn Kinder bekommen sollte. Pierre wurde 1682 als „Schuhmachermeister" beschrieben; 1687 war er dann „Concierge der Kerker im Schloss"; 1688 führte er einen Kramladen; 1695 war er dann wieder „Concierge im Château"; als Ladenbesitzer wird er

1696, 1697 und 1699 wieder genannt.[60] Als er 1702 starb, nannte man ihn „Sieur La Couronne, Concierge des königlichen Schlosses". Seine Witwe zahlte 30 Livres für sein Begräbnis, einschließlich der Gebühren für den Küster, den Diakon und die Subdiakone sowie das Messgeld für zwanzig Seelenämter für den Verstorbenen; sich selbst bezeichnete sie als „Madame de La Couronne".[61] Ihr Sohn, Marie Aymards Onkel mütterlicherseits, übernahm 1708 den Posten seines verstorbenen Vaters als „Concierge des königlichen Schlosses"; 1716 wird er als Ladenbesitzer genannt, 1718 dann als Schreiber des Steueramtes, als *commis aux aides*.[62]

Die beiden Brüder des Goldschmieds Jean-Baptiste Marchais waren ein Perückenmacher, der später in den Handel mit Cognac einstieg, und ein Konditor, der dann Gastwirt wurde. Jean-Baptiste selbst heiratete die Tochter des Beamten, der für die Linzenzierung des Spielkartendrucks in der *Généralité* von Limoges zuständig war; sein zweiter Sohn, Pierre, war derjenige, der sich für 15 000 Livres einen Adelstitel kaufte – und das Amt des Bürgermeisters von Angoulême obendrein.[63] Sein ältester Sohn, der ebenfalls Jean-Baptiste Marchais hieß, war der Ehemann einer der Unterzeichneten und ging als Cognac-Händler drei Mal bankrott und vereinbarte schließlich 1765 mit seinen Gläubigern eine Schuldenbereinigung in Höhe von mehr als 67 000 Livres.[64]

Die Familie von Rose Rezé, die den Heiratsvertrag ebenfalls zeichnete, war gleichermaßen mobil und flexibel, was die Berufsgruppen und Schicksale anging, die Angoulême zu bieten hatte. Die Rezés waren eine jener Druckerfamilien, die sich „rings um den Bischofspalast angesiedelt [hatten], unter der Ägide des Bischofs und in unmittelbarer Nachbarschaft der Jesuiten".[65] Ab 1633 waren sie die Drucker und Verleger des Angoulêmer Messbuchs *Proprium SS. Ecclesiae et diocesis Engolismensis*, der *Ars rhetorica* des örtlichen Jesuitenkollegs sowie anderer frommer und juristischer Schriften, darunter auch ein 1741 erschienener Gedichtband, der dem Sohn Ludwigs XV. gewidmet war – von seinem Verfasser, einem gewissen „Monsieur de Boulogne de l'Amérique", der ein Onkel des weit gereisten Jean-Alexandre Cazaud war, des früheren Dienstherrn von Marie Aymards verschollenem Gatten.[66]

Die Geschichte der Rezés im 18. Jahrhundert war im Allgemeinen jedoch eine eher bunte Mischung, wie sich aus den Kirchenbüchern rekonstruieren lässt. Rose Rezé war eines von dreizehn Kindern des Enkels des ersten Rezé, der sich in Angoulême niedergelassen hatte. Ihr Vater bestritt seinen Lebensunterhalt mit dem Verkauf von Spielkarten, und ihre Mutter war die Schwägerin des Heiratsvertrag-Signatars Jean-Baptiste Marchais. Einer von Roses Brüdern führte die Familiendruckerei weiter; sie hatte zwei Brüder namens Pierre, deren einer Konditor und deren anderer Musiker (später Tuchhändler) war. Sowohl sie selbst als auch ihre Schwester, die ebenfalls Rose Rezé hieß, waren Krämerinnen; ihr Schwager, der den Heiratsvertrag auch unterzeichnet hatte, war gleichfalls Krämer.[67] Ihr Neffe Claude war Drucker und als solcher ein offizieller Ausstatter und Versorger des Jesuitenkollegs, der überdies städtische Verordnungen und Bekanntmachungen, Passformulare und Billets zur Einquartierung von Truppen druckte.[68] Rose hatte zwei Nichten, die beide wiederum „Rose Rezé" hießen; eine von ihnen war mit einem „Marineschreiber" im Hafen von Rochefort verheiratet.[69] Ein Neffe namens Simon handelte mit „Kleiderwaren" und ein anderer Neffe (der natürlich ebenfalls Simon hieß) war Proviantmeister beim Militär, genauer gesagt „in der Königin Regiment".[70]

Die Rezés hatten eine ausgesprochene Neigung zum Familienstreit. Roses Neffe, Claude Rezé, der Verordnungs-, Pass- und Billettdrucker, verklagte seine Eltern, nachdem diese versucht hatten, seine Heirat mit einer Cousine zu verhindern (einer anderen von Roses Nichten namens Rose Marin, die auch zu den Unterzeichneten gehörte – und die ältere Schwester jener „Rosemarin" war, die sich dann 1793 so patriotisch gab). Als Claude und sie dann schließlich doch noch heirateten, war die Braut 18 Jahre alt und der Bräutigam war 42.[71] Im Jahr 1769 wurde Claude seinerseits von einem Nachbarn verklagt, weil er diesen mit dem Tod bedroht habe, und zwar „in kriminellen und verworrenen Worten", wie es in der Anklageschrift heißt; am Eingang einer Bäckerei habe Claude dem Nachbarn aufgelauert und ihm dann mit einem Knüppel auf den Kopf geschlagen.[72] Ebenfalls 1769 trat eine der jüngeren Rose Rezés als Klägerin in einer Strafsache auf, in der es um einen unglücklichen Nachmittag ging, an dem sie mit ihrer Schwägerin – der Signatarin Rose Marin – spazieren gegangen war, als der Nachbarssohn sie plötzlich „vor dem Hause von Monsieur Lavigerie, dem Schneider", beleidigt hatte: „garce", „putain", „chienne" hatte er sie genannt und noch dazu versucht, ihr den Daumen zu brechen.[73]

Der Einfluss der Außenwelt

Die Verbindungen der 83 Signatare erstreckten sich weit über Angoulême hinaus. Nur einer der Unterzeichneten, nämlich Jean-Baptiste Ferrand, sollte schließlich einmal aus dem französischen Mutterland herauskommen, als er sich auf seine verhängnisvolle Reise begab, die ihn zu seinem Schmuck- und Kramladen in Cap-Français in der Kolonie Saint-Domingue führen sollte. Aber es gab unter den Dreiundachtzig und ihren nächsten Kontaktpersonen doch eine größere Zahl von Individuen, die auf verschiedene Weise an Verbindungen nach Übersee teilhatten. Genauer gesagt waren sie mit der weiten Welt da draußen durch diverse Ströme von Menschen und Waren verbunden, aber auch durch Ströme von Geld und Krediten, von Verträgen und Informationen, von Erbschaften und mitunter großen Erwartungen.[74]

Diese oft unsichtbaren Austauschbeziehungen waren es, die dem sozialen Netzwerk der Allemands und der Ferrands seine dicht gewobene Struktur gaben. Manche seiner Teilhaber, wie etwa Jean-Baptistes Brüder und Schwestern, hatten einen nahen Verwandten, der außerhalb Frankreichs auf Reisen war; für andere, die in der Kriegswirtschaft der Zeit ihr Geld verdienten oder sich dem Ritual der Milizlotterie beugen mussten, bestand immerhin die (entfernte) Möglichkeit eines Zusammentreffens mit fremden Feinden; wieder andere kauften oder verkauften Kolonial- (oder Pseudokolonial-)Waren; einige hatten Nachbarn, die aus Übersee stammten; oder sie lebten in der Erwartung einer Erbschaft aus der Ferne. Das war also das Universum an Informationen, das Marie Aymard mit ihrer Vollmachtsurkunde zur Suche nach dem verschollenen Vermögen aufrief – mitsamt den Briefen, die sie in ihrem Namen schreiben ließ und den Berichten über obskure Nachforschungen auf Martinique –, und sein Gehalt wurde über das gesamte Netzwerk der Dreiundachtzig, ihrer Familien und Freunde verbreitet.

Ein schweres Los

Die Auswirkungen eines beinahe weltweit geführten Krieges – des Siebenjährigen Krieges von 1756–1763 nämlich – reichten tief in das Alltagsleben
von Angoulême hinein. In der Gemeinde Saint-Antonin etwa, zu der auch
das Cloche-Verte-Viertel von Marc Allemand gehörte, standen Baracken,
in denen kriegsinvalide Soldaten wohnten; auch englische Kriegsgefangene
befanden sich ab kurz nach Beginn der Feindseligkeiten in der Stadt.[75] Zwei
Bäcker aus Angoulême – Verwandte von mehreren der Signatare – schlos-
sen 1757 ein „Übereinkommen" oder einen „mündlichen Marktvertrag"
mit dem Leutnant zur See, der für den Hafen von Rochefort zuständig war;
sie sollten „alle nötigen Lebensmittel liefern, die zur Versorgung der englischen Gefangenen gebraucht werden, welche in der Burg gefangen sind".
Aber das Brot, das sie brachten, stellte sich als ungenießbar heraus: Es war
„braunfleckig" und voller „Defektuositäten", wahrscheinlich war es mit kal-
tem Wasser gestreckt worden. So musste das Übereinkommen also schieds-
gerichtlich geprüft werden, und es kam zu einer professionellen „Brot-
beschau", einer *visitte du pain*, bei der die Laibe des Anstoßes gewogen,
verkostet und schließlich für tauglich befunden wurden (von Mitgliedern
zweier der anderen Bäckerfamilien von Angoulême).[76]

Die Anwesenheit von Soldaten und Matrosen der französischen Kriegsmarine war in Angoulême während des Krieges nicht zu übersehen – davor
oder danach aber auch nicht.[77] Die Stadt liegt zwar einige Kilometer von
der Atlantikküste entfernt, war aber de facto ein Einlaufhafen und das Tor
zum Hinterland der Marinebasis von Rochefort und des Marinedepots
von Saint-Jean-d'Angély, in dem große Vorräte an Holz für den Schiffbau,
Branntwein und Kanonen nebst Zubehör lagerten. Angoulême selbst war
ein Flusshafen, denn es lag genau an dem Punkt, an dem die Charente
schiffbar wurde. In der Stadt waren Marinebeamte stationiert, die in der
am Fluss gelegenen Gemeinde Saint-Jacques-de-l'Houmeau Quartier genommen hatten. Der Bruder eines der Unterzeichneten reichte 1765 eine
offizielle Beschwerde gegen eine Person ein, „die sich selbst als Bevollmächtigter der Kriegsmarine in dem besagten Hafen bezeichnet"; Kern
der Auseinandersetzung war ein Befehl, anstelle von Cognac für den
Überseemarkt „Kanonen und Holz" zu laden.[78] Ein anderer Signatar, ein

Sattler, war 1766 in einen komplexen Streit um zwei Kabrioletts (zwei-
rädrige Einspänner) verwickelt, die der „Inspekteur der Marine [gemietet
hatte], um ihn nach Nantes zu bringen." Im Zuge „einiger Streitigkeiten"
waren sie dann unterwegs beschädigt worden.[79]

Anfang 1758 kam dann, in einem so unmittelbaren wie gewaltsamen
Sinne, der Krieg nach Angoulême. Das aufwendige Ritual der Milizlotterie – von dem Turgot schrieb, es gebe „nichts, das die Leute stärker
ihrer Erniedrigung und Knechtschaft bewusst macht" – fand im königlichen Palast der Stadt im Februar und noch einmal im Oktober 1758
statt.[80] Claude Rezé, der Drucker von Einquartierungsbilletts sowie von
„Einladungen" für „öffentliche Zeremonien", nutzte die Gelegenheit zu
einer Preiserhöhung, die er mit dem unerwartet gestiegenen Papierbedarf
sowie der Anzahl der „Versammlungen" begründete.[81]

Bei dem ersten Verfahren im Februar wurden insgesamt 91 junge Männer aus Angoulême von den jeweiligen „Sergeanten" ihres Stadtviertels
aufgelistet und damit zur Teilnahme an der Lotterie verpflichtet. Vierund-
siebzig von ihnen – und damit mehr als 80 Prozent – sind auf den Listen
als „abwesend" und damit „flüchtig" aufgeführt; von den 17, die tatsächlich erschienen, zogen sieben ein Los mit dem tödlichen „M" und erhielten den Befehl, sich zum Milizdienst zu melden. Im Oktober wurde
das Verfahren wiederholt: 185 Personen waren grundsätzlich zur Teilnahme verpflichtet; 103 waren „abwesend" und wurden deshalb als De-
serteure eingestuft; 26 zogen ein „M"-Los. Weitere 33 Einwohner der Stadt
wurden verpflichtet, die Kosten für den Marsch der neu aufgestellten
Milizeinheit von Angoulême in die Provinzhauptstadt Limoges und dann
weiter auf die Schlachtfelder Europas zu finanzieren.[82] Bei einem der bru-
taleren Teilrituale des ganzen Verfahrens – Turgot beschrieb diesen Vorgang als „eine Art von Bürgerkrieg" – erlaubte man den neuen Rekruten
in einem gewissen Zeitraum, die flüchtigen Milizpflichtigen zu „suchen
und arretieren"; sollte ihnen das gelingen, durften sie die Festgenommen
als Ersatz für sich selbst zum Kriegsdienst abliefern. Es war ihnen erlaubt,
„Gewalt anzuwenden", sofern sie dabei die „gute Ordnung" einhielten.[83]

Inmitten eines großen, über weite Entfernungen geführten Krieges
reichte die Verunsicherung durch die Milizlotterie in beinahe alle Haushalte und Familien von Angoulême hinein. Ihre Söhne und Lehrburschen
wurden gezwungen, wie Turgot es reichlich romantisch formulierte, „sich

einem Schicksal auszusetzen, dessen bloße Vorstellung sie in tiefe Verzweiflung stürzt".[84] Die Angehörigen des Adels waren von der Lotterie ausgenommen, ebenso ihre Dienstleute; Studenten und höhere Schüler waren
gleichfalls ausgenommen, „sofern nicht der Verdacht bestand, dass man
sie nur zwecks ihrer Befreiung von der Milizpflicht die Schulbank drücken
ließ"; auch die Lehrer des Collège d'Angoulême waren von der Pflicht befreit.[85] Aber das Gesetz und die diversen Ausnahmen trugen zur allgemeinen Unsicherheit noch bei: Bei dem Verfahren im Oktober 1758
wurde einer der jungen Männer auf der Liste letztlich doch ausgeschlossen,
weil „man ihn als einen Bürgerlichen betrachten könnte"; ein anderer, ein
achtzehnjähriger Gärtner, wurde „von dem Intendanten weggeschickt"
mit der Begründung, er habe sich als „der Hausdiener der Mutter Oberin"
herausgestellt.[86]

Auf einer der Listen vom Oktober 1758 stand auch „Lavigerie" mit seinen zwei Kindern, „eines im Dienste des Königs und das andere ein Scholar"; der „Scholar" legte eine Bescheinigung seines Lehrers vor und wurde
von der Dienstpflicht befreit. Gilles Yrvoix, ein Metzger, der als Cousin des
Bräutigams auf dem Heiratsvertrag unterschrieb, taucht in den Milizakten
für 1758 gleich zweimal auf: Sein Hausdiener ist auf der Fahndungsliste
der „flüchtigen Burschen" genannt, und er selbst wurde verpflichtet, einen
Teil der Kosten für den anstrengenden Marsch der frisch ausgehobenen
Milizionäre nach Limoges zu tragen. Auch die verwitwete Mutter von
Marie Bonnard, einer Bäckerin, die zu den Unterzeichneten gehörte,
musste einen Beitrag leisten.[87] Ein Neffe der Signatarin Elizabeth Glaumont zählte zu den jungen Männern, die bei der Lotterie gezogen wurden;
er konnte aber einen Ersatzmann vorschicken, der aus einem Dorf im Jura
nach Angoulême zugewandert war.[88] Auf der Liste derjenigen „Anwesende[n], auf die das Los gefallen ist" (le sort, „das Schicksal"), stand
auch ein anderer Signatar, ein Sohn des Gilles Yrvoix, sowie ein Sattler aus
der Familie Glaumont. Ein anderer Glaumont, der Salzhändler war, findet
sich auf der Liste mit den „Namen der Abwesenden".[89] Dort findet sich
auch jener flüchtige „Tourangeau", hinter dem sich vielleicht – vielleicht
aber auch nicht – Marie Aymards Sohn Mathurin verbirgt, der in den Aufzeichnungen der Stadt so wenige Spuren hinterlassen hat.[90]

Sogar eine Person, die als la veuve Tourangeau („die Witwe Tourangeau") bezeichnet wird, taucht auf: Das könnte unter Umständen Marie

Aymard selbst gewesen sein, die da in den Unterlagen über die Milizlotterie 1758 gemeint ist – nur eben mit dem Verwirrspiel um Identitäten, das in diesem Zusammenhang so üblich gewesen scheint. In der Vollmachtsurkunde von 1764 legte Marie Aymard dar, dass ihr Ehemann (im Dezember) 1753 nach Grenada aufgebrochen sei und dort „vier oder fünf Jahre ... verbracht" habe, bevor er den Heimweg antrat.[91] Wenn er tatsächlich nur *vier* Jahre geblieben und inmitten des Seekrieges von 1758 nach Martinique gelangt sein sollte, dann wäre es durchaus denkbar, dass seine Frau zur Zeit der Angoulêmer Milizlotterie von 1758 bereits zur Witwe geworden war. „La veuve Tourangeau", heißt es im Oktober 1758, habe drei Söhne, deren einer ein „Präzeptor" oder Lehrer sei; die beiden anderen seien „dreizehn bis vierzehn Jahre alt". „Stellung und Alter prüfen", mahnt eine Randnotiz, und in einer Anmerkung in einem anderen Dokument ist dann festgehalten, dass der älteste Sohn, der „Präzeptor", in einem Dorf östlich von Angoulême lebe und seine Brüder „alle jung" seien.[92]

Die Farbe des Lebens

Die andere lokale Ausprägung eines weltweiten Geflechts von Austauschbeziehungen – den Handel mit Kolonialwaren nämlich – erlebten Marie Aymard und die Ihren, mit all ihren Sorgen und Nöten, nur von fern. Man hat die Verbreitung zuvor unbekannter Konsumgüter – überzeugenderweise – als eine der hauptsächlichen Arten gesehen, auf welche die weite neue Handelswelt das Innenleben der *France profonde* (und Europas im Allgemeinen) berührte und veränderte.[93] Unter den Signataren des Heiratsvertrages befanden sich gleich mehrere, deren Alltag sich inmitten exotischer Waren abspielte. Jean Dumergue, der Sattler, der sich mit dem Inspekteur der Marine überworfen hatte, war 1768 in einen weiteren Streit verwickelt. Diesmal war sein Kontrahent ein Kutscher, der beim Transport von „zweiundvierzig Ballen Kattun" sowie „einunddreißig weitere[n] Posten von Kaffee, Orangen und anderem" von Bordeaux nach Orléans zwei seiner Pferde verloren hatte.[94] Da gab es Catherine Bonvallet, die einen Tabakhandel betrieb.[95] Und als Paul Faveraud, dessen Mutter, Tante und Schwester alle auf dem Heiratsvertrag von Etienne und Françoise unterzeichnet hatten, im Jahr 1775 seinerseits heiratete, umfasste das Inventar

der Apotheke an der Place du Mûrier, die seine Braut mit in die Ehe brachte, neben dem Farbstoff Fernambuk (auch „Rotholz" oder „Brasilholz" genannt) noch Alaun aus Smyrna, Reis aus dem amerikanischen „Karo-
linien", 9 Pfund Schokolade, 18 Pfund Tee, 45 Pfund Kaffee aus Martinique
und 68 Pfund Kaffee aus Saint-Domingue.[96]

Auch die Stoffe, die man *indiennes* und *siamoises* nannte und deren
Namen allein die Exotik ferner Länder heraufbeschworen, wurden im Angoulême der 1760er-Jahre gehandelt und wurden sogar auf dem Gebiet der
Généralité von Limoges hergestellt. Die Verbreitung gefälschter „indischer"
Baumwollstoffe war ein ständiges Problem, jedenfalls was die Exporte aus
den Atlantikhäfen betraf.[97] Zwei Tuchhändler aus der Gemeinde Saint-
André ließen 1760 einen Ballen *indiennes* an ihren Zulieferer in Limoges
zurückgehen mit der Begründung, die Teile hätten weder die „Couleur"
noch die „Qualität" (*demi-fin*) gehabt, die sie geordert hatten.[98] Aber die
Käuferinnen und Käufer bunter, farbenfroher Kleidung – und das zwei
Generationen vor Jules Michelets Bemerkung über die „große und kapita-
le Revolution" in der Tuchproduktion, die *révolution d'indienne* – entstammten nicht selten den wohlhabenden Beamtenfamilien von Angoulême.[99] Die Witwe eines Marineoffiziers in Saint-Domingue, die in der
Gemeinde Saint-Antonin lebte und deren Tochter die unmittelbare Nachbarin einer Signatarin war, besaß, wie aus der Aufstellung ihres Nachlasses
hervorgeht, ein Kleid aus indischem Batist, das mit rosarotem Taffet ge-
füttert war, und einen Rock aus bestickter *siamoise*. Die Gattin jenes
Bürgermeisters von Angoulême, der den Vorsitz bei der Milizlotterie führte, die selbst eine Erbin aus Martinique war, besaß 124 Blusen aus verschiedenen Stoffen, ein Kleid aus indischem Satin und eine bestickte indi-
sche *mousseline*.[100]

Die Kirchenbücher und Gemeinderegister von Angoulême, die den
Kern dieser Geschichte bilden, stecken voller Erzählungen, Halbwahr-
heiten und Lügen. Aber sie sind im wahrsten Sinne des Wortes blass und
farblos, und dasselbe gilt von den Steuerverzeichnissen der Stadt. Erst in
den Notarsurkunden, den Testamenten mit ihren Inventaren, wird etwas
von den *siamoises* und dem rosaroten Taffet sichtbar, und diese Dokumente erzählen die Geschichte einer langjährigen Ungleichheit, was die Farbig-
keit des Lebens angeht. Von den Allemands und den Ferrands gibt es bis
in das 19. Jahrhundert hinein nur sehr wenige Inventare: Die Mitglieder

dieser Familien besaßen nicht viel, und erst recht besaßen sie keine Läden mit gut gefüllten Warenlagern. Marie Aymards zwei Betten mit dem stark verschlissenen Bezug aus grünem Sergestoff gab es; Elizabeth Boutoute, die Tochter des Topfschmieds, besaß bei ihrer Heirat mit Jean-Baptiste 1774 ein „Bett mit einem indischen Überwurf".[101] Gabriel ließ vor seiner eigenen Heirat ein detailliertes Inventar des Haushalts anlegen, den er mit seiner Mutter und seiner Schwester führte, der zugleich aber auch seine Arbeitsstätte war: die *pension* für die Schüler des nahe gelegenen Kollegs. Zu seinem Besitz zählten auch Betten und (achtundfünfzig) Laken; es gab ein Bett, das mit „kleinen Stücken von *siamoise*" und „gelbem Band" verziert war, ein Bett mit blauem Band und ein Bett mit einer „gesteppten Überdecke aus *indienne*".[102]

Gäste und Besucher

Die sichtbarste Form, welche die Gegenwart der großen weiten Welt im Angoulême des 18. Jahrhunderts annehmen konnte, war die von Gästen aus den fernen Kolonien. Die achtzehn Signatare, die als nahe Nachbarn von Marc Allemand in der Isle de la Cloche Verte wohnten, waren damit auch Nachbarn von Jean-Alexandre Cazaud, der so oft zwischen der Insel Grenada und dem französischen Mutterland hin und her reiste; in Angoulême lag sein Haus in derselben „Häuserinsel".[103] Jean-François-Auguste, der „Neger vom Volke der Küste von Juda", den Cazauds Vater „von den Inseln" mitgebracht hatte, war 1733 in Angoulême getauft worden. Doch gab es auch noch andere Personen afrikanischer Herkunft in den Gemeinden der Stadt. Im Jahr 1758 vollzog der Bischof von Angoulême in einem festlichen Gottesdienst, der ebenfalls in der Pfarrkirche Saint-André stattfand, die Taufe eines „Neger[s] vom Volke von Capélaou in Guinea [d. i. Cap Lahou in der Elfenbeinküste], etwa fünfzehn Jahre alt". Das Kind hieß nach der Taufe Claude, und sein Taufpate war Claude Benoit des Essarts, „dem er gehört".[104] Benoit des Essarts lebte in derselben „Insel" des Steuerverzeichnisses wie vier der Unterzeichneten (der Musiker, die Näherinnen und der Bäcker Godinaud); er war der Schwager sowohl von Jean-Alexandre Cazaud als auch jenes Bürgermeisters von Angoulême, der 1758 den Vorsitz bei der Milizlotterie geführt hatte.[105]

Dann gab es François Martin Aliquain, der „um die zwölf" Jahre alt und Sohn „unbekannter Eltern" aus *„laguinne en affrique"* war. Drei Monate hatte er 1775 in der Gemeinde Saint-Jean gelebt, als er „aus freiem Willen und ohne jeden Zwang ... am Tor der Pfarrkirche dem Heidentum abschwor"; sein Taufpate, François Martin de Bourgon, war ein früherer Offizier, dessen einer Sohn als Major in einem Regiment auf Martinique Dienst tat; ein anderer war beim Militär auf Guadeloupe und brachte es später bis zum Gouverneur von Französisch-Guayana.[106] Thomas Toussaint Bracher, der als von Guadeloupe gebürtig beschrieben wird, war der Diener eines „M. de Rouffignac" und lebte in den 1770er-Jahren mit seiner Frau „Marie Anne" in der Gemeinde Petit-Saint-Cybard; zwei seiner Kinder wurden 1773 beziehungsweise 1775 in der dortigen Pfarrkirche getauft.[107]

Anne Faure, die Tochter eines Schuhmachers, die den Heiratsvertrag unterzeichnet hatte, bezeugte 1775 den Taufvermerk eines weiteren Kindes, das aus Afrika nach Angoulême gebracht worden war: „Jean L'Accajou ... ein gebürtiger Afrikaner ... von fünfzehn Jahren", der in der Gemeinde Petit-Saint-Cybard getauft wurde; in den Quellen heißt es, er sei 1773 „auf dem Schiff *La Cicogne* des Kapitän Delage nach Frankreich gelangt, wie es scheint, und bei der Admiralität in La Rochelle verzollt worden".[108] Die *Cigogne* war ein Sklavenschiff, das zwischen 1769 und 1778 fünf Fahrten unternahm. Sie verließ La Rochelle im Juni 1771 und nahm in Ouidah im heutigen Benin 495 Sklaven an Bord; 430 Sklaven wurden im April 1772 in Cap-Français, Saint-Domingue (Haiti), an Land gebracht, und das Schiff kehrte im September 1772 nach La Rochelle zurück. Sein Kapitän war Michel Delage; drei Monate später brach er zu einer weiteren Sklavenfahrt auf und starb im März 1773 in Afrika.[109]

Erbschaften

Die familiären Beziehungen der 83 Vertragsunterzeichner bieten intime Einblicke in die Anlässe und Schlüsselmomente – die Erbstreitigkeiten, Vollmachtsverfahren, fehlgeleiteten Briefe – von Austauschverhältnissen auf lange Distanz. Elizabeth Boutoute, die Jean-Baptiste Ferrand heiratete und mit ihm nach Saint-Domingue ging, hatte ihre eigene Familiengeschichte voller großer Erwartungen und herber Verluste, was nicht zuletzt mit dem System von Anrechten und Privilegien in der Stadt zu tun hatte.[110] Ein Onkel von ihr war 1772 an einem verworrenen Verfahren beteiligt, in dem es um das Erbe seines verstorbenen Schwagers Louis Deschamps ging, der in Angoulême Perückenmacher gewesen war. Louis Deschamps war einer von 9000 Männern, Frauen und Kindern, die in den Jahren 1764/65, also im Nachklang des Siebenjährigen Krieges, nach *la France Equinoniale* (Französisch-Guyana) emigriert waren. Er starb bei der tragischen Expedition nach Cayenne.[111] Sein Erbverfahren betraf seinen Bruder, der als Kaufmann in Bordeaux lebte, seine beiden Schwestern nebst Ehemännern – einen Schmied und einen Topfschmied, der Elizabeths Onkel war. Die Erbmasse, um die es bei dem Streit ging, bestand in dem Anrecht, das Amt des städtischen Perückenmachers von Angoulême für die Summe von 50 Livres zu „pachten".[112]

Der Signatar Jean Dumergue, jener streitbare Fuhrmann, der dem Inspekteur der Marine zwei Einspänner vermietet hatte, war einer von zwölf Söhnen eines Sattlers und ein Großcousin des Bräutigams Etienne Allemand.[113] In den 1760er-Jahren war er tief in einen Familienstreit um das Erbe seiner verstorbenen Eltern verwickelt, und auch er hatte einen Bruder, der in die Kolonien ausgewandert war: François Dumergue, der 1732 in Angoulême zur Welt gekommen war, lebte zu der betreffenden Zeit als Kaufmann in Fort-Dauphin, Saint-Domingue (das ist das heutige Fort-Liberté an der Atlantikküste von Haiti, nahe der damaligen Grenze zur spanischen Kolonie Santo Domingo).[114] Die beiden Brüder standen in Korrespondenz, und ihre Briefe waren von der vertraut-familiären, abschweifend-geschwätzigen Sorte. In einem Brief von 1769, den Jean bei dem Notar Caillaud hinterlegte, schrieb François ihm von der Erbschaft; dem „guten Charakter" eines anderen Bruders; der Großzügigkeit (bzw. dem Geiz) einiger anderer; der steuerlichen Belastung durch die hohen Militärausgaben und die in Saint-Domingue offenbar bevorstehende Revolution: „zwei Drittel dieser Insel sind bereits in großer Unruhe" und es bestehe nur eine geringe Chance, „den Bürgerkrieg doch noch abzuwenden". Außerdem erbot er sich, einem seiner Neffen eine Stellung als Sekretär in der Kolonie zu verschaffen – sofern der Junge schreiben könne. Jedoch war er, wie er im Februar 1769 schrieb, noch immer nicht in der Lage, nach Frankreich zurückzukehren, da „die geschäftlichen Angelegenheiten gerade sehr schlecht" für ihn liefen.[115]

Einige Monate darauf, im September 1769, tauchte François Dumergue in den *Affiches Américaines* auf, dem Handels- und Mitteilungsblatt der Kaufleute von Saint-Domingue: In einer Annonce rief er zur Festnahme einer entlaufenen Kreolensklavin namens Nannette auf, die „sehr gut Spanisch und Französisch" spreche. Sie sei „auf ihren beiden Brüsten gebrandmarkt: DUMERGUE" und auf ihren Schultern mit seinen Initialen, „FD".[116] Im April 1770 inserierte er dann noch einmal und gab weitere Details an: Er fahnde nach einer „Kreolennegerin, die über ihren beiden Brüsten mit DUMERGUE gebrandmarkt ist, eine[r] Näherin, die nun bald mit einem Kind niederkommen müsste, wenn sie es nicht schon getan hat."[117] Seine eigenen „geschäftlichen Angelegenheiten" waren in der Zwischenzeit jedoch weiter schlecht gelaufen, und schon im Juli 1770 begegnet François Dumergue nur noch als „ehemaliger Kaufmann". Sein gesamter Lagerbestand – Taschentücher, Hüte, Strümpfe, Stoffe zur Herstellung der Sklavenkleidung, die von den Franzosen *ginga* genannt wurde – wurde zum Abverkauf ausgeschrieben, „auf Verlangen seiner Gläubiger".[118]

Die Geschichte einer (möglichen) Erbschaft für die Kinder eines Tanzlehrers der Stadt, Marc René Lefort Latour, gibt einen noch tieferen Einblick davon, wie der Informationsfluss zwischen Angoulême und der Außenwelt – von Berlin bis Saint-Domingue – vonstattenging. Marc René war ein guter Freund von zweien der Signatare – von Jean Joubert, einem Tuchhändler (noch ein Cousin der Allemands) und seiner Ehefrau, Marguerite Durousot (Tochter eines Perückenmachers).[119] Marc René und seine Frau hatten zwölf Kinder, die im Zeitraum von 1730 bis 1751 zur Welt kamen. Einige Jahre nach dem Tod der Mutter 1763 wurde bekannt, dass die überlebenden Kinder des Paares unter den Erben eines Onkels (des Bruders ihrer verstorbenen Mutter) genannt sein sollten; dieser hatte als Kaufmann in Angoulême gelebt. Marc René, der zu diesem Zeitpunkt schon 69 Jahre alt war, nahm es auf sich, alle nötigen Dokumente und Papiere der (möglichen) Erben zusammenzusuchen. Das war keine leichte Aufgabe: Drei seiner Kinder, die nach Paris gezogen waren, stellten ihm Vollmachten zur Verfügung, die ein Pariser Notar aufgesetzt hatte; einer seiner Schwäger, der als Perückenmacher in Berlin lebte, schickte ihm eine weitschweifige Vollmachtsurkunde, die ihm ein Vertreter der französischen Botschaft ausgestellt hatte.[120] Sein fünfter Sohn, Louis Gabriel, lebte in Saint-Domingue, und sein Briefwechsel mit Marc René ist es, der uns so viele Details über die Informationswege und -medien in solchen aufwendigen Verfahren liefert – Verfahren, die mitunter (wie auch in diesem Fall) um äußerst geringe Erbsummen geführt wurden.

Louis Gabriel Lefort Latour konnte lesen und schreiben – mehr schlecht als recht zwar, aber das machte er durch ein großes Mitteilungsbedürfnis wett. Er war als Wundarzt auf einer Sklavenplantage in Artibonite in Saint-Domingue beschäftigt, von wo er mit seinem Vater korrespondierte; der Brief, in dem es um die Erbschaft seines Onkels geht, ist erhalten geblieben, weil er bei dem Notar Caillaud hinterlegt wurde. Er bietet eine wahre Litanei von Missgeschicken und Informationslücken: Marc Renés eigener Brief war zunächst falsch zugestellt worden; Louis Gabriels Briefe waren aufgehalten worden; der Brief von seinem Vater war von einem anderen Wundarzt der Insel in Empfang genommen und geöffnet worden, der ebenfalls „Latour" hieß; die korrekte Adresse des Sohnes laute: „maître en chirurgie demeurant sur les Biens de messieurs les héritiers de Laville a la plaine de l'Artibonite cartier de St Marc ille St Domaingeue".

Louis Gabriel befand sich selbst in einer schwierigen Situation. Für seine Arbeit benötigte er ein Pferd; auch er hatte Brüder, die ihre Versprechen nicht gehalten hatten, und alles, was er seinem Vater schicken konnte, war eine Ladung Kaffee, die auf seine Rechnung von einem Händler in La Rochelle verkauft werden sollte. Louis Gabriel war in diesem Langstrecken-Informationsaustausch auch selbst ein Mittelsmann, aber es war ihm leider nicht gelungen, auf die Fragen, die ihm sein Vater im Auftrag einiger anderer Bürger von Angoulême übermittelt hatte, die erhofften Antworten zu erhalten. Seine besten Grüße ließ er an „Mlle de Boisnoble" ausrichten: Er habe herausfinden können, dass „der Besitz ihres Bruders aus einer Kaffeeplantage mit einigen Negern und Tieren" bestehe; weitere Details habe er einem „M. Deraix" mitgeteilt. Es werde fünf Jahre dauern, die Plantage abzuwickeln; auf einen Brief mit der Bitte um weitere Details habe er noch keine Antwort erhalten; einen gewissen „M. Leconte", der sich in Port-au-Prince aufhalte, habe er noch nicht getroffen, um ihm den Brief von „David" zu übergeben; er habe nach Cap-Français geschrieben, um Informationen über eine Person namens Dusouchet zu erhalten, das habe sich jedoch als unmöglich herausgestellt.[121]

In der Sache seiner eigenen möglichen Erbschaft und Vollmacht waren die Umstände nicht weniger verzwickt: Louis Gabriel war in Saint-Domingue bei einem Notar vorstellig geworden, der „von mir 72 Livres erbat". Also hatte er beschlossen, ganz einfach nichts zu tun – aus der vollkommen vernünftigen Überlegung heraus, dass die benötigte Vollmacht ihn letztlich mehr Geld kosten würde als die Erbschaft überhaupt wert war: „Je ne puis vous Envoyer ma procuration atandu que Sela me couteroit plus que La Sucsaitions ne vos."[122] Am Ende erhielten die Erben pro Person die folgende Summe: 7 Livres, 14 Sous und 3 Deniers.[123]

Informationen und Erwartungen

Dies also war die Welt aus immer lückenhaften Informationen, die Marie Aymard in ihrer Vollmachtsurkunde aufscheinen ließ – mit all den Austauschbeziehungen, die wirksam wurden, sobald jemand einen Eintrag in einem Kirchenbuch bezeugt oder Brot an Kriegsgefangene ausliefert oder sich nach Briefen aus Saint-Domingue erkundigt oder beschließt, vor der Milizlotterie davonzulaufen („einem Schicksal [...], dessen bloße Vorstellung [einen] in tiefe Verzweiflung stürzt"). Und es war auch die Welt der 83 Unterzeichneten des Heiratsvertrages und ihres Umfelds.

Wenn man diese „Dreiundachtzig", zusammen mit ihren jeweils eigenen Netzwerken aus Freunden und Familie, als ein einziges soziales Netzwerk betrachtet, dann kann man sich zumindest einige dieser Austauschbeziehungen ganz plastisch vor Augen führen. Selbst die konventionellsten Marker für den Einfluss der Überseegebiete im Mutterland – etwa der Anteil von Emigranten an der Bevölkerung oder der Anteil des Fernhandels mit den Kolonien am Gesamtkonsum oder im Verhältnis zur Produktivität in der Metropole – lassen sich in den statistischen und sonstigen archivalischen Quellen zu den Kolonialreichen des 18. Jahrhunderts nur schwer nachvollziehen. Die *unsichtbaren* Austauschbeziehungen zu jener Zeit – von Informationen etwa oder von Erwartungen – lassen sich natürlich noch schwerer fassen. Aber ihre Geschichte ist prinzipiell komplementär zu jener anderen, größeren des „überseeischen Einflusses"; sie erzählt ganz Ähnliches.[124]

Das Netzwerk der Dreiundachtzig ist – wie so vieles andere an dieser Geschichte – unvollständig. Es setzt sich zusammen aus einem klar begrenzten Universum (aus 83 Individuen zuzüglich ihres durch ebenso klare Beziehungen definierten Umfelds) und einem Prozess (dem der Suche nach weiteren Individuen nämlich), der potenziell endlos ist. Dennoch stellt dieses Netzwerk ein Werkzeug dar, um den Einfluss der Außenwelt – das heißt die Wahrscheinlichkeit, dass eine bestimmte Person irgendeine Art von (Fehl-)Information über ein weit entferntes Geschehen hatte – zu visualisieren und zu zeigen, wie diese Informationen sich entlang der sozialen Beziehungen im Inneren des Netzwerks verbreitete. In einer Visualisierung des Netzwerks wurden diejenigen Personen, die schon einmal außerhalb Frankreichs auf Reisen gegangen waren – Jean-Baptiste Ferrand als einziger der Signatare, aber noch einige andere im Umfeld der Dreiundachtzig –, in einem dunkleren Farbton eingefärbt, während all diejenigen, aus deren Verwandtschaft jemand außerhalb Frankreichs lebte (oder gelebt hatte), in einem etwas helleren Ton markiert waren. Die Individuen mit der blassen Einfärbung hatten eine oder mehrere der folgenden Verbindungen zum Geschehen in der weiten Welt: Sie selbst oder Verwandte von ihnen hatten als Lieferanten oder Dienstleister für die französische Armee oder Kriegsmarine gearbeitet; sie selbst oder ein Angehöriger ihres Haushalts waren für die Angoulêmer Milizlotterie von 1758 registriert worden; sie waren entweder ein Nachbar der nach Angoulême gekommenen Afrikaner oder hatten beispielsweise als Taufpate für einen von ihnen fungiert; oder sie waren unmittelbare Nachbarn – in derselben „Häuserinsel" – einer anderen Person, die schon einmal außerhalb Frankreichs gelebt hatte. Der Einfluss der Außenwelt ist unsichtbar, wo er nicht materiell ist, also nicht in einem Austausch von Personen oder Waren besteht; er kann aber sichtbar (oder zumindest darstellbar) werden, wenn man die Verbindungen innerhalb des sozialen Netzwerks in den Blick nimmt.

Die in dem Netzwerk der Dreiundachtzig enthaltenen Informationen können aber auch verwendet werden, um – in anderen Visualisierungsvarianten – das Ausmaß der Mobilität innerhalb Frankreichs sichtbar werden zu lassen oder das innerhalb einer kleinen Provinzstadt wie Angoulême: beispielsweise, indem man die Wahrscheinlichkeit untersucht, mit der einzelne Personen aus Angoulême durch familiäre Beziehungen eine Verbindung in die umliegenden Dörfer (oder etwa nach Paris) hatten. Die 83 Unterzeichneten und ihre Kontaktpersonen werden im weiteren Verlauf dieser Geschichte immer wieder auftauchen, indem wir die Lebenswege von Marie Aymards Kindern und Kindeskindern in die Epoche der Französischen Revolution hinein verfolgen. In diesem Zusammenhang kann das Netzwerk der Dreiundachtzig auch ein Werkzeug sein, um die Verbreitung revolutionären (oder konterrevolutionären) Gedankenguts in Familien und Freundeskreisen zu untersuchen.

Die Verbindungen zwischen der Familie Marie Aymards und den einzelnen Personen, die den Heiratsvertrag unterzeichneten, waren nicht alle gleich, ja sie waren mitunter grundverschieden. Das gilt sowohl mit Blick auf die Intensität oder die Kontinuität der jeweiligen Beziehungen als auch hinsichtlich der Machtverhältnisse zwischen den daran Beteiligten. Und im Laufe der Zeit – im Voranschreiten der historischen Zeitläufte – veränderten sich diese Beziehungen auch. Die Patronage durch die Familie des reichen Goldschmieds dauerte noch bis in die Lebenszeit von Marie Aymards Enkeln hinein an. Die wichtigste Kapitalquelle für ihren Enkel Martial im Jahr 1790 waren die Ersparnisse der beiden Näherinnen, die den Heiratsvertrag unterzeichnet hatten und mit ihrer Tante und ihrem verwitweten Vater in ziemlicher Armut lebten. Die Lebensgeschichten dieser 83 Individuen bilden also selbst eine große historische Erzählung. Die Signatare des Heiratsvertrags waren umgeben von Neuigkeiten, Gerüchten und Information; sie waren die Gesellschaft – oder eine der Gesellschaften –, in deren Mitte Marie Aymard und ihre Familie lebten.

KAPITEL 3: EIN BLICK VON OBEN

1764

Die Geschichte Marie Aymards und ihrer Familie bis hierher hat sich als eine Abfolge von *Geschichten,* von Berichten und Anekdoten erwiesen: als eine dicht gewobene historische Erzählung vom Leben bestimmter Individuen und ihrer Familien. Sie ist „ordentlich" (oder systematisch) gewesen insofern sie mit der Geschichte einer Einzelperson begonnen und sich dann auf ihre Familie und noch weiter auf ein sie umgebendes soziales Netzwerk ausgeweitet hat – oder zumindest auf die Näherung eines solchen Netzwerks, wie sie sich an einem einzigen Nachmittag im Dezember 1764 darstellte und im Heiratsvertrag ihrer Tochter festgehalten wurde; und schließlich erweiterte sie sich dann auch noch auf die sozialen Kontakte der 83 Signatare.

Aber es gibt auch andere historische Sichtweisen, und diese sind mitunter noch ordentlicher und weniger lückenhaft. In seiner größten denkbaren Ausdehnung ist nämlich das soziale Universum der Marie Aymard, dessen Geschichte wir schreiben wollen, schier unermesslich: Es stellt das hier bisher vorgestellte Verfahren auf den Kopf, indem es eine Gesamtschau von (mehr oder weniger) allen Menschen liefert, die 1764 in Angoulême lebten. Es beginnt also nicht bei einem Individuum, schreitet dann fort zu dessen Familienumfeld und weiter in ein soziales Netzwerk, sondern geht von „der Gesellschaft" als ganzer aus und wendet sich dann einer oder mehreren Einzelpersonen mit ihren jeweiligen Geschichten zu. Genauso wird das praktische Vorgehen, das, was man den „Prozess der historischen Neugierde" nennen könnte, umgestülpt. Die ruhelose Jagd nach den Dreiundachtzig ist die Art von Forschungsprojekt, die man gut allein im stillen Kämmerlein verfolgen kann (wie ein Privatdetektiv vom Typ

„einsamer Wolf", dessen etwas unappetitliches Tagesgeschäft darin besteht, in den Familienangelegenheiten anderer Leute herumzuschnüffeln). Die Transkription und Visualisierung von Informationen über 4089 Individuen dagegen – denn so groß ist die Population oder Gesellschaft, um die es hier geht – ist eine Aufgabe ganz anderer Größenordnung, die nur gemeinschaftlich gelöst werden kann.[1]

Zu den 4089 Personen zählen alle, die im Verlauf des Jahres 1764 in einem Kirchenbuch der diversen katholischen Pfarrgemeinden von Angoulême erwähnt werden.[2] Es handelt sich dabei um eine ziemlich willkürliche Stichprobe, nicht zuletzt deshalb, weil zur damaligen Zeit weitaus mehr Menschen in Angoulême lebten (rund 12 000, davon etwa 8000 in den Innenstadtgemeinden).[3] Die Personen, die in den Kirchenbüchern auftauchen, werden dort genannt, weil sie im Zusammenhang mit irgendeinem Anlass oder Ereignis stehen: Sie wurden getauft oder heirateten oder bekamen Kinder oder starben, oder sie werden erwähnt, weil sie diesen Anlässen im Leben ihrer Verwandten und Freunde beiwohnten: Taufpaten und Zeugen gibt es in diesen Registern, die manchmal nur auf der Durchreise in der Stadt waren. Insgesamt enthält die Liste der 4089 Namen aber alle, die in den Kirchenbüchern auch nur erwähnt werden, selbst wenn sie bereits tot waren oder in weiter Ferne lebten.

Die kürzere Liste derjenigen Individuen, die sich 1764 tatsächlich in Angoulême aufhielten, ist demnach unvollständig; sie bildet die Bevölkerung der Stadt nicht akkurat ab. Es gab ja noch all die anderen Leute, die ebenfalls in der Stadt waren, denen aber im Jahreslauf nichts Besonderes passierte (oder zumindest nichts, das Eingang in die Kirchenbücher gefunden hätte). Auch waren nicht alle Bewohner der Stadt katholisch, und nur sporadisch tauchen die Nichtkatholiken in den Gemeinderegistern auf. Die Stadt Angoulême blickte auf eine lange Geschichte von Glaubensstreitigkeiten zurück: Der Pergamentumschlag des Kirchenbuchs der Gemeinde Saint-Antonin für die Jahre 1731–1735 (der seinerseits aus dem Jahr 1680 stammte) trug noch die Mahnung an alle Mütter, Väter und Hausvorstände, dass sie ihre Kinder und Dienstboten davon abhalten sollten, mit Schlamm und Steinen nach Personen zu werfen, die „der sogenannten reformierten Religion" angehörten.[4] Und natürlich gab es auch Menschen, die schlicht bei keinem der genannten Anlässe dabei waren und deshalb eben nicht erwähnt wurden – noch nicht einmal, um festzuhalten, dass sie nicht unterschreiben konnten. Umgekehrt sind etwa frisch vermählte Paare mit ihren Familien und Freunden überrepräsentiert; Kinder werden meist nur anlässlich ihrer Geburt erwähnt und Alte, wenn sie sterben.

Die Pfarrer der verschiedenen Gemeinden hatten sehr unterschiedliche Vorstellungen davon, wie viel an Information in einen solchen Kirchenbucheintrag gehörte. Zudem sind die kleinen, wohlhabenden Gemeinden, deren Mitglieder überwiegend lesen und schreiben konnten, in der Liste aller Erwähnten ebenfalls überrepräsentiert. Dort gab es nämlich zahlreiche signierfähige Zeugen, so viel Platz in den Kirchenbüchern für ausladende Unterschriften und Schnörkel, dass dort ganze Lebensgeschichten und oft sogar die Erfolge längst Verstorbener ausgebreitet wurden („chevalier de Saint-Louis et chef des escadres et armées navalles", heißt es etwa über einen Marineoffizier, dessen Witwe 1764 in der Gemeinde Saint-Antonin zu Grabe getragen wurde).[5] Es handelt sich also um Quellen, die – wie jede Quelle – ihre Eigenheiten und insbesondere ihre Lücken haben. Aber sie sind alles, was wir haben, um die Gesamtheit der katholischen Bevölkerung von Angoulême im Jahr 1764, dem Jahr des Heiratsvertrages für Marie Aymards Tochter, in den Blick nehmen zu können.

4089 Individuen

Die Liste der 4089 Individuen liefert einen Überblick vom Angoulême des Jahres 1764: einen Blick aus der Vogelperspektive, als wenn wir aus großer Höhe auf die Dächer der Stadt hinunterblickten. Sie präsentiert ein Bild, eine Momentaufnahme aus den Leben zahlreicher Einwohner. Und sie ist die Art von Quelle – wie schon die wesentlich kürzere Liste der Signatare des Heiratsvertrages samt ihren Freunden und Verwandten –, aus der wir Informationen oder Daten schöpfen können, wenn wir ein soziales Netzwerk durch Visualisierung sichtbar machen wollen. In der Visualisierung wird dann augenfällig, wer von diesen vielen Individuen, die nun zufällig in den Kirchenbüchern für 1764 auftauchen, mit wem verbunden war, und wer ganz besonders kontaktfreudig oder gut vernetzt war und so einen großen „Knotenpunkt" des Netzwerks darstellte – als ein Individuum mit besonders vielen „Kanten" oder Verbindungen zu anderen Personen.

(Dabei handelte es sich meistens um Indivuden, die 1764 geheiratet hatten und von deren Verwandten viele lesen und schreiben konnten, oder um solche, die bei mehreren verschiedenen Anlässen dabei waren.)

Die Übersicht der 4089 Individuen steht ergänzend neben anderen Quellen zur Geschichte Angoulêmes im 18. Jahrhundert: Da wären die beiden Steuerverzeichnisse von 1763 und 1766 sowie die Listen, die anlässlich der Milizlotterie von 1758 angelegt wurden. Da wären drei rivalisierende Listen mit Gläubigern und Schuldnern, die im Zusammenhang mit den 1769 begonnenen „Händeln" in Justiz und Finanz entstanden sind. Da wären die rund eintausend „Akte" oder Urkunden, die von den 19 Notaren, die in Angoulême tätig waren, allein im Jahr 1764 ausgefertigt wurden. Und da wären, nicht zuletzt, die Unterlagen der städtischen Strafgerichtsbarkeit aus demselben Jahr. In all diesen Quellen tauchen Individuen auf oder verschwinden, treten die Flucht an oder machen Ausnahmen geltend oder teilen Erbschaften auf oder verklagen ihre Nachbarn – im Falle der Strafgerichtsakten – wegen Verleumdung, versuchten Mordes, oder weil sie schreckliche Schmählieder gesungen hatten. Die Liste der 4089 Individuen gibt uns eine Art Übersicht an die Hand, um all diese anderen, sporadisch auftretenden Figuren einigermaßen zu verorten und „dingfest" zu machen.

Die Liste erlaubt es uns außerdem, aus der Vogelperspektive – oder von der Ebene der „Gesellschaft" – gewissermaßen heran- und dann auch wieder herauszuzoomen, indem wir uns zurück auf die statistische Ebene der Daten und gesellschaftlichen Strukturen begeben. Die 4089 Personen auf der Liste sind reale oder „historische Persönlichkeiten" in dem Sinne, dass ihre Existenz festgehalten wurde und verifiziert werden kann.[6] In ihren Leben gab es Ereignisse, die nachweislich stattgefunden haben. Es gab aber auch Fälschungen, und Einträge, die nachträglich „berichtigt" werden mussten, oft erst Jahre später. (Und im Zusammenhang mit einer solchen Berichtigung einer früheren Gedächtnislücke sollte es sich dann 1826 in Bayonne begeben, dass ein Enkel Marie Aymards die Aufzeichnungen des staatlichen Personenstandswesens als „gewichtig, ernst und bedeutsam" bezeichnete.)[7] Aber die Akten und Verzeichnisse der Gemeinden sind meist doch eher „ärmlich, trocken und steif", wenn man sie mit den ergiebigeren und „gesprächigeren Quellen" der Notars- und Gerichtsarchive vergleicht.[8]

In den Notarsurkunden, im episodischen Diskurs der Verträge oder Beschwerden oder Erklärungen, beschrieben die Individuen sich so, wie sie selbst gern gesehen werden wollten. Dasselbe gilt von den Klägern in den Gerichtsakten, wenn sie ihre Geschichten erzählten, so wie Rose Rezé (eine der Rose Rezés), die berichtete, wie sie mit ihrer Schwägerin die Straße hinunterging. Auch die Individuen in den Steuerverzeichnissen kann man als Ausgeburten der Fantasie (oder der gesellschaftlichen Wertschätzung) betrachten, entsprungen den Köpfen der erschöpften Amtsschreiber, die diese Verzeichnisse aufstellen mussten; und tatsächlich kann man feststellen, wie ihre Handschrift immer fahriger wird, je weiter sie auf ihrer Tour de Force durch die Straßen und „Steuerinseln" der Stadt vorankommen.[9] In den Milizlisten finden sich detaillierte Beschreibungen vom Äußeren der dort erfassten Personen – die einzigen erhaltenen Darstellungen, oder zumindest die einzigen, die ich habe finden können, von den vielen Tausend Frauen und Männern, die um die Mitte des 18. Jahrhunderts in Angoulême lebten und von denen dieses Buch handelt –; und diese Beschreibungen gibt es auch nur deshalb, weil die Beschriebenen flüchtig waren (oder man damit rechnete, dass sie es bald schon sein würden).[10]

So gesehen hat die Möglichkeit, von einer Gesamtsicht aus 4089 „Knotenpunkten" auf ein einzelnes Leben hineinzuzoomen, nur um dann von einem konkreten Notariatsakt auf die Totale eines sozialen Netzwerks mit 5329 „Kanten" zurückzuschwenken, auch etwas Befremdliches. Dieser Sprung zwischen den Größenordnungen ist schließlich auch ein Sprung zwischen verschiedenen Arten, Geschichte zu schreiben, und ein Sprung zwischen verschiedenen Weisen, sich historischen Individuen (oder Individuen, die einmal existiert haben) zu nähern. Schon immer hat es in der historischen Forschung verschiedene Arten von Realität gegeben, und verschiedene Arten von Quellen für verschiedene Arten von Individuen: Man begab sich auf die *quantitative* oder *Makro-* oder *Gesellschaftsebene*, wenn man, wie es der Philosoph Condorcet in den 1790er-Jahren formulierte, „die Masse der Familien, die fast ganz von ihrer Arbeit leben", untersuchen wollte – jenen Teil der Menscheit, „der dunkelste, der am meisten vernachlässigte, und für den die Denkmale uns so wenig Stoff bieten" –; und man wählte die *qualitative* oder *Mikro-* oder *Individualebene*, wenn es um Einzelpersonen ging, die ein geschichtlich bedeutsames oder zumindest interessantes Leben gehabt hatten.[11] Es gibt Individuen, die in Erzählungen beschrieben, und andere, die lediglich gezählt werden können. Die Kirchenbücher und Gemeinderegister von Angoulême ermöglichen es uns, zumindest einige dieser verschiedenen Arten von Geschichte übergreifend zu verbinden, denn sie sind universell – zumindest für die katholischen Einwohner der Stadt – und stellen so eine zumindest vorläufige Gleichheit aller Schicksale her, was die Lebensereignisse Geburt, Heirat und Tod betrifft. Alle sind sie dort vertreten, die Armen, die Reichen und die Vernachlässigten.

Unendliches Zählen

Wer auch nur einen flüchtigen Blick auf die französischen Kirchenbücher des 18. Jahrhunderts wirft, schrieb der Historiker Pierre Goubert im Jahr 1954, wird fast unweigerlich den Verlockungen der Quantifizierung erliegen: „Sollten nicht auch wir, wie es so viele andere vor uns getan haben, jetzt gleich beginnen hemmungslos, ja endlos zu zählen?"[12] Also wenden wir uns zunächst den nackten Zahlen zu, angefangen mit den Geburten: Insgesamt 505 Säuglinge wurden in den zwölf Pfarreien von Angoulême im Laufe des Jahres 1764 getauft.[13] Es gab in jenem Jahr keine Taufen von „Ketzern" oder „Heiden" oder etwa Anglikanern; allerdings vermerkt das Kirchenbuch der Pfarrei Saint-Martin im Juli die Taufe eines schon zwei Jahre alten Mädchens namens Marie, das „einer protestantischen Ehe entsprungen" war und dessen Mutter „eine Zeit lang als Vagabundin gelebt hatte".[14] Eine junge Frau in der Pfarrei Saint-André – die jüngere Schwester jenes Pascal Chauvin, dem Marie Aymard ihre Nachforschungen auf Martinique anvertraute – brachte im Januar 1764 einen Sohn zur Welt, der auf den Namen „Pierre" getauft wurde – und dann im Dezember 1764 noch einen weiteren, dessen Taufname ebenfalls „Pierre" war.[15]

Von den 505 Säuglingen, die 1764 geboren und getauft wurden, wurden 50 noch im selben Jahr begraben.[16] Es kamen mehr Jungen als Mädchen zur Welt; 36 der 271 getauften Jungen starben binnen Jahresfrist und 14 von 234 Mädchen. Die Säuglingssterblichkeit unter den 1764 in Angoulême geborenen Kindern – also der Anteil derjenigen, die vor ihrem ersten Geburtstag starben – lag damit bei 9 Prozent für die Mädchen und 15 für die Jungen.[17] Am gefährdetsten waren jene 31 Säuglinge (13 Mädchen und 18 Jungen), die in den Kirchenbüchern als „unbekannter Herkunft", „Bastard", „unehelich" oder „ausgesetzt" bezeichnet werden (die Letztgenannten wurden in einer „Kasten" genannten Nische in der Stadtmauer abgelegt, wo Neugeborene der Obhut der Gemeinde, der Stadt oder des Staates überlassen werden konnten). Insgesamt gesehen war es ein recht gesundes Jahr für Angoulême.[18]

Die Sommermonate waren die gefährlichsten in dieser kleinen Stadt ohne sichere Wasserversorgung, in der nur die Wohlhabenden dafür sorgen konnten, dass ihnen das Wasser den Hügel hinaufgetragen wurde. (Die Witwe eines Webers, die in einem Dokument des Notars Jean Bernard genannt wird, schloss darin eine Vereinbarung mit einem Angoulêmer Kaufmann, in der es neben der gelegentlichen Nutzung einer schwarzen Ziege auch darum ging, dass sie ihm Wasser in sein Haus liefern musste.)[19] Im August, September und Oktober 1764 wurden in Angoulême „nur" 48 Kinder im Alter bis zu fünf Jahren zu Grabe getragen. In denselben Monaten des Folgejahres 1765, einem Jahr mit schrecklich hoher Kindersterblichkeit, wurden 205 Kinder begraben, hauptsächlich in den Pfarreien Saint-André, Saint-Jacques und Saint-Martial.[20] Von den 505 Kindern, die 1764 in Angoulême geboren wurden, starben 54 im Verlauf des Jahres 1765, beinahe ausschließlich in den drei tödlichen Sommermonaten.

In den Pfarreien von Angoulême wurden 1764 insgesamt 122 Ehen geschlossen; neun der Brautpaare bekamen noch im selben Jahr Nachwuchs. Von den 122 Paaren wurde bei weniger als einem Drittel das Alter zum Zeitpunkt der Eheschließung festgehalten; dort lag dann das Durchschnittsalter der Frauen bei 29 und das Durchschnittsalter der Männer bei 31 Jahren. Der älteste Bräutigam war ein 60-jähriger Witwer aus Agen, der eine 55-jährige Witwe aus La Rochefoucauld zur Frau nahm. Der jüngste Bräutigam war, den Aufzeichnungen zufolge, 15 Jahre alt und der Sohn eines Küfners – tatsächlich war er aber erst 12 Jahre und sechs Monate alt und heiratete eine Frau von zwanzig Jahren.[21] Unter allen Brautleuten, die in Angoulême heirateten, kamen 14 der Frauen und 37 der Männer nicht aus der Stadt. Die meisten dieser „Auswärtigen" sind den halb-ländlichen Gemeinden Saint-Martial und Saint-Jacques zuzuordnen, und sie kamen fast alle aus den umliegenden Provinzen; ein Mann wurde allerdings auch als gebürtiger Turiner beschrieben. Nur 39 Bräute und 56 Bräutigame unterschrieben in den Kirchenbüchern mit ihrem Namen – obgleich nur 22 ausdrücklich erklärten, dass sie dies nicht könnten.

Gerade einmal zwei von 122 Frauen, die im Jahresverlauf in Angoulême getraut wurden, gaben einen Beruf oder eine Beschäftigung an: Beide waren Hausangestellte. Von den 122 Männern gaben 66 ihren Beruf an: 16 waren Tagelöhner, vier waren Küfner, vier Schuhmacher, vier Schneider, drei Knechte, drei Weber, zwei Fischhändler, zwei Zimmerleute, zwei Hutmacher, zwei Schreiner, zwei bezeichneten sich als „Junker", einer war Offizier, ein anderer Feldscher außer Dienst, dann gab es einen Bäcker, einen Schmied, einen Buchbinder, einen Sänftenträger, einen Tuchmacher oder Wollweber, einen Kammmacher, einen *commis* oder Sekretär, einen Gastwirt, einen „Edelmann", einen Advokaten, einen Rechtsmittler oder *praticien*, einen Schlosser, einen Kaufmann, einen Anstreicher, einen Papiermacher, einen Sergeanten, einen Ladenbesitzer, einen Steinmetz und einen Meisterschreiber. Nur eine einzige Person kam aus dem Bereich der Metallverarbeitung beziehungsweise der heraufziehenden industriellen Revolution, und das war ein „Eisendrahtwirker" aus der Vorstadtpfarrei Saint-Yrieix.

Bei den Personen, die im Verlauf des Jahres 1764 in Angoulême starben, handelte es sich zumeist um Kinder oder alte Leute: Von den 327 Begräbnissen entfielen 122 auf Kinder bis 15 Jahre und 71 auf Personen über 50; bei 93 Verstorbenen war das Alter nicht bekannt oder nicht vermerkt. Die meisten der toten Kinder stammten aus den ärmsten Teilen der Stadt, beispielsweise entfielen 27 Prozent der Kinderbegräbnisse auf die Pfarrei Saint-Martial (gegenüber nur 15 Prozent der Begräbnisse älterer Personen). Insgesamt starben mehr Männer als Frauen; aber von den 41 Personen, die als junge (oder einigermaßen junge) Erwachsene starben – die in dem Alter waren, das bei Frauen als das „gebärfähige" bezeichnet wird –, waren 25 Frauen und 16 Männer. Ein paar wenige Einwohner von Angoulême wurden außergewöhnlich alt: Die älteste Person, die in den Kirchenbüchern erwähnt wird, hieß „Marguerite Cassaud". Sie starb im Spital des Hôtel-Dieu und wurde in der Pfarrei Notre-Dame-de-Beaulieu begraben; ihr Alter wird mit „etwa 100" Jahren angegeben.[22]

Die wirtschaftlichen Verhältnisse

Diese 1026 Personen – die getauften Säuglinge, verheirateten Brautleute und begrabenen Toten – stellen in unserer Übersicht der 4089 Individuen aus dem Angoulême des Jahres 1764 und seinem Umland die Hauptfiguren dar. Das bedeutet im Umkehrschluss, dass in den Kirchenbüchern jenes Jahres noch 3062 andere Personen erwähnt werden: die Mütter (und die meisten Väter) der Täuflinge; die Taufpaten, die bei der Zeremonie dabei waren und den Taufvermerk unterzeichneten; die verschiedenen Signatare und Zeugen, die bei den diversen anderen Anlässen mit von der Partie waren; und auch einige Personen, die – wie Marie Aymard bei der Taufe ihres ersten Enkelkindes, des Sohnes von Gabriel und Marie Adelaide – als anwesend genannt werden, obwohl sie selbst nicht unterschrieben.

Diese anderen Personen wurden in den Registern also lediglich erwähnt. In den Leben unserer 1026 „Protagonisten" spielten sie jedoch eine wichtige Rolle; deshalb waren sie ja gerade da. Unser Überblick von Angoulême im Jahr 1764 stellt die Momentaufnahme eines ganz bestimmten Zeitpunkts dar. (Eines reichlich langen „Zeitpunktes" übrigens, wie das in der sozialwissenschaftlichen Zeitreihenanalyse nicht selten vorkommt: einer ganzen Abfolge von Winter, Frühling, Sommer und Herbst, in deren Verlauf einzelne Personen wie etwa die Wirtsfrau Jeanne Nouel im Januar 1764 heiraten konnten, im Februar den Tod eines Kindes beweinten und im Oktober ein anderes zur Welt brachten.)[23] Auf eine gewisse, flüchtige Weise ließ diese Momentaufnahme zugleich noch andere Zeitschichten durchscheinen, lieferte somit ein diachrones Bild (oder zumindest einen verschwommenen Schatten) von Eltern, an die man anlässlich der Heirat ihrer Kinder dachte, oder des vorverstorbenen Ehemannes jener Witwe, die in der Pfarrei Saint-Antonin beigesetzt wurde, und den die Bekannten beschrieben, die ihr einsames Begräbnis organisierten.

Die umfassende Auswertung der Daten zu diesen 4089 Personen ergibt eine Gesamtschau der damaligen Ökonomie, sofern sie auf die Lebensumstände der Bewohner von Angoulême einwirkte. Die Stadt bot Tätigkeit für Kaufleute und Tagelöhner, für Advokaten und Dienstleute gleichermaßen – das geht aus den Berufsangaben in den Kirchenbüchern hervor. Unter den 671 Personen, deren Beruf dort genannt ist, stellen die Schumacher mit insgesamt 39 Nennungen die größte Gruppe dar, gefolgt von 34 Tagelöhnern und 23 Dienstboten. Dann gab es 21 Einwohner, die sich als *procureurs* bezeichneten – als Rechtskundige oder im Rechtswesen Tätige –, und acht Advokaten oder Rechtsanwälte im engeren Sinne. Es gab zwölf größere Kaufleute und 32 „Ladenbesitzer" verschiedenster Couleur: Betreiber von Metzgereien neben Pfannenschmieden und Sporenmachern mit eigenem Ladengeschäft. Es gab elf Zimmerleute, acht Schreiner und sieben Steinmetze sowie zwei Personen, die als *entrepreneurs* beschrieben werden (womit nach dem zeitgenössischen Gebrauch aber nicht allgemein „Unternehmer", sondern speziell Bauhandwerker gemeint sind).

In den Kirchenbüchern, die unserer Untersuchung zugrunde liegen – und insbesondere in den Aufzeichnungen über die „anderen Individuen", die nicht selbst geboren wurden oder heirateten oder starben, also den Signataren und Zeugen –, herrscht eine klare Übergewichtung der Lesekundigen, die selbst über sich Auskunft geben. (Vor allem in den Pfarreien, in denen sich die Anwälte und Priester konzentrierten, stößt man in den Registern auf lange Einträge und ebenso lange Listen von Signataren.) Unter den 1764 genannten Personen waren neun Meisterschreiber; sechs Notare; zwei „Magistri Artium"; zwei Schuljungen und drei Studenten; dazu drei Lehrer (von denen einer als „Vertretungsprofessor der Humaniora" an dem Kolleg amtierte, aus dem die Jesuiten inzwischen vertrieben worden waren). Auch gab es eine große Bandbreite von Tätigkeitsbeschreibungen im Zusammenhang mit einem anderen ortsansässigen „Großunternehmen": dem Bistum Angoulême, zu dem Armenpfleger, Chorknaben, Diakone, Domkapitulare, Erzpriester, Küster, Messdiener, Mönche, Pfarrer, Priore und Schatzmeister der Kathedrale von Angoulême gehörten.

Aber die Daten der 4089 Individuen zeigen uns auch die ganze Buntheit und Bandbreite des Lebens in der Provinz. Die zwei großen, halbländlichen Pfarreien Saint-Martial und Saint-Jacques machten zusammen mit den Vorstadtgemeinden mehr als die Hälfte der gesamten Einwohnerschaft aus. In den Aufzeichnungen finden sich auch 29 Landarbeiter, sieben Steinmetze und 17 Küfer, die meisten der Letzteren im Flusshafen Saint-Jacques. Selbst die Innenstadtpfarreien, auf deren Gebiet ja fast alle Signatare des Heiratsvertrages lebten, waren teils noch landwirtschaftlich geprägt. Die Pfarrei Saint-Martial etwa, in der Françoise Ferrand getauft wurde, erstreckte sich über die Stadtmauern hinweg weit in das Umland und umfasste Felder und Steinbrüche. In Saint-Martial gab es „Tagelöhner, Bettler und Troglodyten", beschwerten sich einige Anwohner im September 1782: Die Gemeinde sei „ein Treffpunkt für alle Opfer des Elends und der Dürftigkeit, nicht nur aus dem Angoumois, sondern auch aus den benachbarten Provinzen".[24]

Das Militär spielte eine wichtige Rolle in der Stadt – in den Kirchenbüchern von 1764 finden sich acht Offiziere, sieben Sergeanten und 15 einfache Soldaten (von denen elf Invaliden waren). Auch eine Anzahl von Schreibern und Beamten gab es, die zumeist in der Steuerverwaltung tätig waren: ein *commis* oder Sekretär, zwei *commis*, die mit der Erfassung der Steuereinnahmen beschäftigt waren, fünf Vertreter der *greffe* oder Kanzlei, sechs *huissiers* oder Amtsdiener, ein Mitarbeiter der *aides*-Steuer und ein Steuereintreiber. Das produzierende Gewerbe der *Généralité* wird in den Kirchenbüchern von Angoulême nur ganz spärlich sichtbar: Fünf junge Burschen, die genannt werden, waren Papiermacher-Lehrlinge; 14 Männer und zwei Frauen waren Weber oder Spinnerinnen oder Wollsortierer, und zehn weitere waren Tuchmacher (Wollweber); ein Mann, der in der Pfarrei Saint-Jacques ansässig war, verarbeitete die Hanffasern, die zur Verpackung für den Transport benötigt wurden. Um eine Unterscheidung zu bemühen, mit der die Ökonomen jener Zeit sich langsam vertraut machten – einer Zeit, in der „produktiv sein" bedeutete, entweder in der Landwirtschaft oder einem produzierenden Gewerbe tätig zu sein –, so war das Leben in der Stadt Angoulême im Allgemeinen „unproduktiv".[25] Dafür gab es 13 Gastwirte und Schenken, zwölf Perückenmacher und acht Wundärzte; dies war die Arbeitswelt von Angoulême im Jahr 1764, in der die Allemands und die Ferrands sich bemühten, ihr wirtschaftliches Glück zu machen.

Frauenarbeit

Unter allen 4089 Individuen, die in den Angoulêmer Kirchenbüchern für 1764 genannt sind, waren gerade einmal 22 Frauen, für die eine Tätigkeit angegeben ist: Neun waren Dienstboten; aber es gab auch zwei Damenschneiderinnen, eine Krämerin, eine Köchin, eine Säugamme, eine Hebamme, eine Nonne, eine Fischhändlerin, zwei Schneiderinnen, eine Näherin, eine Wollsortiererin und eine Spinnerin. Die Hälfte dieser 22 Frauen taucht in den Registern in einer einzigen Funktion auf: als Taufpatinnen – einmal sogar, im Fall der Damenschneiderin Jeanne Chenaud, zweimal binnen eines einzigen Jahres – derjenigen Säuglinge, die in dem „Kasten" in der Pfarrei Saint-Paul abgelegt worden waren. Nur vier Frauen waren „Protagonistinnen" in dem Sinn, dass *ihnen* im Verlauf dieses Jahres irgendein Ereignis widerfahren war (oder jedenfalls eines, das Eingang in die Kirchenbücher gefunden hatte). Hypolite Binet, eine Hausmagd, heiratete im Juli 1764 einen Küfer; Elizabeth Coste, ebenfalls Hausmagd, ehelichte einen Tagelöhner, Marie Julie Laroque, die als Schneiderin bezeichnet wurde, als sie im August Taufpatin war, heiratete sechs Tage später einen anderen Küfer; die Nonne Anne Tabuteau starb im Oktober.[26]

Die Angaben über diese 22 Frauen stellen nur ein winziges Bruchstück dar – einen kleinen Stofffetzen wie jene Bänder, die eine Generation später um die Handgelenke der in Angoulême ausgesetzten Kinder geknotet wurden – von der gesamten weiblichen Wirtschaftsgeschichte der Stadt. Insbesondere die beiden Steuerverzeichnisse aus unserem Betrachtungszeitraum liefern einen ergänzenden Überblick über das Wirtschaftsleben der Innenstadtgemeinden, aber auch der umliegenden Vorstädte – und damit einen weiteren systematischen Bestandteil unserer historischen Untersuchung. Von den 2548 Haushalten, die in dem Steuerverzeichnis für 1766 aufgeführt sind, hatten 119 entweder einen weiblichen Vorstand mit angegebener Beschäftigung, oder es lebten in diesem Haushalt Frauen, für die eine Beschäftigung angegeben war: Insgesamt waren für 128 Frauen Beschäftigungen angegeben, denn es gab mehrere Haushalte – wie etwa den von „Marguerite et Geneviève Courlit loueuses de chaises" –, in denen zwei oder sogar drei Frauen mit ihren Beschäftigungen genannt waren. In dem Steuerverzeichnis für 1763 gab es 120 Haushalte, in denen Frauen mit angegebenen Beschäftigungen lebten: Das waren insgesamt 135 Frauen, von denen immerhin vierzig auch in dem zwei Jahre später entstandenen Steuerverzeichnis noch genannt werden.

Nur zwei Frauen, die mit ihren Beschäftigungen unter den 4089 Individuen aus den Kirchenbüchern genannt sind, finden sich auch in den Steuerverzeichnissen. Es sind dies Jacquette Couprie, die Krämerin oder „marchande", die 1763 und wieder 1766 in einer der dicht besiedelten Häuserinseln von Saint-André genannt wird; dort taucht sie als „die Witwe

L'Esparvin" auf und wird als Limonadenverkäuferin bezeichnet. Sie war die Witwe eines Tuchmachers und war ziemlich wohlhabend: Im Jahr 1763 belief sich die steuerliche Schätzung ihres Vermögens auf 400 Livres. (Der Onkel des Bräutigams Etienne Allemand, der dieselbe „Steuerinsel" sein Zuhause nannte, wurde mit 150 Livres veranlagt.)[27] Die Damenschneiderin, die als Taufpatin gleich zweier Säuglinge aus dem „Kasten" auftrat, findet sich auch in dem Steuerverzeichnis für 1763: „la Chenaude couturière", mit einem zu versteuernden Vermögen von 15 Livres.[28]

Die Beschreibung der gesamten Gesellschaft von Frauen, die in Angoulême einer Erwerbsarbeit nachgingen – also der 223 Einwohnerinnen, die in den Steuerverzeichnissen für 1763 oder 1766 oder in beiden genannt waren –, gibt die Sicht auf ein wesentlich vielfältigeres Bild frei. Die in den Steuerverzeichnissen erfassten Frauen waren alle relativ wohlhabend, wenngleich bei einigen von ihnen als Vermögenssumme „nichts" angegeben ist. In dem Steuerverzeichnis für 1766 findet sich nur eine einzige Dienstmagd, „Marie Charité". Mit keiner Silbe wird in den Steuerverzeichnissen die unbezahlte Arbeit erwähnt, die das ökonomische Leben so vieler Frauen in Angoulême bestimmte, die Art von Arbeit, die in der Auflistung von Marie Aymards Schulden aus dem Januar 1764 erahnt werden kann: 74 Livres für Pottasche zum Wäschewaschen; 49 Livres und 11 Sous für Stoff; 94 Livres für Kochfett.[29]

Die Frauen, für die in den Steuerlisten Beschäftigungen angegeben wurden, waren zumeist ledig oder verwitwet; bei weniger als einem Viertel von ihnen heißt es, sie lebten mit einem Ehemann zusammen. Es gab Haushalte voller Frauen: bei den Schwestern Courlit etwa, die einen Sänftenverleih führten. Oder die drei Schwestern, die Schneiderinnen waren; oder eine Witwe und ihre Töchter, die alle als Damenschneiderinnen arbeiteten; die Familie des Musikers im Ruhestand, der den Heiratsvertrag unterzeichnet hatte und der mit seinen Töchtern und seiner Schwägerin in einem Haushalt wohnte, die alle Näherinnen waren.[30] In bestimmten Teilen der Stadt sammelten sich die Frauen, die einer Erwerbsarbeit nachgingen. In der kleinen Häuserinsel, in der die Damenschneiderin Jeanne Chenaud lebte, gab es auch eine Wäscherin, eine Wollsortiererin, eine Spinnerin und eine Frau, die als „servante en ville" beschrieben wird; insgesamt hatten 13 der 27 Haushalte dieses Häuserblocks einen weiblichen Vorstand.[31] In der Insel „Petit Maure" gab es die Gastwirtin „la veuve Croi-

set", drei Frauen, die mit Altkleidern handelten, drei, die Kramläden führten, eine Schneiderin oder *tailleuse* und eine Kochfettverkäuferin – sie war
die Mutter jenes Pascal Chauvin, der nach Martinique aufbrechen sollte;
und sie alle lebten in einer Häuserinsel mit insgesamt gerade einmal
14 Haushalten.[32]

In den Innenstadtpfarreien gab es eine Konzentration von Frauen, die
in kontaktfreudigen, auf den persönlichen Austausch mit der Kundschaft
ausgerichteten Berufen tätig waren: die Limonadenverkäuferin; die beiden
Schwestern, die Sänften vermieteten; die Gastwirtin und insgesamt acht
Schankwirtinnen. Die größten Tätigkeitsgruppen waren jedoch auf die
„typisch weibliche" Hausarbeit ausgerichtet: 17 Schneiderinnen, 15 Näherinnen; zehn Frauen, die Kochfett verkauften; acht Wäscherinnen; vier
Hebammen. Es gab elf Bäckerinnen, die allesamt verwitwet waren; neun
Obstverkäuferinnen und eine Traubenhändlerin; vier *cocassières* oder Ge-
flügelhändlerinnen; je eine Fisch- und eine Sardinenverkäuferin; eine
Kräuterhändlerin. Verschiedentlich handelten Frauen mit Haushalts-
waren: 13 *fripières* boten gebrauchte Kleidung feil; drei Frauen verkauften
clincaillerie, also „Gemischtwaren", und eine von ihnen war die Rose Rezé,
die den Heiratsvertrag unterzeichnet hatte. Es gab eine *marchande colpor-
teuse*, also eine Hausiererin; eine Landarbeiterin, die ihr eigenes Gespann
Ochsen besaß; eine Papiermacherin und zwei Papierhändlerinnen; eine
Eisenwarenhändlerin; eine Metzgerin; zwei Schwestern, die Vieh- und
Pferdefutter verkauften, und zwei Lehrerinnen. In der unübersichtlichen,
wenig definierten Gesellschaft, die uns aus den Kirchenbüchern entgegen-
tritt, erhält man nur einen sehr flüchtigen Eindruck von diesen fleißigen
Frauen; aber sie waren dort, im Jahr 1764, und auch sie gestalteten das
Wirtschaftsleben von Angoulême.[33]

Die Signatare in der Bevölkerung

Dies sind also die 4089 Individuen, die in den Angoulêmer Kirchenbüchern von 1764 genannt werden, aus der Vogelperspektive betrachtet.
Wenn wir uns nun den Familien der Stadt zuwenden, so finden sich in
den kirchlichen Registern auch 33 von den Unterzeichneten des Heiratsvertrages. Zwei der Signatare, Gabriel Ferrands Schwägerin Dorothée

Devuailly und der Maler Gabriel Lemaitre, heirateten im September 1764 in der Pfarrei Notre-Dame-de-Beaulieu: eine aufwendige Festlichkeit mit 16 Zeugen, die den Heiratsvermerk im Kirchenbuch unterzeichnet haben, darunter auch fünf der 83 Unterzeichneten vom Heiratsvertrag von Françoise Ferrand und Etienne Allemand.[34] Marguerite Godinaud, die Bäckerstochter, die dort auch unterzeichnet hatte, wurde ebenfalls 1764, im Juni, in der Gemeinde Saint-André getraut: Das war ein weiterer großer Anlass mit 18 Trauzeugen, von denen sich vier auch unter den Signataren des Heiratsvertrages befanden.[35] Doch Marguerites Ehe stand unter keinem guten Stern. Sie selbst starb unmittelbar nach der Geburt eines Kindes im Jahr 1769; ihr Witwer heiratete erneut, starb aber bald darauf, 1771; seine Witwe wiederum – die Witwe von Marguerites Witwer – heiratete dann Jean Abraham Rodriguez Sarzedas, einen Kaufmann aus Bordeaux, der 1773 vom Judentum zum Christentum konvertiert war, in der Pfarrei Saint-Jean; sie starb 1776 und Sarzedas heiratete im Jahr darauf seinerseits erneut; er starb sieben Jahre später, 1783.[36]

Selbst inmitten der großen Stadtbevölkerung waren die Unterzeichneten des Heiratsvertrages gesellige Individuen: als Signatare und Zeugen, Taufpaten und Freunde. Marie Aymard ist mit von der Partie, als Taufpatin ihres ersten Enkels und als eine der wenigen Personen (von 4089), von denen es ausdrücklich heißt, „sie kennte [das Schreiben] nicht".[37] Marc Allemand, der Vater des Bräutigams, unterzeichnete im Januar 1764 den Heiratsvermerk eines Schuhmachers und einer Schneiderswitwe; Louis Dupard, der Knopfmacher, unterzeichnete im Mai einen Heiratsvermerk und fungierte im Oktober als Taufpate.[38] Marie Chaumont Gautier, die Nachbarin Gabriel Ferrands, war im Juli Patin eines Säuglings, des Sohnes eines Dienstboten-Ehepaares, der in der Kirche Notre-Dame-de-la-Peine getauft wurde.[39] Rose Marin war Patin eines Kindes, das im November in Saint-André getauft wurde (es handelte sich um die nachgeborene Tochter eines Bediensteten im Haushalt eines der dort ansässigen Theologen).[40]

Die 83 Signatare des Heiratsvertrages waren vergleichsweise wohlhabend, wenn man sie im Verhältnis zur weiteren Bevölkerung betrachtet – und also in dem Sinne, dass sich keine Tagelöhner oder Landarbeiter unter ihnen befanden und dass zu ihrem unmittelbaren familiären Umfeld keine Dienstboten zählten (eine mögliche Ausnahme stellt der

Bruder der Braut dar, der möglicherweise der „Hausbediente" des Wirtes vom *Cheval Blanc* war). Sie waren Schneider und Näherinnen, wie so viele andere in den Quellen. Nicht weniger als fünf der Signatare waren die Töchter von Schuhmachern oder früheren Schuhmachern oder waren mit einem Schumacher verheiratet; Marie Aymard selbst war die Enkelin und Urenkelin von Schuhmachern. Sie alle waren „gewerbefleißig" in dem Sinn, dass sie in genau der Art von Mehrgenerationen- und Mehrberufs-haushalt lebten, die in den Steuerverzeichnissen so oft begegnet: Wie Louis Dupard, der Knopfmacher, der mit seinem Schwiegervater, seiner Ehefrau (die einen Altkleiderhandel führte), seiner Schwester (einer Schneiderin) und dem Bruder seiner Frau zusammenlebte; Jean Faure, der Musiker mit seinen Töchtern und seiner Schwägerin (allesamt Näherin-nen); Jean Yrvoix, der Kerzenhändler, der einen Haushalt mit seiner Ehe-frau Jeanne Chabot führte, einer Ladenbesitzerin, die Kochfett und Töpfer-waren verkaufte; die ebenfalls bei ihnen wohnende Schwägerin hatte auch einen Laden, und alle drei hatten sie den Heiratsvertrag unterzeichnet.[41]

Die Kontakte der anderen: Magdelaine Faure

Auch mit Blick auf ihre Auskunfsfreudigkeit und die Vielfalt ihrer eigenen Informationsquellen waren die Signatare des Ehevertrages ganz und gar durchschnittlich. In der großen Gesamtsicht von 4089 Individuen lassen sich auch noch andere Geschichten finden: andere Straßen, andere Häuser mit anderen Bewohnern, die eigene Pläne für ihre Zukunft machen. Die am besten vernetzte Person unter den 4089 – in dem technisch-formalen Sinne, dass sie den „Knoten" mit den meisten „Kanten" bildet, also den meisten Verbindungen zu anderen Personen im Jahresverlauf – war eine 21-jährige Frau aus der am Fluss gelegenen Pfarrei Saint-Jacques namens Magdelaine Faure. Sie heiratete im Oktober 1764 Jean Roy, der im Ge-meinderegister als Buchbinder, in dem am Vortag geschlossenen Ehever-trag jedoch als Tagelöhner bezeichnet wird. Neunzehn Personen unter-zeichneten den Heiratsvermerk im Kirchenbuch, und 28 Personen unterzeichneten den Ehevertrag.[42] Bereits im September 1764 war Magde-laine Faure als Taufpatin der kleinen Tochter eines Steinmetzen in Er-scheinung getreten; die Taufe hatte ebenfalls in der Pfarrei Saint-Jacques stattgefunden. Im Oktober unterzeichnete sie dann den Taufvermerk für die Tochter eines Ofenwächters aus der Innenstadtpfarrei Saint-Paul; und im November unterzeichnete sie den Vermerk über eine weitere Taufe in der Pfarrei Saint-Martial.[43]

Magdelaine Faire lebte in einem Milieu, dessen Informationsaustausch ganz getrennt von den Beziehungen der Signatare des Heiratsvertrages von Françoise Ferrand und Etienne Allemand stattfand. Ihr Vater war ein Bote, der zwischen Angoulême und Bergerac in der Dordogne im Einsatz war; früher hatte er als Briefträger zwischen Bordeaux und Angoulême gearbeitet. Eine von Magdelaines Schwestern, Luce Faure, war eine Teppichmacherin. Ihr Ehemann war Werkzeugmacher, bevor er als Buchbinder tätig wurde; ihr doppelter Schwager (der Ehemann ihrer anderen Schwester Marguerite, der aber zugleich auch ein Bruder ihres eigenen Mannes war) war zuerst Küfer, dann Transportarbeiter, dann ebenfalls Buchbinder. Magdelaine und ihre Schwestern waren gesellige Frauen, die lesen und schreiben konnten, und unterzeichneten häufig in den Kirchenbüchern unterschiedlicher Pfarreien der Stadt. Schon 1760, als Magdelaine sechzehn Jahre alt war, traten sie und ihr künftiger Ehemann als Taufpaten in der Pfarrei Saint-Paul auf; auch Luce Faure unterzeichnete den entsprechenden Vermerk, sie war zwölf. Im Mai 1765 unterzeichneten alle drei Schwestern den Taufvermerk für den Sohn eines Botenlehrlings in der Pfarrei Saint-Jacques.[44]

Die Steuerinsel, die Magdelaine Faure und ihr Mann bewohnten, war ein Stadtviertel, deren Bewohner die unterschiedlichsten Berufe ausübten, wie das in so vielen Teilen von Angoulême der Fall war: Es gab einen Haubenmacher, einen Küfer, einen Keramikmaler, einen Schuhmacher, einen Werkzeugmacher und einen wohlhabenden Kaufmann, der früher als Perückenmacher tätig gewesen war (und im Übrigen der Vater eines der 83 Signatare des Heiratsvertrags von Etienne und Françoise sowie der Bruder des Goldschmieds Jean-Baptiste Marchais). Magdelaine Faures Vater, der Bote, war im Steuerverzeichnis für 1763 mit einem Einkommen von 300 Livres aufgeführt; der Eintrag für Magdelaines späteren Ehemann lautet: „arm".[45]

Mit all ihren Verbindungen und ihrer Geselligkeit war Magdelaine Faure Teil der Geschichte der Aufklärung „von unten" in Angoulême und gehörte jenem Milieu von Druckern und Buchbindern an, das – in den

Augen der Gegner der Aufklärung – so anfällig für die Verlockungen der neuen Zeit war.[46] Und sie war auch Teil einer Sozialgeschichte der Unsicherheit. Ihre Tochter Marguerite Roy wurde am 14. August 1765 geboren und noch am selben Tag in der Pfarrei Saint-Jacques getauft; sie starb vier Tage später. Magdelaine Faure überlebte ihre Tochter um neun Tage. Am 27. August 1765, eine Woche nach ihrem 22. Geburtstag, wurde sie in der Pfarrei Saint-Jacques zu Grabe getragen: Wie auch ihre kleine Tochter war sie ein Opfer der tödlichen Sommermonate geworden. Ihr Witwer, Jean Roy, heiratete 1767 in der Pfarrei Saint-André erneut. Magdelaines Mutter und eine ihrer Schwestern unterzeichneten den Heiratsvermerk. Jean zeugte noch neun weitere Kinder und begründete eine Dynastie von Druckern, Papierhändlern und Lithografen in Angoulême.[47]

Die Ehen der anderen: Jacques Thinon

Die Familie Marie Aymards ihrerseits war ganz und gar durchschnittlich, was ihre Neigung zu Eheverträgen und anderen notariellen Beurkundungen anging. Die Zeremonie, durch welche der Heiratsvertrag von Françoise Ferrand und Etienne Allemand wirksam wurde, war zwar außergewöhnlich mit Blick auf die Anzahl der Teilnehmer (die 83 Signatare sowie andere Anwesende, darunter die Brautmutter). Aber Heiratsverträge hatten die meisten der 122 Paare, die 1764 in Angoulême getraut wurden.[48] Jean Bernard, der den Vertrag aufgesetzt und überhaupt „zahlreiche Schriftstücke für die kleinen Leute gemacht" hatte, war in elf der betreffenden Fälle beteiligt: Die Bräutigame waren jeweils der Sohn eines Ofenwächters, der die Tochter eines Steinmetzen heiratete; in zwei Fällen Tagelöhner oder Kleinbauern aus den nahe gelegenen Dörfern Magnac und Dirac; in einem anderen ein Weber, der die Tochter eines Tagelöhners zur Frau nahm; dann ein *commis* oder Sekretär aus dem Marinehafen Rochefort, der Sohn eines Teppichmachers aus Boulogne-sur-Mer; und schließlich Jacques Thinon, ein Bettler, der die Tochter eines Bettlers heiratete.[49]

Jacques Thinon und Marie Leger wurden im Juli 1764 in der Pfarrkirche Saint-Martial getraut.[50] Von Jacques Thinon heißt es in den Quellen, er stamme aus der kleinen Gemeinde Coulonges – sie umfasste gerade einmal 37 Haushalte –, nördlich von Angoulême gelegen.[51] In ihrem Ehevertrag begründeten die Brautleute eine „Gesellschaft in Gemeinschaft", wie das nach dem Gewohnheitsrecht der Provinz Angoulême üblich war; sie steuerten jeweils die Summe von 5 Livres bei. In der Vereinbarung wurden auch Vorkehrungen für künftige Schulden, Rechtsstreitigkeiten sowie gewisse persönliche Privilegien der Braut getroffen (diese betrafen ihre „Kleider, Ringe, ihren Schmuck und ihre Unterwäsche"); die Kosten für das Ausfertigen des Vertrags beliefen sich auf 39 Sous, die als „erstattet" vermerkt sind.[52]

Im Verlauf der nächsten sechzehn Jahre bekamen Jacques Thinon und Marie Leger zwei Töchter und fünf Söhne, die alle in der Pfarrkirche Saint-Jacques getauft wurden. Von den insgesamt vierzehn Taufpaten ihrer Kinder waren nur zwei signierfähig.[53] Im Februar 1776 hatte die Familie dann wieder mit dem Notar Jean Bernard zu tun, allerdings in einer anderen Art von Angelegenheit: Diesmal ging es um die Beilegung eines Konflikts, der 1748 in der Landgemeinde Balzac nördlich von Angoulême entstanden war und sich um den Besitz von Marie Legers Großeltern mütterlicherseits drehte; beteiligt waren auch ihr Großonkel und ein Vetter ihrer Mutter.[54] Bis 1776 hatte sich der Streit dann auf die folgenden Generationen verlagert, und bei den beteiligten Parteien handelte es sich nun um den Enkel des Großonkels, einen Landarbeiter aus Balzac; Marie und Jacques; sowie die beiden Töchter des Cousins der Mutter, die beide Marie Godinaud hießen, aber in verschiedenen Dörfern lebten, und die jüngere der beiden war die Magd eines Mannes namens Godard. Jacques Thinon wird beschrieben als „ohne Gewerbe, alldieweil er blind ist".[55]

Die Besitztümer, um die es in dem 28-jährigen Erbstreit ging, waren bescheiden; „ihr geringer Wert und schlechter Zustand ließen sie insgesamt nur unbeträchtlich erscheinen". Fünfzehn Mitglieder der Familie werden in der schließlich getroffenen Vereinbarung mit Namen genannt, dazu der Brotherr der jüngeren Marie Godinaud sowie ein in Balzac ansässiger Richter.[56] Vier Jahre später starb Marie Leger im Alter von vierzig Jahren in Angoulême nach der Geburt ihres siebten Kindes. Drei Monate darauf, im Februar 1781, heiratete Jacques Thinon erneut. Seine neue Frau hatte zwanzig ihrer ebenfalls vierzig Lebensjahre als Hausbedienstete in der Pfarrei Saint-Paul verbracht. Im April 1783 bekam das Paar eine Tochter; in dem Taufvermerk des Kindes wird Jacques er-

neut als Bettler bezeichnet.[57] Die ältere Tochter von Jacques Thinon und
Marie Leger sollte 1790 einen Matrosen heiraten; sie starb 1850 in Angoulême im Alter von 85 Jahren.[58]

Pascal Chauvin und andere

Selbst was ihre Verbindung zu entfernten Gelegenheiten anging, glichen die
Unterzeichneten des Heiratsvertrages ganz den 4089 Personen aus den Ge-
meinderegistern. Pascal Chauvin, auch bekannt als Jean Pascal Yrvoix
Chauvin, der nach Martinique gehen und dort mit Marie Aymards Voll-
macht Nachforschungen anstellen sollte, tritt in den Kirchenbüchern für
1764 nicht auf. Seine Familie hingegen wird genannt, und zwar im Zu-
sammenhang mit den üblichen Lebensereignissen: Seine Großmutter, die
Witwe eines Bäckers, starb im Mai 1764 im Alter von „etwa 83 Jahren" in der
Pfarrei Saint-Jean.[59] Seine Mutter war eine von neun geschäftstüchtigen
Frauen der Steuerinsel „Petit Maure"; das Steuerverzeichnis nennt sie als
Verkäuferin von Kochfett.[60] Marie Yrvoix Chauvin, die in der Pfarrei Saint-
André im Lauf des Jahres 1764 gleich zwei Kinder bekam, war Pascals jüngere Schwester; sein Schwager, der hoch verschuldet war, wird wechselweise
als Kerzenmacher, Ladenbesitzer und Gemischtwarenhändler bezeichnet.[61]
   Pascal Chauvin starb auf der Insel „Sainte-Lucie" (St. Lucia), die etwa
80 Kilometer südlich von Martinique in der Karibik liegt. Er war Kaufmann und ein Hauptmann der Miliz; sein Hab und Gut – das im Wesentlichen ausstehende Zahlungen von Schuldnern auf der ganzen Insel umfasste – vermachte er seinem Bruder und seiner Schwester in Angoulême.
Doch konnte diese Erbschaft letztlich nicht ausgezahlt werden, was unter
anderem damit zu tun hatte, dass es sich bei dem größten der insgesamt
62 Schuldner um den Mann handelte, der auf der Insel für die Strafver-
folgung zuständig war, und die Gerichtsdiener „wagten es nicht", seinen
Fall weiter zu verfolgen. Was folgte, war eine jener verwickelten Erb-
schaftsgeschichten, die für die französische Kolonialgeschichte so typisch
sind: Marie Yrvoix Chauvin und ihr Ehemann bemühten sich um die
Unterstützung des Militärgouverneurs von Angoulême; der schrieb im
Namen „dieser unglücklichen Leute", dass die Haupterben „in Angoulême
leben und durchaus bedürftig sind".[62]

Unter den 4089 Individuen in den Kirchenbüchern gab es noch andere mit ihren jeweils eigenen Geschichten von großen Erwartungen und herben Verlusten; und mit ihren je eigenen Verbindungen zu den Sklavenökonomien des französischen Kolonialreiches. Zwei Töchter des Tanzlehrers, die Schwestern des Wundarztes der Plantage von Artibonite in Saint-Domingue, werden in einem Taufvermerk der Pfarrei Saint-Martial vom August 1764 genannt.[63] Dann war da die Schwester des Perückenmachers, der nach Französisch-Guyana emigriert war; ihre Tochter wurde im Juni desselben Jahres in der Pfarrkirche Saint-André getauft.[64] Rose Civadier, eine der 4089 Personen in den Kirchenbüchern für 1764, hatte einen Heiratsvermerk in der Pfarrei Saint-Paul unterzeichnet; im Jahr 1766 heiratete sie dann selbst, und zwar einen „Oberwundarzt", dem der „souveräne Rat von Cap-Français" sein Patent verliehen hatte.[65] Die Tochter des Patrons jenes François Martin Aliquain, der im Alter von „um die zwölf" Jahren 1775 „dem Heidentum abschwören" sollte, trat im Oktober 1764 in der Pfarrkirche Notre-Dame-de-la-Peine als Taufpatin auf.[66] Der Kapitän des Sklavenschiffs, mit dem Aliquain nach La Rochelle kam, taucht in den Angoulêmer Gemeinderegistern für 1764 nicht auf (er bereitete wohl gerade eine Sklavenfahrt auf einem anderen Schiff vor, der *Constant*, die im Februar 1765 von La Rochelle in See stach); aber vierzehn andere Personen namens „Delage" werden genannt, die bei vier unterschiedlichen Gelegenheiten anwesend waren.[67]

Selbst die Welt der Gefängnisschiffe wirkte sich 1764 auf die Pfarrgemeinden von Angoulême aus. Einer der 4089 in den Kirchenbüchern Genannten war ein Schmied namens Marc Gestraud, der im November als Pate eines in der Gemeinde Saint-Yrieix getauften Säuglings auftrat. Bereits am 16. September 1764 hatte Marc Gestraud einen Ehevertrag mit Mathurine Rippe geschlossen, der Witwe eines Boten.[68] Sechs Tage später, am 22. September, wurde Gestrauds Mutter bei dem Notar Jean Bernard vorstellig, um eine „Widerspruchserklärung" hinsichtlich der geplanten Heirat zu Protokoll zu geben. Einen Grund für ihren Widerspruch gab sie nicht an (und nannte ihre künftige Schwiegertochter außerdem „Rose Ripe"); aber sie merkte an, dass ihr eigener Ehemann, Jean Gestraud, der auch Schmied war, schon seit „mehr als fünfzehn Jahren aus der hiesigen Provinz abwesend gewesen" war.[69]

Daraufhin legte Marc Gestraud ein weiteres, wirklich erstaunliches Dokument vor, und zwar einen Notariatsakt, den sein abwesender Vater am 28. August 1764 in dem französischen Mittelmeerhafen Toulon unterzeichnet und darin sein Einverständnis erklärt hatte, dass sein Sohn Marc „mit jeder beliebigen Frau oder Witwe in den Stand der Ehe treten möge, ganz wie es ihm gefällt". Jean Gestraud war ein Galeerensträfling, der „das Verbrechen der Desertion" begangen hatte; zu der betreffenden Zeit war er im *bagne*, dem „Bagno" oder Straflager des Marinehafens Toulon inhaftiert. In Ketten hatte man ihn zur Kanzlei eines Notars der Stadt gebracht, bewacht vom *pertuisanier* des Gefängnisses, einem Aufseher, der mit einer Partisane (einer Art Hellebarde) bewaffnet war und den ganzen Werktag über mit zehn der Gefangenen zusammengekettet war. In dem entscheidenden Moment des Notartermins „entfernte [der *pertuisanier*] die Eisen, befreite den besagten Gestraud und stellte ihn mit einem Hut auf dem Kopfe hin". Anschließend wurde Gestraud wieder in Ketten gelegt und „wiederum demselben Zustande unterworfen, in dem er sich vor Beurkundung des gegenwärtigen Aktes befunden hatte".[70] Im Februar 1765 traten Marc Gestraud und Mathurine Rippe dann schließlich doch noch in der Pfarrkirche Saint-Yrieix vor den Traualtar.[71]

Klotz oder Clod oder Kloche

Die Verbindungen der 4089 Individuen in den Gemeinderegistern erstreckten sich aber nicht nur bis ans Mittelmeer, sondern auch weit in Richtung Osten, bis in Gegenden, in denen Deutsch gesprochen wurde. Es gab in Angoulême drei Schwestern namens Marie Anne, Marie und Françoise Klotz, angeheiratete Verwandte von Gabriel Ferrand, die in den Quellen aus dem Jahr 1764 auftauchen. Marie Anne und Marie unterzeichneten den Heiratsvermerk bei einer aufwendigen Hochzeit von zwei Signataren des Ferrand–Allemand'schen Ehevertrages, nämlich Gabriels Schwägerin und des Malers Gabriel Lemaitre.[72] Gabriel Lemaitre war ein Neffe der Schwestern, und Marie Annes Patensohn; er war ein Sohn ihrer älteren Schwester, die ebenfalls Marie Anne Klotz geheißen hatte und 1748 gestorben war.[73]

Die Klotz-Schwestern waren die Töchter einer schwer greifbaren Gestalt namens Johann Georg Klotz, der in den Kirchenbüchern von Angoulême erstmals anlässlich seiner Heirat mit einer einheimischen Frau namens Moricette Bourdage im November 1717 genannt wird. Bei dieser Gelegenheit wird er als der Koch eines „M. De Torsac" beschrieben; zur Eheschließung benötigte er das Einverständnis seines Herrn. Johann und Moricettes erstes Kind, die ältere Marie Anne, wurde schon einige Monate später getauft; auch bei dieser Gelegenheit wurde Johann wieder als Koch bezeichnet. Die Taufpatin war Marie Anne Janssen de Torsac, die Gattin seines Patrons.[74] Diese war die Erbin eines Papierhändlers aus den Niederlanden, der Mitte des 17. Jahrhunderts nach Angoulême gekommen war und dort einer der Gründerväter der später so wichtigen Papierindustrie der Stadt gewesen war. Marie Anne Janssens Bruder, der 1654 in Angoulême zur Welt kam, war jener berüchtigte „Sir Theodore Janssen MP", der nach Wimbledon emigrierte, die Bank von England und die vereinigte Britische Ostindien-Kompanie mitbegründete, bevor er 1721 im Zuge der betrügerischen „Südseeblase" spektakulär in Ungnade fiel und seinen Posten als Direktor der *South Sea Company* verlor; diese war mit der Absicht gegründet worden, in den Sklavenhandel mit den spanischen Kolonien in der Neuen Welt einzusteigen.[75]

In den Jahren nach seiner Heirat taucht Johann Georg Klotz mit einiger Regelmäßigkeit in den Angoulêmer Quellen auf: als Taufpate, als Signatar, anlässlich der Taufen seiner eigenen Kinder. Ab 1719 wird er als „Gastwirt" beschrieben. Der Mann – oder zumindest sein fremdartiger Name – sorgte bei den Gemeindeschreibern für ziemliche Verwirrung: Seine Unterschrift war ausladend und kunstvoll verschnörkelt und veränderte sich über die Jahre nur wenig. Aber sobald sie von den Schreibern der Pfarreien Notre-Dame-de-Beaulieu und Saint-Jean in deren eigene Aufzeichnungen übernommen werden sollte, geschah dies in einer Vielzahl von abenteuerlichen Varianten, sodass Johann Georg dort im Laufe der Jahre als Klocq, Blocq, Clod, Bloch, Bloth, Kloche, Kloz, Klotz, Cloth, Cloche, Klots, Kloss oder Kloste firmierte.[76]

Irgendwann nach der Mitte der 1720er-Jahre verschwand der Deutsche mit den vielen Namen für eine Weile aus den Gemeinderegistern von Angoulême. Mindestens drei seiner Kinder wurden an anderen Orten getauft. Seine Tochter Marie, die bei zwei aufwendigen Hochzeiten des Jahres 1764 die Kirchbucheinträge bezeugte, war, wie es anlässlich ihres Todes im Jahr 1813 heißt, in einem Dorf in der Dordogne zur Welt gekommen, nicht weit von dem Landgut von Marie Anne Janssens Schwägerin entfernt.[77] Als seine älteste Tochter, Marie Anne, 1737 heiratete, wurde ihr Vater wiederum als „Koch" bezeichnet, der in Angoulême ansässig sei. Als 1751 dann auch die jüngere Marie Anne den Bund der Ehe schloss, war der Vater schon nicht mehr am Leben.[78]

Im Laufe seines wechselvollen Lebens wurde Johann Georg Klotz zum Begründer einer großen, beeindruckenden Angoulêmer Familiendynastie. Er hatte 22 Enkelkinder, die in der Stadt selbst getauft wurden, und sechs weitere, die als Kinder seines Sohnes Jacques im Umland von Paris zur Welt kamen. Jacques Klotz, der 1723 in Angoulême zur Welt kam, wurde bei seiner Heirat im Jahr 1755 als „bourgeois de Paris" bezeichnet. Dort war er *valet de chambre* – Kammerdiener – eines hochrangigen Armeeoffiziers und Staatsmanns, „des Fürsten Casimir Pignatelli, Grafen von Egmont", und verbrachte die Epoche des Siebenjährigen Krieges zum großen Teil „im Felde". Egmont und seine Schwester, eine Hofdame der Gemahlin Ludwigs XV., waren die Taufpaten von Jacques' erstem Kind.[79] Zur Zeit der Französischen Revolution war Egmont ein Mitglied der verfassungsgebenden Nationalversammlung (Konstituante), bevor er 1792 emigrieren musste. Jacques Klotz kehrte nach Angoulême zurück, begleitet von einer seiner Töchter, Elizabeth Sophie; diese erwarb ein großes Haus in der Rue du Minage, das früher einmal einer Familie von Offizieren gehört hatte, nun aber ihr: „Klootz file majeure acquéreur".[80]

Das schwere Los der Silvie Cazaud

Das waren also die Lebenswege und Bestrebungen der „kleinen Leute" unter den 4089 Individuen in den Gemeinderegistern von Angoulême, und der Familien, in die Marie Aymards Kinder hineinheirateten. Die Abenteuer der Bourgeoisie waren auf ihre ganz eigene Weise spektakulär. Silvie Calixte Benoit des Essarts, die Noch-Ehefrau von Jean-Alexandre Cazaud, dem schrecklichen Dienstherrn von Marie Aymards Ehemann, war auch eine der 4089. Ihre Tochter Mélanie Gabrielle wurde im September 1764 in der Pfarrkirche Saint-André getauft; Cazaud war nicht anwesend. Mélanies Taufpate war ihr Onkel mütterlicherseits Claude Benoit des Essarts, der Besitzer jenes „Claude", der dem „Volke von Capélaou in

Guinea" entstammte und sechs Jahre zuvor in derselben Kirche getauft worden war; ihre Taufpatin war eine gewisse „Dame Appollonie Usson femme de Mr de Bologne".[81] Irgendwann im Verlauf der nächsten paar Jahre kehrte Silvie nach Grenada zurück, kam 1770 jedoch wieder nach Frankreich; auf Anweisung ihres Mannes wurde sie festgenommen und eingesperrt; sie starb im Mai 1781 in Paris. Zum Zeitpunkt ihres Todes war sie als „Madame la Marquise de Cazot" bekannt und bewohnte eine Mietwohnung in der Rue des Petits Augustins. Auf ihren Tod folgte eine der üblichen Prozeduren des städtischen Lebens: Die Wohnung der Verstorbenen wurde versiegelt, damit niemand etwas von ihrem Eigentum und Erbe entwenden konnte. Um halb fünf Uhr morgens am 22. Mai 1781 erhielten die Kommissare der Pariser Justizverwaltung die Order, sich unverzüglich in die Wohnung der verstorbenen Marquise zu begeben, wo sie „die Leiche einer Frauensperson" vorfanden und umgehend begannen, ihre Siegel zu „applizieren". Über die folgenden neun Monate hinweg – denn erst im Februar 1782 wurden die Siegel wieder entfernt – entspann sich eine wahre Prozession von Gläubigern, Portiers, Dienstmädchen, Verwandten, Advokaten auf Besuch (aus Angoulême) und wohlmeinenden Freunden, die ausgereicht hätte, um eine ganze menschliche Komödie des Pariser Lebens zu bevölkern. Im Laufe des Verfahrens wurde Silvies Name der Reihe nach wie folgt wiedergegeben: Cazot, Cazeau, Caseau, Casseau, Cazaud, Decazeaux und De Cazeauld.[82]

Einundvierzig gesonderte Anträge wurden von Personen gestellt, die ihre eigenen Anrechte mit Blick auf die Entfernung der Siegel gewahrt wissen wollten; zu ihnen gehörten ein Schlosser, zwei Parfümeure, ein Juwelier, zwei Teppichweber, zwei Lebensmittellieferanten, ein Schreiner, drei Damenschneider, ein Apotheker, zwei Schneider, eine Krankenpflegerin, ein Doktor der Medizin, ein Maler, ein Schmied, ein Modist (der als Hoflieferant auch die Königin ausstaffierte), ein Papiermacher, ein Schuhmacher, ein Hausdiener, ein Kaufmann, ein Tuchhändler, ein Weinhändler, der Siegelwächter, ein Perückenmacher sowie Silvies Kammerzofe, die ihrer Herrin in den letzten Tagen ihres Lebens Geld geliehen hatte und außerdem aus eigener Tasche für den Priester, den Totengräber und die Sargträger aufgekommen war sowie „das Futter für den Papageien" bezahlt hatte.[83]

Silvies Vermieter, ein Weinhändler, setzte zusammen mit der Kammerzofe im August 1781 die zuständigen Kommissare davon in Kenntnis, dass

sie Cazaud – beziehungsweise an „den Marquis de Casseau, den Gemahl
der Verblichenen" – geschrieben hatten, von diesem jedoch, „nach nun
mehr als drei Monaten", noch immer keine Antwort gekommen war. Im
September traf Silvies Bruder mit einem Advokaten aus Angoulême ein
(der Jurist war ein Onkel eines der Signatare des Ehevertrags von 1764)
und nahm im „Grand Hôtel de Toulouse" seinen Aufenthalt.[84] Im November tauchte dann endlich auch Cazaud in Paris auf, genauer gesagt „Jean
Alexandre de Cazeau Ecuyer, vormaliger Deputierter der französischen
Einwohner von Grenada am Hofe von St. James und Dragoneroffizier
außer Dienst". Er war der Vierzigste, der seine Ansprüche angesichts einer
möglichen Entsiegelung der Wohnung anmeldete, und zwar namens seiner selbst und seiner drei Kinder; auch er kam in einem nahe gelegenen
Hotel unter (dem „Hôtel de l'Espagne garni").

An diesem Punkt betrat eine weitere Figur die Bühne und brachte
eine neue juristische Nuance ins Spiel: ein adliger Kavallerieoffizier, der
„Comte de Gamaches", der sich von seinem Rechtsbeistand vertreten ließ.
Monsieur de Gamaches, so der Advokat, hatte Silvie seit dem 28. Februar 1779 mit seinem eigenen Geld unterstützt und ihr außerdem
Kreditgarantien gewährt. Das genannte Datum war „der Tag des Wider-
rufes der *lettre de cachet*, die M. de Cazeau gegen sie erwirkt hatte", wie
der Rechtskundige sich erinnerte: der Tag also, an dem Silvie aus der
willkürlichen Inhaftierung entlassen worden war, die mit königlicher
Billigung von den Ehemännern und Vätern des Ancien Régime an-
geordnet werden konnte. Während Cazaud vor der Royal Society in
London sein Referat über den Zuckerrohranbau hielt und sein Sklave
Jean-Alexandre James in einem Kellerloch dahinvegetierte, kam auch
Silvie gerade erst an das Ende ihrer langen Kerkerhaft.[85]

Monsieur de Gamaches war inzwischen selbst ein Gläubiger des Nachlasses von Silvie des Essarts. Seine Ausgaben, die in den Rechnungsbüchern diverser Lieferanten überliefert sind, waren unter anderem für
155 Meter weißen Damaststoff (mit einem „roséfarbenen Dessin") und
8500 vergoldete Nägelchen fällig geworden. Aber es gab auch die Erinnerung an glücklichere Zeiten. Als die Kammerzofe über Silvies Schmuck
befragt wurde, sagte sie aus, ihre Herrin habe nur sehr wenige wertvolle
Stücke besessen, darunter jedoch „zwei güldene Ringe mit Haarlocken darin", von denen sie „annahm, dass die besagte verstorbene Madame De

Cazeau sie wohl dem Comte de Gamaches zurückgegeben haben musste".
Der Portier ihres Mietshauses, der ebenfalls zu Silvies Schmuck befragt
wurde, gab an, er habe keine genauere Kenntnis davon, was sich in ihrem
Appartement befunden habe; er wisse lediglich, dass er sie „an einem der
Renntage in Longchamp zusammen mit dem Comte de Gamaches in einer
Kutsche hatte wegfahren sehen, wobei sie Diamantohrringe getragen, die
welchen ihm über die Maßen schön erschienen waren".[86]

Auf das Erbrechen der Siegel an der Wohnungstür folgte die Erbschafts-
klage Cazauds, mit der dieser seinen Anspruch auf Silvies Nachlass durchsetzen wollte. Im Sommer vor ihrem Tod hatte Silvie ein Testament aufgesetzt, in dem sie einem ihrer betagten Rechtsberater, von dem sie Geld
geliehen hatte, die Summe von 50 000 Livres hinterließ; ihre Bedingung
war allerdings, dass er davon nicht allein seine Auslagen erstatten, sondern
auch Vermächtnisse an ihre beiden Töchter und ihre Zofe auszahlen sollte.[87] Dieses Testament war es, das Cazaud in dem Prozess für ungültig er-
klären lassen wollte, der all die ausgefeilten Debatten über seine genauen
Wohn- und Aufenthaltszeiten auf Grenada hervorgerufen hatte: Wann
hatte er Silvie dorthin zu sich geholt, damit sie seine Plantagen beauf-
sichtigte? Und wann war er selbst geschäftlich auf Reisen gewesen, „manchmal … nach Italien oder anderswohin"? Auf der Gegenseite wurde mit
vergleichbarer Raffinesse dargelegt, wie sehr Silvie in ihrem Herzen doch
stets Französin geblieben sei.[88]

Der Fall drehte sich letztlich – wie so vieles andere in Cazauds Existenz
und in dem Universum aus Inseln unter wechselnder Besatzung, in dem
auch Marie Aymard ihre Nachforschungen anstellen wollte – um die Über-
schneidung französischer und englischer Gesetze. „Kann eine Französin,
allein deshalb, weil ihr Gatte seinen Wohnsitz in ein fremdes Land verlegt
hat, ihren Wohnsitz in Frankreich verloren haben, wenn sie niemals die
Absicht hatte, diesen zu verlassen?", fragte die *Gazette des Tribunaux* in
ihrer Berichterstattung über den Fall Cazaud. Silvie hatte ja niemals geplant, aus Frankreich fortzugehen, lautete das im Namen ihres betagten
Advokaten vorgebrachte Argument (dieser hatte seinen wenig aussichts-
reichen Erbschaftsanspruch inzwischen übrigens einer neuen Partei namens „Demoiselle Lucie" übertragen). Silvies Aufenthalte auf Grenada
seien „nie mehr als zeitweilig und allein durch den Willen ihres Gatten
bestimmt gewesen"; „ihr Gatte war nicht imstande gewesen, sie zum Ver-

lassen ihres Vaterlandes zu zwingen, um ihm in ein fremdes Land zu folgen". Cazaud selbst sei ja ohnehin niemals ein Engländer geworden, sondern sei noch während der achtzehnmonatigen juristischen Übergangsphase, in der die französischen Untertanen (nach den Bestimmungen des Friedens von Paris, der den Siebenjährigen Krieg beendet hatte) die englischen Kolonien verlassen hatten beziehungsweise „sich mit aller Sicherheit und Freiheit [aus diesen] zurückziehen" durften, nach Angoulême zurückgekehrt.[89]

Aber letztlich wurde der Fall auf einer Grundlage von sogar noch größerer Tragweite entschieden. Auf Cazauds Betreiben wurde er nämlich zu einer Entscheidung über – und das hieß: gegen – die Rechte von Frauen und das Wesen der Ehe umfunktioniert. Silvies Testament solle für ungültig erklärt werden, meinte Cazaud, weil „nach englischem Recht, dem Recht ihres beiderseitigen Wohnsitzes, keine Frau, die sich ja in der Gewalt ihres Gatten befindet, ohne dessen Erlaubnis und Einwilligung ein Testament aufsetzen darf". Und auf dieses Argument entgegneten Cazauds Widersacher vor Gericht dann eben, dass er selbst ja niemals in England (oder einem anderen Territorium der englischen Krone) seinen Wohnsitz genommen hatte – und selbst wenn er das doch getan haben sollte, sei ihm Silvie nicht dorthin gefolgt. Cazaud erwiderte seinerseits, dass auch dies ein Recht sei, das verheirateten Frauen nicht zustehe; „er legte dar, dass ein Eheweib, da in der Gewalt ihres Gatten befindlich, keinen Wohnsitz haben könne, der von dem ihres Gatten verschieden sei". In einem Berufungsverfahren wurde der Fall schließlich zu Cazauds Gunsten entschieden.[90]

Marie Marthe in Rom

Als der Gerichtsstreit über Silvies Testament im September 1783 zu Ende ging, war Cazaud schon wieder in ein anderes Rechtssystem ausgewandert. Er lebte zu diesem Zeitpunkt in einem Haushalt mit seiner älteren Tochter Marie Marthe, der „gestrenge[n] und herrische[n] … junge[n] Dame", wie Jean-Alexandre James die 1757 in Angoulême zur Welt Gekommene in seiner Petition von 1779 beschrieben hatte.[91] Im Oktober 1782 ließen Cazaud und Marie Marthe sich in der päpstlichen Enklave Avignon nieder. Zwei Monate darauf heiratete die Tochter eine einheimische Persönlichkeit, den Marquis de Roux. Diese Ehe hielt allerdings nicht länger als nur ein paar Wochen, und im März 1783 wurde dem Antrag der schwangeren Marie Marthe auf eine einstweilige Trennung stattgegeben. Sie hatte ausgesagt, ihr Ehemann sei gewalttätig und eifersüchtig; er sagte, sie sei kalt und abweisend; sie fragte: „War es denn Liebe, das Sie wollten? Herr, habe ich Ihnen das jemals versprochen? Ich sagte Ihnen doch vor unserer Vermählung, dass ich dazu nicht imstande sei." Marie Marthe sollte eine Mitgift von 600 000 Livres erhalten; ihr Gatte, beziehungsweise dessen Vertreter, sagten aus, dass sie bei der Heirat schon schwanger gewesen sei, und zwar von einem anderen. Dieses ganze Geschehen wurde von Cazaud selbst erzählt und in einem 245-seitigen Buch ausgebreitet, das 1784 in London unter seinem neuen Namen erschien: *Mémoire justificatif du Marquis de Casaux, de la Société Royale de Londres*.[92]

Im April 1783 flohen, glaubt man dem *Mémoire justificatif*, Cazaud und Marie Marthe aus Avignon in das nahe gelegene Haus eines Vetters aus Guadeloupe.[93] Im Mai erstattete Marie Marthes Noch-Ehemann Strafanzeige gegen Cazaud und warf ihm die Entführung seiner Frau sowie das Einbehalten der Mitgift vor. Im August flohen Cazaud und seine inzwischen hochschwangere Tochter weiter, diesmal nach Rom, wo die höchste Instanz der auch in Avignon herrschenden päpstlichen Gerichtsbarkeit angesiedelt war. Im September, „neun Monate und drei Tage nach ihrer Eheschließung", starb Marie Marthe in Rom bei der Geburt ihres Kindes.[94]

Das *Mémoire* bot eine schlimme Geschichte von häuslicher Gewalt (als Zeugen kamen Cazauds Bankier und sein Perückenmacher zu Wort); aber es ging – wieder einmal – auch um Fragen des Wohnsitzrechts (denn Cazaud bestand gegenüber seinem Schwiegersohn darauf, dass er ein „Untertan der Insel Grenada" sei, die zum Zeitpunkt, an dem sein Bericht 1782 einsetzt, französisch, bei ihrem Ende 1783 jedoch englisch gewesen war); und es geht um das Recht von Frauen, nach Avigneser (und damit nach päpstlichem) Recht ein Testament zu errichten. Am Ende des Buches stehen schreckliche Szenen. „Wenn ich sterbe, wird er dann nicht alles verlieren?", soll Marie Marthe gefragt haben, und man habe ihr gesagt: „Sie täuschen sich; wenn Sie zu einer Zeit sterben, zu der ihr ungeborenes Kind lebensfähig ist, dann wird man Sie aufschneiden, und die kleinste Bewegung eines Fingers des Kindes wird ausreichen, damit sein Erbanspruch auf Ihren Ehemann übergeht."[95]

Nach seiner Rückkehr aus Rom machte Cazaud es sich in seiner neuen Rolle als Philosoph, Ökonom und Aufklärer bequem. Selbst das *Mémoire justificatif*, so verrückt es in weiten Teilen auch daherkommt, schweift immer wieder zu hochtrabenden Reflexionen ab: über die „unsichtbare Hand" des Schicksals, über die Möglichkeit einer „allgemeinen Meerespolicey" zum Schutz der Eigentumsrechte in den amerikanischen Kolonien oder ganz allgemein über die Zukunft der Atlantik-Handelsimperien. Binnen „achtzig oder hundert Jahren", schreibt Cazaud, werde Großbritannien aller Wahrscheinlichkeit nach „dazu gezwungen sein, den Sitz seiner imperialen Herrschaft nach *Amerika* zu verlegen, und die alte Metropole wird dann nicht mehr als eine *amerikanische* Provinz sein"; aber das war nur die Paraphrase einer berühmten Stelle aus Adam Smiths *Der Wohlstand der Nationen*.[96] Und die Abhandlung mit „Gedanken über den Mechanismus der Gesellschaften" – *Thoughts on the Mechanism of Societies. By the Marquis de Casaux, F. R. S.* – mit ihren belanglosen Spekulationen (Cazaud fragt sich darin etwa, „ob nicht Import und Export letztlich ein Sport und Zeitvertreib sind, so unschuldig wie das Tennisspiel") wurde von der Zeitschrift *Critical Review* als „exzentrisch" bewertet, mit „dem Anschein von Berechnung und dem Augenschein von Vernunft".[97] Ihr folgten, im Zeitraum von 1786 bis 1792, achtzehn weitere Publikationen, deren Themen von der Staatsverschuldung über die französische Verfassung bis zu den Vorteilen des Kolonialhandels reichten.

In den ersten Jahren der Französischen Revolution hielt Cazaud sich wieder einmal in Frankreich auf. In den Reihen der „konservativen Aufklärung" nahm er eine prominente Rolle ein als ein Mann von „großem Esprit", der die Monarchie unterstützte und „die Sklaverei, den Sklavenhandel sowie die Aristokratie der eigenen Hautfarbe verteidig[te]".[98] Eines seiner Pamphlete wurde von Mirabeau beschrieben als „ein Werk jenes Genius, der die Revolution hervorgebracht hat", und als „ein unerschöpflicher Quell solider und vernünftiger Ideen".[99] In der Auseinandersetzung über die Kosten der französischen Kolonien in den Jahren 1791/92 leistete Cazaud dem Befürworter der Sklaverei Pierre-Victor Malouet publizistische Schützenhilfe (zehn Jahre zuvor war es Cazaud gelungen, Malouet in seinen endlosen Streitigkeiten darüber, ob er nun eigentlich Engländer oder Franzose sei, ein persönliches

Empfehlungsschreiben zu entlocken).[100] „Die bürgerliche und politische Existenz Europas" hänge vom Kolonialhandel ab, schrieb Cazaud 1791, und auf ein „falsches Maß in dieser Hinsicht würde unweigerlich eine Szene allgemeiner Verwüstung folgen, deren bloße Vorstellung einen schaudern macht". Der wirtschaftliche Austausch mit den Kolonien war es – samt deren angeblicher „Extravaganzen" –, von dem Cazaud behauptete, dass er 9 oder 10 Millionen Menschen in Europa in Lohn und Brot halte und „VON DER IDEE DES TERRORS ABLENK[E]".[101] Jean-Alexandre Cazaud starb 1796 in England und wurde in Woodford in Essex begraben als „The Marquis de Cassaux, Jean Alexandre".[102]

Das lange Leben der Mélanie Gabriele Sophie

Mélanie Gabriele Sophie, Silvies jüngstes Kind – die Tochter, deren Geburt später als Beweis für die schwankenden Aufenthaltsorte, Wohnsitze und Nationalitäten ihrer Eltern herangezogen werden sollte –, war eine der „Protagonistinnen" in den Kirchenbüchern von Angoulême, denn sie war eines der 454 Kinder, die 1764 in der Stadt getauft wurden (und das Jahr ihrer Geburt überlebten). Inmitten der vielfältigen Streitigkeiten, die ihre Familie über Jahre hinweg begleiteten, führte sie ein unbeachtetes und langes Leben. In dem Bericht über das Gerichtsverfahren zum Erbe ihrer Mutter wird sie 1783 kurz genannt: In dem angefochtenen Testament, dessen Außerkraftsetzung ihr Vater schließlich erreichen konnte, hatte ihre Mutter auch Vermächtnisse in Höhe von 10 000 Livres für ihre ältere Tochter, 100 000 Livres für ihre jüngere Tochter (Mélanie) und 400 Livres für ihre Kammerzofe vorgesehen.[103] Als ihr Vater und ihre Schwester Marie Marthe nach Avignon und dann nach Rom aufbrachen, wurde Mélanie zurückgelassen. Die einzige Erwähnung Mélanies in dem ganzen 245-Seiten-Werk, das ihr Vater über die Kümmernisse seiner älteren Tochter verfasste – die „ganz allein unter Tiger und Panther gefallen war", wie er schrieb –, ist kaum der Rede wert: Als Marie Marthe in Rom angekommen war, heißt es dort, habe sie „vorgegeben", auf einen „Brief von ihrer Schwester" zu antworten.[104]

Cazaud stattete Marie Marthe nach eigener Aussage mit einer Mitgift von 600 000 Livres aus. Mélanie hingegen bekam von ihm „die jährliche

Summe von 80 Pfund", wie es in dem Testament ihres Bruders Jean-François hieß (der 1756 in Angoulême geboren war und „sein ganzes Leben lang ... so kläglich an nervösen Leiden laboriert hat").[105] Jean-François erbte die Zuckerrohrplantage der Familie auf Grenada, die inzwischen um eine Baumwollplantage auf der Insel St. Vincent ergänzt worden war; auch erwarb er einen zusätzlichen Familiennamen: „John Francis Dugout, Marquis de Casaux, aus River Sallee auf der britisch-westindischen Insel Grenada". In seinem Testament, das im März 1832 in London gerichtlich bestätigt wurde, hinterließ Jean-François seiner Schwester „Mélanie Gabriele Sophie" die Summe von 200 Pfund im Jahr. (Und er ordnete an, dass sein Herz im Sarg seiner „Freundin Ann Smith" auf einem Friedhof im belgischen Brügge beigesetzt werden solle, während die „anderen Teile [seiner] sterblichen Überreste ... zu den Füßen" seines verstorbenen Vaters in Woodford in Essex „niedergelegt" werden sollten.)[106]

Die Zeit verging. Mélanie überlebte die Französische Revolution, die Julirevolution von 1830, die Revolution von 1838 und das Ende der Sklaverei auf Grenada. Im Testament ihrer Nichte Henriette, der Tochter des nervenleidenden Jean-François, das im Januar 1852 in Nantes eingetragen wurde, findet sich ein weiteres Vermächtnis: eine weitere Jahresrente von 30 Pfund für „unsere liebe gute Tante Sophie Mélanie Gabriele Dugout de Casaux". Auch Henriettes Testament war ziemlich exzentrisch, selbst nach den Maßstäben dieser exzentrischen Familie. Henriette litt an „Ohnmachtsanfällen", weshalb sie von der Sorge geplagt wurde, man könnte sie versehentlich lebendig begraben. Also verfügte sie, dass spätestens acht Stunden „nach dem Zeitpunkt meines mutmaßlichen Todes" an einer ihrer Fersen ein Schnitt gesetzt werden solle, um sie gegebenenfalls aus ihrer Ohnmacht zu wecken. Ihr Nachlass war zum größten Teil in „russischen Obligationen" investiert; ihr Testamentsvollstrecker ging bankrott, was ein Kodizill (Testamentsnachtrag) nötig machte; in einem weiteren in Nantes aufgegebenen Kodizill erklärte sie: „Da ich nicht mehr in England lebe, widerrufe ich sämtliche Schenkungen, die ich an katholische Kapellen in jenem Lande getätigt habe". Dann investierte sie in ein „Depot von russischen Wertpapieren" und stiftete „eintausend Stille Messen für mein Seelenheil".[107]

Mélanie Cazaud starb 1852 im Alter von 87 Jahren. Sie selbst beschrieb sich als „Sophie de Casaux", „weiland zu Paris in Frankreich ansässig, aber nun wohnhaft in der George Street, Portman Square", in London. Immerhin ihr Letzter Wille war unkompliziert: Sie hinterließ all ihren Besitz dem „Reverend Pierre Wailly" von der Französischen Kapelle in der Little George Street, Portman Square.

Die Dame mit dem Hündchen

Mélanies Patentante schließlich, die im Gemeinderegister von Saint-André als „Dame Appollonie Usson" genannt ist, stellte eine Verbindung her zwischen der provinziellen Welt der 4089 Individuen aus den Kirchenbüchern von 1764 und der Ewigkeit des literarischen Nachruhms. Sie hieß Bénédictine Husson und war schon seit 1737 mit einem Dichter von der Insel Guadeloupe mit Namen Pierre de Bologne verheiratet. Pierre de Bologne war ein Onkel Jean-Alexandre Cazauds, Sohn eines Plantagenbesitzers und Kommandeur der Miliz auf Guadeloupe.[108]

Und Bénédictine Husson, „la dame de Bologne", war die Zimmerwirtin von Elizabeth und Lydia Sterne in Angoulême. Laurence Sterne war 1768 in London gestorben, und seine Witwe und seine Tochter waren danach in Richtung Frankreich aufgebrochen, auf der Suche nach einem sonnigeren Klima und niedrigeren Lebenskosten. So verschlug es sie schließlich nach Angoulême, wo sie Zimmer bei „Sieur et dame de Bologne" in deren Haus in der Rue des Cordeliers (der heutigen Rue de Beaulieu), nahe dem Stadtzentrum, anmieteten. Auch bei den Bolognes saß das Geld nicht gar so locker; insbesondere hatten sie Schulden in Höhe von 8600 Livres bei einem Gastwirt und seinem Sohn (Verwandten der Klotz-Schwestern), die schließlich die Justiz- und Finanzkrise von Angoulême in den 1760er- und 1770er-Jahren auslösen sollten.[109]

Die Geschichte mit dem Hündchen begann am Morgen des 4. Oktober 1769, als nämlich auffiel, dass ebendieses Hündchen – das Lydia Sterne gehörte – verschwunden war. Es handelte sich um einen weißen Wasserhund, der „mit Ausnahme seines Kopfes vollständig geschoren" war und „einen großen schwarzen Fleck auf seinem Rücken und kleine schwarze Punkte am ganzen Körper verteilt" trug.[110] Elizabeth Sterne schickte einen ihrer Diener los, um Nachforschungen anzustellen; später am Tag zog der Stadtschreier durch das Zentrum von Angoulême, rührte seine Trommel und forderte alle Passanten auf, etwaige Informationen über den Verbleib des Tieres weiterzugeben.[111]

Am 9. Oktober 1769 erstattete Elizabeth Sterne auf der Stadtwache von Angoulême Anzeige. Der verschwundene Hund sei „einer der seltensten seiner ganzen Rasse", sagte sie, und schon zuvor „ein Objekt der Begierde seitens gewisser Personen" gewesen. Gegen 11 Uhr vormittags am 4. Oktober sei er dann gestohlen worden und sie habe ihn, trotz eingehender Bemühungen, nicht wieder auffinden können; inzwischen sei der Hund zweifellos von „dem Urheber des Diebstahls, seinen Helfern und Helfershelfern" aus Angoulême abtransportiert worden. Sie forderte, es müssten polizeiliche Ermittlungen – eine „Information" – unternommen werden, um die Tatumstände genauestens zu beleuchten. Ihre Tochter habe den Hund so unglaublich lieb gehabt, fügte sie hinzu; er trage einen Halsreif aus Gelbguss, der mit einem Blütenmuster verziert, mit rotem Saffianleder ausgeschlagen und mit der Angabe der Besitzerin, „Mlle Sterne anglaise", beschriftet sei.[112]

Am Folgetag, dem 10. Oktober, begann die „Information". Es war eine arbeitsreiche Woche für die niederen Justizorgane der Stadt, da die juristisch-finanzielle Krise um die „Wucherer von Angoulême" gerade ins Rollen kam. Aber in dem Fall des verschwundenen Hündchens war ein Schuldiger rasch gefunden, und zwar der Bursche von Silvie Benoit des Essarts, „la dame Cazaud". Ein Ofenwächter sagte aus, er sei gerade auf der Brücke in die Stadt hineingekommen, da habe er einen groß gewachsenen blonden, ihm unbekannten Mann gesehen, der etwas unter den linken Arm geklemmt trug, das in ein schmutziges Tuch eingeschlagen war; das Etwas habe sich bewegt, und so sei er „davon ausgegangen, dass es sich um einen Hund oder eine Katze handelte". Ein Perückenmacher hatte jemanden gesehen, den er sehr wohl kannte – den Diener von „la dame Cazeaud" nämlich –, wie er einen Hund aufhob, der auf der Straße gerade vorbeilief, und damit wegging; zwischen der Rue des Cordeliers und dem Kornmarkt (der „Minage") war das gewesen. Er hatte auch den Hund erkannt, denn es hatte sich um einen „chien barbet" oder Wasserhund gehandelt, der erst kürzlich geschoren worden war und den er schon oft bei seinen Spaziergängen mit der englischen Lady auf den Champs de Beaulieu gesehen hatte.[113]

Ein Messerschmied wiederum hatte sich gerade an der Tür seines Hauses aufgehalten, gegenüber dem Kornmarkt, als er einen Mann sah, den er auf den ersten Blick für einen Hausdiener hielt. Dieser trug einen Mantel und darunter, unter den linken Arm geklemmt, einen Hund! Er erkannte den Hund an seinem (ungeschorenen) Kopf, der unter dem Mantel hervorschaute; erst ein paar Tage zuvor hatte er gesehen, wie die englische Lady mit ihm spazieren ging; der Hund war vor ihr her gelaufen. Der vierzehnjährige Sohn eines Advokaten war vor seinem Elternhaus auf der Straße gewesen und hatte den Diener von „la dame Cazeaud" gesehen, der sich zu Fuß vom Kornmarkt entfernte und einen Hund unter dem linken Arm trug – einen Hund, dessen Kopf unter dem Mantel des Mannes hervorschaute und den auch der Junge wiedererkannte, denn er hatte ihn schon bei vielen Gelegenheiten gesehen, wenn seine Besitzerin, die englische Lady, in der Nähe des Gefängnisses mit ihm spazieren gegangen war. Ein Händler hatte in der Tür seines Ladens gestanden, der ebenfalls dem Kornmarkt gegenüber lag, und sah einen Mann, den er nicht kannte, die Straße überqueren. Der Mann trug einen Hund bei sich, den der Zeuge wiedererkannte, und er trug ihn unter seinem linken Arm! Schon oft hatte der Ladenbesitzer diesen Hund mit der englischen Lady spazieren gehen sehen. Später am selben Tag, als der Stadtschreier durch die Straßen zog und sich nach dem Hündchen erkundigte, erzählte der Mann diesem, was er gesehen hatte; ein junges Mädchen, das dabeistand, ihm aber nicht bekannt war, sagte ihm daraufhin, dass es sich bei dem Mann mit dem Hund um den Diener von „la dame Cazeaud" gehandelt habe.[114]

Die Beweislast schien also erdrückend, und Alexandre Prevaut, der in den Akten als der Hausdiener von „la dame Cazeaud" bezeichnet wird, „wohnhaft bei ihr zu Hause in der Rue des Cordeliers", wurde festgenommen und inhaftiert. Erst kürzlich war er in die Dienste von „la dame Cazeaud" getreten. Anlässlich seiner Heirat mit einer Frau aus Brive namens Liberalle Langlade im Juni 1769 war er als ein Schreiner oder Zimmermann aus einem Dorf in der Dordogne beschrieben worden. Als im Oktober 1769, nur wenige Tage nach seiner Festnahme, seine Tochter in der Pfarrei Saint-Jean getauft wurde, wurde er im Kirchenbuch als der „valet domestique" von „Mme Cazeaud" bezeichnet.[115] Gegen seine Inhaftierung legte er Einspruch ein und der Fall wurde am 9. Dezember 1769 an das Parlament in Paris verwiesen.[116]

Das ist also das Ende der Geschichte vom Hündchen der Tochter Laurence Sternes, und auch das Ende der Geschichte von 4089 Individuen in den Kirchenbüchern von Angoulême – ein wenig ähnelt es dem Ende von Sternes *A Sentimental Journey*: „Da ich nun die Hand ausstreckte, fasste ich der Kammerjungfer ihre ---".[117] Im März 1770 schrieb Lydia Sterne aus dem Haus in der Rue des Cordeliers in Angoulême an ihre Cousine in England: „Die Stadt, wiewohl schlecht gebaut, ist äußerst angenehm gelegen, die Aussicht ist malerisch, die Spazierwege charmant. – Aber was die Bewohner angeht, einige wenige ausgenommen – *n'en disons rien*. Und doch muss ich sie bislang sehr loben, zu essen wissen sie & spielen auch besser als irgendein anderes Volk auf der Welt ... Wir haben 59 Traiteurs [oder Lieferanten] in dieser kleinen Stadt, die tragen Tressenröcke & *couteaux de chasse* [Jagdmesser], aber nur einen Buchhändler & der arme Mann lebt im Elend & sieht aus wie Shakespears hungriger Apotheker. – Die allgemeine Völlerei treibt die Preise in die Höhe [und] deshalb beabsichtigen wir, um ein Weniges weiter nach Süden zu ziehen, wo wir wohlfeiler leben können, so anständig uns die Leute hier auch behandeln."[118]

KAPITEL 4: DIE ERSTE REVOLUTION

Historische Zeit und Familienzeit

Die Geschichte Marie Aymards und ihrer Kontaktpersonen bis hierher hat sich uns aus der Erforschung von räumlichen Nachbarschaftsbeziehungen erschlossen – von Beziehungen im physischen Raum (den kleinen Stadtvierteln und „Inseln" von Angoulême) und in dem sozialen Raum familiärer und bekanntschaftlicher Netzwerke (der Signatare des Ehevertrages und der Kirchenbücher von 1764). Aber es ist zugleich eine Historie in Episoden gewesen, und damit auch eine Geschichte, eine Erzählung in der Zeit – von der Krämerin und ihrer Schwägerin, von dem Sohn des Tanzlehrers in Saint-Domingue oder dem langen, unbeachteten Leben der Mélanie Cazaud. Das ist letztlich der einzige Weg gewesen, um herauszufinden, wer die Individuen in den Netzwerken eigentlich waren, und auf diesem Weg sind wir zu einer Reise ohne absehbares Ende aufgebrochen.

Der Rest der Geschichte von Marie Aymards Familie – ihrer Historie – besteht in der Erforschung von Beziehungen in der Zeit: der historischen Epoche der langen Französischen Revolution und schließlich auch der im 19. Jahrhundert heraufziehenden Moderne. Dabei geht es um die zeitliche „Nachbarschaft" von familiären (und anderen) Beziehungen und darum, was mit Marie Aymards Kindern und deren eigenen Familien jeweils als Nächstes geschah. Das kann man sich in etwa so vorstellen, als machten die Figuren unserer bisherigen Erzählung mit einem Mal eine Drehung von 90 Grad und gingen in eine andere Dimension hinein – in die Dimension der historischen Zeit. Das bedeutet aber zugleich, dass wir uns in eine andere Art von Geschichte, eine andere Art von Geschichtsschreibung hineinbewegen. Jeder lebt ja in der Zeit (wenn auch keine der Figuren unserer Erzählung bis hierher eine historische Persönlichkeit gewesen ist in dem

Sinne, dass sie in der Geschichte Frankreichs oder gar der Welt eine bestimmende Rolle gespielt hätte). Es gibt die Zeit des Familienlebens, die Zeit der Arbeit und die Zeit von Romanzen und Liebesbeziehungen, die Zeit von Krediten und von Erwartungen an die Zukunft. Und jede Person, die 1764 in Angoulême zugegen war – alle Signatare und alle 4089 Individuen in den Kirchenbüchern –, existierte zugleich in der Zeit der politischen Geschichte, und genau darum wird es in dem nächsten Teil dieses Buches gehen.

Marie Aymard starb im April 1790 in Angoulême. Sie war in Kriegszeiten geboren und hatte zwei Kriege durchlebt, die beinahe weltweit geführt worden waren; das erste Jahr der Französischen Revolution hatte sie in Angoulême erlebt. Mathurin, ihr dritter Sohn, der möglicherweise vor dem Dienst in der Miliz davongelaufen war, war 1743 in Angoulême zur Welt gekommen: in demselben Jahr wie Jean-Paul Marat, M. J. A. N. Condorcet und Toussaint Louverture. Ihre Schwägerin Elizabeth, die Tochter des Topfschmieds mit dem Verwandten, der in Cayenne zu Tode gekommen war, war 1755 geboren, im selben Jahr wie Marie-Antoinette. Wie so viele Menschen in ihrem unmittelbaren Umfeld gehörte Marie Aymard zur Generation der langen Französischen Revolution.

Auf politischer Ebene beginnt unsere Erzählung im Jahr des Ehevertrages, 1764, und zugleich mit jener Übergangs- und Transformationsperiode der 1760er-, 1770er- und 1780er-Jahre, die Tocqueville in seiner Schrift *L'ancien régime et la révolution* als den Beginn der „langen Revolution" beschrieben hat (wobei er sich in Teilen auf die Verwaltungsakten der *Généralité de Limoges* stützte).[1] Die Erzählung läuft dann in die (unbedeutende) Geschichte der eigentlichen Französischen Revolution in Angoulême hinein und weiter in die Epoche der Revolutions- und Koalitionskriege (dies zumeist in den Lebenswegen von Marie Aymards Enkelkindern). Angoulême war ein Ort, an dem während jener Jahre des Aufruhrs nicht besonders viel geschah, wenn man einer hartnäckigen Version der dortigen Lokalgeschichte glauben darf; selbst auf der Internetseite der heutigen Präfektur Angoulême hieß es 2019: „Während der Revolution erlebte die Charente eine Reaktion auf die großen Ereignisse, die sich in Paris und an den Grenzen abspielten, ohne jedoch deren Missstände und Unruhen zu erleiden."[2]

Innerhalb dieses anscheinend wenig auffälligen Abschnitts der Geschichte blieben die Allemands und die Ferrands beinahe vollkommen unsichtbar. In der gesamten erweiterten Familie gab es nicht eine Person, die in den „großen Ereignissen" jener Jahre eine besondere Rolle gespielt hätte, und in der ganzen Historiografie der Französischen Revolution gibt es nur eine einzige flüchtige und rätselhafte Erwähnung von Gabriels zweitem Sohn.[3] Selbst innerhalb der sozialen Netzwerke der 83 Unterzeichneten des Heiratsvertrags lassen sich lediglich drei Personen benennen, die im Laufe der Revolution wenigstens in untergeordneter Rolle politisch aktiv waren. Doch ist die Geschichte der Revolution an sich, selbst wenn man sie aus der Perspektive der beiden Familien und ihrer jeweiligen Umfelder betrachtet, eine politische Geschichte. Es ist eine Geschichte der Fakten – eine Geschichte dessen, was tatsächlich geschah – und eine Geschichte ganz alltäglicher Ereignisse – von Chancen und Verlusten und Begegnungen –, die sich aus dem revolutionären Wandel ergaben. Es ist eine Geschichte aus einer Zeit, in der so gut wie alles im öffentlichen wie privaten Leben – einschließlich der Vorstellungen des Öffentlichen und Privaten, des Ökonomischen und des Politischen selbst – durch neue Verhältnisse in der Verwaltung, im religiösen Leben und im zunehmend vom Krieg bestimmten Alltag verändert wurde.

Die Frühphase der Französischen Revolution beschreibt Tocqueville als eine Zeit, in der „in allen Teilen des Gesellschaftskörpers ein gewisses inneres Zucken" wahrzunehmen gewesen sei, das alle im Land erfasst habe: „Jeder gerät nun an seinem Platz in unruhige Bewegung und strebt nach Veränderung."[4] Die Geschichte Angoulêmes in den Jahren 1764–1789 werde ich im Folgenden als eine Geschichte von vier Schauplätzen erzählen, und auch sie ist die Geschichte einer Zeit im Aufruhr. Den ersten Schauplatz bilden die schon mehrmals erwähnten rechtlich-finanziellen „Händel", eine „erste Revolution" des Handels in Angoulême, die exakt in denselben Oktobertagen des Jahres 1769 ihren Ausgang nahm – und in denselben kleinen Straßen rund um die Place du Mûrier begann –, in denen sich der Diebstahl von Eliza Sternes kleinem Hündchen ereignete. Am Ende sollten diese Entwicklungen dafür sorgen, dass der Name „Angoulême" auf nationaler und sogar auf internationaler Ebene berüchtigt wurde. Die anderen Schauplätze sind solche, auf denen Marie Aymards eigene Familie sich darum bemühte, ihre Stellung in der Welt zu verbessern: in der Kirche und deren Bildungseinrichtungen; im Austausch mit den Kolonien; und in der Steuerverwaltung, in der Martial Allemand Lavigerie, der älteste Sohn des Brautpaars von 1764 am Ende des Ancien Régime sein Auskommen fand.

Marie Aymards Enkelkinder

Die Geschichte der 25 Jahre von 1764 bis 1789 kann als eine Geschichte des Familienlebens erzählt werden. Marie Aymards Kinder heirateten und wurden selbst Eltern. Françoise und Etienne, die 1764 ihren Heiratsvertrag geschlossen hatten, bekamen zusammen neun Töchter und vier Söhne; Gabriel und Marie Adelaide bekamen sechs Söhne; Jean-Baptiste ging bei einem Uhrmacher in die Lehre und wanderte später nach Saint-Domingue aus. Etienne fand eine Anstellung als Lehrer der humanistischen Fächer an dem vormals von Jesuiten geführten Kolleg von Angoulême. Martial Allemand Lavigerie, der älteste Sohn von Françoise und Etienne, war der erste von Marie Aymards Enkeln, der seinerseits heiratete, nur wenige Tage vor dem Tod seiner Großmutter im April 1790.[5]

Die frühen Jahre der Enkelkinder verliefen in einem klar umgrenzten Raum. Gabriels sechs Söhne kamen alle in der winzigen Pfarrgemeinde Notre-Dame-de-la-Peine zur Welt, in der 1764 auch der Heiratsvertrag seiner Schwester unterzeichnet worden war. Françoise und Etienne lebten nach ihrer Eheschließung eine Zeit lang in der nahe gelegenen Gemeinde Saint-Antonin, wo Etiennes Vater, Marc Allemand, seine Schneiderei betrieb. Dann zogen sie ebenfalls in die Pfarrei Notre-Dame-de-la-Peine, ganz in die Nähe von Gabriel und seiner Familie; von 1783 an war Marie Aymard dann von mindestens 17 Enkelkindern umgeben, die alle nur einen Katzensprung von einander entfernt wohnten. Die ganze Zeit hindurch wird Gabriels Beruf in den Gemeindeunterlagen mit *maître écrivain* angegeben; er war also ein „Meisterschreiber" (und ein „Schreibmeister", d. h. Lehrer dieser Kunst); 1775 wird er als „Meisterschreiber und Rektor eines Pensionats", also einer Art von Internatsschule, bezeichnet. Etienne wird als „Magister Artium" aufgeführt, als „Schulmeister", als „Schulregent" und „Pensionatsmeister".[6]

Die beiden jungen Familien verband ein enger Zusammenhalt, ja man könnte fast sagen, dass sie sich von der Außenwelt abkapselten. Von den 38 Personen, die Gabriel, Marie Adelaide, Etienne und Françoise als Taufpaten für ihre Kinder benannten, waren 28 nahe Verwandte: Brüder, Schwestern, Cousins. Die restlichen waren entweder Schüler oder aber Gönner verschiedener Art: im Jahr 1778 beispielsweise „Sieur Pierre Louis

Marin Grand de Luxollière", ein Schüler, oder 1779 die Witwe eines Plantagenbesitzers, die erst kürzlich aus Saint-Domingue nach Angoulême gekommen war, „Dame Marie Catherine Mandrou veuve Berthoumieu delamerique".[7] Es schien, als hätten Gabriel, Françoise und Etienne ein für alle Mal die gesellschaftliche Welt ihrer Eltern hinter sich gelassen: die Zimmerleute und Hutmacher und Schlossersgattinnen, die als Taufpaten für die Kinder ihrer eigenen Generation angetreten waren, im alten Angoulême.[8] Von 1771 an verwendete Etienne den Doppelnamen „Allemand Lavigerie"; die Schulverantwortlichen kannten ihn als „Lavigerie".[9]

Außerdem erwiesen beide Familien sich als bemerkenswert widerstandsfähig. Françoise bekam 13 Kinder, von denen sieben im Verlauf der sechs Jahre zwischen 1765 und 1771 zur Welt kamen; mindestens elf von ihnen überlebten bis ins Erwachsenenalter. Auch mindestens fünf der sechs Kinder von Gabriel und Marie Adelaide überlebten, ebenso drei der vier Kinder von Jean-Baptiste und Elizabeth.[10] Von Françoises neun Töchtern lebten in den 1850er-Jahren fünf noch immer in Angoulême. Ihre Älteste, die sich selbst „Jeanne *ainée*" nannte und zur wichtigsten Geldquelle der Familie im 19. Jahrhundert werden sollte, starb 1860 in Angoulême im Alter von 91 Jahren. Ihre jüngste Schwester, Louise Mélanie, starb 1865 in der Nähe von Le Mans, wo sie sich zu einem Besuch bei einer Großnichte aufhielt. Françoises ältester Sohn, Martial, der Großvater des späteren Kardinals Allemand Lavigerie, starb 1856 in Angoulême; er wurde 88 Jahre alt.[11] Marie Aymards jüngstes Enkelkind starb 1873 in einer Kleinstadt in der Normandie; es war die schwere Zeit nach dem Deutsch-Französischen Krieg.[12] Mit diesen Kindern und Enkeln sowie den Familien, die sie schließlich selbst gründen sollten, beschäftigt sich der verbleibende Teil dieser Untersuchung.

Kapitalisten und Kabalisten

Die Episode der beunruhigenden Handelskrise, die am Ende so schwere Folgen nach sich ziehen sollte, begann in Angoulême 1769 und zog sich, in zwei Phasen, bis 1789 hin. Eigentlich war Angoulême, folgt man der Beschreibung A. R. J. Turgots in dem Memorandum, das er über die Krise (oder „Revolution") verfasste, eine zutiefst „unökonomische" Stadt; sie hätte „kommerziell" sein sollen, aber sie wurde es nie. Selbst diejenigen Familien, die wirtschaftlich erfolgreich waren, klagte Turgot, zogen sich aus dem Handelsleben zurück, sobald es ihnen irgend möglich war, und kauften sich (wie etwa der Sohn des Ehevertrags-Signatars Jean-Baptiste Marchais) mit dem erwirtschafteten Geld in ein Amt oder in den niederen Adel ein.[13] Der Handel lag in den Händen von Leuten mit sehr wenig Kapital, und von den drei hauptsächlichen Gewerbezweigen, die Angoulême und sein Umland dominierten – die Papierherstellung, der Cognac-Handel und die Metallverarbeitung für den Marinebedarf –, waren sowohl das Geschäft mit Branntwein als auch mit Guss- und Schmiedeeisen mit großen Risiken behaftet. Und in diesem prekären wirtschaftlichen Umfeld ereignete sich nun also die „Affäre von Angoulême", die auch als die „Wucherer-Affäre" bekannt wurde.[14]

Das gerichtliche Verfahren begann im Oktober 1769 damit, dass eine „Kabale" von Schuldnern – um Turgots Formulierung aufzugreifen – ihre Gläubiger (die „capitalistes") anzeigten, weil diese ihnen Wucherzinsen abverlangt hätten. Eine der Nebenfiguren aus dem sozialen Netzwerk der Unterzeichneten des Heiratsvertrages von 1764 – Marie Anne Klotz, die Tochter von Johann Klotz und Patentante von Gabriels Schwager – war mit dem Anführer dieser „Kabale" verheiratet. Rein zufällig hielt Turgot sich einige Wochen darauf in Angoulême auf; er war gekommen, um „*département* zu machen" – das heißt, um die *généralité* einer turnusmäßigen Inspektion zu unterziehen. Der Intendant fand die Stadt in einem „Zustand von Angst und Schrecken" sowie einem regelrechten „Taumel" vor. Mit der Unterstützung eines ansässigen Advokaten und der stillschweigenden Einwilligung des örtlichen Chefanklägers hatte die Kabale von den „Kapitalisten" Schadenersatz eingeklagt, wobei sie sich auf ein schon seit Langem ignoriertes Wucherverbot beriefen. Auf den „unklugen" Rat seines Rechtsbeistandes hin, der zugleich sein Vetter war, ergriff einer der Kapitalisten die Flucht; der Sohn eines anderen, ein Papiergroßhändler namens Abraham-François Robin, wurde des versuchten Mordes beschuldigt; es kam zu einem „völligen Erliegen aller kommerziellen Spekulation".[15]

Zwischen 1770 und 1776 wurde die Affäre zum Gegenstand einer Reihe von acht Dekreten des königlichen Conseil d'Etat und endete (fürs Erste) mit der Entlastung der Kapitalisten. Und sie wurde zum Gegenstand konkurrierender historischer Darstellungen. Es gab, erstens, eine offizielle

Version, die von Turgot in seinem 1789 schließlich veröffentlichten Memorandum wiedergegeben wird. Der Text sollte „die Geschichte von dem [erzählen,] was sich in Angoulême zugetragen hat", und zugleich eine Theorie des Risikos, der ökonomischen Erwartungen und der Freiheit der Finanzmärkte liefern – jene Theorie also, die nach Ansicht späterer Ökonomen die Grundlage der gesamten nachfolgenden Reform des Finanzwesens darstellte.[16] Dann gab es die Version der Kapitalisten – eine Geschichte von „Ungemach, Angst und Schrecken [in] den Seelen der Bankiers" –, die in einer „geheimen Historie" der „Revolution des Handelslebens von Angoulême" niedergeschrieben wurde, die Abraham-François Robin für seine Kinder verfasste.[17] Und es gab, drittens, die Version der Kabalisten, in der diese vor einer unmittelbar bevorstehenden, „überaus verhängnisvollen Umwälzung" warnten; diese Variante wurde vom Conseil d'Etat 1776 unterdrückt, da sie „verantwortungslos, verleumderisch und wider jeden Respekt für Seine Majestät den König" sei.[18] Die verschiedenen Darstellungen wurden jeweils durch Listen von Einzelpersonen ergänzt, die an Kapitaltransaktionen in der Stadt beteiligt gewesen waren: durch miteinander konkurrierende Auflistungen von Soll und Haben in Angoulême.

Es gab in dem Fall fünf hauptsächliche „Kapitalisten"; diese verwendeten das damals noch recht neue Wort *capitaliste*, um sich selbst zu beschreiben.[19] Die beiden prominentesten unter ihnen waren der Vater von Silvie Cazaud, der in Vertretung seines Schwiegersohns 1753 die Verpflichtungserklärung unterzeichnet hatte, durch die Marie Aymards Ehemann zum Vertragsknecht wurde; und Silvies Bruder Claude Benoît des Essarts, der Besitzer von „Claude". Der Kapitalist, der die Flucht ergriffen hatte, war ein angeheirateter Cousin dieser beiden; dann gab es da noch den Steuereinnehmer der *taille*, Pierre Marot, und den schon erwähnten Papiergroßhändler Abraham-François Robin. Der Letztgenannte war ein ehemaliger Ratsherr von Angoulême und „Großrichter" am Kaufmannsgericht der Stadt, „der aus eigenen Mitteln auch ein wenig als Bankier tätig war".[20] Claude Benoît des Essarts war der einzige der Fünf, der unter den 4089 Individuen aus den Kirchenbüchern von 1764 auftaucht – als Taufpate seiner Nichte Mélanie Cazaud.[21]

Die beiden hauptsächlichen Verschwörer in dieser Krise – die „Kabalisten", wie es bei Abraham-François Robin heißt – waren in den Kirchenbüchern von 1764 ebenfalls genannt: Es waren ein Gastwirt namens Pierre Nouel und sein Sohn Jean-Louis, zusammen mit Pierres Enkel sowie einem weiteren seiner Söhne, Guillaume.[22] Pierre Nouel war eine zentrale Figur in allen Varianten der Geschichte. In Turgots Version war er „ein vormaliger Gastwirt in Angoulême, der, nachdem er sich in eine Vielzahl schlecht erdachter Vorhaben verstrickt hat, nun dasteht wie ein in die Enge getriebenes Tier".[23] Nouels Sohn Jean-Louis war, Robins Version zufolge, ein Cognac-Händler und ein „Anführer der Kabale". Pierre und Jean-Louis wurden 1770 vom Conseil d'Etat dazu verurteilt, den Kapitalisten eine Entschädigung von 18 314 Livres zu zahlen; in dem Memorandum, das vom Conseil d'Etat 1776 unterdrückt wurde – *P.-J.-L. Nouel, l'aîné & fils, & Drou, Au roi, et à nosseigneurs de son conseil* –, waren sie die Klageführer und scheinen, gemeinsam mit ihrem Anwalt, auch dessen Verfasser gewesen zu sein.[24]

In den Kirchenbüchern taucht Pierre Nouel anlässlich der Heirat seines jüngeren Sohnes Guillaume in der Pfarrei Saint-Jean als Patriarch auf; Jean-Louis Nouel war zusammen mit seiner Frau Marie Anne Klotz (einer „Aymard-1" in dem erweiterten Netzwerk des Ehevertrags von 1764) bei der Hochzeit seines Bruders dabei, und ihr eigener Sohn Pierre wurde in der Pfarrei Notre-Dame-de-Beaulieu getauft.[25] Seine Schwägerin – und das war nur eine der familiären Verbindungen, die in dieser gesamten Episode so dicht gespannt sind – war die Schwester des Anwalts, der im Mittelpunkt der anschließenden Verschwörung stand, und der – nach Abraham-François Robins Beschreibung – genau deshalb ausgewählt worden war, weil er „ein harter und mitleidloser Mann war, ohne Treu und Ehre".[26]

Einige von den Nebenfiguren dieser Geschichte – Ladenbesitzer, die in den verschiedenen Schuldnerlisten auftauchen – gehörten zu den 4089 in den Kirchenbüchern Genannten. Der Ehemann von Marie Yrvoix Chauvin – die Schwester von Pascal Chaivin, der angeblich nach Martinique aufbrechen sollte, die in ein und demselben Jahr zwei Söhne namens Pierre zur Welt gebracht hatte – hatte den Listen zufolge von allen fünf „Kapitalisten" Geld geliehen und wurde vom Conseil d'Etat zur Rückzahlung der 60 Livres verurteilt, die ihm unter Zwang für seine vorangegangenen Zinszahlungen erstattet worden waren.[27] Jean-Pierre David, ein Tuchhändler und gelegentlicher Kreditvermittler, der an der Place du Mûrier wohnte und, zusammen mit einer der Rose Rezés, als Taufpate eines im November 1764 in Saint-Jean getauften Mädchens genannt wird, wurde von den Kabalisten in einer anderen Liste aufgeführt, weil er es abgelehnt haben soll, sich um die Erstattung der von ihm gezahlten Zinsen zu bemühen, woraufhin ihn einer der *capitalistes* dazu verpflichtet habe, seinen Verzicht auch auf künftige Forderungen schriftlich zu verbürgen.[28]

Die Episode um die „Kapitalisten" und die „Kabalisten" stieß auf das brennende Interesse der Leute in und um Angoulême – in diesem Punkt sind die rivalisierenden Darstellungen sich alle einig. Es sei eine Zeit von allgemeiner „Sorge und schlechtem Leumund" gewesen, schreibt Turgot, wozu noch eine „absolute Geldknappheit" gekommen sei.[29] Einer der Kapitalisten, der Einnehmer der *taille*, beklagte sich über „Gerede hinter vorgehaltener Hand", „Gezeter" und falsches „Getöne".[30] Bei Robin heißt es, unter den Gläubigern habe eine „schreckliche Trostlosigkeit" geherrscht, und die Kabalisten hätten „auf allen öffentlichen Plätzen und Straßenkreuzungen von Angoulême, in den Ortschaften der Umgebung und im gesamten Umland Verleumdungen und Schmählieder aller Art verbreitet, in denen jeder einzelne der Bankiers mit den schrecklichsten Beinamen bedacht wurde".[31] Ein weiterer Mann, der auch in den Kirchenbüchern von 1764 auftaucht, ein Juwelier, dessen Sohn in Saint-André getauft wurde, verklagte einen anderen Kapitalisten, weil dieser sich in ehrverletzender Weise über ihn geäußert habe; das letztlich ergangene Urteil zu seinen Gunsten wurde „in ganz Angoulême ausgehängt und angeschlagen".[32]

Marie Aymard und ihre engsten Angehörigen blieben in den diversen Darstellungen der Krise unsichtbar, auch auf den miteinander konkurrierenden Listen der Schuldner und Gläubiger tauchen sie nicht auf. Sie lebten in einer ganz anderen, für sich abgekapselten Wirtschafts- und Gesellschaftssphäre der Stadt: in einem Teil der Gesellschaft, der nur über sehr wenig Kapital und nur geringen, nämlich den allernötigsten, häuslichen Besitz verfügte. Selbst Marie Aymards eigene Gläubiger, jene Verkäufer von Pottasche und Kochfett, die 1764 gedroht hatten, ihre wenigen Möbel zu pfänden, und deren Mittelsleute, waren zu bescheiden (oder zu wenig unternehmungslustig), als dass sie in den Aufstellungen der Schuldner und Gläubiger von 1769 aufgetaucht wären.[33] Innerhalb des größeren Netzwerks der Signatare des Heiratsvertrages gab es drei Personen, die in die Affäre verwickelt waren, alle auf der Seite der Kabalisten. Gabriel Lemaitre, der Schwager Gabriel Ferrands, war ein angeheirateter Neffe von

Jean-Louis Nouel. Jean Dumergue, der Sattler mit dem Bruder in Saint-Domingue, wurde von Abraham-François Robin in seiner Liste der 34 wichtigsten „Erpresser" unter den Angoulêmer Kaufleuten genannt; dort wird er beschrieben als „bankrott und von seiner Frau getrennt".[34] Der Ehemann der Signatarin Marie Durand, der ein Sohn des reichen Gold-schmieds Jean-Baptiste Marchais war, steht auf der Liste der „sonstigen Kaufleute, die vor den Erpressungen durch die Bankiers im Jahre 1769 bankrott gegangen waren".[35]

In den übervölkerten Teilen von Angoulême, in denen Marie Aymard und ihre Familie lebten, war der „Taumel" wesentlich präsenter. Die Klänge und das Spektakel der Kreditkrise waren allgegenwärtig. Claude Benoît des Essarts wohnte an der Place du Mûrier und Abraham-François Robin ganz in der Nähe, nur wenige Schritte von Etienne Allemand und Françoise Ferrand entfernt. Der ältere Benoît des Essarts und sein un-kluger Anwalt bewohnten dieselbe kleine Steuerinsel – die Isle de la Cloche Verte – wie Marc Allemand und so viele andere Signatare des Ehe-vertrages.[36] Einer der Kabalisten war ein Schmiedemeister aus der Dor-dogne, der bei seinen Aufenthalten in Angoulême im Haus seines Schwa-gers in der Rue du Collège unterkam, in beinahe direkter Nachbarschaft zu Gabriel Ferrands Haus.[37]

Das Haus in der Rue du Collège war im Oktober 1769, in der Frühphase der Krise, sogar der Schauplatz einer beängstigenden Konfrontation. Jean-Louis Nouel hatte vorgeschlagen, dass Robin und er sich dort treffen soll-ten. Robin kam allein und traf auf Nouel, dessen Bruder und den Schwager des Bruders (den harten, mitleidlosen Anwalt). Selbst wenn er laut ge-schrien hätte, niemand hätte ihn gehört, erinnerte sich Robin in seiner „geheimen Historie"; das Zimmer des Schmiedemeisters befand sich „im nach hinten gelegenen Teil eines Hauses im abgeschiedensten Teil der Stadt; dies war mit Bedacht gewählt, und es war 9 Uhr zur Nacht im Monat Oktober".[38] Einige Tage später gab das Haus dann die Bühne für eine förm-liche Beschwerde bei der städtischen Strafgerichtsbarkeit ab, als Robins Sohn von dem Schmiedemeister des versuchten Mordes beschuldigt wurde: Der junge Mann habe sich, so die Aussage, in einem Zustand wil-der Wut befunden und einen Gegenstand in der Tasche bei sich getragen, den der Klageführende „dem Anschein nach für ein Pistol hielt"; der Aus-sage des Schmiedemeister-Schwagers nach folgte auf Robins Sohn ein wenig später am selben Tag seine Schwester, die heftig schluchzend – „fort espleurée" – beklagt habe, es sei „allzu schmerzlich für die Kinder, wenn sie den eigenen Vater verleumdet sehen".[39]

Trubel in der Diözese

Das sozioökonomische Milieu, in dem sich Marie Aymards ältester Sohn Gabriel 1760 darangemacht hatte, seiner Berufung nachzugehen – „der Jugend Unterricht zu erteilen" –, bot auch 1769 eine wesentlich friedlichere Umgebung.[40] Die Kirche mit ihren Schulen, Seminaren und Kollegien war zu jener Zeit die beherrschende wirtschaftliche Akteurin in Angoulême: eine „unökonomische" lokale Ökonomie, wenn man die Klassifizierung Turgots und anderer Ökonomen zugrunde legt, oder eine Gruppe von Institutionen, die zwar Arbeit und Verdienstmöglichkeiten boten, dabei aber keine Waren produzierten. Das Jesuitenkolleg war in den 1750er-Jahren jedenfalls ein florierendes Unternehmen mit rund 280 Schülern und 15 bis 20 Lehrern. Es umfasste das Schulgebäude mit den umgebenden Sommer- und Wintergärten, einem von Lindenbäumen beschatteten Innenhof und einer umfangreichen Bibliothek. Das Kolleg organisierte regelmäßig Theateraufführungen für die Einwohner der Stadt und hielt öffentliche Festakte ab, bei denen besonders gute Leistungen der Schüler honoriert wurden.[41] Nur 25 dieser Schüler (von denen einige Stipendiaten einer Stiftung waren) wohnten auch tatsächlich im Kolleg, wo sie ihre eigenen Wohnräume und Bediensteten hatten. Die anderen waren ortsansässige Kinder, die zu Hause bei ihren Familien wohnten, oder solche, die in einem der „Pensionate" oder Internate untergebracht waren, die sich rund um das Kolleg angesiedelt hatten; die Schulmeister oder „Präzeptoren" dieser Pensionate – wie Gabriel einer werden sollte – unterstützten ihre Schützlinge bei den Hausaufgaben und durften die Grundlagen der französischen und der lateinischen Grammatik auch eigenverantwortlich unterrichten.[42]

Der Mikrokosmos rund um das Jesuitenkolleg beherbergte also, mitten in Angoulême, eine große Population halbwüchsiger Jungen und bildete dabei eine Mikroökonomie beeindruckenden Ausmaßes. Schließlich gaben die Schüler mitsamt ihren Professoren, Dienern, Kaplänen und Gärtnern einen stabilen, nicht zu verachtenden Markt für Waren und Dienstleistungen ab. Das Kolleg kaufte Kerzen, Bücher, Wein und Butter; es verfügte über eine Wäscherei und eine eigene Schneiderei und kaufte darüberhinaus die Dienste von Apothekern, Notaren und Wundärzten ein. Es hatte seine eigenen Zulieferer, wie jenen Neffen der Krämerin Rose Rezé, der als offizieller Drucker des Kollegs fungierte. Die Schülerschaft des Kollegs, die nur sporadisch in den Gemeinderegistern der Stadt auftauchte – etwa wenn ein Kollegiat die Taufpatenschaft für das Kind eines Lehrers übernahm oder einen sonst einsamen Todesfall bezeugte –, war ein zentraler Baustein der städtischen Ökonomie von Angoulême.[43]

Mit der Vertreibung der Jesuiten im Jahr 1762 und der Periode von „Unordnung", „Anarchie" und „Dekadenz", die darauf folgte – als ein „qualvoller Todeskampf" des Kollegs, wie dessen Chronisten im 19. Jahrhundert meinten –, brach für die jungen Männer der Stadt tatsächlich eine Zeit des Chancenreichtums an: Die Jesuitenprofessoren verließen Angoulême (sein Bettzeug durfte jeder mitnehmen sowie 18 Hemden) und wurden durch die „Regenten", die säkularen Lehrkräfte der diversen Pensionate, ersetzt. Diese nannten sich selbst zwar „Magistri Artium"; aber in zwei Petitionen aus dem Jahr 1766 ist von der „außerordentlichen Schwäche des Unterrichts" sowie der „Unzulänglichkeit und Unfähigkeit vieler Lehrer" die Rede. Die Regenten wurden ihrerseits durch neu eingestellte Lehrkräfte an den Pensionaten ersetzt, beziehungsweise ergänzt.[44]

In diesen Umbruchszeiten also wurde Gabriel Ferrand der Leiter eines Pensionats, und Etienne Allemand, der Bräutigam von 1764, amtierte nacheinander als „Magister", „Regent" und „Professor der Humaniora". Keine dieser Stellungen war gut bezahlt. Die Regenten gehörten sogar zu den Ärmsten, die in den Steuerverzeichnissen aufgeführt waren, und Etiennes Leben gestaltete sich, wie wir noch sehen werden, als eine lange Reihe von Bittgesuchen um eine Erhöhung seiner Bezüge sowie um die Zuteilung von Stipendiengeldern, die nie ausgezahlt worden waren. Unter den vierzehn Männern und einer Frau, die in den Steuerverzeichnissen als Regenten, „Pedanten" (Schulmeister) oder Pensionatslehrer genannt werden, befand sich nur eine einzige Person, die man als einigermaßen wohlhabend bezeichnen könnte – und dieser glückliche Lehrer war zugleich ein „Geschäftsmann im Ruhestand".[45] Aber immerhin: Eine Anstellung als Lehrer bot einige Sicherheit, ein gewisses Ansehen und sozialen Aufstieg.

Während die Umstrukturierungen des früheren Jesuitenkollegs nach der Abreise der Ordensleute andauerten, zeigte schließlich sogar die Bausubstanz der ehrwürdigen Lehranstalt erste Anzeichen von Schwäche. Im Januar 1774 erfuhr das „Bureau" des Kollegs, das sich aus örtlichen Honoratioren zusammensetzte – heute würde man vielleicht sagen: der Schulverwaltungsrat –, von fehlenden Fensterflügeln und morschen Fensterläden; im Juni berichtete man ihnen, bei den Regenfällen im Frühjahr seien einige Wandstücke in sich zusammengefallen; im September stürzte dann die Gartenmauer um; am 11. November starb völlig überraschend der Lehrer der dritten Klasse des Kollegs (der Sohn eines Angoulêmer Schneiders und Schwiegersohn von Johann Georg Klotz) im Alter von vierzig Jahren; am 25. November lud das Bureau Etienne, „Sieur Lavigerie, Lehrmeister der Humaniora allhier", ein, den Posten des Verstorbenen zu übernehmen.[46]

Einige Jahre darauf verließ der letzte „interne" Schüler das Kolleg, und die Stipendiaten zogen zu Etienne und seiner Familie; einer von Etiennes Söhnen war selbst in den Genuss eines Stipendiums gekommen.[47] Auch einer von Gabriels Söhnen unternahm, ganz wie sein Vater dreißig Jahre zuvor, die ersten Schritte in Richtung Priesterweihe.[48] Aber es hatte eine „Revolution" gegeben, wie Etienne Allemand und ein weiterer Lehrer 1786 an die Schulverwaltung schrieben, die ungefähr zwölf Jahre zuvor begonnen hatte. Es war eine ökonomische Revolution gewesen, die sich in einem rasanten Preisanstieg bei den lebensnotwendigen Gütern ausdrückte; „diese Revolution hat den relativen Wert unserer Honorierung beträchtlich geschmälert", dabei hatte man den Lehrern versprochen – jedenfalls glaubten sie das –, dass sie bei einem längeren Verweilen der Preise auf diesem hohen Niveau irgendeine Art von Ausgleichsleistung erhalten würden. Nichts dergleichen war jedoch geschehen, schrieben sie nun, und zugleich „wird dieselbe Revolution doch stärker und stärker".[49] Immer weiter waren die Preise angestiegen, sollte Etienne noch vier Jahre später schreiben, als er die Anpassung der für die Stiftungsstipendiaten veranschlagten Gelder an die gestiegenen Lebenshaltungskosten erbat; er hatte seine Zeit und Mühe den Schülern geopfert und sah sich nun gezwungen, ihnen sogar noch die „kleinen Hervorbringungen" seines eigenen „Gewerbefleißes" zu opfern.[50] Von den 280 Schülern des Jesuitenkollegs zum Zeitpunkt seiner Aufhebung waren bis 1790 gerade einmal 15 übrig geblieben.[51]

Das tragische Schicksal des alten Jesuitenkollegs war indes nur eine Erscheinungsform der umfassenderen wirtschaftlichen Probleme, denen die
kirchlichen Lehranstalten der Region sich nun ausgesetzt sahen. Die andere
größere Bildungseinrichtung von Angoulême war ein Priesterseminar, das
in der Pfarrei Saint-Martial angesiedelt war und seit 1704 unter der Leitung
des Lazaristenordens, der „Congregatio Missionis", stand.[52] Wie auch die
Jesuiten hatten sich die Lazaristen im Verlauf des 18. Jahrhunderts in eine
Vielzahl von Konflikten verstrickt, die aus den gegenläufigen Faktoren
königlicher Reformbestrebungen, der Machtansprüche der Stadtoberen sowie der kirchlichen Ökonomie am Ort, ihren Erneuerungsbemühungen
und Vermögensbewertungen (des kirchlichen Grundbesitzes nämlich) erwachsen waren. Diese Streitigkeiten waren ihrerseits verwoben mit der Auseinandersetzung zwischen Kapitalisten und Kabalisten, die mit der „Revolution des Handelslebens von Angoulême" im Jahr 1769 ihren Anfang nahm.

Abraham-François Robin, der Verfasser der „geheimen Historie" jener
Krise von 1769, betätigte sich nacheinander als Drucker (von Parlamentsdekreten über das Jesuitenkolleg), Inventarist des jesuitischen Besitzes
und gehörte schließlich als Delegierter der städtischen Obrigkeit zum
„Bureau" des Kollegs.[53] Robins Erzfeind (und der Bösewicht in seiner Erzählung) war der Chefankläger in dem Gerichtsverfahren von 1769, war
dort ebenfalls Delegierter, genau wie der unkluge Anwalt – oder „Anwalt
und Vetter" – jenes Kapitalisten, der das Weite gesucht hatte.[54] Im Verlauf
der 1760er-, 1770er- und 1780er-Jahre hatten die Delegierten sich mit
einer immensen Zahl religiöser Streitfälle zu befassen. In den Jahren nach
der Ausweisung der Jesuiten hatten die Angehörigen eines anderen Schulordens, die Dominikaner, sich erboten, die entstandene Lücke zu füllen,
indem sie Unterricht in Philosophie und Theologie gaben. Der Bischof
war jedoch dagegen gewesen, weil er die Dominikaner reformistischer
Tendenzen verdächtigte. Die Stadtoberen wandten sich also an die Benediktiner, danach an die Lazaristen, die schließlich einwilligten, in Angoulême Philosophie und Mathematik zu lehren (und später auch Theologie).
Dem Parlament in Paris wiederum waren die Lazaristen nicht recht gewesen; also kamen die Stadtväter noch einmal auf die Benediktiner zurück
und schließlich auf die Theatiner – auch als „Kajetaner" bekannt –, einen
kleinen italienischen Mönchsorden, der vor allem für seine Missionstätigkeit auf Borneo und in Armenien bekannt war.[55]

Im Jahr 1779 war es dann jedoch das Priesterseminar von Angoulême, das zum Schauplatz eines neuen und beunruhigenden Konflikts wurde. Die Lazaristen, unter deren Leitung das Seminar stand, waren, wie auch die anderen Orden im Frankreich jener Zeit, durch die Reformbestrebungen der französischen Krone unter Druck geraten (darunter beispielsweise der schon früh, 1768 nämlich, unternommene Vorstoß, bestimmte Arten von Kirchenbesitz zu enteignen).[56] Am Seminar von Angoulême erhielten junge Männer aus dem ganzen Bistum ihre Ausbildung, bevor sie die Priesterweihe empfingen; in der Zeit der „Dekadenz" des Kollegs richtete das Seminar zudem Philosophiekurse ein, an denen auch die Schüler teilnehmen konnten.[57] Dann jedoch warfen, an einem warmen Sommerabend des Jahres 1779, einige junge Burschen (oder Männer) mit Steinen die Fenster des Seminargebäudes in der Pfarrei Saint-Martial ein. Die Priester im Inneren feuerten mit einer Schusswaffe auf die Straße hinaus und ein Bursche wurde tödlich getroffen. Fünf Lazaristen wurden des Mordes angeklagt; die Person, die den Schuss abgefeuert hatte, war der Koch des Seminars, der „Bruder Küchenmeister", *le frère cuisinier*.[58]

Der junge Mann oder Bursche, der getötet wurde, wird in den Quellen als der „Abbé Mioulle" bezeichnet. Er war 21 Jahre alt und hatte – innerhalb der komplexen klerikalen Ökonomie seiner Zeit – ein nicht unbeträchtliches kirchliches Amt inne, denn er war ein Kanonikus oder Domkapitular der Kathedrale von Angoulême. Er wohnte, wie so viele der Unterzeichneten des Ehevertrags von 1764, in der Isle de la Cloche Verte der Pfarrei Saint-Antonin.[59] Die Geschichte war, wie sich herausstellte, die folgende gewesen: Einer von Mioulles Freunden, auch er Kanonikus, hatte am Abend des 18. Juli 1779 im Fluss gebadet und dort einen weiteren Freund getroffen, einen Advokaten; gemeinsam hatten sie beschlossen, bei Mioulle vorbeizuschauen, der bei sich zu Hause war, zusammen mit seinem Bruder und noch einem anderen jungen Juristen, und seine Flöte spielte. Aus einem Gasthaus in der Nachbarschaft hatten sie Bier und Mandelsirup kommen lassen und gegen 11 Uhr am späten Abend beschlossen, einen Spaziergang zu machen. Sie spazierten an Marc Allemands Haus vorbei, passierten das Gefängnis und gingen weiter in Richtung der Stadtmauer. Irgendwann fiel der Abbé Mioulle ein paar Schritte hinter die anderen zurück, da er „wegen einiger Bedürfnisse" vor dem

Haus eines „Monsieur Ogerdias" Halt gemacht hatte. Nur wenige Minuten darauf befanden sich die jungen Männer auf der Straße vor dem Seminargebäude und der Schuss fiel.[60]

Die gerichtliche „Information", die der Chefankläger angeordnet hatte, begann am 21. Juli, ließ 98 Zeugen zu Wort kommen und dauerte bis in den September hinein. Zehn Zeugen beschrieben verschiedene Fälle von Ruhestörung und Sachbeschädigung, die sich im Verlauf des Sommers ereignet hatten und bei denen mehrfach Fensterscheiben des Seminars zu Bruch gegangen waren. Die randalierenden Gruppen junger Männer, die dafür die Verantwortung trugen, hatten gebrüllt, die „sch… *gueux* [Bettler]" sollten „in ihr sch… Land zurückgehen", sowie: „Schickt die verdammten Lazaristen nach Rochefort!" Eine Schneiderin sagte aus, zwei Abende vor dem Mord habe sie gehört, wie beim Seminar Fenster eingeworfen wurden und die Scherben auf die Straße fielen. Vier Personen hätten geschrien: „Sch… Lazaristen!", „Sch… *mitron!*", „Sch… *poufit!*", „Sch… *gueux*, ab nach Bordeaux mit euch!" Am Abend des tödlichen Zwischenfalls habe sie dann wieder Schreien gehört: „Sch… *gueux*! Sch… auf die *guenille* [Lumpen]!" und wiederum das Geräusch von zerbrechendem Glas; diesmal bekam sie es mit der Angst zu tun und „weckte ihre Schwester zur Beruhigung"; dann ging sie zu Bett. Eine Baumwollspinnerin sagte aus, ihr seien auf der Straße einige Männer begegnet, die in Richtung des Seminars unterwegs waren und die sie aufgrund ihrer Haartracht für Kleriker hielt. Nach der Aussage einer anderen Zeugin, der Ehefrau des städtischen Scharfrichters, durfte man der Spinnerin allerdings keinen Glauben schenken, denn diese „nennt die Dinge heute weiß und morgen gelb". Der Sohn eines Gastwirts hatte einen Mann sagen gehört, er wolle nun gehen und etwas Zwiebelsuppe essen; insgesamt treten in der Episode fünf verschiedene Schankwirte oder sonstige Gastronomen auf.[61]

Fünf der sogenannten Lazaristen wurden schließlich des Mordes angeklagt, aber wie sich herausstellte, waren nur zwei tatsächlich Priester dieses Ordens; die anderen waren ein „Professor der Philosophie", der als Gast in Angoulême weilte; der bereits erwähnte Koch; und der Kirchendiener der Pfarrei Saint-Martial. Im Jahr darauf wurden sie vom König begnadigt.[62] Der Gastprofessor, der gesagt haben sollte, die steinewerfenden Burschen seien „aus guter Familie" und hätten unverkennbar die Kleidung von Klerikern getragen, war zugleich der Almosenier (Armenpfleger) des früheren Jesuitenkollegs von Angoulême; zehn Jahre später sollte dieser Jacques Roux als der „rote Priester" der Französischen Revolution von sich reden machen.[63]

Ein paar Tage nach den Geschehnissen im Juli 1779 entschied der Bürgermeister von Angoulême – ein Mann namens Pierre Marchais oder Marchais Delaberge, Sohn des reichen Goldschmieds, der 1764 den Heiratsvertrag unterzeichnet und das Bürgermeisteramt für 15 000 Livres gekauft hatte – zusammen mit den Ratsherren von Angoulême, zu denen der Papiergroßhändler Abraham-François Robin zählte, dass „in Erwiderung jener Gewalttaten" die Stadt eine Nachtwache bekommen müsse.[64] Einige Monate später „näherte sich", wie es in einem Bericht des Hauptmanns der neu eingerichteten Wachmannschaft heißt, eine Gruppe junger Männer „den Wachleuten" in der Nähe des Friedhofs von Saint-André und beschimpfte sie wüst: „Sch… *gueux*! Sch… *manan* [d.h. *manant* oder „Trottel"]! Gottverd… sch… Arschsoldaten!" Dann fingen sie an, mit Steinen nach den Nachtwächtern zu werfen. Schließlich kam der Bürgermeister dazu und beobachtete die Gruppe „nahe dem Hause des Monsieur Desessard" (des Bruders von Silvie Cazaud, der einer der „Kapitalisten" war und an einer Ecke der Place du Mûrier wohnte). Auch nach dem Bürgermeister warfen die Burschen noch einige Steine, die „ihm zu Füßen fielen, die Wächter aber trafen".[65]

An diesem Punkt des Geschehens „rief der Herr Bürgermeister aus, es sei wohl besser zu schießen als gesteinigt zu werden", und tatsächlich wurde ein Schuss abgefeuert; einer der Angreifer war daraufhin „leicht verletzt" und zwei wurden festgenommen. Ein Mitglied der Gruppe kam noch einmal zurück zur Wache und sagte: „Zwei meiner Kameraden sind da drinnen, und ich will, dass man sie freilässt, ob nun freierdings oder auf Zwang!" Ein anderer junger Bursche, heißt es, sei auf den Bürgermeister zugetreten mit einer Flasche in der einen und einem „Säbel oder Jagdmesser" in der anderen Hand. Die Flasche ließ er fallen und bückte sich dann, um ein paar Steine aufzulesen. Da „schrie [der Bürgermeister], ich bin verwundet, Feuer!" Die Bewaffneten der Nachtwache schossen erneut, und der Mann mit der Flasche und dem Jagdmesser wurde tödlich getroffen; einige aus der Gruppe rannten in Richtung der Place du Mûrier davon, andere in Richtung der Jakobiner- oder Dominikanerkirche. Die

Nachtwache eskortierte den Bürgermeister zu seinem Haus, wo eine „Inspektion seiner Wunden" am folgenden Tag ergab, dass er an zwei Fingern seiner rechten Hand „zwei beträchtliche Quetschungen" erlitten hatte.[66] Der getötete junge Mann hieß Jean Yrvoix und war der Sohn eines Advokaten aus der Stadt sowie der Neffe eines der Signatare des Ehevertrags von 1764. Am Tag darauf wurde er, nur wenige Schritte vom Ort seines Todes entfernt, in der Pfarrkirche von Saint-André begraben.[67]

Kolonialer Austausch

Die Erfolgsaussichten im Kolonialhandel, in dem Marie Aymards jüngster Sohn Jean-Baptiste sein Glück machen wollte, erschienen auf den ersten Blick sehr viel größer. Das Jahr 1764 – das erste nach dem Ende des Siebenjährigen Krieges – hatte den Beginn einer Expansion der französischen Kolonialherrschaft, namentlich in der Karibik, gesehen; und die Frühphase der französischen Revolutionsära in den 1770er- und 1780er-Jahren war die große „Glanzzeit" der französischen Landnahme in Übersee.[68] „O Wunder von Fleiß und Gewerbe!", schrieb ein früherer Intendant von Cayenne (und Gönner Jean-Alexandre Cazauds) nach seiner eigenen Ankunft in Saint-Domingue im Jahr 1776. „Ein Stück Boden, nicht größer als der Park von Versailles, bringt mehr Reichtum hervor als die Hälfte des Russischen Reiches!"[69] Der Sklavenhandel auf französischen Schiffen stieg von 17 400 Sklaven im Jahr 1764 auf 54 400 im Jahr 1790 an; in der Phase des größten wirtschaftlichen Aufschwungs von 1784 bis 1792 gingen allein in Saint-Domingue mehr als 260 000 Sklaven an Land – bei einer Gesamtbevölkerung von etwas über 500 000 Personen, von denen etwa 450 000 versklavt waren.[70] Für die Sklavenhalter waren es Jahre des Wohlstands, aber auch des Krieges und der Gewalt, deren Auswirkungen sich bis tief ins Innere Frankreichs erstreckten, bis in die Alltagswelt der Familien von Angoulême hinein.

Jean-Baptiste Ferrand heiratete 1774 in Angoulême und emigrierte 1779 mit seiner Familie nach Saint-Domingue.[71] Dort hatte er wesentlich mehr Erfolg als sein auf Martinique verstorbener Vater, zumindest anfangs, und auch als sein angeheirateter Onkel, der in Cayenne gestorben war. Seine Uhrmacherwerkstatt florierte – jedenfalls schilderte er es viele

Jahre später so –, und er war der Besitzer eines „ansehnlichen Geschäftes" in Cap-Français, wo er mit „Gold, edlen Steinen und Uhren" handelte. Nach fünfzehn Jahren auf der Insel, erinnerte er sich 1822, galt er „eher als Kreole denn als Europäer".[72] Sein Laden befand sich an einer belebten Ecke des Geschäftsviertels von Cap-Français, und bis zum Ende der ökonomischen Expansionsphase in den späten 1780er-Jahren war er zu einer echten Institution geworden, nicht zuletzt, weil auswärtige Unternehmer die Geschäftsräume nutzten, um ihre Waren und Produkte auszustellen. Im Revolutionsjahr 1789 ließ Jean-Baptiste verlautbaren, dass er nun – neben seiner Tätigkeit als Uhrmacher – auch als „Edelsteinhändler und Juwelier" firmiere; daneben verkaufte er Kaffeekannen, Ölfläschchen und Goldketten. Einer seiner Mieter war ein Friseur, der kürzlich mitsamt den „neuesten Moden" aus Paris eingetroffen war; ein anderer ein Musiker, der neben Gitarren- und Gesangsunterricht auch eine „Unterweisung in den Grundprinzipien des Harfenspiels" anbot.[73] Einmal war Jean-Baptistes vielseitiger Laden sogar der Schauplatz einer Wachsfigurenausstellung – angekündigt als „ein Kabinett von Figuren" –, die dort im Mai 1789 von einem Impresario aus Massachusetts veranstaltet wurde; zu sehen gab es lebensgroße Abbilder von George Washington, dem Admiral Keppel sowie eine Figur des englischen Königs Georgs III., welch Letztere in eine Livree gekleidet war, die „seine Britannische Majestät dem Künstler übereignet hat".[74]

Zu Hause in Angoulême war der Handel mit den amerikanischen Kolonien bald nicht mehr zu übersehen. Die Kredit- und Handelskrise von 1769 war ihrerseits – zumindest in Teilen – eine Krise der Kolonial- und Marineverwaltung. Begonnen hatten die Probleme mit dem „langen Krieg von 1740", wie der Österreichische Erbfolgekrieg in Abraham-François Robins „geheimer Historie" genannt wird. Der eigentliche Ausbruch der Krise kündigte sich dann ab 1759 an, als „die Regierung, von einem ruinösen Kriege vollends erschöpft", die Zahlungen an ihre Waffenlieferanten einstellte. Mehrere der Kabalisten und Mitverschwörer der Nouels waren zumindest im Dunstkreis des Fernhandels tätig. Sie hatten riskante Kredite aufgenommen; sie waren abhängig von den Aufträgen der Krone. Einer dieser Männer war ein „Artillerieversorger" des französischen Heeres, der aus einem Dorf in der Dordogne stammte; ein anderer war ein Gießereimeister, der Kanonen für die Franzosen und die Spanier herstellte und – so

Robin in seiner Rückschau – „bankrott und brotlos sein Leben beschloss".[75]
Ein anderes Mitglied der Kabale, der Schwiegersohn des Goldschmieds,
der den Ehevertrag unterzeichnet hatte, war bis 1773 „bankrott und nach
Martinique exiliert".[76] „Irgendein bösartiger und niedriger Geist" habe
Gerüchte über seine Schulden in Umlauf gebracht, schrieb der Kanonen-
lieferant 1770 aus Paris; er erwarte die alsbaldige Zahlung von „120 000 Livres, die Spanien mir schuldet, zur weiteren Lieferung von Artillerie zur
Bestückung des Hafens von Rochefort"; er werde wieder nach Haus
zurückkehren können, „sobald ich mit Spanien etwas ausgehandelt habe,
was sich ergeben sollte, wenn die Artillerie für Cartagena und Cadiz erst
ausgeliefert ist".[77]

Auch die Kapitalisten in der Kreditkrise standen in Verbindung zum
Geschehen in der weiten Welt. Zwei der wichtigsten Bankiers – oder eben
„Kapitalisten" – waren, zusammen mit den Eltern des unglücklichen Abbé
Mioulle, die Protagonisten in einem langen Streitverfahren bezüglich
einer Erbschaft auf Martinique, in das 21 Nachkommen eines Hutmachers
aus Angoulême verwickelt waren, Nachbarn von Gabriel Ferrand und
Marie Aymard in der Pfarrei Notre-Dame-de-la-Peine.[78] Der Streit entbrannte nach dem Tod von François Tremeau, einem der Söhne des Hutmachers, im Jahr 1760. François war nach Martinique ausgewandert, zum
Sterben jedoch in seine Vaterstadt zurückgekehrt. Der Streit endete 1768
mit einem Familienvergleich. Die beiden erwähnten Kapitalisten hatten,
wie auch Mioulle *père*, Enkelinnen des Begründers der Hutmacherdynas-
tie zur Frau genommen; jener Ahnherr war von der Loire in die Angoulêmer Vorstadtgemeinde Saint-Ausone gezogen, wo er 1674 die erst zwölf-
jährige Tochter eines ortsansässigen Hutmachers geheiratet hatte.[79] Bis
1768 hatten es seine Nachfahren zu Amt und Würden gebracht oder waren
erfolgreiche Kaufleute: Advokaten waren darunter, „königliche Räte" und
Handelsrichter.[80]

Von den 21 Erben des Hutmachersohnes und deren erwachsenen Kindern gelangte nur einer tatsächlich nach Martinique und nahm dort die
Kleidung des Onkels in Besitz, dazu ein Pferd – und eine von dem Verstorbenen erst kürzlich erworbene Plantage mitsamt den dazugehörigen
Sklaven. Der Rest des Erbes sollte unter den in Angoulême verbliebenen
Geschwistern – mehreren Brüdern und einer Schwester – aufgeteilt werden; es handelte sich dabei um ein erstaunliches Sammelsurium von Wert-

papieren, Waren und Werkzeugen. Im Mittelpunkt des Streits jedoch stand eine Verbindlichkeit, über 5333 Livres, die François Tremeau einer Frau schuldete, die in den Quellen lediglich als *Henriette mulatresse*, „die Mulattin Henriette", bezeichnet wird. Oder vielmehr ging es um Henriettes eigenes Geld, um eine „Summe, [die der Verstorbene] in ihrem Namen erhalten" hatte, und zwar von einem anderen Kaufmann auf Martinique (bei dem es sich rein zufällig um den Vater der Erbin mit den 124 Hemden handelte).[81] Henriettes Geld sollte ihr „aus dem eindeutigsten Besitz innerhalb der Erbmasse" ausbezahlt werden; sie erhielt es aber erst aufgrund einer Reihe von gerichtlichen Verfügungen und nachdem die Gerichtsvollzieher die Möbel und sonstigen Besitz von einem der widerspenstigen Mit-Erben gepfändet hatten. Vier der Prozessführenden starben, bevor der Streit beigelegt werden konnte.[82]

Die Niederschrift über den schließlich erzielten Vergleich umfasst 47 Seiten und liefert ein Panorama der ökonomischen Verflechtungen unter den wohlhabenden Familien von Angoulême – jener Familien, die sich Seide aus Indien leisten konnten – sowie innerhalb des ganz neuen Universums, das der Fernhandel darstellte. Da gab es Kriegsanleihen, die 1758 ausgegeben worden waren, um die „außergewöhnlichen Aufwendungen in den Kolonien" zu finanzieren, und deren Zinskupons mitunter nur fällig wurden, wenn der Halter der Anleihe eine dazugehörige Lotterie gewann; bei anderen war die Rückzahlung gar ausgesetzt worden, da eine „Situation des äußersten Misskredits" aufgetreten war. Sehr viel Tinte wurde auf die Unterscheidung zwischen „Kapital, Einkommen, Zins- und Vorschusszahlungen" verwendet. Warenbestände wurden aufgelistet: Reis in großen Gebinden; Fässer voll Öl; Steigen voller Muscheln und Schalentiere; Oliven aus Marseille; Kisten und Kästen, die über Land aus Cadiz herbeigekarrt worden waren – aber auch versprochene, künftige Warenlieferungen, die noch aus Martinique eintreffen sollten.

Aber auch Familienschulden gab es, wie etwa die 146 Livres und 2 Sous, welche die Schwester des Verstorbenen in den elf Jahren vor dessen Tod für seine Medizin ausgegeben hatte; oder 6 Livres für Wäschereidienste; oder die Abschlusszahlung für eines der letzten Geschäfte, das François vor seinem Tod noch abgeschlossen hatte und bei dem es um den Kauf einer Lehrlingsstelle für einen jungen Mann aus Angoulême, Noël Virol, den Sohn eines Perückenmachers, gegangen war.[83] Dagegen standen der

Verkaufserlös einer Plantage samt Sklaven (4000 Livres) und der Wert der Münzsammlung, die François 1755 auf Martinique besessen hatte: vier Pagoden (chinesische Goldmünzen), eine Goldmünze venezianischer Prägung, 5 Louisdor aus Malta, Piaster und Dublonen und portugiesische Cruzados. Am Ende des Vergleichsprozesses versicherten die Erben sich und einander, dass sie „blutsverwandte Personen" seien, „die wohlgeboren und einander wohlbekannt sind". Die allerletzten Worte, auf der letzten von 47 Seiten, die schließlich im Haus der Schwiegermutter des wichtigsten Kapitalisten unterzeichnet wurden, wirken wie das Bruchstück eines nachträglichen Einfalls, der irgendeinem der Signatare noch gekommen sein mochte: „… und ebenso die vier Kisten mit Muscheln."[84]

Abraham-François Robin, der Chronist der „Revolution" von 1769, hatte seine eigene Verwandtschaft in den Kolonien. Es gab einen jüngeren Abraham-François Robin, der schließlich als „Oberwundarzt der Insel Saint-Vincent" amtierte (also in einem jener karibischen Territorien, die 1763, 1779 und dann noch einmal 1783 zwischen Frankreich und Großbritannien hin und her wechselten). Der junge Medikus heiratete eine Engländerin von St. Vincent namens Elizabeth Stubbs und übernahm die Leitung der schwer verschuldeten Sklavenplantage der Familie Stubbs. Dann machte er sich aus dem Staub – aber nicht, ohne „vierzig oder fünfzig der besten Neger" mitzunehmen, wie sich der erboste flämische Gläubiger seiner Schwiegereltern ausdrückte, dazu „insgesamt alle Tiere" und „sogar die Kupfertöpfe und -kessel, die bei der Zuckergewinnung und der Rumherstellung gebraucht werden". 1783 wurde er auf Martinique inhaftiert, hatte jedoch das große Glück, schon 1785 wieder wohlbehalten – und mit seiner englischen Ehefrau – in Angoulême anzukommen. Dort wohnte er in demselben Stadtviertel wie Gabriel Ferrand und die Familie Tremeau und taucht in den Registern als „M. Robin le Américain" auf.[85]

Über die 25 Jahre hinweg, die die „Aufwärmphase" der Französischen Revolution in Anspruch nahm, war der Austausch mit den Überseegebieten ein steter Bestandteil des Angoulêmer Alltags. Einer der Fälle, die der Notar Caillaud 1765/66 bearbeitete, betraf den Leidtragenden einer Tragödie, die sich in Cayenne ereignet hatte, einen kleinen achtjährigen Jungen (den „Urgroßneffen" jener niederländischen Erbin, in deren Diensten Johann Georg Klotz gestanden hatte). Der Knabe wurde von fünf seiner Onkel vertreten, denn sein Vater war in Kanada ums Leben gekommen, seine Mutter und Großmutter auf der Expedition nach Cayenne gestorben, und nun war das Waisenkind an einem Verfahren beteiligt, in dem es um ein „Paket von Wechselbriefen" ging, das aus Cayenne an den „Proviant-meister der Marine" in Rochefort gesandt worden war; dies war „der Nachlass seiner Mutter selig".[86] Dann gab es da eine junge Frau aus Saint-Domingue – ihr verstorbener Vater war dort „Plantagenbesitzer und Kommandant des Bezirks Port-au-Prince" gewesen und ihre Mutter hatte sich in das Kloster der Franziskanerinnen an der Place du Mûrier zurück-gezogen –, die in der Pfarrkirche von Saint-André im April 1765 vor den Traualtar trat. Später im selben Jahr heiratete die Witwe eines Wundarztes aus Saint-Marc (in Saint-Domingue) in der Angoulêmer Pfarrei Notre-Dame-de-Beaulieu; sowohl sie als auch ihr Bräutigam erklärten sich für nicht signierfähig.[87] Im Jahr 1766 wurde ein Tagelöhner von den außer Kontrolle geratenen Pferden einer vorbeidonnernden Kutsche nieder-getrampelt, wobei er einen Beinbruch erlitt; als Besitzer des Unfallfahr-zeugs wurde der „vormalige Oberstabsarzt im Heere des osmanischen Sul-tans" namhaft gemacht.[88]

In der Pfarrei Saint-Antonin wohnte eine Frau, die 1770 mit ihrem Ehe-mann die folgende Vereinbarung traf: Er sollte nach Saint-Domingue rei-sen und dort die Aufteilung der Güter beaufsichtigen, welche sie in der Kolonie gemeinsam mit ihrem Bruder besaß, und zwar „im Rechtswege oder auf gütliche Art"; im Einzelnen ging es dabei um „Waren, bewegliche und unbewegliche Sachen, Neger, Tiere, Kredite und andere Dinge".[89] Wie sich herausstellte, war sie auch Besitzerin einer halben Plantage, die mit einer Hypothek ihres Enkels aus erster Ehe belastet war, sowie der ent-sprechenden Anzahl von „Neger[n], die bei dieser Teilung an sie gefallen [war]".[90] Zwei Jahre blieb ihr Ehemann in Cap-Français. Laut ihrer schließ-lich getroffenen Vereinbarung, die 1772 in ihrem Haus in der Angoulêmer Pfarrei Saint-Antonin unterzeichnet wurde, schuldete ihr Gatte ihr 170 159 Livres zuzüglich Einkünften von 60 000 Livres „nach Abzug der Kosten für Reise und Unterhalt".[91]

Im Jahr 1780 gab es in der Pfarrei Saint-Martial eine Frau aus Saint-Domingue, die dort vorübergehend untergebracht war und die eine komplizierte Vereinbarung mit einem „Bourgeois" aus Fort-Dauphin namens Emery Chaloupin traf, der in einem Gasthaus in der Pfarrei

Saint-Jacques untergekommen war. In der Vereinbarung ging es um die Summe von 70 000 Livres, die er ihr geliehen hatte („in Gold, Silber und Geld"); sie willigte ein, die gesamte Summe in drei Raten zurückzuzahlen, die ein Jahr, zwei Jahre und drei Jahre nach „dem Friedensschluss für den gegenwärtigen Krieg" fällig sein sollten. (Die Chaloupins waren als Kaufleute in Fort-Dauphin ansässig und trieben dort Handel mit Arzneimitteln und Sklaven, darunter 1779 auch „eine Negerin von sechsunddreißig [Jahren]" zusammen mit ihrer zweijährigen Tochter, einer älteren Tochter und einer acht Monate alten Enkeltochter.)[92] Sir Thomas Sutton, einer der „Direktoren" der Französischen Ostindien-Kompanie, Grundbesitzer in Saint-Domingue und Sklavenhändler auf dem Indischen Ozean, starb 1782 im Alter von 60 Jahren in Angoulême, wo er im Hôtel de la Table Royale sein Quartier genommen hatte.[93] Eine junge Frau von 27 Jahren, Marie Lenoir, starb 1786 „im Hause des Monsieur Merilhon, Badermeister allhier, auf ihrer Durchreise in dieser Stadt"; die jung Verstorbene war die Witwe eines Kolonialbeamten, der „vor etwa zwei Jahren im Senegal verschieden" war.[94]

Die Familiengeschichte von Rose Civadier, einer Frau aus den Kirchenbüchern von 1764, die 1766 einen Wundarzt aus Cap-Français in Saint-Domingue geheiratet hatte, entwickelte sich über einen Zeitraum von dreißig Jahren zu einem regelrechten Drama von ehelichen und wirtschaftlichen Austauschbeziehungen. Rose entstammte einer Dynastie von Polizeibeamten, Advokaten und Klerikern, die in der Pfarrei Saint-Paul ansässig war. Im Jahr 1770 wanderte ihr älterer Bruder nach Saint-Domingue aus, wo er, kaum dass er seine Stelle als Sekretär des Gouverneurs angetreten hatte, im Jahr darauf verstarb; zur Erbin bestimmte er seine Mutter. Roses jüngerer Bruder, der 1741 in Saint-Paul geborene Louis Michel Civadier, befand sich zum Todeszeitpunkt des älteren ebenfalls schon in Saint-Domingue und wurde deshalb zum Bevollmächtigten der Mutter ernannt, „in allen Streitigkeiten, die aufgetreten sind oder noch auftreten werden".[95] Louis Michel sollte es später in Jacmel in Saint-Domingue bis zum „Einnehmer für konfiszierte Güter" bringen – „Neger, neunzehn Köpfe, wovon vier treffliche Seeleute" – und schließlich, ebenfalls in Jacmel, Grund und Boden erwerben.[96]

Während der ersten Monate der Französischen Revolution kehrte Louis Michel Civadier aus Saint-Domingue nach Angoulême zurück. Bald nach seiner Rückker nahm er in dem nahe gelegenen Dorf Balzac mit päpstlichem Dispens (den er dem Wirken eines Pariser Bankhauses verdankte) seine junge Nichte Marie Charlotte zur Frau, die Tochter seiner Schwester Rose und ihres verstorbenen Gatten, des Wundarztes aus Cap-Français.[97] Anschließend kehrte er mit Marie Charlotte nach Saint-Domingue zurück, wo sie allerdings schon im Juli 1790 bei der Geburt ihres ersten Kindes in Jacmel verstarb. 1796 heiratete Louis Michel erneut; die Hochzeit fand in Jacmel statt. Die Braut war seine Schwägerin und Nichte, Roses andere Tochter, die in den Quellen als „minderjährig" und „aus Angoulême gebürtig" beschrieben wird. Er war 54 und sie war 18 Jahre alt.[98]

Es gab sogar eine Person aus „Ostindien", die sich in Angoulême niederließ, um dort einen Posten bei der örtlichen Verwaltung zu übernehmen. Dies war der „Monsieur Ogerdias", vor dessen Haus der Abbé Mioulle in jener verhängnisvollen Julinacht des Jahres 1779 angehalten hatte, und er war als „Aufseher der Gewässer und Forste" in der Region Angoulême tätig, ein Amt, das er 1773 erworben hatte.[99] Nach Frankreich gelangt war Claude Ogerdias 1772 auf einem Schiff, das aus Bengalen kam; einige Wochen zuvor hatten bereits seine Frau, ihre beiden Kinder sowie fünf „schwarze Dienstboten" französischen Boden betreten.[100] In Bengalen war er als „Inspekteur der Bauten und Befestigungen" in Diensten der Niederländischen Ostindienkompanie tätig gewesen und hatte insbesondere als Experte für das Anlegen von Be- und Entwässerungsgräben gewirkt. Gelebt hatte er mit seiner Familie in der niederländischen Siedlung Chinsurah (dem heutigen Chuchura), die nördlich von Kalkutta am Fluss Hugli gelegen war. Im Jahr 1762 hatte er sich im nur 5 Kilometer weiter südlich gelegenen Chandernagor (Chandannagar), einer Kolonie der Französischen Ostindienkompanie, aufgehalten, wo er Michel Guenois zur Frau nahm, die 18-jährige Tochter eines *supercargo* oder Frachtaufsehers, der für die Schiffe der Handelskompanie zuständig war.[101]

In Chandernagor wurde Ogerdias ein Geschäftspartner des Gouverneurs der Kolonie bei „diversen Frachtunternehmen oder Aventüren", insbesondere im Sklavenhandel nach Ostindien; als 1768 in Chandernagor sein Sohn getauft wurde, bezeichnete er sich selbst als einen „in dieser Kolonie ansässige[n] Handelsmann".[102] Einige Jahre darauf trat Ogerdias als Kläger in einem Prozess vor dem Londoner Kanzleigericht in Erscheinung, den er gegen zwei Vertreter der Britischen Ostindienkompanie führte; die

Männer, gab er an, hätten ihn um Versicherungszahlungen betrogen, die ihm nach einem fehlgeschlagenen Sklaventransport an „die Küste von Malay, in die Straße von Malakka und nach Borneo" zustünden. Die Summen, um die es ging, waren beträchtlich, schließlich „summierten sich die auf England gezogenen Wechsel auf insgesamt 190 000 Pfund Sterling". Es gab noch einen weiteren Partner namens „Mister Mizzapour"; die englischen Kolonialbeamten stritten jegliche Kenntnis von den betreffenden Zahlungen ab.[103]

Als Ogerdias dann 1772 in Lorient in der Bretagne von Bord ging – dem Heimathafen der Französischen Ostindienkompanie –, fahndeten nach ihm bereits Agenten der französischen Krone, denen er jedoch entwischen konnte (und die dann fälschlicherweise die Verfolgung eines anderen gerade eingetroffenen Beamten, des vormaligen Schatzmeisters der Insel Mauritius nämlich, aufnahmen).[104] Im Frühjahr 1773 erwarb Ogerdias für die Summe von 40 000 Livres das Amt eines „königlichen Rates und außerordentlichen Aufsehers der Gewässer und Forste" in der Provinz Angoulême – bei dem Verkäufer handelte es sich um den Chefankläger des 1769 angelaufenen Verfahrens gegen die „Kapitalisten" –, und im Sommer desselben Jahres führte er dann bereits bei allen öffentlichen Anhörungen der Wasser- und Forstverwaltung in Angoulême den Vorsitz.[105] Im Jahr 1775 unterschrieb er einen Pachtvertrag für eines der größten Häuser der Stadt, die bisherige Residenz von Pierre Marot, dem „Kapitalisten" und Einnehmer der *taille*. Das Anwesen, das der Stadtmauer und dem Gefängnis genau gegenüberlag, war im Besitz der Karmelitinnen; später sollte es das Hôtel de France beherbergen.[106] Michel Guenois verbrachte ihr ganzes restliches Leben in Angoulême und starb dort 1830 im hohen Alter von 85 Jahren.[107]

Skandal im Steueramt

Das erste von Marie Aymards Enkelkindern, das in Angoulême eine respektable Stellung erlangte, war Martial Allemand Lavigerie, der älteste Sohn des Paares aus dem Heiratsvertrag von 1764. Als er selbst im April 1790 heiratete – seine Braut war eine Apothekerstochter –, wurde er als *commis à la recette des tailles* (Sekretär des Steueramtes) beschrieben. Anlässlich der Taufe seines ersten Kindes 1791 wird er wiederum als *commis à la recette des tailles* genannt.[108] In demselben Jahr – in dem die „schändliche Auspressung" der *taille* (einer Besteuerung des einfachen Volkes) schließlich durch die neuen Gesetze der Französischen Revolution abgeschafft wurde – mietete Martial ein Haus an, das gegenüber dem Anwesen des einstigen Dienstherrn seines Großvaters, Jean-Alexandre Cazauds nämlich, lag. Bei dieser Gelegenheit hieß es, er sei ein *commis à la recette du district*; bis zur Taufe seines zweiten Kindes 1792 war er zum *caissier à la recette du district* befördert worden.[109] Spätestens 1795 war seine Karriere in der Finanzverwaltung jedoch vorbei, und er bezeichnete sich selbst als *marchand*, d. h. als Kaufmann.[110]

Das System der Steuerverwaltung stand im Mittelpunkt von Tocquevilles historischer Darstellung der „Details" des Ancien Régime.[111] In Angoulême gab es zudem die Bühne für die am längsten andauernde „Finanzaffäre" jener Zeit ab. Die 1769 begonnene Handelskrise endete schließlich im Sommer 1776 mit dem Freispruch der Kapitalisten. Der oberste Kronrat untersagte den Kabalisten, in jener Sache noch weitere Klagen einzureichen, und verbot zugleich die weitere Verbreitung des „zum Druck gegebenen Schriftsatzes", der im Namen der Nouels und ihres Anwalts umlief; dies war ein Pamphlet von 72 Seiten, in dem die Kläger „unter dem Vorwand ehrfurchtsvoller Darlegungen" bezüglich des früheren Urteils die ganze Sache und ihre Vorgeschichte an die Öffentlichkeit getragen hatten, mit Blick auf die Entscheidung der Krone jedoch aussagten, diese komme einer „Nobilitierung von Wucher, Täuschung und Arglist" gleich. Dem Rechtsbeistand der Nouels wurde unter Androhung eines Zulassungsentzugs untersagt, künftig „dergleichen Schriftstücke mehr" unter seinem Namen in Umlauf zu bringen.[112]

Dies war also der Stand der Dinge im Sommer 1776, und die Sache schien erledigt. Doch der Schein trog, wie so oft in den kleinen Revolutionen des Angoulêmer Alltagslebens. Die „Kapitalisten" und ihre Nachkommen mussten auch weiterhin mit der Möglichkeit leben, dass die Entscheidungen zu ihren Gunsten – einmal mehr – revidiert werden könnten, denn diese Möglichkeit bestand aufgrund der fortwährenden Umwälzung der öffentlichen Ordnung von Justiz und Verwaltung in Angoulême ja jederzeit. Im Jahr 1777 erhielt Abraham-François Robin eine Reihe anonymer Briefe, in denen es um eine andere „Wucher"-Krise ging, die gut

200 Kilometer nordöstlich von Angoulême in Orléans aufgetreten war. Dort war ein Konsortium von Bankiers aufgrund genau derselben Art von Kreditgeschäften verurteilt worden, deren die Kapitalisten von Angoulême beschuldigt wurden. „Bezüglich der Angelegenheit in Orléans", schrieb Robins Sohn ihm aus Paris, „muss ich Ihnen mitteilen, dass es letztlich wohl der Groll über die Vorgänge in Angoulême gewesen ist, der zu jenem harten Urteil geführt hat."[113] Doch dann nahm im Sommer 1778 noch eine weitere „Affäre" ihren Lauf, deren Protagonisten in etlichen Fällen dieselben waren wie zuvor, nur dass im Mittelpunkt des Geschehens nun das Steueramt von Angoulême stand.

Von den fünf Kapitalisten, die man 1776 freigesprochen hatte, waren alle bis auf einen respektable Bürger, arrivierte Kaufleute mit umfänglichen Beziehungen im Überseehandel. Da waren zunächst die beiden Kaufleute, Schwiegervater und Schwiegersohn von Louis Ferrands Dienstherrn auf Grenada, deren einer der Besitzer von „Claude" war, und der angeheiratete Vetter der beiden, der Protagonist im Fall der angefochtenen Erbschaft auf Martinique.[114] Dann war da Robin selbst, der frühere Ratsherr von Angoulême.[115] Nur einer der fünf, nämlich Pierre Marot, hatte einen etwas bescheideneren Hintergrund als die anderen vier, und in seiner Amtsstube nahm die neue Affäre ihren Ausgang. Marots Eltern waren *cabaretiers* in einer Kleinstadt südlich von Angoulême gewesen, hatten dort also eine Weinhandlung betrieben. Ihr Sohn begann seine Laufbahn in der Welt der Finanzen als Handlungsdiener und Laufbursche in einer Schreibstube. „Aus den Tiefen einer *Taverne* hat er sich ins Geschäftsleben aufgeschwungen", schrieben seine Kritiker.[116] Als 1749 sein Sohn in Angoulême getauft wurde, beschrieb man Marot als einen Schreiber oder *commis: commis à la recette des tailles*.[117] Irgendwann vor 1771 erwarb er dann das Amt eines königlichen Rates und wurde einer von zwei Steuereinnehmern in der gesamten Region.[118]

Marot war derjenige Kapitalist gewesen, der sich – gegenüber seinem Anwalt – über „Gerede hinter vorgehaltener Hand", „Gezeter" und falsches „Getöne" beklagt hatte.[119] Im Jahr 1784 wurde er dann in einer Quelle als „der reichste Mann in der Provinz Angoulême" beschrieben, in einer anderen als „der vielleicht reichste Kapitalist im ganzen Angoumois".[120] Binnen einer Generation hatte dieser Mann in der Steuerverwaltung sowie mit dem Verleihen von Geld an die Kaufleute der Provinz ein Vermögen angehäuft – seine Gegner führten nicht weniger als achtzig Geschäfte mit 61 verschiedenen lokalen Schuldnern auf, wobei die Zinssätze zwischen 7 und 72 Prozent stark schwankten; das Gesamtvolumen dieser Transaktionen schätzte man auf 1,5 bis 1,8 Millionen Livres.[121]

Die Anfänge der neuen Affäre reichten zurück bis in das Jahr 1771, als Marot einen jungen Burschen von 19 Jahren, François Laplanche mit Namen, als Hilfsschreiber in seiner Amtsstube einstellte, genau wie Marot selbst 22 Jahre zuvor angetreten war und Martial Allemand Lavigerie 18 Jahre später seine Laufbahn beginnen sollte: als *commis à la recette des tailles*.[122] Wie sein Vorgesetzter entstammte auch Laplanche einer, wie er es nannte, „inferioren" Familie; sein Vater war Gastwirt in Angoulême.[123] Er selbst war einer der 4089 in den Kirchenbüchern von 1764 Genannten, denn er hatte im Alter von zwölf Jahren den Registervermerk über eine Taufe in der Pfarrkirche Saint-Jacques unterzeichnet.[124] Sein Lohn in der Schreibstube des Steueramts war kaum der Rede wert: In den ersten drei Jahren seiner Tätigkeit dort erhielt er überhaupt kein Geld, danach steigerte sich die magere Besoldung bis 1778 auf 300 Livres *per annum*.[125] Aber er schlug sich prächtig auf seinem Posten und schien Marot ein fleißiger und ehrlicher Bursche zu sein; 1772 war er der Taufpate einer Tochter von Marots Köchin.[126] Im Jahr 1775 heiratete er die Tochter eines Schuhmachers, und später im selben Jahr kam seine eigene Tochter zur Welt.[127] Doch dann, man schrieb das Jahr 1776, begannen sich die Dinge zu wandeln, wie sein Vorgesetzter später berichten sollte. Während sich nämlich Marot dienstlich in Paris aufhielt – es war der Sommer, in dem vor dem Conseil d'Etat der letzte, turbulente Prozess um die Angoulêmer Wucherkredite verhandelt wurde –, begann der Schreiber Laplanche mit einem Mal, kleinere Summen zu veruntreuen.[128]

Im August 1778 entdeckte Marot – so erzählte er es jedenfalls später –, dass sich in den Büchern des Steueramtes von Angoulême ein Fehlbetrag von 15 830 Livres eingestellt hatte. Er und sein Sohn kamen, zusammen mit dem anderen, dienstälteren Angestellten der Schreibstube, der zugleich den Posten des Kassierers innehatte, zu dem Schluss, dass Laplanche der Schuldige sein musste. Im Beisein von zwei Advokaten, einem Notar sowie drei lokalen Vertretern der Krone im vollen Gerichtsornat stellten sie ihn zur Rede.[129] Nach Laplanches Darstellung hielt Marot ihn drei Tage und zwei Nächte lang im Steueramt gefangen; in einer Stube im

Inneren seien Marots Sohn, der Kassierer und der Notar ihm gegenüber handgreiflich geworden; seine Frau sei in ihrer gemeinsamen Wohnung festgesetzt und der gesamte Hausstand – einschließlich der Unterwäsche seiner Frau – sei zu Pfändung und Verkauf taxiert worden. Daraufhin unterschrieb Laplanche ein Geständnis, das er aber später widerrufen sollte, und begab sich nach Paris, wo er den Vertreter der Kabalisten in dem früheren Verfahren – den Advokaten, dessen „zum Druck gegebener Schriftsatz" 1776 unterdrückt worden war – um juristische Beratung bat. Dann kehrte er nach Angoulême zurück und zeigte Marot und dessen Sohn wegen Verleumdung und Freiheitsberaubung an; Marot seinerseits bezichtigte Laplanche der Unterschlagung und der Aktenfälschung. Das Verfahren ging durch sieben Instanzen des französischen Justizwesens, von Angoulême nach Paris und wieder zurück nach Angoulême; Laplanche wurde (gleich zwei Mal) zum Tode verurteilt. Erst 1789, nach elfjährigem Prozessieren, endete die Affäre mit einem Freispruch für Laplanche.[130]

Der Fall des Steueramtsschreibers von Angoulême, oder eben die Fortsetzung der Krise von 1769, wurde zu einer der letzten Causes célèbres des Ancien Régime. Jeder in der Stadt war darüber im Bilde; „toute la ville [en était] instruite", heißt es in der Darstellung Marots.[131] Das Geschehen nahm in aller Öffentlichkeit seinen Lauf, angefangen bei der Prozession der Obrigkeitsvertreter in ihren Richterroben zum Haus Marots. Die Altkleiderhändlerin, die ein Inventar von Marots Besitztümern anlegte, gehörte der rastlos-betriebsamen Geschäfts- und Handelswelt von Angoulême an; ihr Ehemann war Louis Dupard, der Knopfmacher, der den Ehevertrag von 1764 mit unterzeichnet hatte.[132] Laplanches eigene Ehefrau war, Marot zufolge, „jung und hübsch", und zwei ihrer Schwestern waren ebenfalls an dem Drama beteiligt: Nachdem man Madame Laplanche in ihrem eigenen Haus eingesperrt hatte, beobachteten Nachbarn, wie eine der Schwestern ein Bündel der konfiszierten Unterwäsche aus einem Fenster auf die Straße hinauswarf, wo es von der anderen Schwester aufgefangen wurde.[133] Überall waren Schaulustige und damit Augenzeugen; eine von Marots Hausbediensteten wusste zu berichten, Laplanche habe am zweiten Tag seines Arrests „ein Kotelett und etwas Zwieback" verspeist, während die Vollzugsbeamten, nach Angaben von Laplanches Rechtsbeistand, „einen Kuchen, Obst und Wein" serviert bekamen.[134] In dem Gerichtsverfahren von 1779 ließ Marot 43 Zeugen vernehmen.[135] In Paris

wurde Laplanche schon „in effigie" – d. h. symbolisch, anhand einer Stroh-
puppe oder eines sonstigen Abbildes – hingerichtet, da stand das Urteil in
Angoulême noch aus. Als es dann schließlich erging, lautete es „nur" wie
folgt: Laplanche sollte „an einem Galgen angebunden werden, der auf dem
großen Platz von Angoulême zu errichten ist, wobei ihm vorn und hinten
Schilder mit der folgenden Aufschrift angeheftet werden sollen: *commis
faussaire et infidèle* [untreuer Schreiber und Fälscher]"; ferner sollte er aus-
gepeitscht, gebrandmarkt und dann einer lebenslänglichen Galeerenstrafe
zugeführt werden.[136]

Selbst außerhalb von Angoulême hieß es, die Affäre habe „ein ganz erstaunliches Getöse verursacht".[137] Mindestens 28 Advokaten waren daran
beteiligt. Sechs ihrer juristischen Schriftsätze wurden in Paris zum Druck
gegeben und als Quartbände veröffentlicht; selbst die Mitschriften eines
einzigen Verfahrensabschnitts – der im November 1778 abgehaltenen „Information" und Vorbefragung, bei der erste Zeugenaussagen für die
Gegenklage aufgenommen werden sollten, mit der Laplanche Marot der
Freiheitsberaubung bezichtigte – füllten schließlich 18 Protokollbände.[138]
Die Angelegenheit sei ein „*amphigouri* [eine weitschweifige, wenig glaub-
hafte oder bizarre Räuberpistole] aus zweifelhaften, widersprüchlichen
und belanglosen Einlassungen", hieß es in der Zeitschrift *Mémoires historiques*, was die Periodika oder „Korrespondenzen" jener Zeit aber natürlich nicht davon abhielt, ausführlich darüber zu berichten. In den *Mémoires secrets* wurde gemeldet, die bei dem Verfahren zutage getretenen
„Widersprüche" zwischen diversen vorgängigen Gerichtsurteilen und Dekreten seien „schlichtweg frappant".[139] Noch fast ein Jahrhundert später
wurde der „Fall Laplanche versus Marot" als eine der seltsamsten Episoden in der an bizarren Details wahrlich nicht armen Justizgeschichte des
Ancien Régime angeführt: Voller „furchterregender Anachronismen" sei
er gewesen, „kompliziert, willkürlich, beinahe barbarisch".[140]

An der Geschichte des Steueramtsschreibers fanden so viele ein so großes, ja schon obsessives Interesse wohl auch deshalb, weil die darin auftretenden Charaktere so faszinierend erschienen. Laplanche etwa wurde
von seinen eigenen Anwälten als ein „jämmerliches Individuum" beschrieben, mit dem es „die Natur sehr schlecht gemeint" hatte: „Allenfalls
vier Fuß acht Zoll groß [etwa 142 Zentimeter] und mit einem Buckel vorn
wie hinten belastet", war Laplanche jedoch auch ein Mann mit vielen

Freunden und „Protektoren".[141] Eine von Marots Anschuldigungen in dem Verfahren war, dass Laplanche in beinah schon unanständigem Luxus lebe, und zwar „in einem Hause mit einem gewissen Ruf".[142] Laplanches nicht vollauf überzeugende Erklärung für seinen offenkundigen Wohlstand war, dass er in jungen Jahren von der Freigiebigkeit eines reichen Engländers in Bordeaux profitiert hatte – oder doch jedenfalls eines Mannes, der „wie ein Engländer" war, dessen Namen zu nennen er sich jedoch weigerte. Jedenfalls habe dieser mysteriöse Wohltäter ihm „feine Kleider, viel Geld und Juwelen" überlassen. Eine andere Begründung, die er vorbrachte, war, dass ein reicher Onkel auf Guadeloupe, der Verbindungen nach Nantes hatte, ihm große Summen überwiesen habe. An einem Punkt des Verfahrens drehte sich sogar alles um die Frage, ob dieser besagte Onkel denn nun wirklich reich sei oder nicht vielmehr *arm* (wie er nämlich in einem Brief, den Marot ausfindig gemacht hatte, selbst von sich behauptete); Laplanches Darstellung zufolge „hatte mein Onkel eine große Zahl von armen Verwandten, die ihm mit ihren Forderungen sehr zur Last fielen. Um ihrer Aufdringlichkeiten ledig zu werden, schrieb er mir absichtlich Briefe, in denen er vorgab, arm zu sein. Ausdrücklich schrieb er mir, dass ich diese Briefe seinen anderen Verwandten zeigen solle: doch arm war er nur für sie; was mich selbst betraf, so war er reich und freigiebig."[143]

Im Verlauf der drei Tage, die er in Marots Haus festgehalten wurde, gelang es Laplanche, von zwei weiteren Freunden und Gönnern große Geldsummen zu leihen. Der eine war ein Kaufmann aus Bordeaux, ein vormaliger Offizier, der in der Vergangenheit einmal eine Wohnung von Laplanche gemietet hatte. Ganz zufällig, gab der alte Haudegen zu Protokoll, sei er gerade in dem Moment im August 1778 in Angoulême aus seiner Kutsche gestiegen – er befand sich nämlich auf dem Rückweg von einem Kuraufenthalt an einer Heilquelle in den Pyrenäen –, als Laplanche von Marot und seinem Sohn festgenommen wurde. Aus Mitgefühl und einem „Mangel an Erfahrung" heraus habe er Marot Geld zukommen lassen, um Laplanches Freilassung zu erwirken; auch habe er – für immerhin 600 Livres – Marot die Unterwäsche von Laplanches Ehefrau wieder abgekauft. Später erhob derselbe Zeuge noch Gegenklage wegen Verleumdung und übler Nachrede gegen die Marots, *père et fils*, und diese zahlten es ihm heim mit „völlig abwegigen Ehrenkränkungen bezüglich der Geburt, der Person, des Vermögens, der Sittlichkeit" sowie auch der verstorbenen Mutter des Kaufmanns und Offiziers a. D.[144] In den *Mémoires historiques* wurde dieser als der „Protektor der Madame Laplanche" bezeichnet; in den *Mémoires secrets* als ihr „angeblicher Liebhaber".[145]

Der Fall war aber auch deshalb von Interesse, weil es dabei an jedem Punkt um Register, Akten und andere Schriftstücke ging. Das Erste, was Marot tat, als er Laplanche in der inneren Schreibstube festgesetzt hatte, war, ihm „all seine Papiere wegzunehmen" – und in Laplanches Worten handelte es sich um „jenes geheiligte Besitztum, das wohl fast immer eines Mannes wichtigste und unverletzlichste Geheimnisse bewahrt".[146] Vertreter des Pariser Steuergerichts reisten von Amts wegen nach Angoulême, um dort Unterlagen aufzufinden und sicherzustellen; Marot kam vor Gericht auf Laplanches Ehevertrag und auf das Protokoll über die Testamentseröffnung nach dem Tod von Laplanches Vater zu sprechen. Der in das Verfahren verwickelte Kaufmann und Ex-Offizier hatte seine eigenen „Agenten", die in der ganzen Provinz ihre Nachforschungen anstellten und dabei Marots Geburtsurkunde, die Sterbeurkunde von Marots Vater sowie zwei Bescheinigungen von Steuerinspektoren im Außendienst ausgruben, durch welch Letztere die Frage geklärt werden sollte, ob Marots Eltern nun „Weinhändler" in dem Sinne gewesen seien, dass sie Wein in Flaschen zum Verkauf anboten, oder nicht doch eher „Schankwirte", die ihn aus offenen Flaschen und glas- oder krugweise verkauften.[147]

Nach seiner eigenen Beschreibung war Laplanche ein Amtsschreiber, ein *commis aux écritures*.[148] Einer der von Marot erhobenen Vowürfe lautete, dass Laplanche seine Unterschlagungen durch das Fälschen der Summen am Fuß der Seiten in den Steuerregistern im wahrsten Sinne des Wortes vertuscht habe; Laplanche entgegnete, Marot habe seinerseits diese Fälschungen gefälscht, und dazu habe er im Laufe der drei Jahre, in denen sich die fraglichen Kassenbücher nun in seinem Besitz befunden hätten, reichlich Gelegenheit gehabt. Handschriftenexperten wurden hinzugezogen und zwei „Vermerke in Hieroglyphen" begutachtet. Unter den Schriftsätzen der Juristen in diesem Fall fanden sich Erörterungen über die monatliche Abrechnung und „Rekapitulation" in den Kassenbüchern der Steuerverwaltung, über die „grammatikalische Identität derer *Verba nominalia*" sowie ganz allgemein über Natur und Wesen von Ziffern und Buchstaben. „Ein geschriebener oder Textkörper", legten Laplanches Anwälte dar, „beinhaltet in sich Beziehungen und vielfältige Verbindungen"; „Zahlen, im Gegensatz dazu, bestehen aus niemals mehr denn zehn Ziffern, die welchen isoliert und unverbunden für sich stehen".[149]

Das obsessivste Interesse entzündete sich jedoch an den Details, die mit Blick auf das alltägliche Handwerk der Steuererhebung zur Sprache kamen. „Diese Register, diese Rekapitulationen und diese Abrechnungen", schrieb Laplanches letzter Rechtsbeistand, „werfen ein taghelles Licht auf die Tätigkeit einer Steueramtsstube im Vollzug ihrer Aufgabe, die Steuern einzuziehen"; und es war, als wenn anhand der Einzelheiten dieses einen Falles all die kleinen Rädchen und Schrauben im Getriebe der französischen Steuerverwaltung sichtbar würden. Im Alter von 19 Jahren war Laplanche „in ein Haus eingeführt [worden], in welchem Gold und Silber allezeit im Umlauf waren", schrieb Marot in der „historischen Einleitung" zu seiner Darstellung der Affäre. „Ein Steuerbureau steht aller Welt offen", meinten Laplanches Anwälte; „gut und gern 300 Steuereintreiber kommen und liefern die von ihnen eingenommenen Münzzahlungen in der Amtsstube des Monsieur Marot ab", und „diese Münzen, die sie in kleinen Lieferungen bringen, führen dazu, dass sie geradezu unendlich oft dort hineinkommen und ihre Einzahlungen vornehmen".[150]

Und für die Erfassung dieser geradezu unendlichen Zahl von Ablieferungen waren gerade einmal zwei Schreibkräfte zuständig, nämlich Laplanche und der Kassierer. Ständig wurden sie bei ihrer Arbeit unterbrochen, denn Leute aus Stadt und Land drängten herein. Marot erinnerte sich genau an die erste Gelegenheit, bei der Laplanche die „Silberschublade" des Steueramtes geöffnet hatte: Er selbst, Marot, hatte den Schlüssel im Schloss stecken lassen, als er in den Hof geeilt war, abgelenkt vom Eintreffen eines Viehhändlers mitsamt einiger Kälber, die er diesem für sein Anwesen auf dem Land abkaufen wollte. Überall lagen Berge von Bargeld umher: „Das Silber wird auf einem Tisch gezählt, der mit Papieren übersät ist." Es gab Geldsäcke aus „rotem Tuch" und andere Säcke, die Laplanche hinter dem sicheren Geldschrank (oder aber hinter einem anderen Schrank) versteckt haben sollte, und über allem standen die komplizierten Regularien der Behörde. An einem Punkt des Verfahrens wurde Laplanche beschuldigt, er habe sich im Getreidehandel selbstständig machen wollen; und als er auf einem kleinen Stück Papier irgendetwas über „9 Säcke Hafer" notiert habe, schrieb Marot, sei das ja wohl ein offenkundiger Hinweis auf jene „neun Säcke zu zwölfhundert Livres" gewesen, die „aus dem Geldschrank entwendet worden sind".[151]

Selbst die Platzierung der Möbel in der Amtsstube gab gegen Ende des Verfahrens Anlass zur Besorgnis. Die Beweisaufnahme hatte sich ausführlich der Frage gewidmet, wie genau Laplanche die entwendeten Münzsäcke – oder eben „Hafersäcke" – hätte verbergen können: ob nun hinter dem Geldschrank oder hinter seinem Schreibpult. Doch bis zum Jahr 1783 war der Steuereinnehmer Marot mit seinem ganzen Haushalt umgezogen, und das Gebäude bekam einen neuen Mieter, bei dem es sich um einen – uns bereits bekannten – früheren Investor im Sklavenhandel durch die Straße von Malakka handelte: „Der Sieur Ogerdias war nun der Pächter: alles [im Inneren des Hauses] hatte eine neue Ordnung. Keine Kommode mehr, kein Geldschrank, kein Schreibpult. Wo aber sollte man dann nach den Spuren der vermuteten Übeltat suchen?"[152]

Aber vor allem anderen vermitteln die Protokolle ein Gefühl von endloser Unrast: Die Steuereintreiber waren „Marot immer etwas schuldig und [lebten] in ständiger Angst vor Haftbarkeit und Inhaftierung", schrieben Laplanches Anwälte. Der Kassierer war besorgt, man könnte letztlich ihn für die Diebstähle verantwortlich machen; Marots Sohn war besorgt, sein Vater könnte das wahre Ausmaß seiner Schulden entdecken; das ganze Steueramt versank in einem „Abgrund von Geheimnissen".[153] Bei manchen Autoritätspersonen konnte man förmlich zusehen, wie ihre Rolle sich von einem Augenblick zum nächsten wandelte. Der Notar, der die Amtsträger in ihren Talaren hinzugezogen und Laplanche in der inneren Stube angegriffen hatte, war zugleich der Schwager des Kassierers; und er war, Laplanches Beschreibung zufolge, „der rachgierigste Mann in ganz Angoulême".[154]

Laplanche und seine Unterstützer bedienten sich in ihren Plädoyers einer vollmundigen Bürgerrechts-Rhetorik und prangerten politisches Unrecht an: Die Finanziers hätten sich zu „Despoten" aufgeschwungen, meinte der vormalige Offizier 1785. An Laplanche hatte man sich, wie seine Anwälte im selben Jahr schrieben, „betreffs seiner heiligsten Menschen- und Bürgerrechte" vergangen.[155] Aber das Steueramt bot zugleich eine Fülle ökonomischer Gelegenheiten. Als die Krise im August 1778 ihren Lauf nahm, stand Laplanche bei seinen Mitbürgern in dem besten Ansehen, wie seine Verteidiger in ihrem letzten Schriftsatz in Erinnerung riefen, und konnte schon einer weiteren Beförderung entgegensehen: „Er sah sich in einer Position, der des älteren Marot nicht unähnlich, als es diesem, nach lang andauernden Arbeitsmühen, endlich gelungen war, sich von einer untergeordneten Stellung in einen einträglicheren Stand emporzuerheben."[156]

Die Affäre um den unglücklichen Steueramtsschreiber von Angoulême wirft ein Schlaglicht, bis in die kleinsten Details, auf jenen angespannten Macht- und Verwaltungsapparat, den Tocqueville für die Provinzen des Ancien Régime beschrieben hat. Die „gut und gern 300 Steuereintreiber", die in Marots Amtsstube ein und aus gingen, um ihre Säckchen voller Münzen abzuliefern, treten als Figuren auch in Tocquevilles Geschichtsdarstellung auf: Ihr Amt, zitiert Tocqueville Turgot, bringe sie „zur Verzweiflung und fast stets an den Bettelstab"; dabei seien sie „zum willkürlichsten Verfahren befugt", und damit „fast ebenso Tyrann wie Märtyrer". Die angsterfüllte Szenerie, die Laplanches Adokaten schilderten, entsprach genau dem Tocqueville'schen Universum von Amtsschreibern und Steuereintreibern, die ihre eigenen Ängste unbarmherzig gemacht haben und unter denen der Einnehmer der *taille* als „ein Tyrann" hervorragte, „dessen Habgier sich aller Mittel bediente, um die armen Leute zu plagen".[157] Die Geschichte von Laplanche gibt zugleich aber auch Einblick in das andere große Thema von Tocquevilles *L'ancien régime et la révolution*, nämlich das Zusammenspiel von persönlicher Unruhe und Besorgtheit auf der einen und wirtschaftlich-sozialem Aufstieg auf der anderen Seite. Ein Universum voller Aufsteiger und Möchtegern-Aufsteiger war es nämlich, in dem „der vielleicht reichste Kapitalist im ganzen Angoumois" – und zugleich das leuchtende Vorbild, dem Laplanche nacheifern wollte – sein Vermögen gemacht hatte (wie jedenfalls vermutet wurde), indem er kleine Kredite vergeben und die Steuerverwaltung geleitet hatte.

Eine Familie in „beunruhigten" Zeiten

Wenn Tocqueville eine Revolution der Gefühle und Geisteshaltungen heraufbeschwor – die der politischen Revolution vorangegangen sei, ja diese erst möglich gemacht habe –, so beruhte diese Darstellung auf einer Unzahl von Beobachtungen eines scharfsichtigen Zeitzeugen. Turgot beschrieb die Angoulêmer Geschehnisse von 1769 als eine „Revolution", ebenso der Papiergroßhändler Abraham-François Robin. Marie Aymards Schwiegersohn Etienne Allemand beklagte in den 1780er-Jahren die „Revolution" der Preise. Selbst die Nouels, *père et fils*, beschwerten sich 1776, in dem Jargon ihres Pariser Anwalts, über ein wahres Chaos von „modernen und destruktiven Systemen" in einer heraufziehenden „Epoche der allerfatalsten Revolution in den Gesetzen und der Sittlichkeit der französischen Nation".[158] Das Wort „Revolution" selbst war also, wie auch die Beobachtung von Veränderungen der Denkungsart, ein Bestandteil des alltäglichen Lebens.

In der ausufernden geschichtswissenschaftlichen Auseinandersetzung mit Tocquevilles *L'ancien régime et la révolution* hat man dessen Postulat einer frühen (oder früheren, also vorausgehenden) Revolution in der Regel als eine Phase kultureller und geistiger Transformation aufgefasst, in der das Gedankengut der philosophischen Aufklärung Frankreich langsam, aber sicher bis in die tiefste Provinz durchtränkte.[159] Tocquevilles eigenes Beharren auf einem Umbruch im sozioökomischen Bereich, mitsamt seiner Erörterung von finanzgeschichtlichen Details, hat man hingegen meist als ein bloßes „Ablenkungsmanöver" interpretiert. „Im Bereich der Wirtschaft bleibt [Tocqueville] immer oberflächlich und vage", schreibt François Furet; und insbesondere „wertete er ... die im eigentlichen Sinn wirtschaftlichen Dokumente des Ancien Régime nicht aus", weshalb Furet zu dem Schluss kommt: „So wird die wirtschaftliche Entwicklung der französischen Gesellschaft ... als solche nicht behandelt."[160] Die Episoden, mit denen *unsere* Geschichte sich bis hierher befasst hat – die Aufregung der Kreditkrise, die Affäre im Steueramt und der Niedergang des Jesuitenkollegs –, waren in diesem Sinne „unwirtschaftlich", das heißt, sie waren nicht von einem Interesse an ökonomischen Fragen „im eigentlichen Sinn" geleitet. Mit der „ökonomischen Metereologie", die um die Mitte des 20. Jahrhunderts so beliebt war, wenn es darum ging, die wirtschaftlichen Entstehungszusammenhänge der Französischen Revolution – als einer „Revolution der Armut oder des Wohlstandes" nämlich – zu ergründen, haben sie nichts zu tun.[161] Aber in einem anderen und moderneren Sinn kann man die Geschichte der ersten französischen Revolution in Angoulême durchaus als eine „hyperökonomische" betrachten; ja sogar als eine Geschichte (im historischen Sinne), durch welche die Wechselfälle des ökonomischen Entscheidungshandelns greifbar werden.

Die Individuen in den hier geschilderten Episoden waren in ihrer jeweiligen soziökonomischen Stellung „beunruhigt" worden, ganz wie Tocquevilles *homines oeconomici*, und dementsprechend setzten sie unermüdlich alles daran, diese Stellung zu verändern und zu bessern.[162] Sie beschrieben ihre Ambitionen selbst, so wie Gabriel Ferrand, wenn er davon sprach, „der Jugend Unterricht zu erteilen", oder wie François Laplanche, der sich schon vorstellte, wie es wäre, wenn er sich erst „in einen einträglicheren Stand empor[gearbeitet]" haben würde. Doch taten sie dies jeweils, die Anekdoten bezeugen auch das, im Zusammenhang jener „unproduktiven" oder unökonomischen Ökonomien, die in ihrem Alltagsleben eine derart beherrschende Rolle spielten: der Kirche etwa oder der staatlichen Steuerverwaltung. Dennoch wollten sie „es zu etwas bringen", wollten „vorankommen in der Welt" – und taten dies, indem sie selbst wieder „unökonomisch" handelten, nämlich diejenigen (impliziten) Regeln des wirtschaftlichen Austausches verletzten, die sich inzwischen als verbindlich (oder doch beinahe schon verbindlich) herausgebildet hatten: indem sie sich um die Patronage einflussreicher Gönner bemühten, um Pacht- oder Zinseinkünfte; indem sie eine auftretende Änderung der „Spielregeln" zu ihrem Vorteil auszunutzen suchten; oder indem sie – so geschehen im Fall der Kreditkrise von 1769 – sowohl gegen geltendes Recht als auch gegen die Usancen der „ehrbaren Kaufleute" verstießen. Die Auflistungen der Gläubiger und Schuldner, die im Laufe der Krise angelegt wurden, zeichnen das Bild einer Wirtschaftsgesellschaft, die sich aus kleinen Ladenbesitzern und den Eigentümern bescheidener Kapitalvermögen zusammensetzte; einer Gesellschaft zudem, in der die größten Gewinnchancen – im Export nach den Kolonien sowie als Zulieferer, Ausrüster und Versorger der französischen Marine – zugleich die größten Verlustrisiken bargen.

Die Mikrohistorie von Angoulême, wie sie sich aus diesen Geschichten ergibt, ist durchaus komplementär zu den hauptsächlichen Schlussfolgerungen der neuesten wirtschaftsgeschichtlichen Forschung. Inbesondere steht sie im Einklang mit der Beobachtung von Hoffman, Postel-Vinay und Rosenthal, dass es in den letzten Jahrzehnten des Ancien Régime zu einer bemerkenswerten Expansion der Finanzwirtschaft gekommen sei, was in den Arbeiten der genannten Autoren vor allem mit sogenannten „dunklen" oder notariellen Krediten in Verbindung gebracht wird.[163] Komplementär ist sie zudem mit anderen historischen Darstellungen der ökonomischen Expansionsbewegung im späten 18. Jahrhundert – beim „öffentlichen Wohlstand" etwa oder in Sachen „Straßen, Kanäle, Manufakturen, Handel", wie es bei Tocqueville heißt –, welche vor allem den bestimmenden Einfluss des Kolonial- und Überseehandels auf diese Entwicklung hervorheben.[164] Und schließlich ist sie komplementär zu der neueren Betrachtung der ökonomischen Ursprünge der Französischen Revolution in deren Entstehen aus einer „Steuerwirtschaft und -politik", für welche die „Unfähigkeit des Monarchen, die Steuern anzuheben", kennzeichnend gewesen sei.[165] Damit sind wir auf der anderen Seite derselben Ereignisfolge angelangt (oder in der anderen Spalte desselben Bilanzbogens): bei einer Geschichte der öffentlichen Ausgaben für Marineaufträge und Kolonien und den Justizapparat – das „Soll" der Bilanz –, denen auf der „Haben"-Seite die entsprechenden Einkünfte der französischen Krone gegenüberstanden – oder eben nicht, wenn die Staatskasse leer war.

Am vielleicht deutlichsten tritt aus allen diesen Geschichten die Schwankungsanfälligkeit und Volatilität eines ganzen Wirtschaftsgefüges zutage. Bei den Zinssätzen, Preisen und günstigen Gelegenheiten in Übersee herrschte ein stetes Auf und Ab, das nie zur Ruhe kam; und immer stand die Möglichkeit im Raum, dass man ausstehende Verbindlichkeiten niemals würde eintreiben können und als verloren abschreiben musste. Die Einwohner von Châlus, einem Dorf rund 80 Kilometer östlich von Angoulême, griffen in den ersten Tagen der Französischen Revolution zu einer bemerkenswerten Metapher, um die vielfältigen Leiden des Ancien Régime zu beschreiben. Sie selbst, schrieben sie, gehörten einer „wagemutigen Rasse" an, denn die Franzosen hätten „unsere Kommunikation [einschließlich des Handels] und unseren Ruhm bis in die fernste Ferne ausgedehnt". Jedoch zeigten sie sich beunruhigt angesichts der Krankheit (wie sie es nannten), welche die „Ökonomie der Gesundheit" und die „öffentliche Ökonomie" gleichermaßen erfasst habe: angesichts der „*décroissances et boufissures*" oder des abwechselnden Abmagerns und Aufschwellens, das sie im öffentlichen (Wirtschafts-)Leben festgestellt hatten.[166] Genau vergleichbar stellte sich auch die Geschichte Angoulêmes in den Jahren zwischen 1764 und 1789 dar.

Die geschilderten Episoden aus Angoulême kann man aus dieser Perspektive – aus der Perspektive einer historischen Erforschung des Wirtschaftslebens nämlich – als Ereignisse und Zwischenfälle aus der vorbereitenden Frühphase der Französischen Revolution betrachten, als Elemente aus jener Menge, die man später als deren „ökonomische Ursprünge" wird bezeichnen können. Es handelt sich dabei nicht um eine Geschichte der Wirtschaft „an sich", wie etwa in der Taxonomie François Furets, sondern um eine historische Darstellung von Geschehnissen des ökonomischen Alltagslebens. Die Ereignisse in dieser Geschichte waren Teil des öffentlichen Geschehens, sie trugen sich in den Straßen und auf den Plätzen von Angoulême zu und zeitigten gesellschaftliche Folgen. Sie waren kaum zu übersehen, wie im Fall der Jesuiten, die mit ihrem Bettzeug bepackt ihr Kollegienhaus verlassen mussten; oder im Fall der Aushänge, mit denen die Öffentlichkeit über das Fehlverhalten der „Kapitalisten" informiert wurde; oder im Fall der Beamten und Juristen im Gerichtsornat, die in einer Prozession zum Steueramt zogen, um den Vorwürfen gegen einen gewissen François Laplanche nachzugehen. Und sie waren kaum zu überhören, wie im Fall der Tochter des Verfassers der „geheimen Historie", deren Schluchzen durch die Rue du Collège hallte, nicht weit vom Haus Marie Aymards; oder im Fall des von lautem Gebrüll begleiteten Feuergefechts vor dem Priesterseminar oder jenes verhängnisvollen Abends, als junge Ruhestörer auf der Place du Mûrier den Bürgermeister mit Steinen bewarfen. Eine Geschichte von Handel und Wandel ist es – eine Geschichte vom *Wandel im Handel*, von den sozioökonomischen Veränderungen in der kleinen Stadt Angoulême, diesem Mikrokosmos, durch dessen klärende Linse die große Universalgeschichte Tocquevilles erst ihre menschlichen Konturen erhält.

KAPITEL 5: DIE FRANZÖSISCHE REVOLUTION IN ANGOULÊME

Eine zahme Revolution

In Sachen revolutionärer Politik, wie in so vielen anderen Dingen, erwies sich Angoulême als ein verschlafenes Provinznest. In den „Chroniken der revolutionären Ereignisse wird [Angoulême] nicht einmal erwähnt", heißt es zusammenfassend in der einzig substanziellen Darstellung vom Einfluss der Französischen Revolution auf die Stadt. Angoulême habe „die Revolutionsära auf eine Weise durchlebt, die weniger dramatisch und weniger blutiger war als in den Nachbarstädten", heißt es weiter. Es war die Hauptstadt „eines Departements, in dem es keinerlei außergewöhnliche Ereignisse oder Persönlichkeiten gab, die in das Pantheon der Französischen Revolution aufgenommen werden sollten", ja selbst in einem Pantheon der *Gegen*revolution suchte man die Stadt vergeblich.[1]

Nur zwei Personen gab es in Angoulême – einen der Söhne des Papierhändlers, der die „geheime Historie" der Handelskrise verfasst hatte, und die Nichte des Perückenmacherlehrlings, der in den Erbschaftsstreit auf Martinique verwickelt war –, die in der größeren politischen Geschichte der Französischen Revolution auch nur eine gewisse Rolle spielen sollten; und diese beiden hatten ihrer Vaterstadt schon Jahre vor der Revolution den Rücken gekehrt, um ihr Glück im fernen Paris zu suchen. Rosemarin, die patriotische Signatarin des Heiratsvertrags, zog 1792 nach Tours. Aber die Revolutionsära war eine Zeit der Umbrüche für alle in Frankreich – und also auch für alle Einwohner von Angoulême: hinsichtlich der Eigentumsverhältnisse; das weitere Schicksal der katholischen Kirche im Land betreffend; bei der Organisation des Militärs; im Steuerwesen und bei der amtlichen Registrierung von Geburten, Heiraten und Sterbefällen. All dies bestimmte wiederum die Geschichte des Alltagslebens, innerhalb deren die Kinder und Enkelkinder Marie Aymards lebten, überlebten und schließlich starben.[2]

Ein Heer von Sekretären

Die Revolution begann in Angoulême im Februar 1789, und sie begann auf reichlich provinzielle Art. Die Klageschriften gegen die etablierte Ordnung, deren hauptsächliche Beschwerdepunkte in sogenannten *cahiers de doléances* („Beschwerdeheften") gesammelt wurden, bevor die erste Nationalversammlung der Revolutionsära zusammentrat, befassten sich in einem auffälligen Ausmaß mit ebenjenen staatlichen und Verwaltungsinstitutionen, in denen die Allemands und die Ferrands ihr Glück machen wollten.[3] Dies waren aber auch genau jene Institutionen, die einerseits – laut Tocqueville – in der frühen Phase der Französischen Revolution eine so entscheidende Rolle spielten und andererseits in die diversen „Affären" der 1760er-, 1770er- und 1780er-Jahre in Angoulême verwickelt waren, in die Kreditkrise um Kapitalisten und Kabalisten, die Dramen rund um das Jesuitenkolleg und das Priesterseminar, den Skandal im Steueramt.

Die frühesten revolutionären Versammlungen wurden von den kleinen Gilden oder Zünften der Stadt am 24. Februar 1789 abgehalten: von den Schreinern, den Hutmachern, den Schlossern, Sattlern und Tuchmachern. Ihnen folgten die Bäcker und Schneider und Notare (darunter auch der rachsüchtige Schwager aus dem Steueramt, der in die Sache Laplanche *versus* Marot verwickelt gewesen war). Gabriel Ferrand und Etinne Allemand gehörten beide zu den 468 Individuen, einigermaßen respektable Bürger allesamt, „gebürtige Franzosen" und „in den Steuerverzeichnissen erfasst", die an der ersten revolutionären Versammlung der Stadt Angoulême teilnahmen. Und sie gehörten zu den 182 Teilnehmern dieser Versammlung, die „zu schreiben wussten" und deshalb die Niederschrift der dort gefassten Beschlüsse unterzeichnen konnten.[4]

Bei diesen frühen Zusammenkünften gaben sich allein die Sattler als glühende Revolutionäre. Schließlich waren sie, wie sie in ihrem *cahier* erklärten, die Opfer der Provinzverwaltung, deren Vertreter ihre Werkstätten durchsuchten und dort Gelder beschlagnahmten, die sie (die Beamten) ihnen selbst als Darlehen gegeben hatten! „Wenn wir uns verteidigen wollen, so werden wir in das Unglück des abscheulichsten Schwindler- und Gaunertums hinabgezogen ... wir haben in unserer Mitte die traurigen Opfer jener schrecklichen Tyrannen." Einer der Unterzeichneten auf dem Ehevertrag von 1764, Etiennes Großcousin (der Bruder des bankrotten Kaufmanns in Saint-Domingue, der per Zeitungsannonce nach seiner entlaufenen schwangeren Sklavin fahnden ließ), unterzeichnete, zusammen mit seinem Sohn, das Protokoll dieses Treffens. Die *taille*, hieß es dort, war „ungerecht"; die „verteilende Gerechtigkeit", meinten die Sattler, gehe in „Kniffen und Winkelzügen" verloren, und „in unserer Stadtverwaltung herrscht völlige Gesetzlosigkeit".[5] Die Schlosser, die sich am selben Tag versammelten, beschwerten sich über „den Exzess der *taille* und von Steuern aller Art". Sie zeichneten das beängstigende Bild einer unsicheren Welt, deren Tore aufgesperrt würden, wenn man den Zugang zu ihrem Handwerk „für jedermann ohne Unterschied" öffnen würde: „Die Schlosser nämlich haben die Schlüssel zu allen Häusern, zu allen Schränken und zu allem, das hinter Schloss und Riegel gehalten wird, in allen Städten und allen Orten auf dem Lande, an denen sie ihrem Handwerk nachgehen."[6]

Die *cahiers* von Angoulême und dem ganzen Angoumois stellten, wie es überall in Frankreich der Fall war, einen Kompromiss dar: ein Gemenge aus Klagen über unmittelbar herrschende Missstände, vermischt mit eher philosophischen Reflexionen über die Autoritäten der französischen Krone und der städtischen Obrigkeit sowie über Autorität und Herrschaft im Allgemeinen. Das Kolleg, das Bistum und das Steueramt waren der Gegenstand von andauernden Streitigkeiten, wie sie es auch schon im Verlauf der „ersten Revolution" in Angoulême gewesen waren. Die Schneider der Stadt – Etiennes Schwager war als Signatar an deren Versammlung beteiligt – forderten, die Vertreter der Stadtregierung sollten auf offene und nicht auf „heimliche" Weise bestimmt werden, und „das Kolleg, welches vor dreißig Jahren noch so florierte, soll in seinen damaligen Zustand zurückversetzt werden".[7] Die Schuhmacher, darunter auch der Onkel der jungen Ehefrau des unglücklichen Steueramtsschreibers Laplanche, verlangten eine Begrenzung der Pfarrstellen, und dass die Einkünfte aufgelöster Klöster „zum Besten der Kollegien" in der Stadt verteilt werden sollen.[8] „Die [hohe] Zahl von jungen Scholaren, die in den verschiedenen Pensionaten von Angoulême in Kost gegeben waren, war ein großer Gewinn für die Einwohner der Stadt", heißt es in der kollektiven *doléance*; am stärksten gefeilt wurde in diesem Entwurf, nach Angaben seiner Herausgeber im frühen 20. Jahrhundert, an denjenigen Abschnitten, die sich mit den Einkünften des Priesterseminars und der Diözesanverwaltung befassten.[9]

Das „Laster des Finanzregimes" – und insbesondere die Auferlegung der *taille* – kommt in den *cahiers* aus der ganzen Provinz Angoulême immer wieder zur Sprache, und in anderen Provinzen war es nicht anders. Die verwendeten Formulierungen ließen bereits Schlimmes ahnen: Die *taille* stelle ein „ungerechtes und mörderisches System" dar, das „auf despotische Weise oktroyiert worden" sei; die Steuereinnehmer der *taille* seien „der Schrecken aller Kirchspiele". Die Schlosser beklagten, wie schon erwähnt, den „Exzess der *taille* und von Steuern aller Art". Die „Kommunen der Stadt" verlangten die Abschaffung von 16 unterschiedlichen Steuern, deren Erhebung „arbiträr" geworden sei, sowie die „Suppression der Intendanten", deren Amt abgeschafft werden sollte: „eine Ausgabe weniger für den Staat sowie ein Arm der despotischen Autorität zerstört; dies ist der allgemeine Wille."[10]

Die *doléances* befassten sich auf ganz unmittelbare Weise mit der lokalen und individuellen Veranlagung und Eintreibung der Steuern. Die Figur des Sekretärs oder *commis* – eines untergeordneten Mitarbeiters der Steuerverwaltung, wie Laplanche aus dem Fall der verschwundenen Münzsäcke einer gewesen war oder Martial Allemand Lavigerie 1790 einer werden sollte – wurde zum Volksfeind erklärt. Die Einwohner eines Dorfes südlich von Angoulême beschrieben „die enorme Legende von den *commis*" als „genug, um einen schaudern zu machen". Es gebe „eine Elite aus *commis* [von] übernatürlicher Genauigkeit und Wachsamkeit", meinten die Leute aus einer Nachbargemeinde; in einem anderen Dorf weiter südlich verlangten die Bewohner die „Suppression" – also die Amtsenthebung und Abschaffung – aller *commis*. In Angoulême beschwerten sich die Schneider über die „Plagen" und das „Unrecht", denen sie durch die *commis* ausgesetzt seien; die Schuhmacher wurden, wie sie schrieben, „alltäglich" von den *commis* belästigt; die Sattler forderten „die Suppression aller *commis* und sonstigen Bediensteten" bei den entsprechenden Behörden; die gemeinsame *doléance* der ganzen Stadt erwähnt die „beständigen Plagen" durch ein „Heer von *commis*" und zeichnete ein düsteres Bild von dem habgierigen *commis*, der „hoch oben von den Zinnen" auf die Bauern herabschaue, die auf den umliegenden Feldern die Ernte einbrachten.[11]

Es gab auch ein *cahier de doleánces des femmes*, das 1790 von einer jungen Witwe namens Marie Sauvo verfasst wurde, die aus einem Dorf in der Nähe von Angoulême stammte; sie tat dies, wie sie erklärt, „mit der delegierten Autorität aller Frauenzimmer meines Kantons". Ihr Text stellt, wie es auch bei anderen *cahiers* immer wieder der Fall war, eine leicht aktualisierte Fassung früherer Klagen dar: eine Kombination aus philosophischen Ansichten, wie sie in populären Flugschriften im Umlauf waren, und detaillierten Beschwerden über „ungerechte Steuern" sowie die „Gewundenheit" und „Schadhaftigkeit" des Rechtssystems, durch die „Tag für Tag all jene in die Irre geführt werden, deren Aufgabe darin besteht, dem Recht zur Geltung zu verhelfen". Das Vorbild der Marie Sauvo war ein 1789 gedrucktes Flugblatt, dessen Verfasserin, die nur als „Madame B. B." genannt war, aus dem Pays de Caux in der Normandie stammte. In Jahrhunderten der Unwissenheit, schrieben sowohl Marie Sauvo als auch Madame B. B., sei es „das Motto der Frauen gewesen, zu arbeiten, zu gehorchen und zu schweigen"; in einer „Zeit der allgemeinen Revolution" jedoch sei es „jedem Individuum [erlaubt], Forderungen zu stellen, Ideen auszusprechen, Überlegungen anzustellen und vermittels der Druckerpresse öffentlich zu diskutieren".[12]

Etwa siebzig Änderungen nahm Marie Sauvo an dem Text der Madame B. B. vor, die meisten davon betreffen nur Details. In dem zuerst veröffentlichten Text heißt es: „Es besteht, wie man sagt, die Frage nach der Emanzipation der Neger; auch das Volk, welches in beinahe so tiefer Sklaverei verharrt wie jene, wird wieder in seine Rechte gesetzt werden." Marie Sauvo – deren Familie in Angoulême ein Haus besaß, das sich gleich neben dem Haus jenes „Monsieur Robin *le Américain*" befand, der sich mit Sklaven und Kupferkesseln aus dem Staub gemacht hatte – formuliert diese Stelle neu: „Die Neger *sind emanzipiert worden*, wie man sagt; auch das Volk, *welches in genauso tiefer Sklaverei verharrt wie jene, ist wieder* in seine Rechte gesetzt worden."[13] Außerdem fügte sie ihre Adresse an, ein Plädoyer für die Witwen, einen Aufruf zur Brüderlichkeit – „ohne alle äußere Abgrenzung" – und schloss mit diesen eindrücklichen Worten: „Es sollte uns [Frauen] erlaubt werden, eine Bürgerwehr aufzustellen; wir haben genug Waffeneifer, wie auch Eifer zu aller anderen Arbeit, dass wir den Zutritt hierzu verlangen können."[14]

Szenen aus dem revolutionären Leben: Die Verwaltung

Die frühesten revolutionären Veränderungen in Angoulême traten in der lokalen Ökonomie der öffentlichen Verwaltung auf. „Unsere Stadt Angoulême wird – als Sitz eines großen neuen Rechtsbezirks, und ganz wie viele andere Städte in derselben Lage – in hohem Maße von der Revolution profitieren", prophezeite Abraham-François Robins Sohn Léonard, der seinen Vater so viele Jahre zuvor vor dem „Groll über die Vorgänge in Angoulême" gewarnt hatte, diesem bereits in einem Brief, den er im Mai 1788 aus Paris in seine Heimatstadt sandte.[15] Die revolutionäre Neuordnung Frankreichs, die im Dezember 1789 begann und im März 1790 in der Schaffung 83 neuer Departements gipfelte, die sich jeweils in Distrikte, Kantone und *municipalités* oder Kommunen gliederten, sollte die Grundlage eines „gewaltigen Staatsapparates [darstellen], der diverse administrative, militärische, kirchliche, judikative und finanzielle Befugnisse" in eins bündelte.[16] Angoulême bekam, als Hauptort des neuen Departements Charente, eine gewählte Versammlung, einen Rat sowie ein ständiges Direktorium: günstige Gelegenheiten *en masse* für die Advokaten und Schreiber und Registraturbeamten der Stadt.

Es gab auch eine neue Stadtverwaltung mit neuen Komitees und Kommissionsmitgliedern, neuen Festakten und neuen Belobigungen und Auszeichnungen für *civisme* – den nun mehr oder minder verpflichtenden „Bürgergeist". Ein gewaltige Karte wurde gezeichnet, der „Plan Directeur", auf dem sämtliche Straßen und Häuser von Angoulême erfasst und nach einem System durchnummeriert wurden, das bereits 1769 (im Zusammenhang mit der Aushebung der Miliz) entwickelt worden war.[17] Es gab ein „Raster der Eigentumsabgaben", in dem jedes Haus mit den Namen seiner Besitzer und/oder Bewohner aufgeführt wurde, dazu die Größe und der „Gehalt" des Besitzstandes sowie eine Schätzung der dort 1791 zu versteuernden Nettoeinkünfte.[18] Eine Art „Volkszählung" der Esel in der

Stadt wurde durchgeführt (es waren 268).[19] Und es gab eine „allgemeine Zählung der Pferde", wozu eine Versammlung auf der Place du Mûrier anberaumt wurde, zwischen dem Haus der Familie von Etienne Allemand in der Isle de la Cloche Verte und der Isle de la Place du Collège, wo 1764 sein Ehevertrag geschlossen worden war.[20] In dem „Inventar" der Register aus dem Jahr 4 des Revolutionskalenders gab es eine Liste von „Sackladungen", eine „Wollzählung" sowie eine „Auflistung aller Bestände von Fisch in Öl, welche in diesem Distrikt vorhanden".[21] Es gab ein Register der „persönlichen, liegenschaftlichen und Luxussteuern", worin etwa Pachtzahlungen, der Besitz von Kutschen oder die Beschäftigung von Hausangestellten deklariert werden mussten.[22] Aber auch „patriotische Geschenke" waren zu verzeichnen, welche die Stadt der Nation gemacht hatte: im März 1793 etwa 198 Paar Schuhe, 181 Paar Gamaschen, 27 Strumpfhosen, 8 Hemden und ein Hut.[23] Im Gegenzug gab es auch Geschenke der Nation an die Stadt Angoulême: Im März 1795 beispielsweise erhielt jeder Haushaltsvorstand einen Kabeljau.[24]

Das 1790 errichtete Departement Charente zeigte schon bald eine ausgeprägte Vorliebe für „feste und regelmäßige Verfahren". „Briefe und Pakete, welche bei dem Direktorium eingehen", heißt es etwa in einem nicht datierten (und mit zahlreichen Anmerkungen versehenen) Entwurf in der ältesten Verwaltungsakte des Departementsarchivs, „sollen auf dem Schreibtisch [*bureau*] abgelegt und vom Präsidenten geöffnet und dem versammelten Direktorium vorgelesen werden, sodann registriert und ohne Aufschub an die zuständigen Amtsstellen [*bureaux*] verteilt werden".[25] Schon nach wenigen Jahren gab es das „Sekretariat des Departements" als Unterabteilung, dazu vier weitere Dienststellen [*bureaux*], einem Auswandererbüro, einer Buchhaltungsabteilung, einem Kommisariat sowie einer Archivabteilung.[26]

Ebenfalls kennzeichnend für die Revolutionsära waren jene öffentlichen Veranstaltungen, die von den neuen Machthabern schlicht als „Freudenbekundung" beschrieben wurden. Bei einer Feier im Morgengrauen, mit der 1793 politischen Abstrakta gehuldigt wurde, marschierten „vierhundert Bürgerinnen" in weißen Gewändern auf, um „Einheit und Unteilbarkeit" hochleben zu lassen; auf einem Transparent, das sie vor sich her trugen, „zermalmte ein kolossales Standbild, welches das französische Volk darstellte, den Föderalismus".[27] Einige Wochen später gab es einen Festzug von

„Administratoren", die zum Haus eines achtzehnjährigen Mädchens zogen, „die nach öffentlichem Votum auserkoren wurde, die Vernunft zu verkörpern".[28] Bei einem anderen Festzug zur Feier der „Souveränität" gab es eine Statue, die „das Monster der Despotie" zertrümmerte, zusammen mit „königlichen Verordnungen, Dekreten, Rechtssätzen und Pamphleten von [Edmund] Burke"; ihr Gefolge bildeten einige Professoren des früheren Jesuitenkollegs, die gemeinsam mit führenden Vertretern der Angoulêmer Polizei und mit klingendem Spiel zur Place du Mûrier zogen und dabei „die alte Sklaverei verfluchten".[29]

Diejenige revolutionäre Verwaltungsneuerung, die sich am offensichtlichsten auf das Alltagsleben von Angoulême auswirkte – oder zumindest auf die Unterlagen, die bisher die hauptsächliche Grundlage unserer Untersuchung gewesen sind –, war zugleich auch die umfassendste. Die Rede ist von der Einführung eines zivilen Personenstandswesens, die in Angoulême im November 1792 vorgenommen wurde: Binnen weniger Stunden erfolgte der Übergang von dem alten System der Kirchenbücher, in denen Taufen, Trauungen und Begräbnisse verzeichnet wurden, zu dem neuen System, in dem staatliche Beamte Geburten, Eheschließungen, Sterbefälle und Scheidungen erfassten und in ihrer Registratur vermerkten. Scheidungen wurden in Frankreich im September 1792 legal, und im Jahr 1793 erreichte die neue Zeit unter republikanischer Herrschaft dann auch Angoulême.[30] Das erste Neugeborene, das in der Stadt unter einem Datum des Revolutionskalenders registriert wurde – „am 28. Tage des ersten Monats im Jahr 2 der französischen Republik", also am 19. Oktober 1793 –, war eine Enkelin des Kabalisten Pierre Nouel und des Konditors Johann Georg Klotz; der jüngere Pierre Nouel, einer der 4089 in den Kirchenbüchern von 1764 Erwähnten und selbst in der Pfarrkirche Notre-Dame-de-Beaulieu getauft, war der hauptsächliche Zeuge.[31]

Die Kirchenbücher der Pfarreien von Angoulême wurden im November 1792 beinahe völlig mühelos in die neue Rhetorik des „zivilen" Lebens eingegliedert.[32] Man verwendete sogar dieselben Registraturbände einfach weiter.[33] Zehn der zwölf alten Pfarrgemeinden der Stadt waren 1791 aufgelöst worden; diesen Vorgang hatte der neue, konstitutionelle Bischof des Bistums Angoulême organisiert, der ein angeheirateter Neffe des Tanzlehrers Marc René Lefort Latour und ein Vetter des mitteilungsfreudigen

Wundarztes der Sklavenplantage in Artibonite in Saint-Domingue war.[34] In der neuen Gemeinde Saint-Pierre folgte auf einen Taufvermerk vom 5. November 1792 noch auf derselben Seite der Registereintrag einer Geburt durch den „öffentliche[n] Vertreter dieser Kommune"; einer der Signatare des Heiratsvertrags von 1764, Jean Godinaud, fungierte am selben Tag zusammen mit seinem Bruder als Zeuge.[35] Nur wenige Tage darauf, am 14. November, verzeichnet das „Kirchenbuch" die erste Angoulêmer Scheidung; als Zeuge ist ein Neffe der Heiratsvertrags-Signatarin Rose Rezé genannt.[36]

Die neuen Zivilregister wurden einige Wochen später angelegt und waren ab dem 1. Januar 1793 in Benutzung; geführt wurden sie von Mitarbeitern der Stadtverwaltung. Ab dem November 1793 wurden dann – zunächst noch zögerlich – die neuen Monatsnamen des Revolutionskalenders verwendet: für Geburten und Sterbefälle im „Brumaire" (November) und für Eheschließungen und Sterbefälle im „Frimaire" (November/Dezember).[37] Diese neuen Begriffe waren noch ungewohnt, ja fremdartig: *brumaire* wurde *brumere* geschrieben, *decès* (Sterbefall) taucht als *deceais* oder gar *dessert* auf.[38] Die zweite Scheidung in der Stadt verzeichnet das Zivilregister der Eheschließungen ausgerechnet am Valentinstag 1793; bei den Geschiedenen handelte es sich um zwei der 4089 Individuen aus den Kirchenbüchern von 1764: den Sohn eines Schneiders, der im Januar 1764, und die Tochter eines Angehörigen der Stadtwache, die im August 1764 getauft worden war.[39]

Im Laufe der 24 Jahre, während deren Scheidungen in Frankreich legal blieben, gab es in Angoulême 96 Scheidungsfälle; ein Viertel davon erfolgte, weil eine der beiden Parteien – und zwar stets der Ehemann – auswanderte.[40] Die anderen Scheidungen waren zumeist eine Folge der ganz normalen Wechselfälle des Lebens. Vier Bauern ließen sich scheiden, zwei Perückenmacher, ein Pferdehändler und eine Lebensmittelhändlerin (eine *marchande epicière*), deren Ehemann ein Kerzenmacher war und nur wenige Tage später erneut heiratete – eine andere Lebensmittelhändlerin.[41] Der Schwager von Françoise Klotz wurde 1793 nach achtzehnjähriger Ehe geschieden; er weigerte sich, den entsprechenden Registereintrag zu unterzeichnen mit der Begründung, „er habe keine Lust dazu".[42] Zwei Schwestern, die Töchter eines Tagelöhners, heirateten zwei Brüder, die Söhne eines Bauern, im Jahr 2 des Revolutionskalenders; im Jahr 9 ließen sie sich scheiden mit der Begründung, dass die beiden Brüder seit etwa acht Jahren „abgängig gewesen" seien, ohne „jegliche Nachricht" von ihnen; die Schwestern heirateten dann wieder zwei Brüder, die Söhne eines Steinmetzen, deren einer unter den 4089 Kirchenbuchnennungen von 1764 gewesen war.[43]

Die Tochter einer Schneiderin aus der Pfarrei Saint-Ausone, Jeanne David, wurde 1795, im Alter von nur vierzehn Jahren, mit einem „Deserteur aus Spanien" namens Bartélemi Raimond verheiratet, dessen Eltern in der Schweiz lebten.[44] Nur wenig über ein Jahr später, sie war nun fünfzehn, reichte das Mädchen die Scheidung ein wegen einer „Unvereinbarkeit der Temperamente und Charaktere". In dem Registereintrag über die vorläufige Entscheidung des Verfahrens, der „aus Versehen" in das Zivilregister der Eheschließungen geraten war, sagten Freunde des Paares aus, dass Bartélemi sich „nicht weit von einer Wiedervereinigung mit seiner Frau befunden [habe], aber [sie] wollte ihm niemals die Hand reichen", weshalb der gesamte Prozess um zwei Monate vertagt wurde; nach drei weiteren Anträgen erlangte Jeanne schließlich im Juni 1797 die gewünschte Scheidung.[45] Nur drei Monate später, im September 1797, starb Jeanne David, die in den Unterlagen als Ladenbesitzerin bezeichnet wird, im Alter von sechzehn Jahren.[46]

Die sicher belastendste Aufgabe der neuen Standesbeamten war es, nach der Meldung eines Sterbefalls schnellstmöglich zur Leichenschau zu schreiten: „Ich begab mich unverzüglich in das besagte Hospiz", heißt es dann etwa, oder eben „an den Ort des besagten Domizils".[47] Aber auch „verlassene" Kinder wollten registriert sein: Eine Hebamme aus der Pfarrei Saint-Jacques „präsentierte mir ein etwa acht Tage altes Mädchen", schrieb einer der Beamten am 1. März 1793; der Säugling war in der Nacht zuvor aufgefunden worden und wurde „im Register der besagten verlassenen Kinder unter der Nummer 365 eingetragen". Und weiter heißt es: „Ich gab dem fraglichen Mädchen den Vornamen ‚Catherine' (die besagte Catherine ist am Kopfe mit einem rosafarbenen Band auf der rechten Seite bezeichnet, welches 3 Zoll lang und 2 ein Viertel Zoll breit und an einem Ende eingeschnitten ist)." Jean Glaumont, einer der Signatare des Heiratsvertrags von 1764, bezeugte auch dieses Baby und sein rosafarbenes Band.[48]

In der Spätzeit des Ancien Régime drohte illegitimen oder „natürlichen" Kindern in Angoulême ein schweres Schicksal. Das Kirchenbuch der Vor-

stadtgemeinde Saint-Martin verzeichnet im April 1789 die achtseitige (!)
Petition eines Zimmererlehrlings an den Bischof von Angoulême; der
junge Mann benötigte einen Taufschein, um heiraten zu können. Allerdings hatte er seine Eltern nie kennengelernt und wusste noch nicht einmal, wo er überhaupt zur Welt gekommen war; er konnte sich nur erinnern, dass er im Alter von fünf oder sechs Jahren bei einer Frau in einem
Dorf im Périgord gewohnt hatte, aber als er sieben oder acht gewesen sei,
habe die Frau ihn hinausgeworfen und ihm „nichts als die Stockschläge
mitgegeben, mit denen sie ihn durch die Tür geprügelt hatte". Dann war er
von Dorf zu Dorf gezogen und hatte versucht, sich seinen Lebensunterhalt
zu verdienen, bis er dann zufällig mit einem Bauhandwerker aus Angoulême zusammengetroffen war, der den Jungen wiedererkannt und ihn als
Lehrling angenommen hatte. Im Februar 1789 reiste der Bursche zurück
ins Périgord, machte die Frau ausfindig, bei der er einen Teil seiner Kindheit verbracht hatte, und forderte sie vor Zeugen „dringlich auf, zu er-
klären, wer er sei". Sie weigerte sich; zwei andere Handwerker gaben ebenfalls zu Protokoll, dass sie den Lehrling als Kind gekannt hätten, aber
keinerlei Kenntnis darüber hatten, wer er sei. Im Mai 1789 wurde er in der
Pfarrei Saint-Martin getauft und heiratete drei Tage später in derselben
Kirche.[49]

Die Betreuung – oder vielmehr die mangelnde Betreuung – solcher
„Kinder der Nation" nahm während der Revolutionsära eine ganz andere,
fast industriell zu nennende Größenordnung an. Die Standesbeamten der
Kommune verzeichneten in den Jahren 1793–1802 die hohe Zahl von
689 Todesfällen ausgesetzter oder unehelicher, elternloser Kinder; etliche
Hundert mehr dürften ohne Registereintrag oder in den umliegenden
Dörfern gestorben sein.[50] Diese schlimme Lage dauerte bis in die napoleonische Zeit hinein an. Die kleine Ursule, einen Tag alt, wurde 1804 mit der
Nummer 1340 in das Register eingetragen; erkennen konnte man sie an
„einem Stück schwarzen Sammets, 24 Zentimeter lang und 1 Zentimeter
breit, welches an ihrem Halse befestigt". Denis, am Tag darauf mit der
Nummer 1341 registriert, hatte man ein Stück gelb getreifter Seide um das
rechte Handgelenk geknotet; Laure (Nummer 1342) trug einen roten
Bindfaden am linken Arm. Ursule mit dem schwarzen Samt, die Nummer 1340, starb im Alter von acht Tagen im „Depot für verlassene Kinder".[51] Gege Ende dieser Ära waren selbst die Namen, die man den aus-

gesetzten Säuglingen gab, brutal: Christine Desolée, Cyprien Almanach, Ischyrion Vert, Olympiade Lunette, Omer Papier, Onésine Perdrix, Privat Privé, Rustique Coq.[52]

Szenen aus dem revolutionären Leben: Die Kirche

Die Kirche und ihre Institutionen waren die beherrschende ökonomische Macht im Angoulême des 18. Jahrhunderts – ob als Grundbesitzer in den alten Pfarrgemeinden oder als Arbeitgeber für die Messdiener, die in den Kirchenbüchern für 1765 aufgeführt sind –, und ihre Zerschlagung war *das* große Spektakel der Revolution in der Stadt. Die kleinen Häuserinseln im Zentrum der Altstadt, in denen die Allemands und die Ferrands wohnten, drängten sich jeweils um religiöse Einrichtungen. Die Isle de la Cloche Verte, Heimat des Notars Jean Bernard, des Abbé Mioulle sowie von 18 Signataren des Heiratsvertrags, grenzte auf der einen Seite an das Kloster der „Jakobiner" (Dominikaner). Die Isle de la Place du Collège, wo im Dezember 1764 der Heiratsvertrag geschlossen wurde, war umgeben von dem vormaligen Jesuitenkolleg, der Kathedrale und dem Nonnenkloster der Filles de la Foi.[53]

Die „Tiercelettes" (Franziskaner-Terziarinnen) gehörten zu den wichtigsten Grundbesitzern der Stadt, und ihr Kloster dominierte die Place du Mûrier. Abraham-François Robin wohnte gar in der „Isle des Tiercelettes", ebenso wie der „Kapitalist" Claude Benoît des Essarts und Etienne Allemands musikalischer Onkel mit seinen Töchtern, den Näherinnen. Das Notariatsarchiv der Stadt war in Räumlichkeiten untergebracht, die man von den Franziskanerinnen angemietet hatte.[54] In der Rue des Cordeliers – später in „Rue de Beaulieu" umbenannt –, in der Elizabeth und Lydia Sterne mit ihrem kleinen Hund im Haus der „Dame de Bologne" gewohnt hatten, drängten sich die Wohnhäuser der Domkapitulare an der nahe gelegenen Kathedrale. Sogar das unselige Steueramt, wo möglicherweise Münzsäcke hinter dem Schrank versteckt wurden (vielleicht aber auch nicht), zugleich Wohnhaus des Steuereinnehmers Marot und später von Ogerdias, dem Baumeister aus Chandernagor, gehörte dem Orden der Karmelitinnen – und lag in der „Isle de la Grande Maison des Carmélites".[55]

Die Transaktionen und Tragödien der Reform nahmen über die Revolutionsjahre hinweg weiter ihren Lauf in allen öffentlichen Räumen von Angoulême. Zu Beginn des Jahres 1790 wurde den Nonnen und Mönchen der Stadt mitgeteilt, dass es ihnen freistehe, ihre Orden zu verlassen. Im Mai 1790 inspizierten drei Vertreter der Stadtverwaltung das Kloster der „Tiercelettes", um das Grundstück zu vermessen und ein Inventar des Klosterbesitzes anzulegen; alle der 21 anwesenden Nonnen erklärten, es sei „ihr brennendstes Verlangen", auch „weiterhin unter der Regel ihres Ordens zusammenzuleben".[56] Weitere Inspektionen fanden statt, weitere Inventare wurden angelegt: Listen des Besitzes der Schwestern, ihrer Kapitalmittel, „Erträge" und „Einkünfte". Eine präzise Vermessung der Klosterkirche wurde seitens des Ordens im Juli 1791 von der Superiorin „Schwester Rosalie" und der „Ökonomin" des Klosters, „Schwester Félicité" unterzeichnet.[57]

Der Verkauf von Immobilien und sonstigem Besitz des Klosters begann 1791 mit einer Auktion, bei der Grundstücke sowie Silberschmuck und andere Ausstattungsgegenstände aus Kapellen aufgerufen wurden, dazu Küchenmöbel. Im September 1792 wurden die Nonnen aus ihren Klöstern vertrieben und durften, wie dreißig Jahre vor ihnen die Jesuiten, nur „ein wenig Leinen" mitnehmen. Außerdem versprach man, ihnen irgendwann einmal eine Pension zu zahlen, sofern sie einen Treueeid auf Freiheit und Gleichheit leisteten.[58] Der Besitz der Franziskanerinnen wurde 1793 über mehrere Tage hinweg verkauft, darunter Schmuck, Geschirr, Möbel und Textilien: ein „Paket mit Hauben", ein „Ballen violetter Damast" und „ein Ballen alter roter Damast und Samt, um ein Bett damit zu füttern". Es schien, als wollte jedermann aus der Nachbarschaft noch ein Souvenir erhalten: Ein Käufer namens „Robin" zahlte 5 Livres für einen Stuhl; „la citoyenne Mimi" kaufte eine „Kanzel" sowie „ein Paar große Kücheneisen".[59] Die Bücher aus den Klosterbibliotheken der Stadt wurden im vormaligen Kapuzinerkloster gesammelt; die Glocken aus den Klosterkapellen brachte man den Hügel hinunter an den Fluss, von wo aus sie per Frachtkahn nach Rochefort und La Rochelle transportiert werden sollten.[60]

Der Strom von Menschen und Material riss nicht ab: Das Silber aus dem großen Dominikanerkloster an der Place du Mûrier wurde die Rue de Beaulieu hinuntergetragen, um es im Archiv des Klosters der „Cordeliers" (Franziskaner) zwischenzulagern.[61] Die Papiere und Urkunden des Bistums Angoulême wurden ins Kloster der Filles de la Foi verbracht.[62] Das Priesterseminar in der Pfarrei Saint-Martial, Schauplatz der Schießerei um den Abbé Mioulle, wurde an „Henry" verkauft, einen Papierfabrikanten aus der Pfarrei Saint-Jacques und Schwager des neuen Bischofs.[63] Die Seminaristen zogen in das frühere Jesuitenkolleg um. Die ältesten der „unkonstitutionellen" Priester des Bistums – derjenigen, die sich weigerten, einen Treueeid auf die Republik zu leisten – wurden im Kloster der Karmelitinnen inhaftiert.[64] Das neue Direktorium zog in die alten Klosterräumlichkeiten der „Jakobiner" oder Dominikaner. Das Ursulinenkloster wurde zum Gefängnis umgewidmet, und dasjenige der Kapuziner zu einem Lager für Kriegsgefangene. Das Kloster der „Tiercelettes", hieß es, eigne sich „hervorragend" für den „Kleinhandel".[65]

Biens Nationaux

Inmitten dieses ganzen Tumults war es der Verkauf des kirchlichen Grundbesitzes, der mittel- und langfristig bleibende Konsequenzen für das Wirtschaftsleben in Angoulême hatte. Der neue Markt für *biens nationaux* („nationale Güter") erfasste das gesamte Departement Charente, wie er ganz Frankreich erfasste.[66] Im alten Stadtkern von Angoulême war er allgegenwärtig, man kam nicht an ihm vorbei. Zu dem neuen „Raster der Eigentumsabgaben" gehörte auch eine Spalte für „Angaben über den Eigentümerwechsel, der 1791 eintreten wird", in der sich über die nächsten Jahre hinweg eine Vielzahl von Ein- und Nachträgen, Korrekturen und Anmerkungen sammelte. Überhaupt versetzte die Revolution den städtischen Grundstücksmarkt in einen wahren Rausch. In unmittelbarer Nähe der Place du Mûrier gab es 80 Liegenschaften, als deren Eigentümer eine kirchliche oder religiöse Institution genannt war, und zahlreiche enthusiastische „Erwerber", oftmals Vertreter der neuen, republikanischen Verwaltung. Der „Plan Directeur" kann so eingefärbt werden, dass sämtliche Grundstücke sichtbar werden, die in den ersten Jahren nach der Revolution als „im Besitz der Nation" befindlich galten; es gibt nur sehr wenige Straßen in dem traditionsreichen Stadtquartier der Allemands und Ferrands, der Kapitalisten und Kabalisten, die nicht in unmittelbarer Nähe zu den Schauplätzen des neuen Regimes von privaten und öffentlichen Eigentumsverhältnissen lagen.[67]

Das weitere Schicksal der *biens nationaux* ist in den Quellen in erschöpfender Ausführlichkeit festgehalten – es gibt Listen der Anmeldungen zum Verkauf und der Kaufgebote, der Auktionen mit ihren vielen Geboten und Gegengeboten, aber auch Dokumente, in denen die letztlich abgeschlossenen Geschäfte festgehalten sind –, und auch die Signatare des Ehevertrags von 1764 und ihre Kontaktpersonen tauchen in diesen Listen auf. Selbst Etienne Allemand Lavigerie, der Bräutigam selbst, der sich so bitterlich über die hohen Lebenshaltungskosten beklagt hatte, konnte sich den Kauf eines Hauses in der früheren Pfarrei Notre-Dame-de-la-Peine leisten, das zuvor dem Domkapitel der Kathedrale von Angoulême gehört hatte. Das Haus wurde ihm im September 1791 „adjudiziert", also zugesprochen; die Kaufsumme von 4625 Livres sollte in zwölf Raten über zwölf Jahre hinweg gezahlt werden. Nach und nach zahlte er den Betrag ab – anfangs noch in Assignaten, der Papierwährung des revolutionären Frankreich –, und 1812 war der Hauskauf schließlich abgeschlossen. Inzwischen war das Haus nahe der Kathedrale zu einem entscheidenden Posten im Vermögen der Familie geworden.[68]

Der höchste für ein einzelnes Objekt gezahlte Kaufpreis betrug fast hundertmal so viel – 446 000 Livres nämlich – und wurde für ein Haus fällig, das im Besitz des vormaligen Jesuitenkollegs war und direkt an der Place du Mûrier lag; die neue Besitzerin war eine gewisse „Demoiselle Marchais" aus der Familie des Goldschmieds, der den Heiratsvertrag unterzeichnet hatte.[69] Ein Enkel des Goldschmieds erwarb die berühmte Villa der Karmelitinnen, in der allerdings noch die Witwe von Claude Ogerdias als Mieterin wohnen durfte, die Tochter des Ladungsoffiziers aus Chandernagor.[70] Ein anderer seiner Enkel kaufte ein anderes Haus, das dem Kolleg gehört hatte; auch hier behielt die Bewohnerin, „la demoiselle Caliche amériquaine", ein lebenslanges Wohnrecht. Diese Dame, die auch als „la citoyenne Caliche St. Mimi" bekannt war, war es gewesen, die bei dem Räumungsverkauf des Franziskanerinnenklosters eine Kanzel erstanden hatte: Sie war Catherine Saint-Mesmy, „in Amerika geboren" und erst 1827 im biblischen Alter von 99 Jahren in Angoulême verstorben.[71]

Barthélemi Thibaud, der Sohn des Standesbeamten, der im zarten Alter von elf Jahren den Heiratsvertrag von 1764 unterzeichnet hatte, erwarb ein Haus, das den Filles de la Foi gehört hatte; als dann eine weitere Anzahl von Grundstücken auf den Markt kam – deren nach der Revolution emigrierte Eigentümer man kurzerhand enteignet hatte –, kaufte er ein Haus nahe den städtischen Befestigungsanlagen.[72] Ein Dupard aus der Familie des Knopfmachers kaufte eine Weide, die im Besitz der Abtei von Beaulieu gewesen war, und ein Haus in der Rue de Genève (dessen einstiger Eigentümer der königliche Ankläger in dem Skandalprozess um den Steueramtsschreiber Laplanche gewesen war).[73] Die „Erben nach Pierre Nouel", dem führenden Mitglied der Kabale von 1769, erwarben die „Chapelle de Saint-Augustin".[74] Der von der Insel St. Vincent geflohene Sklavenhalter – „Monsieur Robin le Américain" – kaufte wie Etienne Allemand Lavigerie ein Haus, das zuvor dem Domkapitel gehört hatte.[75]

Das allererste Kaufgebot im ganzen Departement Charente gab Abraham-François Robin ab, der inzwischen 74 Jahre alte Kapitalist und „geheime Historiker" der Krise von 1769; er teilte mit, das am Fluss gelegene Anwesen von Chantoiseau kaufen zu wollen, das den Angoulêmer Franziskanern gehört hatte.[76] Henry *l'aîné*, der neue Eigentümer des Priesterseminars, gab bekannt, dass er aus dem füheren Besitz der Abtei La Couronne ein anderes Landgut am Fluss mitsamt den dazugehörigen Mühlen erwerben wolle.[77] Und es gab noch reichlich andere Gelegenheiten. Ein Garten auf dem Gelände des vormaligen Château – den Etienne Allemand Lavigerie schon seit 1782 gepachtet hatte – wurde im „Jahr 3" für 3375 Livres versteigert; in einer Reihe von sechs Weiterverkäufen stieg der Preis dann immer weiter an, bis das Gartengrundstück schließlich für 30 200 Livres zum vorerst letzten Mal den Besitzer wechselte.[78]

Gabriel Ferrand, der älteste Sohn Marie Aymards, betätigte sich eine Zeit lang in einem vergleichsweise kleinpreisigen Geschäft mit konfiszierten Gütern: Dies war der Handel mit Kurzzeit-Verpachtungen von *biens nationaux*. Zu Beginn des Jahres 1793 wurde das Gelände der Abtei von Beaulieu erstmals zur Verpachtung ausgeschrieben: Am 26. Februar unterschrieb Gabriel einen dreijährigen Pachtvertrag für „den Teil eines Gebäudes", was ihn 170 Livres kostete. Am 5. März pachtete er einen weiteren Gebäudeteil für 26 Livres und im Folgejahr (für 90 Livres) einen weiteren Teil des Ensembles, „ein Gebäude auf den Platz hinaus". Als Bürge für den ersten Vertrag trat sein Schwager Etienne Allemand Lavigerie in Erscheinung, beim zweiten Mal „der Bürger Raby, Kaufmann".[79] Auf bescheidene Weise nahm Gabriel sogar an dem ekstatischen Kaufrausch rund um das Kloster der „Tiercelettes" an der Place du Mûrier teil: Am

5. März 1793 zahlte er 26 Livres für einen Pachtanteil an einem der Grundstücke, in die das frühere Klostergelände zerteilt worden war; es handelte sich um „die vormalige Kirche".[80]

Vernunft und Einsamkeit

Und inmitten dieser vielfachen Käufe, Verkäufe und Wiederverkäufe von Kirchenbesitz wurde Marguerite Aubert, die dem erweiterten Netzwerk um den Heiratsvertrag von 1764 angehörte, zu der überraschenden Protagonistin des bildmächtigsten Säkularisierungs-Spektakels. Sie war die Patentochter (und Enkeltochter) eines der Signatare, die Enkelin auch eines weiteren – und sie war ebenjenes junge Mädchen, das im November 1793 „nach öffentlichem Votum auserkoren wurde, die Vernunft zu verkörpern"; ein Festkomitee von „Administratoren" zog zu ihrem Elternhaus in Angoulême, um ihr zu huldigen.[81] Angeführt wurde dieser Zug von einem Vertreter des revolutionären Nationalkonvents in Paris, und begleitet wurde er von weiblichen Mitgliedern der Bürgerschaft in weißen Gewändern. Anschließend zogen alle zur Kathedrale – oder vielmehr: zu der vormaligen Kathedralkirche Saint-Pierre: „Sodann brach die Vernunft nach ihrem Tempel auf." (Aus gegebenem Anlass hatte man die frühere Kathedrale, die nun als „Tempel der Vernunft" fungierte, mit Vasen, Fackeln und Statuen neu dekoriert.) Dann wurde Marguerite angewiesen, auf den Altar zu steigen, wo ihr und den Frauen von Angoulême von dem Abgesandten des Nationalkonvents „im heiligen Namen der Natur" das folgende Gebot verkündet wurde: „Tut anderen, was ihr selber wünscht!"[82] Marguerite Aubert soll atemberaubend schön gewesen sein. Im Jahr 1807 heiratete sie einen Steuerbeamten; ihrem Großvater folgte sie ins Textilgeschäft nach und führte einen Laden nahe der Place du Mûrier.[83]

Die feierliche Zeremonie vom November 1793 war auch ein Anlass für die örtliche Geschäftswelt, sich in dem bestmöglichen Licht zu präsentieren (wie es auch die Festanlässe des Ancien Régime gewesen waren). Der Abgesandte des Nationalkonvents genehmigte die Zahlung von 690 Livres an einen Bauunternehmer für „Materialkosten und Arbeiten am Tempel der Vernunft", einschließlich der Mühen und Dienste von drei Schreinern, fünf Steinmetzen, zwei Stuckateuren, zwei Schlossern, einem Maler, einem

Bildhauer, einem Kerzenhändler und einem Verkäufer von Kerzenwachs oder Talg. Dann waren da die Kosten für Tagelöhner („zwei Tage und zwei Nächte bei 30 Sous *per diem*"), für die „Demontage der Gitter am Tempel der Vernunft", an deren Stelle „eine Kuppel ersetzt" werden sollte (all dies wurde beschrieben als Arbeit „pour la nassiont"), sowie dafür, dass „die Türen der gewählten Volksvertreter verschlossen wurden". Eigene Geldmittel wurden bereitgestellt, um die Kosten für einen Ball zu decken, der im Theater der Stadt veranstaltet wurde, um die Feier der Vernunft ihrerseits zu feiern; zu bezahlen waren unter anderem vier Musiker; Nägel, „um Wandteppiche daran zu befestigen"; noch mehr Kerzen und Kerzenwachs; Stühle, die angemietet wurden; die „Erfrischungen" für die Musiker; die Arbeit eines Schreiners, der Beschädigungen an den Stühlen ausbesserte, sowie „ein Mann, der in der Nacht dort bleibt". Angehörige der Familie Yrvoix, die mit ihren Unterschriften auf dem Heiratsvertrag von 1764 vertreten ist, gehörten als Talg- und Kerzenhändler auch zu den Lieferanten.[84]

Doch es gab noch eine weitere Figur aus dem erweiterten Netzwerk rund um den Heiratsvertrag von 1764, einen Mann aus der jüngeren Generation, der zu den Initiatoren dieser Säkularisierungsfeier gehörte: Jean Lecler *dit* Larose, auch bekannt als Lecler-Raby, war eine wenig bedeutende, aber umso hartnäckigere Gestalt in der Angoulêmer Stadtpolitik. Sein Vater war ein Wollbleicher; seine Tante (die auch seine Taufpatin war), sein Onkel, seine Großmutter und sein Großvater (und Taufpate) befanden sich allesamt unter den 83 Signataren des Heiratsvertrages.[85] Seine Karriere im Kielwasser der Französischen Revolution begann, wie in vielen vergleichbaren Fällen, als „öffentlicher Beamter", der Geburtsmeldungen entgegennahm, Eheschließungen und Scheidungen festhielt und bei den Verstorbenen die Leichenschau durchführte.[86] Schon bald wurde er zu einem Spezialisten für „Hausbesuche" und insbesondere für die „schmerzlichen Operationen" (wie er es nannte), die bei der Inspektion dubioser Schulen nötig wurden. Da war etwa die Lehrerin, die er im Jahr 7 der Revolutionszählung aufsuchte, eine frühere Nonne, die ihm „in einem festen und entschiedenen Tonfall" mitteilte, dass sie mit ihren Zöglingen *selbstverständlich* zur Vesper gehe; ihr Schulzimmer war voller „Bücher fanatischen Inhalts", hielt der Inspektor fest: „Die Wörter ‚Bürger' und ‚Bürgerin' waren in diesem Haus so unbekannt, dass es uns nicht möglich gewesen ist, wiederholten Besuchen zum Trotz, sie aus den störrischen

Mündern dieser besagten Schulmeisterin und ihrer besagten Schüler gleichsam hervorzuziehen." Ein anderer Lehrer erteilte Unterricht ausschließlich in den Fächern Latein, Mathematik und Biologie: „O tiefste Niedertracht!"[87] Auch 1805 noch hatte Lecler-Raby ein öffentliches Amt inne. Er überlebte das Erste Kaiserreich und die Restauration und amtierte nach der Julirevolution von 1830 wiederum als Beamter der Stadtverwaltung; er starb 1848 in Angoulême.[88]

Die Tochter jener „Dame de Bologne", die Lydia und Elizabeth Sterne ihre Unterkunft vermietet hatte, war eine Benediktinerin namens Bénédictine, die aus der Abtei Notre-Dame-de-Beaulieu vertrieben wurde. Sie hatte insofern Glück im Unglück, als sie im April 1795 in dem Haus eine neue Bleibe fand, das ihrem Verwandten Jean-Alexandre Cazaud – dem Sklavereitheoretiker und Dienstherrn von Marie Aymards Ehemann – in der Isle de la Cloche Verte gehörte. Sie selbst bezeichnete ihn eher vage als „Jean-François Cazaud" (was tatsächlich der Name seines Sohnes war) sowie als einen langjährigen Bewohner „der Insel" (ohne weitere Angabe des Namens). Cazaud lebte zu diesem Zeitpunkt bereits im Exil in England, wo er nur wenige Monate darauf sterben sollte.[89] Auf den ersten Blick war die neue Unterkunft der vertriebenen Nonne wenig einladend: Der Holzfußboden der ihr zugedachten Kammer war durchgefault; etliche der Dielen waren bereits duchgebrochen, die Wände mit Löchern übersät, und zum Abschließen der Tür hatte sie nur ein vermodertes Holzschloss. Doch vier Jahre später lebte Bénédictine noch immer dort, inzwischen mit einem Dienstmädchen; 1801 führte sie ein Pensionat mit neun Schülern; als sie 1841 starb, war sie immer noch in der Angoulêmer Rue de la Cloche Verte wohnhaft.[90]

Ein Haus an der Place du Mûrier, nur wenige Schritte weiter, war, ebenfalls im April 1795, der Schauplatz eines noch schlimmeren Schicksals. Dieses Haus war eines der größten am Platz und befand sich genau gegenüber dem Portal des früheren Klosters der „Tiercelettes"; es war „das Haus, welches die Ecke der Place du Mûrier bildet", und hatte einmal dem Dominikanerorden gehört. Inzwischen war der Eigentümer ein Tuchhändler namens Jean-Pierre David, der Schwiegervater des jüngeren Jean-Baptiste Marchais, der den Heiratsvertrag unterzeichnet hatte.[91] Am Abend des 13. April betraten David und sein eigener Schwiegervater, ein Bäcker im Ruhestand, eine Amtsstube der Stadtverwaltung, um zu melden, dass man eine Frau, die sie als „die Bürgerin Marie Billiard vormals Tierceletten-Nonne von etwa siebenundfünfzig oder achtundfünfzig Jahren" bezeichneten, „ertränkt aus einem Brunnen gezogen" habe, „der dem besagten David gehört". Sie suchten einen Amtsrichter auf, der einen Bericht schrieb; der „öffentliche Beamte" der Stadtverwaltung kam, um die Sache selbst in Augenschein zu nehmen; die Tote wurde nun beschrieben als die Tochter des verstorbenen Postdirektors der Stadt Saintes. Sie war Marie Eustelle Billard und war im Sommer 1762 in das Kloster der Franziskaner-Terziarinnen eingetreten, wo sie dreißig Jahre lang lebte. Sie starb, nur wenige Schritte von ihrem früheren Kloster entfernt, im Jahr 3 der Revolution.[92]

Szenen aus dem revolutionären Leben: Das Militär

Wie auch die Kirche und die Steuerverwaltung war das Militär ein beständiges Element der lokalen Ökonomie von Angoulême. Die Vorbereitungen für einen Bürgerkrieg begannen bereits im Sommer 1789, als von dem weiter nördlich gelegenen Ort Ruffec her die „Große Furcht" (*la Grande Peur*) der ersten Revolutionsmonate – und mit ihr Gerüchte über ein herannahendes Heer von 1000 oder 2000 oder 18 000 Räubern – Angoulême erreichten. „Manche sagen, es seien Engländer, andere, dass es Panduren [kroatische Soldaten], Mauren oder entlaufene Galeerenhäftlinge seien", vermerkte der Curé eines Dorfes östlich von Angoulême im Kirchenbuch seiner Pfarrei.[93] Kurz zuvor hatte das erst frisch eingesetzte „permanente Komitee" der Stadt Angoulême auf die beunruhigenden Neuigkeiten hin angeordnet, unverzüglich eine „patriotische" Nationalgarde aufzustellen und einen „Militärrat" einzurichten; der Kommandeur der Garde war ein aufbrausender Heeresoffizier, der, in österreichischen Diensten stehend, im Siebenjährigen Krieg verwundet worden war.[94]

Der „patriotischen Garde" war von Anfang an viel an öffentlichem Zeremoniell gelegen. Anfang August 1789 war sie federführend an einem Fest beteiligt, mit dem die Zerstörung der „Privilegien des Klerus und des Adels" gefeiert werden sollten, später, im April 1790, an einer noch größeren Zeremonie, bei der eine ganze „Föderation" aus Kavallerie, Infanterie, Artillerie und Militärkapellen aufmarschierte, die durch Angoulême zu einer Insel in der Charente zog, um dort an einem eigens errichteten „Altar der Einheit" ihren Treueeid zu leisten. Die schließlich allgemeine Mobilmachung ab 1792 gab ein sogar noch öffentlicheres Spektakel ab: „Welches Schauspiel für all jene, die sich noch der tiefen Bestürzung erinnern können, welche unter dem korrupten Regime [der Monarchie] auf die Nachricht vom nahenden Kriege folgte", schrieben die Honoratioren von Angoulême an den Kommandeur der Nationalgarde, der es inzwischen zum Deputierten der Pariser Nationalversammlung gebracht hatte; „nun ist es das Volk selbst, das [den Krieg] führt, für sich selbst [Krieg führt]."[95]

Die Aussicht auf einen Krieg, wie auch die revolutionäre Trikolore, wurde von den Krämern und Kleinhändlern von Angoulême mit begeisterter Erwartung aufgenommen. „Wir hatten Freitagabend das Vergnügen, mit Ihren Handelsagenten zu speisen", schrieb die Händlerin Marguerite Allemand im Oktober 1791 an die Kaufleute der Kompanie Baignoux & Quesnel in Bordeaux, die sich neben einer Spezialisierung auf Wein, Stoffe, Papier und Kolonialwaren auch an Sklavenfahrten nach Mosambik beteiligte. Ob es wohl möglich wäre, erkundigte sie sich, „uns sechs Dutzend Kokarden aus Ziegenwolle zu übersenden? Die drei Farben sollten frisch und leuchtend sein"; außerdem bestellte sie „zwölf Federn in den drei Farben, beste Qualität", „zwölf Dutzend Uniformknöpfe", „zwölf Dutzend rote Epauletten mit schmückenden Kantillen" sowie „vier Dutzend Puppen in der Gestalt von Grenadieren".[96]

Von den 19 Abgeordneten, die das neu geschaffene Departement Charente in den Nationalversammlungen von 1789 bis 1799 vertraten, kamen nur vier aus Angoulême.[97] Zwei von ihnen meldeten sich überhaupt niemals zu Wort, wie aus den *Archives parlamentaires* hervorgeht; der aufbrausende Offizier machte vor allem damit auf sich aufmerksam, dass er dem Plenum im April 1792 von den „patriotischen Gaben" seiner Ehefrau und seiner kleinen Söhne berichtete: „(*Beifall*) … ,unsere zarte Jugend verbietet es uns, dem Rufe unseres Mutes zu folgen, [aber] wir haben beschlossen, Ihnen die 12 Livres zu übersenden, die unser Herr Papa uns monatlich für unsere kleinen Vergnügungen gewährt."[98] Als Mitglieder des revolutionären Nationalkonvents stimmten drei der vier Angoulêmer Deputierten für die Hinrichtung Ludwigs XVI., und einer stimmte sowohl dafür als auch dagegen: „Louis verdient den Tod", erklärte der Offizier, „und Fluch über den Schuft, der gemein genug ist, dies zu bezweifeln!"[99] Ein anderer Abgeordneter, ein Jurist namens Guimberteau, wurde als Gesandter nach Tours geschickt, wo es im November 1793 zu einem „großen Angriff auf die Freiheit" gekommen war. Ein paar „Schurken", fraglos mit englischem Gold gekauft, „haben die Unverfrorenheit besessen, im Theater laut ‚Nieder mit den Rotmützen!' zu rufen." „Zwei der Verdächtigen sind festgenommen worden", berichtete Guimberteau dem Konvent, „und ich habe gerade eine Militärkommission eingesetzt, welche die Schuldigen dem Standgericht zuführen soll, morgen wird die Guillotine unaufhörlich ihr Werk tun"; „der Terror ist hier das Gebot der Stunde und *ça ira*."[100]

Mit dem förmlichen Beginn der Kampfhandlungen im Jahr 1792 kam die Wehrpflicht nach Angoulême, aber es gab auch Wehrdienstflüchtige und Freiwillige, die „an die Grenzen eilten", um die Nation zu verteidigen. Überschüssige Hemden wurden beschlagnahmt (höchstens sechs pro Person waren erlaubt), aber auch Rindertalg, Pottasche als Waschmittel sowie eine große Ladung Bohnen, die in einem Lagerhaus in der Pfarrei Saint-Jacques entdeckt worden waren. Und es gab eine „Beschlagnahme und förmliche Aufforderung aller jungen Männer im Alter von 18 bis 25 Jahren".[101] Die große Glocke der Kirche Saint-André wurde „vom Glockenturm heruntergeholt" (oder „genauer gesagt, wurde sie von der Turmspitze hinuntergeworfen, ohne dabei ganz in Stücke zu gehen", wie der Bürgermeister präzisierte) und mit einem Lastkarren zum Magazin eines Papierfabrikanten im Hafen von L'Houmeau gebracht, „mit der Absicht, sie von dort weiter in die Kanonengießerei zu schaffen".[102] Die Stadt wurde zu „einem Stall und Arsenal für die Pferde aller Armeen der Republik", die „in dem Kloster der Kapuziner und der Kirche der weiland Jakobiner untergebracht" wurden.[103]

Wie in den früheren Weltkriegen des 18. Jahrhunderts befanden sich auch nun Kriegsgefangene in der Stadt. Die alten Gefängnisräume gleich gegenüber dem stattlichen Haus des Steuereinnehmers waren bis zum Sommer 1792 „nicht mehr denn eine stinkende Kloake".[104] Das Kloster der Karmelitinnen, die Abtei von Beaulieu und das Ursulinenkloster wurden allesamt zu Gefängnissen; die Kriegsgefangenen wurden, wie auch die Kavalleriepferde, im Kapuzinerkloster untergebracht, aber auch in dem alten Jesuitenkolleg, der Kirche Saint-André und der Kirche Saint-Jean.[105] Im Februar 1795 starb in Angoulême die kleine Louise Robertson, ein zweijähriges Mädchen, das in den Quellen als die Tochter „zweier englischer Gefangener" und „aus North Leith gebürtig" beschrieben wird.[106] In demselben Jahr gab es auch spanische Kriegsgefangene, die in einer Gießerei vor den Toren der Stadt Arbeitsdienste leisten mussten; und es gab portugiesische Gefangene, „aufmüpfige" Österreicher, die „zur Nacht marodierten", und spätestens 1807 auch ein Hilfskorps von – den Angaben zufolge – 12 000 spanischen Soldaten in schmutzigweißen Uniformen.[107]

All diese Kriegsgefangenen mussten verpflegt, untergebracht und eingekleidet werden, und dasselbe galt für die Soldaten, die sie bewachten (selbst die Pferde benötigten Futter, Stallungen, Decken und Hufeisen). Aus einer Reihe von Briefen, die verschiedene „Kriegskommissare" im Revolutionssommer 1794 verfassten, lassen sich die Schwierigkeiten wie auch die Gelegenheiten erlesen, die aus der neuen Kriegswirtschaft hervorgingen. Ein gewisser „Citoyen Flotte" schrieb aus Bordeaux an den Bürgermeister und die Stadtverwaltung von Angoulême, um mitzuteilen, dass er einen Brief über die kurz zuvor erfolgte Ankunft von 345 spanischen Kriegsgefangenen in einem Lager „Ihrer Kommune" erhalten habe; zugleich kündigt er das Eintreffen von 53 weiteren Gefangenen an. Im Folgemonat meldet ein anderer Kommissar nach Angoulême, dass binnen weniger Tage 423 weitere Gefangene in die Stadt gebracht würden, und wies die dort Verantwortlichen an, „einen ausreichenden Ort für deren Unterbringung ausfindig zu machen", da das Kapuzinerkloster „bereits von 400 anderen solchen Gefangenen belegt" sei. Einige Tage verstrichen, bevor dann am 5. Fructidor des Jahres 2 eine andere Gruppe von Revolutionsbeamten das Eintreffen von 900 spanischen Gefangenen ankündigte, die „am 8. in der Stadt verbleiben und am 9. weiterziehen" sollten.[108]

Das war, insgesamt betrachtet, eine sehr große Anzahl von Neuankömmlingen in dieser recht kleinen Stadt; Angoulême zählte ja immer noch nicht mehr als etwa 12 000 Seelen. Und es gab weitere Sachzwänge. Zwei Tage darauf schrieb der Verfasser des vorerst letzten Briefes erneut, dieses Mal mit einer spezifischen Bitte: Einem Schweizer Hauptmann, der zusammen mit den Spaniern gefangen genommen worden war, hatte man all seine Kleider abgenommen, weshalb die Stadtoberen von Angoulême in aller Höflichkeit gebeten wurden, dem Mann – ausnahmsweise – ein Hemd und eine Hose zu geben, denn er trug „nichts mehr am Leibe als einen Fetzen voller Ungeziefer".[109] Eine der amtlichen Aufgaben des Beamten Lecler-Raby, der mit so vielen der Unterzeichneten des Heiratsvertrages von 1764 verwandt oder verschwägert war, bestand in der Inspektion der Angoulêmer Gefängnisse. Im Jahr 8 des Revolutionskalenders musste er dort feststellen, dass mehr als ein Viertel der Gefangenen an einer „morbiphoren" (ansteckenden) Entzündung des Mund- und Rachenraumes litten; „unser erstes Anliegen war es, die Vorstellungskraft wieder auf sicheren Boden zu bringen".[110]

Selbst die Place du Mûrier wurde zum Schauplatz eines militärischen Konflikts – oder zumindest eines militärischen Krawalls. Während der Krise, die 1793 aus dem Bürgerkrieg in der Vendée erwuchs – dort hatten royalistische Kräfte einen gegenrevolutionären Aufstand begonnen –, wurden Kanonen zur Verteidigung der Stadt aufgestellt, dieselben, die auch 1789 im Zusammenhang mit der *Grande Peur* hervorgeholt worden waren.[111] An dem Platz befand sich aber auch eine „Komödie", ein Theater, das man auf dem Gelände des vormaligen Klosters der „Tiercelettes" errichtet hatte. An einem lauen Sommerabend des Jahres 5 (oder 1797) betrat eine Gruppe von Soldaten das ebenfalls an der Place du Mûrier befindliche „Café des Electeurs", um die Räumlichkeiten, wie sie sagten, nach Konterrevolutionären abzusuchen. Als sie wieder gingen, meinten sie noch, dass „hier keine *Chouans* [d. h. bretonische oder andere Royalisten]" seien. In diesem Augenblick öffneten sich nach dem Ende der Vorführung die Türen des Theaters und das Publikum strömte auf den Platz hinaus – wo die Zuschauer prompt von einer großen Ansammlung von Soldaten bedroht wurden, die Knüppel und Säbel schwangen und dabei lauthals die „Marseillaise" anstimmten. Besonders ausdrucksstark wurden ihre „Attitüden", wie ein Zeuge später berichtete, „bei den Worten des Liedes, *Aux armes citoyens, Aux armes*", dem revolutionären Ruf zu den Waffen.[112]

Schleunig verschlossen die Anwohner in der ganzen Nachbarschaft ihre Türen und sperrten die Läden zu; in der ganzen Stadt machte sich Angst breit. Aber die Theaterbesucher wussten sich zu wehren, und auch einige Gendarmen aus der nahe gelegenen Kaserne eilten herbei, lärmten und gaben Schüsse ab; die Soldaten beschuldigten später den Kommandeur der Gendarmerie, er habe seine Leute als „wackere Royalisten" bezeichnet. Ein Bericht über den Vorfall wurde dem Justizministerium in Paris übersandt, einschließlich einer Zeugenaussage der Schwägerin des Tuchhändlers Jean-Pierre David, die berichtete, ein junger Schlosser habe „ein Stück Papier auf merkwürdige Weise hergezeigt"; „er schien sehr ängstlich".[113] Außerdem ging bei dem zuständigen Minister ein langer anonymer Brief ein, in dem die kürzlich in Angoulême erfolgte Reihe von Militärkrawallen ausgebreitet und die wechselnden Rollen verschiedener Individuen in der Stadt beleuchtet wurden: „Aber da sie zuvor schon denunziert worden waren, so sind sie nun selbst zu Denunzianten geworden" – zu angeschwärzten Anschwärzern.[114]

Rosemarin

Rosemarin oder Rose Marin oder Rose Marin du Rozier, die den Ehevertrag von 1764 im Alter von zehn Jahren unterzeichnete, war eine Nichte der Signatarin Rose Rezé und damit eine Cousine der jüngeren Rose Rezé (die „vor dem Hause von Monsieur Lavigerie, dem Schneider" beleidigt worden war). Bei Ausbruch der Französischen Revolution war sie 35 Jahre alt und besaß ein Häuschen in der „Neustadt" von Angoulême.[115] Im Sommer 1792 verkaufte sie ihr Haus an einen Offizier der revolutionären *Gendarmes* und verließ ihre Heimatstadt in Richtung Tours. Dann jedoch geriet sie in die missliche Lage, als eine *émigrée* denunziert zu werden, die sich aus dem republikanischen Frankreich abgesetzt habe. In dem Polizeidossier über sie, das sich erhalten hat, geht es um ihren langwierigen Versuch – er begann 1793 und sollte erst im Sommer 1798 enden –, ihren Namen von jener „vermaledeiten Liste" der *émigrés* („cette modite licite") wieder tilgen zu lassen.[116] In der Akte finden sich Bittschreiben, Aufenthaltsnachweise und Meldebescheinigungen, „Reiseunmöglichkeitsbescheinigungen" und „Nichtauswanderungsatteste" sowie Erklärungen von Zeugen zu ihren politischen Ansichten; es finden sich gleich mehrere Beschreibungen ihrer Person („schwarzes Haar", „schwarze Augen", „Haar und Augenbrauen dunkelbraun, fünf Fuß, Adlernase", „große und offene Stirn"); ihre Unterschrift – als „Rosemarin" – ähnelt auf beinah gespenstische Weise ihrer Unterschrift als Kind, im Ancien Régime des Jahres 1764.[117]

Das Dossier liest sich wie eine Abfolge von Missverständnissen und Verdächtigungen, wie eine Reise durch die Papierwüste der revolutionären Gesinnungsjustiz. Es gab „Stücke" oder Dokumente, die „defektiv" waren, und andere, die das falsche Datum trugen; es gab Bescheinigungen, die „durch Unregelmäßigkeiten verdorben" waren, und solche, denen „der authentische Charakter mangelte". Rosemarins Besitz wurde „sequestriert" oder beschlagnahmt; eine gewisse „Citoyenne Labatud" wiederum schuldete Rosemarin Geld.[118] An einem Punkt schrieb Rosemarin aus Tours, sie sei „dem Hungertod nahe" („à la veuille de mourir de fin").[119] Guimberteau, der Deputierte zum Nationalkonvent, der bei der Klärung von Rosemarins Fall eine entscheidende Rolle spielen sollte, äußerte die Vermutung, dass es Rosemarins Schuldner gewesen waren, die sie auf die Liste der *émigrés* hatten setzen lassen, um damit die Rückzahlung ihrer Darlehen zu umgehen.[120]

Guimberteau war ein Freund der Familie, oder zumindest schien er einer zu sein. In den Briefen, in denen sie ihn um seine Hilfe bat, richtete Rosemarin (die sich darin „Rozede" nannte) ihm Grüße von „Ihrem lieben Bruder" aus und schloss mit den Worten: „Ich umarme Sie herzlichst".[121] Als Guimberteau im November 1793 seine Militärkommission gegen die Konterrevolutionäre einsetzte („der Terror ist hier das Gebot der Stunde"), hielt Rosemarin sich bereits in Tours auf. Für den Gesandten des Nationalkonvents war es eine arbeitsreiche Zeit: „Ich habe eine diktatorische Kabale beseitigt", schrieb er an den Wohlfahrtsausschuss in Paris; er hatte die *société populaire* (einen der revolutionären „Klubs" von Angoulême) „gesäubert" und „die revolutionäre Obrigkeit wiederhergestellt". Der „Bürgergeist" habe „heute revolutionäre Höhen erreicht", meldete er im Februar 1794 und kündigte an, dass er „gleich morgen früh" nach Cherbourg aufbrechen wolle (um sich dort mit der Beschaffung von Pferden für die Revolutionsarmee zu befassen).[122] Und inmitten dieser vielfältigen Beanspruchungen schrieb er im Dezember 1793 einen Brief an die Stadtverwaltung von Angoulême, um ein gutes Wort für Rosemarin einzulegen: „Sie dürfen dieser Erklärung vertrauen, denn sie ist aufrichtig." „Während der vier Monate, die ich [in Tours] verbracht habe", schrieb er später, „sah ich sie beinahe jeden Tag".[123] Seine Aussage wurde von einem Vertreter des Stadtbüros von Angoulême wie folgt zusammengefasst: „Diese Bürgerin" – gemeint ist natürlich Rosemarin – „ist von bekanntermaßen patriotischer Gesinnung." Im Sommer 1798 wurde Rosemarin endlich von der Liste der *émigrés* gestrichen; zu diesem Zeitpunkt lebte sie in Paris in der Nähe des Palais Royal.[124]

Louis Félix

Louis Félix, die einzige Person aus dem erweiterten Netzwerk der Unterzeichneten des Heiratsvertrags, die im Umfeld der Französischen Revolution in Angoulême eine gewisse Prominenz erlangen sollte, wurde im November 1765 in Saint-Marc in Saint-Domingue getauft. In seinem Taufvermerk wird er als „Louis mulatre" bezeichnet, Sohn eines unbekannten Vaters und von Elizabeth, einer schwarzen Sklavin; der Eigentümer seiner Mutter gab ihn bei seiner Geburt frei.[125] Im Alter von fünfzehn Jahren ist er erstmals in Angoulême belegt, wo er in einer Pension in der Pfarrei Petit Saint-Cybard wohnte; in derselben Pfarrei empfing er im April 1780 das Firmsakrament.[126] Fünf Jahre darauf, 1785, war er ein Goldschmiedelehrling und in der Pfarrei Saint-André wohnhaft; sein erstes Kind wurde im selben Jahr getauft.[127] Im November 1789 heiratete er und wurde bei dieser Gelegenheit als der uneheliche Sohn von „Sieur Jacques Orillac und der Marie Elizabeth" bezeichnet.[128] Seine Ehefrau starb 1798, und später im selben Jahr heiratete die Tochter von zweien der Signatare des Ehevertrags von 1764: Marthe Dumergue, eine Cousine Etienne Allemands und Tochter jenes Sattlers und Kabalisten mit dem Bruder in Saint-Domingue, der sich 1789 so radikal geäußert hatte („in unserer Stadtverwaltung herrscht völlige Gesetzlosigkeit").[129]

Im Laufe der Revolution wurde Louis Félix zu einer allseits bekannten Figur im politischen Leben von Angoulême. Auch er diente eine Zeit lang als „öffentlicher Beamter der Kommune Angoulême" und unterzeichnete in dieser Funktion Geburts-, Eheschließungs- und Scheidungsanzeigen, bevor er zur nächsten Leichenschau an ein noch kaum erkaltetes Sterbebett hastete.[130] Im Sommer 1797 war er einer der prominenten „Patrioten", die in der Affäre um den Militärkrawall auf der Place du Mûrier hervortraten: In der Sprache der Zeit, diesem Jargon der Denunziation und Gegendenunziation, sagte ein Zeuge aus, ein Mann aus dem nördlich von Angoulême gelgenen Ort Champniers habe ihm erzählt, drei Männer aus der Stadt seien ins Dorf gekommen und hätten „den Bauern gesagt: ‚Sie wollen euch in Ketten legen und wieder Priester und Edelleute über euch setzen. Haltet euch bereit, dass ihr uns bei der ersten Nachricht zur Hilfe kommt'"; der Nachbar des Zeugen hatte ihm mitgeteilt, die Namen der betreffenden Männer seien „Blandeau, Latreille und Félix" gewesen.[131]

In den Nachwehen eines „antiroyalistischen" Coup d'État in Paris wurde die Stadtverwaltung von Angoulême im September 1797 abgelöst, und Louis Félix wurde auf einen der frei gewordenen Posten berufen; er erklärte, dass es unter seinen Verwandten keinerlei *émigrés* gebe, und legte den erforderlichen „Hasseid gegen Königtum wie Anarchie" ab.[132] Im Januar 1798 erlangte er den sogar noch einflussreicheren (und besser bezahlten) Posten eines „Kommissars des Direktoriums der Stadtverwaltung", den er bis weit in die napoleonische Ära hinein bekleiden sollte.[133] Ein besonderer Schwerpunkt seiner Arbeit in diesen ganzen Jahren waren Feste und Lieder: Er setzte sich für zusätzliche Revolutionsfeiertage ein (zum Ersatz für die Feiertage, die „Monarchie und Fanatismus hevorgebracht hatten") sowie für eine strengere Beachtung der revolutionären Zehntagewoche. Er organisierte stadtweite Durchsuchungsaktionen mit Dutzenden von „Hausbesuchen", um versteckte und „aufrührerische" Priester ausfindig zu machen – und übernahm im Jahr 1800 höchstpersönlich die Aufgabe, zusammen mit einem befreundeten Apotheker, dem früheren Priesterseminar in der früheren Pfarrei Saint-Martial einen ausgedehnten solchen „Hausbesuch" abzustatten; das Gebäude gehörte inzwischen freilich Henry, dem (leidlich) revolutionären Papierfabrikanten aus Saint-Jacques.[134] Nach der Restauration der Bourbonen kehrte der Citoyen Louis Félix ins bürgerliche Leben zurück und war als Goldschmied tätig.[135] Er starb 1851 in Angoulême, drei Jahre nach der letztendlichen Abschaffung der Sklaverei im gesamten französischen Herrschaftsbereich; er war 85 Jahre alt und, wie es hieß, „Privatier".[136]

Léonard Robin

Léonard Robin, die einzige Person aus Angoulême, von der sich auch nur im Entferntesten behaupten ließe, sie habe in der politischen Geschichte der Französischen Revolution im Allgemeinen eine mehr oder minder einflussreiche Rolle gespielt – gleichsam aus der „Vogelperspektive" betrachtet, mit Blick auf die revolutionären „Zusammenschlüsse und Parteiungen" –, war das dritte von 13 Kindern des Papierhändlers und Kapitalisten Abraham-François Robin.[137] Er erhielt seine Schulbildung am Jesuitenkolleg von Angoulême, bevor es ihn 1763, im Alter von achtzehn Jahren, nach Paris zog.[138] Dort wurde er ein erfolgreicher Rechtsanwalt und spezialisierte sich auf die Behandlung verwickelter Landbesitzansprüche, Fälle von Bankbetrug, den Besitz der jüngeren Brüder Ludwigs XVI. sowie den verwaltungsrechtlichen Umgang mit Sumpfgebieten (als Anwalt des späteren Karl X. gewann er einen bedeutenden Prozess, in dem es um das Anrecht von Kommunen auf die Nutzung unkultivierten Landes, sogenannter „terrains vains et vagues", ging). Außerdem half er seinem Vater, die Nachwirkungen der „affaire d'Angoulême" zu bewältigen, jener ersten Revolution der Kapitalisten und Kabalisten.[139]

Léonard Robins Briefe an seine Eltern aus den Jahren 1788 und 1789 erzählen die Geschichte von einem, der auszog, um sich in privater wie in öffentlicher Hinsicht neu zu erfinden. Schon im Januar 1788 berichtete der Sohn von ersten Anzeichen der bevorstehenden Veränderungen – von „öffentlichen Unruhen"; im Mai 1788 schrieb er seinem Vater: „So sind wir nun schließlich in einer Revolution gelandet", nur um dann in seinen „kleinen, ganz persönlichen und privaten Überlegungen zu der gegenwärtigen Revolution" zu fragen: „Haben wir denn [seit dem 14. Jahrhundert] keine Rechte erlangt?" Und weiter: „Was wird aus mir werden? Was wird aus meinen Brüdern?" Im Dezember 1788 bekundete er „schreckliche Angst" angesichts dessen, was noch kommen mochte: „Die Zukunft erscheint mir sogar noch furchtbarer als die Vergangenheit."[140]

Durchweg liefern die Briefe eine Mischung aus politischen Nachrichten und Neuigkeiten aus der Familie. Léonard schickte ganze Bündel mit aktuellen Flugschriften von Paris nach Angoulême und legte auch Abschriften seiner eigenen juristischen Schriftsätze bei; inmitten der „öffentlichen Unruhen" konnte er auch vom Gedeihen seiner Advokatentätigkeit berichten. Ein Bankbetrugsprozess, den er 1788 in Rouen gewonnen hatte, war „der schönste Triumph meines Lebens". Sein Klient in diesem Fall war ein besonders anspruchvoller gewesen, und in keinem Brief versäumte er es, weitere Neuigkeiten über ihn mitzuteilen: Es handelte sich um einen katholisch-osmanischen Würdenträger aus Smyrna, der als Méhémet-Aly oder Boullon Morange bekannt war und dessen Besitzansprüche auf einige Stücke französischen Sumpflandes angefochten worden waren; schon seit 1781 hatte sich der Königliche Rat (*Conseil du Roi*) in einer Reihe von verzwickten Verfahren mit diesem Streitfall auseinandersetzen müssen.[141]

Léonards Vater schickte im Gegenzug Lebensmittelpakete von Angoulême nach Paris. Im Jahr 1788 kam es zu einem bedenklichen Vorfall, der wieder einmal mit der Gier und Hinterlist der *commis* zu tun hatte. Léonard schrieb:

> „Diese Woche habe ich die Pâté erhalten … sie war in gutem Zustand und wird, denke ich, sehr gut sein; aber die Halunken von *commis* bei der Abfertigung (oder andere) haben sich daran, wie mir scheint, zu schaffen gemacht; die Teigkruste fand ich oben zerbrochen und musste feststellen, dass in der Pâté innen ein Loch befindlich war, welches einzig davon herrühren kann, dass einer die Trüffeln herausgenommen hat."[142]

Selbst im Januar 1789 ging dieser Austausch über Alltagsdinge noch ungerührt weiter. Léonard erbat sich eine „gute Pâté aus vier Wachteln und mit Trüffeln", die sorgfältig verpackt und verschnürt sowie versiegelt werden sollte, „um zu verhindern, dass die Pâté wieder beim Zoll oder in den Amtsstuben geplündert wird": „Ich denke, am besten wäre es, wenn die Kiste in Angoulême ganz in Blei geschlagen würde; die Kosten will ich gern erstatten."[143]

Als Léonard dann das nächste Mal schrieb, im August 1789, war alles anders. Seit „dem Morgen jenes berühmten 13. Juli", schrieb er – dem Tag der Ausschreitungen in Paris, die dem Sturm auf die Bastille vorausgegangen waren und zur Aufstellung einer *milice bourgeoise*, „Bürgermiliz", geführt hatten –, war er ganz und gar mit seinem alltäglichen Mitwirken an „Revolutionen" beschäftigt gewesen, „die man in Ewigkeit nicht vergessen wird".

Er wurde „zum Leutnant gewählt" und tauschte den weißen Kragen des Advokaten gegen „die vollständige Ausstattung eines Offiziers der Infanterie" ein. Er war beteiligt an „allgemeinen Versammlungen des Distrikts und gesonderten Versammlungen der Militärkommissare", war beschäftigt mit „Wachdienst, Komiteesitzungen, Deputationen; ich musste alles und überall zugleich sein, habe Protokolle für einen ganzen Monat aufgesetzt und Exzerpte vorgelegt, ließ die Niederschriften der Beratungen drucken, habe Redemanuskripte und schriftliche Anträge verfasst und ein Heer von Besuchern empfangen".[144]

Und zu alledem entdeckte Léonard tief in seinem Inneren ein ganz anderes, ihm noch unbekanntes Ich. Neunzehn Jahre lang war er Anwalt gewesen und hatte, wie er seinem Vater schrieb, immer gedacht, dass er „unfähig sei, ohne Vorbereitung und schriftliche Ausfertigung vor anderen zu sprechen": „Nun habe ich just das Gegenteil erfahren, eintausendmal, und in Situationen von größter Tragweite, in denen ich Leidenschaften wecken und Widerwillige überzeugen musste; ich hatte Versammlungen von vier-, fünf-, sechshundert Köpfen hierhin und dorthin zu lenken, musste sie zu einer Entscheidung hinführen; ein wenig ruhmvoll ist das alles schon, aber auch ruinös anstrengend."[145]

Im September 1789 wurde Léonard zum „Präsidenten" seines Distrikts gewählt und zur „Generalversammlung" der Stadt Paris entsandt.[146] Er wohnte in der Rue de Beaubourg im Marais (eigentlich „Sumpf", was seiner juristischen Spezialisierung entsprach), und sein Distrikt, der später „Carmélites" genannt werden sollte, war ein betriebsames Handelszentrum, das auch in der Herstellung von Waren und in der Stadtpolitik eine wichtige Rolle spielte (das Gebäude, in dem er wohnte, beherbergte auch eine Manufaktur, die Pfannen, Besteck, Lampen und Schmuckzaumzeug herstellte).[147] Die früheste „Erklärung der Rechte der Kommune von Paris" ging aus der Versammlung dieses Distrikts hervor und wurde dort im Juli 1789 auf Léonards Antrag hin formuliert.[148] Später sollte der Disktrikt, wiederum auf Betreiben Léonards, der erste von ganz Paris sein, der eine Zuerkennung sämtlicher Bürgerrechte für die französischen Juden forderte. „Insofern der Distrikt Carmélites, der die größte Anzahl von Juden in seiner Mitte beherbergt, früher wie heute in der besten Position sich befindet, über deren öffentliches Betragen Kenntnis erlangt zu haben", heißt es in dem Antrag, habe die Distriktversammlung einstimmig zu fordern beschlossen, dass die Juden, „deren tadellosen Lebenswandel und völlige Hingabe an die öffentliche Wohlfahrt [die Versammlung] hiermit versichert, sich fortan aller Rechte von Aktivbürgern erfreuen sollten".[149]

Im November 1789 schrieb Léonard als Antwort auf einen Brief seiner Mutter nach Angoulême zurück, nun herrschten in der Hauptstadt „unglückliche Zeiten voller innerer Schwernisse, ständiger Beunruhigung, schrecklicher Hinrichtungen, Gefahren jeglicher Art"; ohne das Walten irgendeiner Art von Vorsehung „während der letzten vier Monate hätten sie uns allen hier in Paris zwanzig Mal den Hals abgeschnitten". Ihr Brief, schrieb er ihr, hatte „die schlimmen Herzwehen besänftigt, dass alles, was hier geschieht, wieder- und wiederkehrt, ich weiß schon nicht mehr, wo wir sind oder was aus uns werden soll."[150]

Im Verlauf der nächsten drei Jahre wurde Léonard Robin zu einem wahren Hansdampf in allen revolutionären Gassen: Neben Jacques Pierre Brissot und Condorcet war er – wenn auch „weniger bekannt als die beiden anderen", wie Ende des 19. Jahrhunderts ein Historiker der ersten Pariser Kommune mit einigem Understatement schrieb – ein Mitglied jenes dreiköpfigen Komitees, das im Mai 1790 einen ausführlicheren Bericht zum Rechtsstatus der Juden in Frankreich vorlegte, der schließlich zu deren Emanzipation führte.[151] Im September 1790 wurde er als einer der „Notabeln" von Paris ausgewählt. Im November 1790 verfasste er ein Gutachten über das Organisieren der Wasserversorgung im Pariser Umland mitsamt einiger Überlegungen zu den Prinzipien der Kommunalverwaltung; und schon im Dezember 1790 legte er einen weiteren Bericht vor, in dem es um die Ausrufung eines gewaltigen Wettbewerbes ging, der für „alle Monumente und öffentlichen Einrichtungen der Stadt Paris, in den Bereichen Malerei, Bildhauerei, Kupferstecherei, Medaillierkunst, Architektur, Brückenbau, Uferbau, Straßenbau [sowie] allen Sparten der Belletristik, Wissenschaften und Künste" veranstaltet werden sollte.[152]

Kurz vor Weihnachten 1790 wurde Léonard als einer von zwei „Zivilkommissaren" ausgewählt, die im Namen der Nationalversammlung in das südöstlich von Angoulême gelegene Departement Lot entsandt wurden, um dort „den Frieden wiederherzustellen", nachdem eine Reihe von Aufständen die Region erschüttert hatte. Die Aufständischen weigerten sich, den adligen Grundherren weiter einen Pachtzins zu zahlen, hatten deren Châteaus sowie die „Häuser der Gutsverwalter" gestürmt; an zahlreichen Orten waren noch im Herbst Maibäume aufgestellt worden, von denen manche eine verdächtige Ähnlichkeit mit Galgen zu haben schienen. Auf der Gegenseite waren dreißig adlige Konterrevolutionäre hoch zu Ross sowie eine „Dorfarmee" mit geschätzt mehr als 4000 Kämpfern in Erscheinung getreten. Léonard und sein Ko-Kommissar fuhren zu Beginn des Jahres 1791 mit einer Kutsche kreuz und quer durch das Departement, begleitet von ihren beiden Sekretären (deren einer Léonards jüngerer Bru-

der war), unbewaffnet und „bar jeder militärischen oder zivilen Eskorte";
sie hielten Ansprachen, unterzeichneten Druckexemplare von Regierungs-
dekreten und bemühten sich ganz allgemein, „die Herrschaft der Überzeugung und des Rechts" wiederherzustellen. Ihre ursprüngliche Absicht
war es gewesen, wie sie darlegten, die Rädelsführer des Aufstandes „durch
Terror" und ihre verblendeten Anhänger „durch Vernunft" in ihre Schran-
ken zu weisen. Stattdessen waren sie allerorten auf „Zeichen der Reue" ge-
stoßen: „Voller Entzücken machten wir uns die Vorstellung eines großen
Volkes zu eigen, das fortan einzig dem Gebote der Vernunft untertan sein
würde."[153]

Als der Bericht über diese Mission im März 1791 veröffentlicht wurde,
war Léonard schon wieder unterwegs in den Süden; nach seinem Erfolg
im Departement Lot hatte man ihn in ein weiteres Krisen- und Aufstands-
gebiet entsandt: das Departement Gard. An den nördlichen Rändern des
Gard waren, wie Léonard in dessen Hauptort Nîmes verkündete, „dreißig-
bis vierzigtausend Katholiken" aufgetreten, von denen einige *Nieder mit
der Nation!* geschrien hätten. Er war mit denselben beiden Sekretären
unterwegs wie im Winter zuvor, hatte jedoch zwei neue Ko-Kommissare
erhalten, die man erneut aus den Reihen der Pariser Stadtverordneten re-
krutiert hatte. Sie selbst beschrieben sich als „Organe der Nationalversammlung und des Königs". „Die tyrannische Ungleichheit, die unter der
alten Ordnung [*ancien régime*] geherrscht hat", erklärten sie, „erfordert
nicht bloß eine Reform, sondern eine völlige Regeneration und Erneuerung".[154]

Im Sommer 1791 flohen Ludwig XVI. und Marie-Antoinette aus Paris
und wurden im nordfranzösischen Varennes festgenommen. In der Folge
ihrer Flucht wurde Léonard noch eine weitere heikle Aufgabe übertragen:
Er war einer von sechs Vertretern der Stadt Paris, die am 21. Juni beauf-
tragt wurden, sich eilends zum Tuilerienpalast zu begeben, die königlichen Gemächer mit ihren Siegeln zu verschließen, dann zu ermitteln, wie
den Bourbonen die Flucht gelungen war, und schließlich sämtliche Personen zu verhaften, die sich noch im Inneren des Palastes befanden. Es war
eine mühselige Mission: „Die ganze Nacht brachten sie damit zu, ihre Siegel anzubringen", und mussten dann eine Sondergenehmigung einholen,
um „die in dem Palaste befindlichen Esswaren" zu verkaufen, den rund
2000 Festgenommenen Zugang zu ihrer Kleidung zu gewähren – und

dabei noch „sicherstellen, dass in derselben Kleidung nichts versteckt gewesen war"![155]

Die im Bezirk der Tuilerien ansässigen Richter beschwerten sich über diese ganze Prozedur und machten ihre eigene Zuständigkeit hinsichtlich der Versiegelung des Palastes geltend. Da erhielten Léonard und seine Mitstreiter noch eine weitere Aufgabe: Sie sollten „eine Anzahl Pferde ausfindig machen, die aus den königlichen Ställen entwendet und in verschiedene Teile von Paris zerstreut worden sind". Am 25. Juni 1791 war die Königsfamilie dann wieder im Tuilerienpalast und stand dort unter strengster Bewachung. Léonard und die anderen Kommissare erhielten den Auftrag, die von ihnen vier Tage zuvor angebrachten Siegel wieder zu entfernen und die Kutschen zu durchsuchen, die zur Flucht der Bourbonen nach Varennes gebraucht worden waren; als letzte Amtshandlung sollten sie dann noch den Abtransport der Papiere überwachen, die man in den Kutschen und den Gemächern im Palast gefunden hatte und die in das neu eingerichtete Nationalarchiv verbracht wurden.[156]

Der Höhepunkt von Léonards politischer Biografie kam im September 1791, als er von der Wählerschaft von Paris zum Deputierten in der neuen, der Gesetzgebenden Nationalversammlung erkoren wurde. Unter den 24 in Paris Gewählten belegte er den zwanzigsten Platz (und hatte damit mehr Stimmen erhalten als Condorcet, der auf Rang 22 landete).[157] Als Abgeordneter befasste sich Léonard, wie in seinem früheren Berufsleben, eingehend mit Prozessen und Prozedere der Parlamentsarbeit. Er hielt ausführliche Reden über die Organisation parlamentarischer Komitees und die Klassifizierung der Parlamentsakten; man wählte ihn in den „Domänenausschuss", der sich mit dem staatlichen Grundbesitz befasste; er setzte sich für seine Wählerschaft ein („arme Privatiers, die in großer Bedürftigkeit leben") und für unterbezahlte Staatsdiener (*commis de bureaux* oder *commis d'administration* etwa). Er schlug ein kompliziertes Verfahren vor, mit dem über die Ausweisung „unkonstitutioneller" Priester entschieden werden sollte, und entwarf zudem eine Regelung, die Hotelbetreibern über viele Generationen hinweg das Leben schwer machen sollte: Es lag nunmehr in der Verantwortung der „Herbergsleute", jede Übernachtung von Ausländern in ihrer Unterkunft an die Behörden zu melden.[158]

Und am Ende war es dann auch eine Prozedur, ein Prozess, ein Verfahren, das Léonards bleibender Beitrag zum Erbe der Französischen Revolution sein sollte. Die genauen Umstände, unter denen dies so kam, wurden in den Trauerreden seiner Freunde größtenteils schöngefärbt, und in der anrührenden biografischen Skizze, die Léonards Vater nach dessen Tod über seinen Sohn verfasste, fehlen sie gar ganz.[159] Dennoch kann kein Zweifel bestehen: Léonard Robin war der hauptsächliche Verfasser jenes berühmten Gesetzes vom 20. September 1792: des ersten modernen Scheidungsgesetzes. „Ihre Liebe zur Freiheit, verehrte Mitbürger, hat Ihnen schon seit geraumer Zeit den Wunsch eingegeben, dieser Freiheit auch inmitten der Familie zu ihrem Recht zu verhelfen, und Sie haben beschlossen, dass eine Ehescheidung in Frankreich möglich sein soll", erklärte er vor der Gesetzgebenden Nationalversammlung, und schließlich war es das Gesetz, das er selbst entworfen, ausgehandelt und in einer Reihe von acht Parlamentsdebatten verteidigt hatte, das von der Nationalversammlung angenommen und ratifiziert wurde. Scheidung im gegenseitigen Einvernehmen, Scheidung aufgrund von unüberbrückbaren Differenzen, Scheidung unter Angabe spezifischer Vorkommnisse: Diese Varianten der Ehescheidung waren nun im französischen Recht verankert; erforderlich waren sie, da „die individuelle Freiheit niemals in einer unauflöslichen Weise durch Konvention veräußert werden kann".[160]

Das von Léonard entworfene Scheidungsgesetz wurde in der Abendsitzung des allerletzten Sitzungstages der Gesetzgebenden Nationalversammlung angenommen und in die Bestimmungen eines mit demselben Datum verabschiedeten Gesetzes übernommen, das die standesamtliche Registrierung von Geburten, Eheschließungen und Todesfällen regelte.[161] Aber selbst danach war Léonards gesetzgeberischer Eifer noch nicht erloschen: Um 1 Uhr früh am Morgen des 21. September 1792 wurde die Abendsitzung vertagt; nur wenige Augenblicke zuvor hatte Léonard einen weiteren Gesetzesentwurf vorgestellt, in dem es um die Rechte unehelicher Kinder ging. Es war dies das überzeugendste Schriftstück, das er jemals vorgelegt hatte, eine leidenschaftliche Stellungnahme für die „Anrecht der natürlichen Kinder auf die Zuneigung und Güter ihres Vaters und ihrer Mutter" und eine Verteidigung der „unschuldigen Opfer" gegen die „Barbarei des Vorurteils und die Ungerechtigkeit der Gesetze".[162]

Später am selben Tag trat zum ersten Mal der Nationalkonvent zusammen, der die Gesetzgebende Nationalversammlung ablöste. Léonards
politische Karriere war damit vorbei. Er nahm seine juristische Tätigkeit
wieder auf, als Anwalt und später als Richter. Außerdem verfasste er einen
neuen, sogar noch längeren Schriftsatz zum Scheidungsrecht, eine „In-
struktion" (d. h. einen Kommentar) zu dem ursprünglich von ihm verfassten Gesetzestext, die er dem Nationalkonvent im Februar 1793 vortrug,
während Europa im Krieg versank und Paris im revolutionären Terror. Einige seiner Formulierungen scheinen denn auch dem Zeitgeist geschuldet:
„Allzu lange schon ist diese Sklaverei, die am härtesten da lastet, wo Ab-
neigung, Zwietracht und Hass in einem Haushalt wohnen, mit dem Segen
religiöser Feierlichkeit geheiligt worden, wie es scheint." Auch eine philosophische Gravität macht sich bemerkbar, die einem Adam Smith gut zu
Gesicht gestanden hätte – „Über die Natur und die Gründe der Ehescheidung" –, und alte Streitigkeiten werden beigelegt. Der Text liefert
eine geradezu intime Ätiologie der häuslichen „Inkompabilität": Diese
bilde „ein Kontinuum kleinster Vorkommnisse, winziger Unrechtsfälle
und Beleidigungen, die allen verborgen bleiben außer dem Ehepartner,
der sie erleiden muss".[163]

Léonard war „dem Robespierre sehr gut bekannt", schreibt der Vater
in seiner biografischen Skizze; früh war der Sohn ein Mitglied des
Jakobinerklubs gewesen.[164] Und wie so viele von Robespierres alten Bekannten wurde er während der Schreckensherrschaft, die 1793 anbrach,
festgenommen und inhaftiert. Er wurde gefangen gehalten, wieder freigelassen – und dann abermals festgenommen, in einem steten Hin und
Her, das seine Freunde später darstellten als ein Oszillieren zwischen
seiner Rolle als „Richter seiner Mitbürger" und seinem Schicksal als „In-
sasse in den Kerkern der Tyrannei". Im Juli 1794 kam er schließlich endgültig frei.[165] In einem der Memoirenbücher über die Gefängnisse jener
Zeit wird Léonards am 4. Januar 1794 erfolgte Ankunft im Gefängnis
Port-Libre beschrieben, das auch als *Maison de Suspicion* bekannt war.
Léonard brachte Nachrichten aus der Außenwelt mit, heißt es in den Erinnerungen, darunter die Neuigkeit, dass der Wohlfahrtsausschuss
1200 Haftbefehle ausgestellt habe. Zu den anderen Häftlingen von Port-
Libre zu jener Zeit gehörten auch Lamoignon de Malesherbes, der in der
Affäre um die Kapitalisten von Angoulême seine schützende Hand über

Abraham-François gehalten hatte, sowie dessen Tochter und ihr Mann, die Großeltern von Alexis de Tocqueville.[166]

Auf kaum nachvollziehbare Weise brachte es Léonard im Verlauf der Revolutionsjahre zum wohlhabenden Grundbesitzer. Im Jahr 1788 war er von seinem anspruchsvollen osmanischen Klienten (der in einem Kapuzinerkloster in der Rue Saint-Honoré seinen Wohnsitz genommen hatte und sich als „hochheiliger Vater" anreden ließ) als alleiniger Vermächtnisnehmer – mithin als Erbe – seines angefochtenen Grundbesitzes benannt worden. Als Méhémet-Aly kurz darauf starb, teilte Léonard seinem Vater in Angoulême mit, dass „dies sich zu einem sehr beträchtlichen Vermögen für mich entwickeln wird, wenn die Geschäfte einen guten Verlauf nehmen".[167] Im August 1789 äußerte er sich – in dem Brief über sein neues, „politisches" Leben und seine neu entdeckte Fähigkeit, „Versammlungen von vier-, fünf-, sechshundert Köpfen" von seiner Position zu überzeugen – noch immer optimistisch über eine Beilegung der Besitzstreitigkeiten; seine Gegner befänden sich nun „in einem Zustande völliger Verwirrung", und es gebe „gewisse Personen im Ministerium, die mir äußerst gewogen sind".[168]

Irgendwann im Verlauf des Jahres 1793 kehrte Léonard dann zu den Angelegenheiten des verstorbenen Méhémet-Aly zurück. Bei dem Rechtsstreit, der auch lange Zeit nach Léonards eigenem Tod noch nicht abschließend entschieden sein sollte, ging es um den Wert einer Investition in Marschland in der Normandie, die von Méhémet-Aly an eine kleinadlige Familie und von dieser Familie an Ludwig XVI. übertragen worden war; Méhémet-Aly hatte vorgebracht, dass jene Familie ihm eine immense Summe schulde, mindestens eine Million Livres.[169] Bis 1792 waren dann Léonards Gegner in dem Verfahren in die Emigration gezwungen und ihr eigener Besitz (der im Departement Yonne im Burgund lag) stand, als von „Volksfeinden" konfisziertes *bien national*, zum Verkauf.[170] Im Jahr 1793 brachte Léonard den Fall wieder einmal vor Gericht – vor das Pariser Gericht nämlich, dem die offenen Verfahren des früheren *Conseil du Roi* zugewiesen worden waren; diesmal gewann er.[171]

In denselben Monaten des revolutionären Furors begann Léonard, den burgundischen Besitz von Méhémet-Alys früheren Gläubigern, seinen vormaligen Prozessgegnern, aufzukaufen. Im November 1793 erwarb er eine Windmühle in der Nähe von Sens, die der Familie gehört hatte. Wäh-

rend er in Port-Libre inhaftiert war, kaufte er im Februar 1794 den Weinberg, der zum Château der Familie gehörte, gefolgt im Februar 1797 von
dem Schloss selbst mitsamt dem restlichen Grundbesitz, der dazugehörte.
Kurz zuvor hatte er zum ersten Mal geheiratet; die Braut war seine lang-
jährige Gefährtin Marie Elisabeth Emilie Aubourg, die Tochter eines
Kaufmanns aus Fontainebleau. Léonard war nun selbst ein Grundbesitzer,
der Eigentümer eines „überaus hübsch[en] Château[s]" nebst Weinberg,
ein treu sorgender Ehemann und Hausvater. Doch wie ein Historiker der
Französischen Revolution im Departement Yonne 1915 fragte: „Wer war
er aber, dieser Citoyen Robin, der so auf Gewinn aus war?"[172]

In Paris nahm Léonard seine vorrevolutionäre Beschäftigung mit dem
Grund- und Domänenrecht wieder auf und wurde 1799 mit dem lukrati-
ven Posten eines „Aufsehers über die Hypotheken" im Departement Charente bedacht, ein Amt, das auch Balzac in seinen Szenen aus dem
Provinzleben erwähnt.[173] „Er kehrte in sein Vaterland, nach Angoulême,
zurück", schrieb Abraham-François Robin später; aber tatsächlich hing
die Eintragung von Hypotheken mit der zentral verwalteten Eintragung
von Grundbesitz zusammen, und Léonard kehrte nach Paris zurück. Dort
fand er schließlich auch einen neuen *politischen* Posten: Der Erste Konsul
Napoléon Bonaparte ernannte ihn zum „Regierungskommissar beim
Ziviltribunal des Departements Seine" und dann, im Februar 1802, zu
einem der 100 „Tribunen" seiner von römischen Ämtern inspirierten Regierung.[174] Dennoch sollte Léonard bis fast ans Ende seines Lebens immer
wieder auf seine „unsichere Lage" zu sprechen kommen. Von den Briefen
an seine Frau ist ein einziger erhalten, den er im August 1801 verfasste
und in dem es, ausgerechnet, um ein neues Pferd geht. Léonard schrieb
aus Paris an Emilie, die sich im Burgund befand und dort, wie es scheint,
ein „Hessenpferd" – ein deutsches Warmblut – erworben hatte:

> „Ich bin doch keineswegs ein Landjunker, ich steige auf kein Pferd und
> habe weder die Angewohnheit noch den Wunsch, dies zu tun; ich
> mag Pferde nicht einmal. Wir bedürfen in unserem Hause keines Pfer-
> des, und Sie wissen wohl, dass ich diesen Gedanken, eines zu erwerben,
> stets zurückgewiesen habe. Wenn ich künftig einmal eine andere Stel-
> lung als die jetzige erreicht haben werde, mit einem Sold von zehn-,
> zwölf-, fünfzehntausend Livres, so verspreche ich Ihnen, dass wir dann

eine Kutsche – ein Kabriolett – und ein Pferd halten werden; bis dahin jedoch will ich weiter zu Fuß gehen. … Ein Pferd würde den Brüdern einige Freude bereiten, daran besteht kein Zweifel, [aber] ich würde es ihnen gönnen wollen. Deshalb ersuche ich Sie, das besagte Hessen-pferd *sofort* und zu einem möglichst guten Preis wieder zu veräußern, und Sattel und Zaumzeug noch dazu. Hier gibt es nichts Neues. Um meine Gesundheit steht es immer besser. Ich küsse Sie von ganzem Herzen.[175]

Ein paar Monate darauf, im Juli 1802, starb Léonard Robin auf seinem Schloss im Departement Yonne.[176] Er war eine unbedeutende Gestalt im heißen Zentrum der Französischen Revolution gewesen. Bei den ent-scheidenden Ereignissen seiner Epoche war er zugegen, wenn er auch ab-seits stand und kaum bemerkt wurde: als Anhänger der Pariser Kommune von 1789; mit Condorcet bei den liberalen Disputationen von 1790; 1791, nach der Flucht Ludwigs XVI. und Marie-Antoinettes, im Tuilerienpalast; bei der Wahl zur Gesetzgebenden Nationalversammlung später im selben Jahr; in den verzweifelten letzten Stunden dieses Parlaments 1792 mit sei-nem Scheidungsgesetz; im Gefängnis von Port-Libre mit Malesherbes; als Tribun der napoleonischen Konterrevolution.[177] Nie war er wirklich wich-tig, aber er war *dabei*, er war ein Teil der Geschichte, führte sein Leben und kam voran in der Welt.

Marie Madeleine Virol

Die andere Person aus Angoulême, die Anteil an der „großen Geschichte" ihrer Zeit hatte, war eine Feindin der Revolution. Marie Madeleine Virol wurde 1768 in der Pfarrkirche Saint-Martial getauft.[178] Sie war die Tochter eines Perückenmachers und die Nichte einer Randfigur aus der früheren Geschichte der Stadt: Ihr Onkel Noël Virol, dessen Vater ebenfalls Perü-cken hergestellt hatte, war jener junge Mann gewesen, dem man in der Af-färe um die Kapitalisten und die angefochtene Erbschaft auf Martinique eine Lehrlingsstelle gekauft hatte.[179] Marie Madeleines Großvater – ein weiterer Perückenmacher – hatte in ärmlichen Verhältnissen in seiner kleinen Werkstatt gleich hinter der Place du Mûrier gewohnt, die er von den Dominikanern gemietet hatte.[180] Ihr Onkel Noël wurde später Wundarzt und zog nach Paris.[181]

Einige Zeit vor dem Ausbruch der Revolution ging auch Marie Madeleine nach Paris, wo sie bis 1792 als Zofe in der Familie eines Offiziers lebte, eines „gewesenen Grafen", der aus der ländlichen Region westlich von Angoulême stammte und dessen Vater als königlicher Amtmann auf Martinique gewirkt hatte. Nach 1792 hatte sie verschiedene andere Tätigkeiten ausgeübt und war, nach ihrer eigenen Auskunft, „an allerlei Orte gereist".[182] Bis März oder April 1794 stand sie in Diensten einer weiteren „Gewesenen", einer vormaligen Marquise. Dann wurde sie Friseurin und wohnte in der Rue Coquillière in der Nähe des früheren Palais Royal in Paris.[183] Sie war 25 Jahre alt.

Um 23:30 Uhr am späten Abend des 2. Mai 1794 betraten Marie Madeleine und ihre 21-jährige Freundin Félicité Mélanie Hénouf die Polizeiwache der Sektion des früheren Feuillantenklosters, nicht weit vom Tuilerienpalast und dem Palais Royal. Dort legten sie ihre „Karte" vor, wie sie es nannten: zwei Texte, die sie am Abend zuvor verfasst hatten. „Dies ist meine Bürgerkarte", schrieb Marie Madeleine in ihrem Manifest, einem gefalteten Blatt Papier:

> „Der ganze Nationalkonvent ist nicht mehr als ein Haufen von Halunken, von gemeinen Kerlen. Robespierre ist ein räudiger Köter, der kläfft: Auf der Tribüne gibt er den braven Republikaner, aber die Republik ist etwas Schändliches. ... Die Deputierten haben dem armen Volk Sand in die Augen gestreut ... Es muss einen König geben, es muss! Zu Wohl und Sicherheit des Volkes ist das vonnöten ... Lang lebe mein guter König! Ich trage Euer Abbild an meinem Busen und dort wird es bleiben, bis ich sterbe! Lang lebe Louis 17! Lang lebe Louis 16! Auf, kommt zurück und nehmt, was Euer ist und was Schurken an sich gerissen haben. Dies habe ich ganz allein geschrieben. Ihr seid alle Mistkerle [pla bougre] und Eselsmäuler."[184]

Auf die Rückseite hatte sie geschrieben: „Ich bin keine Bürgerin, ich bin Royalistin."[185]

„Leute, macht die Augen auf", hatte Félicité Mélanie, die in einem Kleidergeschäft arbeitete, in ihrem eigenen Manifest geschrieben:

„Lasst euch nicht länger auf Irrwege führen von den Räubern, welche die Regierung anführen, die wollen nur herrschen, und ihr werdet immerdar unglücklich bleiben. Die, von denen man euch sagt, sie wären böse, sind in Wahrheit für die gute Sache. Ihnen folgt, so werdet ihr glücklich sein. Ich liebe meinen König, ich beweine jeden Tag sein Schicksal und will ihm folgen und mich in die Hände jener schändlichen Sarazenen werfen. Opfer lieben sie doch: Lasst sie das reine Blut der Lämmer trinken!"[186]

Marie Madeleine und Félicité Mélanie wurden festgenommen. Nach den Worten des Polizeiberichts hatten die diensthabenden Beamten „nach der Begutachtung des besagten Papieres erkannt, dass das besagte Papier dem Wunsche Ausdruck verlieh, das Königtum möge wiederhergestellt werden".[187] Im Verlauf der folgenden beiden Tage wurden die jungen Frauen verhört. Marie Madeleine, die Männerkleidung trug, nannte ihren Namen und gab an, in Angoulême geboren zu sein; auf die Frage, wo sie wohne, „antwortete sie, dass sie darüber nicht viel wisse, wo sie wohne"; „was ihren Familiennamen betrifft, so antwortete sie: ‚Dieser ist mein Geheimnis.'" Wer hatte das Manifest geschrieben?, fragte man sie; „Sie war es gewesen." Wo hatte sie es geschrieben? „Sie hatte es in einem Kaffeehause geschrieben." Wo befand sich dieses Café? „Sie wusste es nicht." Als man sie einer Leibesvisitation unterzog, stellte sich heraus, dass sie ein Stück Papier bei sich trug, in das ein rechteckiges Stück weißer Satin mit einem Medaillon der Königsfamilie eingeschlagen war; die Dargestellten benannte der protokollierende Beamte als „der Tyrann, sein Weib und sein Sohn".[188]

Auch Félicité Mélanie wurde gefragt, wer das von ihr vorgelegte Papier verfasst habe: „Sie selbst war es gewesen." Warum hatte sie geschrieben: „Lang lebe Louis 17"? „Dieses war, auf dass er seinen Thron und seine Herrschaft übernähme." War sie in der Emigration gewesen? „Nein." Aus welchem Grund wünschte sie sich einen König? „Weil ich sie liebe." Warum liebte sie einen König mehr als die Republik? „Weil das Volk glücklicher wäre." Sie weigerte sich zunächst, ihren Namen und ihre Adresse zu nennen, sagte, ihr Zuhause sei der Wald, wo sie seit nunmehr zwei Monaten gelebt und sich von allem ernährt habe, was sie an Essbarem habe finden können. „Was war Ihre Absicht bei der Abfassung dieses Papiers?",

fragte man sie: „Die Absicht, meine Meinung kundzutun und mich verhaften zu lassen."[189]

„Welche Absicht verfolgten Sie?", wurde Marie Madeleine bei ihrer
nächsten Vernehmung ebenfalls gefragt. „Unsere Absicht war es, verhaftet
zu werden, weil wir das gegenwärtige Regime nicht ertragen", und „das
Papier zeigt doch deutlich, was die Absicht war". Warum „verbarg sie hart-
näckig ihren tatsächlichen Stand", wo es doch unvorstellbar sei, dass eine
Frau aus der Unterschicht, wie sie eine zu sein vorgebe, sich allen Ernstes
einen König wünschen könne? „Sie beharrte darauf, dass sie immer schon
einen gewollt habe, weil Frankreich dann glücklicher wäre und nicht so
viele Menschen umgebracht würden." War sie mit ihrer Gefährtin durch
die Wälder um Paris gestreift?, fragte man sie; sie leugnete es. Ihre letzte
Herrin war vor drei Wochen fortgegangen, und seitdem habe sie bei der
Person gewohnt, die zusammen mit ihr festgenommen worden war und
die sie nur als „Emilie" kenne. „Wer waren die Leute, die ihnen aufgetragen
hatten, jene aufrührerischen Zeilen abzufassen?", fragte man die beiden
erneut: „Sie beharrten auf der Aussage, dass sie selbst es gewesen seien und
dass niemand es ihnen eingegeben habe."[190]

Am 5. Mai 1794 brachte man Marie Madeleine und Félicité Mélanie vor
das Revolutionstribunal (das ausdrücklich errichtet worden war „zur
Verurteilung, ohne die Möglichkeit der Berufung, von VERSCHWÖ-
RERN").[191] „Die in diesem Schriftstück ausgedrückten Ansichten, waren
dies tatsächlich die Ihren?", fragte man Félicité Mélanie, und „waren Sie im
Vollbesitz Ihrer geistigen Kräfte, als Sie sich erlaubten, die Regierung der
Republik zu kritisieren?" – „Meine Ansichten sind stets dieselben gewesen,
und ich erfreute mich meiner vollen geistigen Bewusstheit, als ich sie
niederschrieb." „Welche Schmach mag Sie getroffen haben, dass Sie zu
einer erklärten Feindin Ihres Landes wurden?" – „Es ist wahr, dass ich einiges an Schmach habe erleben müssen, doch hat dies niemals meine Ansichten über mein Land beeinflusst; weiterhin ist dieses Schmächliche
mein ureigenes Geheimnis, das ich mit ins Grab nehmen werde."[192]

„Wer gab Ihnen diese Überzeugungen ein?", fragte der Staatsanwalt
Marie Madeleine, die laut Protokoll antwortete: „Die Überzeugungen sind
meine eigenen, sind immer die meinen gewesen, und ich schulde sie niemandem." – „Welcherart ist Ihre Geburt?" „Die Person, von der ich ab-
stamme, war ein Perückenmacher, und ich habe keine Aristokraten in

meiner Familie." – „Welche sind die Gegenstände, derentwegen sie bei dem Nationalkonvent Beschwerde zu erheben hätten?" „Ich habe das Opfer von Menschen gesehen, die mir sehr lieb waren, und ich kann nicht mit Güte auf eine Revolution blicken, die sie mir entrissen hat; überdies schulde ich niemandem Rechenschaft über meine Gefühle als allein mir selbst." – „Wie kann es sein, dass Ihnen die Liebe zu Ihrem Lande erloschen ist?" „Ich habe Robespierre schon seit dem Beginn der Revolution verachtet; ich verabscheue seine Prinzipien und erkenne keinerlei Autorität für rechtmäßig an denn die eines Königs." – „Gewiss ist Ihnen der Lohn nicht unbekannt, mit welchem derlei Ansichten für gewöhnlich vergolten werden?" „Ich habe mein Dasein zum Opfer gebracht, es ist mir verhasst und ich will die Hand segnen, die mich davon erlöst."[193]

Marie Madeleine und Félicité Mélanie wurden für schuldig befunden, „Schriften verfasst zu haben, die auf eine Wiedererrichtung des Königtums abzielten", und starben noch am selben Tag unter der Guillotine.[194] Nach dem Register des Concièrgerie-Gefängnisses waren sie beide 4 Fuß, 6 Zoll (etwa 140 Zentimeter) groß. Félicité Mélanie hatte kastanienbraunes Haar und blaue Augen; Marie Madeleine hatte braunes Haar und braune Augen.[195]

Noël Virol, Marie Madeleines Onkel aus Angoulême, saß zu diesem Zeitpunkt auch schon in Haft, und zwar in dem früheren Kloster der Karmelitinnen, wo man ihn seit dem Dezember 1793 festhielt.[196] Im Laufe seiner Karriere als Wundarzt in Paris hatte er das Glück (oder Unglück) gehabt, auch Robespierre zu behandeln; auch „viele Angehörige des Konvents" zählten zu seinen Patienten.[197] Im Verlauf seiner sechsmonatigen Haftzeit brachte er es bis zum „Sanitätsbeauftragten" des Gefängnisses und verbrachte seine Tage mit langen Gesprächen in den alten Klostergärten; ihm weniger Gewogene meinten später, er habe besonders jenen Mitgefangenen seine Aufmerksamkeit geschenkt, die für ihre Behandlung gut bezahlen konnten, „die Mittellosen aber überließ er ihrem Leiden".[198]

Im Frühjahr 1794, als Marie Madeleine und Félicité Mélanie noch am Leben waren und angeblich in den Wäldern hausten, und derweil Robespierre seine Doktrin des Tugendterrors ausbrütete, entwickelte der revolutionäre Wohlfahrtsausschuss die regelrechte Zwangsvorstellung, es gebe eine sogenannte „Gefängnisverschwörung". Eine Gruppe von Gefangenen plane den Ausbruch über die Klostermauern, erzählte man sich, und zwar mithilfe des Seils, mit dem früher einmal die Glocke im Kirchturm geläutet worden war, sowie eines weiteren Seils, das zur Verschnürung von Matratzen gedient hatte. Der Wohlfahrtsausschuss entsandte drei Gendarmen in das Gefängnis, „um die Denunziationen anzuhören"; sie machten Noël Virol als einen der Rädelsführer der Verschwörung aus.[199]

Mehrere Zeugen machten ihre Aussage. Einer gab an, Virol habe beim Flanieren im Klostergarten geäußert, dass „Robespierre ein Schuft sei, der sich immer neue Verschwörungen einbilde", dass „Saint-Just & Collot d'Herbois dreckige Lumpenkerle [*foutus gueux*] seien und dass er die Syphilis von einem jener Idioten [*coquins*] kuriert habe, der ihm dafür aber noch das Honorar schuldig sei". Der Zeuge „glaubte, soweit er sich irgend erinnern konnte, dass [Virol] Saint-Just genannt hatte".[200] Ein zweiter Zeuge, der angab, Virol aus Angoulême zu kennen, erklärte, dass auch er sich im Garten mit diesem unterhalten habe und dass Virol „auf den Namen *Robespierre* hin abträgliche Bemerkungen gemacht" habe. Auch habe Virol gesagt, dass „der Konvent seine Befugnisse überschritten" habe und dass „wegen der Machtgier des Konvents dasselbe geschehen werde, das auch in Rom geschehen sei".[201] Ein dritter Zeuge bezeichnete Virol als den „Anführer der Konterrevolutionäre", den ein „aristokratisches Betragen" kennzeichne und der „öffentlich gesagt hat, in demselben Gefängnis, dass jene an der Spitze der Regierung Schufte seien; dies war seine liebste Redensart". Ein Vierter erzählte, Virol habe „tagein, tagaus nicht weniger kundgetan, als dass *Robespierre ein Schuft* sei", wodurch er „den allgemeinen Hass der Gefangenen gegen den Wohlfahrts- und den Sicherheitsausschuss entfacht" habe.[202]

Bei seiner eigenen Vernehmung leugnete Virol alles. Er sagte aus, dass er „mehrere Deputierte des Konvents behandelt" habe, könne sich aber „nicht mehr daran erinnern, ob Angehörige des Wohlfahrtsausschusses darunter gewesen" seien; dass er nicht willens sei mitzuteilen, wegen welcher Art von Krankheit er sie behandelt habe; dass „sie ihn bislang noch nicht bezahlt hatten"; dass er meine, Robespierre sei „ein überaus ehrenwerter Bürger"; dass er einen Deputierten aus Angoulême behandelt habe, „der ihn noch nicht bezahlt hatte", und „viele andere, deren Namen ihm entfallen waren". „Wer waren die Leute, mit denen er üblicherweise Gespräche führte?", fragte man ihn. „Er spreche mit allen

Gefangenen ohne Unterschied, und jemand habe seine Worte genommen und Gift hinzugetan."[203]

Nur Augenblicke nach dem Verhör sprang Virol aus einem Fenster des Gefängnisses und starb unmittelbar nach dem Sturz.[204] Sechsundvierzig andere Insassen wurden fünf Tage später mit der Guillotine enthauptet, nachdem man sie der Beteiligung an der vermuteten Verschwörung für schuldig befunden hatte. Noch einmal vier Tage später, am 9. Thermidor des Jahres 2 (27. Juli 1794), wurde Robespierre in einer Sitzung des Nationalkonvents seinerseits gestürzt und tags darauf zusammen mit 21 Gefolgsleuten guillotiniert. Das Karmelitergefängnis war im Sommer 1794 ein Ort, an dem Häftlinge aus der Ober- und aus der Unterschicht zusammenkamen, Admiräle und Hochadlige sich mit Kammerzofen und alten Haudegen aus Cayenne mischten. Einer der angeblich an der vermeintlichen „Klosterverschwörung" Beteiligten, der in jenem Sommer aufs Schafott geführt wurde, war Alexandre de Beauharnais, zum Zeitpunkt des Fluchtversuchs Ludwigs XVI. noch Präsident der Nationalversammlung; seine Gemahlin, die spätere Kaiserin Joséphine, kam im August 1794 aus ihrer Haft im früheren Kloster der Karmelitinnen frei.[205]

KAPITEL 6: EINE FAMILIE IN BEWEGTER ZEIT

Die Allemands und die Ferrands

Die Allemands und die Ferrands – um zu der Geschichte von Marie Aymards Familie zurückzukehren – waren in den 1790er-Jahren weder Revolutionäre (wie Léonard Robin) noch waren sie ausgewiesene Konterrevolutionäre (wie Marie Madeleine Virol), sondern sie lebten einfach ihr Leben weiter, wie es zur Zeit der Französischen Revolution Millionen von Menschen in ganz Frankreich taten. In der Welt des gedruckten Wortes waren sie so gut wie unsichtbar in dem Sinne, dass nur sehr, sehr wenig von dem, was sie taten oder was ihnen in ihrem alltäglichen Leben begegnete und zustieß, bedeutend genug war, um in Zeitungen oder Büchern oder in den Protokollen von Gerichtsverfahren aufzutauchen. Selbst in dem bürokratischen Ozean von Papier, der auch eine Erfindung der Französischen Revolution war und das Land mit Welle auf Welle von Einkommenserklärungen, Grundbüchern, Registern von Luxusartikeln, Einwohnerlisten, Aufstellungen „patriotischer Geschenke" und politischen Führungszeugnissen (*certificats de civisme*) überfluten sollte, tauchten nur einzelne Mitglieder der beiden Familien von Zeit zu Zeit einmal auf.

Der Archivar

Bei einem von Marie Aymards Kindern jedenfalls lässt sich sagen, dass seine revolutionäre Existenz einen historischen Wimpernschlag lang in überbordender, erschöpfender Detailfülle aufgezeichnet wurde: Gabriel Ferrand war noch immer in der altehrwürdigen Pfarrei Notre-Dame-de-la-Peine ansässig, im Schatten der Kathedrale von Angoulême, als diese Pfarrei 1791 aufgelöst wurde. Auf den Listen der Empfänger von *certificats de civisme*, die 1793 aufgestellt wurden, steht er mit vieren seiner Söhne. Sein ältester Sohn, der ebenfalls Gabriel hieß, wird dort als „Grenadier-hauptmann" bezeichnet; Etienne und Pierre Alexandre werden ebenfalls genannt, zusammen mit einem „Ferrand jeune instituteur"; der fünfte Bruder, Joseph, war im August 1793 in Angoulême gestorben.[1] Gabriel senior lebte in durchaus angenehmen Verhältnissen: Aus dem 1791 angelegten Grundbuch von Angoulême geht hervor, dass das Haus, das er bewohnte (und von einem Wundarzt gepachtet hatte), das größte und teuerste der ganzen Nachbarschaft war.[2] Für eine kurze Zeit war er in der Kurzzeit-Verpachtung von enteigneten *biens nationaux* tätig: des Hauses an der Place de Beaulieu sowie der „Kirche" an der Place du Mûrier.[3] Im Jahr 1794 war er als „Assessor" ein Beisitzer und Gehilfe eines Friedensrichters der niederen Gerichtsbarkeit der Stadt.[4] Als die Wehrpflicht Angoulême erreichte, saß Gabriel, als Vater von vier patriotischen Söhnen, in der „Jury zur Auswahl der Rekruten": neuer Soldaten, die an die Front zogen, „glückliche Kinder" im Kampf zwischen Sklaverei und Freiheit.[5]

Doch erst 1797, im Alter von 59 Jahren, entdeckte Gabriel seine wahre Berufung. Das neu geschaffene Departement Charente hatte einen wahren Heißhunger auf Papier und eine ausgeprägte Vorliebe für „feste und regelmäßige Verfahren";[6] außerdem rannten die Leute der Departementsverwaltung die Türen ein mit ihren Anfragen nach Urkunden aus dem enormen Bestand an Papieren, Pergamenten, Besitzurkunden (sowie, kurioserweise, einer Kirchenglocke).[7] Gabriel wurde in der neuen Abteilung angestellt, die aus diesen Beständen ein Archiv machen sollte, woraufhin sein Name auf Quittungen und in Aktennotizen aufzutauchen begann: „Der Bürger Ferrand, befasst mit der Betreuung der Archive des Departements Charente", war beispielsweise autorisiert, einem ortsansässigen Notar eine Abschrift auszuhändigen, oder auf Anfrage Dokumente herauszugeben, die für einen Grundstückshandel benötigt wurden; allerdings behielt er dabei „ein ständiges Inventar" zurück und ließ sich „eine Quittung für die herausgegebenen Stücke" ausstellen.[8] Selbst in den Aufzeichnungen über den Vorfall mit dem halb nackten Schweizer Hauptmann im Jahr 1794 findet sich eine hingekritzelte Aktennotiz: „habe Ferrand autorisiert, ein Hemd und eine Hose [auszuliefern]".[9] Im Dezember

1797 wird Gabriel beschrieben als „der Archivar Ferrand". Im November 1799 war er dann schließlich zum „Leiter des archivarischen Bureaus" aufgestiegen.[10]

Die kurze Phase in Gabriels Leben, die außergewöhnlich gut, ja beinahe zu gut dokumentiert ist, begann im Frühjahr 1799. Am 12. Germinal des Jahres 7 (also am 1. April nach dem alten Kalender), führte das Departement eine Neuerung in seiner Verwaltung ein, und zwar „ein Register, das die Anwesenheit [seiner] Mitarbeiter aufzeigen soll[te]" – eine Art Anwesenheitsprotokoll zur Kontrolle der Arbeitszeiten. Neununddreißig Beamte sind dort am ersten Tag aufgeführt, die im Register um 8 Uhr morgens unterschreiben mussten – und um 3 Uhr am Nachmittag dann noch einmal. Gabriel taucht am Ende der Seite auf. Dieses Verfahren wurde für etwas länger als drei Monate beibehalten, wobei die Zahl der Unterschriften sich von Tag zu Tag immer weiter lichtete. Auf der letzten Seite des Registers haben nur noch sechs Beamte unterschrieben (darunter der pflichtbewusste Gabriel, dessen Unterschrift sich auf ausnahmslos allen Seiten findet).[11] Später in demselben Jahr 1799 erklärte Gabriel in dem Register zur Erfassung von Luxusartikeln, dass er keinen Grund und Boden besitze, dass er in einem Haus wohne, für welches er 240 Livres Pacht bezahle, und dass er außer seinem „Stipendium als Archivar ...", von welchem ein Zehntel einbehalten wird", keine weiteren Einkünfte habe.[12] Als er 1816 im Alter von 78 Jahren starb, wurde er beschrieben als „Leiter des archivarischen Bureaus der Präfektur des Departements Charente".[13]

Ein revolutionärer Priester

Gabriel und Marie Adelaides zweiter Sohn, Etienne Ferrand, war der Einzige aus der weiteren Verwandtschaft, auf den die Bezeichnung „Revolutionär" zumindest ansatzweise gepasst hätte – oder zumindest wurde er von den Gegnern der Revolution als ein solcher verleumdet. Wie sein Vater dreißig Jahre zuvor, unternahm Etienne als junger Mann die ersten Schritte in Richtung Priesterweihe – doch anders als sein Vater wurde er dann auch tatsächlich geweiht, und zwar in den ersten Monaten der Französischen Revolution. Im Jahr 1790 wurde er zum Vikar, also zum Stellvertreter eines Gemeindepfarrers, in der kleinen, nördlich von Angoulême gelegenen Pfarrei Jauldes bestellt. Zwischen Juli 1790 und April 1791 unterzeichnete er 39 Mal im Kirchenbuch von Jauldes; zumeist bei Vermerken über die Taufen, Heiraten oder Begräbnisse von Menschen aus den sogar noch kleineren Weilern der Umgebung.[14]

In den turbulenten Monaten nach der revolutionären Reform des französischen Klerus im Dezember 1790 wandelte sich Etiennes Leben dann noch einmal. Er wurde zu einem „schwörenden" oder konstitutionellen Priester, also zu einem, der einen Eid auf die französische Verfassung ablegte, wie es drei Viertel des Klerus in der Provinz Angoulême taten. Und schon bald wurde er für höhere Ämter auserkoren.[15] In denjenigen Pfarreien der Diözese Angoulême, in denen renitente oder, wie es hieß, „unkonstitutionelle" Pfarrer amtierten, begann ein Auswahlverfahren, um diese durch „konstitutionelle" Priester zu ersetzen: Als „Eindringlinge" wurden sie von den Gläubigen bezeichnet. Dies war das Festival von Ernennungen und neuen Weihen, das der Angoulêmer Bischof Pierre-Mathieu Joubert, dessen Onkel Tanzlehrer war, in den ersten Wochen nach seiner Wahl begann.[16]

Von den zwölf Gemeindepfarrern in den alten Pfarreien von Angoulême weigerte sich nur einer, der Curé von Saint-Martial, den Treueeid auf die Verfassung abzulegen.[17] Im Mai 1791 wurde Etienne Ferrand zu seinem Nachfolger bestimmt. Er wurde also Pfarrer der neuen, vergrößerten Gemeinde Saint-Martial und war zudem mit dem Angoulêmer Priesterseminar betraut, wo sich im Verlauf der Französischen Revolution so große Verwerfungen und Unruhen und nicht zuletzt die Erschießung des unglücklichen Abbé Mioulle ereignen sollten. Bei Amtsantritt war Etienne 25 Jahre alt und seine Priesterweihe lag gerade zwei Jahre zurück. Der greise Curé, der den Eid nicht hatte schwören wollen, verließ die Stadt Ende Mai, am 12. Juni gefolgt von den letzten verbliebenen Professoren des Priesterseminars; später am selben Tag las Etienne in seiner neuen Pfarrei zum ersten Mal die heilige Messe.[18] „Der Eindringling, der sie ersetzte, war der vormalige Vikar von Jauldes, ein Mann namens Ferrand", heißt es in der maßgeblichen Darstellung der Geschichte des Angoulêmer Priesterseminars aus dem 19. Jahrhundert. Ein anderer Historiker, der sich mit der Geschichte des Klerus im Departement Charente befasste, formulierte sogar noch lapidarer: „S.-Martial ... *Etienne Ferrand*, tr. du vic. de Jauldes, c. i. 12 juin 91 – TSS. *Séc.*" Etienne war ein „c. i.", *curé intrus*, ein Eindringling im Priesterrock; er hatte alle nötigen Eide auf die neue Ordnung geschworen und wurde später säkularisiert: Dies sind, soweit ich herausfinden konnte, die einzige Nennungen Etiennes oder irgendeines anderen Mitgliedes seiner Familie in der ganzen ausufernden Literatur zur Geschichte der Französischen Revolution.[19]

Im Lauf der folgenden Monate unterzeichnete Etienne jeden Eintrag im Kirchenbuch von Saint-Martial und noch Hunderte mehr in dem Jahr der revolutionären Umbrüche, das nun folgte: Vermerke, wie in Jauldes, über Geburten, Heiraten und Begräbnisse, und in vielen Fällen gehörten die genannten Personen zu Familien, die bereits im Kirchenbuch der Pfarrei aus dem Jahr 1764 aufgetaucht waren.[20] Am 15. November 1792 unterschrieb Etienne zum letzten Mal, Anlass war das Begräbnis eines siebenjährigen Mädchens – „Rosalie, fille illegitimate". Später am selben Tag wurde das Kirchenbuch von dem neuen zivilen Standesamt von Angoulême offiziell für geschlossen erklärt und – noch auf derselben Seite – in neuer Form wieder aufgenommen. Der erste Eintrag nach der neuen revolutionären Form betraf den Tod eines weiteren jungen Mädchens, deren Eltern als Einwanderer nach Angoulême gekommen waren.[21]

Jean-Baptiste, der Amerikaner

Jean-Baptiste Ferrand, Marie Aymards jüngster Sohn, tritt im Archiv der Revolution in Angoulême ebenfalls auf, und zwar als ein Empfänger von Geldzahlungen des revolutionären Staats, der verpflichtet war, über viele Wirren und Schwierigkeiten hinweg die Details seiner ganz persönlichen ökonomischen Existenz aufzuzeichnen. Jean-Baptiste und seine Frau, Elizabeth Boutoute, hatten fünfzehn Jahre lang in Saint-Domingue gelebt – die Epoche des „ansehnlichen Geschäftes" in Cap-Français, der „fünfzehn Neger" in seinem Besitz und des Wachsfigurenkabinetts.[22] Beim großen Brand von Cap-Français, der auf eine der verheerendsten Schlachten des Bürgerkriegs in Saint-Domingue folgte, verlor die Familie im Juni 1793 alles. Sämtliche Gebäude an der Kreuzung von Rue Vaudreuil und Rue Saint-Joseph, wo sich Jean-Baptistes Laden befunden hatte, wurden ein Raub der Flammen; das ist aus einer kurz darauf erstellten Karte der Stadt ersichtlich, auf der „die Verwüstungen des ersten Feuers [vom

20. Juni] mit schwarzer Tinte markiert" sind.[23] Der 18 Jahre alte Sohn von
Jean-Baptiste und Elizabeth, Martial, der 1775 in Angoulême zur Welt gekommen war, „starb in Diensten der Kolonie".[24]

Einige Monate später kehrten Jean-Baptiste, Elizabeth und ihre Tochter
Françoise als mittellose Flüchtlinge nach Angoulême zurück. Am 27. April
1795 wurde ihnen, zusammen mit „Rosalie, einer Farbigen", eine staatliche
Nothilfe zugesprochen.[25] Jean-Baptiste wurde bei dieser Gelegenheit beschrieben als „ein Uhrmacher, der wegen seiner schlechten Augen nicht
mehr arbeiten kann". Im Januar 1796 wurde ihr Sohn Jean-Baptiste, Marie
Aymards jüngstes Enkelkind (und das einzige, das erst nach ihrem Tod zur
Welt kam), in Angoulême geboren; der Beamte, der die Geburt ins Register eintrug, war der dreißig Jahre zuvor als Sklave in Saint-Domingue geborene Louis Félix.[26] Der ältere Jean-Baptiste fand schließlich 1798 eine
Anstellung – mehr oder weniger – in dem „Depot für die portugiesischen
Kriegsgefangenen", das in dem früheren Jesuitenkolleg untergebracht war;
allerdings hieß es schließlich, er sei „seit 18 Monaten schon nicht mehr bezahlt worden". Er selbst, Elizabeth, Françoise und ihr kleiner Bruder erhielten im September 1798 „Bedürftigkeitsbescheinigungen", zusammen
mit Rosalie und deren Sohn Alsindor. Gemeinsam gehörten sie zu einer
Gruppe von 16 Flüchtlingen aus Saint-Domingue, die in Angoulême lebten und eine Unterstützung des revolutionären französischen Staates bezogen; außerdem gab es neun Flüchtlinge von Martinique, sechs von
Guadeloupe und vier von der Insel Sainte-Lucie; alle waren sie „bedürftig"
und die meisten von ihnen waren Kinder.[27]

Im Sommer 1799 besserten sich die Verhältnisse für Jean-Baptiste und
seine Familie. Am 7. Juli 1799 enthielt das „Register, das die Anwesenheit
der Mitarbeiter aufzeigen soll" und das bei der Verwaltung des Departements akribisch geführt wurde (und in dem Gabriel Ferrand eifrig am Fuße
jeder Seite unterschrieben hatte), zum ersten Mal einen neuen Namen:
Jean-Baptiste Ferrand gehörte nun zu den Mitarbeitern des „Dritten Bureaus". Dabei handelte es sich um jene große Abteilung, deren Aufgaben-
bereich wie folgt beschrieben wurde: „religiöse Angelegenheiten, die Ent-
lohnung des Klerus, Verkauf der *biens nationaux*, Überwachung und Handel,
Feld- und Ackerbau, das Forsten sowie alle besonderen und umstrittenen
Obliegenheiten, welche mit den vorgenannten Dingen in einer gewissen
Verbindung stehen"; Jean-Baptiste unterschrieb mit „Ferrand jeune".[28]

Zwei Tage darauf unterschrieb er auch im Steuerverzeichnis, wie es das revolutionäre Luxusgesetz vorsah. Diesmal beschrieb er sich als „Amerikaner": „Ferrand américain". „Ich bin bei dieser Abteilung angestellt und weiß noch nicht, was mein Sold sein wird", schrieb er. „Ich habe keinen Diener, und ich zahle auch für eine Farbige und ihr Kind. Ich erhalte nichts von der Unterstützung, die mir als Flüchtling aus Saint-Domingue zustünde. Ich wohne im Kolleg von Angoulême."[29] Spätestens 1805 wohnte er dann jedoch in Paris, in der Rue de la Ferronnerie, nicht weit vom Großmarkt der Halles Centrales, mit Elizabeth und dem kleinen Jean-Baptiste. Sechs seiner Nachbarn – ein Miniaturenmaler und freimaurerischer Zahlenmystiker, ein Lehrer, zwei Angestellte, der Bürgermeister des Arrondissements und sein Stellvertreter – bestätigten, dass der ältere Jean-Baptiste „keinerlei Besitz in Frankreich" habe und auch „keinerlei einträgliche Beschäftigung"; „er lebt in Bedürftigkeit".[30]

Françoise und ihre Familie

Françoise Ferrand, die Braut aus dem Ehevertrag von 1764, blieb in den Aufzeichnungen der Revolution so gut wie unsichtbar. Drei Mal immerhin taucht sie während der Epoche der Revolution in den Registern des *état civil* auf: zuerst 1797, als sie den Tod ihrer „Halbschwägerin" Marie Allemand meldete, einer Unterzeichneten des Ehevertrages; dann wieder 1801, als einer ihrer Söhne heiratet; und noch einmal im selben Jahr anlässlich der Geburt ihrer Enkelin, die sie bezeugt.[31] Etienne Allemand Lavigerie, ihr Ehemann, wurde 1790 in einer Liste derjenigen aufgeführt, die „patriotische Geschenke" als ihren Beitrag zu den „staatlichen Bedürfnissen" zugesagt hatten; in seinem Fall handelte es sich allerdings um ein recht bescheidenes Geschenk von 6 Livres, die er in drei Raten zahlte. Louis Félix schenkte seinem Staat im selben Jahr 12 Livres, und Jean-Baptiste Brillet, einer der Signatare von Etiennes und Françoises Heiratsvertrag, gar 225 Livres; Françoises Neffe, der Curé Etienne Ferrand, leistete eine Einmalzahlung von 50 Livres.[32]

Etienne Allemand erhielt 1793 und noch einmal 1794 ein *certificat de civisme*, und sein Sohn Martial, der als *commis* im Steueramt tätig war, desgleichen. Sein dritter Sohn Antoine, der als einer der letzten Eleven des alten Kollegs dort die Schulbank gedrückt hatte und nun ebenfalls als *commis* sein Brot verdiente, bekam dieses Zeugnis des bürgerschaftlichen Engagements und der politischen „Unbedenklichkeit" ebenfalls ausgestellt, zusammen mit einem weiteren Sohn, der als Kriegsfreiwilliger diente.[33] Im Oktober 1791 erwarb Etienne ein handfestes Stück des Bistums Angoulême, wenn man so will, oder jedenfalls des Kathedralviertels von Angoulême, in dem er und seine Familie nun schon so lange beheimatet waren: ein *bien national*, das sich aus dem „Haus und Innenhof des gewesenen Domkapitels" zusammensetzte und das er über die folgenden 21 Jahre hinweg abbezahlte.[34]

Etiennes Klagen über die Arbeitsbedingungen der Lehrer an dem früheren Jesuitenkolleg hielten auch dann noch an, als sich an die inflationsbedingte „Revolution" von 1786 – die, bei der es um den „relativen Wert unserer Honorierung" gegangen war – langsam, aber sicher der Todeskampf des Kollegs selbst anschloss. Im Jahr 1791 beschwerten Etienne und zwei seiner Kollegen sich beim „Zweiten Bureau" des neuen Departements Charente „als Franzosen und als Professoren" über die widersprüchlichen Anweisungen, die sie erhalten hatten. Seitens des ebenfalls neu geschaffenen Distrikts Angoulême, schrieben sie, habe man ihnen Unterrichtsverbot erteilt, während die Nationalversammlung sie ausdrücklich aufgefordert hatte, ihre Tätigkeit als Lehrer auszuüben. „In einem Konflikt dieser Art", heißt es in dem Schreiben, „meinen die Unterfertigten, dass es die Aufgabe des Departements sei, zu entscheiden, und sie sind kühn genug zu glauben, dass [das Departement] die Weiterzahlung ihrer Honorierung anordnen wird, die ja durch ein Verbot ihrer ordnungsgemäßen Betätigung nicht weniger notwendig wird. Dasselbe Salär ist im Übrigen nicht mehr als eine sehr bescheidene Entschädigung für das Opfer, welches die Professoren dem Gemeinwohl gebracht haben, indem sie sich zugunsten des Lehrberufes gegen eine einträglichere Tätigkeit entschieden."[35] Im Jahr 1795 hatte Etienne immer noch fünf Schüler in seiner Obhut.[36] Doch zu jenem Zeitpunkt lebte er bereits, um den Historiker des Kollegs aus dem 19. Jahrhundert zu zitieren, „im schwärzesten Elend".[37]

Im Verlauf der Revolutionsjahre erhielten Etienne und sein Sohn Antoine in sporadischen Abständen Zahlungen für ihre Tätigkeit als *commis* oder Schreiber bei der Verwaltung des Departements Charente. Im Wesentlichen waren sie dort mit der immensen Aufgabe beschäftigt, schier endlose

Listen aufzusetzen und unzählige Zertifikate auszustellen. Etienne oder „La-vigerie père" taucht in den Soldregistern der Departementalverwaltung als *commis* auf, aber auch als *commis aux écritures* (also Kopist), *commis expe-ditionnaire* (also Expedient) oder als außerplanmäßiger „Supernumerar", der mit der Anfertigung der Register oder Verzeichnisse für die in Assigna-ten zahlbare „Zwangsanleihe" des Jahres 4 befasst war.[38] Antoine war ein *commis* bei der Verwaltung der „Domänen" (des Grundbesitzes) im Distrikt Angoulême; sein Einsatzort war das *bureau de correspondance,* das jedoch „supprimiert" wurde, woraufhin man ihn – während Rose Marins Fall in Tours nicht vorankam – zum *bureau des émigrés* versetzte.[39] Keine dieser Be-schäftigungen entsprach jedoch unserer Vorstellung von einem „sicheren" oder auch nur „festen Arbeitsplatz" mit regelmäßigem Einkommen. Im Jahr 4 unterzeichnete Etienne eine weitere Petition, nachdem die „Supernu-merare", die eigentlich in dem neuen Papiergeld der Assignaten bezahlt wer-den sollten, letztlich überhaupt keinen Lohn erhalten hatten.[40] Einige Tage zuvor hatte das Direktorat des Departements entschieden, dass die An-gestellten bis zu einem Gesamtbetrag von 10 Francs auch in den Münzen zum kleinstmöglichen Nennwert von 1 oder 2 Sous ausbezahlt werden konnten, die in den Verwaltungsräumlichkeiten gelagert wurden; selbst das schien allemal besser als die Assignaten, in die viele Franzosen inzwischen „so herzlich wenig Vertrauen" hatten.[41]

Seine Verhältnisse, schrieb Etienne im Dezember 1795 in einem Brief an den Kriegsminister – darin ging es um eine verwickelte Geschichte, bei der sein zweitgeborener Sohn Pierre, der Soldat, vom *capitaine* zum *sous-lieutenant* degradiert worden war, weil man ihn ohne jede Grundlage de-nunziert hatte, er habe die Uniform eines verwundeten Freundes ge-stohlen, die freilich nach einer Weile in einer Truhe wiedergefunden wurde, welche irgendwo auf dem Transport von Nantes und Angoulême auf Abwege geraten war –, seine Verhältnisse also, schrieb er nach Paris, boten eine „betrübliche Szene". Er hatte „weder Güter noch Vermögen noch eine Anstellung, nachdem ich die meine am Kolleg von Angoulême verloren habe"; er sei verantwortlich für „elf Kinder, eine Enkeltochter und ein amerikanisches Mädchen, von deren Pension [er] seit 1784 fast über-haupt nichts erhalten" habe.[42]

Wie anderen aus Angoulême auch, so blieb Etienne schließlich nichts weiter übrig, als in jenen ländlich-agrarischen Kosmos zurückzukehren, den seine Großeltern mehr als einhundert Jahre zuvor hinter sich gelassen hatten.[43] In dem Brief an den Kriegsminister bezeichnete er sich als „Gutsverwalter auf der Terre de Gondeville bei Jarnac": einem Landgut, das 1793 ein Sohn und ein Enkel jenes Goldschmieds Jean-Baptiste Marchais erworben hatten, der 1764 den Ehevertrag mit unterzeichnet hatte.[44] Als Etiennes eigener Sohn Pierre 1796 heiratete – inzwischen hatte man ihn in seinem alten Rang als Hauptmann rehabilitiert –, wurde der Vater beschrieben als „weiland Professor des Kollegs von Angoulême, gegenwärtig aber Landmann".[45] Im Steuerverzeichnis für 1799 gab Etienne an, ein Haus für 100 Livres gepachtet zu haben, und fügte hinzu: „Ich besitze keinerlei Luxusgüter und habe niemanden, dem ich Lohn zahle, möchte überdies bemerken, dass ich von meiner Familie unterstützt werde".[46]

Lavigerie *ainée*

Das Steuerverzeichnis aus dem Jahr 1799 gibt eine Gesamtschau des Wirtschaftslebens von Angoulême nach zehn Jahren Revolution: eine Zusammenstellung der persönlichen Erklärungen von 522 mehr oder minder wohlhabenden Haushaltsvorständen, den Zahlern – oder zumindest den potenziellen Zahlern – von Verbrauchs- beziehungsweise Luxussteuern. Pierre Marchais Delaberge, der Goldschmiedssohn, frühere Bürgermeister und Eigentümer so vieler *biens nationaux*, war der reichste Mann auf der Liste. Seine Unterschrift steht gleich neben der von Etienne, und er gab an, ein Haus im Pachtwert von 500 Livres zu bewohnen, eine Kutsche mit zwei Pferden zu besitzen und vier Diener zu halten. Louis Félix, „Kommissar des Direktoriums", wohnte in einem Haus von 430 Livres Pachtwert und beschäftigte eine Haushälterin. Abraham-François Robin gab ein Haus im Wert von 200 Livres an und hatte ebenfalls eine Hausangestellte. Michel Guenois, die „Witwe Ogerdias", gab ebenfalls eine Dienstbotin und ein Haus an – oder zumindest den Teil eines Hauses, da sie den größten Teil des herrschaftlichen Hauses gleich gegenüber dem Gefängnis gemietet hatte, in dem früher einmal das Steueramt untergebracht gewesen war; als Pachtwert gab sie die Summe von 200 Livres an.[47]

Nur eines von Marie Aymards 23 Enkelkindern taucht in dem Steuerverzeichnis von 1799 auf. In dem kommentierten „Raster der Eigentums-

abgaben" von 1791 sind die Töchter von Françoise und Etienne als Bewohnerinnen eines Hauses an einer Ecke der Place du Mûrier aufgeführt;
ihr Vermieter war ein Sohn von Pierre Marchais Laberge (und damit der
Enkel eines Signatars vom Heiratsvertrag ihrer Eltern); die anderen Miet-
parteien waren ein Lebensmittellieferant, eine Friseurin und ein Goldschmied.[48] Bei dem Enkelkind, das acht Jahre später im Steuerverzeichnis
auftauchte, handelte es sich um die älteste der sieben überlebenden Töchter des Paares, Jeanne Lavigerie. Sie unterzeichnete in dem Verzeichnis mit
kühnem Schwung als „Lavigerie *ainée*" – die Ältere – und wird in der Aufstellung als „marchande" oder Ladenbesitzerin bezeichnet. Jeanne war die
wohlhabendste Person in ihrer ganzen Familie: „Der Pachtwert meiner
persönlichen Behausung ist 250 [Livres], wovon 50 für die Pacht meines
Ladens abgezogen werden sollten."[49]

Nuptialität

Aber selbst diese Erwähnungen geben nur flüchtige Einblicke und Angaben, sind wie Tang und Treibgut auf dem riesigen Ozean von Quellenmaterial, den die Französische Revolution hervorgebracht hat. Und zu
Marie Aymards restlichen Kindern und Enkelkindern findet sich sogar
noch weniger. Wenn man ihnen in den Quellen begegnet, dann höchstens
in jenen Alltagsbelegen, die letztlich die wichtigste Grundlage für die hier
dargestellte Geschichte sind: in den Vermerken über Geburten, Taufen,
Heiraten, Scheidungen, Todesfällen und Begräbnissen. Damit gehören sie
aber zu einer anderen und – auf den ersten Blick – „unhistorischen" Art
von Geschichtsschreibung. Das Leben geht weiter; Jung und Alt verlieben
sich; es folgen Schwangerschaften, Verluste, der Tod. Das ist die Art von
Geschichte, im Sinne einer Erzählung, wie sie in den Erinnerungen von
Großeltern oder in Memoiren rekapituliert wird (in manchen Familien
auch, anders als bei den Allemands und den Ferrands, in Briefen und
Tagebüchern, die für die Nachwelt aufbewahrt werden), oder in den Ge-
nealogien der Familiengeschichte. Diese Art von Geschichte ist un-
abhängig vom Gang der politischen Ereignisse und damit auch von der
Revolutionsgeschichte der 1790er-Jahre; wenn überhaupt, so gehört sie
jener Größenordnung der historischen Zeit an, in der man sich mit den

großen Bewegungen im Gang des menschlichen Daseins befasst, mit Geburten- und Eheschließungs- und Sterberaten, die sich im Verlauf der Generationen beinahe unmerklich verändern.

Jedoch zeichnet die „Nuptialität" der Familie während der Revolutionszeit – so bezeichnet die Statistik das Eheschließungsverhalten innerhalb einer Population – auch eine moderne Geschichte, wie noch deutlich werden wird, eine Geschichte der Moderne. Denn dieser Teil der Familiengeschichte erzählt von tiefgreifenden Veränderungen in allen Gegebenheiten des gesellschaftlichen Lebens: von Regelverstößen und Exogamie, von sozialer und räumlicher Mobilität über Schichten und Departementsgrenzen hinweg, ja sogar innerhalb ganz Europas und bis in die Neue Welt hinüber. Zudem umfasst er, wie ja auch die größere politische Geschichte von Angoulême, eine Geschichte des Wandels in religiösen Einrichtungen sowie in den Bereichen von militärischer Organisation und Kriegführung.

Von Marie Aymards 23 Enkelkindern überlebten mindestens 20 ihre frühe Kindheit. Zweiundzwanzig von ihnen kamen zwischen 1764 und 1781 in Angoulême zur Welt (eine Ausnahme stellte das jüngste Kind von Jean-Baptiste und Elizabeth dar, das 1796 geboren wurde, neun Monate nachdem man seinen Eltern als Flüchtlingen aus Saint-Domingue eine staatliche Nothilfe zugesprochen hatte). Um ihre „Nuptialität" jedoch, ihre Neigung zu Heirat und Eheschließung also, war es nicht gerade rosig bestellt.[50] Schließlich gehörten sie einer Generation an, die sich in den Jahren von Revolution, Krieg und „Levée en masse" um vieles zu sorgen hatte; für Romantik und das Knüpfen zarter Bande blieb darüber nur allzu wenig Zeit, wie auch die titelgebende Heldin eines anderen von Balzacs Provinzromanen feststellen muss: *La vielle fille* (*Die alte Jungfer*).[51] Nur drei der acht überlebenden Enkeltöchter Marie Aymards heirateten, und nur sieben ihrer zwölf männlichen Enkel. Die Ehen derjenigen, die es aber doch taten, waren alles – nur nicht provinziell.

Martials erste Ehe

Das erste von Marie Aymards Enkelkindern, das den Bund der Ehe schloss (und das einzige, dessen Heirat sie noch selbst miterlebte), war Martial Allemand Lavigerie, der Schreiber aus dem Steueramt. Seine Trauung fand im April 1790 in der Pfarrkirche Saint-André statt, gleich gegenüber dem Kloster der „Tiercelettes", dessen Nonnen man im Januar „eingeladen" hatte, sich eine neue Bleibe zu suchen; Marie Aymard starb keine zwei Wochen darauf.[52] Martial war 22 Jahre alt, und seine Braut Louise Vaslin, Tochter eines ortsansässigen Apothekers und Enkelin eines Perückenmachers, war zwanzig.[53] Es war eine „endogame" Ehe, insofern sie innerhalb des sozialen Raums von Angoulême geschlossen wurde – und es war die letzte solche Heirat in der weiteren Verwandtschaft der Familien Allemand und Ferrand. Wie seine Eltern, wie seine Onkel und Tanten hatte Martial jemanden „aus der Nachbarschaft" geheiratet, eine junge Frau aus dem alten Stadtkern von Angoulême.[54] Louises Mutter wohnte in der Rue de Genève, ihre Großmutter in der „Isle des Tiercelettes"; einer ihrer Großväter war der Taufpate von Louis Deschamps gewesen, des Perückenmachers aus Angoulême, der bei der Expedition nach Cayenne sein Leben gelassen hatte, und war außerdem ein angeheirateter Onkel von Marie Aymards Schwiegertochter Elizabeth Boutoute.[55]

Nach den Maßstäben der Wirtschaftswelt von Angoulême mit ihren Handwerkern und Kleinhändlern war es eine vorteilhafte Heirat. Louise hatte für die Zukunft einiges an materiellem Zugewinn zu erwarten, wie in ihrem Ehevertrag detailliert und nicht ohne Komplexitäten ausgeführt war (diesen unterzeichneten übrigens 67 Signatare, darunter fünf von Martials Geschwistern sowie sein Dienstvorgesetzter, der Einnehmer der *taille*). Die Braut besaß nämlich ein Anrecht auf die Hälfte des Hauses ihrer Großeltern väterlicherseits in der Pfarrei Saint-Jacques; außerdem die Hälfte der Möbel ihrer Mutter; ein Sechstel der Möbel ihrer Großmutter; ein Viertel eines weiteren Hauses in der Rue de Genève; einen Anteil am Hausrat dieses Hauses (nach Abzug der Kosten für Wein) sowie einen Anteil am Apothekergeschäft ihres verstorbenen Vaters, den sie mit ihrer Schwester und ihrem Schwager vereinbart hatte. In dem Vertrag finden sich auch Andeutungen auf eine „gerichtliche Zuerkennung" von Geschäftswerten ihrer Großeltern, den Ehevertrag ihrer Schwester und ihres Schwagers, eine notariell beglaubigte Vereinbarung bezüglich der Möbel ihrer Mutter sowie auf ein Inventar über den hinterlassenen Besitz ihres verstorbenen Vaters.[56]

Martials eigene Aussichten waren ganz andere. Er hatte eine vielversprechende Stelle inne, die selbst in den letzten Monaten des alten Finanz-

und Steuerregimes einer zu Ende gehenden Epoche nichts von ihrem Aussichtsreichtum eingebüßt hatte. Aber in Sachen Kapital waren seine Perspektiven doch eher begrenzt. Als einzige Kapitalquelle kamen zwei unverheiratete Schwestern in den Sechzigern infrage, die beide 1764 den Ehevertrag seiner Eltern mit unterzeichnet hatten: „Jeanne und Marguerite Faure, Näherinnen", seine Großcousinen. Martials Ehevertrag unterzeichneten die Schwestern Faure gleich neben der Brautmutter und erklärten, dass sie beide aufgrund der „Freundschaft", mit der sie dem Bräutigam zugetan seien, ihm je 500 Livres hinterlassen wollten, die nach dem Tod der überlebenden Schwester ausgezahlt werden sollten. Die Zusagen seiner Eltern, Françoise Ferrand und Etienne Allemand Lavigerie, waren weniger substanziell: Sie gingen davon aus, dass sie ihm als Teil ihres Erbes dereinst ein Vermächtnis von 400 Livres würden hinterlassen können. Und sie versprachen ihm, in diesem ersten Frühling der Französischen Revolution, „Gleichheit [*égalité*] gegenüber seinen anderen Brüdern und Schwestern betreffs ihrer zukünftigen Erbnachfolge".[57] Martial hatte also, alles in allem, ein Kapital von 1400 Livres in Aussicht, wobei 1000 Livres seine Großcousinen beisteuern würden; Louise hingegen lebte in der Erwartung von „verschiedenen Summen und Objekten", deren Gesamtwert auf 9885 Livres taxiert wurde.[58]

Der Ex-Curé von Saint-Martial

Die nächste Heirat eines Enkelkindes von Marie Aymard fand vier Jahre später statt, in einem gesellschaftlichen Universum, das sich von Grund auf verändert hatte. Der Bräutigam war Etienne Ferrand, der frühere Vikar von Jauldes und frühere Curé von Saint-Martial. Seine Hochzeit in Angoulême fand im Juni 1794 statt, als der Mahlstrom des revolutionären Terrors schon seinem zerstörerischen Ende entgegenstrudelte. Die Braut war ein Gemeindemitglied aus seiner ehemaligen Pfarrei namens Marie Chausse Lunesse. Sie war 29 Jahre alt und lebte mit ihrer Familie in dem vorstädtischen Teil der Pfarrei Saint-Martial.[59] Die Zeremonie entsprach ganz dem vorgesehenen Prozedere einer „republikanischen Trauung" – Etienne und Marie „erklärten laut, dass sie einander zum Ehepartner nähmen" –, und aus der Familie des Bräutigams war nie-

mand anwesend, zumindest niemand, der den Registereintrag unterzeichnet hätte. Drei Schwestern der Braut hingegen unterschrieben.
Etienne wurde begleitet von einem der anderen Priester der Pfarrei
Saint-Martial, der früher im selben Jahr selbst geheiratet hatte, sowie von
einem Vertreter der revolutionären Obrigkeit jener Tage, der im Register
beschrieben wird als „Mitglied des Aufsichtsausschusses".[60]

Etiennes Heirat war sowohl exogam als auch transgressiv: Sein neuer
Schwiegervater hatte sich noch 1790, anlässlich der Eheschließung von
Maries Schwester Françoise, als „königlicher Rat, Richter, Amtmann" vorgestellt.[61] Im Vermerk über die Vermählung von Etienne und Marie wird
er als „agriculteur" oder Landwirt bezeichnet (ein Begriff, der im Bürgertum von Angoulême damals häufig verwendet wurde). Indem er in die
Familie „Chausse de Lunesse" einheiratete, hatte Etienne sich Eintritt in
die privilegierten Schichten von Angoulême verschafft, die einen Platz an
der unsicheren Grenze zwischen verarmtem Adel und landbesitzendem
Bürgertum einnahmen.[62]

Etwas mehr als ein Jahr nach seiner Heirat wurde Etienne zum Besitzer – oder jedenfalls zum vorgeblichen Besitzer – eines Anteils an einem
großen Landgut, der Domäne Courances, im nördlich von Angoulême gelegenen Marsac. Dieser Grund war eigentlich im Besitz der Familie seiner
Frau, oder besser gesagt: Es handelte sich um denjenigen Teil der Domäne,
der Maries Brüdern gehört hatte, bevor man sie zu *émigrés* erklärte. Etienne erwarb das Anwesen im September 1795 für die große Summe von
445 000 Livres und beendete den Kauf – in Assignaten – bis zum Dezember desselben Jahres. Es gibt keinerlei Hinweise darauf, dass er jemals in
Marsac gewohnt hätte; im Register der *biens nationaux* wird er beschrieben
als „Ferrand fils, einstiger Curé von Saint-Martial".[63]

Etiennes neue Schwäger zogen derweil durch die ländlichen Gegenden
Frankreichs, wie sie später berichteten. Über Jean Chausse Lunesse lag,
wie auch über Rose Marin, ein umfängliches Polizeidossier vor, das wie in
ihrem Fall mit seinen (erfolglosen) Versuchen zusammenhing, von der
„vermaledeiten Liste" der *émigrés* gestrichen zu werden. Er war ein sanfter,
bescheidener und friedliebender Mann, wie diverse Einwohner Angoulêmes im Jahr 9 zu seinen Gunsten aussagten; und „da er kein Vermögen
oder andere Aussichten hatte", machte er sich „im kleinen Handel" selbstständig. In den Jahren 1792 bis 1797 war er in Fontenay, östlich von Paris

ansässig, wie aus seinen dortigen Meldebescheinigungen hervorgeht; er hatte Geschäftspartner in Frankfurt am Main und in Hamburg; er und sein Bruder (der ebenfalls Jean Chausse Lunesse hieß) hatten das Departement Charente verlassen, „um in den großen Handelsstädten Kenntnisse zu erwerben", wie er sich später erinnerte; allerdings hatte die „große Schwierigkeit, [dort] eine Anstellung zu finden", dazu geführt, dass sie sich bald als Hausierer verdingt hatten, „die ihre Waren von einem Ort zum nächsten trugen, um auch nur leben zu können".[64]

Zugleich hatte Etienne in eine Familie eingeheiratet, deren Angehörige als Verwaltungsbeamte und Militärs im Kolonialdienst waren. Ein weiterer neuer Schwager, Joseph Martin de Bourgon, der 1790 Françoise Chausse Lunesse geheiratet hatte, war „ein vormaliger Major im Regiment von Martinique" und ein Ritter des Ordens vom heiligen Ludwig (dieser *Ordre royal et militaire de Saint-Louis* war eine militärische oder quasi-militärische Auszeichnung, die in den französischen Kolonien sehr geschätzt wurde).[65] Die Familie Martin de Bourgon gehörte zum alten Adel der Angoulêmer Kernstadtgemeinden; Josephs Eltern wären 1775 die Taufpaten von François Martin Aliquain gewesen, dem zwölfjährigen Jungen aus „*laguinne en affrique*", der „am Tor der Pfarrkirche" von Saint-Jean „dem Heidentum [abgeschworen]" hatte.[66] Josephs Bruder Jacques Martin de Bourgon, war der Eigentümer einer Zuckerrohrplantage auf Guadeloupe und amtierte 1789–1791 als Militärgouverneur von Cayenne. In dieser Funktion hatte er sich mit einer Militärrevolte auseinanderzusetzen, verhinderte (nach seiner eigenen Darstellung) erfolgreich einen Sklavenaufstand, wurde mit einer monumentalen Porträtbüste in einem öffentlichen Garten der Stadt geehrt, stritt sich mit der Kolonieversammlung herum und sah sich gezwungen, „um dem Vormarsch des Bösen Einhalt zu gebieten", juristische Hilfe in Anspruch zu nehmen und „außerordentlich komplizierte Schriftsätze" ausfertigen zu lassen, wofür er die revolutionäre Regierung in Paris um eine Erstattung der Kosten ersuchte.[67]

Die Ehe von Françoise Chausse Lunesse und Joseph Martin de Bourgon, Etiennes Schwager und Schwägerin, wirkt selbst wie eine Geschichte des Wandels in wechselvoller Zeit. Gar nicht lange vor dem Ausbruch der Französischen Revolution, im Oktober 1787, wurde in der Pfarrkirche Saint-Paul ein Säugling namens „Jacques de Bourgon" getauft. Im Taufvermerk wird er als der Sohn von Françoise Chausse und Joseph Martin de

Bourgon beschrieben, welch Letzterer „durch Richtspruch der präsidialen Sénéchaussée des Angoumois zum Vater erklärt" worden sei; nach Aussage des Kirchenbuches jedoch „soll der betreffende Richtspruch angefochten worden sein".[68] Zwei Jahre darauf, im Januar 1790, wurden Françoise und Joseph in der Kirche Saint-Martial getraut (die wiederum kurz darauf Etienne Ferrands „eigene" Pfarrkirche werden sollte); sie erklärten bei dieser Gelegenheit, „das im Oktober 1787 getaufte Kind" sei ihr eigenes, „von ihnen selbst gemacht und geschaffen", und dass sie „ihren Sohn heute als ihr legitimes Kind anerkannt haben".[69] Und dann lebten Françoise und Joseph glücklich miteinander bis an das Ende ihrer Tage – oder zumindest bekamen sie noch fünf weitere Kinder. Alle ihre Söhne, Etienne Ferrands angeheiratete Neffen, wurden später Offiziere; Jacques de Bourgon war Marineoffizier, ein jüngerer Bruder brachte es gar bis zum General und diente in Nordafrika; sein jüngster Bruder, auch er ein General, kam bei dem militärischen Eingreifen gegen die Revolution von 1848 in Paris zu Tode.[70]

Eine Romanze im Departement Sarthe

Das dritte von Marie Aymards Enkelkindern, das heiratete, war Etienne Ferrands Cousin Pierre Allemand Lavigerie, und hier verschiebt sich der Schauplatz unserer Geschichte um 350 Kilometer nach Norden, in das 1790 neu errichtete Departement Sarthe. Pierre war es gewesen, für den Etienne Allemand seinen traurigen Brief an den Kriegsminister geschrieben hatte, nachdem der Sohn in die dumme Geschichte mit der verlorenen Uniform und der fehlgeleiteten Truhe verwickelt war. Am 1. Februar 1796 jedenfalls heiratete dieser Pierre in der kleinen Gemeinde Sillé-le-Guillaume, nördlich von Le Mans.[71] Als Freiwilliger war er in die Revolutionsarmee eingetreten und 1796 bis zum Hauptmann im ersten Jägerbataillon des Departements Charente aufgestiegen. Und stationiert war er zur Zeit seiner Heirat, als gewaltige Truppenbewegungen in Richtung der Departements an der Atlantikküste im Gange waren, in dem kleinen Örtchen Sillé-le-Guillaume. Irgendwann im Jahr zuvor hatte Pierre eine junge Frau namens Adelaide Charlotte Maslin kennengelernt, die Tochter eines Notars und Steuerbeamten im Ruhestand. Charlottes Eltern waren enthusiastische Anhänger der Revolution, und ihr 1794 geborener Sohn erhielt den Namen „Décadi Montagnard Maslin" (weil er an einem „Décadi", dem regelmäßigen Feiertag des republikanischen Kalenders, zur Welt gekommen war).[72] Charlottes Mutter korrespondierte mit Etiennes Vater (oder zumindest teilte Etienne dies dem Kriegsministerium mit); sie habe ihm versichert, dass sein Sohn, dessen Bildung und Erziehung sie sehr bewundere, für sie wie ein eigenes Kind sein werde.[73]

Die Heiratszeremonie fern der Heimat war wie ein Mikrokosmos von Angoulême, mitten im Krieg. Im Gemeinderegister finden sich 25 Unterschriften von Zeugen, darunter fünf Verwandte der Braut und mindestens neun Kameraden aus Pierres Bataillon beim Regiment der Charente. Zu diesen Soldaten gehörte ein gewisser B. G. Nouel, aus der großen Sippe der Nouels und der Klotzes, Pastetenbäcker und Kabalisten zu Angoulême, der als Quartiermeister des Bataillons bezeichnet wird; ein junger Drucker, der Neffe eines der Unterzeichneten vom Heiratsvertrag für Pierres Eltern im Jahr 1764; ein Papiermacher namens Pierre Auguste Henry, ein Neffe des neuen Eigentümers des früheren Priesterseminars, in dessen Magazin man 1795 die Glocke aus der Kirche Saint-André untergebracht hatte.[74] Das zentrale Dokument bei dieser Zeremonie war eine Vollmacht, die Françoise und Etienne in Angoulême hatten aufsetzen lassen, und mit der sie dem befehlshabenden Offizier von Pierres Bataillon ihr Einverständnis zu der geplanten Eheschließung mitteilten; der Offizier war übrigens derselbe Mann, der als Ortsbeamter und „Mitglied des Aufsichtsausschusses" zwei Jahre zuvor die transgressive Heirat von Pierres Cousin, dem Ex-Priester Etienne Ferrand, bezeugt hatte.[75]

Blutiger Sand

Marie Aymards ältestes Enkelkind – Gabriel Ferrand (der Jüngere), geboren im November 1764 – wurde in einem 1790 für die Nationalgarde in Angoulême angelegten Register als früherer Uhrmacher bezeichnet und erhielt 1793 in seiner Vaterstadt das *certificat de civisme* als „Grenadierhauptmann".[76] Wie auch sein Cousin Pierre Allemand Lavigerie befand Gabriel sich unter den Freiwilligen, die aus dem Departement Charente nach Norden abkommandiert waren, um in dem nicht enden wollenden, mit barbarischer Härte auch gegen die Zivilbevölkerung geführten Bürgerkrieg in der Vendée zu kämpfen. Im Jahr 1796 war er in dem kleinen Atlantikhafen (und späteren Badeort) Les Sables-d'Olonne stationiert, wo sich die Garnison der Truppen aus Angoulême befand.[77] Der Ort mit etwa 2000 Haushalten wurde zum Schauplatz eines „schrecklichen Schlachtens", wie einer der Kommissare der Revolutionsarmee schrieb.[78] Selbst die Melderegister von Les Sables (zu Deutsch „Sand") berichten von Tod und Vernichtung: Eine „alphabetische Aufstellung der Begräbnisse und Todesfälle" wird in den Revolutionsjahren zu einer seitenlangen Litanei der Zerstörung, aufgeteilt in je eigene Kategorien für die Einwohner der Stadt und für „Militär und Flüchtlinge". Die Namen der bei den Massakern Ermordeten sind „durch ein x bezeichnet".[79]

Gabriel Ferrand heiratete in Les Sables-d'Olonne am 14. Mai 1796 eine junge Einheimische namens Florence Scholastique Borgnet, die einer Familie von Schmieden und Rollenmachern oder Blockdrehern entstammte (die das nötige Zubehör für die auf Schiffen gebrauchten Flaschenzüge herstellten).[80] In dem Register wird Gabriel beschrieben als ein Uhrmacher, der seit mehr als sechs Monaten in Les Sables ansässig sei, und tatsächlich sollten er und seine Familie noch über Jahre in der Stadt bleiben. Sie wohnten in der Rue de la République, denn Les Sables-d'Olonne gab sich seit Neuestem sehr patriotisch (es gab auch eine Rue du Peuple, eine Rue de l'Humanité, eine Rue de la Révolution).[81] Nach einigen Jahren zog Gabriel weit ins Inland, nach Beaugency im Departement Loiret, nicht weit von Orléans, und starb dort 1816 im Alter von 52 Jahren.[82] Seine Tochter Stéphanie Ferrand führte eine Weinhandlung in einer etwas zwielichtigen Gasse im 9. Arrondissement von Paris (1871 endete das Geschäft in einem spektakulären Konkursverfahren). Stéphanie war letztlich das Bindeglied zwischen der Familie in Angoulême und der literarischen und künstlerischen Halbwelt des Zweiten Kaiserreiches.

Martials Scheidung und zweite Heirat

Der nächste Eintrag in einer „Ehegeschichte" der Enkelkinder von Marie Aymard müsste nicht eine Heirat, sondern eine Scheidung betreffen: Die Auflösung des Ehebundes zwischen Martial Allemand Lavigerie und Louise Vaslin, die im beiderseitigen Einvernehmen im Oktober 1796 erfolgte.[83] Das Institut der Scheidung hatte Angoulême schon wenige Wochen nach Léonard Robins flammender Rede vor der Nationalversammlung im September 1792 erreicht („die individuelle Freiheit [kann] niemals in einer unauflöslichen Weise durch Konvention veräußert werden").[84] Martial und Louise waren das fünfundfünfzigste Ehepaar, das sich in Angoulême um eine Ehescheidung bemühte, und das erste, bei dem die Scheidung „im beiderseitigen Einvernehmen" angestrebt wurde.[85] Sie hatten die ganze vorgesehene Prozedur befolgt – ein Treffen mit Schiedsleuten für Familiensachen gehabt, eine „Nichtversöhnungserklärung" unterzeichnet –, und die Zeremonie, bei der ihre Trennung offiziell wurde, war ohne Zwischenfall über die Bühne gegangen. Bei dem Beamten, der diese revolutionäre Amtshandlung vornahm, handelte es sich – wie so oft – um den aus Saint-Domingue stammenden Louis Félix, den Schwiegersohn zweier Unterzeichneter des Ehevertrags von 1764. Martial bezeichnete sich als „Händler" (*négociant*). Unter den Zeugen befanden sich keine Mitglieder seiner Familie, und nur eine Verwandte von Louise war zugegen (eine jüngere Cousine, die Apothekerin werden wollte). Sechs Jahre lang waren Martial und Louise verheiratet gewesen, und sie hatten drei junge Kinder; ihr jüngster Sohn, Léon-Philippe, war ein Jahr alt.[86]

Die nächste Heirat in der Familie fand fast fünf Jahre später statt, und es war zugleich die prachtvollste: Martial Allemand Lavigerie heiratete am 17. Juni 1801 zum zweiten Mal, und zwar eine junge Frau aus Saint-Domingue, die es nach dem Tod ihrer Mutter (in Saint-Domingue) und ihres Vaters (in Philadelphia) zuerst nach Bordeaux und dann weiter nach Angoulême verschlagen hatte. Ihr Name (um den später noch Uneinigkeit herrschen sollte) war Marie Louise Bonnite Raymond Saint Germain.[87]

Bei dieser Zeremonie war vieles vom Zufall abhängig: Martial beschrieb sich jetzt als „Handelsgehilfe" (*commis négociant*); Bonnites verstorbener Vater wurde recht vage als „Inhaber" bezeichnet. Sie war 25 Jahre alt und war im Januar 1776 in Saint-Domingue zur Welt gekommen. Als Flüchtling, den eine halbe Weltreise vom Ort seiner Herkunft trennte, hatte sie keinerlei Geburtsurkunde, auch keine Nachweise über die Tode ihrer Eltern; alles, was sie vorlegen konnte, war eine „Bekanntheitserklärung", die 1797 von „acht Bürgern" von Bordeaux unterzeichnet worden war, die ihre Eltern an deren Wohnort in Jérémie, im Westen der Kolonie, gekannt hat-

ten. Martials Mutter unterzeichnete den Heiratsvermerk, ebenso seine älteste Schwester – „Lavigerie *ainée*", die wohlhabende Ladenbesitzerin – und
sein jüngster Bruder Antoine, der frühere Sekretär im *bureau des émigrés*,
der nun ebenfalls als *commis négociant* beschrieben wurde. Es gab drei
Zeugen: einen Notar; den Papiermacher Pierre Auguste Henry, der fünf
Jahre zuvor in Sillé-le-Guillaume den Heiratsvermerk für Pierre Allemand
Lavigerie unterzeichnet hatte; und einen „Zugezogenen" mit einer
romantisch-ausladenden Unterschrift: „Laurent Silvestre Topin, Professor
der Zeichenkunst an der École Centrale des Departements Charente".[88]

Wie Martials Eltern im Jahr 1764, so hatten auch Martial und Bonnite
einige Tage vor ihrer Eheschließung im Jahr 1801 einen Ehevertrag unterschrieben. Dieser war ein ziemlich sentimentales Dokument. Das Paar bildete eine Gütergemeinschaft, gegenwärtig und zukünftig, und zwar „un-
geachtet der Gesetze oder des Gewohnheitsrechtes in dem Lande, in dem
sie womöglich leben werden". Es gab aufwendige Regelungen mit Blick auf
künftige Hypotheken, und auch für ihre noch ungeborenen Kinder wurden schon diverse Vorkehrungen getroffen, unter anderem auch für den
Fall, dass diese noch zu Lebzeiten ihres Vaters sterben sollten. Bonnite beschrieb ihre Hoffnungen und Ängste wie folgt:

> „Aus dem Wunsch heraus, ihre Zuneigung zu ihrem künftigen Gatten
> auf eine sichere und absolut unwiderrufliche Weise kundzutun, und
> in Ansehung des Falles, dass er sie überleben mochte, ohne dass aus
> ihrer beider Verbindung irgendwelche Nachkommen hervorgegangen
> wären, erklärt [sie], dass sie ihm Folgendes hinterlässt – und er nimmt
> es ausdrücklich und in Dankbarkeit an –: die Gesamtheit der Sachen
> und Anrechte auf Sachen, beweglicher wie unbeweglicher Art; Kredi-
> te, Erträge, Einkünfte, Gold, Silber, Effekten und überhaupt alle Sa-
> chen, aus denen ihr Nachlass sich dereinst zusammensetzen mag; dass
> er sie besitzen, aufsuchen und sicherstellen möge, in ihren Genuss
> komme, sie nutze und verwende als seinen eigenen Besitz, wie der Be-
> schenkte es für richtig halten wird, sobald der Tod der Schenkerin ein-
> getreten ist."[89]

Da gab es also ein weiteres verschwundenes Vermögen, eine weitere
mögliche Erbschaft von „Anrechten" und Sklaven, 36 Jahre nachdem

Bonnites frischgebackene Schwiegermutter ihre eigenen zukünftigen Rechte in ihrem eigenen Ehevertrag ausgeführt hatte: „worin diese auch immer bestehen und wo immer sie zu finden sein mögen". Martials Eltern, Etienne Allemand und Françoise Ferrand, unterzeichneten den Heiratsvertrag ihres Sohnes auf der letzten Seite des Dokuments, ebenso sein Onkel Gabriel und seine Tante Marie Adelaide; auch sieben seiner Schwestern unterzeichneten den Vertrag, und sein Cousin Gabriel war ebenfalls anwesend, zusammen mit seiner Braut aus Les Sables-d'Olonne („Borgnet femme Ferrand"); auch „Marchais Delaberge" war da, einer der reichsten Männer in ganz Angoulême und Vermieter von Etiennes Schwestern, dessen Großvater einst den Vertrag vom Dezember 1764 unterzeichnet hatte.[90]

Bonnite Raymond Saint Germain war etwa im vierten Monat schwanger, als sie den Ehevertrag unterzeichnete, doch ihre düsteren Vorahnungen von einem frühen und unerwarteten Tod sollten sich nicht bestätigen: Das erste Kind des Paares kam im Dezember 1801 gesund und munter zur Welt, und auch seine Eltern lebten glücklich und zufrieden immerdar (oder doch zumindest noch etliche Jahre lang).[91] Bis 1803 war die Familie in die Hafenstadt Bayonne nahe der Atlantikküste gezogen, wo Bonnite und Martial noch fünf weitere Kinder bekamen. Martial, der im Laufe der Revolutionsjahre als *commis à la recette des tailles* und *caissier à la recette du district*, als *marchand*, *négociant* und *commis négociant* seinen Lohn verdient hatte, war nun wiederum Beamter: „Einnehmer der Lotterie von Bayonne".[92]

Eine geheimnisvolle „Besitzerin"

Die erste von Marie Aymards Enkel*töchtern*, die heiratete, war Françoise Ferrand, die 1777 in Angoulême geborene Tochter von Jean-Baptiste Ferrand und Elizabeth Boutoute. Noch als Säugling emigrierte sie mit ihren Eltern und kehrte 1795 nach Frankreich zurück; im September 1798 erhielt sie in Angoulême zusammen mit den anderen Flüchtlingen aus Saint-Domingue eine „Bedürftigkeitsbescheinigung".[93] 1800 begegnet sie uns in Paris, wo sie einen Mann namens Joseph Brébion heiratete. Er war Soldat, ein „chef d'escadron" (Major der Kavallerie und Schwadronskommandeur). Im Jahr 1804 hielt sie sich in New York auf, wo ihre Tochter Clara Brébion zur Welt kam.[94] Spätestens 1814 war sie verwitwet und lebte mit drei kleinen Kindern in Paris. Nach Aussage des Bürgermeisters des (alten) 7. Arrondissements lebte sie im „Elend", hatte keinerlei Besitz in Frankreich, keine Arbeit und damit keinerlei Möglichkeit, sich und ihre Kinder „durch eigenen Fleiß" zu ernähren.[95]

Also wandte sich Françoise, wie einst schon ihr Vater, an das Marine- und Kolonialministerium, wo sie ihre Anerkennung als „Besitzerin in Saint-Domingue und Flüchtling in Frankreich" beantragte. Ihr Gesuch wurde an das „Komitee von namhaften Kolonisten" weitergeleitet, das man eingerichtet hatte, um die Ansprüche von Flüchtlingen zu bewerten, die angaben, auf der Insel Land oder Sklaven besessen zu haben; und dieses Komitee kam zu dem Schluss, dass, jawohl, Françoise tatsächlich eine „Besitzerin" gewesen war. Im August 1814 wurde ihre Aufnahme in die „1. Hilfs-Kategorie" bewilligt.[96] Bis zu ihrem Tod 1860 bezog sie fortan eine jährliche Pension – 45 Jahre lang. Und selbst nach ihrem Tod wurde dieses Geld noch eine Zeit lang ausbezahlt, aber das gehört schon zur Geschichte der Familien Allemand und Ferrand im 19. Jahrhundert.[97]

In anderer Hinsicht bleibt die Heirat und Ehe von Françoise und Joseph ein Rätsel. Es ist immerhin möglich, dass Joseph Brébion selbst ein „Besitzer" auf Saint-Domingue gewesen war; Françoises Vater, Jean-Baptiste Ferrand, hatte sich mehrmals erfolglos bemüht, von dem Komitee als „Besitzer" anerkannt zu werden. Joseph war Soldat, er besaß Grund und Boden und hatte Kinder und Enkel: drei entscheidende Bedingungen, die es relativ wahrscheinlich erscheinen lassen, dass man irgendwo in der großen Masse des familiengeschichtlichen Quellenmaterials weitere Informationen zu ihm oder zu Personen aus seinem nächsten Umfeld aufspüren könnte. Aber er starb in Kriegszeiten, und die Unterlagen zum Leben der Kolonisten in Saint-Domingue waren (nach der Beschreibung eines der vielen Beamten, die das willkürliche System der Flüchtlingshilfe reformieren wollten) kaum vorhanden: „Das Unmaß von Übergriffen, die Plünderungen und Massaker und Feuer haben dazu geführt, dass in der Kolonie alles verschwunden ist, das zur Anerkennung von [Vermögens-]Werten herangezogen werden könnte" – und Gleiches gilt von den Unterlagen über Geburten, Heiraten und Todesfälle, ja letztlich von der „Anerkennung" individueller Existenzen und Lebenswege überhaupt.[98]

Eine Frau von großer Gewandtheit und Schläue

Der allgemeine Krieg der 1790er- und 1800er-Jahre bildete immerhin die Kulisse für Françoise Ferrands Heirat mit dem Soldaten aus Saint-Domingue ebenso wie für die Hochzeiten ihrer Cousins Pierre (im Departement Sarthe) und Gabriel (im Departement Vendée). Die Kriegsgeschichte ihres Cousins Pierre Alexandre Ferrand verlief ungleich bitterer. Pierre Alexandre war der jüngste der sechs Söhne von Gabriel Ferrand und Marie Adelaide Devuailly, und auch er heiratete mitten im Krieg in der Fremde, doch unter noch obskureren Bedingungen als seine Verwandten. In den Kirchenbüchern und Registern von Angoulême taucht er zu drei Gelegenheiten auf: bei seiner Taufe 1775; als 1839 seine Frau starb; und 1841, als er selbst das Zeitliche segnete.[99] In den Jahren dazwischen gestaltete sich sein Leben als eine einzige Abfolge von Unglücksfällen, von denen einer schrecklicher war als der andere.

Im Jahr 1793 erhielt Pierre Alexandre in Angoulême ein *certificat de civisme*.[100] Zu einem nicht näher bekannten früheren Zeitpunkt war er, einem biografischen Lexikon der napoleonischen Armeen zufolge, in das 11. Reservebataillon des Regiments der Charente eingetreten. Im September 1792 wurde er zum *sergent-major* befördert, 1794 dann zum Hauptmann (*capitaine*). Er zog mit der *Armée du Nord* ins Feld, dann mit der *Armée d'Italie*.

Bei der blutigen Schlacht am Mincio zu Weihnachten 1800, bei der Napoleons Truppen auf ihrem zweiten Italienfeldzug über diesen oberitalienischen Fluss setzten und damit ihren Vorstoß in Richtung Venedig begannen, wurde Pierre Alexandre „durch einen Schuss in den Oberkiefer verwundet". Er war „unfähig zu kauen" und wurde als Invalide aus der Armee entlassen.[101]

Bis 1810 war Pierre Alexandre nach Angoulême zurückgekehrt, wo er sich „mit einer Italienerin, die er in Venedig geheiratet hatte", niederließ. Er hatte nur sehr wenig Geld und musste mit einer Wohnung am Stadtrand vorliebnehmen; dann „verfiel er dem Irrsinn wegen der Verwundung am Kopfe", das heißt: Er wurde dement. Im Jahr 1831 „galt er als ein ‚entfremdeter' Offizier".[102] Pierre Alexandre Ferrand starb in Angoulême im Dezember 1841, im Alter von 66 Jahren.[103]

Pierre Alexandres italienische Ehefrau hieß „Auguste Siva de Villeneuve Solard" und war bereits 1839 verstorben, ebenfalls in Angoulême. Von
ihr heißt es nur, sie sei „aus Venedig gebürtig" und „etwa 65 Jahre alt".[104]
Sie war zudem eine Beinahe-Namensvetterin einer romanhaften Gestalt
aus den 1780er-Jahren namens „Clara Sophia Augusta de Ceve de Villeneuve Solar", die 1787 in London einen reiselustigen englischen Baronet
verklagt hatte, weil er einen im September 1784 im „Hotel d'Europe" zu
Marseille geschlossenen Vertrag gebrochen habe. Auguste oder Augusta
gab an, dass sie gebürtige Neapolitanerin sei, die Witwe eines sardischen
Grafen, und dem Engländer 75 000 Livres überlassen habe, im Gegenzug
für eine jährliche Rentenzahlung. Der reisefreudige Baronet entgegnete
(in einer Aussage, die er unter Eid in Sankt Petersburg machte), dass es sich
bei der Klägerin um eine „Kurtisane" handle, mit der er in Paris „intim
bekannt" gewesen sei. Sie sei, wie er weiter ausführte, eine Frau „von großer Gewandtheit und Schläue", und er habe mit ihr nur ein Scheingeschäft
abgeschlossen, das es ihr ermöglichen sollte, zu ihrem Ehemann und „etlichen Kindern" zurückzukehren, die in einer Stadt namens „Oneille"
(Oneglia) lebten, an der „Meeresküste zwischen Marseille und Genua".[105]
Wenn „Auguste Siva de Villeneuve Solard" und „Augusta de Ceve de Villeneuve Solar" tatsächlich dieselbe Person gewesen sein sollten, dann wäre
sie bei ihrem Tod in Angoulême 1838 schon über siebzig Jahre alt gewesen – eine alte Dame fern ihrer neapolitanischen Heimat.

Ein Künstler in Angoulême

Die einzige von Marie Aymards Enkelinnen, die in Angoulême heiratete,
war Jeanne Allemand Lavigerie, die „Mariette" gerufen wurde, die sechste
der neun Töchter von Etienne und Françoise. Ihre Hochzeit fand im Juli
1801 statt, und ihr Bräutigam war der „Zugezogene" mit der romantischen
Unterschrift, Laurent Silvestre Topin. Silvestre war 1796 nach Angoulême
gekommen. Im Jahr 1792 ist er als Architekturstudent in Paris belegt, wo
er einen Wettbewerb gewann, bei dem „ein Palais für einen vermögenden
Privatmann" entworfen werden sollte – bizarrerweise ausgerechnet in dem
Revolutionssommer, der den Sturz der französischen Monarchie brachte.[106]
Der Architekt David Le Roi, den sein „naupotame" berühmt gemacht

hatte, der Entwurf eines Multifunktionsbootes für Flüsse und Meere, nahm ihn als seinen Schüler an. Als die *Académie royale d'architecture* 1793 vom Nationalkonvent geschlossen wurde, konnte Silvestre die Patronage des großen Revolutionsmalers Jacques-Louis David gewinnen. Silvestres Aufrissplan einer „Bildungsanstalt" wurde in der Architektursektion des Salons von 1795 ausgestellt.[107]

Silvestre Topin bewarb sich 1796 auf die neu geschaffene Position eines „Professors der Zeichenkunst" an der ebenso neuen *École Centrale* des Departements Charente, die als säkulares Äquivalent jenes Jesuitenkollegs eingerichtet worden war, an dem der arme Etienne Allemand sich über Jahre hinweg geplagt hatte. Silvestre erhielt die Stelle im Alter von 25 Jahren, nachdem er als Arbeitsprobe den „Plan einer Fassade mit Säulen" eingereicht hatte, dazu noch einen „geometrischen Plan eines Bauwerks" sowie die Skizze einer Akademie in „schwarzem Crayon". Seine Unterrichtstätigkeit nahm er später im selben Jahr auf und wurde 1797 offiziell auf seinem Posten bestätigt.[108] Die Zeichenklasse entwickelte sich schnell zu einem durchschlagenden Erfolg; mehr als die Hälfte aller Schüler, die überhaupt an der *École Centrale* eingeschrieben waren, belegten Silvestres Kurse. Dieser trug eine Sammlung von 545 Zeichnungen für seine Schule zusammen und hoffte, damit „unter der Arbeiterschaft einen Geschmack für die Kunst erwecken" zu können; seine eigenen Schüler fertigten Zeichnungen eines Hafens und einer Wertpapierbörse an und kopierten Gemälde von Greuze und Vanloo.[109]

Im Sommer 1798 änderte Silvestres Schicksal noch einmal seinen Kurs. Während die Armeen der Revolution sich noch auf dem Vormarsch durch Italien befanden, wurde er zum offiziellen Kartografen des französischen Militärs ernannt. „General Leclerc, dem die Aufgabe übertragen wurde, die Kampagnen der Italienarmee auf einer Karte darstellen zu lassen, hat ein dringendes Bedürfnis nach der Mitwirkung des Bürgers Silvestre Topin, Professor der Zeichenkunst an Ihrer École Centrale, an diesem wichtigen Unterfangen", schrieb der Innenminister im Juni 1798 an die Departementsverwaltung der Charente, und Silvestre brach umgehend in Richtung Italien auf.[110] Etwas über ein Jahr lang sollten seine Abenteuer jenseits der Alpen andauern – er erfüllte dort „die Funktionen eines Geografen" und zeichnete Schlachtpläne –, bevor er dann im Sommer 1799 wieder in Angoulême war, versehen mit einem

Dekret, dass ihn „absolut" von jeglichem zukünftigen Militärdienst befreite. Silvestre hatte als Kartograf inzwischen einflussreiche Freunde gewonnen. Als die Departementsverwaltung seine Rückkehr auf den Posten als Zeichenprofessor verzögerte – mit der Begründung, womöglich müsse er ja noch einmal zur Armee einrücken –, gingen dort innerhalb weniger Tage Briefe des Kriegsministers und des Innenministers ein: Silvestre Topin „darf nicht mit einer erneuten Einberufung zur Armee behelligt [*inquiété*] werden".[111]

Nach Silvestres Rückkehr wuchs der Erfolg seines Zeichenkurses sogar noch weiter an. Aus Lyon schrieb er auf dem Rückweg nach Angoulême: „Aus Italien bringe ich wertvolle Stiche mit ... wie gemacht dazu, junge Leute in der Kunst des Zeichnens zu inspirieren."[112] Ganz besonders engagiert zeigte er sich bei der Auswahl von Preisen, mit denen besonders verdiente Schüler belohnt werden sollten: „die sieben Sakramente von Poussin" als ersten Preis für gegenständliches Zeichnen im Herbst 1799 und „antike Fragmente" als ersten Preis in der Kategorie „ornamentale Verzierung".[113] Die *École Centrale* war inzwischen in die frühere Abtei von Beaulieu eingezogen. Damit gingen neue „Beigaben" einher, wie es in Angoulême in den bewegten Jahren der Revolution, in denen die Dinge sich „im Fluss" befanden – Grundstücke und Häuser allemal –, so oft der Fall war: Die Schule verfügte plötzlich über einen botanischen Garten, kunstvoll gearbeitete Möbel und ein dekoratives Gitter aus Schmiedeeisen, das aus dem (früheren) Kloster der „Tiercelettes" an der Place du Mûrier in die neuen Räumlichkeiten der Schule gebracht wurde. Der Zeichenunterricht fand in einem großen, sonnendurchfluteten Raum statt, der ehemaligen Waschküche der Benediktinerinnen von Beaulieu.[114]

Silvestre Topin und Jeanne Allemand Lavigerie heirateten also 1801 in Angoulême. Nach den damaligen Maßstäben für Familienereignisse war es ein eher bescheidener Anlass. Weder Jeannes Mutter Françoise Ferrand unterzeichnete den Registervermerk über die Eheschließung noch tat dies auch nur eine einzige Schwester der Braut (sechs ihrer Schwestern hatten nur wenige Wochen zuvor den Heiratsvertrag von Martial und Bonnite unterschrieben!). Ihr Vater Etienne und ihre Brüder Martial und Antoine Lavigerie waren Trauzeugen, zusammen mit dem treuen Papiermacher Pierre Auguste Henry und dem Leiter der örtlichen Schulbehörde, einem früheren Priester und Drucker revolutionärer Dekrete, in den 1760er-Jahren einer der vielen möglichen Erbberechtigten in dem Nachlassstreit um den Hutmachersohn und das Erbe auf Martinique.[115]

Silvestre wurde in dem Registereintrag über seine Eheschließung als der Sohn des verstorbenen Nicolas Topin und der Marie Catherine Lacorne, beide aus Paris, beschrieben; und wie sich herausstellt, war es seine Mutter, mehr noch als seine einflussreichen Freunde beim Militär, die seine Verbindung – und damit auch die überraschende Verbindung der Allemands und der Ferrands – zur „großen" politischen Geschichte der Französischen Revolution herstellte. Nicolas Topin war „königlicher Maler" gewesen; genauer gesagt hatte er Stühle vergoldet und mit seinem Pinsel „Scheinmarmor" an Wände und auf Säulen gezaubert. Auch als Erfinder hatte er sich betätigt und dabei eine „geheime" Methode zur Herstellung besonders leichter Militärhelme ersonnen.[116] Marie Catherine Lacorne war Geografielehrerin und die Tochter eines Tanzlehrers (der die Pagen eines Cousins des Königs unterwiesen hatte). Sie war eine freisinnige, fortschrittliche Frau, die man in der Frühphase der Revolution zur „Untergouvernante" einer der letzten französischen Prinzessinnen bestellt hatte: Louise-Eugénie-Adelaide, der überlebenden Tochter des revolutionären Herzogs „Philippe Égalité", wie Philippe d'Orléans aufgrund seiner Mitwirkung am Nationalkonvent genannt wurde, und einer Schwester des späteren Königs Louis-Philippe. Die Prinzessin bewohnte mit den anderen Mitgliedern der Familie Bourbon-Orléans das Palais Royal (die sogenannte „Maison Égalité").[117]

Im März 1793 geschah „Madame Topin" das große Unglück, dass der Duc d'Orléans sie nach Tournai in den belgischen Niederlanden schickte, wo seine Tochter sich im Exil befand; die Untergouvernante sollte die Rechnungen der Prinzessin begleichen und diese, falls notwendig, zurück nach Frankreich begleiten. Bei ihrem Eintreffen in der Stadt an der Schelde fand Silvestres Mutter sich inmitten einer Militärinvasion und politischen Konterrevolution wieder. Sie saßen alle miteinander in der Falle: ihr 16-jähriger Schützling; der 19-jährige Bruder der Prinzessin und spätere König; eine wesentlich ranghöhere Gouvernante, die Schriftstellerin Madame de Genlis; sowie *der* Kriegsheld aus den Anfangsmonaten des Ersten Koalitionskrieges (und spätere Überläufer zu den Feinden der Revolution), der General Dumouriez.

Im Verlauf mehrerer „hitziger" politischer Gespräche musste Madame Topin, wie sie nach ihrer Rückkehr berichtete, „feststellen, dass [der junge

Prinz] erschüttert war", und beschloss, „ihn vor dem Vorhaben des Dumouriez zu warnen, der ihn auf die Seite [der konterrevolutionären] Partei
locken und damit der sicheren Vernichtung preisgeben wollte"; außerdem
hoffte sie, der jungen Prinzessin „einen Weg aus dieser Falle weisen" zu
können. Doch eines Abends erschien „eine große Zahl von Husaren", ent-
führte die Prinzessin und mit ihr Madame de Genlis. Madame Topin kehrte nach Paris zurück und begab sich dort, aus Gründen des „Pflichtgefühls"
und einem starken Empfinden ihres „*civisme*" heraus, geradewegs zur
nächsten Polizeiwache. Dort schilderte sie, was sie auf ihrer abenteuerlichen Reise nach Tournai erlebt hatte, gab auch den Inhalt der subversiven
Unterhaltungen wieder, die sie gehört hatte, und gab zudem an, dass sie
den Prinzen in ruhigen Momenten „das hatte singen hören, was bei der
Messe und bei der Vesper gesungen wird".[118] Im April 1793 wurde ihre
Aussage von der Imprimérie du républicain als Flugschrift in Umlauf ge-
bracht, und im November 1793 starb „Philippe Égalité" auf dem Schafott.
Danach wurde Madame Lacorne Topin zu einer Symbolfigur für die
Niedertracht der Revolution.[119]

Dies war also die politische Geschichte, vor der Silvestre in die provinzielle Abgeschiedenheit und Ruhe von Angoulême geflüchtet war. Seine
Beziehungen zu seiner neuen Familie kann man nur als herzlich bezeichnen. Jeanne war, wie ihre Schwägerin Bonnite, schwanger gewesen,
als sie im Juli 1801 geheiratet hatte: Ihr erstes Kind kam im Oktober 1801
zur Welt und diesmal war ihre Mutter, Françoise Ferrand, die hauptsächliche Zeugin. Jeanne und Silvestre bekamen noch eine zweite Tochter,
Françoise Méloé, die im Januar 1803 geboren wurde, und einen Sohn, der
im August 1804 zur Welt kam; der Zeuge bei der standesamtlichen Eintragung der Geburt ihres Sohnes war der frühere Wundarzt von der Insel
St. Vincent.[120] Doch da war das Idyll der *École Centrale* von Angoulême mit
ihren umschwärmten Zeichenkursen in der ehemaligen Klosterwäscherei
bereits Geschichte: Die neuen, säkularen Kollegien mit ihrer unabhängigen,
auf Departementsebene organisierten Verwaltung und ihrem revolutionären Ruf waren in der napoleonischen Bildungsreform von 1802 abgeschafft
worden; der letzte Unterricht in Angoulême fand im September 1804 statt.[121]

Silvestre und Jeanne kehrten nach Paris zurück, wo sie 1807 und 1813
zwei weitere Kinder bekamen.[122] Marie Catherine Lacorne Topin, Silvestres Mutter, lebte ebenfalls in Paris, wo sie 1810 starb. Als Pensionärin be-

wohnte sie ein Zimmer im dritten Stock eines Künstlerwohnheims im Musée des Artistes in der Rue de Sorbonne. Ihren Nachlass, dessen Wert auf 48 Francs taxiert wurde, meldete ein anderer Bewohner der Unterkunft, der früher einmal die Kinder der Königsfamilie in der Kunst der Historienmalerei unterrichtet hatte; die Verstorbene, hieß es, habe „keine bekannten Erben".[123]

In den Pyrenäen

Das zwölfte von Françoise Ferrands dreizehn Kindern, Etienne, war bei Ausbruch der Französischen Revolution noch ein kleiner Junge: Im Jahr 1790 unterzeichnete er den Vermerk über die (erste) Heirat seines Bruders, da war er neun.[124] Irgendwann im Lauf der Revolutionsära wurde er Goldschmied. Im Jahr 1806 befand er sich in Pau nahe der Grenze zu Spanien, mehr als 300 Kilometer südlich von Angoulême. Am 1. Januar 1807 heiratete er dort ein fünfzehnjähriges Mädchen namens Marie Montesquieu, deren Mutter in der Stadt ein Lebensmittelgeschäft führte.[125] Drei Jahre später, 1810, lebte Etienne in der Hafenstadt Bayonne, 100 Kilometer weiter westlich.[126] Marie Montesquieu starb 1837 in Pau.[127]

Etienne war noch am Leben, als Marie starb; sie hatten keine Kinder (zumindest keine, die in Pau oder Bayonne zur Welt gekommen wären oder die ich – bislang – auf einer der vielen Familienforschungs-Websites gefunden hätte, deren Datenbestände sich andauernd ändern). Die Schicksale von Marie Aymards Enkeln waren sehr verschieden, und es besteht ein deutliches Ungleichgewicht auch bei den Informationen, die über ihre Heiraten und ihr sonstiges Leben überhaupt verfügbar sind. Von keinem der 23 Enkelkinder haben sich Briefe erhalten (wiederum: zumindest keine, die ich bislang gefunden hätte); nur einer der Enkel, Martial Allemand Lavigerie, wurde jemals – flüchtig – in einer Zeitung erwähnt. Aber selbst die Daten aus den Zivilregistern sind nur ungleich verfügbar, und das gilt umso mehr bei Personen, wie Etienne, deren früher Lebensweg von der Migration und Mobilität der Revolutionsära geprägt waren. Mindestens zwanzig der Enkelkinder überlebten das Säuglingsalter; und von diesen bleiben zwei Enkel – beides Enkelsöhne –, die in der Geschichte so gut wie keine Spuren hinterlassen haben.[128]

Ein Pensionat in Bayonne

Die letzte von Marie Aymards Enkelinnen, die im Verlauf der langen Französischen Revolution heiratete, war Joséphine Lavigerie, die achte der neun Töchter von Françoise Ferrand und Etienne Allemand. Sie wurde 1779 in Angoulême geboren und auf den Namen „Josephe" getauft; ihre Taufpatin war die Witwe eines Plantagenbesitzers in Saint-Domingue. Wie so viele junge Frauen in den ersten Jahren des 19. Jahrhunderts wurde sie später, wie Napoleons erste Kaiserin, „Joséphine" gerufen.[129]

Irgendwann zwischen 1803 und 1807 muss Joséphine nach Bayonne gezogen sein, wo ihr älterer Bruder Martial mit seiner neuen Familie lebte. Im September 1807 heiratete sie dort Joseph Alexandre César Ponsard, einen Lehrer aus Marseille. Bei dieser Gelegenheit heißt es von ihr, sie wohne bei ihrem Bruder, „dem Direktor der kaiserlichen Lotterie". Die Zeugen der Eheschließung kamen aus dem Behörden- und Verwaltungsmilieu, das Bayonne in jenen Kriegsjahren prägte: ein Oberst, ein Kaufmann, der „Hauptzolleinnehmer", der „Zahlmeister der kaiserlichen Marine". Im April 1809 kam das erste Kind des Paares zur Welt, ein Sohn; bis zu diesem Zeitpunkt war ein weiterer ihrer Brüder ebenfalls nach Bayonne gezogen: Die beiden Zeugen für den Geburtsvermerk des Kindes waren Martial Allemand Lavigerie und Pierre Allemand Lavigerie, der den Militärdienst quittiert und zwischenzeitlich eine Stelle in der Verwaltung des Departements Sarthe angetreten hatte, jetzt aber als ein „Angestellter des Finanzministeriums" bezeichnet wurde.[130]

Fern von Angoulême war Joséphine zu der Lebensweise ihres Vaters und ihres Onkels zurückgekehrt. Ihr Ehemann, der „instituteur" – Lehrer –, war 1810 ein Zeuge nach der Geburt von Charlotte Ursule, der Tochter von Martial und Bonnite; der andere Zeuge war Pierre Allemand Lavigerie, der es inzwischen bis zum „Assistent[en] des Kriegszahlmeisters" gebracht hatte.[131] Alexandre Ponsard wurde ein „maître de pension", wie sein Schwiegervater und der Onkel seiner Frau, und ein „Angehöriger der Universität"; im Oktober 1824 war er ein Trauzeuge bei der Heirat von Léon-Philippe Allemand Lavigerie, dem jüngsten Kind Martials und seiner ersten Frau Louise Vaslin; der Bräutigam war 1795 in Angoulême zur Welt gekommen und amtierte inzwischen als „Empfänger der Deklarationen beim Königlichen Zollamt von Bayonne".[132] Anders als ihr Bruder kehrte Joséphine niemals nach Angoulême zurück. Ihr Ehemann starb 1847 in dem Haus der Familie im alten Stadtkern von Bayonne; sie selbst starb 1855 im Alter von 75 Jahren am selben Ort.[133]

Der letzte Enkel

Marie Aymards jüngstes Enkelkind, Jean-Baptiste Ferrand, der nach der Rückkehr seiner aus Saint-Domingue geflüchteten Eltern nach Angoulême zur Welt gekommen war, erlebte die letzte Phase der nachrevolutionären und napoleonischen Kriege noch als Soldat. Im Februar 1814 wurde er als Infanterist zum Dienst in der Kaiserlichen Garde eingezogen, nahm am Frühjahrsfeldzug 1814, dessen Schlachten auf französischem Boden geschlagen wurden, als Lanzenreiter teil und wurde nach fünf Monaten, im Juli 1814, entlassen. Er ist auch das einzige Enkelkind, von dem eine Art von Personenbeschreibung überliefert ist, und zwar in seiner Militärakte: 1,73 Meter groß; längliches, ovales Gesicht; braune Augen; kleiner Mund; dunkles, kastanienfarbenes Haar.[134]

Jean-Baptiste Ferrand war Maler von Beruf. Er war verheiratet – oder lebte in „wilder Ehe" – mit einer Frau namens Elisa Collet, und sie hatten zusammen eine Tochter, Rose Calista Ferrand, die 1833 in Paris geboren wurde. Elisa Collet starb 1836 in Paris. Jean-Baptiste heiratete 1839 (erneut?), und zwar eine Ladenbesitzerin und Limonadenverkäuferin, die Anne Thiriot hieß. Zusammen lebten sie in der Kleinstadt Montereau, einem Flusshafen wie Angoulême, an der Mündung der Yonne in die Seine gelegen, der auch als Produktionszentrum für bemaltes und bedrucktes Porzellan eine gewisse Bedeutung hatte. Jean-Baptiste war bei dieser Eheschließung 43 Jahre alt und bezeichnete sich als „Witwer". Seine Eltern waren einige Jahre zuvor in Paris verstorben, teilte er dem Standesbeamten mit; an die Todesdaten oder Sterbeorte seiner Großeltern könne er sich nicht erinnern. Auch Anne Thiriot war verwitwet; Jean-Baptiste wurde als „Künstler" und „Maler" bezeichnet.[135] Fünfundzwanzig Jahre später lebte er noch immer in Montereau und war als Künstler tätig; seit 1861 war er zum zweiten Mal verwitwet.[136] Jean-Baptiste Ferrand starb 1873, in der schweren Zeit nach dem

Deutsch-Französischen Krieg, im Haus seines Schwiegersohns, eines Spenglers, Ehemann seiner einzigen Tochter Rose Calista, in der Klein-stadt Vimoutiers in der Normandie.[137]

Die Revolution als Familiensache

Dies also waren die ganz alltäglichen Geschehnisse und Geschichten, die den Menschen im erweiterten Netzwerk von Marie Aymards Enkelkin-dern über die Jahre hinweg begegneten, dies ihre Rahmenbedingungen für Liebe, Freundschaft und Tod. Aber zugleich ist die Geschichte der Fami-lien Allemand und Ferrand, wie wir gesehen haben, eine Geschichte der Französischen Revolution. Und sie *erzählt* eine Geschichte davon, wie es „eigentlich gewesen" ist damals, in jenen Zeiten des Aufruhrs, entwirft eine historische Perspektive immerwährenden Wandels.

Die Allemands und Ferrands waren eine revolutionäre Sippe in einem sehr umfassenden Sinn. Zwei von Marie Aymards Kindern, ihr Schwieger-sohn sowie zwei ihrer Enkel gehörten der neuen, revolutionären Ver-waltung von Angoulême an; ein weiterer Enkel arbeitete für das Departe-ment Sarthe; sechs ihrer Enkel (und Schwiegerenkel) dienten in den französischen Armeen der revolutionären und napoleonischen Epoche, zwei weitere waren Beamte der kaiserlichen Regierung und einer war ein ehemaliger Priester.[138] Etienne und Françoise bewohnten das *bien national*, das Etienne 1791 erworben hatte und das zuvor im Besitz des Angoulêmer Domkapitels gewesen war.[139] Gabriel hatte einen dreijährigen Pachtvertrag für die vormalige Kirche der „Tiercelettes" abgeschlossen, und sein Sohn war der Eigentümer (oder jedenfalls der vorgebliche Eigentümer) eines *bien national* aus dem Vorbesitz der Brüder seiner Ehefrau.

In den sozialen Netzwerken der Enkelgeneration, wie sie sich aus den Unterlagen über ihre Eheschließungen rekonstruieren lassen, tummeln sich die Vorkämpfer, Sympathisanten und Mitläufer des revolutionären Wandels: ein „revolutionärer Beamter der Stadtverwaltung", ein Mitglied des „Aufsichtsausschusses", der neu gewonnene Schwiegervater aus dem Departement Sarthe, dessen Sohn „Décadi" hieß; der revolutionäre Papier-macher Pierre Auguste Henry.[140] Selbst die Individuen aus dem erweiterten Netzwerk des Heiratsvertrages von 1764 – die „Dreiundachtzig" und ihre

Kontaktpersonen – nahmen die vielfältigen Umbrüche ihrer Gegenwart mit Gleichmut hin. In dem Netzwerk der Dreiundachtzig finden sich keine *émigrés*, keine renitenten Priester, keine Feinde der Revolution; dafür aber die drei Lokalrevolutionäre Louis Félix, Marguerite Aubert und Lecler-Raby.

Von niemandem, der in dieser Geschichte bislang aufgetreten ist, sind konkrete politische Überzeugungen überliefert oder belegt (mit Ausnahme der rastlosen Rose Marin). Einzig Léonard Robin, der gesetzgeberisch aktive Abgeordnete, und Marie Madeleine Virol, die königstreue Konterrevolutionärin, die in der Geschichte Marie Aymards und ihrer Familie doch eher als Nebenfiguren aufgetreten sind, spielten eine auch nur leidlich bedeutsame Rolle im revolutionären Geschehen; nur von ihnen könnte man sich vorstellen, dass sie in einer biografisch oder prosopografisch ausgerichteten Studie über die Geschichte der Französischen Revolution in Erscheinung treten könnten. Marie Madeleine Virol wurde zum Ziel eines jener oberflächlichen Ermittlungsverfahren, wie sie für die Revolutionstribunale von 1794 typisch waren, und dessen vorgebliches Ziel es war, festzustellen, wie um alles in der Welt dieses Mädchen aus der Unterschicht – eine Tochter des arbeitenden Volkes – zur konterrevolutionären Anhängerin des „Tyrannen" Ludwig XVI. hatte werden können. Léonard Robin beschrieb seine eigene revolutionäre Entdeckungsreise bis ins kleinste Detail; früher hatte er geglaubt, nicht frei vor Publikum sprechen zu können: „Nun habe ich just das Gegenteil erfahren, eintausendmal."[141]

Nimmt man die wichtigste Frage der Revolutionsgeschichtsschreibung in den Blick – *warum* kam es zur Französische Revolution? –, dann kann die Geschichte der Allemands und Ferrands zur Beantwortung dieser Frage auf politischer Ebene sogar noch weniger beitragen. Die hier entworfene Geschichte ist eine „Geschichte von unten", deren Quellen im Großen und Ganzen die traditionellen Quellen der Sozialgeschichte gewesen sind. Dazu zählen Quellen aus dem Wirtschaftsleben, Aufzeichnungen über Arbeitsverhältnisse, Steuerzahlungen und Besitzerwerb, die in den 25 Jahren der „ersten französischen Revolution" von 1765 bis 1789 und dann in den 25 Folgejahren revolutionärer Umwälzung anfielen. Diese Art von Quellenmaterial eignet sich im Prinzip sehr gut für die Art von groß angelegtem historischem Forschungsvorhaben, bei dem „die

Faktoren sich auf[türmen]" und das politische Geschehen sich als Ergebnis von „Kräfte[n]" darstellt, „die sich längst etabliert haben und [der politischen] Kontrolle entziehen".[142] Aber die Geschichte, die von Marie Aymard ihren Ausgang nahm, hat sich als eine Geschichte individueller Lebenswege entpuppt – und das ist die fast genau entgegengesetzte Art von Geschichte.

Letztlich hat es sich als unmöglich erwiesen, die Individuen aus unserer historischen *Erzählung* – Menschen mit Namen und Adressen und Eheverträgen – in eine *Geschichtsschreibung* der Kräfte und Faktoren zu integrieren. Die Zeugnisse aus ihren Leben sind dafür schlicht zu reichlich und zu detailliert; fast scheint es, als wären sie uns inzwischen *zu* gut bekannt. Es ist keine schöne Vorstellung, sich das eigene Leben als Effekt übermächtiger „Kräfte" vorzustellen – sich Gedanken darüber zu machen, welche Auswirkungen beispielsweise Preisänderungen oder das Aufkommen nationalistischer Bewegungen auf kollektive Einstellungen und Denkweisen haben können, die dann wiederum unsere eigenen, „ganz individuellen" politischen Ansichten beeinflussen; und dasselbe Gedankenexperiment ist nicht weniger unangenehm, wenn man es gleichsam „für" eine andere Person anstellt. Dabei geht es noch nicht einmal so sehr um die Größenordnung der historischen Recherche, insofern auch die Erforschung eines einzigen Lebens genauso klein oder groß angelegt werden kann, wie es die Geduld und das Durchhaltevermögen der daran beteiligten (und völlig erschöpften) Historikerinnen eben erlauben. Die Vorstellung fällt gar nicht schwer, dass sich die historische Erforschung von ein paar Hundert oder wenigen Tausend Individuen aus Angoulême – unbegrenzte Mittel vorausgesetzt – ohne Weiteres auf das Umland der Stadt ausdehnen ließe, dann auf die angrenzenden Departements und Provinzen und schließlich auf ganz Frankreich. Doch was wäre damit gewonnen? Selbst bei dieser gewaltigen Alltagsgeschichte eines ganzen Landes würde es sich immer noch um eine Erzählung von Individuen handeln, nicht um die Art von strukturorientierter Geschichtswissenschaft, die nach Kräften und Faktoren – und damit letztlich nach *Ursachen* fragt.

Nichtsdestoweniger ist die hier erzählte Geschichte eine Geschichte auch der großen historischen Ereignisse der Moderne gewesen. Das große Versprechen einer Geschichtsschreibung, die auf der Grundlage von „historischer Nachbarschaft" vorgeht – also von einem Indivuum erzählt, dann zu seiner Familie fortschreitet und schließlich deren Freunde und weitere Verwandte sowie die Schauplätze ihres Alltags in den Blick nimmt – ist ja, dass sie auf diese Weise eine Geschichte der physischen und sozialen Räume sein kann, in denen Ideen und Meinungen ausgetauscht wurden. Ein wenig von diesem Versprechen ist auch in der Geschichte der Familien Allemand und Ferrand zur Zeit der Französischen Revolution eingelöst worden. Für die Revolutionsgeschichtsschreibung im klassischen Sinn sind diese Menschen unsichtbar geblieben. Aber eine „Geschichte von unten" kann sie ans Licht holen, kann sie dem archivierten Vergessen entreißen – anhand von flüchtigen und flüchtigsten dokumentarischen Spuren, wie etwa einer Quittung auf einem kleinen Fetzen Papier, die sie einmal abgezeichnet haben, um ihren Sold im Dienst der revolutionären Verwaltung ausbezahlt zu bekommen – und aus den Universalarchiven des (ökonomischen) Alltagslebens hervortreten lassen. Und dieselben Menschen sind es – sie und ihre Freunde und Nachbarn und Taufpaten –, deren Namen sich auf den Listen der Pächter und Käufer der *biens nationaux* finden. Ihre individuellen Geschichten bilden zugleich einen Teil der Geschichte der Französischen Revolution und ihres Wirtschaftslebens.

Wirtschaft und Gesellschaft

Die Allemands und Ferrands waren Gestalten der ersten französischen Revolution, um auf Tocquevilles Kausalgeschichte des Umbruchs in Wirtschaft und Gesellschaft zurückzukommen; wie „die ganze Nation" wurden sie von einem „Verlangen nach Änderung der bestehenden Einrichtungen" getrieben.[143] Selbst jene drei von Marie Aymards Kindern, die 1764 schon am Leben waren, dann aber aus dieser Geschichte verschwunden sind, weil sie in den Kirchenbüchern und Zivilregistern nirgends aufzufinden sind (oder jedenfalls bislang nicht aufgefunden werden konnten) – selbst diese drei waren offenbar von diesem Verlangen nach Veränderung getrieben, denn irgendwann müssen sie Angoulême verlassen haben und an einem anderen Ort gestorben sein. Auch andere Details in den sozialen Netzwerken der Familie Allemand-Ferrand sind „tocquevillesk", insofern sie uns einen Austausch von Ideen und Meinungen, ein Geben und Nehmen von Einfluss und Prestige erahnen lassen.

Tocquevilles These über die Ursachen der Französischen Revolution erschien obskur und offensichtlich zugleich, als er sie in den 1850er-Jahren
formulierte. Offensichtlich war sie, weil man sie auch als Rekapitulation
einer Unzahl von individuellen Erinnerungen an die politische Revolution
von 1789 beschreiben könnte, als den Ausdruck eines verbreiteten Be-
strebens in der Generation von Tocquevilles Großeltern – die ja tatsächlich zusammen mit Léonard Robin im Gefängnis von Port-Libres inhaftiert gewesen waren –, sich an die tieferen Ursachen der Französischen
Revolution als einen vorangegangenen Wandel in „den Umständen und
Ansichten" von großen Teilen der französischen Bevölkerung zu erinnern
(oder sie vielleicht in der Rückschau erstmals so zu sehen). Fast schien es,
als wäre die Revolution ein allzu enormer Vorgang gewesen, als dass man
sie „nur" als das Resultat politischer Umstände betrachten wollte. Deshalb
musste es eine „Revolution der Ideen" gegeben haben, die der „Revolution
der Gesetze" vorangegangen war: eine Zeit, an die man sich noch erinnern
konnte (oder an die man sich zu erinnern glaubte und die man sich deshalb umso besser ausmalen konnte), in welcher „der Gewerbefleiß groß
war, aber die Unrast war noch größer", und in der „es nichts gab, das Bestand gehabt hätte, mit Ausnahme eines beständigen Wandels in allen
Dingen".[144]

Zugleich war die These von der vorgängigen Revolution der Vor-
stellungswelt obskur, weil wirkliche Belege dafür nur schwer zu finden
waren; ja, man wusste noch nicht einmal, wo (oder nach was genau) man
dabei suchen sollte. Tocquevilles Vorstoß in die Grabkammern des Ancien
Régime war in Teilen (und wie es übrigens auch die konterrevolutionären
Schriften der 1790er-Jahre gewesen waren) eine Suche nach dem Einfluss
philosophischer Ideen, nach den „Büchern, die Revolutionen gezeugt haben".[145] Aber zugleich ging es dabei, nach Tocquevilles eigener Darstellung,
um eine detaillierte Erforschung der Verwaltungs- und Finanzgeschichte
des Ancien Régime.[146] Für Georges Lefebvre handelte es sich bei Tocquevilles Darstellung damit um eine Geschichte des „soziale[n] Einfluss[es]
der Ökonomie" sowie der „gesellschaftlichen Konsequenzen ökonomischen Wandels".[147] Diese Geschichte war unvollständig in dem Sinn, dass
es für Ideen und Ansichten, oder für die Mechanismen sozialer Einflussnahme, durch die solche Ideen und Ansichten ausgetauscht wurden, nur
wenige handfeste Belege gab. Aber es gab doch, wie Lefebvre 1934 schrieb,

eine gewisse „Konstitution", die kollektiven Denkweisen und Mentalitäten jeweils eignete – die erwähnte Unrast und das brennende Verlangen nach Veränderung etwa – und die als Bindeglied in der Kette der „Bedingungen des ökonomischen, sozialen und politischen Lebens" – als den Ursachen – und der politischen „Ereignisse" – als den Wirkungen – „interkaliert" oder zwischengeschaltet war.[148]

Die Geschichte der Allemands und Ferrands – die ihrerseits eine „zwischengeschaltete" Geschichte auf der Mesoskala ist, angesiedelt zwischen dem mikroskopisch Kleinen und dem unüberschaubar Großen – ist zugleich eine Geschichte von Wirtschaft und Gesellschaft im Tocqueville'schen Sinne und eine „Interkalargeschichte", die zwischen den (ökonomischen und sozialen) Bedingungen des Alltagslebens und den (politischen oder privaten) Ereignissen ihren Platz findet. Die Kinder und Enkelkinder Marie Aymards waren einerseits *homines oeconomici*, ökonomische Individuen in dem Sinne, dass sie kauften und verkauften, liehen und verliehen, kühl kalkulierten und mit Inbrust ihre eigenen Interessen verfolgten (oder dies zumindest versuchten). Sie waren fleißig, hatten aber in den allermeisten Fällen keinerlei Anteil an dem „Gewerbefleiß", mit dem im frühindustriellen Zeitalter Kanäle, Manufakturen und andere Elemente der Handelsinfrastruktur errichtet und genutzt wurden. Die Unterscheidung von „Markt" und „Staat", die seit der Zeit von Turgots Schriften über die Angoulêmer Kreditkrise bei keiner Definition des Begriffs „Ökonomie" mehr fehlen darf, war zu ihren Lebzeiten noch alles andere als klar; und dasselbe gilt von der Unterscheidung zwischen der nationalen und der internationalen Wirtschaft, dem Binnen- und dem Außenhandel, die in einer Provinzgesellschaft an der Schnittstelle eines ständigen Austauschs von Verpflichtungen und Erwartungen zwischen Frankreich und seinen Kolonien schlicht noch nicht im heutigen Verständnis getroffen werden konnte. Der Besitz dieser Familie und der Menschen in ihrem unmittelbaren Umfeld – ihr „Kapital" – bestand in der Form von Haushaltsgütern (Marie Aymards Blechgabeln, den 58 Bettlaken Gabriel Ferrands) sowie als jene ererbten Ansprüche, die den Reformern der Zeit als so ungehörig, verwickelt und rettungslos barock erschienen.[149]

Die Ökonomie der Kirche, der Steuerverwaltung und der Kolonien in Übersee, die sich letztlich als eine unklare Mischung aus politischen und genuin wirtschaftlichen Elementen darstellt, bot den Rahmen für das „Vorankommen" der Familie, und ganz ähnlich war es bei vielen anderen aus dem sozialen Netzwerk der Unterzeichneten des 1764 geschlossenen Heiratsvertrages. Und sie war der Schauplatz von mehreren „Affären", die Angoulême in den 1760er-, 1770er- und 1780er-Jahren in Atem hielten, von der Kreditkrise und den Rechtsstreitigkeiten über den „Wucher" über den Totschlag (womöglich Mord) an einem jugendlichen Abbé gleich vor den Mauern des Priesterseminars bis hin zu dem Skandal um den Steueramtsschreiber im Büro des Einnehmers der *taille*. Wenn das Wirtschaftsleben von Angoulême den Schauplatz für Informationsaustausch, große Erwartungen und Unsicherheit bot, so war es zugleich, in den Anfangsjahren der langen Französischen Revolution, das Milieu, in dem diese Revolution begann.

„Alle Jahrhunderte sind mehr oder weniger solche des Übergangs gewesen und werden es weiter sein", schrieb der italienische Dichter Giacomo Leopardi im Jahr 1832, und tatsächlich sind alle Jahrhunderte, mehr oder weniger, Jahrhunderte der Unruhe und der Rastlosigkeit gewesen.[150] In Angoulême waren die Jahrzehnte, die der Französischen Revolution vorangingen, eine solche Zeit der Unruhe vor allem im Kräftespiel politischer und wirtschaftlicher Interessen. Man konnte die politischen (oder sozialen) Konsequenzen des ökonomischen Wandels beobachten, aber auch die ökonomischen Konsequenzen des politischen Wandels; es gab Ereignisse, oder Ketten von Ereignissen, die zu „Bedingungen des Lebens" der Einwohner in ihrer Stadt wurden. Dies alles waren Veränderungen in der äußeren Welt und Veränderungen in der inneren Welt der Vorstellungen und Meinungen: bei den kollektiven (oder allgemein akzeptierten) Denkweisen, die in den sozialen Räumen von Angoulême im Umlauf waren.

Die zweigeteilte Zeit

Nach Tocquevilles Auffassung hatten sich die Franzosen 1789 etwas vorgemacht, als sie „ihre Geschichte sozusagen in zwei Teile spalten" wollten, um das, was sie einmal gewesen waren, „durch eine tiefe Kluft" von dem zu scheiden, was sie nun werden sollten.[151] Sein größtes (und kühnstes) Anliegen in *L'ancien régime et la révolution* war es denn auch, die Kontinuität von Instutionen und Geisteshaltungen herauszuarbeiten, die sowohl die alte Ordnung als auch das revolutionäre und das nachrevolutionäre Frankreich geprägt hätten. Auch die Geschichte von Angoulême kennt diese Kontinuitäten. Fünf von Françoise Ferrands Töchtern wohnten ihr ganzes Leben lang – beinahe ein ganzes Jahrhundert zwischen den 1760er-und den 1860er-Jahren – in denselben engen Gassen der Altstadt von Angoulême. (Louise Mélanie besuchte zum Zeitpunkt ihres Todes 1865 gerade eine Großnichte im Departement Sarthe, aber das gehört in die Geschichte der Familie im 19. Jahrhundert.) „Unsere Stadt Angoulême wird ... in hohem Maße von der Revolution profitieren", weissagte Léonard Robin seinem Vater im Mai 1788, und tatsächlich war im Wirtschaftsleben der Stadt zu keiner Zeit ein Mangel an „Bureaus", Lagerhäusern und *commis*, weder vor noch während oder nach der Revolution.[152] Die kleinen Unternehmer von Angoulême machten weiterhin gute Geschäfte, egal ob es nun um Bestellungen für Uniformschmuck und martialisches Spielzeug ging (rote Epauletten und „Puppen in der Gestalt von Grenadieren") oder um schmiedeeiserne Ziergitter und Kerzen („pour la nassiont") in der einstigen wie künftigen Kathedrale.[153]

Aber zugleich machte die Revolution im Leben der Allemands und Ferrands so gut wie alles anders, und in diesem Sinne war dieses Leben dann ganz und gar nicht mehr „tocquevillesk". Denn letztlich erweist sich die Geschichte dieser Familie gerade an den ganz gewöhnlichen Wegmarken des Lebens (bei der „Nuptialität" der Kinder- und Enkelgeneration beispielsweise) am deutlichsten als eine Geschichte der Revolution: Schließlich war es die erhöhte Mobilität der Revolutionszeit – im physischen wie im sozialen Raum –, die bei allen Eheschließungen der Familienmitglieder in jenen turbulenten Jahren eine entscheidende Rolle spielte. Allein Martials erste Heirat – mit Louise von nebenan – könnte man noch als „klassisch provinziell" bezeichnen. Drei von Marie Aymards Enkeln heirateten Frauen, die sie fern ihrer Heimatstadt kennengelernt hatten, als Soldaten jener Revolutionsarmeen, deren Aufstellung gewaltige soziale Transformationsprozesse in Gang brachte; ihre Enkelin Françoise heiratete einen Schwadronskommandeur aus Saint-Domingue. Der ehemalige Priester Etienne Ferrand heiratete eine Frau, die ein „Schäfchen" seiner früheren Gemeinde gewesen war; Martial ließ sich scheiden. Martials zweite Frau kam aus Saint-Domingue nach Angoulême, mit Zwischenstationen in Philadelphia und Bordeaux; der in Paris geborene Laurent Silvestre Topin fand den Weg ins Angoumois auf der Suche nach Arbeit und war zunächst Kartograf der *Armée d'Italie*, bevor er schließlich „Professor der Zeichenkunst" wurde; Joséphine zog zu ihrem Bruder nach Bayonne, der dort als Beamter der kaiserlichen Verwaltung Karriere machte, und lernte dort ihren künftigen Mann kennen, den Lehrer aus Marseille.

Man hat die Geschichte des Familienlebens als „langsam" betrachtet, als „naturhaft" oder „biologisch" – kurz: als wesentlich demografisch begründet. Auch das Wirtschaftsleben ist oft ganz ähnlich charakterisiert worden, wenn es hieß, es bewege sich nur in dem vergleichsweise behäbigen Tempo von gleitenden Durchschnitten und statistischen Mittelwerten voran.[154] In der Familiengeschichte von Marie Aymards Enkelkindern zwischen 1790 und 1810 jedoch war alles anders. Wer das Geschehen der Französischen Revolution im Spiegel von Geburts-, Heirats- und Sterberegistern betrachtet (oder „von unten", aus der Perspektive eines vielfältig dokumentierten Alltags), der kann auch mit ansehen, wie alte Gewohnheiten und Rituale gleichsam mit der Rasierklinge (oder einer scharfen Axt) „entzweigespalten" werden: im Kirchenbuch von Saint-Pierre im November 1792; anhand der ersten Scheidung in Angoulême, die im selben Registerband, aber schon nach der neuen Ordnung verzeichnet ist; im Kirchenbuch der Pfarrei Saint-Martial, deren Curé Etienne Ferrand war, bevor es auch in seinem Leben zu einem Einschnitt kam. Zugleich wird so, durch die Linse der „Nuptialität" einer einzigen Familie, die umfassende Neuordnung des Raumes, der (kalendarischen) Zeit und der gesellschaftlichen Gegebenheiten ersichtlich, welche die Revolution brachte.

Die Revolution auf der Place du Mûrier

Selbst für die fünf Enkelinnen Marie Aymards, die niemals heirateten und die gesamte Revolutionsepoche hindurch in denselben Straßen wohnen blieben, die sich um die Place du Mûrier drängten und in denen schon ihre Eltern aufgewachsen waren, muss das revolutionäre Geschehen ein großes, nicht zu übersehendes Spektakel gewesen sein. Sie wohnten im Zentrum des *räumlichen* Netzwerks, in dem sich die Unterzeichneten des Heiratsvertrags von 1764 anordnen lassen: in jenem kleinen Kosmos aus Straßen und Gassen, in dem unzählige Augenzeugen gesehen hatten, wie der groß gewachsene blonde Diener von „la dame Cazeaud" mit Lydia Sternes Hündchen unter dem Arm das Weite suchte. Zugleich gab er den Schauplatz für *Les illusions perdues* ab, Balzacs imaginäre Geschichte vom Angoulême der Revolutionszeit: „Die Druckerei ... lag an der Stelle, wo die Rue de Beaulieu auf die Place du Mûrier mündet", und der alte Drucker erhielt, im „katastrophalen Jahr 1793", den Auftrag zum Druck der revolutionären Dekrete, genau wie ein Zeuge bei der Heirat Jeanne (Mariette) Allemand Lavigeries im Jahr 1801.[155]

Wenn man die Place du Mûrier von der Straße her betrat, in der Etienne Allemand aufgewachsen war, befand sich das Haus von Silvie Cazauds Bruder gleich an der Ecke des Platzes, wie aus dem kommentierten „Raster der Eigentumsabgaben" (Grundbuch) von 1791 hervorgeht. Dann kam das Portal zum ehemaligen Kloster der „Tiercelettes"; dann die Kirche, die Gabriel Ferrand 1793 pachtete; und dann folgte, bereits an der Einmündung der Rue de Beaulieu gelegen, das Haus des Druckers Abraham-François Robin, des Vaters von Léonard Robin. Am südlichen Rand des Platzes stand das Haus des Apothekers, dessen Mutter, Tante und Schwester sich allesamt unter den Signataren des Heiratsvertrags von 1764 befunden hatten; es folgte das Haus, in dem Louis Félix sich eingemietet hatte, dann das Anwesen des Tuchhändlers Jean-Pierre David, dessen Tochter mit einem anderen Signatar verheiratet war und in dessen Garten 1795 Marie Eustelle Billard starb. Wenn man den Platz dann in Richtung von Françoise Ferrands Elternhaus wieder verließ, kam man an dem Haus vorbei, in dem zur Zeit der Registererstellung der Lebensmittellieferant, die Friseurin und Marie Aymards Enkelinnen, die „Bürgerinnen Lavigerie", wohnten und das Marchas Delaberge gehörte.[156]

Der revolutionäre Terror sorgte für ein Spektakel in der Nachbarschaft. Auf dem Platz veranstaltete man die Souveränitätsfeier, bei der die Professoren des Kollegs „die alte Sklaverei verfluchten"; auch die „allgemeine Zählung der Pferde" fand auf der Place du Mûrier statt; von hier zogen die Rekruten an die Front; im Jahr 4 kam es, am Jahrestag von Robespierres Sturz, zu einem Krawall, der zur Schließung des Cafés der „Bürgerin Rezé" führte; und im Jahr darauf ereignete sich der oben beschriebene Militärkrawall (oder „rixe") des Jahres 5.[157] Unter dem Ancien Régime hatten auf der Place du Mûrier öffentliche Hinrichtungen stattgefunden, und so lag es nur nahe, dort auch die Guillotine aufzustellen, als sie 1793 nach Angoulême kam. „Die Guillotine hat, sobald man sie an ihren Ort gebracht hatte, das Übel an der Wurzel abgeschnitten, ja ihr Anblick allein hat sie alle zu ihren Pflichten zurückkehren lassen", berichtete ein Vertreter des Nationalkonvents mit Blick auf die Müller und Bäcker von Angoulême; als sie die Guillotine erblickten, „wurden sie so offen und ehrlich, wie es Müllern eben möglich ist".[158]

Der Handel mit enteigneten Häusern und Grundstücken war ein Spektakel für sich. Die Begehung und spätere Versteigerung des Klosters der Franziskanerinnen („Tiercelettes") an der Place du Mûrier – mit seiner „hervorragend[en]" Eignung für den „Kleinhandel" – wurde zu einem großen öffentlichen Anlass.[159] Auch das lärmende Hin und Her entlang der Rue de Beaulieu, mit dem die Ziergitter und Bibliotheksbestände und die Kirchenausstattung der früheren Besitzerinnen abtransportiert wurden, muss für Aufsehen gesorgt haben. Die Anmerkungen in dem Grundbuch von 1791 verzeichnen alle Transaktionen, die mit Möbeln und Umzugshelfern, mit Abtransporten und Abreisen zu tun hatten – auch dies waren einschneidende Veränderungen, die keinem in der Stadt verborgen bleiben konnten.[160] Von dem Haus mit der Nummer 1000, das sich an der Südseite des Platzes gleich neben dem Haus des Tuchhändlers David befand, heißt es im Register nacheinander, es sei im Besitz „der Erben des Verstorbenen …" (der Name wurde so nachdrücklich durchgestrichen, dass er nicht mehr lesbar ist), „des älteren Marchais, Inhaber" (ebenfalls durchgestrichen), „bewohnt von der Witwe Rezé, Händlerin" (durchgestrichen), „David, Inhaber" und schließlich „Félix, Mieter". Dies war das Wohnhaus von Louis Félix, dem Goldschmied, Revolutionär und Sohn der „Elizabeth negresse esclave".[161]

Der Reihe nach wurden die Straßen von Angoulême während der Revolutionsjahre einer Reihe von Verbesserungen unterzogen. Aus dem Jahr 1792 hat sich ein Straßenregister erhalten, in dem es heißt, es „setze" die „Ausrichtung" der Stadt „instand": Seine Anfertigung war ein kompliziertes Verfahren, dass sich über zwei Monate hinzog und bei dem die Mitglieder einer mehrköpfigen Kommission um einen großen Stadtplan herum saßen und sich von Zeit zu Zeit auf Artikel 17 der 1789 ergangenen Erklärung der Menschen- und Bürgerrechte beriefen („Da das Eigentum ein unverletzliches und heiliges Recht ist …"). Die beschlossenen Änderungen waren verbindlich und unwiderruflich – auf dem Stadtplan wurden sie „durch eine Linie, die mit schwarzem Stift gezeichnet ist", eingetragen –, und zu den Grundstücken, die „revidiert" oder beschnitten wurden, gehörten auch das der Schwägerinnen des Schreibers aus der Steueramts-Affäre von 1778 (die die konfiszierte Unterwäsche ihrer Schwester, seiner Frau, aus dem Fenster auf die Straße hinuntergeworfen hatten); das Grundstück von Silvie Cazauds Bruder, der an einer Ecke der Place du Mûrier wohnte; und das Anwesen des geflohenen, in Angoulême jedoch allgegenwärtigen Plantagenbesitzers, „Monsieur Robin le Américain".[162]

Diese Veränderungen betrafen auch andere Personen, deren individuelle Lebensumstände uns bereits vertraut sind. Bénédictine de Bologne, die ein Mädchen von sechzehn Jahren gewesen war, als Elizabeth und Lydia Sterne sich in ihrem Elternhaus in der Rue des Cordeliers (der heutigen Rue de Beaulieu) einquartiert hatten, wurde aus der Abtei Notre-Dame-de-Beaulieu vertrieben, die nur ein paar Schritte entfernt in derselben Straße gelegen war; sie fand eine neue Unterkunft nicht weit von der Place du Mûrier. Jeanne Françoise Ogerdias, die in Chandernagor in Indien zur Welt und mit fünf Jahren nach Angoulême gekommen war, trat als Nonne in den Pflegeorden der heiligen Martha ein. Auch sie wurde vertrieben, aus einem Spital in der Rue de Beaulieu; ihre Mutter wohnte zu diesem Zeitpunkt noch immer in dem früheren Steueramt, das nur wenige Schritte in nördlicher Richtung entfernt lag und wo der Abbé Mioulle in jener schicksalhaften Nacht des Jahres 1779 kurz angehalten hatte.[163]

In den engen, überlaufenen Altstadtgassen von Angoulême konnte man nicht lange unbeobachtet bleiben, und ebenso unmöglich war es, dass man dort nicht die Auswirkungen der Revolution in der Stadt beobachtete: Es gab neue Fassaden, neue Straßenverläufe, neue Haus-, Laden- und Grundstücksbesitzer. Selbst der Alltagslärm hatte eine andere Färbung angenommen, seitdem gleich vor der Haustür von Marie Aymards unverheirateten Enkeltöchtern die große Pferdezählung ihren Lauf genommen hatte. Doch auch im Familienleben und bei der „Nuptialität" herrschte ein ständiges Kommen und Gehen. Ihr Großvater, der lange vor ihrer Geburt schon gestorben war, hatte auf den Sklavenplantagen der Karibik ein (im zweifelhaften Sinne) sagenhaftes Vermögen erworben, ebenso ihre im

Jahr 9 neu gewonnene Schwägerin. Sie hatten einen Schwager, der einer Tanzmeisterdynastie aus Versailles entstammte, und eine angeheiratete Cousine aus Venedig (oder Neapel oder Nizza). Ihre Neffen und Nichten lebten in Bayonne und Le Mans, ihre Großneffen schließlich gar in Beirut und in Karthago, auf Tahiti, in Marokko und in Mexiko. Auch dies noch gehört, obgleich es in die Kategorie „19. Jahrhundert" dieser Familien-geschichte fällt, zur langen Geschichte der Französischen Revolution.

KAPITEL 7: MODERNE LEBEN

Die Enkel der Enkel

Was geschah also als Nächstes, und wie geht die Geschichte aus? Oder ist es überhaupt eine Geschichte, die man fertig erzählen kann – hat sie überhaupt ein Ende? Bis hierher ist es die Geschichte einer Familie in der französischen Provinz gewesen, von den Informations-, Freundschafts- und Nachbarschaftsnetzwerken, in denen die Mitglieder dieser Familie ihre Leben verbrachten. Ihre Existenz war geprägt von Neuigkeiten, Gerüchten und Falschmeldungen aus Übersee, und für die meisten ihrer Freunde und Nachbarn war das nicht anders. Sie hatten Erfolge (und Misserfolge) in der „alten" Ökonomie von Verwaltung, Bildungseinrichtungen und Kirchenposten. Durch die Französische Revolution wurden ihre Leben vollkommen auf den Kopf gestellt, und dasselbe lässt sich von den exogamen und exogenen Heiraten der Revolutionsjahre sagen.

Die Kinder und Enkelkinder Marie Aymards – zumindest die meisten von ihnen – lebten bis in die anbrechende Moderne des 19. Jahrhunderts hinein. Wie der Philosoph Brillat-Savarin gehörten sie, in den Worten Balzacs, zur Generation „jener alten Männer, die rittlings auf der Grenze zwischen den Jahrhunderten sitzen".[1] Jean-Baptiste Ferrand wurde 1749 in Angoulême geboren und starb 1831 in Paris; sein Sohn, Marie Aymards jüngster Enkel, starb 1873 in der Normandie. Jeanne Allemand Lavigerie, die Ladenbesitzerin aus dem Grundbuch von 1799, war 1768 zur Welt gekommen und starb 1860. Die letzte große Versammlung der Enkel und ihrer Familien fand 1855 in Angoulême statt, Anlass war die Unterzeichnung eines weiteren Heiratsvertrages. Bei den Brautleuten handelte es sich um Louise Lavigerie, die Enkelin eines Enkels von Marie Aymard, und einen jungen Mann aus Paris, der als „Buchprüfer der Orléansbahn" tätig war.

Allein die fünf unverheirateten Töchter von Etienne Allemand und Françoise Ferrand, deren Heiratsvertrag 1764 geschlossen worden war, blieben in Angoulême, und die Mädchenschule, an der sie unterrichteten – in einem Haus am Rempart du Midi, am Ende der Rue de Beaulieu –, bildete nun den Knotenpunkt des innerfamiliären Austausches. Der gemeinsame Haushalt der fünf Schwestern steht im letzten Teil dieses Buches im Mittelpunkt. Ihr Bruder Martial, aus dessen Söhnen Zoll- und Steuerbeamte wurden, kehrte gegen Ende seines Lebens zu seinen Schwestern nach Angoulême zurück, ebenso ihre verheiratete Schwester mit ihrem Ehemann, dem weit gereisten Architekten und einstigen Kartografen; ebenso Pierre Allemand Lavigeries Sohn, der im Departement Sarthe eine Bank als neues Familienunternehmen gegründet hatte und 1848 an den Rempart du Midi zog; ebenso ihr Großneffe Charles Martial, der 1849 zum Priester geweiht wurde und seine Großtanten oft besuchte. Charles Martials Schwester Louise, die 1855 von der Schulbank weg geheiratet wurde, war schließlich bis zu ihrem Tod im Jahr 1906 die hauptsächliche Quelle, wenn es um Neuigkeiten aus der Familie und Informationen über Verwandtschaftsverhältnisse ging: eine Wächterin des familiären Gedächtnisses und Erbes.

Die Geschichte dieser Familie in dem halben Jahrhundert zwischen 1764 und dem Ende von Napoleons Erstem Kaiserreich war zugleich die Geschichte dessen, was im Laufe der langen Französischen Revolutionsepoche „eigentlich gewesen" ist. Im Laufe jener Jahre bahnten die Allemands und die Ferrands sich ihren Weg bis auf die (unruhige) Zeitebene der politischen Geschichte. In dem verbleibenden Teil dieses Buches bewegen sie sich weiter auf die Zeitebene der Wirtschaftsgeschichte, oder der Geschichte des Wirtschaftslebens – hinein in den langsamen, unaufhaltsamen Übergang zur Moderne.

In der ganzen erweiterten Familie gab es niemanden, der Anteil an der modernen Ökonomie des 19. Jahrhunderts gehabt hätte, wenn man darunter die „Leitindustrien" jener Jahre versteht, also die Produktion und Verarbeitung von Kohle, Stahl, Baumwollstoffen und anderen Textilien.[2] Aber sie waren doch ökonomische Akteure in dem sogar noch moderneren – oder universalen – Sinne eines „Strebens der Menschen nach besseren Lebensbedingungen".[3] Die Geschichte ihrer ganz persönlichen „Wirtschaftsleben" ist zugleich eine Geschichte der ökonomischen Revolutionen des 19. Jahrhunderts, gesehen aus der Perspektive einer großen, aber unbedeutenden Familie. Die wichtigsten Quellen hierfür sind wieder einmal die naheliegenden, problemlos zugänglichen Aufzeichnungen des zivilen Personenstandswesens, aus Notariatsarchiven, Grundbüchern, Steuer- und Erbregistern. Diese Quellen brachten mich dann wiederum auf die Spur jener „nicht industriellen Industrien" – der Steuerverwaltung, des Bankwesens und der Kirche nämlich –, die der Familie an so vielen Punkten ihrer Geschichte im 19. Jahrhundert günstige Gelegenheiten verschafften.

Jene dekorativen Stammbäume, die – nicht selten auf himmelblauem Hintergrund aufgemalt – als Geschenke so beliebt sind, wurzeln fest in der Gegenwart, in dem nachgeborenen „Ich", und strecken ihre immer feiner verzweigten Äste zu den Eltern, den Großeltern, Ur- und Ururgroßeltern empor. Mit unendlicher Geduld – und dank einer im Hegel'schen Sinne „schlechten Unendlichkeit" sich ständig verändernder genealogischer Informationen – könnte man diese Perspektive umkehren und sich bemühen, restlos alle Nachkommen Marie Aymards bis in die (unendlich fein verzweigte) Gegenwart hinein aufzuspüren.[4] Allerdings geht es hier um eine Geschichte, in deren Mittelpunkt eine Familie steht; nicht um eine Familiengeschichte in jenem anderen Sinn. Es geht um Familie als ein Netzwerk unter vielen anderen: ein Informationsnetzwerk in der Zeit, so wie die Beziehungen zu Freunden und Nachbarn Informationsnetzwerke im Raum entstehen lassen. Deshalb wird diese Geschichte mit der Generation der „Enkelsenkel" enden: mit den Kindern, die noch eine unmittelbare oder durch das familiäre Gedächtnis vermittelte Beziehung zu ihren eigenen Großeltern aufgebaut hatten, die ihrerseits durch vergleichbare Bande mit Marie Aymard verbunden waren.[5]

Die Geschichte der „Nuptialität" von Marie Aymards Enkeln ist in Teilen eine Geschichte der familiären Informationsverteilung – und davon, wie sich diese im Lauf der Französischen Revolution veränderte. Die Geschichte der Enkel jener Enkel ist eine andere, weniger ereignisreiche Erzählung. Und weniger vollständig ist sie noch dazu, was unter anderem an der unendlichen Mobilität liegt – im physischen wie im sozialen Raum der Klassen und Schichten –, durch die sich die Allemands wie die Ferrands über so viele Jahre hinweg auszeichneten. Es ist eine ungleiche Geschichte – und eine Geschichte der Ungleichheit –, was an den unterschiedlichen, auseinanderlaufenden Schicksalswegen liegt, auf denen sich die einzelnen Familienmitglieder im Laufe ihrer Aufstiegs- und Abstiegsmobilität voneinander entfernten.

Die Geschichte der Enkelsenkel ist auch deshalb ungleich, weil die Quellen- und Informationslage zu ihren jeweiligen Leben so unterschiedlich ist. Im 19. Jahrhundert, dem Zeitalter der Zeitungen, gedruckter Gerichtsjournale und Gewerbeverzeichnisse, gibt es im Allgemeinen mehr Quellen und mehr Informationen über jedermann. Eine von Martials Töchtern wird in einem solchen Verzeichnis aus Bayonne 1832 als Musiklehrerin genannt; einer von Pierres Söhnen taucht 1842 in einem Register aus Le Mans als Händler für „Säcke aller Art" auf; das Pensionat am Rempart du Midi findet sich im Angoulêmer Handelsregister für das Jahr 1857.[6] Eine Enkelin Gabriel Ferrands war als Weinhändlerin in Paris tätig, liest man.[7] Doch von den Pariser Töchtern und Enkelinnen Françoise Ferrand Brébions hat sich nichts erhalten als einige Gesuche um Armenhilfe sowie die lange, tragische Standarderzählung aus dem Standesamt: Geburt, Heirat, Geburt der eigenen Kinder, Tod mancher Kinder, schließlich der eigene Tod.

Am deutlichsten tritt die Ungleichheit der Quellenlage zutage, wenn man Martials Enkelkinder betrachtet, die auf seine erste Ehe zurückgehen (die mit der Apothekerstochter aus Angoulême). Ich schreibe hier ja eigentlich eine Geschichte „von unten", eine, deren Dreh- und Angelpunkte nicht selten im Dunkeln liegen: als ferne, unbedeutende Ereignisse in den Leben jener Leute, die nach Condorcet „der dunkelste, der am meisten vernachlässigte" Teil der Menschheit waren, „für den die Denkmale uns so wenig Stoff bieten".[8] Aber in der Geschichte der Familie im 19. Jahrhundert gibt es eine Gestalt, die – zumindest für eine Weile – zur Lichtgestalt wurde und die Blicke der ganzen Welt auf sich zog: Louise Lavigeries Bruder Charles Martial nahm Anteil am Alltag seiner Familie, wie so viele seiner Verwandten: So unterzeichnete er etwa 1855 in Angoulême den Heiratsvertrag seiner Schwester, gemeinsam mit den Großtanten, Cousinen und Cousins; auch bei der Heirat seines Großcousins im Jahr 1851 war er mit von der Partie gewesen; und als 1858 eine Cousine vor den Traualtar trat, war er wieder mit dabei. Zugleich wurde er schließlich aber zu einer der berühmtesten Persönlichkeiten des 19. Jahrhunderts, weshalb sich zu ihm auch das umfangreichste Quellenmaterial erhalten hat. Er

selbst war ein umtriebiger Mann, der viel schrieb und über den viel geschrieben wurde; man fotografierte ihn und schlug sein Ebenbild in Marmor. Er „verbreitete Glanz und Herrlichkeit, wohin er auch kam", schrieb
ein früher Biograf über ihn; „seine Beliebtheit ist so immens wie allgemein.
In allen Sprachen wird sein Name verherrlicht; sein Bild ist jedermann bekannt."[9] Auch Seine Eminenz der Kardinal Charles Martial Allemand Lavigerie ist ein Element – wenn auch ein großes, ja überproportional großes – in der Geschichte dieser Familie.

Wie Phoenix aus der Asche

Die Geschichte der Familie im 19. Jahrhundert beginnt – im wahrsten,
handfesten Sinne des Wortes – inmitten von Restaurationsvorhaben. Der
erste, im Jahr 1800 ernannte Präfekt des Departements Charente bezog als
Vertreter der Staatsgewalt die alte Bischofsresidenz von Angoulême, gleich
neben dem *bien national*, in dem seit 1791 Etienne Allemand und Françoise Ferrand wohnten.[10] Das frühere Jesuitenkolleg, die Schule, an der
Etienne lange Jahre unterrichtet hatte und in deren Gebäude Jean-Baptiste
Ferrand als Flüchtling aus Saint-Domingue untergekommen war, zog in
ein anderes *bien national* um: die vormalige Abtei am Ende der Rue de
Beaulieu; das neue Kolleg wurde in den Jahren 1799–1803 restauriert und
bis in die 1840er-Jahre in ein beeindruckendes, klassizistisches Baudenk-
mal umgestaltet – ein Monument des öffentlichen Schulwesens.[11]

Die Restauration der Bourbonenmonarchie gestaltete sich in Angoulême, wie auch an anderen Orten, als ein Triumph des städtischen und
bischöflichen Bauwesens. Bereits im Frühjahr 1815 hatte die Tilgung des
historischen Gedächtnisses im Rat der Stadt große Fortschritte gemacht.[12]
Im August 1815 besuchte die Tochter von Ludwig XVI. und Marie-Antoinette, die inzwischen als die „Herzogin von Angoulême" bekannt war, die
Stadt für ein paar Stunden; ihre Durchreise wurde mit allgemeiner Fest-
beleuchtung und mit dem Aufstellen einer ionischen Säule gefeiert, die
unterhalb des Rempart du Midi („Südwall") errichtet wurde.[13] Der Kon-
strukteur dieser Säule, Paul Abadie, war der Sohn eines Stuckateurs aus
Bordeaux, und im Verlauf der nächsten Jahrzehnte wurden Abadie und
sein Sohn (der ebenfalls Paul hieß, aber auch als „Paul Mallard surnommé

Abadie" auftrat) zu den Architekten einer monumentalen Neugestaltung von ganz Angoulême. Zugleich waren die Lebenswege der Abadies bis in die 1880er-Jahre eng mit denen der Allemand Lavigeries verwoben.[14] Im Lauf des halben Jahrhunderts, in dem zuerst Ludwig XVIII. und dann Karl X. (die jüngeren Brüder Ludwigs XVI.) auf dem restaurierten französischen Thron saßen, bevor auf die „Julimonarchie" des „Bürger-königs" Louis-Philippe (den die Schwiegermutter von Jeanne Lavigerie Topin als jungen Prinzen dafür angeschwärzt hatte, dass er in Belgien leise Kirchenlieder gesungen hatte, und der 1830 König der Franzosen ge-worden war) das Zweite Kaiserreich Napoleons III. gefolgt war, ver-wandelten die Abadies, zusammen mit ihren Gönnern und Auftraggebern, Angoulême in eine Stadt der fahlen Fassaden, öffentlicher Gebäude im klassizistischen Stil und schließlich auch eines neugotischen Historismus. Es war eine „fast gänzliche Transformation", meinte ein Biograf des älteren Abadie, aber eine „von glückhaft-monumentalem Charakter".[15]

In Angoulême nahm die Architektur der neuen Ordnung auf spektaku-läre Weise Gestalt an. Die Bauarbeiten begannen zur Zeit des Ersten Kaiserreichs mit einem aufwendigen Vorhaben zur Einrichtung eines *dépôt de mendicité* für das Departement Charente – einer „Bettlerverwahr-anstalt", könnte man sagen. Die benötigte Kapazität schätzte man auf etwa 900 Männer, Frauen und Kinder; der Bau sollte gleich neben dem Hospital errichtet werden (auf Land, das zum Teil der Familie von Jean-Baptiste Marchais gehörte, der zu den Signataren des Heiratsvertrages von 1764 ge-hört hatte).[16] Das erste größere Vorhaben des älteren Abadie, der 1818 zum Departementsarchitekten ernannt worden war, war die Renovierung des städtischen Gefängnisses, bei dem es sich zu jener Zeit um ein Kon-glomerat von Räumlichkeiten handelte, in denen Verbrecher, zahlungsun-fähige Schuldner, Frauen sowie „die Verurteilten" untergebracht waren.[17] Ein neuer Justizpalast entstand, der über der Place du Mûrier thronte und aus dem leuchtenden, aber preiswerten Stein gebaut war, der in der Ge-gend gebrochen wurde.[18] Im Jahr 1828 entwarf Abadie ein Palais im stren-gen, klassizistischen Stil für den Präfekten des Departements, das nur ein paar Schritte über die alten Befestigungsanlagen vom früheren Bischofs-palast entfernt errichtet wurde und zu dessen Ausstattung auch Räume ge-hörten, in denen Besucher aus der Königsfamilie untergebracht werden konnten.[19] Das geplante *dépôt de mendicité* wurde – übergangsweise – als

Sitz einer neuen Marineschule genutzt, deren eigenes klassizistisches Gebäude ebenfalls von Abadie entworfen wurde; dieses diente später als Bahnhofsgebäude der bereits erwähnten „Orléansbahn" – einer frühen Eisenbahngesellschaft, die nach ihrer ursprünglichen Hauptstrecke Paris–Orléans auch als die „PO" bekannt war. (Es heißt, ein Professor für Hydrografie an der Marineschule habe eine Kopie von Géricaults monumentaler Schiffbruchsszene *Das Floß der Medusa* erstanden, „um seinen Schülern einen Eindruck vom Ozean zu vermitteln"; die Akademie zog 1826 auf ein Schulschiff im Hafen von Brest um.)[20]

Die engen Gassen und übervölkerten Wohnhäuser im historischen Stadtkern von Angoulême waren den Reformern des späten Ancien Régime und der Revolutionszeit ein Gräuel. Als der spätere Karl X. im Jahr 1774 Kontrolleure nach Angoulême schickte, um in einem Gebäude gegenüber von Etienne Allemands Elternhaus die Anhörungszimmer der Strafgerichtsbarkeit zu inspizieren, fanden sie diese „in einem Zustand der äußersten Verwahrlosung" vor; auf dem „Plan Directeur" von 1792 waren die Straßen, die „vergrößert" werden sollten, rot eingefärbt, und jene, die „mit gelber Farbe markiert sind, zeigen Teile an, die verkleinert oder abgebrochen werden sollen".[21] Ab 1806 gab es in der Stadt Bürgersteige; ab 1843 wurde eine Straßenbeleuchtung eingeführt und Wasserleitungen wurden verlegt.[22] Allerdings waren die „breiten Straßen", „einheitlichen Gehsteige", Licht, „das durch unterirdische Kanäle verteilt wird", und Wasser, „das man gezwungen hat, bis auf die oberste Spitze des Hügels emporzusteigen", nur Elemente eines viel umfassenderen Umgestaltungsprozesses, wie sich 1852 auch der Bischof von Angoulême erinnerte.[23]

Vor allem anderen ging es bei der neuen Architektur in der Stadt um eine Wiederherstellung der alten religiösen Ordnung. Im Jahr 1825 erhielt die alte, aus dem 12. Jahrhundert stammende Pfarrkirche Saint-André, in der Marie Aymards drei jüngste Kinder getauft worden waren, eine klassizistische Fassade nach Plänen von Abadie *père*. Mit Saint-Jacques-de-l'Houmeau wurde sogar eine Kirche im Stil des Klassizismus gänzlich neu errichtet. Der Bau mit seinen vier attischen Säulen und einer modernen Zinkbedachung wurde ab 1840 errichtet, ebenfalls nach Plänen von Abadie.[24] Die Kirche Saint-Martial, in der Françoise Ferrand 1740 getauft worden war und an der ihr Neffe als revolutionärer Curé gewirkt hatte, wurde 1851 abgerissen. Unter der Leitung des jüngeren Abadie wurde sie durch einen Neubau aus gleißend hellem Stein im neuromanischen Stil der Zeit ersetzt.[25] Neugotisch kam dagegen die neue Kirche Saint-Ausone daher, die gleichfalls Abadie *fils* entworfen hatte und die auf einem Fundament aus „dreitausend Metern alter Steine" ruhte, die in „unzerstörbarem Zement" aufgetürmt waren.[26] Noch 1852 war, wie der Bischof von Angoulême in einem Brief an den späteren Kaiser Louis-Napoléon beklagte, die Fassade der Kathedrale Saint-Pierre von den „Spuren revolutionärer Gottlosigkeit" gezeichnet – gemeint war „die schändliche Inschrift: Tempel der Vernunft". Als dann 1869 die (gotische) Erneuerung der Kathedrale fertiggestellt und geweiht wurde, war das „profanierende Wirken" der Zeit endlich wieder „ausgelöscht".[27]

Das Auslöschen der Erinnerung

Inmitten dieser handfesten „Restauration" der Angoulêmer Bausubstanz wurden die Protagonisten der langen Französischen Revolution in der Stadt ganz überwiegend von den Routinen des bürgerlichen Lebens in Beschlag genommen. François Laplanche, der als Steueramtsschreiber in einen Skandal verwickelt gewesen war, überlebte die Revolution und starb 1802 in Paris; seine Tochter, die im revolutionären Register von 1791 als Besitzerin eines Hauses nahe der Kirche Saint-Martial aufgeführt wurde, heiratete einen Trigonometriker und Steuerbeamten „bei der Vereinnahmung der direkten Steuer" und ließ sich mit ihm in einem Dorf nördlich von Paris nieder, wo sie 1851 noch immer als „Staatspensionärin" lebte.[28]

Robin *le Américain*, der mit seiner englischen Frau nach Angoulême zurückgekehrt war, nachdem man ihn auf Martinique wegen des Diebstahls von „vierzig oder fünfzig Sklaven" eingesperrt hatte, zog sich während der Revolution ins Landleben zurück. Er erwarb ein *bien national* im Stadtzentrum von Angoulême, bezeichnete sich 1793 aber selbst als „Landwirt".[29] Zusammen mit seiner Frau besaß er ein Anwesen im *Forêt de Dirac*, einem Waldgebiet südöstlich von Angoulême; die „gebürtige Londonerin", wie sie bei dieser Gelegenheit bezeichnet wurde, starb dort 1824.[30] Abraham François oder François Abraham Robin kehrte dann nach Angoulême zurück, in die damalige Rue de l'Evéché (die heutige Rue de la

Préfecture). Dort war er noch immer ein Nachbar der Familie jener Witwe, die sich 1790 in einem Flugblatt für die Frauenrechte ausgesprochen hatte.[31] Er starb 1833 und wurde als „vormaliger Einnehmer der direkten Steuern" bezeichnet.[32]

Der Revolutionär aus der Stadtverwaltung, Louis Félix, der 1765 in Saint-Domingue zur Welt gekommen war und während der Revolutionsjahre an der Place du Mûrier gewohnt hatte, kehrte in seinen alten Beruf zurück. Er sei als „Goldschmiedemeister" tätig, heißt es 1820 in dem Trauvermerk für seinen Sohn, der ebenfalls Goldschmied war und die Tochter eines weiteren Goldschmieds heiratete; die Familie wohnte in der Rue de la Cloche Verte.[33] Die Unterschrift von Louis Félix tauchte weiterhin häufig in den Quellen des Alltagslebens auf: bei der Heirat seiner Tochter 1821 mit einem Drucker; als zwei seiner Nichten, Enkelinnen von Signataren des Heiratsvertrags von 1764, zwei Brüder heirateten, die als Buchhändler an der Place du Mûrier tätig waren; und dann noch einmal 1841, als seine eigene Enkelin einen Musikprofessor heiratete. Im Jahr 1841 heißt es von Louis Félix erneut, er sei ein Angestellter der Präfektur.[34] Er und seine Frau zogen schließlich in einen der neuen Außenbezirke von Angoulême, wo er 1851 als „Privatier" starb.[35]

Auch Lecler-Raby, der Schul- und Gefängnisinspektor, setzte sich in der Behaglichkeit der Restaurationszeit zur Ruhe. Als 1812 seine Frau starb, hieß es, er sei „Eigentümer"; anlässlich der ersten Katastervermessung der Innenstadt von Angoulême 1827 wurden er und seine Söhne als Besitzer von acht einzelnen Grundstücken aufgeführt, die zwischen den schmalen Gassen der Altstadt verstreut lagen.[36] Im Jahr 1846 wurde er als „ehemaliger Kaufmann" bezeichnet, der mit seiner Familie und zwei Bediensteten in einem großen Haus an der Rue du Minage wohnte. Jean Lecler-Raby starb 1848 im Alter von 82 Jahren in Angoulême. In dieser neuen Revolutionszeit bezeichnete man ihn als „früheren Kaufmann und früheren Beamten der Stadtverwaltung".[37]

Marguerite Aubert, die junge Frau, die 1793 auf dem Altar der Kathedrale ihrer Heimatstadt als revolutionäre Verkörperung der Vernunft aufgetreten war, wurde zu einer respektablen Vertreterin des Angoulêmer Geschäftslebens. Im Jahr 1807 heiratete sie einen Beamten aus der Steuerverwaltung des Departements Charente: Das war ein seltsames Ereignis, bei dem die Mutter des Bräutigams ihre Zustimmung zu der

Eheschließung verweigerte, mit der Begründung, ihr Mann habe „gerade das Haus verlassen".[38] Zu diesem Zeitpunkt war Marguerites Taufpatin (und Großmutter), die den Heiratsvertrag von 1764 unterzeichnet hatte, noch am Leben und in Angoulême wohnhaft.[39] In der Restaurationszeit wurden Marguerite und ihr Ehemann Ladenbesitzer und wohnten in derselben Straße nahe der Place du Mûrier, in der ein halbes Jahrhundert zuvor Etienne Allemand aufgewachsen war. Ein missgünstiges Lästermaul aus dem 19. Jahrhundert – ein Beamter der Stadtverwaltung – berichtete, Marguerite sei nun Tuchhändlerin und besitze kein bisschen mehr von dem, „wodurch sie einst zum Gegenstand der allgemeinen Bewunderung geworden war; ich meine die Schönheit ihres Gesichts und ihrer ebenmäßigen Körperform".[40] Marguerite starb 1842 im Alter von 67 Jahren in einer kleinen Stadt nördlich von Angoulême, wo sie sich bei ihrer Tochter und deren Ehemann, einem Notar, niedergelassen hatte.[41]

Das Erbe der Revolution

Marie Madeleine Virol und Léonard Robin, die beiden Figuren aus Angoulême, die auf der großen Bühne der Revolutionsgeschichte zumindest eine Nebenrolle gespielt hatten, kehrten nur im Geiste in ihre Heimatstadt zurück, oder in der Vorstellungskraft ihrer potenziellen Erben. Als Léonard Robin 1802 starb, lebten sein Vater und zwei seiner Schwestern noch in Angoulême; auch drei seiner Brüder überlebten ihn. In den Tagen nach Léonards Tod wurde seine Wohnung an der Rue des Grands Augustins in Paris zum Schauplatz eines unwürdigen Streits über das Inventar seiner Hinterlassenschaft. Léonards Witwe war anwesend, mehrere Notare und zwei von Léonards Brüdern, die sich – zusammen mit den Schwestern in Angoulême und einem weiteren, älteren Bruder (der *payeur* oder Zahlmeister beim Militär war und gegenwärtig im Departement Indre seinen Wohnsitz hatte) – als Léonards rechtmäßige Erben ansahen. In dieser angespannten Situation tauchte plötzlich ein weiterer Mann in der Wohnung des Verstorbenen auf – auch er kam aus dem Departement Indre – und stellte sich als der „mutmaßliche Alleinerbe" vor. Er hieß „Louis Léonard Robin" und legte eine Geburtsurkunde vor, die 1774 – also etliche Jahre vor der Heirat seines Vaters – ausgestellt worden war und auf der er als der Sohn von Léonard Robin anerkannt wurde.[42]

Louis Léonards Onkel widersprachen seinem Anspruch und beriefen sich dabei auf gewisse Einschränkungen, die bei der Reform der Familiengesetzgebung erlassen worden waren – ebenjener Gesetzgebung zum Schutz der Rechte „natürlicher Kinder", die der Verstorbene selbst mit auf den Weg gebracht hatte; diese Einschränkungen betrafen den neu aufgetretenen Erbanwärter jedoch genau aufgrund der „Sorte", der er „angehörte".[43] Die Konfliktparteien verständigten sich schließlich auf eine Inventur, die geschlagene sechzehn Tage in Anspruch nehmen sollte. Léonards Nachlass entsprach ganz den revolutionären Zeiten, in denen er gelebt hatte. Es fanden sich fünf Paar schwarze Hosen und eine schwarze Livree (die man unter Umständen dem Verfassungstribunal würde zurückgeben müssen, meinte Léonards Witwe), zwei kleine Bronzebüsten von Voltaire und Rousseau, 55 Bände der *Encyclopédie méthodique*, eine Kupfermedaille mit der Inschrift „Droits de l'homme, Constitution" sowie „zwei schlechte Gardinen" aus „gelbem Taft". Aber am Ende war es das Inventar von Léonards schriftlichem Nachlass, um das der größte Streit entbrannte, insbesondere hinsichtlich der Papiere, in denen es um das Château im Departement Yonne ging, das Léonard als *bien national* erworben hatte, oder um den Landbesitz von Méhémet-Aly alias Boullon Morange, seinem verstorbenen Klienten aus dem Osmanischen Reich.[44] Zwischenzeitlich war sogar noch ein weiterer Anspruchsteller namens Amet-Mémis oder Canalès-Oglu aufgetreten, der sich als Cousin des Boullon Morange und Sohn des „Paschas von Smyrna" bezeichnete (seine Mutter sei eine aus Katalonien geraubte Sklavin gewesen). Dieser Mann tauchte in den Tagen nach Léonards Tod an seinem Schloss im Departement Yonne auf; auch er focht die Ansprüche von Louis Léonard Robin und von Léonards Witwe an (Letztere beschuldigte er, sie habe sich am Sterbebett seines seligen Cousins als Krankenschwester ausgegeben).[45]

Der Streit, an dem neben Léonards Brüdern und Schwestern auch der greise Patriarch der Familie im fernen Angoulême beteiligt war, mündete schließlich in ein viel beachtetes Gerichtsverfahren um die Rechte unehelicher Kinder. Léonards Sohn hatte inzwischen die Unterstützung seiner Stiefmutter, Léonards Witwe, gewonnen, und wenn man dem juristischen Lexikon von Jean-Baptiste Sirey glauben darf, handelte es sich bei dem resultierenden Prozess um ein „einzigartiges Spektakel": um einen „absolut merkwürdigen Fall[, in dem] der *Vater* des Verstorbenen das Kind seines Sohnes verstößt, während die *Witwe* des Verstorbenen das Kind annimmt und mit all ihrer Kraft verteidigt". Louis Léonard legte abermals seine Geburtsurkunde vor und erklärte, er sei von jeher als Léonards Sohn behandelt worden; seine Onkel hingegen machten geltend, dass Léonard ja nie mit Louis Léonards Mutter verheiratet gewesen sei und dass ihr Neffe – jedenfalls von ihrem Vater, dem Großvater des Jungen – keineswegs als Léonards Sohn behandelt worden sei. Bei dieser Zurückweisung des gesamten revolutionären Lebenswerkes ihres verstorbenen Bruders beriefen sie sich auf Präzedenzfälle und Gerichtsentscheide aus den Jahren 1566, 1579 und 1667; als Léonards Vater Abraham François Robin, der Verfasser der „geheimen Historie" der Finanzkrise von 1769, schließlich 1804 im Alter von 88 Jahren in Angoulême starb, war ein Berufungsverfahren noch immer nicht abgeschlossen.[46]

Das Berufungsgericht entschied schließlich zugunsten von Louis Léonard, der sich daraufhin zusammen mit seiner Stiefmutter auf das Familienanwesen im Departement Yonne zurückzog.[47] Aber am Ende gewann doch die prozessfreudige Familie in Angoulême: Als Louis Léonard 1825 starb, fiel der Besitz schließlich doch an seine Onkel (und eine überlebende Tante), die ihn noch im selben Jahr veräußerten. Léonards Witwe blieb noch weitere fünf Jahre dort wohnen; sie starb 1843 in Paris. Als letzte von Léonards Brüdern und Schwestern starb 1837 in Angoulême Marie Robin, die viele Jahre zuvor als Taufpatin für den Sohn des flüchtigen Sklavenbesitzers aus St. Vincent fungiert hatte; sie wurde 88 Jahre alt.[48]

Marie Madeleine Virol, die Heldin der Konterrevolution, besaß kein Landgut, das sie jemandem hätte vererben können. Aber im Sommer 1794 wurde selbst ihre hinterlassene Kleidung zum Streitgegenstand. Am Tag, nachdem sie unter der Guillotine ihren Kopf verloren hatte, schrieb ein Gefangener in einem der anderen Kerker des revolutionären Paris (dem Picpus-Gefängnis, in dem zur selben Zeit auch der Marquis de Sade inhaftiert war) an den öffentlichen Ankläger, um diesem mitzuteilen, dass Marie Madeleine sein Dienstmädchen gewesen sei, weshalb ihm das Recht zustehe, den persönlichen Besitz der Verstorbenen zu inspizieren. „Gerade habe ich aus der Zeitung erfahren, dass die Bürgerin Virol dem Schwert des Gesetzes anheimgefallen ist", schrieb er, und „zweifellos hat sie ihr

Schicksal verdient". Er selbst wisse „rein gar nichts über ihr Betragen" während der vergangenen fünf Monate, sei jedoch davon überzeugt, „dass es sich hier, meiner großen Verwunderung zum Trotz, um dasselbe Mädchen gehandelt hat, das bei mir in Diensten war".[49]

„Dieses Mädchen bewohnte in meinem Haus eine Kammer, die nun noch voll mit ihren Sachen sein muss", schrieb der Gefangene, und diese „gehören jetzt der Republik"; er verlangte, zu sich nach Haus gebracht zu werden, um Marie Madeleines Nachlass durchsehen zu können. Zwei Wochen darauf schrieb er erneut, diesmal mit herrischer Ausführlichkeit: „Die Person namens Virol ist mit dem Tode bestraft worden. Sie hat in meinen Diensten gestanden. Ihre Kleider befinden sich in einer Kammer, die zu meiner Wohnung gehört. Ich verlange, für 24 Stunden freigelassen zu werden, um dieselben Kleider ihren nunmehr rechtmäßigen Besitzern auszuhändigen, da jemand anderes die Wäsche jenes Mädchens womöglich nicht erkennen könnte, wo sie mit der meinen vermischt liegt. Mit brüderlichem Gruß, etc."[50]

Doch Marie Madeleine hatte auch ein Nachleben, wenn man so will, in den Besitzverhältnissen oder -erwartungen in der Stadt Angoulême. Die Witwe ihres Onkels Noël Virol, der sich 1794 mit einem Sprung aus dem Fenster seines Gefängnisses das Leben genommen hatte, starb 1810 in Paris, und auch um ihren Nachlass wurde ein Gerichtsverfahren eröffnet. Marie Madeleines jüngerer Bruder Hypolite, der als Schneider in einer Kleinstadt im Departement Deux-Sèvres lebte, erklärte sich selbst zum „einzigen und alleinigen Erben" der Witwe seines Onkels, die entweder seine Mutter oder Schwester gewesen war (in dem einschlägigen Notarsdokument ist „Mutter" durchgestrichen und durch „Schwester" ersetzt worden).[51]

Die Witwe Noël Virols hatte in einem gemieteten Zimmer im Haus eines Teppichwebers in der Rue Saint-Honoré gewohnt, und ihr Besitz war bescheiden; auch eine Sterbeurkunde Marie Madeleines gehörte dazu; der Gesamtwert wurde auf 189 Francs taxiert, nachdem aus der Erbmasse Arztrechnungen in Höhe von 903 Francs beglichen worden waren.[52] Doch in den Kirchenbüchern von Angoulême lebte die Unbestimmtheit der familiären Beziehungen fort: Hypolites Name wurde in dem Eintrag über seine Taufe im Jahr 1775 mit einer Anmerkung versehen, die zur „Berichtigung" eines Schreibfehlers dienen sollte („Virole" statt „Virol") – und zwar „auf der Grundlage eines Urteils des Zivilgerichts der ersten Instanz im Departement Seine mit Datum 5. April 1811"; auch die Taufvermerke von Noël Virol (aus dem Jahr 1736), einer seiner Schwestern und seines Halbbruders (des Vaters von Marie Madeleine und Hypolite) wurden auf derselben Grundlage noch nach Jahrzehnten korrigiert.[53]

Die Nachkommen Gabriels

Die Allemands und die Ferrands waren ein Teil der Geschichte Angoulêmes im 19. Jahrhundert: Bis 1841 in männlicher Linie, danach und bis zum Ende des Jahrhunderts lebten die Nachkommen von Marie Aymards Töchtern und Enkelinnen in der Stadt. Gabriel Ferrand, der als einziges von Marie Aymards Kindern sein ganzes Leben inmitten von Registern und Quittungen verbrachte und später der Archivar des Departements Charente wurde, starb 1816 in Angoulême.[54] Er ist auch das einzige Familienmitglied aus dem 18. Jahrhundert, von dem es ein Bild gibt (oder einst gegeben hat). Eine knappe Bemerkung im Jahrgang 1910 der *Bulletins et mémoires de la société archéologique et historique de la Charente* hält fest, dass Monsieur Biais, der im 19. Jahrhundert als Stadtarchivar von Angoulême gewirkt hatte, „uns ein Aquarell zugänglich gemacht hat, das M. Ferrand darstellt, den Archivar des Departements Charente, und das nach einem Porträt von M. Paillé angefertigt wurde".[55] Aber weder das Aquarell noch die ihm zugrunde liegende Skizze sind heute auffindbar; und in Angoulême fehlt sogar jede Spur von den Gemälden eines „M. Paillé".[56]

Von Gabriels sechs Söhnen heirateten mindestens drei: der jüngere Gabriel in Les Sables-d'Olonne; Etienne, der zuvor Priester gewesen war; und der bedauernswerte Hauptmann Pierre Alexandre, der Kriegsinvalide, der 1841 in Angoulême starb.[57] Von den Genannten hatte allein Gabriel junior eigene Kinder (oder jedenfalls war er der Einzige, dessen Kinder ich bislang habe aufspüren können). Sein Sohn (Vincent) Gabriel starb im Alter von 28 Jahren und hinterließ seinerseits einen Sohn namens Pierre, sein einziges Kind, der mit seiner verwitweten Mutter in Paris lebte, wo diese ein Lesekabinett, ein „cabinet de lecture", an der Rue du Cherche Midi betrieb. Pierre Ferrand, der somit der Enkel eines Enkels von Marie Aymard war, wurde Handlungsreisender und heiratete eine Näherin, deren Mutter und Vater beide Korbmacher waren.[58] (Pierres Sohn wiederum hieß [Louis] Gabriel Ferrand, war ein „garçon de magasin" in Paris und heiratete eine Wäscherin.[59] Der Letzte in der langen Reihe der Gabriel Ferrands, Louis Gabriels Sohn [Eugène] Gabriel Ferrand, fiel 1916 bei Verdun in den Kämpfen um die Anhöhe „Le Mort Homme" beziehungsweise „Dead Man's Hill" beziehungsweise „Toter Mann".)[60]

Die Tochter des jüngeren Gabriel Ferrand war es, die 1799 in Les Sables-d'Olonne geborene Stéphanie Ferrand, die flüchtige Spuren in der Literaturgeschichte des 19. Jahrhunderts hinterlassen hat. Im Jahr 1820 heiratete sie einen Lebensmittelhändler aus dem Departement Loir-et-Cher.[61] Auch dieses Paar zog nach Paris, und 1854 taucht Stéphanie im *Almanach-Bottin*, dem Pariser Gewerbeverzeichnis, als die „Witwe Dinochau" auf, Besitzerin einer Weinhandlung en détail in der Rue Bréda, Hausnummer 16, im heutigen 9. Arrondissement.[62] Die Rue Bréda lag im „romantischen", „künstlerischen" Teil von Paris – eine *bréda* war damals eine Dame von zweifelhaftem Ruf –, und Stéphanie Ferrands Laden wurde zum Treffpunkt für Maler, Fotografen und Dichter.[63] Der Schriftsteller Edmond de Goncourt, mit seinem Bruder Jules Verfasser eines berühmten Tagebuches, konnte sich 1856 erinnern, dort gespeist zu haben: ein „bürgerliches Mahl" für 35 Sous, „Suppe und Kochfleisch". Viele Jahre später wusste er zu berichten, einem Rokokomaler, der in der Nähe als Dekorateur beschäftigt gewesen sei und in den Laden gekommen war, um sich dort einen Absinth zu genehmigen, sei das Aroma von Kohlsuppe in die Nase gestiegen, woraufhin er gefragt habe, ob er nicht zum Essen bleiben könne; dies war die Initialzündung des späterhin gefeierten literarischen Kabaretts in der Rue Bréda.[64]

Zu den Kunden gehörten Manet und Baudelaire, aber auch Courbet und Alphonse Daudet gingen in dem Laden ein und aus, ferner die Fotografen Nadar und Carjat, die Redaktionsmitglieder des aufstrebenden *Le Figaro* und Henri Murger, der Verfasser der *Scènes de la vie de bohème*, sowie der junge Léon Gambetta.[65] Die 1859 in Courbets Atelier veranstaltete „Grande Fête du Réalisme" wurde flankiert von Feierlichkeiten in Stéphanie Ferrands *cabaret*.[66] In der 1870 erschienenen Auflage des *Larousse*-Wörterbuchs gab es einen Eintrag für „Dinauchau": „Etablissement, das in der Literargeschichte der gegenwärtigen Zeit gerühmt wird";

die Klientel bestehe aus „Gelehrten und Literaten, Semi-Bohemiens, Semi-Journalisten, Millionären des Geisteslebens"; „Damen haben Zutritt".[67] Stéphanie Ferrand erledigte die Buchführung, kochte und erhielt eine bisweilen „gestrenge" Ordnung aufrecht. Sie führte den Laden mit ihren beiden Söhnen, und Edouard Dinochau – der Enkel eines Enkels von Marie Aymard – wurde als der „restaurateur des lettres" bekannt.[68] Stéphanie war außerdem eine von nur ganz wenigen Personen aus der weiteren Verwandtschaft, von denen zumindest der Ansatz einer äußerlichen Beschreibung überliefert ist. Sie hatte „große, hervorstehende Augen, wie die *Puffer einer Lokomotive*", heißt es bei den Brüdern Goncourt.[69] Edouard schien „die Augen seiner Mutter geerbt zu haben", denn neben seiner üppig gewellten Haarpracht zeichnete er sich durch „Augen wie Lotteriekugeln" aus. Es ist eine Karikatur von ihm überliefert: Edouard im weißen Hemd und schwarzer Weste, wie er gerade eine Weinflasche entkorkt.[70]

Stéphanie Ferrand starb im August 1870 in Paris, als die französischen Truppen sich nach den frühen Schlachten des Deutsch-Französischen Krieges gerade auf dem Rückzug befanden.[71] Zu diesem Zeitpunkt waren Edouard und sein jüngerer Bruder Alfred Charles in tiefe Schulden geraten, nachdem sie ihrer oft mittellosen Kundschaft über Jahre hinweg üppige Kredite gewährt hatten. Im Juni 1871 wurde Edouard, kurz nachdem die Pariser Kommune niedergeschlagen worden war, festgenommen und beschuldigt, „den Aufständischen, welche die Barrikade an der Place Pigalle verteidigten, nützlich gewesen" zu sein. Nach einem Verhör wurde er jedoch freigelassen: „Es stellte sich heraus, dass er lediglich den Wein ausgeschenkt hatte, der requiriert worden war."[72] Im November 1871 ging das Geschäft der Brüder Dinochau in den Konkurs.[73] Edouard Dinochau, der stets Junggeselle geblieben war, starb am 9. Dezember 1871 im Hôpital Lariboisière, dem alten Cholerahospital des 10. Arrondissements.[74]

Der „Bankrott von Dinochau" war einer der großen literarischen Aufreger des Jahres 1872. Von Alfred Charles hieß es: „wohnhaft gewesen in der Rue Bréda, 16, gegenwärtiger Verbleib unbekannt".[75] Den einzigen Vermögenswert der Brüder bildeten, wie sich herausstellte, die ihnen zustehenden Schulden: Einzelposten im Namen von 282 ihrer Kunden, die sich nach einer Schätzung aus dem Oktober 1872 auf insgesamt 107 548 Francs beliefen. Die Identität der Schuldner, deren Namen von den Konkursverwaltern säuberlich aufgelistet wurden, war der Gegenstand eines geradezu fieberhaften Interesses, und schließlich wurden die „Dinochau-Schulden" im Büro eines Notars am Boulevard de Sébastopol öffentlich versteigert.[76] Die Liste der Schuldner wurde beschrieben als „eine Art Kaleidoskop [von] vergessenen Künstlern und berühmten Poeten", von Journalisten und Schreiberlingen und Damen von Welt.[77] Die meisten von ihnen waren Nachbarinnen aus dem Pigalle-Viertel: „Blanche" und „Juliette" und „Mademoiselle Henriette"; ein Bühnenmaler vom französischen Theater in Sankt Petersburg war darunter und eine Wäscherin aus dem 15. Arrondissement.[78] Am Ende ersteigerte der Verleger des *Figaro* die Schulden – alle 282 Einzelposten für die Summe von 4350 Francs, und zwar aus „Pflichtgefühl" seinen Freunden gegenüber; die Rechnungen wurden in einen Karton gepackt, eine „Gruft der Erinnerung".[79] Alfred Charles Dinochau starb 1901, ebenfalls ledig, im öffentlichen Krankenhaus von Le Kremlin-Bicêtre.[80]

Die Nachkommen Jean-Baptistes

Marie Aymards jüngster Sohn Jean-Baptiste Ferrand und seine Frau Elizabeth Boutoute, die als Flüchtlinge aus Saint-Domingue nach Angoulême gekommen waren, verließen die Stadt vor 1805 wieder. Über ein Vierteljahrhundert lang lebten sie in Paris, wo Elizabeth 1830 starb; Jean-Baptiste starb im Jahr darauf im Alter von 82 Jahren.[81] Seine Gesuche um Armenhilfe bildeten eine lange Litanei des Elends, während er von einer Mietabsteige in die nächste zog. Im Jahr 1805 wohnte er „in Bedürftigkeit" in der Rue de la Ferronnerie; 1822 finden wir ihn in der Rue du Faubourg Saint-Martin; 1824 in der Rue du Temple; 1831 schließlich wohnte er in der Rue des Billettes, wo er „jeden Tag an Entbehrung sterbend" dahinvegetierte. Er betrachtete sich selbst als Kreolen, wie er 1822 schrieb. Aber von der Liste der Landbesitzer, die für eine Entschädigungszahlung infrage kamen, wurde er durch das „Komitee von namhaften Kolonisten" gestrichen, die mit der Verteilung der Hilfsgelder betraut waren. Der Grund hierfür war, wie er schrieb, dass „der Verlust eines ansehnlichen Geschäfts und von fünfzehn Negern, dazu eines Sohnes, der in Diensten der Kolonie starb, sowie eine fünfzehnjährige Sesshaftigkeit in Cap-François wohl keinen ausreichenden Anspruch auf Hilfe und Unterstützung mehr begründeten"; er war eben kein großer Plantagenbesitzer und konnte sein „Eigentum an einem Stückchen Land" nicht belegen.[82]

Seine und Elizabeths Tochter Françoise Ferrand, die 1777 in Angoulême zur Welt gekommen war und in New York ihrerseits eine Tochter zur Welt gebracht hatte, lebte bis zu ihrem Tod in Paris. Anders als ihr Vater wurde sie als unterstützungsberechtigter Flüchtling anerkannt, da sie die Witwe eines Offiziers war. Aber auch sie musste von einer schlichten Mietwohnung zur nächsten ziehen, zumeist an oder im Umfeld der Rue de Rochechouart, ein paar Minuten zu Fuß von der Gaststube ihrer Cousine zweiten Grades in der Rue Bréda. Mit der Zeit wurde auch Françoise zu einer Art von Künstlerin – zu einer wahren Bittbrief-Virtuosin in ihren Schreiben an die Beamten, die für die Hilfszahlungen an Flüchtlinge aus Saint-Domingue zuständig waren. Bis 1848 hatte sich ihre Situation so sehr verschlechtert, dass sie sich in einer „erbärmlichen Lage" befand: Sie wohnte bei ihrer schwer kranken Tochter, die selbst verwitwet war, und unterstützte mit ihrem kargen Einkommen noch ihre beiden Enkeltöchter, die nun Halbwaisen waren. Françoise beklagte den „unaufhaltsamen Verlust [ihres] Augenlichts, Tag für Tag, als Folge der unmäßigen Stickarbeit, die [ihr] einziges Auskommen" darstellte; 1859 lebte sie dann in „unbeschreiblichem Elend".[83] Als sie 1860 im Alter von 82 Jahren starb, wohnte sie in der Rue Myrha, die zu jener Zeit schon zum 18. Arrondissement von Paris gehörte; einige Jahre später machte Emile Zola diese Straße zum Schauplatz seiner Elendstragödie *L'assommoir*.[84]

Den letzten Brief, der sich in der Akte mit Françoises Hilfsgesuchen erhalten hat, schrieb ihre Tochter Clara Brébion Collet nach dem Tod der Mutter. Sie bittet darin um ein wenig Geld für Kleidung, nachdem sie „das Wenige, was [ihr] geblieben war", hatte verkaufen müssen: „Ich weiß nicht, wie ich vorstellig werden soll, um Arbeit zu bekommen[,] ich wecke kein Vertrauen."[85] Im Lauf der nächsten neunzehn Jahre bekamm Clara ihre eigene Akte, mit einer eigenen Reihe von Bittbriefen; in den Unterlagen heißt es, sie sei 1804 in New York geboren und erhalte „außerplanmäßige" Hilfszahlungen aus dem Innenministerium, da sie die „Tochter eines Kolonisten" sei. Ihre Briefe zeichnen – wie schon die Bittschriften und Gesuche ihres Großvaters und ihrer Mutter – das Bild eines unerbittlichen Absturzes ins Elend. Sie war „in der größten Not ohne Kleider"; sie konnte nicht arbeiten, weil ihr Sehvermögen immer weiter nachließ; sie wurde von ihrem Vermieter „gequält"; der Winter 1875 war „sehr hart": „Ich kann Ihnen kaum all das beschreiben, das ich diesen Winter habe erleiden müssen, da mir an allem fehlte." An einem Brief hat ein Ministerialbeamter mit Bleistift eine Anmerkung hinterlassen: „sehr unglücklich".[86]

Clara Brébion Collet starb 1889 im Alter von 85 Jahren; sie war noch immer im 18. Arrondissement wohnhaft.[87] Ihre beiden Töchtern gehörten zur Generation von Marie Aymards „Enkelsenkeln"; sie waren Nichten vierten Grades von Louise Lavigerie Kiener und dem Kardinal Lavigerie. Rosalie Collet war Näherin, wie ihre Mutter und Großmutter vor ihr, und heiratete einen Nachbarsjungen aus dem 18. Arrondissement, der als Facharbeiter im Baugewerbe sein Brot verdiente.[88] Sie bekam zehn Kinder, von denen neun im Säuglings- oder Kindesalter starben; sie selbst starb 1890, ein Jahr nach ihrer Mutter.[89] Ihr einzig überlebender Sohn wurde Lithograf, heiratete eine Wäscherin und wohnte mit ihr in der nahe gelegenen Rue de la Goutte d'Or – der Straße, in der Nana, die Antiheldin aus Zolas *L'assommoir*, in der Wäscherei ihrer Mutter aufwächst.[90] Rosalies Schwester Louise Collet heiratete einen Zimmermann, genau wie ihre Ururgroßmutter Marie Aymard; als sie 1899 im Hôpital Broca, einem Frauenkrankenhaus, starb, wurde sie als Straßenhändlerin bezeichnet, als „marchande ambulante".[91]

Ein Stammbaum aus Töchtern und Schwestern

Von Françoise Ferrands zehn überlebenden Kindern brachten es allein ihre fünf unverheirateten Töchter im Angoulême der Restaurationszeit zu Hausbesitz. In dem ersten Kataster der Stadt aus dem Jahr 1827 werden die „sœurs Lavigerie maîtresses de pension" als Eigentümerinnen eines stattlichen Hauses am Rempart du Midi genannt. Wenn man die Place du Mûrier über die Rue de Beaulieu verlässt – vorbei am Haus des verstorbenen Druckers Abraham François Robin zur Rechten und der (fiktiven) Druckerwerkstatt aus Balzacs *Les illusions perdues* zur Linken – und dann bis zum Ende der Straße weitergeht, stößt man am Rempart du Midi auf das Haus der Schwestern: Es ist das zweite Haus auf der linken Seite, und seine Fassade blickt über die Stadtmauer hinweg nach Süden, in Richtung Bordeaux und Atlantikküste.[92]

Diese Geschichte ist eine „matrilineare" gewesen, insofern eine Tochter von Marie Aymard, Françoise Ferrand (Allemand Lavigerie) als eine Hauptfigur der Erzählung bis hierher gedient hat; ihre Tochter Jeanne Lavigerie (die Silvestre Topin heiratete) und ihre Enkelin Françoise Topin (Lavigerie) sind die Matriarchinnen der Familiengeschichte im 19. Jahrhundert. Aber diese Geschichte erzählt sich auch entlang einer Abstammungslinie von Schwestern, eher noch als von Müttern, insofern es die „sœurs Lavigerie" waren, die niemals heirateten und keine Nachkommen hatten, die schließlich im Mittelpunkt der ausgedehnten, verstreuten Verwandtschaft standen – als das Gravitationszentrum, zu dem Generationen von Lavigeries zurückkehrten. Das Vermögen des Martial Allemand Lavigerie, wie es in seinem Ehevertrag von 1790 aufgeführt wurde, hatte auf dem Kapital – den Ersparnissen – seiner beiden Cousinen gegründet, der Näherinnen Jeanne und Marguerite Faure. Die Ersparnisse der fünf unverheirateten Schwestern wiederum sollten in den Jahren zwischen 1810 und 1870 den finanziellen Grundstein für die weitere Geschichte einer ganzen Linie von Nichten, Tanten und Schwestern bilden.

Der Heiratsvertrag von 1764 war der Ausgangspunkt für dieses ganze Buch, und die Schwestern vom Südwall sollten im Laufe ihres Lebens vier weitere solcher Verträge aus der Familie unterzeichnen, als 1836, 1851, 1855 und 1858 ihre Nichten und Großnichten in Angoulême vor den Traualtar traten. Françoise Ferrands Enkel fanden ihr Auskommen zwischenzeitlich in zwei der expansivsten „Industrien" Frankreichs um die Mitte des 19. Jahrhunderts – der staatlichen Steuerverwaltung und dem Bankwesen –, und ihre Urenkel beim Militär und in der Kirche. Eine ihrer Urenkelinnen hielt sich zeitweilig in Algerien auf und eine andere war 1902 die stolze Besitzerin von „brasilischen", „sinesischen", „hellenischen" und „osmanischen" Schuldbriefen sowie jenes selben Hauses, das natürlich noch immer am Rempart du Midi in Angoulême stand. Die Geschichte des Wirtschaftslebens im 19. Jahrhundert, wenn man es aus der Perspektive dieser einen, weit verzweigten und matrilinear geprägten Familie betrachtet, stellt sich als eine Geschichte privater Austauschbeziehungen dar (innerhalb eines Haushalts, innerhalb der Familie), aber auch als Geschichte eines privat-öffentlichen Wirtschaftens: von Beamten im Staatsdienst, beim Militär, in den Banken und der Kirche.

Das Pensionat am Rempart du Midi

Françoise Ferrand starb 1805 in Angoulême. Ihr Witwer Etienne Allemand Lavigerie, der bei seinen Töchtern in dem Haus wohnte, das er einst als *bien national* erworben hatte, schloss im März 1811 eine melancholisch gefärbte Vereinbarung mit seinen zehn überlebenden Kindern. Er war 71 Jahre alt und bezeichnete sich selbst als „frühere[n] Professor der Latinität". Nach dem Wortlaut des Dokuments war er „in fortgeschrittenem Alter" und „wünsch[t]e ein ruhiges Leben zu führen"; seine Kinder wiederum taten ihre Absicht kund, ihrem Vater „ein ehrliches Auskommen zu sichern". Nach Françoises Tod – der „nach der Promulgation des Code Napoléon" erfolgt war, durch den die Erbansprüche von Nachkommen festgeschrieben worden waren – hatte es „keinerlei Inventur, Abrechnung oder Verteilung" gegeben. Nun war die Zeit gekommen, befanden die Erben, endlich einmal den Besitz aufzuteilen, wie es mehr als ein halbes Jahrhundert zuvor in dem Heiratsvertrag von 1764 vorgesehen gewesen war.[93]

Das Haus aus früherem Kirchenbesitz – in der Quelle heißt es, es befinde sich gegenüber dem Garten des Departementspräfekten – wurde auf einen Wert von 6000 Francs taxiert. Françoises und Etiennes Möbel und sonstiger Hausrat waren demnach 1139 Francs wert. Die wertvollsten einzelnen Stücke aus ihrem Besitz waren acht Betten und 32 Laken. Es gab einen „sehr alten" Schrank und – wie schon in Marie Aymards Inventar von 1764 – ein Dutzend Blechlöffel sowie „ein Dutzend schlechter Stühle", die zusammen auf 5 Francs geschätzt wurden. Und wieder konnte man flüchtige Blicke auf die Farbe im Leben dieser Familie erhaschen: Drei der Betten waren mit grünen Bändern verziert, eines dazu noch mit gelbem Band; ein Bettüberwurf aus indischer Baumwolle wird ebenfalls erwähnt.[94]

Etienne Allemand Lavigerie unterschrieb die Vereinbarung zusammen mit fünf seiner Töchter: Jeanne *ainée*, Jeanne Julie, Jeanne Henriette, Françoise und Louise Mélanie. Die anderen fünf überlebenden Kinder – Martial, Pierre, Joséphine und Etienne, die alle in Bayonne lebten, sowie Jeanne (Topin), die sich zu jener Zeit in Bar-le-Duc nahe der belgischen Grenze aufhielt – hatten Vollmachten gesandt und wurden durch zwei ortsansässige Kaufleute vertreten.[95] Kraft der nun geschlossenen Vereinbarung stimmte Etienne einer unwiderruflichen Schenkung einer Hälfte des Hauses sowie des gesamten Hausrats an seine fünf unverheirateten Töchter zu. Die anderen, abwesenden Kinder taten dasselbe und traten damit ihre Ansprüche an die Schwestern ab. Diese erklärten im Gegenzug, in der Zukunft die alleinige Verantwortung für etwaige Schulden tragen zu wollen, die mit dem elterlichen Erbe zusammenhingen, und versprachen überdies, „keinerlei Ansprüche gegenüber [ihren Geschwistern] zu erheben, unter welchem Vorwand auch immer". Mit Blick auf den Vater versprachen die fünf Schwestern, ihm Unterkunft, Kleidung, Schuhe, Beheizung, Beleuchtung, Nahrung und Pflege zu gewähren, „in Krankheit und Gesundheit, bis auf seinen Tod"; alternativ sollte er auf Wunsch eine Pension von 700 Francs im Jahr erhalten. „Hiernach", heißt es in der Schlusspassage des Dokuments, „finden sie sich als die alleinigen Besitzer des besagten Hauses und der besagten Effekten wieder", mit denen sie „von Stund an" tun und lassen konnten, was sie wollten.[96]

Einige Tage darauf unternahmen die Schwestern die bis dato weitaus größte Kapitaltransaktion in der Geschichte ihrer Familie. Im Jahr 1799 war Jeanne *aînée* in einem Register der Stadt Angoulême als „marchande" mit einem eigenen Ladenlokal genannt worden.[97] Bis 1811 hatten die Dinge sich gewandelt; sie und ihre Schwestern wurden nun als Lehrerinnen bezeichnet, und am 26. März 1811 kauften sie das Haus, das schließlich zu ihrem Pensionat am Rempart du Midi werden sollte. Es war ein stattliches Gebäude auf einem ebensolchen Grundstück: Nach dem entsprechenden Registereintrag von 1791 betrug die Fläche über 1000 Quadratmeter.[98] Der Verkäufer war ein ortsansässiger Grundbesitzer (und späterer Bürgermeister von Angoulême mit zwei Amtszeiten von 1813 bis 1816 sowie 1830 bis 1833). Der Mann hatte das Anwesen von einem vormaligen *émigré* erworben (der später, unter der Restauration Karls X., als Deputierter des Departements Charente in der Nationalversammlung saß). Der Kaufvertrag wurde „im Hause der Käuferinnen", der Schwestern also, unterzeichnet. Diese sagten zu, den Kaufpreis von 20 000 Francs in sechs Teilzahlungen zu begleichen; für diese Ratenzahlung wurde zudem ein Zinsaufschlag von 5 Prozent der verbleibenden Summe vereinbart, der jährlich zu zahlen war. Sämtliche Zahlungen, die der Kaufsumme wie die des Zinses, waren ausschließlich „in Gold oder Silber" zu leisten.[99]

Dies war also das Anwesen an der alten Stadtmauer, das über so viele Jahre im Mittelpunkt des ganzen weitläufigen Familienlebens stehen sollte. Zwei Tage nach der Unterzeichnung des Kaufvertrags wurde Jeanne *ainée* als die Gläubigerin einer Hypothek auf das neu erworbene Haus eingetragen; die Summe des Darlehens betrug 22 000 Francs, die an die fünf Schwestern gemeinschaftlich ausgezahlt wurden.[100] Das andere Haus der Schwestern – die Immobilie, die sie von ihrem Vater erhalten hatten – wurde an den Verkäufer des Hauses am Rempart du Midi verpfändet; 1817 nahmen sie darauf eine zusätzliche Hypothek über 3450 Francs auf.[101] Das waren durchweg beträchtliche Summen – als ihre Eltern in den 1790er-Jahren einmal zwei Hypotheken aufgenommen hatten, beliefen diese sich auf 952 und 660 Francs –, und die Schwestern waren zu wohlhabenden Hauseigentümerinnen geworden.[102]

Im Aufruhr des postrevolutionären Angoulême sind die Ursprünge des schwesterlichen Kapitals verschleiert worden. Aber offenbar waren sie fleißig gewesen, hatten den Laden der älteren Jeanne und später ihre Schule gut geführt und auch bei ihren Investitionen den richtigen „Riecher" bewiesen. In der „dunklen" Ökonomie der Notarskredite gelangten sie zu Wohlstand, inmitten der vielfältigen Möglichkeiten, die sich aus der revolutionären Liberalisierung des Güter- und Finanzmarkts ergaben.[103] Bis zu ihrem Tod setzten sie außerdem eine Familientradition fort, die sich etwa in Martials Ehevertrag aus dem Jahr 1790 geäußert hatte, und bauten bei ihren Vorhaben auf das familiäre Kapital von Tanten, Nichten und Cousinen. Ihre eigenen Nachlässe verteilten sie so streng ausschließlich an weibliche Verwandte, dass es auffallen muss. Jeanne Julie starb 1838 als erste der Schwestern; sie wurde 67 Jahre alt und bedachte in ihrem Testament drei Nichten. Zu diesem Zeitpunkt teilte sich das Eigentumsrecht an dem großen Haus am Rempart du Midi auf fünfzehn Anteile auf, die sich allesamt im Besitz von Enkelinnen oder Urenkelinnen Marie Aymards befanden.[104] Jeanne *ainée* starb 1860 im Alter von 92 Jahren; sie setzte ihre Nichte Françoise Méloé Topin zur alleinigen Erbin ein, der ihre Großnichte, Françoise Méloés Tochter, nachfolgen sollte.[105]

Das große Haus am „Südwall" wurde innerhalb der Familie schon bald zu einer „Attraktion" im Sinne seiner ganz handfesten Anziehungskraft innerhalb der Verwandtschaft. Im napoleonischen Kataster von Angoulême trug das Anwesen die Nummer 1314; der Nachbar zur Linken war

1827 ein Abbé; zur rechten Seite, um die Ecke zur Rue de Beaulieu, wohnte ein Bäcker.[106] Einige Jahre später zog ihre Schwester Jeanne mit ihrem
Mann, dem Architekten und Militärkartografen Laurent Silvestre Topin,
in das Haus des Bäckers.[107] Im Jahr 1844 erwarb Camille Allemand Lavigerie, der Sohn ihres im Departement Sarthe ansässigen Bruders Pierre,
das unmittelbar angrenzende Haus mit der Nummer 1315, das Haus des
Abbés.[108] Wiederum einige Jahre später zog noch ein weiterer Neffe an den
Rempart du Midi: der Witwer ihrer Nichte, Martials Tochter, der das Haus
Nummer 1347 kaufte, das vier Häuser vom Anwesen der Schwestern entfernt lag; er zog dort mitsamt seinen Kindern und Enkelkindern ein.[109]
Das Pensionat der Schwestern war indes ein voller Erfolg: Im Jahr 1849
verzeichnete die Stadtverwaltung „les Dames Lavigerie" als Eigentümerinnen und Betreiberinnen einer privaten Oberschule für 36 Mädchen, die
allesamt auf dem Grundstück ihrer Lehrerinnen untergebracht waren.[110]

Aber auch in einem sentimentalen Sinne erwies das Pensionat sich als
eine Attraktion. Martial, der nach Bayonne gezogen war, kehrte im Ruhestand nach Angoulême zurück und zog im Pensionat am Rempart du Midi
ein. Seine Frau Bonnite starb 1813 in Bayonne, und die zwei überlebenden
Töchter wurden zu ihren Tanten nach Angoulême geschickt; die jüngste,
in Bayonne geborene Tochter ging erst 1836 anlässlich ihrer Heirat aus
dem Haus am Südwall fort. Martials Enkelin wirkte später als Lehrerin des
Pensionats. Auch Jeanne Lavigerie Topins Enkelin wohnte dort zeitweise;
eine Enkelin Pierre Allemand Lavigeries lebte dort, als sie heiratete.[111] Und
der weit gereiste Laurent Silvestre Topin starb 1860 in dem Haus an der
Rue de Beaulieu.[112]

Die fünf Schwestern, die zusammen das Pensionat betrieben, waren
Figuren des Ancien Régime, geboren in Angoulême zwischen 1768 und
1783. Die älteste Jeanne, „Lavigerie *ainée*", war 22 Jahre alt gewesen, als
ihre Großmutter Marie Aymard 1790 starb. Die Geschichte persönlicher
Erinnerungen ist flüchtig und schnell verweht; wir können nicht wissen,
wie viel Jeanne von den Nöten und Ängsten ihrer Großmutter erfuhr, von
den Geschehnissen der Französischen Revolution, die sich vor ihren
Fenstern auf der Place du Mûrier abspielten. Genauso wenig können wir
wissen, was Jeanne und ihre Schwestern ihren Nichten und Großnichten – oder ihrem Großneffen, dem späteren Kardinal – über die Vergangenheit ihrer Familie erzählten. Reichlich Gelegenheit für ein solches

Erzählen muss es aber gegeben haben, ob im Pensionat am Rempart du Midi oder bei einem der Familientreffen. Die Heiratsverträge ihrer Nichte und von drei Großnichten, die Jeanne *aînée* in den Jahren 1836, 1851, 1855 und 1858 in Angoulême unterzeichnete, boten jeweils einen Anlass für den Austausch von Informationen – genau so, wie es schon der Heiratsvertrag von 1764 getan hatte; sie markierten Epochen in der Geschichte des privaten wie des öffentlichen Gedächtnisses.

Eine Verwandtenheirat vor Gefängnistoren

Die Familiengeschichte der Allemands – oder der Allemand Lavigeries, wie sie sich ab den 1830er-Jahren nannten – ist eine verwickelte Geschichte, die von einer Vielzahl von Verbindungen handelt, die sich über Generationen hinweg erstreckten, darunter auch die Art von Beziehungen – zwischen unverheirateten Schwestern und ihrer Cousine zweiten Grades etwa, oder zwischen den Schwestern im Pensionat und ihren Nichten und Großnichten –, die in den patrilinearen (und matrilinearen) Geschichten der „normalen" Familienkunde, Ahnen- und Abstammungsforschung fast immer unsichtbar bleiben. Und die auffällige Angewohnheit der Allemands, so vielen ihrer Töchter gleichlautende Vornamen zu geben, macht es nicht gerade einfacher, der Geschichte zu folgen. Fünf der Töchter von Françoise Ferrand wurden auf den Namen „Jeanne" getauft; drei von Martials Töchtern erhielten (oder entschieden sich schließlich für) den Namen „Françoise", und dasselbe gilt von der Tochter seiner Schwester Jeanne (Mariette).[113]

Aber es gab eine Heirat inmitten all dieser komplizierten Verwicklungen, die sich als ein folgenreiches Ereignis in der Geschichte der Familie im 19. Jahrhundert herausstellen sollte. Sie brachte zwei der Enkelkinder Françoise Ferrands zusammen und fand überraschenderweise – obwohl uns auf den nachrevolutionären Pfaden der Allemands und Ferrands eigentlich nichts mehr überraschen sollte – vor den Toren eines Hochsicherheitsgefängnisses in einem gottverlassenen Dorf im Departement Aube statt, rund 600 Kilometer nordöstlich von Angoulême.

Die Epoche des Ersten Kaiserreichs war eine turbulente Zeit für Jeanne (Mariette) Allemand Lavigerie (Topin) und ihren Mann Laurent Silvestre Topin, den einstigen Schüler Jacques-Louis Davids, der seine Stellung als

Professor der Zeichenkunst in Angoulême durch die Bildungsreformen der Jahre 1802–1804 verloren hatte. Eine Zeit lang fand Silvestre sein Auskommen als Angestellter des Departements Charente: Er „dirigierte die Dekorationen, die in den Versammlungsräumen der höheren Schulen" zur Feier von Napoleons Krönung zum Kaiser der Franzosen im Dezember 1804 in Paris angebracht wurden, die man in Angoulême im Februar 1805 nachträglich würdigte.[114] Bleibende Sicherheit fand Silvestre – wie übrigens auch sein Nachfolger Paul Abadie – erst in der Restaurationszeit mit ihrer neuen Architektur der Ordnung.

Als Jeanne und Silvestre 1810 die Vollmacht erteilten, die es Jeannes Schwestern ermöglichte, im März 1811 das Haus am Rempart du Midi zu erwerben, hieß es in dem Dokument, sie wohnten in Bar-sur-Ornain (das zuvor und auch später wieder Bar-le-Duc hieß) im Departement Meuse. (Die Unterschriften von Jeannes Mann und auch vom Gatten ihrer Schwester Joséphine in Bayonne wurden zur Bevöllmächtigung des Handels benötigt, weil der gesetzliche Rahmen des Code Napoléon die Selbstständigkeit verheirateter Frauen gegenüber der Revolutionszeit wieder eingeschränkt hatte.) Silvestre wurde bei dieser Gelegenheit bereits als „Architekt des Departements Meuse und Planer des *dépôt de mendicité* des besagten Departements" bezeichnet.[115] In einem Dekret *Sur l'extirpation de la Mendicité* („Über die Ausmerzung des Bettelwesens") hatte der Kaiser verfügt, dass „das Betteln in allen Teilen des Reiches verboten" sein solle und dass binnen eines Monats Vorkehrungen getroffen werden sollten – wie sie ja in Angoulême auch tatsächlich getroffen wurden –, um Aufnahmeeinrichtungen zur (geschlossenen) Unterbringung von Hilfsbedürftigen zu schaffen. In jedem Departement Frankreichs sollte ein soches *dépôt de mendicité* entstehen.[116] In dem Planungs- und Baurausch, der auf diese Anweisung folgte, war Silvestre im Departement Meuse ein beruflicher Neustart gelungen.

Bis 1817 hatte Silvestre sich dann eine feste Stellung in dem nahe gelegenen Departement Aube gesichert. Er hatte als Architekt eines der berühmtesten Gefängnisse Frankreichs entworfen – oder wie es auf seinem Briefkopf hieß: Er war ein „Architekt der Regierung, Bau- und Betriebsdirektor der öffentlichen Einrichtungen von Clairvaux". Die *maison centrale de Clairvaux* war ein Hochsicherheitsgefängnis in dem Dorf Ville-sous-la-Ferté, mitten in den Wäldern Ostfrankreichs gelegen. Eingerichtet wurde das Gefängnis auf dem Areal eines Zisterzienserklosters, neu errichtet dann ab 1808 in dem vornehm-blassen, klassizistischen Stil, der damals en vogue war. Silvestre und Jeanne wohnten von 1817 bis 1832 auf dem Gelände, bis Silvestres 25-jähriger Sohn Charles seinem Vater auf dem Posten nachfolgte. Charles war seinerseits Architekt geworden (und hatte zehn Jahre zuvor an der kurzlebigen Marineschule von Angoulême studiert).[117] Im Gefängnisarchiv haben sich Hunderte von Silvestres Entwürfen erhalten, Zeichnungen von Mauern und Gittern, von schattigen Waldlichtungen und Werkstätten und neuen Zellen für weibliche Gefangene. Er unterzeichnete Verträge und plante die Verwaltung des Gefängnisses bis ins Detail: Wie könnte man die Krankenstation besser belüften? Wie ein Gefängnis im Gefängnis einrichten, um besonders „turbulente" Insassen abzusondern? Wie sollte man die Neuankömmlinge oder „entrants" am besten baden?[118]

Im Lauf der fünfzehn Jahre, die Silvestre und Jeanne in Clairvaux verbrachten, gab es eine Reihe von erhebenden Momenten. Als Silvestre und andere Funktionäre der Gefängnisverwaltung im Jahr 1820 die Aufsicht beim Bau einer neuen Werkstätte führten – die Gefangenen sollten eingesetzt werden, um Strohhüte im italienischen Stil zu produzieren –, stießen sie auf das Grab eines Erzbischofs aus dem 12. Jahrhundert, das neben einem vergoldeten Kreuz und einer Goldbrosche auch mit dem Bischofsring des Verstorbenen geschmückt war (für „jemanden mit sehr dicken Fingern").[119] Aber im Allgemeinen war Clairvaux doch eher ein Ort des Schreckens. Das Gemeinderegister von Ville-sous-la-Ferté verzeichnet eine entsetzliche Folge von Todesfällen hinter den Mauern des Gefängnisses: Allein 1830 starben 143 Gefangene – die Älteste war eine achtzigjährige Frau aus Dijon, der Jüngste ein achtzehnjähriger Bursche aus den Vogesen –, und in jedem einzelnen Sterbefall war der entsprechende Registereintrag vom Direktor des Gefägnisses abgezeichnet.[120] Silvestre war sogar ein unbeteiligter Zuschauer bei dem Gefängnisdrama, das die Grundlage für Victor Hugos 1834 entstandene Erzählung *Claude Gueux* (*Vom Leben und Sterben des armen Mannes Gueux*) abgab.[121] Der echte Claude Gueux wurde 1830 in der *maison de Clairvaux* inhaftiert, wo er 1831 einen Wärter umbrachte. Der schlechte Zustand der Gefängniszellen sei stark übertrieben dargestellt worden, schrieb der Gefängnisdirektor im

April 1830, und „ich unterstütze mit ganzer Kraft das [Renovierungs-]Projekt, das Monsieur Silvestre vorgeschlagen hat".[122]

Und an diesem düsteren Schauplatz feierten nun im Oktober 1830 zwei Enkelkindern Françoise Ferrands ihre Hochzeit. Die Braut war Françoise Méloé, die Tochter von Jeanne Allemand Lavigerie Topin und Laurent Silvestre Topin, von der es in den Quellen heißt, sie wohne in Angoulême. Der Bräutigam war Camille Alexandre Allemand Lavigerie, ein Sohn von Pierre Allemand Lavigerie und Adelaide Charlotte Maslin, der als Handlungsgehilfe oder *commis négociant* in Lille lebte. Dies war eine „Verwandtenehe vierten Grades" zwischen einer Cousine und einem Cousin. Alle vier Eltern nahmen an der Zeremonie teil; die vier Trauzeugen waren der Gefängnisdirektor, der Gefängnisinspektor, der Gefängnisregistrar und der Baumeister, der für den Neubau des Gefängnisses im klassizistischen Stil verantwortlich war.[123]

Diese Eheschließung im Herbst des Jahres 1830 – eine Verwandtenheirat vor Gefängnistoren – stellte schließlich die Weichen für das Schicksal der Allemand Lavigeries im weiteren Verlauf des 19. Jahrhunderts. Die Tochter des jungen Paares, Marie Louise Allemand Lavigerie, beerbte ihre fünf Großtanten, die am „Südwall" von Angoulême ihr Pensionat geführt hatten. Marie Louise selbst heiratete 1851 in Angoulême, und ihr Heiratsvertrag, der am Rempart du Midi unterzeichnet wurde, sollte die Grundlage für jenes verhängnisvolle Vorhaben abgeben, das als die „Banque Portet-Lavigerie" in die Geschichte der Familie einging; Marie Louises Tochter wiederum heiratete in die Familie von Georges-Eugène Baron Haussmann und damit in die politische Elite des Zweiten Kaiserreiches von Napoleon III. ein.

KAPITEL 8: GESCHICHTE(N) AUS DEM WIRTSCHAFTSLEBEN

Wirtschaftszeit und Wirtschaftsgeschichte

Die Allemand Lavigeries eignen sich kaum zu Heldinnen und Helden in einer Geschichte der wirtschaftlichen Transformation. Ihre Leben in den 1790er-Jahren waren auf den ersten Blick zu ereignislos oder zu unscharf, um in der politischen Geschichte der Französischen Revolution eine Rolle zu spielen. Ihre Lebensläufe im 19. Jahrhundert hingegen sind zu dicht gepackt an Ereignissen, oder zu pikaresk, als dass sie Teil der Wirtschaftsgeschichte sein könnten. Es finden sich derart viele Informationen über ihre Eheschließungen und ihre auseinanderlaufenden Schicksale, dass man sie sich so nur schwer als Figuren in einer größeren historischen Erzählung vorstellen kann. Im uns vertrauten Verständnis historischer Untersuchungen ändern sich politische Zeiten von einem Augenblick zum nächsten; die wirtschaftliche Entwicklung hingegen schreitet in gleichmäßigem Tempo voran, erstreckt sich über langfristige Wirtschaftsentwicklungen und verläuft in mittelfristigen industriellen (und landwirtschaftlichen) Zyklen.[1]

Die Wirtschaftsleben der Allemand Lavigeries waren auch in der geregelten Geschichte des Übergangs in die Moderne eine Anomalie. Die Familie erlangte einen gewissen Wohlstand (beziehungsweise einigen ihrer Mitglieder gelang dies). Doch ihr Fortschritt hatte wenig mit der modernen Industrie zu tun, ganz zu schweigen von Aktivitäten „ökonomischen Charakters", wie sie die Wirtschaftshistoriker des 20. Jahrhunderts trocken definierten. Der Soziologe und Historiker François Simiand identifizierte in seiner Arbeit zur Beschäftigung und dem sozialen Wandel, für die er die Daten des Zensus 1866 heranzog, all jene, die „im

Militär, der öffentlichen Verwaltung, den freien Berufen und in häuslichen Diensten" beschäftigt waren, als „natürlich nicht zu dem Teil der Bevölkerung gehörend, denn wir hier betrachten möchten" – mit anderen Worten: Sie befinden sich außerhalb der „aktiven Bevölkerung mit ökonomischem Charakter".[2] Es war in diesem angeblich so unökonomischen Bereich der Ökonomie – in dem in der Mitte des 19. Jahrhunderts, bei einer Gesamtzahl von fünfzehn Millionen Arbeitskräften, rund drei Millionen Menschen beschäftigt waren –, in dem die Allemand Lavigeries sich darum bemühten, ihren Lebensstandard zu verbessern.[3]

Die Geschichte der wirtschaftlichen Transformation ist zwangsläufig teleologisch. Sie ist eine Erzählung vom Wandel über die Zeit hinweg und berichtet aus einer Perspektive am Ende der Erzählung. Sie ist eine inspirierende Erzählung, in Hinblick auf die ökonomische Ausdehnung des langen 19. Jahrhunderts, voller spektakulärer (wenn auch ungleich verteilter) Verbesserungen der Lebensbedingungen und der Lebenserwartung. Zugleich ist sie eine Erzählung, die viele Male vom Standpunkt jener Industrien erzählt wurde, die selbst immer bedeutender wurden: jene der aktiven oder produktiven Wirtschaft, in Simiands Sinne. Das waren wiederum auch jene Industrien, deren Erträge von ihren Zeitgenossen vermessen wurden oder die selbst Zahlen festhielten (wie in „jenen amtlichen Berichten", deren „Ergebnisse von Zeit zu Zeit in großer Aufmachung veröffentlicht werden", so Adam Smith in der bereits erwähnten Beschreibung, und von deren Aktivitäten „die Arbeiterinnen" häufig ausgeschlossen waren).[4]

Die wirtschaftlichen Entscheidungen der Allemand Lavigeries entfalteten sich in der Spanne jener Aktivitäten, die in den Registern ihrer Zeit nur schätzungsweise aufgezeichnet wurden und die in der nachfolgenden Geschichte des wirtschaftlichen Wandels nur sehr wenig zählten. Sie sparten Geld und bemühten sich um Stellen, bedienten Kredite und strebten danach, im Rahmen der Rechtsvorschriften gut abzuschneiden. Sie malten sich ihre Zukunft in ihren eigenen Wirtschaftsleben aus, wie etwa Etienne, der 1791 versprach, sein Haus in zwölf Abschlagszahlungen über zwölf Jahre zu bezahlen, oder seine fünf Töchter mit ihren vielen Hypotheken. Dies ist die „mikroökonomische" Zeit der Individuen als (maximierende) Subjekte. Doch die Geschichte ihrer Wirtschaftsleben führt, wie noch deutlicher werden wird, in eher ungewöhnliche Gebiete der Wirtschaft des 19. Jahrhunderts; sie stellt eher ungewöhnliche Fragen über die Wirtschaftsgeschichte der Moderne.

Die Perspektive für diese Mikro-Meso-Makro-Geschichte muss so gewählt werden, dass sie mit dem offensichtlichsten und am leichtesten zugänglichen Beleg für individuelle Leben beginnt und diesen Leben folgt, wo immer sie auch hinführen. Sie muss zu einer Untersuchung der unterschiedlichen Auflösungen oder Maßstäbe des historischen Verständnisses werden und im Verlauf der Zeit zudem unterschiedliche Rhythmen haben.[5] In der Geschichte der Allemand Lavigeries – der Familie von Marie Aymard in der mütterlichen Linie und des Paars mit dem Ehevertrag aus dem Jahr 1764 – führte die Nachforschung zu drei Zweigen oder Sektoren des Wirtschaftslebens, entsprechend den Zweigen der großen Familie. Da ist zum einen die Verwaltung der staatlichen Einkünfte und das Militär, in denen die Kinder von Martial Allemand Lavigerie mehr oder weniger sichere Positionen fanden. Da sind zum anderen Bankgeschäfte und das Kreditwesen, von denen die Allemand Lavigeries und Ferrands des 18. Jahrhunderts weit entfernt gewesen waren, in denen die Kinder von Pierre Allemand Lavigerie, des früheren Zahlmeisters, dann aber ihr Glück suchten. Und schließlich ist da die bedeutende Wirtschaft der Kirche, in der Charles Martial Allemand Lavigerie, Martials Enkel, der Erfolgreichste aller Kinder, Enkel und Urenkel wurde.

Der Fixpunkt all dieser Aktivitäten war, bis in die 1860er-Jahre, die Familie in Angoulême und das Haus am Rempart du Midi. Die fünf unverheirateten Schwestern, die in Angoulême blieben, wurden auf ihre eigene Art und Weise zu Unternehmerinnen. Sie waren Lehrerinnen, wie ihr Vater, ihr Onkel und ihr Schwager in Bayonne, sowie Grundbesitzerinnen; sie waren umgeben, genau wie ihr Schwager, der Architekt (und ihr Großvater, viele viele Jahre zuvor), von den Aktivitäten der Bauindustrie. Ihrem Kapital, oder auch ihren Ersparnissen, kam entscheidende Bedeutung im Ehevertrag zu, welcher den Allemand Lavigeries den Aufstieg in das Bürgertum Angoulêmes ermöglichte; sie wachten über die Eheschließungen und die Erbschaften ihrer Nichten und Großnichten.

Nun sind dies Industrien, oder Sektoren der Wirtschaft, in denen der wirtschaftliche Wandel nur sehr schwer zu messen ist, insbesondere anhand von nationalen Statistiken zu Arbeitsplätzen und Produktion. Und doch waren dies die Industrien, in denen Millionen von Menschen be-

schäftigt waren, in denen es sowohl zu Erfolgsgeschichten wie auch zum
Scheitern kam und deren ökonomische Konsequenzen sich auf das Leben
der ganzen Nation auswirkten. Die Perspektive einer Geschichte des Wirtschaftslebens führt im Fall der Allemand Lavigeries zu den angeblich unökonomischen Industrien des 19. Jahrhunderts, außerdem zu den ökonomischen Ereignissen, die die Grenzen zwischen dem Öffentlichen und
Privaten, zwischen dem Haushalt und dem Unternehmen, zwischen Kapital und Einkommen überschreiten. Sie ist komplementär zur Wirtschaftsgeschichte, insofern sie dieselben Quellen verwendet – Hypotheken- und
Beschäftigungsregister, Geburts-, Ehe-, Sterbe- (sowie Berufs-)Vermerke,
Inventarlisten und Gutschriftsanzeigen, Gerichtsakten –, um eine Vielzahl
an Fragen zu stellen, in einer Vielzahl historischer Idiome oder Methoden.
Und es ist eine Geschichte dessen, was wirklich geschah.

Geschichte(n) aus dem Wirtschaftsleben: Die Verwaltung

Martial Allemand Lavigerie, geboren 1767, war der Erste in der Familie,
der als Amtsträger in Staatsdienste trat, und zwar in den ersten Monaten
der Französischen Revolution im Büro der Steuerbehörde.[6] Im Jahr 1803
wohnten er und Bonnite, seine aus Saint-Domingue stammende Ehefrau,
dann in Bayonne, und auch hier übernahm er ein öffentliches Amt: Laut
Geburtsvermerk für seine Tochter Adelaide war er „receveur de la loterie
nationale", was im Jahr 1806 dann „receveur de la loterie impériale" hieß.
Bis 1826 blieb er Angestellter der Lotterie, in ihren unterschiedlichen Aus-
formungen.[7] Anschließend fungierte er als „secrétaire de l'intendance sanitaire" – offenbar ging in der Hafenstadt die Angst vor Epidemien um,
die übers Meer eingeschleppt wurden. Er arbeitete noch immer als „secrétaire de l'intendance sanitaire", als seine Tochter Elisabeth 1838 in Bayonne starb, und auch noch im Jahr 1847 (da war er bereits 79), als sein
Schwager aus dem Leben schied.[8]
   Martials Gefährten stammten aus demselben Milieu des öffentlichen
Dienstes und der kaiserlichen Organisationen. Die Zeugen bei den großen
Ereignissen im Leben der Familie – die Geburten der Kinder von Martial
und Bonnite, die Hochzeit von Joséphine 1807 – waren Beamte und Kaufleute beziehungsweise Nachbarn in der Altstadt von Bayonne: „controleur

principal des droits reunis", „officier de l'administration de la marine impériale", „payeur de la marine impériale". Einer von ihnen war Pierre Allemand Lavigerie, Martials jüngerer Bruder (und Vater von Camille Alexandre, dem Bräutigam in der Hochzeit unter Blutsverwandten), der zur Zeit der sich ausweitenden öffentlichen Wirtschaft im Ersten Kaiserreich ebenfalls nach Bayonne gezogen war; man führte ihn 1809 als Angestellten der Staatskasse, 1810 als Assistenten im Büro des Kriegs-Generalzahlmeisters und 1813 als Berater im Büro des Zahlmeisters.[9]

Dies war eine Gesellschaft, die, wie schon bei Martials Zeugen-Netzwerk im revolutionären Angoulême, aus Anhängern des politischen Wandels bestand. Martial und seine Familie ließen sich in der Rue Pont-Majour nieder (heute Rue Victor Hugo), die von der Altstadt zum Hafen führt und in der 1801 Frédéric Bastiat, der ultraliberale Ökonom, geboren worden war.[10] Pierre Jean Audouin, „controleur principal des droits réunis", Zeuge bei der Geburt von Martials Sohn Pierre 1806 und bei Joséphines Hochzeit 1807, war ebenfalls ein Nachbar in der Rue Pont-Majour. Wenige Jahre zuvor hatte er als Revolutionsjournalist in Paris gearbeitet und gehörte zu den „Königsmördern" im Nationalkonvent.[11] Nach einer Zeit im Exil als französischer Vizekonsul in Messina ließ er sich – wie Martial – in dem alten revolutionären Stadtviertel Bayonnes nieder; in der Nachbarschaft der früheren konstitutionellen Gesellschaften von 1790 bis 1793.[12]

Bayonne war eine kleine Provinzstadt, 1806 etwa so groß wie Angoulême.[13] Doch sie war auf eine Art und Weise weltoffen, wie es für Angoulême unvorstellbar war: in unmittelbarer Nähe zum Meer und am Zusammenfluss der Flüsse Adour und Nive gelegen, vielsprachig, mit Blick auf die Pyrenäen, nicht weit von der französischen Grenze gelegen, ganz gleich, ob über Land oder übers Wasser.[14] Bayonne wurde durch eine pluralistische Gesellschaft geprägt, ganz anders als das Angoulême der Restauration. Das neue Rathaus, erbaut während Martials Amtszeit als Sekretär der Gesundheitsbehörde, lag im Hafengebiet und wurde als Büro des Bürgermeisters, aber auch als Zollamt und Theater genutzt.[15] Wenige Jahre nach seiner Ankunft in der Stadt hatte Martial seine große Familie in diese neue Umgebung eingebettet. Seine beiden Kinder aus erster Ehe, seine vier Kinder aus zweiter Ehe, seine Schwester Joséphine und ihr Ehemann, sein Bruder Pierre aus dem Departement Sarthe sowie sein Bruder Etienne, der

Goldschmied, lebten in seinem Umfeld: ein neues Angoulême, weit von den alten Beschränkungen der Heimat entfernt.

Martial selbst spielte für die Reformpolitik in Bayonne schlussendlich ebenfalls eine Rolle. Im Jahr 1829 wurde er Herausgeber und Leiter einer neuen, zwei Mal wöchentlich erscheinenden Zeitung, des *Courrier de Bayonne et de la péninsule: journal politique, littéraire, commercial, maritime, d'annonces judiciaires et d'avis divers.* Der *Courrier* wurde auf Französisch und Spanisch gedruckt und veröffentlichte Nachrichten und Informationen über Ereignisse in Frankreich, Spanien und Portugal. Die ersten Worte der ersten Ausgabe vom Oktober 1829, also in den letzten Monaten der konservativen Regierung unter Karl X. in Frankreich und während der Unterdrückung der Opposition in Spanien und Portugal, waren ein Lobgesang auf die Pressefreiheit:

> Die erste Qualität eines Journalisten, gleich nach der Kenntnis fremder Sprachen, die in den Zeiten, in denen wir leben, so unabdingbar ist, muss die Wahrhaftigkeit sein. Die Tatsachen nicht auf ein bestimmtes System hin verändern, nicht versuchen, die öffentliche Meinung zu formen, sondern vielmehr, sie auszudrücken, in Übereinstimmung sein mit den anerkannten Interessen der Gesellschaft, stets jenseits persönlicher Ängste zu leben, dort, wo nichts als die Wahrheit zu verkünden ist, unsere Freiheiten verteidigen und unterstützen, der Ungerechtigkeit trotzen, die Aufmerksamkeit auf Missstände richten, den Unterdrückten Hilfe zukommen lassen – das ist in der Politik der Weg, dem ein Journalist folgen sollte und von dem nie abzuweichen es die Herausgeber dieser Zeitung sich zur Pflicht gemacht haben.[16]

Der *Courrier* stand den örtlichen Magistraten, insbesondere „diesen kleinen unauslöschlichen Funktionären", und den Landpriestern kritisch gegenüber und forderte eine „Gemeindeverwaltung", die Schutz bieten sollte gegen „Ignoranz, Willkürakte und dummen Stolz". Ein großes Anliegen war im März 1830 die Verteidigung der Hausierer, die von Dorf zu Dorf zogen, um Biografien zu verkaufen – etwa die „achtzehnbändige" Sammlung der gekürzten Biografien von Napoleons Generälen –, vertrieben von „armen Händlern", die die unterschiedlichen Bände „nur anhand ihrer Form und Farbe" auseinanderhalten können und „schmerzlich gegen das traurige Schicksal der Armen ankämpfen".[17] Doch zu diesem Zeitpunkt hatte Martial sich bereits wieder aus dem Pressegeschäft zurückgezogen. Er trat im Dezember 1829 als Direktor der Zeitung ab und übergab die Stelle einem weiteren örtlichen Amtsträger, Samuel Brutus Mendes. Im Mai 1830 wurde die Zeitung beschlagnahmt, weil man ihr „Verstöße gegen die öffentliche und religiöse Moral und die der Staatsreligion" vorwarf; im Juni 1830 wurde Martials Nachfolger als Direktor zu drei Monaten Haft verurteilt. Damit wurde die Veröffentlichung eingestellt;[18] der *Courrier* hatte gerade einmal sieben Monate lang existiert.

Inmitten all seiner Abenteuer wurde Martial zum Begründer einer kleinen Familienunternehmung in der öffentlichen Verwaltung: der Erste in einer Reihe einfacher Angestellter für das Einziehen der direkten und indirekten Steuern. Alle seine drei Söhne folgten ihm – mit unterschiedlichem Erfolg – in die staatliche Finanzverwaltung und die Beaufsichtigung der Grenzen Frankreichs. Seine 1791 in Angoulême geborene Tochter Elisabeth war die einzige Ausnahme; sie arbeitete als Musiklehrerin in Bayonne, wo sie bis zu ihrem Tod 1838 bei ihrem Vater lebte. Sie war in dem *Annuaire des artistes français* unter den (wenigen) Künstlerkoryphäen der Basses Pyrénées als „Musiklehrerin" aufgeführt.[19]

Léon-Philippe Allemand Lavigerie, Martials ältester, 1795 in Angoulême geborener Sohn, wurde 1817 zunächst Supernumerare-Schreiber in der Zollverwaltung Bayonnes. Dann begann sein rascher Aufstieg durch die Hierarchie einer großen nationalen Organisation; er war „Besucher" in Ustaritz, Schreiber oder *commis* in Bayonne, „Assistenzprüfer" in Vannes bei Lorient und dann „Prüfer" in Libourne bei Bordeaux. Im Jahr 1831 kam er als „Hauptbuchhalter der Schifffahrt" zurück nach Bayonne; 1842 war er „Kontrolleur" des Zolls in Marseille und 1860 „Hauptzolleinnehmer" in Rochefort.[20] Er heiratete die Tochter eines anderen Staatsbediensteten, des für die Produktion zuständigen Direktors im Hôtel des Monnaies, welches in Bayonne Gold-, Silber- und Kupfermünzen prägte.[21] Léon-Philippe und seine Gattin Louise Latrilhe waren die Eltern von Kardinal Charles Martial Allemand Lavigerie und von Louise Lavigerie Kiener, der letzten Figur in dieser Familienreihe und schlussendlichen Erzfeindin des Familiengedächtnisses.

Die Verwaltungslaufbahnen von Martials jüngeren Söhnen – aus seiner zweiten Ehe mit Bonnite, der ehemaligen und zukünftigen Erbin aus

Saint-Domingue – waren verwickelter. Pierre Jules Edouard, dessen Geburt in Bayonne der alte Revolutionär Pierre Jean Audouin bezeugte, trat eine Stelle im Amt für indirekte Steuern an und wurde nach Narbonne (Departement Aude) versetzt. In dieser Region heiratete er auch, bekam ein Kind und wurde Witwer. Er nahm in den folgenden Jahrzehnten offenbar an keiner der familiären Feierlichkeiten teil und starb 1851 im Alter von 45 Jahren im Marinekrankenhaus von Rochefort. Hier führte man ihn in den Unterlagen als Kanzleischreiber der Steuerverwaltung, der mit seinem Pferd durch das Departement Lozère gezogen sei.[22]

Victor Mamert, Martials jüngster Sohn, erlebte ein noch traurigeres Schicksal. Auch er arbeitete für das Amt für indirekte Steuern. Er heiratete nie und zog sich für sein Altenteil in ein Dorf im Departement Landes zurück, wo er 1885 im Alter von 78 Jahren verstarb. Im Register wurde er geführt als „Sohn eines unbekannten Vaters und einer unbekannten Mutter"; der Eintrag wurde von zwei seiner Nachbarn bezeugt, Arbeitern, die nicht in der Lage waren, mit ihren Namen zu signieren.[23] Es hieß, er habe eine kleine Konzession zum Verkauf von Tabak besessen und seine freie Zeit mit dem Flötenspiel verbracht.[24] Am Tag seines Todes schrieb seine Vermieterin an seinen Neffen – Charles Martial Allemand Lavigerie, inzwischen Erzbischof von Algier – mit der Bitte um weitere Anweisungen, da er der „einzige Verwandte" sei. Dies sei eine etwas „delikate" Angelegenheit, formulierte sie, „angesichts der unsicheren finanziellen Lage meines Mieters"; dessen Freunde hätten sie informiert, dass „seine Kleidung, ein Sessel und die bescheidene Summe von fünfzehn Francs zu diesem Zeitpunkt seinen einzigen Besitz" darstellten.[25]

Martial Allemand Lavigerie, der Stammvater dieser öffentlichen Bediensteten im Steueramt, kehrte irgendwann nach 1847 (in diesem Jahr bezeugte er noch in Bayonne die Sterbeurkunde seines Schwagers, des Ehemanns von Joséphine) nach Angoulême und in die Pension am Rempart du Midi zurück. Der Zensus der Stadt im Jahr 1851 listet hier einen imposanten Haushalt aus 38 Personen auf. Dazu gehörten die vier noch lebenden Schwestern, die „maîtresses de pension", Jeanne, Henriette, Françoise und Louise Mélanie, zwischen 82 und 60 Jahren alt; dann Martial, als „rentier" aufgeführt, 83 Jahre; außerdem ihr Neffe Camille Allemand Lavigerie (aus der blutsverwandten Ehe), seine Frau Françoise Méloé Topin und ihre Tochter Marie Louise mit ihrem Ehemann; schließlich lebten dort noch vier Diener und 25 Schulmädchen (die „pension-naires").[26] Martial Allemand starb 1856, im Alter von 88, im Haus am Rempart du Midi.[27]

Das verlorene Erbe

In seinen letzten Lebensjahren beschäftigte sich Martial – neben der Arbeit in der Gemeindeverwaltung und dem Herausgeben einer Zeitung – vor allem mit einer Frage: dem Zustand des Grundbesitzes seiner verstorbenen Frau in der ehemaligen Kolonie Saint-Domingue. Marie Louise Bonnite Raymond Saint Germain wurde im Jahr 1776, vielleicht auch einige Jahre früher oder später, in der Nähe der Stadt Jérémie in Saint-Domingue geboren. Als ihre Mutter, als „Grundbesitzerin" an-gegeben, in Saint-Domingue starb, war Bonnite noch ein Kind, und ihr Vater verstarb, wie so viele Exilanten, in Philadelphia. Sie erreichte 1797 zunächst Bordeaux und zog dann nach Angoulême weiter. Sie verschied 1813 in Bayonne, kurz nach der Geburt ihres sechsten Kindes.[28]

In dem von ihr in Angoulême unterzeichneten Ehevertrag findet sich Bonnites Versprechen, oder das Andenken, an lang anhaltenden Wohl-stand: Sie brachte in die Ehe „überhaupt alle Sachen [ein], aus denen ihr Nachlass sich dereinst zusammensetzen mag".[29] Nachdem 1804 die Repu-blik Haiti ausgerufen worden war, erwies sich Saint-Domingue im Todes-jahr von Bonnite selbst für die französischen Grundbesitzer als verloren. Im Jahr 1825 unterzeichnete der neue französische König Karl X. im Tui-lerien-Palast, aus dem sein Bruder Ludwig XVI. 1791 geflohen und dessen kurzzeitiger Kommissar Léonard Robin gewesen war, die berühmt-berüchtigten Verordnung, die den „gegenwärtigen Einwohnern des fran-zösischen Teils der Insel Saint-Domingue" die „Unabhängigkeit" zu-sicherte, vorausgesetzt, sie zahlten 150 Millionen Francs, mit denen „die ehemaligen, auf Entschädigung pochenden Kolonisten kompensiert wer-den sollen".[30] Es war dies die von einer französischen Flotte aus dreizehn Kriegsschiffen durchgesetzte „haitianische Entschädigung", unter der die Menschen auf Haiti mehr als 120 Jahre lang leiden sollten.[31]

Die Verordnung vom April 1825 löste ein zwanghaftes Spektakel unter den Kolonisten aus – sowie unter „ihren Erben, Vermächtnisnehmern,

Schenkern und Rechtsnachfolgern", wie es in dem schließlich verabschiedeten Gesetzestext heißt –, die ihre Ansprüche und Gegenansprüche
präsentierten und Nachforschungen in den schon lange zerstörten Registern von schon lange untergegangenen Gemeinden forderten.[32] Ein
„Grundbesitzer" namens „Lavigeris" wurde als Unterzeichner eines der
frühen Manifeste der Kolonisten 1819 aufgeführt, und Martial Allemand
Lavigerie war, als Bonnites Witwer, aktiv an dem Spektakel beteiligt, das
1825 begann.[33] Zu diesem Zeitpunkt wurde eine neue Kommission eingerichtet, der man auftrug, „die für die ehemaligen Kolonisten von Saint-
Domingue verfügbare Entschädigungssumme" unter den Anspruchs-
berechtigten aufzuteilen; es entstanden zwischen 1828 und 1833 sechs
Bände im Quartformat, in denen Forderungen, Vereinbarungen, notariell
beglaubigte Dokumente, Auszahlungen und die korrekte Schreibweise
von Namen enthalten waren, die in Beziehung zu mehr als zehntausend
Grundbesitzern und ihren Familien standen.[34]

Noch im selben Jahr setzte auch Martials Beschwörung der Epistemo-
logie der öffentlichen Verzeichnisse ein: „In den Unterlagen der bürgerlichen Register, in denen alles schwer, ernst und voller Bedeutung ist, muss
rigoros verlangt werden, dass alle Äußerungen, die sie enthalten, in
Übereinstimmung mit der allergenauesten Wahrheit sind". So lautet eine
nachträglich hinzugefügte Randbemerkung im Geburtsregister Bayonnes
für den September 1826, die auf Martials Drängen eingefügt wurde und
das Urteil eines Gerichts der Stadt wiederholte; das Ziel war, die Schreibweise der christlichen Namen seiner verstorbenen Frau zu korrigieren und
fünf in der Vergangenheit liegende Daten zu ergänzen (die Daten ihres
Todes und der Geburten von vier ihrer Kinder).[35]

In den Unterlagen, so führten Martial und sein Rechtsbeistand aus, sei
Bonnite aufgeführt als „Marie Louise Philippine Aimée Bonne", wobei ihr
wahrer Name doch „Marie Louise Bonnite" laute. „Die Ursache für diesen
Fehler ist leicht auszumachen", hielten sie fest; „Philippine" war der Name
ihrer Mutter; „Aimée" ein Familienname, unter dem sie seit ihrer Kindheit
bekannt war, und den Namen „Bonne" hatte sie erhalten, „nur um den
Namen ‚Bonnite', den sie in Saint-Domingue bekommen hatte, ins Französische zu übersetzen und wiederzugeben". Martial war ohnehin gezwungen gewesen, ihre Namen aufzeichnen zu lassen, fügte er hinzu, obgleich er nicht in der Lage war, die ursprünglichen Heiratsdokumente

vorzulegen, die zu diesem Zeitpunkt noch in Angoulême aufbewahrt wurden. Die Verbesserung war im Interesse der Wahrheit statthaft, entschied das Tribunal, und sollte „in der Zukunft Unannehmlichkeiten" für die betroffenen Kinder vermeiden helfen.[36]

Doch alle Bemühungen Martials führten letzten Endes zu nur wenig Greifbarem. Die Ansprüche der Familie auf Entschädigungen wurden im letzten Jahr des langen Prozesses verhandelt. Pierre Jules Edouard und Victor Mamert, gemeinsam mit ihren beiden noch lebenden Schwestern Charlotte Ursule und Adelaide, wurden zu Miterben ihrer Mutter erklärt, der „früheren Eigentümerin" einer Kakaoplantage mit Namen Fond-Clement, in Cap Dame-Marie im Westteil Haitis. Ihnen wurden jeweils 1710 Francs zugesprochen und am 1. Juli 1832 ausbezahlt.[37] Das war ein äußerst bescheidenes Ergebnis, selbst für die Standards der Diaspora in Angoulême. Eine andere Entschädigte des Jahres 1832 war die Tochter des nur mühsam lesenden und schreibenden Wundarztes, der 1772 mit seinem Vater, dem Tanzlehrer in Angoulême, über eine weitere mögliche Erbschaft korrespondiert hatte.[38] Marie Louise Lefort Latour, der Enkelin des Tanzlehrers, wurden 19 806 Francs aus der haitianischen Entschädigung zuerkannt.[39]

Der Ehevertrag von Charlotte Ursule

Die Hoffnung auf das verschollene Erbe lebte in der Familie Allemand Lavigerie und in der Pension am Rempart du Midi lange weiter. Die Tochter von Martial und Bonnite, Charlotte Ursule, kam 1810 in Bayonne zur Welt und wohnte nach dem Tod ihrer Mutter bei ihren Tanten in Angoulême. Sie lernte einen jungen Mann namens Pierre Auguste Henry Lacourade kennen, den Namensvetter und Nachfahren des alten Freunds ihres Vaters aus den Revolutionszeiten: Pierre Auguste Henry, Papierfabrikant und Förderer des politischen Wandels, der als Signatar der Ehevermerke für Pierre Allemand Lavigerie 1796 im Departement Sarthe, für Martial Allemand Lavigerie 1801 in Angoulême und, ebenfalls 1801, für Jeanne Lavigerie Topon in Angoulême gedient hatte.[40] Der jüngere Pierre Auguste war zudem der Großneffe einer weiteren Figur der Revolutionsgeschichte in der Stadt: Pierre-Mathieu Joubert, der für die Zivilverfassung des Klerus eintretende Bischof und Bruder von dessen Großmutter.[41]

Der jüngere Pierre Auguste Henry Lacourade arbeitete, wie sein Namensvetter, als Papierfabrikant und lebte außerhalb von Angoulême, in der familieneigenen Papiermühle in La Courade, im für seine Papierherstellung bekannten Städtchen La Couronne. Von hier aus war Marie Aymards Großvater als Schuhmachergeselle 1682 nach Angoulême ausgewandert. Diese Mühle hatte sein Großonkel als *bien national* von der Abtei La Couronne erworben. Pierre Auguste und Charlotte Ursule verlobten sich im Frühjahr 1836, einigten sich im Juni 1836 auf einen Ehevertrag – im Haus der fünf Tanten, der Pension am Rempart du Midi – und wurden vier Tage später in Angoulême getraut. Der Vertrag war, ganz in der Tradition der Familie, von einer beeindruckenden Prozession von Freunden und Verwandten unterzeichnet worden: 54 Signatare insgesamt, darunter elf Lavigeries, drei Topins und sechzehn Mädchen mit gehorsamer, kindlicher Unterschrift.[42]

Im Vertrag versprach Charlotte Ursule, genau wie ihre Mutter Bonnite 1801 und ihre Großmutter Françoise Ferrand 1764, ein noch zu entdeckendes Vermögen. Sie brachte „ihren Besitz und ihre Rechte aller Art, seien sie bereits erworben oder noch zu erwerben", aus dem Erbe ihrer Mutter mit ein, „die gebürtig aus Saint-Domingue, dem Bezirk Jérémie stammt" und die „dort offenbar Eigentümerin eines recht beachtlichen Vermögens zu sein scheint".[43] Sogar nach der kaum beeindruckenden Entschädigung des Jahres 1832 lockte am Horizont der Familie noch stets ein potenzielles Vermögen.

Vor allem aber stand Charlotte Ursules Ehevertrag wegen darin ausgedrückten Vertrauens in das Kapital der Cousins und Tanten in der Familientradition. Der substanziellste Teil des Eigentums der Braut bestand aus unterschiedlichen Zusagen, die die fünf unverheirateten Schwestern in der Pension gemacht hatten. Nicht weniger als neun Personen verpflichteten sich mit dem Vertrag: die Braut, der Bräutigam, der Brautvater, die Bräutigamsmutter sowie die fünf Tanten der Braut. Jeanne, Jeanne Julie, Henriette, Françoise und Louise Mélanie Lavigerie versprachen, „um ihre Bindung [an ihre Nichte] zu beweisen", die „unwiderrufliche" Gabe eines Drittels ihrer Güter, Möbel und ihres Grundbesitzes, das sie bei ihrem Tod hinterlassen mochten, an Charlotte Ursule, „wodurch sie diesem Anteil entsprechend zu ihrer universellen Erbin bestimmt" wurde.[44] Pierre Auguste war ein wohlhabender Fabrikant; es waren das Versprechen eines verschollenen Erbes und die Ersparnisse der fünf Lehrerinnen, die Charlotte Ursule zu einer angemessenen Braut machten.

Moderne Zeiten

Angoulême war Mitte des 19. Jahrhunderts eine prosperierende und un-industrialisierte Stadt. In der erweiterten Familie der Allemand Lavigeries war es nur Pierre Auguste Henry Lacourade, der im weitesten Sinne des Wortes etwas mit der industriellen Revolution zu tun hatte. Seine Onkel, mit ihren patriotischen Vorgängern, waren die Ersten, die in der Papier-industrie der Charente ein neues System rotierender zylindrischer Sieb-maschinen eingeführt hatten – und das mechanische Papier, über das der Held aus *Illusions perdues* (dt. *Verlorene Illusionen*) in solch übermäßiger Länge mit seiner Frau auf der Place du Mûrier sprach.[45] Sie gewannen bei der Industriemesse eine Bronzemedaille für ihre Arbeit, wurden von einem Nachbarn wegen des Abgrabens von Wasser aus dessen Brunnen verklagt und wegen unfairer Arbeitsbedingungen von anderen, welche sie selbst wiederum der Verleumdung beschuldigten (ein seltsames Ver-fahren, in dem Pierre Augustes Onkel behauptete, er habe aufgehört, sich zu verteidigen, da er auf der Besuchertribüne des Gerichtssaals echte Arbeiter bemerkt habe).[46]

Im Jahr 1836 zog Pierre Auguste mit seiner jungen Frau Charlotte Ur-sule Allemand Lavigerie in die Moulin de La Courade. Die Papiermühle war weiterhin aktiv, mit ihren mechanischen Siebmaschinen, riesigen Holzrädern und Mietswohnungen für die Papierarbeiter. Der Zensus von 1841 führte 41 Papierarbeiter auf, die in der Fabrikanlage lebten.[47] Doch Charlotte Ursule war bereits 1840 verstorben, und 1846 zog Pierre Auguste weiter, in ein anderes und weniger industrielles Leben. Der Betrieb der Mühle war ausgelaufen; Pierre Auguste lebte mit seiner Familie in der Rue de l'Arsenal im Herzen Angoulêmes und nannte sich selbst *négociant*.[48] Im Jahr 1861 war er ein weiteres Mal umgezogen, und zwar in das Haus, das er am Rempart du Midi erworben hatte, nur einen Steinwurf von der Pen-sion der Lavigerie-Schwestern entfernt.[49]

Das alte Stadtzentrum war noch immer ein Ort der Dienstleistungen und kleinen Gewerbe. Der Zensus von 1846, bei dem fünf der Enkelinnen von Marie Aymard als Bewohnerinnen am Rempart du Midi festgehalten wurden, führte 1126 Frauen mit einer „Beschäftigung" oder „Funktion" auf; 590 von ihnen waren entweder „Dienstbotinnen" oder „Hausangestellte". Es gab 112 Näherinnen (wie die Enkelinnen der einstmals entfernten Cousins in Paris und Vimoutiers); 72 Schneiderinnen; 63 Tagelöhnerinnen; 61 Frauen, die einen Kramladen führten; 47 Nonnen; 11 Lehrerinnen. Es gab eine weibliche Buchbinderin, die an der Place du Mûrier lebte, eine Spenglerin und eine (italienische) Zahnärztin, die am Rempart lebte, nicht weit von der Pension der Enkelinnen entfernt.[50]

Sogar die Heiratsurkunden in Angoulême riefen Erinnerungen an die Beschäftigungen zu Zeiten des Ancien Régime wach. Von den 174 Frauen, die im Verlaufe des Jahres 1846 heirateten, gab es keine einzige, für die eine Beschäftigung angegeben war. (Es war ein wirtschaftlich schwieriges Jahr, in dem für „die Arbeiterinnen" die Tendenz vorherrschend war, dass sie „zu den Eltern zurückkehrten", wie Adam Smith es über die öffentlichen Register des 18. Jahrhunderts schrieb.)[51] Unter den 174 Männern waren fünfzehn Schuhmacher; damit war dies, wie schon in den Gemeinderegistern 1764, die größte Berufsgruppe. Ferner werden elf Tagelöhner und acht Landwirte erwähnt; und insgesamt 38 Männer waren im Baugewerbe beschäftigt: Steinmetze, Schreiner, Tischler, Gipser und Anstreicher. Es gab im Angoulême des 18. Jahrhunderts einen regen Austausch zwischen der Stadt und den umliegenden Gegenden. Von den Bräuten waren 41 die Töchter von Landwirten; siebzig stammten aus Dörfern oder Städtchen in anderen Teilen des Departements Charente. Es gab auch Frischvermählte, die in Cap-Haïtien, auf der Ile Maurice und Guadeloupe oder auch in Verona geboren worden waren (Letztere war die Tochter der Zahnärztin).[52]

Gleichzeitig waren die Allemand Lavigeries vom ökonomischen Wandel umgeben. Im Jahr 1864, also weniger als zwanzig Jahre nach dem erwähnten Zensus und damit rund hundert Jahre nach dem Ehevertrag zwischen Françoise Ferrand und Etienne Allemand, gab es deutlich mehr Frauen, die einem eigenen Broterwerb nachgingen. Von den 188 Frauen, die in diesem Jahr in der Stadt heirateten, gaben 120 einen Beruf an. Näherinnen oder *lingères* machten die größte Gruppe aus, wieder einmal; von ihnen gab es 24, außerdem zwanzig Köchinnen und achtzehn Schneiderinnen. Neunzig Bräute hatten mit der Verarbeitung von Kleidung oder

Essen zu tun, beziehungsweise arbeiteten in der Haushaltspflege. Darüber hinaus fanden sich aber auch zehn Papiermacherinnen, sechs Tage-löhnerinnen und zwei Arbeiterinnen oder *ouvrières*. Es gab eine *artiste peintre*, die einen anderen *artiste peintre* ehelichte; sie war die Tochter eines Drucker-Lithografen. Unter den 188 Bräutigamen waren elf Stein-metze (die größte Gruppe), zehn Landwirte und sieben Schreiner; es gab nur vier Schuhmacher und drei Angestellte der Steuerverwaltung. In die-ser Stadt des industriellen Konsums heirateten außerdem vier Eisenbahn-angestellte, drei Fotografen, ein Lithograf, ein Angestellter des Telegrafen-büros und ein „Weber metallischer Stoffe".[53]

Inzwischen waren die neuen Industrien zu einer Gegebenheit des all-täglichen Lebens geworden: ein Zeichen am Horizont, genau wie die neue Eisenbahnverbindung zwischen Angoulême und Bordeaux, die man vom Rempart du Midi aus sehen konnte und hinter der in der Ferne die gro-ßen königlichen Sprengstofffabriken von La Poudrerie auftauchten. Die Schwestern am Rempart lebten zwischen Nachbarn, die solchen Berufen nachgingen, die zu Zeiten ihrer Kindheit in den 1770er- und 1780er-Jah-ren in Angoulême noch unvorstellbar gewesen waren. Es gab einen „An-gestellten der Eisenbahn", der im Zensus von 1846 als wohnhaft in der Rue du Marché, also auf der alten Isle de la Cloche Verte, geführt wurde; es gab auch einen „Angestellten des Telegrafen" und einen „Angestellten des Gaswerks". An der Place du Mûrier arbeitete 1846 ein Lithograf und 1861 zudem ein Fotograf.[54] Der Neffe der Schwestern, Camille, reiste im Alter von 81 Jahren von Le Mans nach Paris, um den Pavillon der Post und Telegrafie im Palais de l'Industrie zu besuchen. Allerdings hatte er hier das Pech, wie unter den „faits divers" in der Zeitung *Le XIXe siècle* berichtet wurde, von einem Taschendieb ausgenommen zu werden, wobei ihm eine Geldbörse mit fünf Banknoten, mehrere Briefe und seine Wähler-Identifikationskarte gestohlen wurden.[55]

Geschichte(n) aus dem Wirtschaftsleben: Das Militär

Das im 19. Jahrhundert so bedeutende Unternehmen des Militärs war, nach der Verwaltung der öffentlichen Finanzen, die zweite Familien-industrie, in der die Allemand Lavigeries ihr Glück zu machen versuchten.

Martial Allemand Lavigerie war ein verheirateter Mann mit junger Familie, ein Steuereinnehmer, als in den 1790er-Jahren die Massenaushebung in Angoulême begann. Er war, wie jeder andere in Frankreich in der Generation der Revolution und des Ersten Kaiserreichs, von den wirtschaftlichen Konsequenzen des Kriegs umgeben: Es ging um Wehrpflicht, Bevorratung und den Sold, die Uniformen und die Anforderungen der allgemeinen Mobilmachung. Da war sein Bruder im Bataillon der Charente und sein zukünftiger Schwager in der italienischen Armee. Unter seinen Cousins ersten Grades dienten drei von Gabriels Söhnen beim Militär, darunter der unglückliche Pierre Alexandre, der in der Schlacht am Mincio verwundet wurde; da war Jean-Baptistes noch lebender Sohn, später Lancier in der Kaiserlichen Garde, und sein Schwiegersohn aus Saint-Domingue, Kommandeur einer Schwadron.

Am erfolgreichsten gelang Pierre Allemand Lavigerie, Martials jüngerem Bruder, der Übergang vom Militärdienst zur Verwaltung der Militärfinanzen (und später, in Friedenszeiten, zur Finanzverwaltung). Bei seiner Hochzeit 1796 im Departement Sarthe war er zunächst Hauptmann im aktiven Dienst; ein Jahr später, als sein erster Sohn Jules Etienne Scipion geboren wurde, war er „payeur" oder Zahlmeister, und als Camille Alexandre 1799 zur Welt kam, arbeitete sein Vater als „Angestellter des Departements" Sarthe in dessen Hauptort Le Mans.[56] In Bayonne, inmitten der materiellen und menschlichen Auswirkungen der napoleonischen Kriege auf der Iberischen Halbinsel, hatte Pierre eine Anstellung im Büro des Generalzahlmeisters der Armee gefunden, des „payeur de la guerre".[57] Wie der habgierige Bruder von Léonard Robin im Departement Indre und die Familie von Léonards Revolutionskollegen Jacques Pierre Brissot – dessen Bruder wiederum im Büro des „payeur de la guerre" in Bourges beschäftigt war und dessen Sohn für die kaiserliche Zollverwaltung in Bayonne arbeitete – war er Teil der größten wirtschaftlichen Unternehmung der langen Revolutionsphase, nämlich des Geschäfts des weltweiten Krieges.[58] Im Jahr 1795 dienten 959 230 Männer in der Armee der Republik, so eine Schätzung aus dem Jahr 1842, und 1812 kämpften 879 416 Soldaten in der kaiserlichen Armee; all diese Krieger mussten bezahlt, gekleidet, ernährt, verwaltet und in Europa und der ganzen Welt bewegt werden.[59] Die Militärwirtschaft blieb dauerhaft ein Teil des Lebens dieser Familie. Jeannes Ehemann Laurent Silvestre Topin gestaltete als Militärkartograf eine schwarze Marmorsäule, die 1800 in Angoulême „zu Ehren unserer mutigen Armeen" aufgestellt werden sollte; sie war für die Terrasse von Beaulieu gedacht, wo Laurent sich so viele Jahre später zur Ruhe setzte.[60] Sein mit Jeanne gezeugter Sohn Charles zog nach seiner (kurzen) Marineausbildung in Angoulême als Architekt durch die Haute-Marne. Er baute 1836 eine Steinbrücke neu auf, konstruierte einen (fehlerhaften) Trog und beteiligte sich an der Restaurierung romanischer Kirchen; seiner Tochter gab er den Namen „Marie Antoinette".[61] Charles Silvestre Topins ältester Sohn Louis diente 1862 in Fontainebleau als niederrangiger Offizier der Lancier in der neuen Kaiserlichen Garde (und verdiente seinen Lebensunterhalt später als Inspektor einer Versicherungsgesellschaft, der Progrès Agricole).[62] Sein jüngerer Sohn Henri arbeitete als Angestellter der Telegrafen-Verwaltung der französischen Armee und wurde für seinen Dienst in der „Armee von Versailles" ausgezeichnet, die während des „Feldzugs im Innern 1871" den Aufstand der Pariser Kommune niederschlug.[63]

Die Söhne von Léon-Philippe Allemand Lavigerie, des Zollamt-Angestellten, machten in dieser Reihe die aufregendsten Erfahrungen im Militär. Dabei war die Zollverwaltung selbst eine zur Hälfte vom Heer – und in Libourne und Bayonne zur Hälfte von der Marine – beherrschte Institution und der größte öffentliche Arbeitgeber nach der Armee, der seine Mitarbeiter zudem in eigene, aufwendige Uniformen steckte.[64] Als Léon-Philippe und Louise Latrilhe im Jahr 1824 den Bund fürs Leben eingingen, gehörten zu den Zeugen ein Angestellter der Marine im Ruhestand und ein Angestellter für die Nahrungsbeschaffung des Heeres.[65] Die Kinder des Paares wuchsen in den Hafenstädten am Atlantik und des Mittelmeers auf, und alle drei Söhne, darunter der spätere Kardinal, wurden mit dem Légion d'honneur für ihre im Ausland geleisteten Dienste ausgezeichnet. Doch es waren die jüngeren Söhne, Pierre Félix und Léon Bernard, die mit dem Heer und der Marine am weitesten von Zuhause wegkamen.

Pierre Félix Allemand Lavigerie erblickte 1828 in Saint-Esprit (Bayonne) das Licht der Welt. Im Jahr 1846 meldete er sich zum 10. Jägerregiment als Soldat, wurde 1849 Sergeant und 1859 Unterleutnant. Er schloss sich 1865 dem Regiment der Fremdenlegion an, in dem er von 1865 bis 1867 im „Mexiko-Feldzug" (also jener Invasion, die mit der Erschießung des von Frankreich unterstützten Kaisers Maximilian I. endete) und anschließend von 1867 bis 1873 im „Afrika-Feldzug" (auch „Algerien-Feldzug") diente.

Pierre Félix erhielt 1867 den mexikanischen Orden de Notre-Dame de Guadalupe und die Erlaubnis, eine ausländische Auszeichnung zu tragen. Er war Hauptmann in der Garnisonsstadt Mascara, Algerien, als er 1872 zum „chevalier" der Légion d'honneur ernannt wurde. Im Jahr 1873 zog er sich in den Ruhestand in die Nähe von Angoulême zurück; seine Adresse war die Papiermanufaktur des verstorbenen Mannes seiner Tante, die „usine Lacourade".[66] Einige Jahre später zog er weiter, in die Hafenstadt Capbreton in den Landes. Pierre Félix starb 1882, im Alter von 54, im Militärkrankenhaus von Bayonne.[67]

Die Abenteuer von Léon-Philippes jüngstem Sohn, Léon Bernard, waren komplizierter. Er kam 1836 auf die Welt und schloss sich als junger Mann der Marine an. Mit 23 hatte er die Stellung eines „Apothekers zweiter Klasse in der kaiserlichen Marine" erlangt und lebte mit seinem Vater im Marine-Viertel des Arsenals von Rochefort, an der Flussmündung der Charente – dem Schauplatz, an dem sich einhundert Jahre zuvor die tragische Expedition nach Cayenne in Französisch-Guyana eingeschifft hatte. Léon Bernard heiratete 1860 eine junge Frau aus dem Seefahrer-Milieu des Mündungsgebiets, die Tochter eines „courtier des navires", also eines jener staatlich angestellten Vermittler, die ausländischen Schiffsleuten bei den Formalitäten des französischen Zolls halfen. Es war eine dynastische Eheschließung innerhalb der Marinewirtschaft von Rochefort; neben dem Vater des Bräutigams, dem Hauptzollverwalter, gehörten ein weiterer „courtier maritime" und zwei Männer zu den Zeugen, die als „Hauptapotheker der Marine" aufgeführt wurden und von denen einer der Onkel der Braut war.[68]

Léon Bernard und seine Gattin bekamen 1861 eine Tochter, und er brach kurz nach deren Geburt ans andere Ende der Welt auf. Man schickte ihn als Marineapotheker ins französischen Protektorat Tahiti, wo er sich mit Experimenten zu den farbgebenden Eigenschaften der dortigen Pflanzen beschäftigte. Die „Étude sur deux plantes tinctoriales des Taïti" von „M. L. Lavigerie, pharmacien de la marine" – der erste und einzige wissenschaftliche Aufsatz in der Familiengeschichte der Allemands, Ferrands und Lavigeries – erschien 1862–1863 in zwei aufeinanderfolgenden Ausgaben der offiziellen Zeitschrift der Franzosen in Polynesien, dem *Messager de Taïti*; die Untersuchung wurde in den *Archives de médecine navale* noch einmal abgedruckt, zwischen einem Text zu giftigen Fischen und einem

Bericht über die chirurgische Behandlung von Osteomyelitis (Knochen-marksentzündung) bei Marinerekruten im Senegal. Der Text spricht auf fast lyrische Art und Weise von der „wunderschönen blutroten Farbe" der Wolle, die mit einer Lösung aus *Morinda citrifolia* behandelt wurde, also des Nonibaums beziehungsweise des Indischen Maulbeerstrauchs; außerdem handelt er von *Musa fehi*, einer kleinen Banane, deren anfängliche Farbe, ein „rotes Johannisbeeren-Rot", nach dem Auflösen in Eisensulfat einen blauen Seidenton „von Schönheit und Festigkeit" annimmt.[69]

Eine kanadische Autorin, die zu dieser Zeit ebenfalls auf Tahiti weilte – sie war eigentlich auf der Durchreise von San Francisco nach Neuseeland –, lieferte eine geselligere Beschreibung von Léon Bernards polynesischem Idyll. Er sei jung, sehe gut aus, sei groß gewachsen und ein guter Musiker, schrieb sie in *Tahiti: The Garden of the Pacific*; außerdem stellte sie fest, er sei „ein verheirateter Mann, dessen Frau, ein Einzelkind, von ihren Eltern daran gehindert worden war, ihren Ehemann für einige wenige Monate in ein Land zu begleiten, das derart weit von Frankreich entfernt liegt." Doch „zu ihrem Glück verehrt der junge Gatte seine Frau", sprach unablässig von ihr und seiner Tochter und kam so nie in Versuchung, wie so viele seiner Kollegen, in einer kleinen Hütte am Strand zu leben – zusammen mit einer „eingeborenen Frau". Léon Bernard reite auf einem grauen Pferd um die Insel, spiele Duette und nehme sein Klavier mit auf eine Seeexkursion nach Moorea, der Vulkaninsel wenige Kilometer vor Tahiti; „er war ein feiner junger Kerl" und „immer bereit für das, was er einen Jux nannte."[70]

Léon Bernard kehrte 1865 nach Rochefort zurück, und 1866 wurde auch er zum Chevalier der Légion d'honneur.[71] Dann nahm seine steile Karriere eine unerwartete Wendung. Als ihm im darauffolgenden Jahr ein weiteres Kind geboren worden war, verließ Léon Bernard die Marine und zog ins Hinterland, in die Kurstadt Vichy, wo er als „beratender Arzt" fungierte.[72] Zu diesem Zeitpunkt war er 30 Jahre alt. Ein weiteres Jahr später, 1868, erschien ein 351 Seiten starkes Buch mit dem Titel *Guide médicale des eaux minerales de Vichy*, verfasst von „Le docteur Lavigerie, chevalier de la légion d'honneur, médecin-consultant aux eaux de Vichy, membre de plusieurs sociétés médicales".[73]

Sein Buch war zum einen der Versuch, den „alten Ruf Vichys" wiederherzustellen – basierend „auf den Erfahrungen von fast zwanzig Jahrhunderten" sowie der „großartigen und untadeligen Errichtung von dessen Thermalinstallationen" –, und zum anderen der Ausdruck des Bedauerns über die sich neu eröffnende Welt der Medizinwerbung. „Die stets zunehmenden Möglichkeiten der Kommunikation" und der Einfluss der „Mode" und „Spekulation", so Léon Bernard 1868, hätten zu einer Vervielfachung der Thermalbäder geführt:

> Bis heute gänzlich im Verborgenen liegende Quellen wurden durch Werbeanzeigen bekannt gemacht, welche in allen möglichen Prospekten zu lesen sind, mit denen Frankreich derzeit überflutet wird. Es gibt kein Rinnsal, so viel oder wenig Mineralien es auch enthalten mag, dem man nicht die Heilung sämtlicher menschlichen Gebrechen zuschreibt![74]

Was man folglich brauche, so schlussfolgerte er, sei nicht, zu zeigen, dass die Quellen in Vichy tatsächlich heilten, sondern, „wie sie heilten". Mit demselben Wissenschaftsgeist, mit dem er die wilden Maulbeeren Tahitis untersucht hatte, erforschte er nun die singulären, moralischen und erblich veranlagten Gründe für Erkrankungen des Verdauungstrakts. Er berief sich auf neue Studien von Jean Martin Charcot und Claude Bernard und führte Erfahrungen mit seinen eigenen Patienten an: eine Frau, die sich „nicht einmal das kleinste Stückchen einer Kartoffel" erlauben konnte, ein junges Mädchen, das „nicht eine Kirsche essen konnte, ohne unter heftigen Verdauungsstörungen zu leiden", und zahlreiche „geschwächte und ermattete junge Mädchen", die durch die Behandlung schlussendlich „ihre Farbe, Stärke und Fröhlichkeit zurückgewonnen" hätten.[75]

Léon Bernard Lavigerie starb im Oktober 1871 in Vichy, im Alter von 34 Jahren.[76] Dora Hort, die umtriebige Bekannte aus Tahiti, hielt fest, dass sie Jahre später in Algier, bei einer Begegnung mit dem Kardinal, Léons älterem Bruder, von „allen Einzelheiten seines vorzeitigen Todes" erfahren habe. Als Mediziner, so habe der Kardinal berichtet, sei Léon Bernard „verdientermaßen beliebt und erfolgreich". Doch „unglücklicherweise ging er bei seiner eigenen Gesundheit nicht mit der gleichen Vorsicht zu Werke und fiel einer starken Erkältung zum Opfer, die er sich bei der Jagd zugezogen hatte."[77]

Léon Bernards junge Witwe kehrte nach Rochefort zurück – und in das angestammte Milieu der Marinewirtschaft. Ihre Tochter, das kleine Mädchen, von dem Léon Bernard in Tahiti so viel erzählt hatte, heiratete hier zehn Jahre später. Ihr Bräutigam war ein Offizier im aktiven Dienst und „medizinischer Assistent in der Marine". Die Zeugen der Eheschließung stammten, wieder einmal, aus der Welt der Marineverwaltung: ein Chefapotheker der Marine, der zugleich ein Cousin der Braut war; ein leitender Arzt der Marine im Ruhestand, ebenfalls ein Cousin der Braut; ein führender Arzt der Marine, der ein Cousin des Bräutigams war; sowie ein Fregattenkapitän, der Onkel der Braut.[78] Die Familie lebte noch immer in der Rue de l'Arsenal, an der Mündung der Charente.[79]

KAPITEL 9: FAMILIENKAPITAL

Geschichte(n) aus dem Wirtschaftsleben: Bankgeschäfte und Verpackungen

Bis 1848 gelang es den Allemand Lavigeries, sich im Bankenwesen zu etablieren; sie waren damit Teil von Simiands „aktiver Bevölkerung mit ökonomischem Charakter", zugehörig zum Zweig „Transport, Kredit etc." des Wirtschaftslebens.[1] Die finanziellen Umwälzungen der Revolutions- und napoleonischen Jahre, in denen Jeanne *aînée* zur Ladeninhaberin wurde und die fünf Schwestern genug Kapital anhäufen konnten, um das Haus am Rempart zu kaufen, gelten als Gründungsphase des Bankenwesens im 19. Jahrhundert.[2] Die Kreditkrise, welche im Angoulême des 18. Jahrhunderts so viel Unruhe ausgelöst hatte, wurde im Nachhinein als Wendepunkt der modernen Finanzgeschichte Frankreichs erkannt. Die Auswirkungen von Turgots Mémoire in dieser Angelegenheit und die von ihm geforderte Freiheit für die Finanzmärkte – die, wie so vieles in der Geschichte der wirtschaftlichen Liberalisierung in Frankreich, in den ersten Monaten der Französischen Revolution umgesetzt wurde – waren in den Augen eines späteren österreichischen Finanzministers ein Triumph.[3] In dieser neuen Ökonomie des finanziellen Laissez-faire entwickelte sich Marie Aymards Familie, zumindest ein Teil von ihr, zu Grundbesitzern und Rentiers.

Die Bankgeschäfte der Großfamilie sorgten zunächst für einen Erfolg. Dabei kam es zu einer Art natürlichem Fortschreiten über die Militärwirtschaft hinaus. Pierre Allemand Lavigerie, der zweite Sohn des Paares mit dem Ehevertrag aus dem Jahr 1764, begann seine Laufbahn zwar beim Militär, wechselte dann aber zur Verwaltung der militärischen Soldzahlungen und schließlich zur Handelsbuchhaltung. Nachdem der Wohlstand der Kriegsjahre in Bayonne ein Ende gefunden hatte, kehrte er nach Le Mans und der Familie seiner Frau im Departement Sarthe zurück; einer seiner Schwager war „Kontrolleur der indirekten Steuern" in der Stadt, ein anderer, „Décadi Montagnard Maslin", war Kaufmann in Le Mans.[4] Pierre fand eine Anstellung als Kassierer bei „Maison Thoré frères", einem Handelsunternehmen und Bankhaus. Er lebte in der Rue Dorée im Zentrum von Le Mans, und seine beiden Söhne Scipion und Camille folgten ihm in die Welt des Handels, als kaufmännischer Angestellter und Handelsreisender.[5] Pierre Allemand Lavigerie starb 1834 im Alter von 64 Jahren in Le Mans und war zu diesem Zeitpunkt noch immer Angestellter der Maison Thoré.[6]

Es sollte schließlich Scipion Lavigerie sein, Pierres älterer Sohn, der das Bankengeschäft der Familie begründete. Le Mans stand in den 1830er-Jahren am Beginn einer lang anhaltenden Handels- und Industrieexpansion. 1841 – dem Jahr, in dem Scipion zum ersten Mal auf den Le Mans gewidmeten Seiten im Handelsverzeichnis *Firmin-Didot* erschien – gaben sich „Thoré frères" als Bankiers, Samenhändler mit einem Schwerpunkt auf Klee, als Textilfabrikanten und Spezialisten für waschaktive, vorgearbeitete Stoffe zu erkennen.[7] Scipion, der 1832 im Alter von 35 die verwaiste Tochter eines örtlichen Textilkaufmanns heiratete – sie war zu diesem Zeitpunkt sechzehn und starb bereits drei Jahre später –, gründete ein Verpackungsgeschäft und verdiente Geld auch mit dem Einziehen von Schulden in Le Mans und den umliegenden Gegenden.[8]

Scipion und sein Partner Allard wurden im *Firmin-Didot* des Jahres 1841 als „Bankiers" aufgeführt; Allard stellte grobe Stoffe her, die als Verpackungsmaterial genutzt wurden: „toile d'emballage". Genau auf diese Säcke und Beutel, diese „Handelsverpackungen", spezialisierte sich Scipion nun.[9] Im Jahr 1842 firmierte sein Unternehmen unter dem Namen „Allard, Lavigerie et Demorieux", Hersteller von Verpackungsstoffen „aller Formen" und schließlich „aller Arten von Säcken"; sie waren zudem Bankiers, Diskonter und Eintreiber von Schulden. 1849 kannte man „Lavigerie et Demorieux" als Bankiers, Stoffgroßhändler und Hersteller von Säcken in Le Mans.[10] Es hatte sich eine beachtliche Partnerschaft entwickelt, was sich auch darin zeigte, dass sie die prozessführende Partei bildeten, die 1850 (erfolglos) ein Verfahren gegen die Postmeister von Le Mans anstrengte: „drei aufgezeichnete und registrierte Briefe, die Banknoten im

Wert von vierzehntausend Francs enthielten, adressiert an drei Handels-
häuser in Nantes", hatten ihre Empfänger nicht erreicht.[11]

Zu diesem Zeitpunkt war Scipion Lavigerie eine Persönlichkeit in der
Stadt. „Monsieur Scipion Lavigerie, fabricant au Mans", legte 1840 der
vom utopischen Sozialist Louis Blanc gegründeten republikanischen Zeitung *Revue du progrès* Statistiken zu den exorbitanten Zöllen auf Leinen
und Hanffasern vor.[12] Im Jahr 1842 war er, gemeinsam mit seinen Part-
nern, Signatar einer Petition für den freien Handel mit Belgien, deren Text
in einer der unzählbaren Lobeshymnen auf den grenzenlosen Handelsver-
kehr von der Handelskammer Bordeaux erneut abgedruckt wurde (und
damit belegte, dass Scipion den „prohibitionistischen Industriellen" mit
ihrer „Armee an Zollbeamten" ablehnend gegenüberstand).[13] Scipion
lebte mit seiner verwitweten Mutter an der Place des Halles (heute Place
de la République). Er war zudem Richter im Handelsgericht von Le Mans,
dessen Präsident Thoré der ehemalige Arbeitgeber seines Vaters war; 1849
ernannte man Scipion zum beigeordneten Bürgermeister der Stadt.[14]

Der Karriereweg von Pierre Allemand Lavigeries jüngerem Sohn Camille zum Bankier erwies sich als umständlicher. Zum Zeitpunkt seiner
Hochzeit 1830 (außerhalb des Gefängnisses des Departement Aube) arbeitet er als Angestellter eines Kaufmanns in Lille; in dieser Zeit blühte in
Nordfrankreich gerade die Textilindustrie auf. Eine der wenigen dauerhaften Freundschaften, oder Patronage-Beziehungen, der Familie im
19. Jahrhundert verband sie mit der Familie Fauchille, die als Textilfabrikanten in Lille ansässig waren und über drei Generationen als Signatare der familiären Feierlichkeiten der Allemand Lavigeries auftauchen.[15]
Als 1833 seine Zwillingstöchter in Angoulême zur Welt kamen, arbeitete
Camille als *commis voyageur* oder reisender Kaufmann.[16] Er und seine
Gattin Françoise Méloé reisten rund fünfzig Jahre lang zwischen Angoulême und Le Mans hin und her. So kam er zu Scipions Heirat 1833 nach
Le Mans und 1836 in das Haus am Rempart du Midi zur Eheschließung
seiner Cousine ersten Grades Charlotte Ursule; er war Kaufmann, oder *né-
gociant*, und in Angoulême wohnhaft, als er den Standesamtseintrag ihres
Todes 1840 signierte; und 1844 begann er Verhandlungen zum Kauf des
Hauses am Rempart, das neben dem seiner Großtanten stand.[17]

Mit der Revolution von 1848 begann Camilles öffentliches Wirken.
Eine der ersten Maßnahmen der neuen, provisorischen Regierung – zwi-

schen der Erklärung, dass es auf französischem Boden keine Sklaven geben dürfe, was im April 1848 zur gesetzlichen Abschaffung der Sklaverei führte, und der Gründung von Sparkassen („von allem Eigentum sind die Ersparnisse der Armen das Unantastbarste und Heiligste") – galt der Errichtung eines Systems nationaler Diskontbanken, nicht nur in Paris, sondern auch in allen „Industrie- und Handelsstädten". Das Dekret über die Diskontbanken rief zu einer ganzen Reihe öffentlich-privater Partnerschaften auf, angesichts der „erheblichen Schwierigkeiten, die heute bei den Privatkrediten bestehen", also der ernsthaften Finanzkrise zu Beginn des Jahres 1848.[18] Einen Monat später wurde Camille Alexandre Allemand Lavigerie „durch das Dekret des Finanzminister der provisorischen Regierung vom 7. April 1848" zum ersten Direktor der örtlichen Niederlassung dieses neuen Systems ernannt, des „Comptoir National d'Escompte de la Ville d'Angoulême".[19]

Camilles Beförderung wurde in Angoulême sehr begrüßt, so ein Chronist des Gemeindelebens (eben jener, der so wenig hilfreich war, als es um das junge Mädchen ging, das 1793 auf dem Altar der Kathedrale die Vernunft verkörpert hatte). Laut Chronik stand Anfang 1848 in der Stadt zwar ein Freiheitsbaum, doch eine Revolution schien nicht mehr unmittelbar zu drohen. Im April 1848 gab es 547 Anteilseigner an dem neuen *comptoir national* in Angoulême, die Camilles Ernennung zum Direktor bestätigten; „Monsieur de Lavigerie, Vertreter des Handels, der eine sehr ehrenvolle Reputation genießt und eine Begabung für den Handel bewies, wurde mit 278 Stimmen nominiert [...] Diese Nominierung beweist großes Vertrauen in den Erfolg des *comptoir*."[20] Das Büro des *comptoir* richtete man an der Place du Petit Saint Cybard ein, nur wenige Meter von dem Ort entfernt, an dem Camilles Großeltern im Dezember 1764 ihren Ehevertrag signieren ließen. Camille war zu einem reichen Mann geworden oder zumindest zu jemandem, der Zugang zu Reichtum hatte; vom Direktor verlangten die Statuten des *comptoir*, dass er wenigstens einhundert Anteile sein Eigen nannte, von denen jeder den Wert von einhundert Francs besaß.[21]

Der Ehevertrag von Marie Louise

Der Rempart du Midi in Angoulême war 1851 Schauplatz einer neuen Feierlichkeit mit den vertrauten Unterschriften: eine Prozession von Onkeln, Cousins und Schülerinnen mit artiger Handschrift, die wie die Taufe bei *Dornröschen* zu einem bösen Omen bevorstehender Schwierigkeiten werden sollte. Anlass war die Hochzeit von Marie Louise Allemand Lavigerie, dem einzigen Kind von Camille Allemand Lavigerie und Françoise Méloé Topin, das das Kleinkindalter überlebt hatte, mit Jean Henri Portet, einem Angestellten der Registratur im Handelsgericht von Angoulême. Portet stammte aus einem Dorf westlich von Angoulême und tauchte als Sohn eines „Grundbesitzers" auf. In der erweiterten Familie war er im 19. Jahrhundert derjenige, der der dörflichen Wirtschaft am nächsten war; einer seiner Großväter war Landwirt, der andere Steinmetz.[22] Der Ehevertrag wurde im „Hôtel du Comptoir National d'Escompte" signiert, dem „Wohnsitz von Monsieur und Madame Lavigerie".[23]

Die Familie in der Pension am Rempart war seit der Hochzeit von Charlotte Ursule 1836 bedauerlicherweise geschrumpft. Jeanne Julie Allemand Lavigerie, die zweite der fünf Schwestern, denen die Pension gehörte, starb 1838 in Angoulême und hinterließ ihren Anteil an dem Besitz ihren drei Nichten, Martials Töchtern Charlotte Ursule und Adelaide sowie Jeannes Tochter Françoise Méloé. Dies war das Erbe, durch das der Besitz der Pension in fünfzehn Teilen auf alle Enkelinnen und Urenkelinnen von Marie Aymard aufgeteilt wurde.[24] Doch Adelaide starb 1839 im Alter von 35 Jahren, Charlotte Ursule starb 29-jährig im Jahr 1840 in der Papiermühle ihres Mannes in La Courade.[25] Françoise Méloé, die überlebende Nichte, wurde damit zur Erbin der Pension.[26] Im Jahr 1850 wurde sie von der ältesten ihrer Tanten, Jeanne *ainée*, als ihre eigene „Universalerbin" ausgewählt, mit dem Heimfallrecht an „meine Großnichte", die Braut von 1851, Marie Louise Allemand Lavigerie.[27]

Bei der feierlichen Unterzeichnung des Ehevertrags von Marie Louise waren die Brauteltern sowie ihre Großmutter mütterlicherseits, Jeanne Lavigerie Topin, anwesend, die ganz in der Nähe in der Rue de Beaulieu wohnte. Ihr reicher Onkel Scipion Allemand Lavigerie war aus Le Mans angereist. Die vier noch lebenden Schwestern, die Großtanten der Braut, nahmen ebenso teil wie ihr Großonkel Martial Allemand Lavigerie, gemeinsam mit seinem Schwiegersohn, dem Papierfabrikanten, und vier seiner Enkel. Zu Letzteren gehörten Louise Lavigerie und Charles Martial, in diesem Moment Abt Lavigerie, der in Paris Theologie lehrte, nachdem er zwei Promotionen über die Geschichte des frühen Christentums abgeschlossen hatte. Und dann waren da noch die siebzehn artigen Schülerinnen, wie beim Ehevertrag von Charlotte Ursule, fünfzehn Jahre zuvor: 62 Signatare insgesamt.[28]

Marie Louise war zweifelsfrei eine reiche Erbin. Ihre Mitgift bestand aus persönlichem Besitztum, der auf 6000 Francs geschätzt wurde, und hinzu kam ein Brautgeld der Eltern in Höhe von 30 000 Francs, einen Vorschuss auf ihre „zukünftige Erbschaft". Die Aussichten des Bräutigams waren andere. Er gab persönlichen Besitz im Wert von 6000 Francs an („Möbel, Gemälde, Stiche, seine Bibliothek") und eine Lebensversicherungspolice für 1278 Francs. Daneben bekannte er sich zu 20 000 Francs Schulden. Er schätzte seine Position als Angestellter am Handelsgericht auf 55 000 Francs, „was die Gesamtsumme auf eine bereinigte Zahl von 42 278 Francs bringt".[29]

Es war eine Vereinigung von Verpflichtungen und Erwartungen, und die Artikel des Ehevertrags erzählen eine Geschichte mit Aussichten auf gegenwärtige und zukünftige Schulden. Die Ehe wurde unter dem Regime einer Gütergemeinschaft geschlossen, mit der Ausnahme jeglicher „Schulden vor der Vereinigung", welche die separaten Verpflichtungen der jeweiligen Ehepartner waren. Die Gemeinschaft sollte aus den „Gewinnen und Einsparungen" des Ehepaars in der Zukunft bestehen, die sich „aus dem Gewinn ihres Kapitals und dem Produkt ihrer Bemühungen" ergaben. Doch Marie Louise und ihre eventuellen Erben wurden im Gegenzug von Schulden, die noch entstehen würden, „freigesprochen".[30] Dieser Ehevertrag wurde fünfzig Jahre später, 1902 in Paris, zusammen mit dem Haus am Rempart du Midi, bei der Auseinandersetzung um den Besitz des Bräutigams angeführt.[31]

Der Ehevertrag von Louise

Louise Lavigerie, die Enkelin von Martial Allemand Lavigerie, heiratete vier Jahre später, 1855, in Angoulême, und zu diesem Anlass kam zum letzten Mal die erweiterte Familie zusammen. Auch ihr Ehevertrag wurde im Haus von „Monsieur und Madame Camille Allemand Lavigerie" unterzeichnet; Camille taucht in den offiziellen Unterlagen als Einwohner von Le Mans auf. Drei der Enkelinnen Marie Aymards nahmen teil: Martial Allemand Lavigerie, der Großvater der Braut, mit 88 Jahren, seine Schwester, Jeanne *ainée*, im Alter von 87 Jahren, und ihre jüngere Schwester, Louise Mélanie, mit 72. Aus Rochefort war Louises Vater angereist, außerdem ihr Bruder, der Abt Lavigerie. Und 31 der artigen Schulmädchen signierten: Insgesamt fanden sich 55 Signatare ein.[32]

Die 22-jährige Louise arbeitete zu diesem Zeitpunkt als Lehrerin in Angoulême. Einen Großteil ihrer Kindheit hatte sie mit ihren Eltern in Marseille verbracht, beim alten Hafen – ein Freund ihrer Eltern, ein belesener Kollege aus der Zollverwaltung, beschrieb den Haushalt als Ort des Gesprächs über Literatur und der abendliche Festlichkeiten, als Ort, an dem auch Lyrik entstand (durch Louises Mutter).[33] Louises Ehemann, Gabriel Kiener, war in Paris im Jardin des Plantes, dem botanischen Garten, aufgewachsen, da sein Vater hier die Malereiabteilung leitete; Gabriels Onkel war Louis Charles Kiener, ein bekannter Malakologe, also Experte für Weichtiere, und Autor des zwölfbändigen Werks *Spécies général et iconographie des coquilles vivantes*.[34] Gabriel war zum Zeitpunkt seiner Hochzeit 24 Jahre alt und als Buchprüfer für die Orléansbahn, deren große Unternehmenszentrale in Paris gegenüber dem Jardin des Plantes angesiedelt war, nach Angoulême gezogen. Hier hatte man die Compagnie du chemin de fer de Paris à Orléans in dem neoklassischen Gebäude der früheren Marineschule untergebracht; der Bahnhof war im Oktober 1852 anlässlich des Besuchs des späteren Kaisers, des „Prinz-Präsidenten" Louis-Napoléon eröffnet worden, was mit einer „strahlenden" Beleuchtung der Place du Mûrier gefeiert worden war.[35]

Der Ehevertrag zwischen Louise und Gabriel war wesentlich unkomplizierter als die Vereinbarung, die Marie Louise und Jean Henri Portet 1851 unterzeichnet hatten. Louise erhielt eine Mitgift von 10 000 Francs in bar; Gabriel „erklärte, dass er zu diesem Zeitpunkt kein Vermögen besitzt, das hier aufgeführt werden müsste, legte jedoch fest, dass er alle Güter und aller Besitz, zu denen er, unter welchem Anspruch auch immer, in Zukunft gelangt, als Mitgift einbringt."[36] Fünf Jahre später lebte das junge Paar weit von Angoulême entfernt, war aber immer noch mit der Orléansbahn verbunden: Als Louises jüngerer Bruder, der aufstrebende Marineapotheker Léon Bernard Lavigerie, 1860 in Rochefort heiratete, war Gabriel einer der Zeugen und taucht in den Unterlagen als Stationsvorsteher in Villefranche, im Departement Aveyron, auf.[37]

Gabriel war schlussendlich der Einzige aus dem erweiterten Familienkreis der Allemand Lavigeries, der für eine der modernen Industrien arbeitete – Eisenbahn, Textilien, Bergbau, Maschinenbau –, die im 19. Jahrhundert das Zentrum des Wirtschaftswachstums bildeten. Der Bahnhof, dem er 1860 vorstand, war eines der Wunder der Orléansbahn, ein Ziel auf jener Strecke, die als Triumph der Eisenbahningenieure galt, hatten sie doch eine Verbindung zwischen den alten Minen und den sie umgebenden Hügeln geschaffen.[38] Doch schon einige Jahre später verabschiedete sich Gabriel von der Eisenbahn und kehrte nach Angoulême zurück, zu einer neuen Berufung in der Papiermühle, die seinen angeheirateten Verwandten gehörte, der Familie Henry-Lacourade. 1872 gab es damit einen neuen Haushalt in der Moulin de Lacourade: Gabriel Kiener, „Kaufmann und Papierfabrikant", Louise sowie „Augustin ab-del-Kader", erwähnt als 19-jähriger Hausdiener, geboren in Algerien.[39]

Der Ehevertrag von Marie Françoise

Den letzten am Rempart du Midi geschlossenen Ehevertrag, der im September 1858 unterzeichnet wurde, begleitete eine eher melancholische Zeremonie. Nur noch zwei von Marie Aymards Enkelkindern konnten dem Ereignis beiwohnen: die älteste der Schwestern in der Pension, Jeanne *ainée*, sowie die jüngste, Louise Mélanie. Martial Allemand war zwei Jahre zuvor verstorben.[40] Der Abt Lavigerie war vor Ort, ebenso die Familie aus Le Mans; es unterschrieben zwar zwei Topin/Silvestre-Cousins, dafür keine artigen Schülerinnen mehr und nur wenige Freunde. Auf dem Papier standen 40 Signatare: für die Großfamilie eine eher kleine Prozession.[41]

Die Braut war Marie Françoise Henry Lacourade, Tochter der verstorbenen Charlotte Ursule Allemand Lavigerie und ihres Ehemanns, dem Papierfabrikanten. Der Bräutigam hieß Alexis-Henry-Evariste Brinboeuf-Dulary, war 24 Jahre alt und Geschäftsmann aus Angoulême. Der Ehevertrag stellt im Grunde eine Aufzählung ihrer beider Vermögen dar. Alexis-Henry-Evariste erklärte die „Summe von 40 000 Francs, die er in seiner Handelsbilanz besaß und Mademoiselle Henry Lacourade und ihrem Vater nachgewiesen hat." Marie Françoise gab ein recht komplexes Vermögen an, das sich auf die Summe von 56 000 Francs addierte. Dazu gehörte eine Hypothek auf eine Immobilie in der Rue d'Assas in Paris; ein weiterer Grundbesitz in der Avenue de Maine, ebenfalls in Paris, sowie eine Bargeldmitgift in Höhe von 5000 Francs von ihrem Vater, für die sie einen Beleg beibrachte.[42]

Im Ehevertrag taucht auch wieder diese vage Andeutung auf – wie schon in den Eheverträgen der Mutter von Marie Françoise aus dem Jahr 1836, ihrer Großmutter aus dem Jahr 1801 und ihrer Urgroßmutter aus dem Jahr 1764 –, nach der womöglich noch ein Vermögen auf einer amerikanischen Insel wartete: „die Güter und Rechte, bewegliche wie unbewegliche, die sie über ihre Mutter erhält, so, wie sie sich aus einer noch durchzuführenden Liquidation ergeben".[43] Der Bräutigam Alexis-Henry-Evariste war selbst Erbe aus einer Familie von Kaufleuten und Sklavenhändlern in Saint-Domingue. Von seinen Vorfahren übernahm er die Ansprüche auf zwei der umstrittensten Erbschaftsangelegenheiten in der Schlussphase der Kolonie: zum einen aufseiten seines Großvaters väterlicherseits (hier ging es um dessen Vorräte, die zur Ladung eines Sklavenschiffs gehörten, das die Briten 1780 aufgebracht hatten) und zum anderen aufseiten seines Großvaters mütterlicherseits (dessen Familie 1807 im Streit um eine Plantage in Saint-Domingue vor Gericht standen, da sie diese 1786 auf Kredit für eine Million Livres gekauft, aber nie bezahlt hatten).[44]

Marie Françoise und ihr Ehemann bekamen zwei Kinder und lebten mit ihrem Vater am Rempart du Midi. Im Alter von 35 Jahren starb Alexis-Henry-Evariste dort im Jahr 1870; sein Tod wurde von seinem Schwager und seinem durch Heirat verbundenen Cousin Gabriel Kiener bezeugt.[45] Marie Françoise heiratete nicht noch einmal und zog sich in den Küstenort Arcachon zurück; eines ihrer Kinder wurde Leutnant der Infanterie, ihre Tochter heiratete einen Leutnant der Kavallerie.[46]

Angoulême in den 1860er-Jahren

Das Jahr 1860 bedeutete das Ende einer Epoche für die Allemand Lavigeries. Jeanne *ainée*, die älteste der Schwestern am Rempart, starb im Juli dieses Jahres in Angoulême; Silvestre Topin, Jeanne Mariettes Witwer, verschied im März desselben Jahres. Jeanne Henriette und Jeanne Mariette, die anderen Schwestern, waren 1852 in Angoulême verstorben und Françoise 1853; Joséphine starb 1855 in Bayonne; Martial 1856 in Angoulême.[47] Am Ende des Sommers 1860 war damit Louise Mélanie, die jüngste Schwester und das jüngste Kind des Ehepaars mit dem Ehevertrag des Jahres 1764, die Einzige, die noch das Haus am Rempart du Midi bewohnte.[48] Wenige Wochen später wurde die Eisenbahn Schauplatz einer neuen familiären Tragödie. Léon-Philippe, Martials ältester Sohn, 1795 in Angoulême auf die Welt gekommen, hatte nach 43 Jahren in der Zollverwaltung kurz nach der Hochzeit seines jüngsten Sohnes (des Apothekers) im Juni 1860 in Rochefort seinen Ruhestand angetreten.[49] Er war über den Sommer in das hübsche Städtchen Saumur an der Loire gezogen und starb dort, in der Bahnstation, kurz vor Mitternacht am 14. September 1860. Er wurde 65 Jahre alt. Die Zeugen seines Todes waren zwei Eisenbahnangestellte, die beide nicht signieren konnten.[50]

Wie schon ein Jahrhundert zuvor bei der Eheschließung von Françoise Ferrand und Etienne Allemand war Angoulême auch in den 1860er-Jahren noch von den Institutionen der Kirche und des Staates durchsetzt. 1869, als der Bischof von Angoulême die neue Eisenbahnverbindung von Angoulême nach Rochefort segnete, pries er zugleich die drei ortsansässigen Industrien, die bereits A. R. J. Turgot zur Zeit der Kreditkrise einhundert Jahre zuvor ausgemacht hatte: die Herstellung von Papier („weiß und makellos allen Launen der menschlichen Gedanken ausgeliefert"); den Cognac-Handel („dieser kostbare Likör") und die Schmiedeindustrie als Zulieferer für die Marine, seit 1819 um die *poudrerie nationale*, die königliche Manufaktur für Explosionsstoffe, ergänzt. Mit dieser hatte auch Balzac bei seinem Aufenthalt in Angoulême zu tun.[51] Außerdem gab es „die große Unternehmung" des Baugewerbes, mit seinem „unzerstörbaren Zement"; die „Instandhaltung von Straßen und öffentlichen Plätzen"; die neuen Kirchen Saint-Jacques,

Saint-Martial und Saint-Ausone sowie das erneute Aufblühen der „Gemeindebehörden".[52]

Die Architektur der neuen Ordnung – die „Unternehmer" und Unternehmungen des Baugewerbes und der Abrisse, von Kirchen und „breiten Straßen" sowie die Gefängnis-Architekten – stand wie schon zu Beginn der Restauration im Zentrum des Wohlstands der Stadt.[53] Der Architekt Paul Abadie wirkte 1860 noch immer in Angoulême und war noch immer der „Inspektor der Diözesangebäude". Sein Sohn, der jüngere Paul Abadie, hatte es zum „Diözesanarchitekten" der Departements Charente, Dordogne und Lot gebracht und galt als Impresario Angoulêmes.[54] Die örtliche Bauindustrie war seit 1753 ein florierendes Gewerbe, dem Jahr, in dem Louis Ferrand und sein Verbündeter, ein Tischler und ein Schreiner, von Bordeaux aus aufgebrochen waren, um auf der Insel Grenada eine neue Plantage zu bewirtschaften. Sogar die „Aufwendungen und Arbeiten am Tempel der Vernunft" 1793 hatten einen substanziellen Auftrag mit sich gebracht (für Schreiner, Steinmetze und Gipser).[55] Doch der Boom des Baugewerbes im 19. Jahrhundert äußerte sich in Angoulême in einem anderen, einem viel größeren Maßstab.

Die „Pracht der öffentlichen Dinge" sei das beständige Anzeichen erfolgreicher Städte, so der Bischof von Angoulême bei einer anderen, früher erfolgten Einsegnung: der Weihe des Grundsteins für das neue Rathaus – die von Abadie dem Jüngeren entworfene neumittelalterliche Verschmelzung von „Adel", „Antike", „Autorität" und „Gedächtnis" –, das an der Stelle des alten Schlosses errichtet werden sollte. Dies war „ernster Luxus", passend zur restaurierten Gesellschaft dieser Zeit.[56] Das Rathaus, das die alte Isle de la Cloche Verte und die aufgelöste Gemeinde Saint-Antonin überragte, galt als Triumph der örtlichen Industrie. Abadies Bauunternehmer für das Rathaus, der „Entrepreneur öffentlicher Aufträge", war ein Enkel jenes Steinmetzes, der zu den 4089 Individuen des Gemeinderegisters von 1764 gehörte; er signierte das Gemeinderegister von Saint-Antonin anlässlich der Heirat seiner Schwester mit einem invaliden Soldaten, dem Sohn eines „Unternehmers von Bauarbeiten".[57]

Das Wirtschaftsleben Mitte des 19. Jahrhunderts in Angoulême kann als ein spektakuläres Beispiel für das dienen, was David Todd die „konterrevolutionäre Moderne" genannt hat.[58] Es war zudem ein Beispiel für die glückverheißende Verkettung von Kirche, Staat und Privatwirtschaft. Angoulême war eine neonapoleonische Stadt: Louis-Napoléon erhielt bei den ersten Präsidentschaftswahlen hier 90 Prozent der Stimmen, in Frankreich insgesamt hingegen 74 Prozent.[59] Der erste Segen bei der Grundsteinlegung des Rathauses 1858 galt denn auch „unserem glorreichen Kaiser", dann dem Bürgermeister und dem „hervorragenden Architekten, dem wertgeschätzten Sohn unserer Stadt"; der Grundstein der neogotischen Kirche Saint-Ausone, die mit einem Gemeindekredit in Höhe von 1,5 Millionen Francs finanziert wurde, lag über einem „Goldstück mit dem Abbild Napoleons III. des Jahrgangs 1864".[60] Einer der eher seltsamen Beiträge bei den Festlichkeiten anlässlich der Weihung des Rathauses war eine 156 Zeilen lange Ode, die der örtliche Bibliothekar verfasst hatte: eine Evokation der „leuchtenden Atmosphäre" und der „hellen Morgenröte" der Stadt sowie der zukünftigen Zeremonien im tausendjährigen Reich eines noch zu erwartenden „Napoleon XXX.".[61]

Bei diesen Feierlichkeiten zeigte sich die neue kaiserliche Wirtschaft Angoulêmes als von Verbindungen zum Militär und ins Ausland durchdrungen. Ereignisse der großen weiten Welt tauchten für die Provinzgesellschaft der Stadt am Rande des Blickfelds auf, wie es auch schon 1764 und in den Leben von fünf Generationen der Familien Allemand und Ferrand der Fall gewesen war. Weltfriede sei eine „Illusion des Stolzes", wie es der Bischof von Angoulême bei einer Beerdigung von Soldaten formulierte, die im Krimkrieg gefallen waren, und bei der Beisetzung von Söhnen der Stadt, die in Algerien und in Paris getötet worden waren – zu Letzteren gehörte Etienne Ferrands angeheirateter Neffe Jacques Martin de Bourgon, der bei den Revolutionsunruhen von 1848 ums Leben kam –, sie seien „bei der Verteidigung der sozialen Ordnung" gestorben.[62] Selbst der städtische Bibliothekar fügte seiner Grundsteinlegungsode einige Verse zu der „Flut an Bronze" hinzu: Diese würde in den örtlichen Marinegießereien zu einer „gehärteten Masse" verwandelt, die nun aber auf ihrem Weg sei „in die russischen Gewässer, um Sewastopol niederzureißen".[63]

Angoulême war noch immer eine Stadt, von der aus junge Männer aufbrachen, um fern der Heimat ihr Glück zu machen. Das Standesamtsregister der Sterbefälle führt auch Abschriften von Bürgern der Stadt auf, die andernorts verstorben waren und deren Ableben den Behörden in Angoulême gemeldet worden waren. 1852, in dem Jahr, in dem Jeanne Hen-

riette und Jeanne Mariette starben, kam ein Matrose aus Angoulême in
Kalkutta ums Leben, ein weiterer starb in Fort de France auf Martinique;
ein Soldat verlor auf Korsika sein Leben; ein Spengler starb in Oran. Ein
Steinmetz, beziehungsweise ein „Entrepreneur" des Maurerhandwerks,
kam im Alter von 38 Jahren in San Francisco ums Leben. In den Aufzeichnungen findet sich ein weiterer Mann aus Angoulême, der in San
Francisco starb (und dessen Bruder auf Guadeloupe seine letzte Ruhe-
stätte fand); der Zeuge seines Todes in San Francisco, selbst aus Angoulême stammend, war der Enkel eines Krämers in der Stadt, der mit einem
Vermögen aus Guadeloupe zurückgekehrt war.[64] 1864, ein Jahrhundert
nach dem Ehevertrag der Eltern der Schwestern, wird ein Soldat der
„leichten Infanterie von Afrika" erwähnt, der im Marinekrankenhaus von
Shanghai der Ruhr erlegen war; ein Füsilier der „Armee von Amerika" fiel
in Veracruz, Mexiko, dem Gelbfieber zum Opfer; und ein „Matrose, dritter Klasse", Kriegsgefangener im mexikanischen Fort San Juan de Ulúa,
verlor im Marinekrankenhaus von Veracruz sein Leben.[65]

Martial Allemand Lavigerie, der 1856 in Angoulême starb, beschäftigte
sich sein ganzes Leben lang mit Neuigkeiten aus Übersee, und die Erwartungen seiner Familie auf ein Erbe waren auch nach seinem Tod un-
gebrochen. Einer seiner Enkel befand sich mit dem französischen Heer in
Mexiko, ein anderer mit der Marine auf Tahiti. Und auch seine Tochter
schied dahin, ohne das verloren gegangene Erbe in Saint-Domingue erhalten zu haben; seine Enkelin, Marie Françoise, heiratete 1858 in eine
Dynastie von Sklavenhändlern, ebenfalls aus Saint-Domingue. Der einzige in Angoulême verbliebene Enkel, der Bruder von Marie Françoise
und Erbe der Papiermühle in La Courade, trat durch seine Heirat in eine
Familie von Soldaten und Plantagenbesitzern ein. Georges Henry Lacou-
rades Schwiegervater war ein Oberst im Ruhestand; seine Frau war die Urenkelin von Elizabeth Stubbs und Abraham François Robin, den flüchtigen Sklavenbesitzern, die in den 1780er-Jahren von der Insel St. Vincent
nach Angoulême zurückgekehrt waren.[66]

Maria Alida

Selbst Paul Abadie der Jüngere, der für das 19. Jahrhundert in Angoulême so prägende Architekt, stand mit den Inseln des französischen Kaiserreichs in Verbindung. Das Leben der Abadies war zudem über drei Generationen hinweg mit dem der Allemand Lavageries verknüpft. Deren Existenzen, wie etwa die von Marie Aymards Enkelkindern, wurden durch die Unruhen der Revolutionsjahrzehnte durcheinandergewirbelt. Silvestre Topin strebte die Position des obersten Architekten des Departements an, die Abadie der Ältere 35 Jahre lang innegehabt hatte; Abadie besaß zudem ein Haus in derselben Straße wie Camille Allemand Lavigerie und Pierre Auguste Henry Lacourade.[67] Paul Abadie der Jüngere war viele Jahre später Zeuge der Eheschließung des Sohns von Marie Louise Allemand Lavigerie und Jean Henri Portet, der Braut und dem Bräutigam des unter einem schlechten Stern stehenden Ehevertrags von 1851.[68] Er war auch jener „wertgeschätzte Sohn unserer Stadt", von dem der Bischof von Angoulême sprach, und kann als augenfälliges Beispiel dafür dienen, wie sich im Laufe der Zeit die Konventionen veränderten.

Paul Abadie der Jüngere war 1812 in Paris zur Welt gekommen; seine Eltern haben nie geheiratet.[69] Im Jahr 1846 ehelichte der „Inspektor für die Restaurierungsarbeiten an der Kathedralkirche von Paris" in Angoulême die 16-jährige, aus Guadeloupe stammende Maria Alida Camia. Maria Alida lebte am Rempart du Midi im Haus eines pensionierten Lehrers; das Haus war nur drei Türen von der Pension der Allemand Lavigerie-Schwestern entfernt. Im Standesamtseintrag der Heirat erscheint sie als in Pointe-à-Pitre geborene „minderjährige Tochter eines unbekannten Vaters und einer unbekannten Mutter".[70] Der Lehrer im Ruhestand, ein Erfinder kosmografischer Instrumente, war zu Maria Alidas gerichtlich bestelltem Vormund berufen worden; seine Frau war die Nichte des verstorbenen Revolutionärs Léonard Robin und die Tochter des habgierigsten der Brüder, die über das Inventar von Léonards Besitz wachten sowie für die Enteignung ihres „natürlichen" Sohns sorgten – einer jener Zufälle, von denen die Geschichte Angoulêmes so reich ist.[71]

Maria Alida Camia war etwa 1830 als Sklavin auf Guadeloupe zur Welt gekommen. Zum ersten Mal taucht sie 1834 in Urkunden auf, als der Aufseher einer Plantage in Sainte-Rose die Freilassung des vierjährigen Kindes festhielt.[72] Marie Alida war zudem gewissermaßen eine Erbin: Der Besitzer der Plantage in Sainte-Rose, der zu diesem Zeitpunkt in der Gironde lebte, erkannte sie in seinem handschriftlichen Testament 1843 als seine Tochter an – „zu Bedingungen, die keinesfalls zweifelhaft waren", wie ein Gericht später festhielt.[73] Der Plantagenaufseher, der ihre Freilassung auf Guadeloupe registriert hatte und nun ebenfalls in der Gironde wohnte, war einer der Zeugen ihrer Eheschließung in Angoulême.[74]

Wie so viele andere in dieser Geschichte unterschrieben Paul Abadie und Maria Alida Camia ihren Ehevertrag in einem Haus am Rempart du Midi in Angoulême: dem Heim des Lehrers, bei dem die Braut lebte. Paul brachte Geld und Besitztümer im Wert von 10 000 Francs mit in die Ehe; sein Vater, Paul Abadie der Ältere, schenkte ihm ein Haus in Angoulême. Maria Alida nahm 80 000 Francs mit ins Eheleben, von denen 10 000 Francs „umgehend" an Paul übergeben wurden, zu einem jährlich zu zahlenden Zins; der Rest sollte nach dem Tod des Plantagenbesitzers, Maria Alidas Vater, ausgezahlt werden. Zur Unterzeichnung versammelte sich eine beeindruckende Riege örtlicher Persönlichkeiten, neben dem Aufseher der Plantage, Pauls Eltern und Maria Alidas Vormund, dem Kosmografen, auch ein pensionierter Hauptmann aus dem napoleonischen Ingenieurskorps, Sohn eines der Signatare des Ehevertrags von 1764; außerdem ein Möbelhändler; und nicht zuletzt der Sekretär der Stadtverwaltung, der die Revolutionstagebücher des Bürgermeisters von Angoulême abgeschrieben hatte.[75]

Nach der Hochzeit kehrte Paul Abadie mit Maria Alida nach Paris und zu seiner Arbeit an der Restaurierung von Notre Dame zurück. 1847 wurde dort ihr Sohn geboren und 1849 Paul zum Diözesanarchitekt von Angoulême, Périgueux und Cahors ernannt.[76] Im Jahr 1860 starb Maria Alidas Vater, zwei Jahre später verloren Paul und Maria Alida einen Prozess über das Testament ihres Vaters: Es ging um die Anerkennung unehelicher Kinder allein auf Grundlage eines handschriftlichen Letzten Willens, der nicht von behördlicher Seite bestätigt worden war. Doch die in dem Ehevertrag vereinbarten Summen wurden 1869 ausgezahlt, hinzu kamen 40 000 Francs, die Maria Alida nach einem weiteren handschriftlichen Testament überlassen werden sollten und 1870 dann auch flossen.[77] 1874 wurde Paul Abadie zum Architekten der neuen Basilika von Sacré-Cœur

ernannt; man beschrieb ihn als „überzeugten Katholiken", dessen voran-
gegangene Arbeiten – die von ihm restaurierte Kathedrale sowie die „vierzehn Kirchen", die er gebaut hatte – als ein Versprechen auf zukünftigen
Erfolg verstanden wurden.[78]

Paul und Maria Alida lebten in der Pariser Rue de Berlin sowie in einem
Landhaus im idyllischen Vorort Chatou, an der Seine, im Nordwesten von
Paris. Hier starb Paul Abadie 1884, bei einer weiteren Familientragödie im
Zeitalter der Eisenbahn. Er befand sich an einem Sommerabend im Bahn-
hof, um auf Freunde aus Paris zu warten, als er plötzlich an einem „Apo-
plex" verstarb.[79] Das Inventar nach seinem Tod verriet eine etablierte und
wohlhabende Familie. Paul Abadie schuldete dem neuen Kaufhaus, dem
Bon Marché, 1095 Francs; im Gewächshaus ihres Landhauses fanden sich
zweitausend Blumentöpfe.[80] Maria Alida Camia starb 1903 in Neuilly-sur-
Seine. Dabei hieß es über sie, sie sei auf Guadeloupe geboren worden, als
Tochter von Eltern, deren Namen unbekannt waren.[81]

Geschichte(n) aus dem Wirtschaftsleben: Banken und Ungenauigkeiten

Die nachfolgende Geschichte der Allemand Lavigeries im Banken-
sektor – um zu den Wirtschaftsleben der Familie und dem Bräutigam des
Jahres 1851 zurückzukehren – erzählt von einem durchwachsenen Erfolg.
Scipion Allemand Lavigerie, Gründer des Bankhauses „Lavigerie et Demorieux", starb in seinem Haus im Zentrum von Le Mans im Jahr 1853, im
Alter von 56. Er war Witwer ohne Kinder, sein Erbe fiel an seinen Bruder
in Angoulême, Camille Allemand Lavigerie. Dem wohlhabenden Scipion
gehörten bei seinem Tod Immobilien in Le Mans und der nahe gelegenen
Gemeinde Saint-Pavace; seine Möbel und sein unmittelbarer Besitz wurden auf 154 356 Francs geschätzt.[82]

Camille zog nun mit seiner Frau, seiner Tochter, dem Schwiegersohn
und jungen Enkel nach Le Mans, wo sie mit Camilles verwitweter Mutter
in jenem Haus lebten, das Scipion an der Place des Halles gekauft hatte.[83]
Henri Portet, Camilles Schwiegersohn, wurde zum Protagonisten der letzten, turbulenten Periode der Bankengeschichte der Familie. Als die Familie 1854 nach Le Mans zurückkehrte, bestand die alte Partnerschaft noch:

„Banquiers: Lavigerie et Demorieux".[84] Doch bereits 1855 hatte sich alles geändert. Der kaufmännische Eintrag im *Firmin-Didot* war verschwunden und ersetzt durch „Lemarchand, successeur de Lavigerie et Demorieux" (noch immer Spezialist für die Herstellung von Säcken). Der Eintrag bei den Banken im *Firmin-Didot* lautete nun „Portet-Lavigerie et cie".[85]

Es begann eine Phase der „unbegrenzten Expansion", wie es die Leinen-Kaufleute von Le Mans 1842 in einer Petition formulierten, die auch Scipion unterschrieb und sich gegen die „angeblichen Schutzmaßnahmen" der Prohibitionisten richtete, die nach Ansicht der Kaufleute für das „industrielle und kaufmännische Barbarentum des Mittelalters" standen.[86] In den 1850er-Jahren war Le Mans eine Industriestadt, geprägt von „mechanischen Sägen", der Stärke-Produktion mittels „Dampfmaschinen", Zinkgießereien und „hydraulischen Mühlen". (Hinzu kam die Produktion von „voitures", Waagen für „voitures" und „allerlei Arten von voitures"; mit diesen Maschinen wurde die Grundlage für das langfristige Schicksal der Stadt gelegt – dazu gehörte auch *L'Obéissante*, der erste in Frankreich hergestellte Privatdampfwagen, 1873 hergestellt von einem Erfinder, dessen Vater in einem Vorort von Le Mans Formgießer von Kirchenglocken war.)[87]

Die Portet-Lavigerie-Bank entwickelte sich in diesen günstigen Zeiten augenblicklich sehr erfolgreich. Die „Maison Portet-Lavigerie" war in Le Mans die Korrespondenzbank für einige der bedeutendsten Investmentprojekte des Zweiten Kaiserreichs, des Second Empire unter Napoleon III.: 1856 Marmorsteinbrüche; 1857 die Eisenbahnverbindung zwischen Galveston und Houston; der Panamakanal.[88] Das Unternehmen spezialisierte sich auf die Arbitrage der Londoner Märkte, wie in einem Prozess deutlich wurde, den es gegen einen Kunden wegen Nichtbezahlung von 85 679 Francs Maklergebühren anstrengte (und schließlich im Berufungsverfahren verlor, durch ein Urteil, das einen angemessenen Platz in der immer bedeutender werdenden Handelsjurisprudenz einnahm; das Gericht entschied, dass „der Bankier den Auftraggeber über die Profite informieren [muss], welche aus dem Tausch von Pfund Sterling in französische Werte entstehen, und sie nicht mit einem Durchschnittswert [ersetzen darf], den er willkürlich für die Gesamtheit der Operation angesetzt hat").[89]

Henri Portet begann, den Namen seiner Ehefrau und ihres erfolgreichen Onkels für sich selbst zu nutzen; er trat in der Öffentlichkeit als „Portet-Lavigerie" auf. Er fungierte als Experte für die Landwirtschaftsexporte des Departement Sarthe, und zwar, wie er selbst sagte, auf Basis seines „persönlichen Wissens" und der von „anerkannten und seriösen Kaufleuten" zusammengetragenen Informationen.[90] Er nahm eine ehrenamtliche Stellung als „Verwalter" und später „Censeur" der Le Mans-Niederlassung der Banque de France, der neu gegründeten Zentralbank, ein. Im Jahr 1871 nannte ihn ein Bericht an das Zentralsekretariat der Bank „den wichtigsten Bankier der Stadt".[91] Und ein Reiseführer erwähnte das Familienhaus, Scipions alte Residenz an der Place des Halles, „ein wunderschönes Herrenhaus, heute in Besitz von Monsieur Portet-Lavigerie".[92] Henri stellte auch einen jüngeren Partner ein, der aus einer etablierten Kolonialfamilie in Nantes abstammte und selbst Direktor der Banque de France-Niederlassung in Le Mans gewesen war. Das neue Bankhaus trug den Namen „Portet-Lavigerie et Talvande".[93]

Das Landhaus der Portet-Lavigeries in Bougeance, Saint-Pavace, wurde für die Großfamilie aus Angoulême zu einem zweiten Zuhause.[94] Louise Mélanie Allemand Lavigerie, die letzte der fünf Schwestern in der Pension am Rempart du Midi und das jüngste der dreizehn Kinder des Ehepaars mit dem Ehevertrag aus dem Jahr 1764, schloss dort 1865 für immer ihre Augen; sie wurde 83 Jahre alt und hatte gerade ihrem Neffen einen Besuch abgestattet, als sie in „seinem Landhaus" verstarb.[95] Ihre Nichte, Marie Théonie Topin, die Tochter Silvestres, des verstorbenen Revolutionsarchitekten, verschied ebenfalls in Saint-Pavace, 67-jährig im Jahr 1868. Die Sterbeurkunde sprach von ihr als „wohnhaft in Le Mans, Place des Halles", dahingegangen in „ihrem Landhaus in Bougeance".[96]

Der irdische Erfolg der Allemand Lavigeries erreichte seinen Höhepunkt 1876 mit der Heirat einer weiteren Tochter. Julie Marie Valentine Portet war die direkte Nachfahrin – in der mütterlichen Linie, die in den Leben dieser geselligen Familie immer ein roter Faden war – von Marie Aymard, jener analphabetischen und wissbegierigen Witwe aus Angoulême des Jahres 1764. Françoise Ferrand (die 1764 Etienne Allemand geheiratet hatte) war Marie Aymards Tochter; Jeanne Allemand Lavigerie (die 1801 Silvestre Topin geheiratet hatte) war Françoises Tochter; Françoise Méloé Topin (die 1830 Camille Allemand Lavigerie geheiratet hatte) war Jeannes Tochter; Marie Louise Allemand Lavigerie (die 1851 Henri Portet geheiratet hatte) war Françoise Méloés Tochter; Valentine Portet war Marie Louises Tochter, und als sie 1876 in Le Mans heiratete,

hatte sie sich sehr weit von den sozialen Bindungen ihrer Urururgroß-
mutter gelöst.

Valentine war, wie ihre Mutter Marie Louise 1851, eine reiche Erbin,
und sie heiratete in die politische Elite des einige Jahre zuvor zugrunde gegangenen Second Empire ein. Olivier Boittelle, ihr Gatte, wird in den
Unterlagen als Betriebsleiter einer Eisenbahnniederlassung im Departement Sarthe geführt. Zudem war er der Sohn einer der mächtigsten und
gefürchtetsten Persönlichkeiten der 1860er-Jahre, von Symphor Casimir
Joseph Boittelle, dem Polizeipräfekten von Paris und Senator Napoleons III. Oliviers Mutter, Guillaumine Haussmann, war einige Jahre vor
der Hochzeit ihres Sohnes verstorben. Eine berühmte, frühe Fotografie,
die heute zwischen weiteren Porträts der Mächtigen des Zweiten Kaiserreichs im Musée d'Orsay zu sehen ist, zeigt den späteren Bräutigam und
seinen Vater: ein grauhaariger Herr, der zärtlich auf einen ungelenken jungen Mann schaut, „Monsieur Boittelle et son fils Olivier".[97]

Der Urkundeneintrag zu Valentines Heirat wurde von ihren Eltern und
Großeltern signiert, Camille Alexandre Allemand Lavigerie und Françoise
Méloé Topin, dem Ehepaar aus der Hochzeit unter Verwandten des Jahres
1830. Andere Mitglieder der Familie Lavigerie waren nicht anwesend; es
unterschrieben mehrere Boittelles, außerdem der neue Geschäftspartner
von Portet-Lavigerie, Félix Talvande. Der Trauzeuge der Braut war ihr
Cousin Georges Henry Lacourade, aus der Papiermühle in La Couronne.
Auch der Bräutigam hatte als Zeugen seinen Cousin dabei: „Georges Eugène Baron Haussmann", ein entfernter Verwandter von Oliviers verstorbener Mutter, Präfekt des Departement Seine, Senator und radikaler,
visionärer Neugestalter des modernen Paris.[98]

Schon bald war das junge Paar der Schmuck der Provinzgesellschaft der
Sarthe. Es lebte in einem weiteren Landhaus außerhalb von Le Mans, im
„Château de Mortrie", und widmete sich dem Leben des Landadels; Olivier
Boittelle züchtete Pferde und Stiere, gründete eine Deckhengst-Zucht und
war bald als „Sportsmann" bekannt.[99] Valentines Bruder René, 1852 in Angoulême zur Welt gekommen, studierte Jura und schrieb zwei Doktor-
arbeiten, die er seinen Großeltern widmete. Eine in römischem Recht über
die juristische Stellung von befreiten Sklaven, die keine Bürger waren
(„Latins Juniens"), die zweite in französischem Recht über die Ein-
bürgerung und die juristische Stellung von Ausländern in Frankreich.[100]

René Portet heiratete 1883 in Paris – ein Zeuge war Paul Abadie, inzwischen Architekt der neobyzantinischen, neoosmanischen Basilika Sacré-Cœur in Paris – und kehrte einige Jahre später nach Angoulême zurück, um als Staatsanwalt der Dritten Republik im Palais de Justice an der Place du Mûrier zu wirken.[101]

Die Wirtschaftsgeschichte der Familie und das Bankengeschäft der Portet-Allemand-Lavigeries standen indessen unter keinem guten Stern. In einem frühen Inspektionsbericht der Banque de France aus dem Jahr 1872 galt die Partnerschaft zwischen Henri Portet-Lavigerie und Talvande noch als „ein wenig eifrig, gut von Monsieur Portet geleitet, der sehr fähig ist – Talvande sehr begeistert, wird aber nicht als sehr seriös angesehen". 1874 gab es dann eine Mitteilung über „die etwas abenteuerliche Art und Weise, in der sie arbeiten". Zwei Jahre später war die Zusammenfassung dann positiver – „in Summe, eine gute Situation" –, und 1877 stand über die Bank zu lesen, sie „strahle Zuversicht aus". Im Jahr 1880 hieß es über das Unternehmen, es „strecke eine beachtliche Anzahl von Krediten, allerdings zu Summen, die es nicht kompromittieren können".[102]

Die „Banque Portet-Lavigerie et Talvande" beendete ihre Geschäftstätigkeiten 1881, ihr folgte eine neue Gesellschaft mit Namen „Talvande et Cie", ausgestattet mit einem Kapital von sechs Millionen Francs und alleine geleitet von Félix Talvande. Die Inspektoren der Banque de France attestierten ihr eine „außergewöhnlich gute Position". In den beruhigenden Rundbriefen der Bank an ihre Kunden hieß es, dass „Monsieur Portet-Lavigerie" weiterhin „Unterstützung durch sein Kapital und den Schatz seiner Erfahrungen" liefern werde.[103] Camille Allemand Lavigerie, das letzte Enkelkind des Paares mit dem Ehevertrag aus dem Jahr 1764, starb 81-jährig im November 1881.[104] Die formelle Auflösung der Banque Portet-Lavigerie fand wenige Wochen später statt; Henri Portet-Lavigerie wurde Vorsitzender des Aufsichtsrats von Talvande et Cie.[105]

Einige Jahre später entfaltete sich ein Drama in Le Mans, das, in den Worten einer örtlichen Zeitung, intensive „Emotionen" wachrief.[106] Der Kontrollbericht der Banque de France stellte 1884 – in roter Tinte – fest, dass die Operationen von Talvande et Cie „sorgfältig beobachtet werden müssen". 1885 war dann die Rede davon, sie „könnten kritisiert werden". Das Kapital der Bank soll sich 1887 auf zehn Millionen Francs erhöht haben, und sie habe im Jahr 1888 Kredite im Wert von 22 Millionen Francs ausgegeben.[107] Im März 1889 wurde Talvande et Cie gerichtlich aufgelöst, und Félix Talvande erklärte seinen persönlichen Konkurs. Man verhaftete ihn und brachte ihn mit einem Wagen, der im Hof seiner Residenz gewartet hatte, zunächst zum Gericht, anschließend ins Gefängnis. Seine Frau verzichtete auf ihr „persönliches Vermögen". Ein Schuhmacher der Stadt, der Talvande et Cie eine Million Francs schuldete und rund 200 Angestellte hatte, wurde am selben Tag verhaftet; „wir erwarteten weitere schlechte Nachrichten".[108]

Die folgende gerichtliche Auseinandersetzung, die sich über fünf Urteile und Berufungsprozesse hinzog, erwies sich als unnachgiebig für Henri Portet-Lavigerie. Die Anteilseigner der Talvande-Bank, die sechs Millionen Francs verloren hatten, sowie die Gläubiger der Bank brachten Henri und andere Mitglieder des Aufsichtsrats vor Gericht. Dem Prozess vor dem Handelsgericht in Le Mans (in dem Scipion Allemand Lavigerie, Henris angeheirateter Onkel und Gründer der Familienbank, einst Richter gewesen war) wurde große Aufmerksamkeit zuteil. Die Richter sprachen Henri „schwerwiegender Fehler" für schuldig und erlegten ihm einen Schadensausgleich von 500 000 Francs auf, zudem musste er die angelaufenen Zinsen und die Prozesskosten übernehmen. Im Jahr 1891 reduzierte ein Gericht in Angers die von den anderen Angeklagten zu zahlende Wiedergutmachungssumme, hielt das Urteil gegen Henri aber aufrecht.[109]

Die Details waren vernichtend. Der Aufsichtsrat habe, so das Gericht in seinem Urteil, niemals „die von den Statuten des Unternehmens vorgesehenen und gesetzlich verlangten Überprüfungen vorgenommen"; hätte er es getan, wären ihm sehr schnell „die Ungenauigkeiten der Konten" und die „exzessiven Kredite" aufgefallen, die ausgegeben worden waren; die Aufsichtsratsmitglieder seien dabei verantwortlich für den Ruf des „Wohlstands", der „bis zur abschließenden Katastrophe" angehalten habe. Insbesondere Henri Portet-Lavigerie sei als Vorsitzender verantwortlich für die Berichte an die Anteilseigner gewesen; er persönlich hatte Kenntnis von den finanziellen Gegebenheiten der Kunden der alten und der neuen Bank; er war ein erfahrener Bankier, und hätte er die Portfolios und Verzeichnisse begutachtet, hätte er „mit Leichtigkeit den betrügerischen und verlogenen Charakter der Konten entdeckt"; er habe „große Summen" für seinen Anteil an dem Profit der Bank erhalten.[110]

Das abschließende Urteil des Cour de Cassation, des höchsten zivilen Gerichtshofs, erwies sich als unnachgiebig. Er kam 1894 zu einer Entscheidung, die ein wichtiges Monument der Jurisprudenz über die treuhänderische Verantwortung von Direktoren von Finanzgesellschaften sowie über die Aufteilung der Schäden zwischen Gläubigern und Anteilseignern werden sollte. Die Aufgabe der unteren Instanzen war es gewesen, die Verantwortlichkeiten zwischen den Mitgliedern des Aufsichtsrat „im Verhältnis zur Schwere der begangenen Fehler" aufzuteilen, so das Gericht; „was Portet-Lavigerie" angeht, so habe er als Vorsitzender des Gremiums, mit seiner speziellen Verantwortung für die Berichterstattung und seinem Detailwissen über die Kunden des Bankhauses, „zum Zeitpunkt der Eröffnung des Unternehmens diesem Vorteile aus seiner Erfahrung und seiner eigenen speziellen Begabung versprochen, mit dem Ziel, seine eigenen Bankgeschäfte fortzusetzen". Dies war eine bloße Erfassung von Fakten und keine Angelegenheit, die die höhere Instanz anders bewerten konnte; insofern wurden die Urteile der vorangegangenen Instanzen bestätigt.[111]

Henri hatte sich nach Paris zurückgezogen, bevor der Rechtsstreit den obersten Gerichtshof erreicht hatte und die Komplexität seiner Beteiligung an der „Banque Talvande" offensichtlich wurde. Weitere Gerichtsverfahren folgten. Er, Félix Talvande und die Bank waren, wie sich herausstellte, Koeigentümer einer Schiefer-Manufaktur in den bewaldeten Bergen der Ardennen; in Le Mans war sogar die Gartenbaugesellschaft der Präfektur gezwungen, ihre Ausgaben für die „Verschönerung" der öffentlichen Gärten einzuschränken – „als eine Konsequenz aus dem Bankrott der Banque Talvande".[112]

Doch die Portets blieben eine reiche, respektable Familie. Sie besaßen eine Villa in Arcachon, die sie nach ihrer Tochter Valentine benannt hatten.[113] In Paris lebten sie in der Rue Gluck, hinter dem Opernhaus, im Herzen der von Georges Eugène Haussmann geschaffenen Metropole, später dann wohnten sie in der Rue Mogador, beim Boulevard Haussmann.[114] Die Welt des Second Empire blieb bestehen, zumindest in den Leben der Familie. Valentine wohnte ganz in der Nähe, in der Faubourg Saint-Honoré sowie im Château (und dem Zuchtgestüt) im Departement Sarthe.[115] Ihr Gatte, der Sohn des ehemaligen Polizeipräfekten, war ein Loyalist der unbedeutenderen Napoleons; die Zeitung *Le Figaro* berichtete im Juli 1891

über ihn, er habe „heute [den Dampfer] *Le Tigre* der Messageries Maritimes bestiegen. Er führt drei wunderbare Pferde mit sich, die er Prinz
Louis-Napoléon nach Tbilissi bringen wird" (dem jüngeren Bruder des
angeblichen „Napoleon V.", zu dieser Zeit Oberst der kaiserlich russischen
Garden).[116]

Die Provinzfamilie der Allemand-Lavigeries war damit, endlich, in
Paris angekommen. Ihre Mitglieder waren – in einer Vermischung von
Mobilität und Immobilität und der Geschichte zweier Städte – fast zu
Nachbarn ihrer entfernten Cousins aus Angoulême geworden, der Familie
der anderen Françoise Ferrand. Die fünf unverheirateten Schwestern vom
Rempart du Midi, die bei so vielen der Familienhochzeiten die Aufsicht
geführt hatten, waren die Cousinen ersten Grades von Françoise Ferrand,
der Tochter von Jean-Baptiste, der in den Anfangsjahren des 19. Jahrhunderts nach Paris gezogen und 1860 verarmt in der Rue Myrha in Montmartre verstorben war. Die Cousins kannten einander, so wie sich eben
Cousins ersten Grades kennen; sie waren als Kinder Nachbarn gewesen,
bevor Françoise mit ihren Eltern nach Saint-Domingue zog, und anschließend wieder, als sie als Flüchtende nach Angoulême zurückkehrte;
ihre Mutter war die Taufpatin der jüngeren Françoise Ferrand.

Bis in die 1890er-Jahre hinein lebten die beiden Familien kaum mehr
als zwei Kilometer voneinander entfernt, und doch in zwei unterschiedlichen Universen. Rosalie und Louise Collet, die beiden Enkelinnen von
Françoise Ferrand Brébion, Näherin und Straßenverkäuferin in Montmartre, waren Cousinen dritten Grades von Marie Louise Portet-Lavigerie.
Doch wer kennt schon, heute wie damals, die Adresse seiner Cousinen
dritten Grades? In Montmartre lebten Rosalie und Louise im Schatten der
gewaltigen Baustelle der Kirche Sacré-Cœur: einer Darstellung der moralischen Wiedergeburt nach dem überstandenen letzten Kampf des Second
Empire (und der Pariser Kommune, die die Schwestern 1871 überlebten).
Die Kirche war noch immer im Bau, als ihr Architekt, Paul Abadie, den
Heiratsvermerk von Marie Louises Sohn 1883 signierte. Dies waren ungleiche Schicksale, im Verlauf dreier Generationen und der Wirtschaftsgeschichte der Ungleichheit im Frankreich des 19. Jahrhunderts. Louise
Collets Ehemann, ein Zimmermann, starb 1901 im öffentlichen Krankenhaus Kremlin-Bicêtre; Marie Louise Portet-Lavigeries Ehemann starb
1902 in seiner Stadtvilla in der Rue Mogador als „ehemaliger Bankier".[117]

Sein Vermögen bestand aus einer Goldgrube öffentlicher und privater Obligationen, angefangen bei dem „crédit foncier egyptien" über eine „rente chinoise" und die „chemins de fer ottomans" bis hin zu „hypothécaires" der Insel Kuba, Anteilen am *Figaro* und „The Channel Tunnel Company Limited" („die Anteile sind wertlos"). Das Vermögen wurde auf 1 202 818 Francs geschätzt, allerdings mit, so wurde es auf der Rückseite des Zettels vermerkt, „nicht ausreichend flüssigen Geldmitteln". Er und Marie Louise waren ja außerdem – noch immer – die Eigentümer des Hauses am Rempart du Midi in Angoulême.[118]

Wirtschaftliche und unwirtschaftliche Leben

Diese Untersuchung der Geschichte(n) aus dem Wirtschaftsleben des 19. Jahrhunderts folgte einer Handvoll Individuen – der Familie des Ehepaars mit dem Ehevertrag 1764 – bei ihrer Reise durch Raum, Zeit und ökonomischen Bedingungen. Sie hat uns zu Aufzeichnungen von Hypotheken, Beschäftigungsverzeichnissen und der Jurisprudenz über ausländische Währungen geführt; nach Tahiti, Mexiko und in ein trostloses Dorf in den Landes. Sie hat uns jene Teile der Wirtschaft nähergebracht, die in der Wirtschaftsgeschichte Frankreichs im 19. Jahrhundert, zumeist, nur am Rande von Bedeutung waren. Die Allemand Lavigeries haben ihr Glück in der untergeordneten Verwaltung der Staatseinkünfte und beim Militär gesucht; in schlussendlich gescheiterten Unternehmungen im Bankenwesen, auch in den (sich verändernden) Normen der Finanzmarktordnung; sowie in der großen Ökonomie der Kirche, um die sich der letzte Teil dieser Studie drehen wird. Der Fixpunkt all dieser Bewegungen war eine kleine, nicht industrialisierte Stadt sowie das Investment von fünf unverheirateten Lehrerinnen, das auf einem Grundstück basierte, das einst dem Domkapitel der Diözese von Angoulême gehörte.

Die großen Fragen zur wirtschaftlichen Transformation und der ökonomischen Modernität werden in dieser Untersuchung nur gestreift. Eine heute veraltete Ansicht über die Wirtschaftsgeschichte – wie sie in Simiands Bemerkung zum „ökonomischen Charakter" auftaucht – versteht sie als Bereich, der sich vor allem mit der Produktion und dem Konsum materieller Güter befasst. Die „individuelle Zahl" oder das individuelle Schicksal, wurde bei einer derartigen Überzeugung nicht in den Blick genommen, sie galten gar als unziemlich in den Geschichten des wirtschaftlichen Wandels.[119] Diese Untersuchung hingegen beschäftigte sich mit Wirtschaftsleben in vielfältigen Situationen. Sie ist ökonomisch, oder sogar hyperökonomisch (oder mikroökonomisch) in ihrer Beschäftigung mit Individuen, wie zum Beispiel mit Jeanne *ainée* und ihrem Großneffen in Le Mans, die ihre Möglichkeiten maximierten, indem sie etwa auf einem Abzug ihrer Steuerlast bestanden und sich um ein Fortkommen in der Welt bemühten.

Eine der Innovationen der modernen Wirtschaftsgeschichte ist es gewesen, die ländlichen Regionen Frankreichs als Ort des Fortschritts, der Kredite und der „stark in die Märkte involvierten Bauern" zu verstehen. Es vollzog sich kein einheitlicher Übergang zur Industrialisierung, es gab keinen Dualismus aus „ökonomischen" Leben der modernen Industrie und den „unökonomischen" Bedingungen der landwirtschaftlichen Existenz.[120] In den 1870er-Jahren war etwa die Hälfte der französischen Bevölkerung in der Landwirtschaft beschäftigt. Weniger als ein Drittel der Arbeitsplätze war „industriell", wozu auch jene im Baugewerbe gehörten, und die anderen kamen – wie ein Großteil der Familie von Marie Aymard – im Bereich der „Dienstleistungen" unter.[121]

Im Verlauf des nächsten Jahrhunderts nahm der Anteil der Dienstleistungen zu, bis mehr als die Hälfte aller Beschäftigten hierin gefasst wurden.[122] Doch die Individuen, die in diesen ungleichartigen Aktivitäten arbeiteten, wurden noch immer als nur unvollständig ökonomisch verstanden. Man sah sie – wie die Bauern in der Annahme einer älteren Wirtschafts- und Sozialgeschichte – als mit der Sicherung der eigenen Existenz beschäftigt an, beschränkt auf „starre Institutionen"; sie galten als unproduktiv beziehungsweise als produktiv nur im Sinne der Behinderung des Fortschritts („Soldaten und Steuereinnehmer").[123] Hier besteht eine Asymmetrie in der Geschichte der modernen Wirtschaft, die üblicherweise in einen Primärsektor (Landwirtschaft), einen Industriesektor und einen Dienstleistungssektor (worunter auch der öffentliche Dienst fällt) eingeteilt wird. Der Primärsektor, der im Laufe der Zeit weniger wichtig wurde, erschien als erfinderisch und modern; der Dienstleistungssektor, der im Laufe der Zeit immer mehr zunahm und uns überall umgibt, ist divers, schwer zu quantifizieren und eine Anomalie in der langfristigen Entwicklung der wirtschaftlichen Transformation.

Die Geschichte der Allemand Lavigeries hat, im Verlaufe zweier Jahrhunderte, auf diesen unerforschten Kontinent der halb öffentlichen, halb privaten, sich immer weiter ausdehnenden „Dienstleistungswirtschaft" geführt: die Wirtschaft, in der die meisten von uns heute beschäftigt sind, ebenso wie die große Mehrheit der Individuen in den reichsten Ländern der Erde.[124] Das Versprechen der Geschichte des Wirtschaftslebens ist, ganz allgemein gesagt, das Denken mit Geschichte: das Stellen neuer Fragen über die Gegenwart und die Vergangenheit, angeregt durch historische Evidenz.[125] Wirtschaftsgeschichte war, mehr als andere Formen der Geschichtsschreibung, mit großen, kausalen, wichtigen Geschichten beschäftigt, die weiterhin relevant für heutige Entscheidungen sind (etwa die Geschichte davon, wie Nationen reich werden). Doch es gibt noch andere wichtige Geschichten und andere Wege, um über historische Evidenz nachzudenken; eine dieser Geschichte handelt davon, wie es ist, dort zu sein, wo wir uns derzeit befinden.

Die Allemand Lavigeries waren mit den „öffentlichsten" Dienstleistungen der damaligen Zeit beschäftigt – oder bemühten sich dort um Beschäftigung. Dies waren die Orte endlosen Austauschs, über die Grenzen von Markt und Staat oder auch das Öffentliche und Private hinweg. Die Pension der fünf Schwestern war eine private Schule, überwacht von staatlichen Inspektoren. Der Staat war eine Quelle für Verträge über Wachsstöcke und Uniformen, Gefängnisse und Wassertröge und neogotische Kirchen. Das Heer und die Marine waren Labormärkte, mit ihren eigenen Netzwerken aus Kontakten und Informationen, wie etwa die Steuer- und Zollbeamten, unter denen Martial in Bayonne lebte oder die durch die Heirat seines Enkels, des Marineveterinärs, erweiterte Familie: Marineangestellte und Kapitäne in Rochefort. Sogar das „Politische" und „Ökonomische" waren schwer auseinanderzuhalten, in dieser Geschichte der Bestrebungen. Es ist aus der Geschichte der *biens nationaux* im Zentrum von Angoulême offensichtlich, dass politische Beziehungen eine Quelle wirtschaftlicher Möglichkeiten waren, so wie etwa für Etienne Allemand Lavigerie 1791. Die beiden Abadies und Etiennes Schwager Silvestre Topin, mit seinem Sohn und seiner Enkelin „Marie Antoinette", machten Karriere als Architekten im öffentlichen Auftrag in den sich stets weiterentwickelnden Umständen der Restauration, der Julimonarchie und des Kaiserreichs.

Die öffentlichen oder privat-öffentlichen Dienstleistungen waren archaisch in dem Sinne, dass die Kirche, das Militär und die Steuerämter jene Unternehmungen waren, die im Angoulême des 18. Jahrhunderts die Quelle für so viele Arbeitsplätze – und so viel Unbeständigkeit – bildeten. Zugleich waren sie modern im Sinne ihrer Beziehung zu neuen Technologien. Die Allemand Lavigeries waren zu keinem Zeitpunkt Produzenten neuer Techniken, wie etwa der Weber mit seinen Metallfasern, der 1864 in Angoulême heiratete und Waren auf ganz neue Art und Weise herstellte, und waren auch nicht bei solchen Fabrikanten beschäftigt. Allerdings waren sie Konsumenten der damaligen Innovationen und von den neuen Informations- und Transportmedien umgeben; das zeigte sich beispielhaft bei all den Bahnhofstragödien. Das Militär – wie auch die Kirche, was noch bei der Beschreibung von Charles Martials Leben in Algerien zu zeigen sein wird – erwies sich als vehementer Nutzer neuester Technologien. Henri Silvestre Topin war „Militäringenieur", bevor er für seine Verdienste bei den „Telegrafenverbindungen" für die „Armee von Paris" im November 1870 zum Leutnant befördert wurde. Léon Bernhard, der die Marine (und die Veterinärmedizin) für seine Privatpraxis in Vichy aufgab, war in der gesamten Familie derjenige, der den modernen Wissenschaften der 1860er-Jahre am nächsten kam.

Die „Dienstleistungswirtschaft" des 19. Jahrhunderts ist ein großes und nicht klar umrissenes Forschungsobjekt der Geschichtswissenschaft, und ihre konstituierenden (unproduktiven) Industrien wurden zu dieser Zeit nur oberflächlich untersucht. Ihre Unternehmer und Angestellten waren nicht wirklich Wirtschaftsmänner und -frauen; oder sie waren wirtschaftlich nur im unerfreulichen Sinne der Doppelzüngigkeit, da sie auf Gewinne und die andauernde Bewertung von Normen und Regeln aus waren. Doch ihre Geschichte ist wichtig, und sie kann von unten oder aus ihrer Mitte heraus untersucht werden, genau wie die Geschichte der Landwirtschaft und bäuerlichen Produktion, auf Basis offizieller Unterlagen, von Kreditverträgen und des Familienlebens erforscht wurde. Die zusammenhängenden Geschichten der Allemand Lavigeries legen einige der Möglichkeiten nahe.

Die Erforschung dieser Familiengeschichten ist auch komplementär zu einer weiteren wichtigen Innovation der Wirtschaftsgeschichte Frankreichs, dem Verständnis des wirtschaftlichen Wachstums als eine Konsequenz des Überseehandels, in vielerlei Hinsicht.[126] Die ist eine Geschichte, wie jene der Allemand Lavigeries – die in der provinziellen Gesellschaft Angoulêmes begann und sich nun, mit Charles Martial und seiner Schwester Louise, in die französischen Kolonien verschiebt –, von Einfluss und Austausch. Sie begann Mitte des 18. Jahrhunderts mit der Ausdehnung des Handels und der Profite auf die atlantische, auf Sklaven basierende Wirtschaft und setzte sich fort in dem Boom der Exporte und Auslandsinvestitionen während des Second Empire und der Dritten Republik. Diese Geschichte liegt noch immer weitgehend im Verborgenen, zum einen wegen der Undefinierbarkeit einer Unterscheidung zwischen „nationalem" und „internationalem" Austausch innerhalb eines multiterritorialen Staates, multikontinentaler Unternehmen und eines informellen wie formellen Herrschaftsgebiets. Doch ist sie auch eine Geschichte – wie die Erzählung von Marie Aymards Familie über fünf Generation – eines Netzwerks an Informationen sowie sogar einer (sozialen) Ansteckung der Überseegebiete im tiefsten Inneren Frankreichs.

Es lassen sich noch weitere wirtschaftliche Verbindungen nachvollziehen: andere Denkungsarten einer Geschichte einer kleinen Anzahl von Individuen und dem Nachverfolgen ihrer Leben in größere oder bedeutendere Erzählungen. Die Netzwerke der Besitzer der städtischen *biens nationaux* im Angoulême des frühen 19. Jahrhunderts und insbesondere die Netzwerke der Marktbeziehungen – Wertermittlungen, Kredite, Beurkundungen, Reparaturen –, die die neuen Besitztümer verlangten, eröffnen faszinierende Fragen über das Erbe der Revolution bei der Konsolidierung der Marktinstitutionen in Frankreich. Wie auch die Wechselfälle in den Aufzeichnungen über die Beschäftigung von Frauen und ihre wechselnden Beziehungen zu anderen Informationsquellen.

Auch die Geschichte der Ungleichheit war im gesamten 19. Jahrhundert mit der Erzählung von Marie Aymards Familie verknüpft. Ungleichheit ist ein Zustand, der sich an Statistiken zum Wohlstand, zum Einkommen und der Lebensqualität ablesen lässt, sie ist ein politischer Umstand, ein Teil des Alltags der Menschen. Sie war mehr oder weniger plausibel, sogar bei einer Familie, die sich so stark auf sich selbst konzentrierte, dass man annehmen kann, dass die Cousinen dritten Grades gegen Ende des Jahrhunderts in Paris – Louise Collet, die Straßenverkäuferin, und Marie Louise Portet-Lavigerie – nichts von der Existenz der jeweils anderen gewusst haben dürften. Doch was ist mit Jeanne *ainée*, in der Pension am Rempart du Midi, und ihrer Cousine ersten Grades, Françoise Ferrand, die mit ihren beiden mittellosen Enkelkindern in der Rue Myrha in Montmartre lebte? Jeanne *ainée* und Françoise starben Anfang 1860 innerhalb weniger Wochen. Auch das ist Teil der Geschichte der Ungleichheit und was sie für den Verlauf der Leben von Individuen bedeutete.

KAPITEL 10: CHARLES MARTIAL
UND LOUISE

Geschichte(n) aus dem Wirtschaftsleben: Die Kirche

Die letzte Familienunternehmung war die mit Abstand erfolgreichste und zudem die einzige, mit der die Allemand Lavigeries die Weltgeschichte beeinflussten. Es war die Unternehmung, oder Industrie, eines einzigen Mannes, Charles Martial Allemand Lavigerie, der als „Abt Lavigerie" bei so vielen Familienfeierlichkeiten anwesend war. Es handelt sich um eine Geschichte mit wirtschaftlicher, aber auch politischer Bedeutung, die Konsequenzen für das Leben Hunderttausender Menschen in Afrika, Asien und Europa mit sich brachte; die sich auf die finanzielle und institutionelle Geschichte der katholischen Kirche und der Geschichte der internationalen Philanthropie auswirkte; auf das materielle Leben Nordafrikas in der Epoche der „Erbauer von Kirchen, Schulen, Krankenhäusern, Klöstern, Hochschulen, Kathedralen"; und sogar auf die Zukunft der Christenheit im 20. Jahrhundert.[1] Es war eine Geschichte, die letztendlich auch die Leben von Charles Martials eigener Familie veränderte.

Charles Martial tauchte bis hierher als ein Individuum wie so viele andere auch in dieser Erzählung über eine Familie und ihre sozialen Netzwerke auf. Er kam in ihr als einer der zuverlässigen Cousins vor, der in den 1850er-Jahren die Reisen nach Angoulême und zu der Pension am Rempart du Midi auf sich nahm, um an den Familienereignissen teilzunehmen. Er war der älteste Enkel von Marie Aymards ältestem Enkel und damit in Angoulême genauso mit seinem Großvater Martial Allemand Lavigerie familiär verwurzelt, wie Martial selbst es dort viele Jahre zuvor mit seiner eigenen Großmutter Marie Aymard gewesen war. „Unser lieber Abt", so zumindest die Beschreibung des mit seiner Mutter befreundeten, gebildeten

Zollangestellten in Marseille, war ein geselliger Gast bei feierlichen Abend-
essen, der bei der Rezitation von lustigen Versen als Erster lachte.[2]

Zugleich ist Charles Martial Allemand Lavigerie, im Verhältnis zum
Rest der Familiengeschichte, überragend beeindruckend und strahlend.
„Er füllt die Welt mit seinen Worten, mit seinen Schriften, mit seiner Person", so Louis Baunard, Charles Martials erster Biograf, ein aus Lille stam-
mender Hagiograf und Historiker (des „Zweifels"); für seine Feinde aus
der republikanischen Presse war er ein „universeller Mann", der „alles an
sich reißt und sich selbst überall aufdrängt".[3] In einer Geschichte, die mit
einer des Lesens und Schreibens nicht mächtigen Witwe begann, über
deren Existenz es so gut wie keine Belege gibt und in deren Leben so gut
wie alles im Verborgenen liegt, wirkt Charles Martial überlebensgroß. Er
verschiebt die Grenzen dieser Geschichte oder macht sie zu einer anderen
Art von Geschichte. Er ist eine historische Figur: das Objekt von Geschichten und Biografien, und sogar der Historiografie der Geschichten, Biografien, Ikonografien und des ehrenden Gedenkens.[4]

Es besteht insbesondere ein Ungleichgewicht an historischen Belegen
zwischen Charles Martial auf der einen und den weiteren Personen in dieser Geschichte auf der anderen Seite. Vor allem gilt dies für das gedruckte
Wort. Der Katalog der Bibliothèque nationale de France führt 129 Arbeiten von Charles Martial auf, dafür fast keines von den übrigen Familienmitgliedern: Ausnahmen bilden nur das Buch über die medizinischen Be-
sonderheiten des Quellwassers in Vichy von Charles Martials jüngerem
Bruder Léon Bernard Lavigerie, zusammen mit seiner früher verfassten
Dissertation (über Hepatitis); außerdem ein Gemeindeblatt aus dem Jahr
1849, als Scipion Lavigerie, der Cousin ersten Grades ihres Vaters, für
kurze Zeit beigeordneter Bürgermeister von Le Mans war.[5] Im Übrigen
zeichnete noch der ältere Martial, Charles Martials Großvater, 1829 für einige Wochen als Herausgeber des liberalen *Courrier de Bayonne* verantwortlich. Allerdings wurde die Familie in Zeitungen und Zeitschriften
erwähnt, wenn auch zumeist nur unter den „faits divers", abgesehen von
dem Einzelfall, als der Schwiegersohn es mit seinen Geldgeschäften in
Le Mans kurzfristig zu etwas Berühmtheit brachte; doch selbst nach seinem Tod 1902 blieb er nur als ehemaliger Bankier und als Schwiegervater
des Pferde liebenden Ehemanns seiner Tochter in der offiziellen Erinnerung.[6]

Die Disparität oder das Ungleichgewicht in der Quellenlage ist sogar noch auffälliger, wenn man die Archivmaterialien betrachtet. Die meisten Familienmitglieder der Allemand Lavigeries, die in der Generation von Marie Aymards Kindern in den 1730er- und 1740er-Jahren in Angoulême geboren wurden, konnten lesen und schreiben; ihre Enkelgeneration war durchgehend alphabetisiert. Sie waren sogar außerordentlich belesen: Lehrer, Angestellte in staatlichen Ämtern, der Archivar des Departements Charente. Aber sie waren keine „paperassier", um den Ausdruck eines Lehrers in Angoulême aus dem 19. Jahrhundert zu verwenden, der damit den alten Papierhändler Abraham-François Robin mit seinen Notizblöcken, Papierschnipseln und Bündeln von Familienbriefen beschrieb.[7] Sie waren nicht reich genug und zogen zu oft um, als dass sie ihre Familiendokumente sorgfältig hätten aufbewahren können, oder hatten keine Kinder – wie im Fall der fünf Schwestern am Rempart du Midi –, denen sie ihr Archiv zum Familiengedenken überlassen konnten. Bis hierher basierte alles in ihrer Geschichte auf den Worten anderer Menschen oder dem stilisierten Idiom offizieller Briefwechsel: Etienne Allemands Brief mit der Bitte um eine Erhöhung des Gehalts und die kläglichen, sich wiederholenden Petitionen für die Freilassung von Jean-Baptiste Ferrand, die seine Tochter aus der Rue Myrha und seine Enkelin 1873 verfasst hatten.[8]

Die Unterlagen des Kardinals sind gänzlich anders – so „immens" und „universal", wie es seiner Beliebtheit in den Jahren vor seinem Tod 1892 wohl entspricht.[9] In den „Archives Lavigerie" in der Via Aurelia in Rom, gegenüber des Vatikans – in den Archiven der Gesellschaft der Missionare von Afrika, der 1868 von Charles Martial gegründeten „Weißen Väter" –, werden die „Korrespondenz, Berichte, verschiedenen Dokumente und Publikationen des Gründers" aufbewahrt.[10] Hier finden sich sowohl Entwürfe für Vorträge, Familienbriefe, Reflexionen über die Gleichgültigkeit, Beschreibungen von familiären Krankheitsfällen, Telegramme und Sekretären diktierte Briefe als auch 103 gebundene Bände mit per Schreibmaschine entstandenen Abschriften von Charles Martials Korrespondenz. Zudem lagern hier gemalte und fotografierte Porträts von Charles Martial; ausführliche Notizen einer Reihe von Biografen; und Wegbeschreibungen für Rundgänge durch Rom zu jenem Hotel, in dem der Gründer zeitweilig lebte, und zu den Kirchen, in denen er predige.[11] Dieses Buch war bislang zu großen Teilen eine Geschichte von Frauen, doch die einzigen privaten

Briefe irgendeiner der Frauen in dieser Familie sind die von Louise, die im Archiv ihres Bruders in Rom aufbewahrt werden.

Das beunruhigendste Ungleichgewicht hinsichtlich der Belege zwischen Charles Martial und dem Rest seiner Familie ist zugleich das intimste. Es ist das Ungleichgewicht des Wissens darüber, wie diese Figuren der Vergangenheit als Menschen waren. Zu Beginn seiner großen Romanreihe, des *Rougon-Macquart*-Zyklus, der die „Natur- und Sozialgeschichte einer Familie im Zweiten Kaiserreich" zum Thema hat, berichtet Émile Zola von der Matriarchin der Dynastie, einer Verkäuferin von Küchenöl in einer kleinen Provinzstadt: Sie „schaute in die ferne Zukunft" und „rüstete [...] sich zum Kampfe gegen das Schicksal, wie man gegen eine Person von Fleisch und Bein kämpft, die uns verderben will". Und von Nana, die wie die Familie von Françoise Ferrand Brébion in der Rue de la Goutte d'Or in Paris lebte, schrieb er in *L'assommoir*, sie habe ein rosa Band um ihre Haare geschlungen und blieb in der Straße stehen, ganz „bleich vor Verlangen" nach einem Raum für sich allein.[12]

Nichts Derartiges findet sich in der Geschichte der Allemand Lavigeries. Sie sind das entgegengesetzte Extrem der historischen Vorstellungskraft: Figuren in schwarz-weiß, eindimensional, von denen nur der dünnste historische Beleg vorliegt. Es gibt nichts zu ihren Zukunftsaussichten, nichts über ihr bleiches Verlangen und ihre rosa Bänder, ihre glücklichen Begegnungen in den Straßen von Paris. Bei Charles Martial ist das anders, hier pendelt man irgendwo zwischen Beleg und Vorstellung. Seine Biografen fühlten sich unwiderstehlich zu Beschreibungen seines Innenlebens hingezogen. Er sei ein Mann mit „unstillbarem Ehrgeiz" gewesen (so ein Zeitgenosse); „eine Art *conquistador*, ein Napoleon des Gebets und der Evangelisation" (so ein anderer); die „kolossale Figur eines Athleten", der zerstörte und verführte; ein „Wirbelsturm aus Gedanken und Willen", „egoistisch, autoritär, absolut, dominant, herrisch bis hin zum Despotismus"; von „angenehmer Präsenz und angenehmem Erscheinungsbild".[13]

Wir verfügten bisher nur über äußerst schwache Andeutungen zum Aussehen der Allemand Lavigeries. Ein Cousin (der jüngsten Enkel von Marie Aymard, der die Limonadenverkäuferin heiratete) war „ein Meter und dreiundsiebzig Zentimeter" groß und hatte ein „langes ovales Gesicht" mit dunkelkastanienbraunem Haar; die Autorin in Tahiti beschrieb Léon Bernard als groß und gut aussehend; es gab ein mit Wasserfarben gemaltes

Porträt von Gabriel Ferrand, dem ersten Archivar der Charente, 1910 in der historischen Gesellschaft von Angoulême ausgestellt und seither verschollen.[14] Auch hier sind die Belege, was Charles Martial angeht, völlig anders. Es gibt Fotografien von ihm als junger Priester 1860 in Syrien, mit dunklen, tiefen Augen, gekleidet in eine Djellaba, und später aus Rom mit dem sorgfältig gearbeiteten Gewand eines Kirchenrichters, schwer zu bändigendem Haar und außergewöhnlich langen Fingern. Wir kennen Gemälde von ihm als Bischof von Nancy (mit großer Ähnlichkeit zu Napoleon I.) sowie als Missionar in der Robe der „Weißen Väter". Es gibt Statuen in Biskra, Bayonne, Algier, Tunis und dem Afrikanischen Pavillon im Vatikan wie eine Grabskulptur aus weißem Marmor, auf der er von „einer arabischen Frau mit ihrem Kind", „konvertierten Negern, die Palmblätter tragen", und den knienden Figuren von Missionaren umgeben ist.[15]

Auf einem Porträt aus dem Jahr 1888, mehr als doppelt so groß wie lebensecht, ist Charles Martial in dunkelroten Satin gekleidet und hält einen Stift in der Hand, während sein Kardinalshut neben ihm auf einer Afrika-Karte liegt. Er wirkt vergnügt und massig, schaut den Maler an – laut der Zeitung *La lanterne* ein „zum Kardinal gewordener Rabelais".[16] Zu diesem, heute in Versailles hängenden Gemälde sagte Charles Martial, damals Generalgouverneur von Algerien: „[Ich wurde] sitzend gemalt, mit einem Stift in der Hand. Lieber wäre es mir gewesen, er hätte mich stehend gemalt, voller Bereitschaft, den Kampf des Guten aufzunehmen."[17]

Charles Martial Allemand Lavigerie

Charles Martial ist Teil der Familiengeschichte der Allemand Lavigeries und zugleich Teil der Geschichte des französischen Wirtschaftslebens des 19. Jahrhunderts. Die Pointe dieser Untersuchung war es, bei Individuen und ihren Bezugspersonen, also ihren Familien, Nachbarn und Freunden zu beginnen und ihnen dann in ihre unterschiedlichen Unternehmungen und Industrien zu folgen. Es war eine Geschichte von unten beziehungsweise vom Mikro zum Makro, welche zu den Zwischenräumen der Wirtschaft führte, die in den großen Geschichten des Wirtschaftswachstums zumeist im Verborgenen verbleiben. Die Allemand Lavigeries des 19. Jahrhunderts suchten ihr Glück in der Steuer- und Zollverwaltung, im Militär und den Vermittlungsdiensten provinzieller Bankgeschäfte. Charles Martial fand Ruhm (und Reichtum) in der am wenigsten modernen Industrie von allen, die allerdings – zumindest nach Ansicht ihrer Feinde im 19. Jahrhundert – im Zentrum der Wirtschaftsmacht stand.

Der Aufstieg von Charles Martial begann, so die Chronologie seiner frühen Biografen, mit einem Akt jugendlicher Rebellion gegen den Einfluss seiner Familie. Laut dieser Aufzeichnungen wuchs er in einem Haushalt auf, in dem Religion zwischen all dem „ruhelosen Skeptizismus" am Ende der Restauration und dem „mühelosen Liberalismus der Julimonarchie" keine zentrale Bedeutung spielte. Seine Eltern – Léon Philippe, der Zollverwalter, und die poetisch veranlagte Louise Latrilhe – stammten demnach aus einem geselligen Milieu mit „sehr nuancierten Meinungen" und „sogar, so erscheint es, recht unterschiedlichem Glauben", da „einige jüdische Familien" „nicht ausgeschlossen" wurden.[18] Priester zu werden war für Charles Martial laut dieser Berichte ein Akt der Ablehnung des weiterhin anhaltenden Einflusses der Aufklärung, der Französischen Revolution und der Kontrolle des Staates über die Rituale der Geburt, der Eheschließung und des Todes.

Im Jahr 1841, mit sechzehn Jahren, zog Charles Martial nach Paris. Er studierte an der „École des Carmes", einer Schule für religiöse Ausbildung, die dann 1845 in die Gebäude des alten Gefängnisses umzog, in dem Léonard Robin während der Französischen Revolution mit der späteren Kaiserin Joséphine inhaftiert gewesen und aus dem Noël Virol, der konterrevolutionäre Wundarzt aus Angoulême, 1794 in den Tod gesprungen war.[19] Charles Martial wurde 1847 zum Subdiakon und 1848 zum Diakon geweiht, bevor er 1849 in den Priesterrang aufstieg.[20]

In Paris entdeckte Charles Martial die Geschichtswissenschaften. Die erste seiner beiden Dissertationen verfasste er 1850 über einen frühen Historiker des Christentums, Hegesippus, von dem fast nichts bekannt ist, außer, dass er aus Palästina stammte und auf Griechisch schrieb; Charles Martials Forschungsarbeit ist daher auch eine Untersuchung über den Prozess der Geschichtsschreibung auf Basis von Fragmenten.[21] (Eines dieser Fragmente handelt von der Hingabe des heiligen Jakobus, der so lange auf seinen Knien betend ausharrte, dass sie wie die von Kamelen aussahen: „instar cameli occalluerint", in der Übersetzung von Charles Martial.)[22] Die zweite Doktorarbeit handelte von der christlichen Schule in Edessa im nördlichen Mesopotamien, heute die Provinzhauptstadt Şanlıurfa, im Südosten der Türkei. Der Text ist das Porträt einer untergegangenen Stadt auf einem Hügel sowie das Heraufbeschwören eines Wirtschaftslebens: die Erinnerung an eine Metropole „auf der Route nach Indien und Persien", in der „die Reichtümer des Ostens sich mit denen der römischen Welt vereinten". Es gab eine obere und eine untere Stadt, einen Hafen am Fluss Scirtus, oder auch Daisan, ein Nebenfluss des Euphrat; Edessa war eine Stadt der „Handwerker", „Kaufleute" und griechischen Geldwechsler, in der „Männer aus allen Ländern, in den Kleidern ihrer Heimat, sich trafen, miteinander umgingen und sich wieder trennten", dabei Kupfergeld aus Persien mitbrachten und Textilien auf Boote luden, die in Richtung „Persischer Golf und Erythräisches Meer" aufbrachen.[23]

In dieser Dissertation ist ein Hauch von Sehnsucht und Melancholie zu spüren. Edessa war einst eine Stadt der Archive, mit zwölf christlichen Kirchen und einer antiken Bibliothek, die als „eine der reichsten des Orients" bezeichnet wurde. Hier lebte dreißig Jahre lang der große Dichter Ephräm der Syrer, der Redner von der „Nichtigkeit menschlicher Dinge". Die Schule von Edessa war selbst „vollkommen historisch" und zeigte sich überzeugt von der „historischen Wahrheit der Bibel"; sie transformierte das „religiöse Schicksal des Ostens", brachte die christliche Doktrin gar bis nach „Indien und China" und führte bei „den Arabern die Philosophie von Aristoteles" ein. Leider kam es in einer Nacht zu einem furchtbaren Hochwasser des Flusses Scirtus / Daisan, der im Dunkeln anschwoll und die gesamte Unterstadt zerstörte. Anschließend herrschte in Edessa eine Hungersnot; die christliche Schule wurde 489 vom byzantinischen Kaiser Zenon geschlossen.[24]

Nach seinen historischen Untersuchungen wandte sich Charles Martial der Theologie zu und wurde 1854, im Alter von 28, zum Leiter der Abteilung für Kirchengeschichte an der Sorbonne ernannt.[25] Im Laufe der Jahre besuchte er häufig seine Familie, trotz aller Unterschiede in den Wendungen des politischen Schicksals. Bei diesen Besuchen wohnte er bei seinen Eltern in Marseille, so ein alter Freund seiner Mutter, der bücherliebende Zollbeamte, der sogar zwei kleine Verse zu Ehren von Charles Martial veröffentlichte: „Stances à Monsieur l'Abbé L.***" und „Epître à Monsieur l'abbé L***".[26] Der Kleriker reiste anlässlich der Unterzeichnung

jedes ausgefeilten Ehevertrags der 1850er-Jahre an: als seine Cousine zweiten Grades, Marie Louise, den zukünftigen Bankier Henri Portet-Lavigerie heiratete; als seine Schwester Louise und Gabriel Kiener den Bund fürs
Leben eingingen, und dann für Marie Françoise, seiner durch eine Generation getrennten Cousine. Er gehörte zum Umfeld der älteren Schwestern
am Rempart du Midi, welche die Lagerstätte für die Familienerinnerungen
zwischen der Familie des 18. Jahrhunderts in Angoulême und der in ganz
Frankreich und der Welt verstreuten Familie des 19. Jahrhunderts waren –
oder die zumindest die Familienerinnerungen weitergaben.

An der Sorbonne lehrte Charles Martial die Geschichte des Protestantis-
mus und des Jansenismus in Frankreich. Er veröffentlichte eine zwei-
sprachige Ausgabe von Sophokles' *Oedipus* sowie eine „gesäuberte" Version des dritten Buchs von Ciceros *De officiis* über die Nützlichkeit und
den Staat.[27] Man beschuldigte ihn dann der „rationalistischen und häreti-
schen Lehre" – aufgrund seiner Unterstützung für die Doktrin der päpstlichen Unfehlbarkeit –, wovon er sich selbst durch die Mitarbeit an einer
Reihe kleiner (18°) Schulbücher für den französischen Geografie- und
Geschichtsunterricht, „von den Galliern bis in unsere Zeit", befreite.[28]
Doch sein Leben in Paris langweilte ihn. „Ich unterrichtete die Geschichte
des Jansenismus vor 25 Studenten", erinnerte er sich laut einem seiner Biografen; „Ich hatte das Gefühl, ich würde ersticken."[29]

Die syrische Krise

Im Jahr 1856 wendete sich das Blatt für Charles Martial erneut. Er wurde
in ein Büro in der Verwaltungszentrale der französischen Überseegebiete
gebeten – der Registratur für die Karten und Pläne der Marine (*Dépôt des
cartes et plans de la Marine*), damals in der Rue de l'Université – und darüber informiert, dass man ihn zum Direktor des neu gegründeten Œuvre
des Écoles d'Orient gemacht hatte, ins Leben gerufen nach dem Krimkrieg,
um Geld für die katholischen Gemeinden im Osmanischen Reich zu sammeln. Es handelte sich um ein katholisches Werk oder *opus*; eine „zivil-
gesellschaftliche Organisation" beziehungsweise „Nichtregierungsorgani-
sation", unterstützt von den Honoratioren des neuen, auf Expansion
ausgerichteten Second Empire. Der erste Ehrenpräsident des Œuvre war

jener General, der die französische Armee im Krimkrieg angeführt hatte. Der zweite, von dem Charles Martial ausgewählt wurde, ein Admiral, der zu dieser Zeit die Registratur für die Karten und Pläne der Marine leitete und als letzter, reformistischer Gouverneur vor der Abschaffung der Sklaverei 1848 Martinique verwaltet hatte. „Ich habe die Plantagen besucht. Ich habe den Besitzern und den Sklaven zugehört", erklärte er in einer Rede 1847, „ich kann bezeugen, dass die Sklaven die Erleichterungen genießen, die das Gesetz ihnen bringt, während sie die Milde [*adoucissements*] bewahren, die sie dem Willen ihrer Herren verdanken."[30]

Das Œuvre des Écoles d'Orient war für Charles Martial eine Rückkehr zu der untergegangenen Welt des Ostchristentums. Es war zudem eine Einführung in ein neues Unternehmen, für das er sich den Rest seines Lebens engagieren sollte und das er in Frankreich und rund um die Welt zu erfinden half. Dies war das Unternehmen, oder die Industrie, der Übersee-Philanthropie. In den folgenden drei Jahren predigte er in allen Ecken Frankreichs und sammelte dabei Geld, von Nantes und Nancy über Marseille und Bordeaux bis nach Bayonne. Es entstanden neue Komitees, ein neues „Bulletin" erschien und von Papst Pius IX. kamen unterstützende Briefe. Das Œuvre half, christliche Schulen in Smyrna, Damaskus und Jerusalem zu errichten, stellte Mittel für eine Druckerpresse bereit, mit der in Ghazir christliche Bücher auf Arabisch gedruckt wurden, und erwarb eine kleine „Lithografie-Druckmaschine" für die Dominikaner in Mossul.[31]

Die „syrischen Massaker" des Jahres 1860 – die furchtbaren Morde an maronitischen Christen, die zu Zeiten von Lithografie und Nachrichten per Telegramm zur ersten „humanitären Krise" der Moderne wurden – setzten Charles Martials Leben wiederum auf eine neue Bahn. Die Berichte über die Ermordung christlicher Dorfbewohner durch Drusen-Milizen im Libanongebirge, im Kontext des lang währenden, bürgerkriegsähnlichen Konflikts im Libanon, erreichten Europa im Juni 1860, und im Juli hatte sich die Tragödie bis nach Damaskus herumgesprochen. „Die Leichen von fast zwanzigtausend Opfern" lagen unter „blutigen Ruinen", schrieb Charles Martial später über die Ereignisse des Sommers 1860; „beinahe zweihunderttausend Christen, aller Konfessionen, aller Riten, taumelten ohne Obdach umher, ohne Kleidung, ohne Nahrung"; „dreihunderttausend weitere erwarteten ängstlich ein ähnliches Schicksal."[32]

Im Verlauf des Jahres 1860 wurde das Œuvre des Écoles d'Orient zur entscheidenden Hilfsorganisation der Krise. Man organisierte eine „Zentralisierung der Hilfe", und das Œuvre war der treuhänderische Empfänger für die von sechzehn französischen Zeitungen gemeinsam gesammelten Gelder. In der Folge kam es zu einer Zusammenarbeit mit dem französischen Expeditionskorps, das in einer „Mission der Menschlichkeit" an die Ostküste des Mittelmeers entsandt worden war, sowie mit den Konsularmitarbeitern des französischen Kaiserreichs, den Protektoren des Ostchristentums, wozu sie der Pariser Frieden am Ende des Krimkriegs bestimmt hatte.[33] Die Organisation erhielt Spenden aus Frankreich, Belgien, Brasilien und dem Senegal, von Edinburgh über Bologna bis nach Buffalo, New York. Man verschenkte Naturalien, Berge an Kleidung und Kirchenschmuck; man schätzte, dass 360 Dörfer und 560 Kirchen zerstört worden waren. Das Œuvre sammelte 1857 insgesamt 16 000 Francs ein, 1859 dann bereits 60 391 Francs. Zwischen 1860 und 1861, in den neun Monaten der syrischen Krise, verdreißigfachten sich die Spenden auf 2 136 701 Francs.[34]

Das Jahr 1860 war eine Phase, in der für die Familie Allemand Lavigerie vieles zu Ende ging. Charles Martial selbst war Anfang des Jahres aus gesundheitlichen Gründen abwesend; die älteste seiner Großtanten, Jeanne *ainée*, starb im Juli 1860 in Angoulême; sein Vater beendete seine Arbeit bei der Zollverwaltung und ging in Rente.[35] Doch als im Juni 1860 die Nachrichten aus dem Osten eintrafen, nahm Charles Martial seine intensiven Aktivitäten wieder auf. Anfang September bereitete er eine Reise in die Provinz Libanonberg vor, trotz einer Vorahnung seines eigenen Todes. „Ich war überzeugt, dass ich von dieser Reise nicht zurückkehren und dass ich in diesem Land des Ostens sterben würde, in dem ich für Linderung sorgen wollte", schrieb er in seinem Bericht an die Unterstützer des Œuvre. „Ich nahm Abschied, von mir selbst, meinem Land, meiner Familie und meiner Forschung", und zwar mit „einer geheimen Freude, dass, sollte ich nach Gottes Willen sterben, es geschehen würde, während ich meinen Brüdern half."[36]

Charles Martials Vater, Léon-Philippe, starb am 14. September: Der Tod trat kurz vor Mitternacht im Bahnhof von Saumur ein und wurde von zwei Mitarbeitern der Eisenbahngesellschaft bezeugt.[37] Charles Martial sei just zu diesem Zeitpunkt auf dem Weg nach Saumur gewesen, so sein Biograf Baunard, der dazu aus einem Brief Charles Martials die Ankündigung zitiert, auf dem Weg zu seinem Vater in Saumur auch durch Tours zu kommen. Baunard mutmaßte, dass Charles Martial seinen Vater sterbend vorfand: „Monsieur Allemand-Lavigerie starb in christlichem Betragen am 15. September 1860 in den Armen und mit dem Segen seines Sohnes."[38] Entweder glaubt man diesem Bericht, nach dem Charles Martial im Bahnhof des Chemin de Fer d'Orléans in Saumur anwesend war, oder aber er kam doch zu spät: Es waren ohne Frage aufregende Tage im Leben des Klerikers. Er kehrte auf jeden Fall am 27. September nach Paris zurück und bestieg am 30. September in Marseille das Schiff *Indus*, einen kleinen Dampfer der Messageries Impériales, mit dem Ziel Alexandria.[39]

„Es war ein Schauspiel der Trostlosigkeit und der Barbarei", schrieb Charles Martial aus dem Orient, als er endlich angekommen war. Beirut bot sich ihm als Stadt des Schreckens dar, voller „Flüchtlinge, die wie Geister durch die Straßen ziehen"; er sah „überall Blut" und Berge aus Asche, „bestückt mit menschlichen Knochen". Er reiste in die Dörfer in Libanonberg, in denen die Grausamkeiten ihren Anfang genommen hatten; dort begrüßten ihn 350 Kinder mit den Liedzeilen „Viva la France! Vive le directeur de l'Œuvre des Écoles d'Orient!" Bei einem Sturz von seinem Pferd auf einem steinigen Bergpfad bei Hammana, auf dem Weg nach Damaskus, verletzt er sich schwer.[40] Dennoch besuchte er auch noch Bethlehem, Jerusalem und Nazareth. In Damaskus traf er Emir Abd el-Kader, den ehemaligen Anführer des algerischen Widerstands gegen die französische Besatzung und späteren Gefangenen der Franzosen: Er hatte während der jüngsten Massaker Christen gerettet, weshalb er nun auch in orientalistischen Gemälden verewigt wurde.[41] Im Dezember 1860 kehrte Charles Martial, nach einem Zwischenstopp in Rom zu Gesprächen mit Papst Pius IX., schließlich nach Frankreich zurück.[42]

Sein Bericht über die Monate im Osten waren ein Abriss zum zukünftigen Schicksal der französischen Überseemacht sowie eine Zusammenfassung für die Unterstützer des Œuvre. Die Expedition der französischen Marine nach Syrien im Sommer 1860 sollte eine „Mission der Menschlichkeit" sein, so Napoleon III. „Menschlichkeit verlangt eine rasche Intervention."[43] Charles Martial war voll des Lobes für die französischen Offiziere und Diplomaten sowie für die französischen Seidenfabrikanten im Libanon.[44] Schlussendlich hegte er zugleich nur wenig

Hoffnung, sollte es nicht zu einer „energisch konstituierten christliche Regierung" für die Region unter dem „offiziellen Protektorat" Frankreichs
kommen. Die Drusen-Milizen waren in seinen Augen nichts anderes als
„Werkzeuge" und folglich nicht die „wahren Schuldigen". Es gab viele böse
Kräfte, darunter die osmanische Verwaltung und die nur an sich selbst in-
teressierten Engländer (die Verteidiger der Drusen, die, genau wie die
„Preußen" und die „Anglo-Amerikaner", begierig auf die Seelen der katholischen Waisenkinder waren). Der wahre Feind sei viel größer und ihm sei,
so Charles Martial, eine „allgemeine Geisteshaltung innerhalb des Islam"
eigen: der „muslimische Fanatismus".[45]

Der Bischof von Nancy

Nach seiner Ankunft in Frankreich zeichnete man Charles Martial mit der
Légion d'honneur für das Sammeln von Spendengeldern für Syrien und
sein Verhalten im Libanon aus; damit war er auf einen Schlag in die religiöse Elite des Second Empire aufgenommen.[46] Im August 1861 erhob
man ihn, nach der Nominierung durch den Kaiser, zum Richter beziehungsweise Auditor der Rota Romana, eines hohen Gerichtshofs des
Vatikan.[47] Die folgenden knapp zwei Jahre verbrachte er in Rom, in einem
„bescheidenen" Palast an der Piazza degli Santi Apostoli; aus dieser Zeit
stammt die Fotografie von ihm in kirchlich-richterlicher Robe.[48] Er hielt
Montagsabends einen Salon ab, in dem er die in Rom anwesenden französischen Repräsentanten, „allgemeine Offiziere, die Botschaftsmitarbeiter",
empfing.[49] Im März 1863 wurde er schließlich erneut befördert und 37-jäh-
rig zum Bischof von Nancy (Lothringen) ernannt.[50] Er wählte die römi-
sche Kirche San Luigi dei Francesi – in der Frédéric Bastiat, der Nachbar
seines Großvaters in Bayonne, 1850 beerdigt worden war – für seine
Bischofsweihe aus. Anlässlich der Feier trug er eine imposante neogotische Mitra, die man eigens für diese Gelegenheit angefertigt hatte.[51]
    Als Bischof von Nancy – damals, zu Beginn des Aufschwungs des Kohle-
bergbaus und der Metallverarbeitung, eine reiche Industriestadt mit kleinen Manufakturen – widmete sich Charles Martial der prunkvollen Renovierung der Kathedrale aus dem 18. Jahrhundert.[52] Es fanden „literarische
und intellektuelle Feierlichkeiten" statt, darunter eine Aufführung der

griechischen Originalversion der *Elektra* von Sophokles durch örtliche Schüler.[53] Von Papst Pius IX. erhielt Charles Martial die Erlaubnis, ein spezielles Würdezeichen zu tragen, ein „Superhumerale" beziehungsweise ein „Rationale": eine „große Stola, verziert mit einem Saum, der über die Schultern hängt", und „bedeckt mit kostbaren Steinen".[54] Er besaß sein eigenes Wappen, von dem es einen Entwurf in Wasserfarben in den Archives Lavigerie in Rom gibt: ein Pelikan, der die eigene Brust aufreißt, um seine drei Küken zu füttern, auf einem leuchtend blauen Schild, darunter die Devise „Caritas", also Nächstenliebe, darüber das Lothringer Kreuz und eine hängende, mit Fransen versehene Stola.[55]

Im Juli 1866 empfing Charles Martial die Kaiserin Eugénie und ihren unglückseligen zehnjährigen Sohn, der später der vorgebliche „Napoleon IV." werden und im Zulukrieg sein Leben verlieren sollte. Die Feierlichkeiten des kaiserlichen Besuchs – zu dem in Nancy eine 178-seitige Broschüre herausgegeben wurde – boten Anlass zu einer neuerlichen Umgestaltung der Kathedrale, die eine „prächtig vergoldete Kuppel" und einen Tuchbehang bekam „aus tiefrotem Samt, mit goldenem Besatz eingefasst"; es gab eine Prozession von Schulkindern, darunter eine Gruppe von Jungs, die ein „himmelblaues Banner mit dem Wappen von Monsieur Lavigerie" trugen.[56] Bevor sie nach Paris zurückkehrte, zeichnete Eugénie Charles Martial mit einem neuen kaiserlichen Gunstbeweis aus: einem Aufstieg in der Rangklasse der Légion d'honneur.[57] Im November 1866 wurde er zum Erzbischof von Algier ernannt und verließ Nancy für immer.[58]

„Mein geliebtes Afrika"

Im Alter von 41 Jahren war Charles Martial auf dem Kontinent angekommen, den er als sein Schicksal betrachtete. Er bezog im Mai 1867 den Bischofspalast an der Place du Gouvernement in Algier, eine frühere Residenz des Bey, also des osmanischen Gouverneurs – wobei er das Gebäude nur wenig später als „schäbig" bezeichnete, dem „Luft und Raum" fehlten, der „für einen Europäer unbewohnbar" und mit Möbeln „im Zustand der Verwahrlosung, Baufälligkeit und des Durcheinanders" ausgestattet sei.[59] Im darauffolgenden Jahr wurde sein Verantwortungsbereich auf ein „großes Gebiet" der „Sahara und des Sudan" ausgedehnt.

Damit gab es zum ersten Mal eine „apostolische Delegation" für die Sahara- und Subsahara-Regionen Afrikas, die im Westen vom Atlantik, im Osten von der „ägyptischen Wüste" und im Süden von „Senegal und Guinea" begrenzt wurden – mit Charles Martial als erstem Delegierten.[60] Er übernahm 1881 auch die religiöse Verwaltung von Tunis, wurde 1882 Kardinal und 1884 „Primas von Afrika". Er starb 1892 in einem anderen Palast von Algier, nachdem er sein „geistliches Testament" verfasst hatte: „Nun komme ich zu dir, oh mein geliebtes Afrika."[61]

Die französische Kolonie in Nordafrika befand sich in dem Augenblick, als Charles Martial in Algier eintraf, am Beginn jener Misere, die sich 1868 zur großen algerischen Hungersnot auswachsen sollte, der 150 000 Menschen, also fast zehn Prozent der Bevölkerung, zum Opfer fielen.[62] Sein Aufenthalt in Afrika begann also, genau wie bei der syrischen Krise 1860, mit einem humanitären Notfall. Es gibt Bilder von ihm, auf denen er muslimische Kinder hält, die ihm von den Müttern für eine Umarmung gereicht werden – eine Inversion der Szene von Abd el-Kamer aus Damaskus. Zuerst nutzte er in Algerien seine verlässlichen literarischen Fähigkeiten – und seine Begabung für das Fundraising – für eine herzerweichende Beschreibung der Hungersnot: „Ich sehe sie noch immer vor mir, die armen, kleinen Kinder", „deren große Augen" durch „das böse Fieber des Hungers" glänzten.[63] Der Palast an der Place du Gouvernement wurde zum Unterschlupf für die Opfer der Hungersnot; es gibt eine in *L'illustration* veröffentlichte Lithografie des Bischofs, wie er ausgemergelte Kinder aufnimmt.[64] Charles Martial bat die französischen Bischöfe um ihren Beistand in einer nationalen Kampagne für die „arabischen Waisen" und gründete drei Waisenhäuser auf einem von den Jesuiten gepachteten Grundstück, kurz darauf folgten acht weitere in unmittelbarer Nähe. Er schrieb, er habe in acht Monaten „1753 Waisen versammelt".[65]

Die Gesellschaft der Missionare von Afrika, die Charles Martial 1868 ins Leben rief, wurde wegen der Kleidung ihrer Mitglieder als Gesellschaft der „Weißen Väter" bekannt; die Männer trugen „arabische Gewänder", aßen dasselbe Essen wie „die Eingeborenen", sprachen nur Arabisch und boten allen Bedürftigen medizinische Hilfe an.[66] Sie reisten in die Region der Afrikanischen Großen Seen und warben für landwirtschaftliche Unternehmungen überall in den französischen Kolonien Nordafrikas. Ihr Mutterhaus war ein gewaltiger Bau aus weißem Stein, eine ehemalige osmanische Kaserne, in El-Harrach, heute ein Vorort nördlich von Algier. Es war an „einem unserer wunderschönen Frühlingsabende", so Charles Martial, als man ihn zum ersten Mal zu dem nicht vollständig entwickelten 600 Hektar großen Grundstück brachte, das sich südlich von El-Harrach befand, von den Franzosen damals „La Maison-Carrée" genannt. Hier bot sich „eine der schönsten Aussichten der Welt", und Charles Martial entschloss sich, ganz der ländliche Potentat, zu dem er geworden war, dass hier „meine kleinen Kinder" den Bewuchs entfernen würden, um ein neues Afrika für sie selbst und ihre Zukunft zu bauen.[67]

Charles Martial war für den Rest seines Lebens von den Kindern umgeben, die er als „meine Adoptionsfamilie" beschrieb. Kinder begleiteten ihn, wenn er bei seinen Bemühungen um Hilfszahlungen umherreiste, und saßen zu seinen Füßen, wenn von ihm Fotos oder Statuen erstellt wurden. Er gab eine Schrift mit dem beeindruckend klingenden Titel *Les orphelins arabes d'Alger, leur passé, leur avenir, leur adoption* heraus. Sogar nach Rom nahm er zwei „junge Araber" mit, die er Pius IX. vorstellte. Sie sagten die Zehn Gebote auf und wurden in der Kirche Trinità dei Monti von „Kardinal Bonaparte" (einem der Großneffen Napoleons I.) getauft. Die Zeitung *L'univers* erklärte, „sie sind vor ein paar Jahren noch fast Wilde gewesen, aus dem muslimischen Afrika", seien aber nun „vom Erzbischof von Algier vor dem Tod gerettet worden"; sie „kamen nach Europa, um hier zu leben", und trugen die Namen „Abd-el-Kader-ben-Mohamed und Hamed-ben-Aicha".[68]

Wo ist Afrika?

In seinem ersten Hirtenbrief als Erzbischof 1867, noch bevor er Frankreich verlassen hatte, skizzierte Charles Martial ein großes Projekt des Neuaufbaus der „afrikanischen Kirche", die er bis ins „Zentrum dieses gewaltigen Kontinents" ausdehnen wollte. Wie in seiner früheren, melancholisch angehauchten Untersuchung zur Geschichte des Ostchristentums war auch dieser Brief ein Heraufbeschwören der verloren gegangenen christlichen Vergangenheit in Afrika, des heiligen Cyprian, des Bischofs von Karthago, und des Heiligen Augustinus, des Bischofs von Hippo.[69] Er beschrieb eine „frühe christliche Welt", die damals (wie heute) fremd er-

schien; eine Gesellschaft, die, in Peter Browns Worten, „wie die giganti-
sche Wolke einer einstmals vibrierenden Galaxie über die moderne Karte
Europas, Afrikas und des Nahen Ostens gleitet", „zögerlich" in Westeuropa
und „aufblühend in ganz Nordafrika bis hinab zum südlichen Äthiopien
und im Nahen Osten bis in den Iran und Zentralasien."[70]

„Wo ist Afrika, das für die ganze Welt ein Garten der Freude war?", erkundigte sich Quodvultdeus – „was Gott wünscht" –, der zur Zeit der
Vandalen-Eroberung 439 der letzte Bischof von Karthago gewesen war
und auf den Charles Martial bei der Begrüßung einer Delegation von
Nonnen 1872 anspielte.[71] Das alte Afrika war ein Ort der „opulenten Städte" und der „fruchtbaren Ebenen", so der Bischof, und auch diese könnten
von den Toten wiederauferstehen.[72] Es war die Epoche des Umweltopti-
mismus im französischen Teil Nordafrikas, der Transsahara-Bahn und
des „Binnenmeers in Algerien", das von einem Militärkartografen in der
Oase Biskra und dem Organisator des Sueskanals geplant wurde.[73] Die
schließlich von Charles Martial angegangene Unternehmung besaß ein
historisches Ausmaß. Es ging darum, das verloren gegangene Afrika
wiederzufinden – darum, die Zeit zurückzudrehen, den Klimawandel und
den Niedergang des Römischen Reichs ungeschehen zu machen.

In dem erwähnten ersten Hirtenbrief aus dem Jahr 1867 hatte Charles
Martial seinen Förderer Napoleon III. zitiert, indem er von der Hoffnung
sprach, der „Ruhm Frankreichs" möge „nicht auf Eroberungen, sondern
auf der Liebe zur Menschlichkeit und dem Fortschritt" basieren und sollte „von Tunis bis zum Euphrat widerhallen".[74] Doch Kirche und Staat und
Eroberung – oder Menschlichkeit, Handel und Kaiserreich – waren in seinen Projekten unmöglich auseinanderzuhalten. Es gab bewaffnete Missionare in der Oase Biskra, die die Siedlungen der „Weißen Väter" beschützten:
sogenannte „bewaffnete Brüder".[75] Charles Martial war ein Visionär des
militärischen Sieges und ein mächtiger Verbündeter des neuen und
schließlich republikanischen Imperialismus dieser Zeit. Für einen seiner
frühesten Biografen war Charles Martial, wie erwähnt, „eine Art *conquistador*, ein Napoleon des Gebets und der Evangelisation".[76] Dem neo-
revolutionären Blatt *La lanterne* galt er als „militärischer Autokrat, der
Hernán Cortés der Sahara".[77]

Von seiner Ankunft 1867 bis zu seinem Tod 1892 setzte Charles Martial in Algier auf die bewaffnete Expansion in Afrika, und dies auch wäh-

rend des verwirrenden Wandels im öffentlichen Leben Frankreichs und seiner eigenen politischen Positionen. In den letzten Jahren des Second Empire war er ebenso auf Dampfschiffen zwischen Nordafrika, Frankreich und Rom unterwegs wie während des Deutsch-Französischen Kriegs, mit dem das Kaiserreich endete und die Pariser Kommune 1871 begann, und zu der Zeit, als die republikanischen und monarchistischen Regierungen in der frühen Dritten Republik zwischen 1871 und 1880 an der Macht waren. Er war noch immer dort, als 1881 die imperialistischen Eroberungen mit der Militärinvasion in Tunis begannen und als mit Léon Gambetta (Premierminister 1881–1882) und Jules Ferry, den „wahren Vätern der Kolonialpolitik", so ein Zeitgenosse, der republikanische Imperialismus einsetzte.[78] Lavigerie und seine Missionare in Tunis hätten „Frankreich größere Dienste geleistet als ein Armeekorps", erklärte Gambetta einem von Charles Martials Abgesandten; „Antiklerikalismus ist kein Exportartikel".[79]

Charles Martials größter Feind in Afrika war, wie schon in Syrien, der Islam. Er hatte die Stelle in Algier angenommen, so schrieb er es in einem privaten Brief, den sein Biograf Baunard zitiert, da er in sich „ganz stark die Schande der französischen Nation spürte, dass wir für nun fast vierzig Jahre in unmittelbarer Nähe zu einem muslimischen Volk lebten, das seiner Nation angehörte, ohne dass der Versuch unternommen worden wäre, es zu konvertieren, ja, die katholische Geistlichkeit wurde sogar an jedem Versuch gehindert."[80] „Wie konnte der Fehler des Islam die leuchtende Flamme des Glaubens löschen?", fragte er in einem Bericht für seine Spender 1861 (mit Worten, die er einer „Elegie über die Ruinen von Damaskus" zuschrieb, verfasst von Studenten der christlichen Hochschule in Ghazir).[81] In diesem großen Konflikt mit dem Islam, acht Jahre später, fand die neue Gesellschaft der Missionare von Afrika ihren dauerhaften Zweck. „Seit Beginn dieses Jahrhunderts haben mehr als vierzig Millionen Menschen [in der afrikanischen Subsahara] den Islam angenommen", hielt Charles Martial 1869 fest; die endgültige Absicht seiner „kleinen Gesellschaft" war die „Bekehrung aller muslimischen Menschen in ganz Afrika".[82]

Außerhalb von Angoulême

In den 1870er-Jahren konnte Charles Martial als weltbekannte Persönlichkeit gelten. Ein in amerikanischen Zeitungen abgedruckter Artikel der Reiseschriftstellerin Elizabeth Herbert über „seine große und wirklich übermenschliche Arbeit" beschrieb ihn als in „vollem Ornat" gekleidet beim Empfang einer Prozession von Generälen, unter einem „von Eingeborenen in weißen Burnussen und scharlachroten Schärpen getragenen Baldachin"; er war „„der große Marabout"", schrieb sie, und der „englische Konsul rief aus: ‚Wir haben einen neuen Sankt Augustinus gesehen!'"[83] In der republikanischen Presse wurde der Bischof zum Ziel grenzenloser Satire. Er sei nie in Afrika, sondern immer nur in Rom oder Paris, so die Zeitung *La justice*.[84] Die Verleihung des Biretts bei der Ernennung zum Kardinal 1882 im Präsidentenpalast des Élysée in Paris sei wie die Zeremonie eines Hummers in kochendem Wasser gewesen, so *Le rappel*, die mit der Musik zu dem Lied „Aufbruch nach Syrien / der hübsche Lavigerie …" gefeiert werden müsse.[85] Für *La justice* handelte es sich dabei um eine „Karikatur" roter Gewänder, roter Mützen und eines roten Hutes auf karminrotem Kissen, bei der Charles Martial in rotem Gewand auftrat, sich dann in einen Nebenraum zurückzog und in einer scharlachroten Robe wieder zurückkam: eine Travestie der Trennung von Kirche und Staat.[86]

In dem Vierteljahrhundert, in dem er in Nordafrika lebte, reiste Charles Martial häufig nach Frankreich. Er verbrachte seine Sommerferien in Biarritz und wurde von seinen Ärzten zur Thermalkur nach Cambo-les-Bains an der spanischen Grenze geschickt. Er überlegte, für die Zeit nach seiner Pensionierung ein Haus am Fuß der Pyrenäen zu kaufen. Der Bischof von Angoulême (und Freund von Paul Abadie dem Jüngeren) vertraute sein an Pius IX. gerichtetes Rücktrittsgesuch den Händen „meines ehrwürdigen Freundes, dem Erzbischof von Algier" an.[87] Charles Martial kam oft nach Angoulême, zumindest auf der Durchreise, etwa wenn er seine Schwester Louise besuchte, die sich mit ihrem Mann Gabriel Kiener in einem Haus an der Papiermühle in Lacourade niedergelassen hatte, außerhalb von Angoulême, am Ende einer Reihe von Arbeiterhäusern und gegenüber dem Eingang der eleganten Residenz der Familie Henry-Lacourade.

Lacourade war Schauplatz weiterer Sterbebettszenen, von denen Baunards Biografie von Charles Martial so viele bereithält: Hier „nahm er den letzten Atemzug von M. Keiner [*sic*] in Empfang, seines Schwagers."[88] Gabriel Kiener, „Papierfabrikant, wohnhaft in der Fabrik in Lacourade", starb im Juli 1875 im Alter von 45 Jahren. Als Zeugen werden sein angeheirateter Cousin, Georges Henry-Lacourade, und ein weiterer ausgebildeter Angestellter der Mühle, ein „Hersteller von auf Gemüse basierendem Klebstoff", genannt.[89] „Augustin ab-del-Kader", der beim Zensus 1872 als Hausdiener von Louise Lavigerie und Gabriel Kiener auftaucht, war Namensvetter des in Rom 1870 getauften „jungen Arabers": „Abd-el-Kader-ben-Mohamed" (der nach Europa kam, „um hier zu leben").[90] Im Jahr 1876 weilte Augustin ab-del-Kader aber nicht länger hier in Lacourade; „Augustin Charles Abd-el-Kader", geführt als Hausdiener im 14. Arrondissement in Paris, starb 1898 im Krankenhaus von Kremlin-Bicêtre.[91]

Charles Martial führte während seiner Jahre in Afrika einen steten Briefwechsel mit Louise. Sie besuchte ihn in Algerien und reiste zur Oase Biskra, zu den bewaffneten Missionaren; er traf sie in Paris, wofür sie zuvor aufwendige Arrangements für ein Hotelzimmer getroffen hatte, vor dem es nicht zu laut war und dessen Fenster Richtung Rue de Rivoli oder der Oper gingen (und das auch nicht, in einem weiteren Echo von Zolas Reihe von Familiengeschichten, von den neuen Warenhäuser umgeben war, die immer mehr Raum „absorbierten").[92] Einige von Louises Briefen sind formell; sie spricht Charles Martial mit „vous" an, empfiehlt den Sohn alter Freunde, einen Artillerieoffizier in Tunis, oder einen Bäcker in Bona (Annaba), den Sohn des Postmanns in La Couronne.[93] In anderen Briefen spürte man ein fortgesetztes, intimes Gespräch über Politik, Geld und familiäre Beziehungen.

„Das Leben ist so traurig, wenn man sich krank fühlt", schreibt Louise aus den Pyrenäen und spricht ihn mit „tu" an; „du hast wirklich keine Entschuldigung dafür, dass du dich derart überarbeitest"; „ich habe in Angoulême eine Bestellung aufgegeben, damit man dir zwölf Flaschen Cognac schickt".[94] Sie berichtet von ihrer eigenen Krankheit und erteilt ihm Ratschläge für die seine. Louise beschreibt auch Villen, die er für seine Sommerferien mieten könnte; es kommt zu einem Missverständnis mit einem Cousin mütterlicherseits über eine der Immobilien und einen dubiosen Menschen namens „M.L.", von dem der Cousin Louise versichert, er sei „Republikaner nur in dem Sinne, wie es mein Vater ist oder mein Ehemann oder unser Onkel Félix, und außerdem ist er perfekt katholisch, wie keiner von diesen".[95] Louise macht sich Sorgen über ihre eigene finanzielle Sicherheit und das Wirtschaftsleben von Angoulême. Sie bittet Charles Martial um seinen Rat, ob sie sich den Kauf eines Hauses leisten kann, dessen Preis vor Kurzem reduziert wurde, und „mein Kapital" – wohl die kleine Erbschaft aus der Familie ihrer Mutter – in eine lebenslange Pacht stecken soll. Es gab eine „örtliche finanzielle Katastrophe", meldet sie aus Lacourade; sie macht sich Sorgen über den Papierpreis, „ausländische Konkurrenz" in der Papierindustrie und die Möglichkeit, dass sie nicht länger in der Papiermühle wird wohnen bleiben können. Über Charlotte Ursules Sohn, ihren Cousin ersten Grades und Erben von Lacourade, hält sie fest: „Sein Charakter ist derart, dass es unmöglich ist, eine vernünftige Auseinandersetzung mit ihm zu führen."[96]

Hin und wieder kam es zu Komplikationen in den familiären Angelegenheiten. „Hast du die Portets gesehen?", erkundigt sich Louise nach dem reichen Cousin zweiten Grades aus Le Mans – fast von einem ironischen Lächeln untermalt. „Sie haben in den vergangenen zehn Tagen Himmel und Hölle in Bewegung gesetzt, um dich zu sprechen, da sie dich bitten wollen, so freundlich zu sein und die Ehe ihres Sohnes zu segnen und das Datum dafür zu bestimmen." Es handelte sich dabei um die Hochzeit von René, dem Jurastudenten mit Interesse am römischen Recht in Fragen der Sklaverei, der mit einer „charmanten" jungen Frau „ohne Vermögen" verlobt war. „Jeder in der Familie liebt und schätzt sie", schreibt Louise, mit Ausnahme „dieser unglücklichen Berthe" (eine der Topin-Cousinen, die früher in der Pension am Rempart du Midi gelebt hatte). Berthe „hatte wieder einmal die Unbeholfenheit, eine starke Ablehnung" gegenüber der neuen Schwiegertochter zu entwickeln, was man ihr nie verzeihen sollte; „nach ihren Affären mit Valentine war es nun das, was noch gefehlt hatte, um gänzlich das Wohlwollen aller zu verspielen! Es ist die Eifersucht, die für den Verlust ihrer Sinne sorgte!"[97]

Lavigeries Architektur

Louise bildete die Verbindung zwischen der Heimat und dem Kaiserreich, sogar in Bezug auf Charles Martials größte Entwürfe. Die alte katholische Kirche in Afrika umfasste ein Land mit „unzähligen Tempeln" und „siebenhundert Bischöfen", bemerkte er bereits in seinem ersten Hirtenbrief, und die Infrastruktur der Religion sollte ihn langfristig beschäftigen, genauer gesagt der Bau von Kirchen, Klöstern und Kathedralen, sowohl „provisorische" wie dauerhafte Bauten. Unter dem Schutt der modernen afrikanischen Städte, „unter den Tempeln des Islam", lägen noch die „heiligen Überbleibsel alter Basiliken", so Charles Martial 1867, und über diesen Ruinen sollte die neue Kirche entstehen.[98] Er war inzwischen auch zum Bischof von Karthago geweiht worden und verstand, nun deutlicher denn je, seine vom Schicksal bestimmte Rolle nicht nur als Nachfolger des Cyprian von Karthago und des Quodvultdeus, sondern sah sich auch in der Tradition des Augustinus', des „Genies unseres Afrikas", des „Schriftstellers, Philosophen, Theologen" und „meines unsterblichen Vorgängers".[99]

Die Allemand Lavigeries hatten im nachrevolutionären Frankreich nur am Rande mit der Wirtschaft der materiellen Restauration zu tun: das Wirtschaftsleben eines Diözesanarchitekten, in dessen Schatten die Abadies in Angoulême aufblühten, das Wirtschaftsleben der Architekten von Gefängnissen und kleinen Kirchen in der Champagne und den Ardennen, bei denen Charles Silvestre Topin zeitweise Anstellung fand.[100] In Nordafrika erwies sich Charles Martial hingegen als Baumeister beziehungsweise als Pharao – wie eine „Pyramide", um im Bilde eines seiner frühen Biografen zu bleiben.[101] Er war verblüffend intensiv an Details der Baumaßnahmen beteiligt, schon von seinen frühesten Briefen zur Verwaltung an, kurz nach seiner Ankunft 1867. „Der Prälat scheint um den Bau eines neuen Palasts bitten zu müssen", notierte ein Funktionär in Paris auf den Rand eines bischöflichen Briefs über den „baufälligen Zustand" des alten Erzbischofspalasts; wenige Wochen später verlangte Charles Martial, dass das Grundstück mit den „gegenwärtigen Kavalleriekasernen" verkauft und für einen Palast verwendet werden müsse. „Meine Gläubiger fragen nach der Bezahlung für die bereitgestellten Möbel", schrieb er im folgenden Jahr, „die Situation ist beschämend und schmerzvoll"; „der Bauunternehmer ist sehr reich und kann warten. Doch das gilt nicht für den Stifter der Kirchenglocken."[102]

Als Charles Martial in Algier eintraf, existierte dort bereits eine Kathedrale: die ehemalige Ketschawa-Moschee, die auch heute wieder als Moschee dient. Man hatte sie über zwei Generationen lang mit einer romanischen Kanzel, neoromanischen Mosaiken und einem „mit Arabesken bedeckten Gewölbe" erweitert.[103] Sie sei unangemessen, so Charles Martial in einem Schreiben nach Paris, und „in der Gegenwart unserer Moscheen, unserer Tempel und unserer Synagogen bleibt dies ein schmerzender Zustand der Unterlegenheit"; „will Kredit von 100 000 F. für Ausschmückungen und Möbel", notierte ein anderer Beamter auf dem Brief.[104] Später entstand die neue „romanisch-byzantinische" Basilika von Notre-Dame d'Afrique; es wurden Kapellen, Konvente und neue Gebäude auf dem Grundstück südlich von El-Harrach erbaut.[105] Doch erst mit der Ausdehnung des französischen Herrschaftsgebiets gen Osten, Richtung Karthago, wurde der typische Ausdruck von „Lavigeries Architektur" erkennbar, wie es ein moderner Architekturhistoriker formulierte. Sie war eklektisch und ungestüm, „Frühgotik", „Neogotik", „heraldische Insignien" sowie „punische" und „gallische" Einflüsse kamen in ihr zusammen.[106]

In Paris begannen die Bauarbeiten an der Kirche Sacré-Cœur, deren Hauptarchitekt Paul Abadie der Jüngere war – und die später von Kritikern als „Moschee Abadie" verspottet wurde –, im Jahr 1875, und sie dauerten 37 Jahre.[107] In Nordafrika besetzten französische Truppen Tunis im Oktober 1881, und im November 1881 legte Charles Martial den Grundstein für eine „provisorische Kathedrale".[108] Der Bau war nach 82 Tagen abgeschlossen, bot Platz für „zwölfhundert bis fünfzehnhundert Menschen" und wurde am Ostersonntag 1882 mit einer Predigt für die Gesundheit von Queen Victoria eingeweiht.[109]

Augenblicklich begann Charles Martial damit, Geld zu sammeln für eine dauerhafte Kathedrale in Tunis und eine noch größere Kathedrale, die in Karthago errichtet werden sollte, in den Ruinen der punischen Akropolis, auf einem alten Asklepios-Tempel und direkt neben den Fundamenten einer bereits existierenden Kapelle für Louis IX. von Frankreich, der 1270 bei einem Zwischenhalt bei seiner versuchten Rückeroberung Karthagos während des siebten Kreuzzugs in Nordafrika verstorben war.[110]

Die neuen Bemühungen richteten sich ausdrücklich an „den Adel Frankreichs". Es sollte eine Würdigung der Spender geben, zu denen der legitimistische Anwärter auf den französischen Thron gehörte; die Nachfahren der Kreuzritter sollten ihre Wappen in Marmorplatten in den Kirchenwänden verewigt bekommen, sollten sie eintausend Livres oder mehr spenden.[111]

Als Erzbischof von Algier erwies sich Charles Martial als engagierter Schirmherr der Archäologie und beschäftigte sich immer wieder mit der Antike, die ihn überall umgab. „Befragt die Ruinen, die euer Land bedecken", forderte er 1867 seine Gemeindemitglieder auf.[112] Bei einem Papst-Besuch in Rom übernachtete er im Hotel Minerva, ganz in der Nähe jener Kirche, die Sigmund Freud zu seinem berühmten Vergleich mit den historischen Ebenen des menschlichen Geistes inspirierte.[113] In Nordafrika wiederum legte er dann den Grundstein für die spätere Kathedrale des heiligen Ludwig von Karthago, weiß und „romanisch" – und tat dabei das, was er an anderer Stelle (in Jerusalem) als „Akt des Vandalismus" verurteilt hatte: Der Grundstein wurde den Ruinen der frühchristlichen Basilika von Damous El Karita entnommen, wo Augustinus bei seinen Aufenthalten in Karthago gepredigt hatte.[114]

In einem ihrer weitschweifigen Briefe erkundigte sich Louise ausführlicher nach dem Geschäft der religiösen Architektur. „Wenn es wirklich darum geht, einen Diözesanarchitekten für Tunis zu ernennen", schrieb sie im Juli 1884 aus Lacourade an Charles Martial, „denke ich, würdest du eine hervorragende Wahl treffen", sollte er sich für einen ihrer Bekannten aus der Dordogne entscheiden. Es handelte sich um den Onkel von „Renés Frau" (der charmanten und vermögenslosen jungen Braut, bei deren Hochzeit 1883 auch Paul Abadie Zeuge gewesen war) und einen Mann „von fraglosem Talent". Er hatte zusammen mit Abadie an der „Renovierung von Saint-Front" gearbeitet, so Louise – die Kathedrale in Périgueux aus dem 11. Jahrhundert, geschmückt mit acht Kuppeln, die an den Kreml erinnern –, und das Projekt war „viel mehr seine Arbeit denn die von Monsieur Abadie".[115]

Der Onkel war nicht verheiratet und lebte mit seiner schon älteren Mutter zusammen, und sogar seine Familiengeschichte schien geziemend; sein Vater hatte „zu einem sehr guten Preis" ein Grundstück gekauft, „als Nationalgut", so Louise, und es dann an dessen legitime Erben zurückgegeben, „als die Quälerei ein Ende hatte". (Womit sich der Fall deutlich von dem Kirchengut unterschied, das ihre eigenen Urgroßeltern zur gleichen Zeit gekauft hatten und das die Grundlage des Vermögens ihrer Großtanten am Rempart du Midi bildete.) Der Architekt aus der Dordogne sei „außergewöhnlich intelligent", „sehr belesen" und „hat nur einen Fehler, wenn man dies als Fehler zählen mag" – dieser bestand darin, dass er „kein Sklave der weltlichen Dinge sei"; „er trägt einen Mantel anstelle eines Anzugs und hin und wieder bei gesellschaftlichen Anlässen ein wollenes Barett." „Davon abgesehen", fasste Louise ihr Porträt zusammen, gab es niemanden, der aufrechter und loyaler sei, und „ich wäre sehr froh, wenn es dir passte, jemanden um dich zu haben, der eine ausgezeichnete Unterstützung für deine großen Entwürfe wäre."[116] Doch letztendlich blieb der Onkel in der Dordogne und war auch 1905 noch Diözesanarchitekt von Périgueux, der sich um den „Schutt mittelalterlicher Denkmäler" unter dem Portal der Kathedrale kümmerte.[117]

Ein Millionär, ein Multimillionär

Charles Martial tauchte in unzähligen Erinnerungen als eine weltliche Figur auf. Er war „ein Macher, ein Mann des Mutes und der Nerven, der Lärm und Erregung liebte"; mit „dem großen Gesicht eines Kämpfers, den forschenden und aufsässigen Augen", der „immer kampfbereit" war.[118] Er sei zudem ein „ausgezeichnet gewandter Geschäftsmann", so die Zeitung La lanterne, und es waren eben seine wirtschaftlichen Aktivitäten in Nordafrika, die ihn vor allem anderen für die republikanische Presse in Frankreich zu solch einem Faszinosum machten. „Er hat in Tunis stattliche Spekulationen getätigt und damit ein beachtliches Vermögen erzielt", hieß es 1886 in La lanterne; zwei Jahre später war dort zu lesen, er sei „der mächtigste Mensch in Algerien oder Tunesien".[119]

Die erstaunlichen Erfolge von Charles Martial bei seinen Spendenaufrufen für wohltätige Zwecke – die Hilfsmaßnahmen für Flüchtlinge in Syrien und dem Libanon, die Waisen in Algerien, die Projekte der Missionare, die Opfer der Hungernot, die Kathedrale des heiligen Ludwig von Karthago – waren nur der Anfang. Er benötigte Jahr für Jahr 500 000 Francs an Spenden, um die Gesellschaft der Missionare (die

„Weißen Väter") auszustatten, und 1874 erklärte er einer Runde von Geistlichen, niemals Schulden gemacht zu haben.[120] Es war ein beeindruckendes Netzwerk aus Wohltätern entstanden, mit Rundbriefen, jährlichen Berichten und Briefwechseln rund um den Globus. Hinzu kamen offizielle Subventionen der Regierung in Paris. Charles Martial war in den Augen der antiklerikalen Presse ein „Bettelmönch-Millionär", der immer und immer wieder Erfolge bei Parlamentskommissionen und Politikern mit Einfluss auf das Budget erzielte.[121]

„Er hat eine Vorliebe für Gebäude, moderne Gebäude", schrieb La justice 1886, und die Errichtung von Kathedralen und Dörfern – „deine großen Entwürfe", von denen Louise gesprochen hatte – entwickelten sich selbst zu großen Wirtschaftsunternehmungen.[122] Eine Gesellschaft für Sozialwirtschaft in Paris führte einige seiner vollendeten Projekte auf, als Anerkennung für „das vollste Leben, das aktivste Apostolat und das französischste Herz unserer Tage": Allein für Algerien finden sich hier „69 Kirchen", zwei Hochschulen, ein Seminar und drei Krankenhäuser.[123] In den ersten Monaten der französischen Besatzung von Tunis habe Charles Martial 1 913 000 Francs „erhalten und ausgegeben".[124] Die Institutionen konnten sich dabei selbst tragen: „Die Hochschule von St.-Charles ist, wie das Krankenhaus, ein Privatunternehmen. Monsieur le Cardinal de Lavigerie verkauft Suppe in St.-Charles und Kräutertee im Krankenhaus. Man wird hier nicht kostenlos aufgenommen; das Krankenhaus kostet zwei Francs pro Tag, sogar für die Armen."[125]

Auch die landwirtschaftlichen Unternehmungen von Charles Martial waren ausgesprochen umfangreich. Auf dem neuen Grundstück in El-Harrach ließ er Weinreben pflanzen, Bewässerungsgräben ausheben und Schilfhecken anlegen.[126] Von der Oasenstadt Biskra schrieb er: „Ich hatte angefangen, wüstes Land zu kaufen [...] Ich suchte nach Wasser im Untergrund. Man fand es." Die „wunderbare" Entdeckung war, dass sogar Gartengemüse aus Frankreich hier angebaut werden konnte: „Kartoffeln, Kohl, Salat, Erbsen, breite Bohnen, Artischocken".[127] Daraus ergaben sich neue Exportmöglichkeiten, und vor allem die Artischocken wurden zum Erfolg. Es hieß über Charles Martial, er besitze „gewaltige Felder voller Artischocken"; „es scheint so zu sein, dass ein Großteil der Artischocken, die wir in Paris im Winter essen, von den Äckern des Monsieur Lavigerie stammen", schrieb La justice.[128] In Tunis erzeugten seine Reben einen gefeierten süßen Muskat, für den er bei der Weltausstellung 1889 den Großen Preis bekam: verliehen „an seine Eminenz Kardinal Lavigerie"; „Eigentümer des berühmten Weinguts inmitten der Ruinen des antiken Karthago".[129]

„Offenbar ist dieser Lavigerie der cleverste und erfolgreichste Geschäftsmagnat, dem man in Tunesien oder sogar Algerien begegnen kann", urteilte *La lanterne* 1885.[130] Er besaß „große Grundbesiztümer"; er kaufte Land entlang einer geplanten Eisenbahnstrecke und einen Küstenstreifen in der Nähe der Marinebasis; er ließ Ferienmietvillen für die Wintersaison erbauen. Er lebte wie ein reicher Mann in den Erzbischofspalästen, „inmitten eines vollständig orientalischen Luxus".[131] „Man warf mir vor, ein Millionär, ein Multimillionär zu sein", schrieb Charles Martial in der einzigen halbautobiografischen Lebensbeschreibung, die er je autorisierte. Einmal, als sein Bruder Félix vor einem Laden in Algier anhielt, um Tabak zu kaufen, kam gerade Charles Martial in einem Wagen vorüber, und der Ladenbesitzer wies auf den Bischof als „den reichsten Mann in Algerien": „Ihm gehören all die Dampfschiffe im Hafen."[132]

„Es gibt weder Millionen noch gehören sie mir", entgegnete Charles Martial, und „ich bin arm." Er wies die „Verleumdung von Geld und Reichtümern" zurück, von denen sein autorisierter Biograf schrieb, dass „Neid, der überall ganz natürlich ist, am ausgeprägtesten aber in solch einer Kolonie, in die jeder mit dem Wunsch gekommen ist, ein Vermögen zu machen."[133] Ein alter Freund aus seiner Hochschulzeit in Paris, der Generalgouverneur von Algerien geworden war, hielt fest, dass Charles Martial in der Religion und dem „äußeren Leben" „Pracht liebte" und „in seinem persönlichen Leben wie ein armer Mann" lebe; „es ist nur schwer etwas noch Nackteres und Traurigeres vorstellbar als sein Haus und der Raum, in dem er lebt."[134] Sein Wirtschaftsimperium, wie seine „immensen Reichtümer in Afrika" seien philanthropischer oder humanitärer Art: ein Vermögen, das er jedes Jahr erwarb und ausgab, eine Zweckmäßigkeit.[135]

Weltweite Sklaverei

Charles Martials letztes Anliegen war jenes, für das er zu seinen Lebzeiten am bekanntesten war und aufgrund dessen man sich noch lange an ihn erinnerte. Dabei hatte ihn das Thema nach seiner Ankunft in Nordafrika zunächst nur am Rande interessiert. „Die Sklaverei beherrscht noch immer" die Mitte Afrikas, schrieb er in einem seiner Briefe über die Waisen der Hungersnot von 1868; er lud 1875 die französische Armee in Algerien dazu ein, ihren Blick über die Grenzen „unseres Horizonts" hinaus zu erheben auf die „umfassende Sklaverei" in „diesem gewaltigen Kontinent".[136] In den 1880er-Jahren, mit „den Berichten der jüngsten Forscher" – „Belgier, Anglo-Amerikaner" und vor allem den Berichten der Missionare seines eigenen Ordens, die ab 1878 in den Süden der Großen Seen aufbrachen –, wurde der Transsahara-Sklavenhandel zu einem immer drängenderen Anliegen.[137] Hier schälte sich, erneut, ein Œuvre heraus und ergab sich ein Auftrag von Papst Leo XIII.: das „Œuvre antiesclavagiste", die Antisklaverei-Mission.[138]

Die Geschichte der Sklaverei in den amerikanischen Kolonien habe „die Welt drei Jahrhunderte lang durch ihre Grausamkeit beschämt", so Charles Martial im Juli 1888. Schließlich habe der Niedergang der amerikanischen Sklaverei dann mit dem „Kreuzzug" französischer und englischer Schriftsteller begonnen. Die Sklaverei sei in Kuba und Brasilien zu Ende gegangen (im Mai 1888). Doch „nachdem man die Sklaverei in Amerika losgeworden ist und Kreuzer im Roten Meer und dem Indischen Ozean eingesetzt wurden, die den Transport von Sklaven nach Asien verhindern sollen", sei „der Eifer der christlichen Nationen erkaltet." „Die selbstlose Empörung starb aus" und „die Menschen schienen vergessen zu haben, dass auf Erden noch immer Sklaverei existiert." Noch immer „blühten" Sklaverei und Sklavenhandel über den Landweg, „mit unsagbarem Grauen im Herzen Afrikas". Dies sei wirklich „hunderte Male schlimmer" als die koloniale Sklaverei, so Charles Martial in London bei der Auftaktveranstaltung der neuen Mission, die die Antisklaverei-Gesellschaft förderte und die als „Kreuzzug gegen den Sklavenhandel" angekündigt worden war. Er fuhr fort: „Afrikanische Sklaverei war tausend Mal schlimmer als alles, was im Westen bekannt ist."[139]

Charles Martial schrieb im Januar 1889, er habe seit Beginn seiner Mission „nicht mehr in meinem eigenen Haus geschlafen oder an meinem eigenen Tisch gegessen". Der „Kreuzzug gegen die abscheuliche Ausbeutung des Menschen durch den Menschen" ging bis 1891 in beachtlicher Geschwindigkeit weiter, als die im Vorjahr in Brüssel unterzeichnete Konvention („Brussels Conference Act") in Kraft trat, mit der „dem Negersklavenhandel über Land als auch über See ein Ende gemacht" werden sollte.[140] Schon in seinen ersten Texten aus Afrika bezog sich Charles Martial auf „meinen unsterblichen Vorgänger, den heiligen Augustinus"; er verstand sich selbst, wie er in einer Ansprache in der Kathedrale von Mailand betonte, als „alten afrikanischen Bischof", als den „armen Nachfolger des heiligen Augustinus".[141] Wie in Syrien 1860 und in Algerien 1868 gehörten die Bemühungen um die Abschaffung der Sklaverei zum größeren Kampf gegen den „mahométisme", der inzwischen „die Hälfte Afrikas" eingenommen habe: gegen den „esclavagisme", der ausschließlich vom Islam gebilligt wurde, einen „islamisme esclavagiste".[142]

Diese neuen Bemühungen bildeten den Höhepunkt von Charles Martials Einfallsreichtum in Bezug auf „Nichtregierungs-" oder „humanitäre" Organisationen. Er hielt Reden und gab Pressekonferenzen in London, Rom, Neapel und Brüssel; er pflegte einen Briefwechsel mit Bismarck, Leopold II., König der Belgier, und der zehnjährigen Königin Wilhelmina der Niederlande; es gab korrespondierende Gesellschaften in Haiti und Brasilien; er wurde als „der große Befreier Afrikas" bezeichnet. Die Maßnahmen zur Abschaffung der „kolonialen Sklaverei" wurden explizit als Modell herangezogen: Die „Berichte über schändliche Szenen", die Intensität, mit der „Neuigkeiten rund um Sklavenschiffe" „berichtet, kommentiert, diskutiert" wurden, die Verträge, Verteidigungsreden und Romane veränderten schlussendlich die „europäische Meinung".[143] Sogar während der algerischen Hungersnot 1868 erwies sich Charles Martial als „ein Meister der Mobilisierung unterschiedlicher Medienformen", wie es kürzlich ein Historiker formulierte; er „nutzte den neuen politischen Raum, der sich durch die internationalen Medien geöffnet hatte" in der „Populärkultur des Schreckens".[144] In den neuen Medien der 1880er-Jahre, und anlässlich dieses urgewaltigen Grauens, zeigte sich die Kultur der Menschlichkeit nun im wahrsten Sinne des Wortes weltweit.[145]

Bei all seiner Redefertigkeit war Charles Martial zudem ein Virtuose der visuellen Überzeugung. Die „Pilgerfahrt nach Rom" im Mai 1888, in deren Zuge er in das neue Œuvre eingesetzt wurde, wurde als prachtvollste Zeremonie seit der Anbetung der Heiligen Drei Könige geschildert; der spätere Befreier war umgeben von „zwölf Neger-Christen aus dem Inneren Afrikas", „zwölf Arabern oder Kabylen aus Algerien", zwölf Priestern aus den zwölf algerischen Diözesen sowie zwölf „Weißen Vätern".[146] Von diesem Ereignis wurden Fotografien, Gravuren, Gemälde und Lithografien angefertigt. Das Ergebnis dieser Maßnahmen war die Übertreibung eines frühen Biografen, der im Jahr 1905 feststellte: „Sein Bild ist uns allen vertraut".[147] Sogar in Briefen seiner Unterstützer vermischten sich das Dargestellte und das Erinnerte: „Eines unserer Kirchenfenster stellt die Messe in der Kabylei von Horace Vernet dar, an der ich als Ordonnanzoffizier teilnahm", schrieb ein pensionierter General, der 1853 mit dem französischen Militär in Algerien gewesen war, was der Orientalist Horace Vernet auf einem Gemälde festgehalten hatte, 1889 aus der Marne an Charles Martial.[148]

Die 724 Seiten umfassende Sammlung von Dokumenten über das Antisklaverei-Œuvre, die Charles Martial 1889 veröffentlichte, ist eine Aufzählung von Geschenken sowie, ganz ähnlich wie im Nachgang zur Syrien-Krise, ein Rechenschaftsbericht für seine Spender. Er sammelte Geld und spendete Geld an den Afrikaverein Deutscher Katholiken und die British Anti-Slavery Society.[149] Er erhielt eine Spende von Leo XIII., Geld von Privatleuten aus den Niederlanden für seine Bemühungen in Belgien, 2500 Francs für den „Druck und Verbreitung" seiner Rede über Belgisch-Kongo und 20 000 Francs, mit denen ein Preisgeld ausgelobt wurde für „die Arbeit, die zur Frage der afrikanischen Sklaverei am meisten Emotionen in Europa aufzuwühlen vermag". In der Liste findet sich auch die Summe von „sieben Francs", die Missionare aus Algerien gegeben hatten, um „elf Kinder" in Ujiji (im heutigen Tansania) zu kaufen, die beinahe „zu Skeletten abgemagert" waren.[150]

Charles Martials Korrespondenz mit den Anhängern seiner Bemühungen geben Zeugnis von schrecklichen Erinnerungen. Die Witwe eines französischen Forschers (und Förderers der Transsahara-Bahn) schrieb 1890 über ihren verstorbenen Ehemann: „Er hatte ein Grauen vor der Sklaverei." Er hatte sich 1878 in einem Dorf in der Wüste aufgehalten, als er auf „eine Karawane von Sklaven stieß, wobei der Anblick dieser unglücklichen Menschen in ihm große Emotionen wachriefen."[151] Der Verwalter einer Bank in Haiti wandte sich 1889 von der Place Vendôme in Paris aus an Charles Martial und legte seinem Brief einen Scheck über zehntausend Francs bei; „dieses Geld, ein Zehntel des sehr schnell gemachten Gewinns, stammt aus einem fremden Land, das vollständig von schwarzen Menschen besiedelt ist, und da es mit Individuen dieser Rasse in Zusammenhang steht, glaube ich, dass es natürlich zurückkehren sollte."[152]

Die Konferenz in Brüssel 1889–1890 brachte einen Durchbruch bei wichtigen Maßnahmen gegen die Sklaverei in Afrika. Sie wurde als ein vielversprechendes Omen für den späteren „Völkerbund" verstanden; die Sklaverei wurde in Ägypten 1895 abgeschafft, in Madagaskar 1896 und in Sansibar 1897.[153] Charles Martial nahm nicht an der Konferenz teil (dafür organisierte er eine Konferenz von Antisklaverei-Organisationen, die schließlich in Paris stattfand).[154] Dafür war er gedanklich, virtuell anwesend: Der belgische Außenminister führte als Ursprung der Konferenz die „bewegende und beharrliche Eloquenz von Kardinal Lavigerie" an, die „die Welt seit einigen Jahren rührt"; der britische Delegierte sprach von „Verwüstungen, die Kardinal Lavigerie so kraftvoll anschaulich machte"; ein Memorandum des portugiesischen Marineministers nahm Bezug auf eine „Vereinbarung" über Missionare am Malawisee „zwischen der Regierung von Portugal und Kardinal Lavigerie".[155]

Moderne Menschlichkeit

Charles Martial Allemand Lavigerie war ein großer Prosaautor und begabter Redner, eine Person mit einem Gespür für das Böse und eine, deren Schilderungen von Sklaverei noch heute zu Herzen gehen. „Mit ihm starb eine beeindruckende Persönlichkeit", schrieben selbst seine Kritiker in *La lanterne* nach seinem Tod: jemand, der sich eher auf „Realitäten" denn auf „Abstraktionen" verließ; „brillant und komplex, mehr als gewaltig und profund".[156] Und noch zu Lebzeiten hieß es, er sei ein „Staat innerhalb des Staates" und ein Theoretiker des französischen republikanischen Kaiserreichs.[157] Als Jules Ferry, der antiklerikale Visionär einer säkularen Bildung, 1892 nach Algerien reiste, traf er im Bischofspalast von St.-Eugène auch Charles Martial. Der Generalgouverneur schrieb später dazu: „Ich werde diese Begegnung nie vergessen. Die beiden Männer waren einander zuvor nie begegnet; sie hatten keine gemeinsamen Überzeugungen; alles schien sie zu trennen; doch sie waren vereint in der Liebe zu diesem Land und fielen einander in die Arme."[158]

Für Charles Martial war der Feind eine nicht genauer definierte Macht des „Islamismus", dessen erster und militantester Theoretiker er wurde, von seinen frühen Missionen in Syrien angefangen bis zu den Auseinandersetzungen mit den Sklavenhändlern von Sansibar. Dem Sekretär der British Anti-Slavery Society erklärte er 1888, „er habe keine Absicht, einen Krieg gegen die Araber in Gang zu setzen", und „leugne[te], dass er jemals irgendwie die mohammedanische Religion angegriffen habe, viele Muselmanen in Afrika gehörten seit Langem zu seinen engsten Freunden."[159] Doch er erkannte eine dauerhafte Verbindung zwischen Islam, „Islamismus" und „Fanatismus".[160] „Die muslimische Religion ist wahrhaft das Meisterwerk des Bösen", schrieb er 1879 in einem Brief, der in seiner autorisierten Biografie abgedruckt ist; „wie können wir seinem Reich Seelen entreißen?"[161]

Charles Martials Vorstellung einer katholischen Kirche, die noch stärker afrikanisch geprägt ist und sich in friedlicher Eroberung gen Süden ausdehnt, kann als Vision der Religion des 20. Jahrhunderts verstanden werden. Er war der erste apostolische Delegat für „die Sahara und den Sudan", und heute sind 200 Millionen Afrikaner Katholiken. Auch seine Pläne für humanitäres Wirken und eine langfristige landwirtschaftliche Entwicklung, mit Schulen für alle Kinder, waren eine Vorwegnahme zukünftiger Verpflichtungen religiöser Nächstenliebe.

Vor allem war er aber auch ein Visionär weltweiter Information; hier kann Charles Martial als Figur der Zukunft beziehungsweise der Moderne gesehen werden. Die von ihm 1856 quasi aus dem Nichts ins Leben gerufene Hilfsorganisation entwickelte sich zu einer gewaltigen, effizienten Geschäftsunternehmung. Er war ein erstaunlicher Fundraiser, der unwiderstehlich dem französischen (kaiserlichen wie republikanischen) Staat sowie dem Vatikan Geldmittel entlockte. Er verfügte über ein weltweites Netz an Briefkontakten, Spendern und Zeitungsreportern. Er ließ einen „elektrischen Telegrafen" in der Oasenstadt Biskra und der Residenz der Missionare in Karthago erbauen.[162] Er blühte in den frühen Jahrzehnten der Verbreitung von Fotografien und Lithografien auf, und er malte sich eine Welt aus, in der die Kinder Afrikas humanitär versorgt würden.

Die Bewunderer von Charles Martial sahen ihn, genau wie seine Kritiker, als Virtuosen der damaligen Medien. „Es gab in den letzten 25 Jahren kaum einen Tag", so sein erster Biograf, an dem die französischen (und europäischen) Zeitungen „nicht seinen Namen aufführten", in Zusammenhang mit der „Ankündigung einer Initiative, häufig in Form seiner eigenen öffentlichen Bekanntmachung, mit einem Brief, einer Forderung oder einem Bericht", „es gibt wenige andere in unserem Jahrhundert, die die Presse so ausgiebig genutzt haben wie er, und die sie manipuliert und ausgenutzt haben wie er."[163] Für seine Gegner war er „der größte Unternehmer christlicher Propaganda dieser Zeit."[164]

Diese Erzählung begann mit einer Frau, die nicht lesen und schreiben konnte und in einer kleinen Provinzstadt lebte, der Großmutter von Charles Martials Großvater, sowie den nicht aufgezeichneten, nicht erinnerten Informationsquellen, von denen sie umgeben war. Charles Martial ging seinen Weg in einer Welt, in der die neuen Informationstechnologien der Moderne kurz zuvor ihren Siegeszug begonnen hatten. Der Telegraf war neu; Auslandskorrespondenten waren neu; bebilderte Zeitungen waren neu; lithografische Drucke waren neu. Charles Martial wusste diese neuen Technologien brillant zu nutzen, wie zahlreiche Zeitgenossen bemerkten. Er erfand zudem eine neue und noch modernere Art und Weise des Daseins: ein unablässiges Äußern, eine Beziehung zu Hunderttausenden von Menschen; ein weltumspannendes Netzwerk für ein humanitäres Unternehmen.

Das Schicksal der Republik

„Rationalismus, Naturalismus, Pantheismus, Atheismus": Dies waren die Fehler, die „das Gesicht der Welt in diesem Moment bedecken", so Charles Martial 1885.[165] Seine eigenen politischen Äußerungen waren im Verlauf seines dreißig Jahre währenden öffentlichen Lebens eklektisch, ja sogar extravagant. 1874 überlegte er in einem Brief an einen seiner ältesten Freunde aus Studienzeiten in Paris: „Ist es möglich, dass wir in einer bestimmten Phase unseres Leben gedacht haben mögen, dass im Liberalismus etwas Gutes zu finden sei?"[166] In den 1860er-Jahren war er ein begeisterter Anhänger des Second Empire und hieß die Kaiserin Eugénie mit ihrem Sohn in seinem schwarzen Samtanzug, „den zukünftigen Erben von so viel Macht und so viel Ruhm!", in Nancy willkommen.[167] Im Jahr 1870 schrieb er: „Vor dem Abgrund, an dem wir stehen, öffnete sich ein Höllenschlund, und es ist nur das Kaiserreich, das uns nun von diesem Abgrund trennt."[168]

Er trat 1871 im Departement Landes als Kandidat bei den Parlamentswahlen an, die nach dem Deutsch-Französischen Krieg abgehalten wurden. Er gehörte zu der sogenannte liberal-konservativen Partei, einer flüchtigen Gruppierung, die laut ihrer Freunde „Stabilität" mit „monarchistischen Nuancen" anzubieten hatte; die Gegner sprachen von einer „verwirrenden und verdächtigen Anonymität", außerdem habe die Partei kein anderes Programm als „Hass auf die Republik" und „Hingabe zu den Wünschen Roms".[169] Charles Martials eigenes Manifest war weniger gewaltig. Er wollte die Regulierungen der Jagd und des Fischens abschaffen; er sprach sich gegen die Wiedereinführung des Zehnten (zur Unterstützung der Kirche) aus und lehnte die feudalen Verpflichtungen zum Straßenbau und das Ancien Régime ab: „Kurz gesagt, ich glaube, das Gesetz sollte Ihre Steuern verringern und Ihr Wohlergehen erhöhen."[170] Von sechs angetretenen Kandidaten landete er auf Platz sechs.[171]

In den 1870er-Jahren wandte er sich den monarchistischen Anliegen seiner möglichen Spender in der Kathedrale von Karthago zu. Er besuchte den selbst ernannten Thronfolger „Henry V." (den Comte de Chambord) im Sommer 1874, als beide in den benachbarten böhmischen Kurorten Karlsbad und Marienbad behandelt wurden; die algerische Zeitung *L'akhbar*, an der Charles Martial angeblich „erfolgreich die Mehrheit der Anteile erworben hatte", wurde auf „konservative Ansichten" hin ausgerichtet.[172] Mit diesen Ansichten wurde er nun in Verbindung gebracht, lange nachdem sich der Comte de Chambord aus der Politik zurückgezogen hatte. „Familiäre Beziehungen knüpfen unsere Familie an die Eurer Exzellenz", schrieb ihm 1891 eine Nachfahrin der Dereix-Familie in Angoulême; sie bat ihn um Hilfe für ihren Neffen, dessen Vater man „brüsk die Stellung gekündigt hatte, aufgrund seiner konservativen und religiösen Meinungen."[173]

Charles Martials letztes politisches Abenteuer war eine weitere Abweichung. Am 12. November 1890 gab er ein Festessen in seiner Residenz in St.-Eugène zu Ehren der Besatzung der französischen Mittelmeerflotte, die zu diesem Zeitpunkt im Hafen ankerte: ein Tag wie viele andere im Leben des „Primas von Afrika". Kurz zuvor war er von einem Besuch beim neu gewählten Papst Leo XIII. zurückgekehrt, der durch die „christliche

Politik" zur Erkenntnis gelangt war, dass die Zukunft der französischen Kirche in einer Versöhnung mit der republikanischen Regierungsform lag. Am Ende des Banketts brachte Charles Martial einen Toast auf die Marine aus und sprach dabei von der „Union", die in den Überseegebieten zwischen der Kirche und dem Staat existiere – da sie hier beide von dem „Ausländischen" umgeben seien –, und drückte dann seine Hoffnung aus, die er selbst als „autorisiert" beschrieb, eine solche Union zwischen Staat und Kirche könne auch in Frankreich selbst wieder erreicht werden. Der „Wille des Volkes ist deutlich geworden", und die Republik, die in Frankreich seit 1870 existiere, sei in sich nicht inkonsistent mit dem Christentum oder der Zivilisation; daher sei der Moment gekommen, „ohne zu zögern an dieser Form der Regierung festzuhalten".[174] Als die Würdenträger das Essen beendet hatten, ließ Charles Martial die anwesenden apostolischen Musiker die „Marseillaise" anstimmen.[175]

Der „Toast von Algier" wurde augenblicklich zu einer Sensation und zum ersten feierlichen Ereignis in einem politischen Prozess, in dem sich die französische Kirche „hinter" den Staat stellte. Der Papst war dem Kardinal dafür dankbar, allerdings wurde Charles Martial dafür auch wie noch nie zuvor beschimpft; sein Biograf beschreibt eine Art Shitstorm im Zeitalter der neuen Informationstechnologien in den 1890er-Jahren, als die Neuigkeit vom Bankett durch die Telegrafenagenturen innerhalb von Stunden weiterverbreitet worden war. Es kam daraufhin zu „Bergen von Unverfrorenheiten", anonymen Briefen, Karikaturen und „abscheulichen" Briefen aus Marseille.[176] Zwei Jahre später veröffentlichte Leo XIII. die Enzyklika *Au milieu des sollicitudes*, mit der Charles Martial verteidigt wurde: „Im wechselhaften Ozean der menschlichen Angelegenheiten" und inmitten der langen Phase der gewalttätigen französischen Geschichte gebe es ein „soziales Bedürfnis" nach „konstitutioneller Macht".[177]

Ein roter Strom

Charles Martial Allemand Lavigerie starb am 25. November 1892 in seinem Palast in St.-Eugène (im heutigen Bologhine, in einem Vorort von Algier mit Blick aufs Meer). Ihm war es schon eine Weile nicht gut gegangen. „Ich halte die Vorstellung nicht länger aus, dich nicht bei mir zu haben", schrieb er seinem langjährigen Diener Jean-Baptiste, der sich in den Pyrenäen zur Ruhe gesetzt hatte, und als dieser antwortete, er werde zurückkommen: „Ich erwarte dich ungeduldig. Schicke mir ein Telegramm [...] und es wird dich jemand am Hafen erwarten, wie üblich."[178] Die Leiche von Charles Martial wurde von den Prunkgemächern seines Palastes in die Basilika Notre-Dame d'Afrique und anschließend in die Kathedrale von Algier überführt. Hier fand eine Trauermesse statt – die „Totenfeier war ein Triumph", so die bewundernde Beschreibung des Hagiografen Baunard –, dann brach der Totenzug unter Kanonendonner und Militärmusik auf zur Admirals-Ladebrücke. Der Sarg mit Charles Martial wurde auf einen Marinekreuzer verladen, der von Walfangbooten mit je zwölf Ruderern umgeben war, und nach Tunis zur (provisorischen) Kathedrale gebracht. Von dort aus ging es per Zug nach Karthago weiter, wo Charles Martial in der Kathedrale des heiligen Ludwig von Karthago beigesetzt wurde, die er zwei Jahre zuvor geweiht hatte.[179]

Charles Martials Schwester Louise nahm, zusammen mit ihren beiden Neffen, dem noch lebenden Sohn ihres Bruders Léon Bernard, Louis Lavigerie, sowie dem Witwer seiner Tochter, an den Trauerfeierlichkeiten teil. Man platzierte sie an der Admirals-Ladebrücke zwischen die Würdenträger der Kirche; zwei der Walfangboote waren „für die Familie" und die „Behörden" reserviert.[180] Charles Martial vermachte seine Unterlagen und persönlichen Habseligkeiten Louise. Sie war die rechtmäßige Erbin der Hälfte seiner Besitztümer, die sie jedoch ablehnte; seine Testamentsvollstrecker zahlten ihr eine Pension von 150 000 Francs aus (von denen noch 145 000 Francs übrig waren, als sie starb).[181] Dem folgte einige Jahre lang ein schwelender, unziemlicher Konflikt mit Louis Lavigerie, einem Schauspieler und Theaterautor. Er veröffentlichte später seine Beschreibung der in Charles Martials Privatbibliothek versammelten Testamentsvollstrecker, die die religiösen Ornamente des Verstorbenen mit „glühenden Augen" abschätzten, in einem „roten Strom" aus „scharlachroter Seide und tiefrotem Samt"; schließlich gelang Louis eine Einigung in Bezug auf die Erbmasse seines Onkels.[182]

Louise

Die letzte Familienzeremonie der Allemand Lavigeries waren nicht die
Signaturen unter einem Ehevertrag, sondern der Urkundeneintrag eines
Todes. „Madame Kiener-Lavigerie" war als erste Trauernde im *faire part*
aufgeführt, also dem schriftlichen Vermerk von Charles Martials Tod 1892.
Zudem fanden sich Léon Bernards Sohn und Enkelkinder ein; die Kinder
und Enkel von Charlotte Ursule Lavigerie, die Familie aus der Papiermühle
in Lacourade; die neidische Mademoiselle Berthe Topin aus der Familie der
Architekten; die Portet-Lavigeries aus Le Mans. Auch die Latrilhes, Charles
Martials und Louises Verwandte mütterlicherseits, und zehn andere Familien, „Cousins" genannt, tauchen in der Liste auf. Es handelt sich um eine
unvollständige Aufzählung, wie immer: ein Inventar der überlebenden, respektablen Mitglieder einer großen und disparaten Familie.[183]

Charles Martial hatte in seinem Letzten Willen sein „Vertrauen" in
Louise ausgedrückt und angewiesen, dass im Falle einer Rechtsstreitigkeit
über seinen Besitz die umstrittenen „Güter und Werte" an sie zurückfallen sollen, damit sie nach eigenem Willen damit umgehen könne; sie
solle „absolut frei und Herrin" über seinen Nachlass sein.[184] Er überließ
ihr auch all seine persönlichen Papiere, und für den Rest von Louises Lebens erwies sich der Umgang mit diesen Unterlagen, zusammen mit dem
Verhältnis zwischen seinen beiden Familien – der religiösen Familie in
Afrika und seiner privaten Familie in Frankreich –, als schwierige Aufgabe. Ihr Neffe Louis Lavigerie einigte sich erst 1907 mit den Vollstreckern
der Erbmasse; es findet sich in den Archives Lavigerie die Notiz eines der
Testamentsvollstrecker (die Louis mit den „glühenden Augen" beschrieben hatte), nach der „die Angelegenheit abgeschlossen" worden sei.[185] Als
die Skulptur aus weißem Marmor mit den „konvertierten Negern" 1898
in Paris ausgestellt wurde – sie war für Charles Martials Sarkophag bestimmt und unterwegs nach Karthago –, berichtete *Le Figaro*, dass zu den
Gästen der Bankier, beziehungsweise ehemalige Bankier, aus Le Mans
gehörte, „Monsieur Portet-Lavigerie".[186] Anlässlich der Hochzeit von
Charlotte Ursules zwei Enkeln mit den Töchtern eines Pariser Notars 1901
wurden die Bräutigame als Großneffen des verstorbenen, betrauerten
Kardinals beschrieben, aus „einer der ältesten Familien in der Charente".[187]

Dies war eine Familienerzählung, die in jedem Moment mit den Frauen im erweiterten Kreis der Ferrands, der Allemands und der Lavigeries zu tun hatte. Sie begann mit einer neugierigen Witwe in Angoulême, Marie Aymard; 43 der 83 Signatare des Ehevertrags von Marie Aymards Tochter 1764 waren Frauen oder Mädchen; die fünf unverheirateten Schwestern am Rempart du Midi, Marie Aymards Enkelinnen, standen im Zentrum der Erzählung über das 19. Jahrhundert.

Die Generationen der Schwestern und Töchter waren zur gleichen Zeit unsichtbar, in dem Sinne, dass von ihren eigenen Worten, mündlich wie schriftlich, nur wenig erhalten ist. Es gibt den vertraulichen Eintrag von Jeanne *ainée* über den vermuteten Mietwert ihres Ladens im Grundbuch von Angoulême des Jahres 1798; es gibt die Petitionen der jüngeren Françoise Ferrand für staatliche Unterstützung als Flüchtling aus Saint-Domingue sowie die Petitionen ihrer Tochter und Enkelin; es gibt Hunderte von Signaturen unter Eheverträgen und Ehevermerken. Louise Lavigerie Kiener ist in diesen fünf Generationen von Frauen die einzige, von der überhaupt Briefe überdauert haben (oder die zu finden ich in der Lage war): jene Briefe, die im Archiv überlebt haben, in Rom, bei dem religiösen Orden, den ihr weltberühmter Bruder gründete.

Louise selbst ist auch unsichtbar, zumindest in dem Sinne, dass wir kaum etwas über ihr Äußeres wissen. Es gibt eine Fotografie in den Lavigerie-Archiven von Charles Martial aus dem Jahr 1890, aus der Oasenstadt Biskra, im Südosten Algeriens, auf dem er in einem Garten mit vier jungen Priestern und seinem Diener Jean-Baptiste zu sehen ist; das Bild wird geführt als „Fotografie, aufgenommen von Madame Kiener".[188] Von ihr selbst gibt es kein Foto (oder zumindest auch hier keines, das ich auftreiben konnte). Nur einen Fleck gibt es: Einen Teil einer Panoramaaufnahme von den Trauerfeierlichkeiten für Charles Martial, als der Leichenzug den Hafen von Algier erreicht – rechts sind hier die „Bischöfe und Offizianten" zu sehen, und „unter ihnen" „Madame Kiener-Lavigerie".[189] Es gibt auch fast nichts, was beschreibt, wie sie ausgesehen haben mag – nur ein paar Worte, mit denen sich Louis Lavigerie an die Post-mortem-Situation in der Bibliothek erinnerte: „Ich kann noch immer meine Tante vor mir sehen, in der Mitte des Kreises, bleich und unnahbar in ihrer Trauerkleidung."[190]

Im Jahr 1892, als Charles Martial starb, wohnte Louise am Fuß der Pyrenäen, und hier blieb sie auch den Rest ihres Lebens. Später zog sie in

ein Haus mit Namen „Monplaisir", im Dorf Bénéjaq, 140 Kilometer östlich von Bayonne, mit Blick gen Süden auf die schneebedeckten Gipfel der
Pyrenäen. Dort lebte sie mit ihrer Nichte, Jeanne Suberbie Byasson, genannt Julie; die Suberbies und die Byassons tauchten in der Liste der weiteren Familie bei der Bekanntmachung von Charles Martials Tod auf.
Julie Byasson, geboren 1867 in Pau in eine Familie, die demselben Milieu
von Steuerangestellten angehörte wie die Allemand Lavigeries, war nur in
entferntem Sinne Louises Nichte. Sie war die Witwe eines Kolonialbeamten auf Madagaskar und ehemaligen Marineleutnants, mit dem sie
vier kleine Kinder hatte; ihr Ehemann kam bei der Überquerung des
Roten Meers im September 1903 ums Leben – er befand sich auf dem Weg
in seinen Heimaturlaub – und wurde auf See bestattet.[191]

Louise Lavigerie Kiener starb im Alter von 74 Jahren am 21. August
1906 in der Villa Montplaisir in Bénéjaq.[192] Für die katholische Kirche in
Frankreich war es ein furchtbarer Winter gewesen: Am 9. Dezember 1905
trat das „Gesetz zur Trennung von Kirche und Staat" in Kraft. Damit war
Frankreich zum laizistischen Staat geworden, und in den ersten Monaten
des Jahres 1906 kam es zu gewalttätigen Auseinandersetzungen bei der
Schätzung des Werts von Kircheneigentum: dem „Inventurstreit". „Endlich fühle ich mich ein wenig besser", schrieb Louise an die Testamentsvollstrecker von Charles Martial im Januar 1906, doch „es scheint nicht
wahrscheinlich, dass wir am Rande des Abgrunds werden anhalten können"; ihr letzter Brief, datiert auf den 23. Juni 1906, handelt von einem über
der Brust zu tragenden Kreuz, das ihrem Bruder gehört haben soll und das
nun in Bayonne zum Kauf angeboten wurde.[193] Im September informierte
Julie Byasson die Testamentsvollstrecker vom Tod ihrer „zweiten Mutter",
„meiner intimen und treuen Begleiterin, meiner einzigen Stütze".[194] „Es
sind sehr wenige Papiere übrig", schrieb sie; „denn meine arme Tante liebte es, unsere langen Winterabende damit zu verbringen, sie zu lesen und
dann zum Großteil zu zerstören."[195]

KAPITEL 11: DAS ENDE
DER GESCHICHTE

Eine Geschichte zweier Jahrhunderte

Marie Aymard wurde 1713 in Angoulême geboren; Louise Lavigerie Kiener, ihre Ururenkelin, starb 1906 am Fuß der Pyrenäen. Sie lebten in sich überschneidenden Zeiten. Martial Allemand Lavigerie, Marie Aymards Enkel und zugleich Louise Kieners Großvater, der Prophet der „Wahrheit" und „Aufrichtigkeit", wuchs in Angoulême auf, nicht weit von seiner Großmutter entfernt; sie war bei seiner Hochzeit 1790 dabei. Und er selbst war dabei, als Louise, seine Enkelin, 1855 ebenfalls ganz in der Nähe den Angestellten einer Eisenbahngesellschaft heiratete. Sie wussten voneinander; sie gehörten zu derselben Geschichte.

Die Geschichte der Allemands und Ferrands begann mit den Informationsquellen von Marie Aymard, einer analphabetischen Frau, also mit jenen Briefen, die für sie geschrieben wurden, und mit den Dingen, von denen sie „durch gewisse Personen in der Stadt Angoulême unterrichtet worden ist".

Sie endete mit Louise Kiener, die nach Algerien reiste, Fotografien aufnahm und sogar selbst fotografiert wurde (wenn auch aus großem Abstand): Sie erschien auf einem Foto, das weltweit veröffentlicht wurde. Sie beschäftigte sich an den langen Winterabenden des Jahres 1906 damit, die historischen Aufzeichnungen ihres Bruders Charles Martial Allemand Lavigerie zu kuratieren und zu zerstören. Charles Martial lebte, genau wie Louise, in der modernen Epoche der Informationstechnologie, die er, als Visionär des Multimedia und der multinationalen Humanität, als „größter Unternehmer der christlichen Propaganda seiner Zeit" zu entwickeln mithalf.

Der moderne Roman

Die Allemands und die Ferrands waren über die fünf Generationen hinweg die Erzähler ihrer eigenen Geschichten. Marie Aymards Vollmacht des Jahres 1764 war eine Geschichte: die Erzählung einer Reise durch Raum, Zeit und wirtschaftliche Zusammenhänge, inklusive der dazugehörigen Beweise. Ihr Sohn Gabriel erzählte von seinen Möbeln und den Plänen, die er entworfen hatte, um Erzieher der Jugend zu werden. Der Ehemann ihrer Tochter Françoise erzählte davon, wie sein Sohn Pierre im Departement Sarthe seine Liebe gefunden hatte und beschuldigt wurde, eine Uniform gestohlen zu haben, und wie diese Uniform irgendwo zwischen Nantes und Angoulême in einer Truhe wieder auftauchte. Die Allemands und die Ferrands waren in den Straßen rund um die Place du Mûrier und die Rue du Minage von den nicht enden wollenden „Informationen" des öffentlichen Lebens umgeben, angefangen bei den Geschichten der Zeugen rund um den Fall der Dame mit dem Hündchen 1769 über den Angestellten im Steueramt 1778 bis hin zu dem Tumult vor dem Café des Electeurs 1791.

Jean-Baptiste, Marie Aymards jüngster Sohn, kann mit seinen Petitionen um Unterstützung als verarmter Flüchtling aus Saint-Domingue als Virtuose der historischen Erinnerung gelten. Gleiches trifft zu für seine Tochter Françoise Ferrand Brébion 1859 und ihre Tochter Clara Brébion Collet 1876: „Ich kann Ihnen kaum all das beschreiben, das ich diesen Winter habe erleiden müssen, da mir an allem fehlte." Charles Martial, der Kirchenhistoriker der frühen Christenheit, erzählte die Geschichte jener furchtbaren Nacht, als der Fluss Scirtus plötzlich anschwoll und den unteren Teil der Stadt Edessa zerstörte. Er sprach im Narrativ der humanitären Krise und gab Erinnerungen an sein eigenes Leben in Geschichten wieder: „Ich war überzeugt, dass ich von dieser Reise nicht zurückkehren würde", als er aus Syrien berichtete, oder wenn er in Algerien „einen unserer wunderschönen Frühlingsabende" erlebte, den er an der Stelle genoss, an der später das Waisenhaus entstand. Louise wiederum teilte ihm in ihren Briefen aus der Papiermühle außerhalb Angoulêmes die Geschichten des örtlichen Lebens mit: vom Diözesanarchitekten mit dem ehrenwerten Vater, der einen Mantel anstelle eines Anzugs trug.

Dies ist von Anfang an eine Geschichte der Erzählungen gewesen und zudem an fast jeder Stelle eine Begegnung mit den Neuerungen der modernen Zeiten. Die Place du Mûrier in Angoulême, die in *Illusions perdues* ein Ort von so viel Kummer ist, stand im Mittelpunkt der Leben von Marie Aymards großer Familie. „Ich suche den Namen der Straße, von der aus man zur Place du Mûrier gelangt und in der sich dein Spenglerladen befand", schrieb Balzac 1836 an seinen Freund in Angoulême – auf der Suche nach der Rue de Beaulieu, in der Marie Aymards Enkelin Jeanne ihre alten Tage verbrachte, gemeinsam mit ihrem Ehemann, dem romantisch veranlagten Architekten.[1] Der verschwundene, gepunktete Wasserhund gehörte der Tochter von Laurence Sterne, die ebenfalls in der Rue de Beaulieu (damals Rue des Cordeliers) untergekommen war, im Haus der Tante des Arbeitgebers von Marie Aymards Ehemann. Die einzige intimere Beschreibung eines Mitglieds dieser weitverzweigten Familie in den hier untersuchten zwei Jahrhunderten findet sich in den Erinnerungen der reisenden Schriftstellerin Dora Hort, die Léon Bernard Lavigerie in Tahiti kennengelernt hatte.

Im Abschnitt der Geschichte des 19. Jahrhunderts waren die Leben der realen Allemand Lavigeries und der Ferrands ein Abbild der fiktiven Leben aus Zolas Romanen über das Second Empire. Der Romanautor „tendiert dazu, das Erdachte im Realen zu verbergen", schrieb Zola über Balzac und über den „naturalistischen Roman, den Roman der Beobachtung und Analyse".[2] Das Reale in dieser Geschichte besaß Ähnlichkeit mit dem Fiktiven. Die Enkel und Urenkel von Marie Aymard brachen, wie die Kinder der Matriarchin in *La Fortune des Rougon* (dt. *Das Glück der Familie Rougon*), aus einer isolierten Provinzstadt auf, um in den unterschiedlichsten Ecken Frankreichs ihr Glück zu suchen. Zwei ihrer Urenkel, Scipion und Camille Allemand Lavigerie, erfanden sich im Nachgang zur Revolution von 1848 selbst neu als Bankiers, genau wie die Protagonisten in *La curée* (dt. *Die Beute*) und *L'argent* (dt. *Das Geld*). Camilles Tochter lebte in einem Haus in der Nähe der Pariser Oper und heiratete in die Familie von Baron Haussmann ein. Ihre Cousine dritten Grades war eine verarmte Näherin – ähnelte darin der Protagonistin in *L'assommoir* (dt. *Der Totschläger*) – und lebte in der Rue Myrha in Montmartre. Dem Finanzskandal in *L'argent* gehen neue Investmentgelegenheiten in Syrien und dem Libanon voraus; ihm folgt die humanitäre Krise der 1860er-Jahre. Louise Kiener und Charles Martial Allemand Lavigerie wurden bei ihren Besuchen in Paris von der Ausbreitung der Kaufhäuser abgelenkt; darin ähneln sie den Figuren aus *Au bonheur des dames* (dt. *Das Paradies der Damen*); Charles Martial schimpfte 1885 über den „Rationalismus" und „Naturalismus" – dies war das Jahr, in dem *Germinal* erschien.

Die Geschichte der Allemands und der Ferrands war eine Reihe von Erzählungen beziehungsweise Episoden des Alltagslebens, und sie ist in diesem Sinne inspiriert von der „Ideenliteratur" von Sterne und Diderot (die in *Illusions perdues* der „Bilderliteratur" des „modernen Romans" des 19. Jahrhunderts oder dem historischen Roman eines Sir Walter Scott entgegengestellt wurde).[3] Sie ist zudem eine Begegnung mit dem Naturalismus des Romans im (späten) 19. Jahrhundert, dessen „wahre Vorgänger", so Zola, die Romanciers des 18. Jahrhunderts waren: ein „genaues Studium der Dinge und Tatsachen", eine Zusammenstellung der Umstände oder ein „Positivismus der Kunst". Für Zola war der Naturalismus in der Geschichte die „durchdachte Untersuchung von Tatsachen und Menschen, die Erforschung der Quellen, das Wiedererwachen der Gesellschaften und ihrer Umgebungen". Naturalismus im Roman war „die fortwährende Zusammenstellung von menschlichen Dokumenten".[4]

Doch Geschichte, oder diese Geschichte, ist das Gegenteil des Romans. Denn hier ist nichts anderes zu tun, als die Gegebenheiten zusammenzustellen. Die Erzählungen sind exakt, nichts mehr. Es gibt keine Schöpfung: keine „ganze Welt" oder „vollständige Gesellschaft", die sich von der Welt erhebt, um bei Zolas Beschreibung von Balzacs *Comédie humaine* (dt. *Die menschliche Komödie*) zu bleiben. Es gibt keine Mise en Scène im Sinne der Beschreibung der Romanreihe, die Zola dem Romancier Sandoz in *L'œuvre* zuschreibt: „Ich werde mir eine Familie herausgreifen, und ich werde ihre Mitglieder studieren, eines nach dem anderen, woher sie kommen, wohin sie gehen, wie sie aufeinander reagieren … Ich werde meine Menschen in eine bestimmte historische Periode setzen, was mir das Milieu und die Umstände geben wird, ein Stück Geschichte."[5]

Es gibt nicht einmal Persönlichkeiten in der Geschichte, im Sinne von individuellen Männern, Frauen oder Kindern oder ihrer persönlichen „Verzweiflungen und Hoffnungen".[6] Wir wissen nicht, wie sie waren, und fast nichts darüber, wie sie aussahen. Die Familienmitglieder in Zolas Romanen sind durch eine seltsame medizinisch-psychologische Krankheit miteinander verbunden, doch in dieser Geschichte hier findet sich nichts über die Krankheiten der Allemand Lavigeries und Ferrands – sieht man einmal von Louises Rheuma („Endlich fühle ich mich ein wenig besser") und Charles Martials Verdauungsproblemen ab. Jean-Baptiste, seine Tochter und seine Enkel litten alle unter „schlechten Augen". Die Allemand Lavigeries waren schön oder zumindest einige von ihnen waren schön; sie waren tyrannisch, zumindest laut der kursorischen Beschreibung von Charles Martials Biografen: Mehr gibt es nicht.

Die Geschichte der Allemand Lavigeries und der Ferrands ist auch mit der Möglichkeit des Unerwarteten gefüllt. Sie ist eine positivistische Geschichte in dem Sinne, dass alles wahr ist – oder sich zumindest in Verbindung mit der „Forschung an den Quellen" bringen lässt –, auch in dem Sinne, dass alles falsifizierbar ist. Das Buch beginnt mit einer wahren Aussage – „es erzählt eine Geschichte – oder besser: 98 Geschichten" – und endet mit einer Aussage über die Wahrheit: „Alles ist wahr." So endet diese Untersuchung gezwungenermaßen mit dem Zählen der Geschichten (wobei: Was ist eine Geschichte und was ist nur Teil einer Geschichte?) und der Durchsicht der Quellen (den Fußnoten). Einige der Quellen sind verlässlicher als andere; einige der fehlenden Personen sind für die Geschichte wichtiger als andere.

Es mag sein, dass die fehlenden Brüder und Schwestern eines Tages auf den Webseiten der Familiengeschichte auftauchen werden, welche sich im Laufe der Zeit (und in der mangelhaften Unendlichkeit der wiederholten Suche) immer wieder verändert. Louise Kiener zerstörte 1906 in ihrem Haus die ererbten Familienunterlagen. Die Familienunterlagen ihrer Großtanten sind, sofern es sie überhaupt gab, nicht mehr auffindbar (oder ich war nicht in der Lage, sie zu finden). Als Jeanne *ainée* 91-jährig 1860 in Angoulême starb, war von ihren zwölf Brüdern und Schwestern, den Kindern des Paares, das 1764 den Ehevertrag schloss, nur noch Louise Mélanie am Leben; als Louise Mélanie 1865 starb, war sie weit von Zuhause entfernt, nämlich unterwegs zu einem Besuch bei ihren Cousins im Departement Sarthe. Der Protagonistin des letzten großen Romans von Zolas beeindruckender Reihe gelingt es am Ende, wichtige Unterlagen ihrer großen Familie, die wissenschaftlichen Akten des Doktor Pascal, zu vernichten.[7] Dabei es ist denkbar, dass die Enkelinnen von Marie Aymard ihre eigenen Unterlagen in Kisten oder Truhen verwahrt haben und die

Unterlagen noch nicht zerstört sind; dass wir eines Tages in der Lage sein werden, herauszufinden, was mit den Cousins geschah, die spurlos aus dieser Familiengeschichte verschwunden sind; und dass dies dann eine ganz andere Art von Geschichte wäre.

Unendliche Möglichkeiten

Am Ende ist dies eine Geschichte auf Grundlage kleinster Details und Indizien mit einer unendlichen Menge möglicher Beweise. Es ist eine „abgeflachte" Geschichte, um den Ausdruck einer Figur in Zolas *L'œuvre* zu verwenden. Es tauchen immer mehr Ereignisse, immer mehr Episoden, immer mehr Gegebenheiten auf. Das Mikro ist mit dem Meso verbunden und das Meso mit dem Makro, und zwar durch die Verbindungen all der Individuen. Die faktischen Gegebenheiten konstituieren die historische Erzählung. Die Erzählung begann mit der Informationsgesellschaft von Marie Aymard und wurde zu einer Untersuchung über die vielfältigen Informationsquellen von Hunderten anderer Menschen, sogar weit bis ins Landesinnere Frankreichs hinein. Sie hob an als eine Erzählung aus der unmittelbaren Nachbarschaft – im sozialen Raum der Netzwerke, dem Nachbarschaftsraum im Stadtzentrum von Angoulême und den Generationen einer Familiengeschichte – und wurde zu einer politischen Geschichte, von unten betrachtet. Es ist eine Erzählung der langen Französischen Revolution, aber nicht aus der Perspektive der Revolution, sondern aus der von zwanzig oder dreißig Individuen, alle über die kleine Stadt Angoulême miteinander verknüpft, in der diese Menschen während der revolutionären Jahre lebten.

Die Geschichte auf Grundlage kleinster Details und Indizien wurde zudem zu einer Geschichte der neuen ökonomischen Zeiten des 19. Jahrhunderts. Sie bildet keine Wirtschaftsgeschichte, sondern ist eine der Wirtschaftsleben von Marie Aymards Enkelkindern und der unmodernen Industrien, in denen sie ihren Unterhalt verdienten. Indem wir ihren idiosynkratischen Wegen folgten, wurde sie zu einer Reihe von Mikrogeschichten über die öffentliche Verwaltung, das Militär, die Banken und die Kirche. Dies waren alles Industrien, in denen sich die Grenzen der Wirtschaft im Verlaufe der Zeit verschoben und in denen der Markt nur schwer vom Staat zu unterscheiden war, das „Nationale" vom „Internationalen", das Eigeninteresse des Wirtschaftslebens von der Norm der öffentlichen Gesellschaft. Die Wirtschaftsleben der Allemand Lavigeries und der Ferrands ergaben Szenen der sichtbaren, sofortigen Ungleichheit. Nur ein einziger von Marie Aymards Nachkommen hatte Erfolg und entwickelte sich zum Visionär der modernen, multinationalen Wirtschaft – Charles Martial Allemand Lavigerie.

Der Einfluss aus Übersee war überall zu spüren. Marie Aymard zeigte sich informiert (oder fehlinformiert) über Ereignisse von jenseits der Landesgrenzen, genau wie ihre Bekannten und Nachbarn. Sie wusste zum Beispiel, wie viel man Sklaven auf der Insel Grenada pro Tag bezahlte, und das Thema Sklaverei war vom Anfang bis zum Ende dieser Geschichte über das Leben in der Provinz unterschwellig präsent. Da gab es den Arbeitgeber ihres Mannes, dem fünfzig Sklaven gehörten; der angeheiratete Cousin ihrer Tochter mit seiner flüchtigen, schwangeren Sklavin, die Französisch und Spanisch sprach; ihr Sohn, der Uhrmacher, mit seinen Erinnerungen an seinen früheren Reichtum, „mit fünfzehn Sklaven", und dessen Tochter und Enkelin mit ihren Ansprüchen auf Unterstützung zwischen 1814 und 1873.

Da war Louis Félix, „Kommissar des Direktoriums der Stadtverwaltung" in Angoulême, der 1765 in Saint-Domingue als Sklave geboren worden war. Da war Marie Aymards Enkel Martial Allemand Lavigerie, der eine Entschädigung für einen Anteil an einer Kakao-Plantage forderte. Da war Martials Enkelin, die in eine Dynastie aus Sklavenhändlern in Bordeaux einheiratete. Da war Paul Abadie, der Maria Alida Camia, als Sklavin in Guadeloupe zur Welt gekommen, ehelichte. Da war der Ururenkel, der seine Doktorarbeit über die Sklaverei im römischen Recht schrieb, und da war Charles Martial, der womöglich (oder auch nicht) über die Geschichte seiner Familie in Grenada und Saint-Domingue Bescheid wusste und zu seiner Zeit der bekannteste Gegner der Sklaverei gewesen sein dürfte.

Das waren insgesamt ziemlich lange Erzählungen. Aber es gibt immer noch weitere, die noch zu erzählen, und weitere Individuen, die noch zu entdecken sind. Dies ist keine Weltkarte so groß wie die Welt und keine Geschichte so lange wie die Geschichte. Es ist vor allem eine Erzählung über die unendlichen Möglichkeiten der Geschichte, selbst einer flachen, positivistischen Geschichte. Martial Allemand Lavigerie, der, was die Generationen der Familiengeschichte betrifft, genau in der Mitte zwischen Marie Aymard und Louise Lavigerie Kiener stand, beschwor 1826 in Bayonne die Wahrheit, um von der Republik Haiti eine Entschädigung für die Plantage seiner verstorbenen Frau zu fordern. Er beschwor 1829 im *Courrier de Bayonne* die Wahrhaftigkeit als „unabkömmlich in den Zeiten, in denen wir leben": „Es ist nichts zu verkünden als die Wahrheit."

DANK

Ich bin den Mitarbeiterinnen und Mitarbeitern der *Archives municipales d'Angoulême* zu großem Dank verpflichtet, insbesondere Florent Gaillard, Stine Krause und Catherine Portelli; unter ihren Kollegen bei den *Archives départementales de la Charente* gebührt mein Dank vor allem Dominique Guirignon und Jean-Philippe Pichardie. Ferner danke ich dem Team der *Archives de la Société des Missionaires d'Afrique* in der Via Aurelia in Rom, David Richard von den *Archives diocésaines*, dem Kuratorenteam des *Musée d'Angoulême*, den Mitarbeitern der *Archives nationales de France* in Paris und in Pierrefitte-sur-Seine sowie jenen der *Archives nationales d'outre-mer* in Aix-en-Provence. Ich danke Fabrice Reuzé von den *Archives de la Banque de France*, den Mitarbeitern der *Archives de Paris*, der *Bibliothèque nationale* sowie der *Bibliothèque historique de la Ville de Paris*, ferner den Mitarbeitern der britischen *National Archives* in Kew und der *British Library* in London. Mein herzlicher Dank gebührt auch der *Mairie d'Angoulême* für ihre freundliche Einladung, die Geschichte Marie Aymards im Rathaus von Angoulême zu präsentieren.

Victoria Gray, Ian Kumekawa, David Todd, Francesca Trivellato und Mary-Rose Cheadle haben das Manuskript gelesen; für ihre Anmerkungen und für zahlreiche Gespräche während meiner langen Reise bin ich unendlich dankbar.

Auch Gespräche mit anderen Personen haben in diesem Buch ihren Niederschlag gefunden, vor allem mit Amartya Sen, aber auch mit Indrani Sen, Sunil Amrith, Armando Antinori, Bernard Bailyn, Keith Baker, Abhijit Banerjee, Shane Bobrycki, Niko Bowie, Sidney Chalhoub, Arun Chandrasekhar, Robert Darnton, Rohit De, Tracy Dennison, Rowan Dorin, Esther Duflo, Dan Edelstein, Iris Goldsmith, Ben Golub, Tim Harper, Hendrik Hartog, Lynn Hunt, Penny Janeway, Maya Jasanoff, Mary Kaldor, Diana Kim, Claire Lemercier, Noah Millstone, Renaud Morieux, Julian Perry Robinson, Tatiana Petruzelli, Gilles Postel-Vinay, Amy Price, Jacques Revel, Carol Richards, Daniel Roche, Paul-André Rosental, Eric de Rothschild, Rebecca Scott, Gareth Stedman Jones, Julia Stephens, Barry

Supple, Melissa Teixeira, Brandon Terry, Fei-Hsien Wang, Paul Warde, Tony Wrigley und Alexia Yates.

Das Projekt „Visualizing Historical Networks" hat 2012 am *Joint Center for History and Economics* der Harvard University seinen Ausgang genommen, und seit dieser Zeit haben Ian Kumekawa, Amy Price und ich mit Madeleine Schwartz, Jessica Crown, Paul Talma, Fanny Louvier, Nicolas Todd, Ye Seul Byeon, Lux Zhao und Oliver Riskin-Kutz zusammengearbeitet.

Mary-Rose Cheadle und Hannah Weaver haben mir außergewöhnlich hilfreiches Feedback zu meinem Manuskript gegeben. Emily Gauthier, Jennifer Nickerson, Mary-Rose Cheadle, Inga Huld Markan und Amy Price haben am *Joint Center for History and Economics* eine anregende Arbeitsumgebung geschaffen, und dasselbe gilt für Asha Patel und Noala Skinner, mit denen ich 1995 zum ersten Mal nach Angoulême gereist bin.

Von Anbeginn dieses Projekts war Brigitta van Rheinberg eine wundervolle Lektorin; Lauren Lepow bin ich zutiefst dankbar für ihre aufmerksame Bearbeitung meines Textes.

Geschrieben wurde dieses Buch in Palo Alto, Cambridge (England), Angoulême, Santineketan, Cambridge (Massachusetts), Sabaudia und Rom. Mein größter Dank gilt allen, die mir an diesen Orten und auf den Wegen dazwischen mit Freundschaft und Güte zur Seite gestanden haben.

ANHANG

Louis Ferrand
(1706–1758?)

Gabriel
Ferrand
(1738–1816)
∞ Marie Adelaide
Devuailly (1763)

Françoise
Ferrand
(1740–1805)
∞ Etienne Allemand
Lavigerie (1764)

François
Ferrand
(1742–>1766)

Marie
Allemand
(1765–?)

Martial
Allemand (1767–1856)
∞ 1 Louise Vaslin (1790)
∞ 2 Bonnite Raymond
St. Germaine (1801)

Jeanne
Allemand
(1768–1860)

Pierre
Allemand
Lavigerie
(1769–1834)
∞ Adelaide
Maslin (1796)

Jeanne
Allemand
(1770–1838)

Gabriel
Ferrand
(1764–1816)
∞ Florence
Borgnet (1796)

Etienne
Ferrand
(1766–>1794)
∞ Marie Chausse
Lunesse (1794)

Jean
Ferrand
(1766–?)

Jean François
Ferrand
(1768–?)

Joseph Marie
Ferrand
(1770–1793)

Pierre Alexandre
Ferrand (1775–1841)
∞ Auguste Siva
de Villeneuve Solard
(?)

Vincent Gabriel
Ferrand
(1796–1825)
∞ Susanne
Coureaux
(1821)

Stéphanie
Ferrand
(1799–1870)
∞ Jean
Dinochau
(1820)

Elisabeth
Allemand
Lavigerie
(1791–1838)

Léon-Philippe
Allemand
Lavigerie
(1795–1860)
∞ Louise
Latrilhe (1824)

Adelaide
Lavigerie
(1803–1839)

Pierre Jules
Edouard
Lavigerie
(1806–1851)
∞ Eugénie
Cassan (1838)

Pierre Lucien
Eugene Ferrand
(1823–1881)
∞ Eugénie
Clémentine
Lormeau (1852)

Charles
Martial
Allemand
Lavigerie
(1825–1892)

Pierre Félix
Lavigerie
(1828–1882)

Louise
Lavigerie
(1832–1906)
∞ Charles
Gabriel Kiener
(1855)

Léon Bernard
Lavigerie
(1837–1871)
∞ Amélie
Chesse (1860)

Mélanie
Dinochau
(1822–1893)
∞ Eugène
Célestin Rabier
(1842)

Edouard
Dinochau
(1823–1871)

Alfred Charles
Dinochau
(1827–1901)

Joseph Victor
Lavigerie
(1839–?)

1. Generation
2. Generation
3. Generation
4. Generation
5. Generation

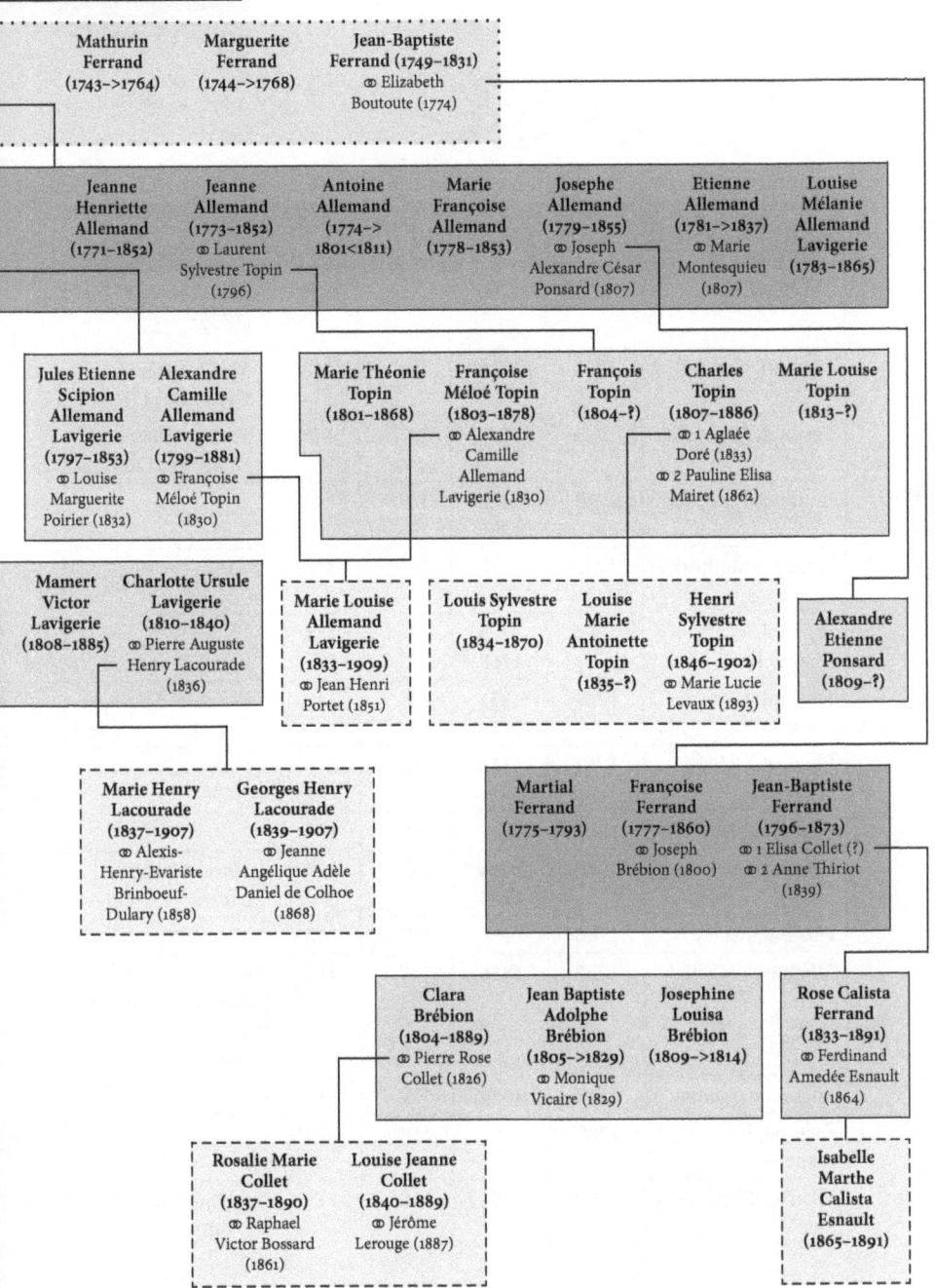

Marie Aymard
(1713–1790)

Mathurin Ferrand (1743->1764)

Marguerite Ferrand (1744->1768)

Jean-Baptiste Ferrand (1749–1831) ∞ Elizabeth Boutoute (1774)

Jeanne Henriette Allemand (1771–1852)

Jeanne Allemand (1773–1852) ∞ Laurent Sylvestre Topin (1796)

Antoine Allemand (1774-> 1801<1811)

Marie Françoise Allemand (1778–1853)

Josephe Allemand (1779–1855) ∞ Joseph Alexandre César Ponsard (1807)

Etienne Allemand (1781->1837) ∞ Marie Montesquieu (1807)

Louise Mélanie Allemand Lavigerie (1783–1865)

Jules Etienne Scipion Allemand Lavigerie (1797–1853) ∞ Louise Marguerite Poirier (1832)

Alexandre Camille Allemand Lavigerie (1799–1881) ∞ Françoise Méloé Topin (1830)

Marie Théonie Topin (1801–1868)

Françoise Méloé Topin (1803–1878) ∞ Alexandre Camille Allemand Lavigerie (1830)

François Topin (1804–?)

Charles Topin (1807–1886) ∞ 1 Aglaée Doré (1833) ∞ 2 Pauline Elisa Mairet (1862)

Marie Louise Topin (1813–?)

Mamert Victor Lavigerie (1808–1885)

Charlotte Ursule Lavigerie (1810–1840) ∞ Pierre Auguste Henry Lacourade (1836)

Marie Louise Allemand Lavigerie (1833–1909) ∞ Jean Henri Portet (1851)

Louis Sylvestre Topin (1834–1870)

Louise Marie Antoinette Topin (1835–?)

Henri Sylvestre Topin (1846–1902) ∞ Marie Lucie Levaux (1893)

Alexandre Etienne Ponsard (1809–?)

Marie Henry Lacourade (1837–1907) ∞ Alexis-Henry-Evariste Brinboeuf-Dulary (1858)

Georges Henry Lacourade (1839–1907) ∞ Jeanne Angélique Adèle Daniel de Colhoe (1868)

Martial Ferrand (1775–1793)

Françoise Ferrand (1777–1860) ∞ Joseph Brébion (1800)

Jean-Baptiste Ferrand (1796–1873) ∞ 1 Elisa Collet (?) ∞ 2 Anne Thiriot (1839)

Clara Brébion (1804–1889) ∞ Pierre Rose Collet (1826)

Jean Baptiste Adolphe Brébion (1805->1829) ∞ Monique Vicaire (1829)

Josephine Louisa Brébion (1809->1814)

Rose Calista Ferrand (1833–1891) ∞ Ferdinand Amedée Esnault (1864)

Rosalie Marie Collet (1837–1890) ∞ Raphael Victor Bossard (1861)

Louise Jeanne Collet (1840–1889) ∞ Jérôme Lerouge (1887)

Isabelle Marthe Calista Esnault (1865–1891)

MARIE AYMARD,
IHRE KINDER UND ENKEL

Name	gebo-ren	gestor-ben	Vater	Mutter	verheiratet mit
Marie Aymard	1713	1790			*Louis Ferrand (1735)*
Ferrand, Gabriel	1738	1816	LF	MA	*Marie Adelaide Devuailly (1763)*
Ferrand, Françoise	1740	1805	LF	MA	*Etienne Allemand Lavigerie (1764)*
Ferrand, François	1742	nach 1766	LF	MA	
Ferrand, Mathurin	1743	nach 1764	LF	MA	
Ferrand, Marguerite	1744	nach 1768	LF	MA	
Ferrand, Jean-Baptiste	1749	1831	LF	MA	*Elizabeth Boutoute (1774)*
Ferrand, Gabriel	1764	1816	GF	MAV	*Florence Borgnet (1796)*
Allemand, Marie	1765	?	EA	FF	
Ferrand, Etienne	1766	nach 1794	GF	MAV	*Marie Chausse Lunesse (1794)*
Ferrand, Jean	1766	?	GF	MAV	
Allemand, Martial	1767	1856	EA	FF	*Louise Vaslin/ Bonnite Raymond Saint-Germain (1790/1801)*
Allemand, Jeanne	1768	1860	EA	FF	
Ferrand, Jean François	1768	?	GF	MAV	
Allemand Lavigerie, Pierre	1769	1834	EA	FF	*Adelaide Maslin (1796)*

Name	geboren	gestorben	Vater	Mutter	verheiratet mit
Allemand, Jeanne	1770	1838	EA	FF	
Ferrand, Joseph Marie	1770	1793	GF	MAV	
Allemand, Jeanne Henriette	1771	1852	EA	FF	
Allemand, Jeanne	1773	1852	EA	FF	*Laurent Sylvestre Topin* (1801)
Allemand, Antoine	1774	nach 1801, vor 1811	EA	FF	
Ferrand, Martial	1775	1793	JBF	EB	
Ferrand, Pierre Alexandre	1775	1841	GF	MAV	*Auguste Siva de Villeneuve Solard* (?)
Ferrand, Françoise	1777	1860	JBF	EB	*Joseph Brébion* (1800)
Allemand, Marie Françoise	1778	1853	EA	FF	
Allemand, Josephe	1779	1855	EA	FF	*Joseph Alexandre César Ponsard* (1807)
Allemand, Etienne	1781	nach 1837	EA	FF	*Marie Montesquieu* (1807)
Allemand Lavigerie, Louise Mélanie	1783	1865	EA	FF	
Allemand Lavigerie, Elisabeth	1791	1838	MAL	LV	
Allemand Lavigerie, Léon-Philippe	1795	1860	MAL	LV	*Louise Latrilhe* (1824)
Ferrand, Jean-Baptiste	1796	1873	JBF	EB	*Elisa Collet/Anne Thiriot* (?/1839)
Ferrand, Vincent Gabriel	1796	1825	GF	FB	*Susanne Coureaux* (1821)
Allemand Lavigerie, Jules Etienne Scipion	1797	1853	PA	AM	*Louise Marguerite Poirier* (1832)

Name	geboren	gestorben	Vater	Mutter	verheiratet mit
Allemand Lavigerie, Alexandre Camille	1799	1881	PA	AM	*Françoise Méloé Topin* (1830)
Ferrand, Stéphanie	1799	1870	GF	FB	*Jean Dinochau* (1820)
Topin, Marie Théonie	1801	1868	LST	JA	
Lavigerie, Adelaide	1803	1839	MAL	BR	
Topin, Françoise Méloé	1803	1878	LST	JA	*Alexandre Camille Allemand Lavigerie* (1830)
Brébion, Clara	1804	1889	JB	FF	*Pierre Rose Collet* (1826)
Topin, François	1804	?	LST	JA	
Brébion, Jean Baptiste Adolphe	1805	nach 1829	JB	FF	*Monique Vicaire* (1829)
Lavigerie, Pierre Jules Edouard	1806	1851	MAL	BR	*Eugénie Cassan* (1838)
Topin, Charles	1807	1886	LST	JA	*Aglaée Doré/ Pauline Elisa Mairet* (1833/1862)
Lavigerie, Mamert Victor	1808	1885	MAL	BR	
Ponsard, Alexandre Etienne	1809	?	JACP	JA	
Brébion, Josephine Louisa	1809	nach 1814	JB	FF	
Lavigerie, Charlotte Ursule	1810	1840	MAL	BR	*Pierre Auguste Henry Lacourade* (1836)
Topin, Marie Louise	1813	?	LST	JA	
Dinochau, Mélanie	1822	1893	JD	SF	*Eugène Célestin Rabier* (1842)
Ferrand, Pierre Lucien Eugene	1823	1881	VGF	SC	*Eugénie Clémentine Lormeau* (1852)

Name	geboren	gestorben	Vater	Mutter	verheiratet mit
Dinochau, Edouard	1823	1871	JD	SF	
Lavigerie, Charles Martial Allemand	1825	1892	LPAL	LL	
Dinochau, Alfred Charles	1827	1901	JD	SF	
Lavigerie, Pierre Félix	1828	1882	LPAL	LL	
Lavigerie, Louise	1832	1906	LPAL	LL	*Charles Gabriel Kiener* (1855)
Allemand Lavigerie, Marie Louise	1833	1909	ACAL	FMT	*Jean Henri Portet* (1851)
Ferrand, Rose Calista	1833	1891	JBF	EC	*Ferdinand Amedée Esnault* (1864)
Topin, Louis Sylvestre	1834	1870	CT	AD	
Topin, Louise Marie Antoinette	1835	?	CT	AD	
Collet, Rosalie Marie	1837	1890	PRC	CB	*Raphael Victor Bossard* (1861)
Henry Lacouade, Marie	1837	1907	PAHL	CUL	*Alexis-Henry-Evariste Brinbœuf-Dulary* (1858)
Lavigerie, Léon Bernard	1837	1871	LPAL	LL	*Amélie Chesse* (1860)
Henry Lacouade, Georges	1839	1907	PAHL	CUL	*Jeanne Angélique Adèle Daniel de Colhoe* (1868)
Lavigerie, Joseph Victor	1839	?	PJEL	EC	
Collet, Louise Jeanne	1840	1889	PRC	CB	*Jérôme Lerouge* (1887)
Topin, Henri Sylvestre	1846	1902	CST	AD	*Marie Lucie Levaux* (1893)
Esnault, Isabelle Marthe Calista	1865	1891	FAE	RCF	

DIE 83 SIGNATARE

Albert war *Michel Albert.* Er wurde 1732 in der Pfarrei Saint-Ausone in Angoulême geboren und war ein Sohn von *M. Albert.* Er war ein Hutmacher. Er heiratete 1751 *Marie Tilhard.* Archives municipales d'Angoulême [im Folgenden AM-A], GG59/41, GG61/9.

M. Albert war *Michel Albert,* der Vater des jüngeren *Michel Albert.* Er war ebenfalls Hutmacher. Er wurde um 1704 geboren und starb 1768. Er war mit Françoise Bellet verheiratet, einer Cousine von Marie Aymards Mutter. Er wohnte in der Isle Saint-Pierre/Quartier des Bacheliers. AM-A, GG59/34, GG61/132; CC42/3/3, CC62/ 49/1909.

Etienne Allemand war der Bräutigam. Er wurde 1740 in der Pfarrei Saint-Antonin in Angoulême geboren und starb 1821. Er war Lehrer. Er heiratete 1765 *Françoise Ferrand* und war ein Sohn von *Marc Allemand.* AM-A, GG53/12, GG14/36, 1E63/64.

Allemand Père war *Marc Allemand.* Er wurde 1698 in der Pfarrei Saint-Paul in Angoulême geboren und starb 1781. Er war der Vater von *Etienne Allemand* und *Marie Allemand.* Er war Schneider. Er war mit Elisabeth Lecler verheiratet, die 1731 starb, danach mit Marie Giraud, die 1745 starb. Er wohnte in der Isle Chabrefy/Cloche Verte. AM-A, GG88/79, GG39/158, GG73/50, GG53/45, GG14/61; CC42/1/11, CC62/9/328.

Marie Allemand war eine Halbschwester von *Etienne Allemand* und eine Tochter von *Marc Allemand.* Sie wurde 1730 in der Pfarrei Saint-André in Angoulême geboren und starb 1797. Sie blieb unverheiratet. AM-A, GG39/133, 1E12/67.

Marguerite Barathe war die Stiefgroßmutter von *Etienne Allemand.* Sie wurde 1699 in der Pfarrei Saint-Jean in Angoulême geboren und starb 1766. Ihr Vater war Schneider. Sie heiratete 1721 *Jean Giraud.* AM-A, GG72/128–129, GG72/223, GG9/9.

Marie Bonnard wurde 1743 in der Pfarrei Saint-André in Angoulême geboren und starb 1770. Ihre Eltern betrieben eine Bäckerei. Sie heiratete 1756, im Alter von dreizehn Jahren, *Jean Godinaud,* einen Bäcker und Großcousin des Bräutigams. Sie wohnte in der Isle Presbytère Saint-André. AM-A, GG40/139, GG42/63, GG45/5; CC42/1/23, CC62/20/767.

Catherine Bonvallet wurde 1710 in der Pfarrei Saint-Paul in Angoulême geboren und starb 1781. Sie führte einen Tabakladen. Sie war die Witwe von Martial Hay und eine Nachbarin von *Gabriel Ferrand*. AM-A, GG88/119, GG90/123; CC42/2/12.

A-M Bouhier war *Anne-Marguerite Bouhier*. Sie wurde 1702 in der Pfarrei Saint-Antonin in Angoulême geboren und war eine Schwester von *Catherine Bouhier* und eine Tante von *Marguerite Faveraud*. Ihr Vater war ein Kommissar der Polizei von Angoulême. Sie war eine Nachbarin von *Marc Allemand*. AM-A, GG52/62; CC42/1/11; CC62/9/330.

Catherine Bouhier war eine Schwester von *Anne-Marguerite Bouhier*. Sie wurde 1717 in der Pfarrei Saint-Antonin in Angoulême geboren und starb 1795 in La Rochefoucauld. Sie war mit Jean Joseph Faveraud verheiratet, einem Kaufmann aus La Rochefoucauld, und war die Mutter von *Marguerite Faveraud*. AM-A, GG52/109, GG53/16; AD Charente, La Rochefoucauld, 1793–1794, 3E304/10, 212/224.

Elizabeth Bourdage wurde 1705 in der Pfarrei Saint-André in Angoulême geboren und starb 1785. Sie war verheiratet mit Jean Tabourin, genannt Charas, der zum Zeitpunkt ihrer Heirat als Schuhmacher und später als Tuchhändler tätig war. Sie war die Mutter von *Catherine Charas, Marie Charas* und *Anne Tabourin*. Sie war eine unmittelbare Nachbarin von *Marc Allemand* in der Isle Chabrefy/Cloche Verte. AM-A, GG38/27, GG39/25, GG55/43; CC42/1/11, CC62/9/327.

Philippe Briand war ein Schüler. Er unterzeichnete auch den Heiratsvermerk für *Etienne Allemand* und *Françoise Ferrand* sowie den Taufvermerk für einen Sohn von *Gabriel Ferrand* und *Marie Adelaide Devuailly*. AM-A, GG14/36.

Brillet war *Marie Brillet*. Sie wohnte in der Isle du Maître Ecole. AM-A, GG42/2/9, GG62/30/1166. [niedrige Konfidenz: eher unsichere Vermutung]

Brillet war *Jean-Baptiste Brillet*. Er wurde um 1717 in Compiègne geboren und starb 1799 in Angoulême. Er war der Steuereinnehmer der *aides*. Er heiratete 1751 *Elisabeth Yver Brillet*. Er wohnte in der Isle de la Grande Maison des Carmélites. AM-A, GG54/3; AD Charente, Angoulême, 1798–1799, 3E16/67, 89/176; AM-A, CC42/1/7, CC62/6/219.

Yver Brillet war *Elisabeth Yver Brillet*. Sie wurde in der Pfarrei Saint-Paul in Angoulême geboren im Jahr 1707 und starb 1780. Ihr Vater war Uhrmacher. Sie heiratete 1751 *Jean-Baptiste Brillet*. Sie wohnte in der Isle de la Grande Maison des Carmélites. AM-A, GG88/112, GG54/3, GG90/117; CC42/1/7, CC62/6/219.

Catherine Chabot wurde 1724 in der Pfarrei Notre-Dame-de-Beaulieu in Angoulême geboren und starb 1803. Sie war Ladenbesitzerin und wohnte in der Isle des Carmélites. Sie war eine Schwester von *Jeanne Chabot*. AM-A, GG7/120, 1E34/96; CC42/2/4, CC62/25/950.

Jeanne Chabot wurde 1725 in der Pfarrei Notre-Dame-de-Beaulieu in Angoulême geboren und starb 1800. Sie war eine Ladenbesitzerin, die Kochfett und Geschirr verkaufte, und wohnte in der Isle des Carmélites. Sie war eine Schwester von *Jeanne Chabot*. Sie heiratete 1756 *Jean Yrvoix*, einen Großcousin des Bräutigams. AM-A, GG7/125, GG8/114, 1E21/181; CC42/2/4, CC62/25/950.

Chatherine Charas war *Catherine Tabourin*, genannt *Charas*. Sie wurde 1743 in der Pfarrei Saint-Antonin in Angoulême geboren und starb 1801. Sie war eine Nachbarin von *Marc Allemand*. Sie war eine Tochter von *Elizabeth Bourdage* und Jean Tabourin und eine Schwester von *Marie Charas* und *Anne Tabourin*. Sie heiratete 1777 den Wundarzt Barthélemy Rullier. AM-A, GG53/32, GG55/19, 1E24/144; CC42/1/11, CC62/9/327.

Marie Charas war *Marie Tabourin*, genannt *Charas*. Sie wurde 1737 in der Pfarrei Saint-Antonin in Angoulême geboren und starb 1812. Sie war eine Nachbarin von *Marc Allemand*. Sie war eine Tochter von *Elizabeth Bourdage* und Jean Tabourin und eine Schwester von *Catherine Charas* und *Anne Tabourin*. Sie heiratete 1772 den Uhrmacher François Nadaud. AM-A, GG52/184, GG54/72; CC42/1/11, CC62/ 9/327; AD Charente, Roullet Saint-Estèphe, 1802–1812, 3E311/5, 310/323.

Marie Anne Josephe Geneviève Chaumont, verwitwete *Gautier*, wurde 1732 in der Pfarrei Notre-Dame-de-Beaulieu in Angoulême geboren und starb 1805 in Gurat im Departement Charente. Sie war eine unmittelbare Nachbarin von *Gabriel Ferrand* in der Isle de Marvaud/Place du Collège. Sie heiratete 1747 Jean Gautier, einen Anwalt. AM-A, GG7/166, GG41/52; AD Charente, Gurat, 1802–1812, 3E171/5, 51/190; AM-A, CC42/2/11, CC62/32/1233.

Marie Claude war eine Cousine des Bräutigams. *Marc Allemand* war ihr Onkel und *Daufinete* ihr Bruder. Sie wurde 1745 in der Pfarrei Saint-André in Angoulême geboren und starb 1814. Sie blieb unverheiratet. Ihr Vater war Schneider. AM-A, GG41/7, 1E50/77.

St. Mexant De Crevecoeur war François St. Mexant De Crevecoeur Boisnier. Er wurde um 1752 in Aigreim im Departement Charente geboren und starb ebenda im Jahr 1839. Er war mit Augustine Chedaneau verheiratet und war als Steuereintreiber in Aigre und in Civray im Departement Vienne tätig. AD Charente, Aigre, 1763–1792, 3E5/1, 63/322, 1828–1842, 3E5/5, 260/341; AD Vienne, Civray, 1780–1782, 9E92/3, 29/102.

Daufinete war *Pierre Claude*. Er war ein Cousin des Bräutigams. *Marc Allemand* war sein Onkel und *Marie Claude* seine Schwester. Er wurde 1743 in der Pfarrei Saint-André in Angoulême geboren. Sein Vater war Schneider. AM-A, GG40/114.

Elizabeth Demiere war Näherin. Sie wurde 1725 in der Pfarrei Saint-Martial in Angoulême geboren und starb 1779. Sie war die Tochter eines Schmieds. Sie blieb unverheiratet. Sie wohnte in der „Isle des bouchers près de celle de Genève". AM-A, GG104/6, GG90/111; CC62/12/447.

M. Devuailly Ferrand war *Marie Adelaide Devuailly*. Sie heiratete 1763 *Gabriel Ferrand*. Sie wurde um 1741 geboren und starb 1819 in Angoulême. Sie war eine Schwester von *Dorothée Devuailly* und die Schwägerin von *Françoise Ferrand, Jean-Baptiste Ferrand* und *Gabriel Lemaitre*. AM-A, GG8/143, 1E57/92.

Jean Dumergue war ein Großcousin des Bräutigams. Er wurde 1725 in der Pfarrei Saint-André in Angoulême geboren und starb 1792. Er war Sattler und heiratete 1754 *Marguerite Monnaud*. Sein Bruder François Dumergue lebte als Kaufmann in Saint-Domingue und seine Tochter Marthe war mit Louis Félix verheiratet, der als Sklave in Saint-Domingue zur Welt gekommen war. Jean Dumergue wohnte in der Isle Cheval Blanc/Prieuré de Navarre. AM-A, GG39/54, GG39/186, GG42/24, GG25/25, 1E14/114–115; CC42/1/19, CC62/16/622.

Magdelaine Dumergue heiratete 1728 *Pierre Marchais*, einen Gastwirt und Pastetenbäcker. Sie wohnte in der Isle Cheval Blanc/Prieuré de Navarre. Sie war die Schwägerin von *Jean-Baptiste Marchais de la Chapelle*. AM-A, GG66/28; CC42/1/19, CC62/ 16/622.

Louis Dupard war ein Cousin zweiten Grades des Bräutigams. Er wurde 1729 geboren und starb 1782 in Angoulême. Er war Knopfmacher und war mit der Altkleiderhändlerin Marie Guimard verheiratet. Er war der Schwager von *Guillaume Guimard* und wohnte in der Isle de M. Arnaud/Point du Jour. AM-A, GG41/96, GG42/89, GG46/70; CC42/1/18, GG62/15/587.

Marie Durand heiratete 1752 den Cognac-Händler Jean-Baptiste Marchais. Sie war die Schwiegertochter von *Jean-Baptiste Marchais de la Chapelle* und die Mutter von *Jean-Baptiste Marchais*. AD Charente, Saint-Simon, 1737–1798, 3E387/1 178/298.

Rosse Duriou war *Françoise Rose Duriou*. Sie wurde 1750 in der Pfarrei Saint-André in Angoulême geboren. Sie heiratete 1794 einen Soldaten aus Dijon namens Claude Mathey. AM-A, GG41/124, 1E2/141.

Marguerite Durousot wurde um 1726 in Montbron im Departement Charente geboren und starb 1809 in Angoulême. Sie heiratete 1753 *Jean Joubert*, einen entfernten Cousin des Bräutigams. Sie war die Tochter eines Perückenmachers, und ihr Ehemann war Tuchhändler. Ihre Enkelin (und Patentochter) Marguerite Aubert verkörperte 1793 die Vernunft. Sie wohnte in der Isle de M. Arnaud/Point du Jour. AM-A, GG74/56, 1E42/208; CC42/1/17, CC62/15/557.

Faure war *Jean Faure*. Er wurde um 1690 geboren und starb 1765 in der Pfarrei Saint-André in Angoulême. Er war Musiker. Er heiratete 1718 Anne Allemand und war der Schwager von *Marc Allemand*. Er war der Vater von *Jeanne Faure* und *Marguerite Faure*, der Schwiegervater von *Anne Faure* und ein Onkel von *Etienne Allemand* und *Marie Allemand*. Er wohnte in der Isle des Tiercelettes. AM-A, GG38/186, GG42/109, GG43/12; CC42/1/24.

Anne Faure wurde 1739 in der Pfarrei Saint-André in Angoulême geboren. Sie heiratete 1757 Antoine Faure, einen Cousin des Bräutigams. Sie war die Tochter eines Schuhmachers, die Schwiegertochter von *Jean Faure* und Schwägerin von *Jeanne Faure* und *Marguerite Faure*. Im Jahr 1775 unterzeichnete sie den Taufvermerk für den fünfzehnjährigen „Jean L'Accajou", der auf dem Sklavenschiff *La Cicogne* nach Frankreich gebracht worden war. AM-A, GG39/246, GG42/90, GG68/58.

Jeanne Faure war eine Cousine des Bräutigams. Sie war Näherin. Sie wurde 1729 in der Pfarrei Saint-André in Angoulême geboren und starb 1797. Sie war eine Tochter von *Jean Faure*, Schwester von *Marguerite Faure* und Schwägerin von *Anne Faure*. Sie wohnte in der Isle des Tiercelettes. AM-A, GG39/117, 1E12/108; CC42/1/24, CC62/821.

Marguerite Faure war ebenfalls eine Cousine des Bräutigams. Auch sie war Näherin. Sie wurde 1721 in der Pfarrei Saint-André in Angoulême geboren und starb 1809. Sie war eine Tochter von *Jean Faure*, Schwester von *Jeanne Faure* und Schwägerin von *Anne Faure*. Sie wohnte in der Isle des Tiercelettes. AM-A, GG39/1, 1E42/350; CC42/1/24, CC62/821.

M. Faveraud war *Marguerite Faveraud*. Sie wurde 1742 in La Rochefoucauld geboren und starb ebenda im Jahr 1819. Sie war eine Tochter von *Catherine Bouhier* und eine Nichte von *Anne-Marguerite Bouhier*. Sie heiratete 1771 den Wundarzt Louis Fouchier. AD Charente, La Rochefoucauld-Saint Cybard, 1737–1756, 3E304/4, 64–65/ 188, 1757–1785, 3E304/5, 193/438; La Rochefoucauld, 1818–1822, 3E304/15, 157/425.

Françoise Ferrand war die Braut. Sie wurde 1740 in der Pfarrei Saint-Martial in Angoulême geboren und starb 1805. Sie war eine Schwester von *Gabriel*

Ferrand und *Jean-Baptiste Ferrand* und die Schwägerin von *Marie Adelaide Devuailly.* AM-A, GG106/151, GG14/36, 1E38/212.

Ferrand war *Gabriel Ferrand,* ein Bruder der Braut. Er wurde 1738 in der Pfarrei Saint-Paul in Angoulême geboren und starb 1816. Er heiratete 1763 *Marie Adelaide Devuailly.* Er war ein Meisterschreiber, Lehrer und Archivar. Er war zudem der Bruder von *Jean-Baptiste Ferrand* und der Schwager von *Dorothée Devuailly Lemaitre* und *Gabriel Lemaitre.* Er wohnte in der Isle de Marvaud/Place du Collège. AM-A, GG89/36r (nicht digitalisiert); GG8/143, 1E52/426; CC42/2/11, CC62/32/1234.

J. Ferrand war *Jean-Baptiste Ferrand,* der andere Bruder der Braut. Er wurde 1749 in der Pfarrei Saint-André in Angoulême geboren und starb 1831 in Paris. Er war auch der Bruder von *Gabriel Ferrand.* Er heiratete 1774 Elizabeth Boutoute, mit der er nach Saint-Domingue auswanderte. Er war Uhrmacher. AM-A, GG41/108, GG45/64; Archives de Paris, V3E/D552, 10/37.

Fonchaudière war *Jean-Baptiste Chaigneau Fonchaudière.* Er wurde 1732 in der Pfarrei Saint-Paul in Angoulême geboren und starb 1774. Er war Rechtsanwalt und Postdirektor in Angoulême. Er war mit *Anne Magdeleine Gralhat Fonchaudière* verheiratet. Er wohnte nicht weit von *Gabriel Ferrand* in der Isle du Collège. AM-A, GG89/2, GG14/20, GG45/61; CC42/2/12, CC62/32/1264.

Gralhat Fonchaudière war *Anne Magdeleine Gralhat Fonchaudière.* Sie wurde um 1736 geboren und starb 1779. Ab 1774 war sie Postdirektorin in Angoulême. Sie war mit *Jean-Baptiste Chaigneau Fonchaudière* verheiratet und war eine Tochter von *Jacques Gralhat.* Sie wohnte nicht weit von *Gabriel Ferrand* in der Isle du Collège. AM-A, GG14/20, GG45/178; CC42/2/12, CC62/32/1264.

Marie Iandron war *Marie Gendron.* Sie wurde 1712 in der Pfarrei Saint-Jacques in Angoulême geboren und starb 1792. Sie war die Tochter eines Küfers. Sie war mit *Jean Glaumont* verheiratet, einem Cousin zweiten Grades des Bräutigams. Sie war die Mutter von *Magdelaine Glaumont, Jean Glaumont fils ainé* und *Antoine Glaumont* und die Schwiegermutter von *Catherine Lecler.* AM-A, GG123/65, GG125/91, GG39/215, GG39/234, GG126/2, GG129/5–6, GG134/150.

Giraud war *Jean Giraud.* Er war der Großvater des Bräutigams. Er wurde 1685 in der Pfarrei Saint-André in Angoulême geboren und starb 1766. Er hatte 1708 Susanne Dufort und 1721 *Marguerite Barathe* geheiratet. Er war Schneider. Er hatte insgesamt sechzehn Kinder und war der Vater von *Françoise Giraud, Pierre Giraud* und *Pierre André Giraud.* AM-A, GG35/231, GG72/174, GG72/223, GG9/10.

François[e] Giraud war eine Tante des Bräutigams. Sie wurde 1724 in der Pfarrei Saint-Jean in Angoulême geboren und starb 1798. Sie war eine Tochter von *Jean Giraud* und *Marguerite Barathe* und die Schwester von *Pierre Giraud* und *Pierre André Giraud*. AM-A, GG72/238, 1E15/140–141.

P. Giraud war *Pierre André Giraud*. Er war ein Onkel des Bräutigams. Er wurde 1727 in der Pfarrei Saint-Jean in Angoulême geboren und starb 1816. Er war ein Meisterschreiber. Im Jahr 1767 heiratete er Louise Grelier. Er war ein Sohn von *Jean Giraud* und *Marguerite Barathe* und der Bruder von *Françoise Giraud* und *Pierre Giraud*. AM-A, GG73/10, GG90/19, 1E52/310.

Giraud fils war *Pierre Giraud* alias Pierre André Giraud. Er war ein Onkel des Bräutigams. Er wurde 1739 in der Pfarrei Saint-Jean in Angoulême geboren. Er war Schneider. Er heiratete 1756 Magdelaine Richin und 1761 Françoise Fetis. Er war ein Sohn von *Jean Giraud* und *Marguerite Barathe* und der Bruder von *Françoise Giraud* und *Pierre André Giraud*. Er wohnte in der Isle St. François. AM-A, GG73/59, GG74/69, GG74/94; CC62/2/904.

Antoine Glaumont war ein Großcousin des Bräutigams. Er wurde 1742 in der Pfarrei Saint-Jacques in Angoulême geboren und starb 1817 als Junggeselle. Er war Kaufmann. Er war ein Sohn von *Jean Glaumont* und *Marie Gendron*, Neffe von *Elizabeth Glaumont* und Bruder von *Jean Glaumont fils* und *Magdelaine Glaumont* sowie der Schwager von *Catherine Lecler*. AM-A, GG126/2, 1E53/361.

Elizabeth Glaumont war eine Cousine zweiten Grades des Bräutigams. Sie wurde 1715 in der Pfarrei Saint-André in Angoulême geboren und starb 1777 in der Pfarrei Saint-Paul, ebenfalls in Angoulême. Sie heiratete 1746 den Metzger Louis Merceron. Sie war eine Schwester von *Jean Glaumont*, Schwägerin von *Marie Gendron* und *Gilles Yrvoix* und Tante von *Antoine Glaumont, Jean Glaumont fils, Magdelaine Glaumont* und *Jean Yrvoix*. Sie wohnte in der Isle Cambois de Chenausac/Place des Bouchers. AM-A, GG38/139, GG89/55, GG90/39; CC42/1/9, CC62/7/267.

Glaumont war *Jean Glaumont*. Er war ein Cousin zweiten Grades des Bräutigams. Er wurde 1713 in der Pfarrei Saint-André in Angoulême geboren. Er war Sattler. Er heiratete 1733 *Marie Gendron*. Er war der Bruder von *Elizabeth Glaumont*, Vater von *Antoine Glaumont, Jean Glaumont fils* und *Magdelaine Glaumont*, Schwiegervater von *Catherine Lecler*, Schwager von *Gilles Yrvoix* und ein Onkel von *Jean Yrvoix*. AM-A, GG38/96, GG125/91.

Glaumont fils ainé war *Jean Glaumont fils*. Er war ein Großcousin des Bräutigams. Er wurde 1735 in der Pfarrei Saint-André in Angoulême geboren und starb 1810. Er war Standesbeamter und später Kaufmann. Er heiratete 1770 *Catherine Lecler*. Er war ein Sohn von *Jean Glaumont* und *Marie Gendron*,

Neffe von *Elizabeth Glaumont* und der Bruder von *Antoine Glaumont* und *Magdelaine Glaumont*. AM-A, GG39/234, GG129/5–6, 1E43/24.

Magdelaine Glaumont war eine Cousine zweiten Grades des Bräutigams. Sie wurde 1734 in der Pfarrei Saint-André in Angoulême geboren. Sie war eine Tochter von *Jean Glaumont* und *Marie Gendron*, Nichte von *Elizabeth Glaumont*, Schwester von *Antoine Glaumont* und *Jean Glaumont fils* sowie Schwägerin von *Catherine Lecler*. AM-A, GG39/215.

J. Godinaud war *Jean Godinaud*. Er war ein Großcousin des Bräutigams. Er wurde 1731 in der Pfarrei Saint-André in Angoulême geboren und starb 1818. Er war Bäcker. Er heiratete 1756 *Marie Bonnard* und 1781 Jeanne Elizabeth Nouveau. Er war der Bruder von *Marguerite Godinaud* und *Pierre Godinaud*. Er wohnte in der Isle Presbytère Saint-André. AM-A, GG39/163, GG42/63, GG46/48, 1E54/95; CC42/1/23, CC62/20/767.

Marguerite Godinaud war eine Großcousine des Bräutigams. Sie wurde 1740 in der Pfarrei Saint-André in Angoulême geboren und starb 1769 im Kindbett. Sie heiratete 1764 Joseph Farbos, einen Kaufmann aus dem Departement Landes. Sie war die Schwester von *Jean Godinaud* und *Pierre Godinaud* und eine Schwägerin von *Marie Bonnard*. Sie wohnte in der Isle du Point du Jour. AM-A, GG40/72, GG42/226, GG44/28; CC62/15/589.

Pierre Godinaud war ein Großcousin des Bräutigams. Er wurde 1727 in der Pfarrei Saint-André in Angoulême geboren und starb 1801. Er war Bäcker. Er heiratete 1751 Jeanne St. Amant und 1758 Elizabeth Grelier. Er war der Bruder von *Jean Godinaud* und *Marguerite Godinaud*. Er wohnte in der Isle des Tiercelettes. AM-A, GG39/93, GG41/146, GG82/178, 1E24/89; CC42/1/23, CC62/22/831.

Gralhat war *Jacques Gralhat*. Er war Postdirektor. Er war der Vater von *Anne Magdeleine Gralhat Fonchaudière* und der Schwiegervater von *Jean-Baptiste Chaigneau Fonchaudière*. Er wohnte nicht weit von *Gabriel Ferrand* in der Isle du Collège. AM-A, GG14/20; CC42/2/12, CC62/32/1264.

Guimard war *Guillaume Guimard*. Er wurde 1719 in der Pfarrei Saint-André in Angoulême geboren und heiratete 1749 Marie Garnier. Er war Ladenbesitzer und war der Schwager von *Louis Dupard*. AM-A, GG38/206, GG41/113.

Jean Guiton war Schüler eines Alumnats. Er unterzeichnete auch den Heiratsvertrag von *Etienne Allemand* und *Françoise Ferrand*. AM-A, GG14/36.

J. Joubert war *Jean Joubert*. Er war ein Großcousin des Bräutigams. Er wurde 1725 in der Pfarrei Saint-André in Angoulême geboren und starb 1768. Er heiratete 1753 *Marguerite Durousot*. Er war Tuchhändler und wohnte in der

Isle de M. Arnaud/Point du Jour. AM-A, GG39/51, GG74/56, GG44/13; CC42/1/17, CC62/15/557.

Antoine Laforet war ein Lebensmittelhändler, der auch Kochfett verkaufte. Er war ein Nachbar von *Marc Allemand* in der Isle Chabrefy/Cloche Verte. AM-A, CC42/1/10, CC62/8/323.

Catherine Lecler wurde 1743 in der Pfarrei Saint-André in Angoulême geboren und starb 1803. Ihr Vater war Gerber. Sie heiratete 1759 den jüngeren *Jean Glaumont*, einen Großcousin des Bräutigams. Sie war die Schwiegertochter von *Jean Glaumont* und *Marie Gendron* und der Schwägerin von *Antoine Glaumont* und *Magdelaine Glaumont*. Sie war die Tante und Taufpatin des Revolutionärs Jean Lecler-Raby. AM-A, GG40/131, GG129/5–6, GG43/29– 30, 1E34/54.

D. Lemaitre war *Dorothée Devuailly Lemaitre*. Sie war eine Schwester von *Marie Adelaide Devuailly* und die Schwägerin von *Gabriel Ferrand*. Sie heiratete 1764 *Gabriel Lemaitre*. AM-A, GG8/147–148.

Gabriel Lemaitre wurde 1741 in der Pfarrei Notre-Dame-de-Beaulieu in Angoulême geboren. Er war Maler. Er heiratete 1764 Dorothée Devuailly. Er war der Schwager von *Marie Adelaide Devuailly* und *Gabriel Ferrand*. AM-A, GG8/38, GG8/147–148.

Marchais de la Chapelle war *Jean-Baptiste Marchais de la Chapelle*. Er wurde 1695 in der Pfarrei Saint-André in Angoulême geboren und starb 1765. Er war Goldschmied und Kaufmann. Er heiratete 1723 Rose Jussé. Er war der Bruder von *Pierre Marchais*, Schwager von *Magdelaine Dumergue*, Onkel von *Marguerite Marchais*, Schwiegervater von *Marie Durand* und Großvater von *Jean-Baptiste Marchais*. Er wohnte in der Isle de M. Pechillon. AM-A, GG37/58, GG58/149, G43/6; CC42/1/13.

Jean-Baptiste Marchais wurde um 1754 geboren und starb 1824 in Saint-Simon im Departement Charente. Er wurde Kaufmann und heiratete 1792 Marie David. Er war ein Sohn von *Marie Durand* und Enkel von *Jean-Baptiste Marchais de la Chapelle*. AM-A, GG109/187; AD Charente, Angoulême, St. Martial, 3E16/21, 350/522; AD Charente, Saint-Simon, 1737–1798, 178/298; Saint-Simon, 1821–1836, 48/308. [mittlere Konfidenz: einigermaßen sichere Vermutung]

Marguerite Marchais wurde 1729 in der Pfarrei Saint-Antonin in Angoulême geboren. Ihr Vater war Perückenmacher. Sie war die Nichte von *Jean-Baptiste Marchais de la Chapelle*, *Pierre Marchais* und *Magdelaine Dumergue*. AM-A, GG52/155.

P. Marchais jeune war *Pierre Marchais*. Er wurde 1700 in der Pfarrei Saint-André in Angoulême geboren und starb 1776. Er war ein Pastetenbäcker, Lebensmittellieferant und Gastwirt. Er heiratete 1728 *Magdelaine Dumergue*. Er war ein Bruder von *Jean-Baptiste Marchais de la Chapelle* und Onkel von *Marguerite Marchais*. Er wohnte in der Isle Cheval Blanc/Prieuré de Navarre. AM-A, GG37/138, GG66/28, GG45/100; CC42/1/19, CC62/16/619.

Marin war *François Marin*. Er wurde 1718 in der Pfarrei Saint-André in Angoulême geboren und starb 1794. Er war Krämer. Er heiratete 1741 Marguerite Boilevin und 1744 Rose Rezé. Er war der Vater von *Rose Marin* und *Rosemarin* und ein Schwager der älteren *Rose Rezé*. Er war ein Nachbar von *Marc Allemand* in der Isle Chabrefy/Cloche Verte. AM-A, GG38/189, GG40/90, GG53/38, 1E6/19; CC42/1/11, CC62/9/332.

Rose Marin wurde 1748 in der Pfarrei Saint-Antonin in Angoulême geboren und starb 1824. Sie heiratete 1767 Claude Rezé und 1793 Pierre Corliet Coursac. Sie war eine Tochter von *François Marin* und die Schwester von *Rosemarin*. Sie war eine Nachbarin von *Marc Allemand* in der Isle Chabrefy/Cloche Verte. AM-A, GG53/66, GG54/54–55, 1E2/2, 1E74/43; CC42/1/11, CC62/9/332.

Rosemarin wurde 1754 in der Pfarrei Saint-Antonin in Angoulême geboren. Sie war eine Tochter von *François Marin* und die Schwester von *Rose Marin*. Sie war eine Nachbarin von *Marc Allemand* in der Isle Chabrefy/Cloche Verte. AM-A, GG54/14; CC42/1/11, CC62/9/332.

Mazaud war ein Lehrer und Magister Artium. Er war ein Nachbar von *Marc Allemand* in der Isle Chabrefy/Cloche Verte. AM-A, CC42/1/11, CC62/9/333.

M. Monaud war *Marguerite Monnaud*. Sie wurde 1732 in der Pfarrei Saint-André in Angoulême geboren und starb 1812. Ihr Vater war Schneider. Sie heiratete 1754 *Jean Dumergue*, einen Großcousin des Bräutigams. Im Jahr 1798 unterzeichnete sie den Heiratsvertrag ihrer Tochter Marthe mit dem Revolutionär Louis Félix, der in Saint-Domingue als Sklave zur Welt gekommen war. Sie wohnte in der Isle Cheval Blanc/Prieuré de Navarre. AM-A, GG39/175, GG42/24, 1E14/114–115, 1E45/395; CC42/1/19, CC62/16/622.

Racom ist unbekannt.

Rose Rezé wurde 1703 in der Pfarrei Saint-Antonin in Angoulême geboren und starb 1781. Sie war Krämerin und blieb unverheiratet. Sie war die Schwägerin von *François Marin* und eine Tante von *Rose Marin* und *Rosemarin*. Sie war eine unmittelbare Nachbarin von *Marc Allemand* in der Isle de la Cloche Verte. AM-A, GG52/67, GG55/29; CC62/9/329.

Jean Roy ist unbekannt.

Anne Tabourin wurde 1741 in der Pfarrei Saint-Antonin in Angoulême geboren und starb 1793. Sie blieb unverheiratet. Sie war eine Tochter von *Elizabeth Bourdage* und Jean Tabourin und die Schwester von *Marie Charas* und *Catherine Tabourin*. Sie war eine Nachbarin von *Marc Allemand* in der Isle Chabrefy/Cloche Verte. AM-A, GG53/17, 1E6/9; CC42/1/11, CC62/9/327.

Antoinette Thibaud wurde 1716 in der Pfarrei Saint-Antonin in Angoulême geboren und starb 1773. Ihr Vater war Schreiner. Sie blieb unverheiratet. Sie war eine Schwester von *Mathieu Thibaud* und Tante von *Barthélemi Thibaud*. AM-A, GG52/108, GG54/74.

Barthélemi Thibaud wurde 1753 in der Pfarrei Saint-Antonin in Angoulême geboren und starb 1832. Er wurde Advokat. Er war ein Sohn von *Mathieu Thibaud* und Neffe von *Antoinette Thibaud*. Er war ein Nachbar von *Marc Allemand* in der Isle Chabrefy/Cloche Verte. AM-A, GG54/9, 1E98/75; CC42/1/10, CC62/8/322.

Thibaud war *Mathieu Thibaud*. Er wurde 1709 in der Pfarrei Saint-Antonin in Angoulême geboren und starb 1796. Er war Standesbeamter. Er heiratete 1746 Françoise Chabaribeire. Er war der Vater von *Barthélemi Thibaud* und Bruder von *Antoinette Thibaud*. Er war ein Nachbar von *Marc Allemand* in der Isle Chabrefy/Cloche Verte. AM-A, GG52/87, GG107/114, 1E9/71; CC42/1/10, CC62/8/322.

Marie Tilhard wurde 1728 in der Pfarrei Saint-Ausone in Angoulême geboren. Ihr Vater war Hutmacher. Sie heiratete 1751 *Michel Albert* und war die Schwiegertochter des älteren *Michel Albert*. AM-A, GG59/13, GG61/9.

Mauricette Vinsac wurde 1732 in der Pfarrei Notre-Dame-de-la-Peine in Angoulême geboren. Ihr Vater war ein Drucker und Buchbinder. Sie war eine Nachbarin von *Gabriel Ferrand* in der Isle du Collège. AM-A, GG13/113; CC42/2/12, CC62/33/1269.

Yrvoix war *Philippe Yrvoix*. Er wurde 1737 in der Pfarrei Saint-André in Angoulême geboren und starb 1818. Er war Rechtspraktiker und Kaufmann. Er war mit Anne Mercier verheiratet. AM-A, GG40/20, 1E54/307–308.

Gilles Yrvoix wurde 1700 in der Pfarrei Saint-Paul in Angoulême geboren und starb 1766. Er war ein Cousin von *Marc Allemand* und der Vater von *Jean Yrvoix*. Er war Metzger. Er heiratete 1731 Magdelaine Glaumont. Er war der Schwager von *Elizabeth Glaumont* und *Jean Glaumont*. Er wohnte in der Isle Cambois de Chenausac. AM-A, GG88/86, GG39/150, GG90/7; CC42/1/9.

J. Yrvoix war *Jean Yrvoix*. Er wurde 1734 in der Pfarrei Saint-Paul in Angoulême geboren. Er war ein Großcousin des Bräutigams und ein Sohn von *Gilles Yrvoix*. Er war Kerzenhändler. Er heiratete 1756 *Jeanne Chabot* und war der Schwager von *Catherine Chabot*. Er war ein Neffe von *Elizabeth Glaumont* und *Jean Glaumont*. Er wohnte in der Isle des Carmélites. AM-A, GG89/13, GG8/114; CC42/2/4, CC62/25/950.

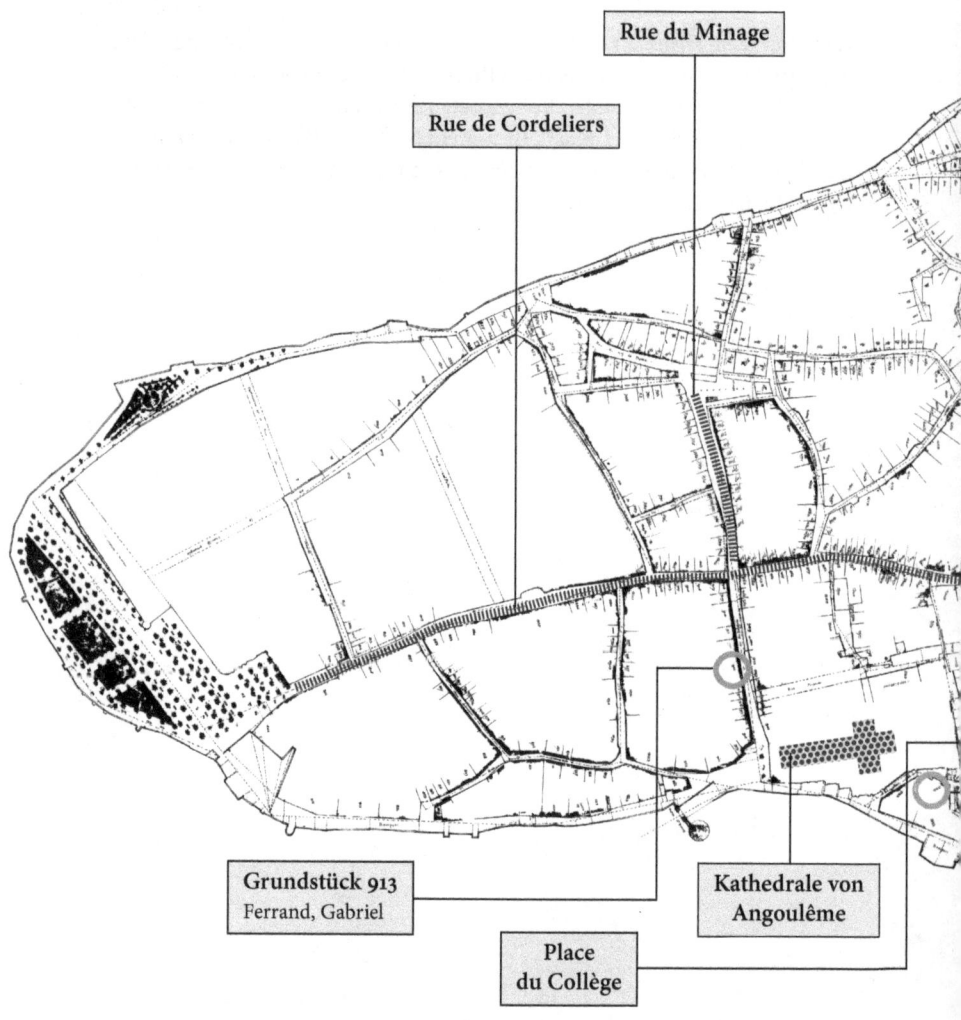

Rue du Minage

Rue de Cordeliers

Grundstück 913
Ferrand, Gabriel

Kathedrale von
Angoulême

Place
du Collège

Diese Karte basiert auf dem Plan Directeur von Angoulême aus dem Jahr 1791, der an der Wand der Archives municipales d'Angoulême hängt. Die Nummern auf dem Plan entsprechen den Nummern der Grundstücke, die im Revolutionsregister „Contributions, matrices foncières", ebenfalls in den *Archives municipales*, aufgeführt sind.

Zwei der Kinder von Marie Aymard und mehrere ihrer Enkelkinder sind in dem Register verzeichnet, und die Grundstücke, in denen sie wohnten, sind auf der Karte markiert.

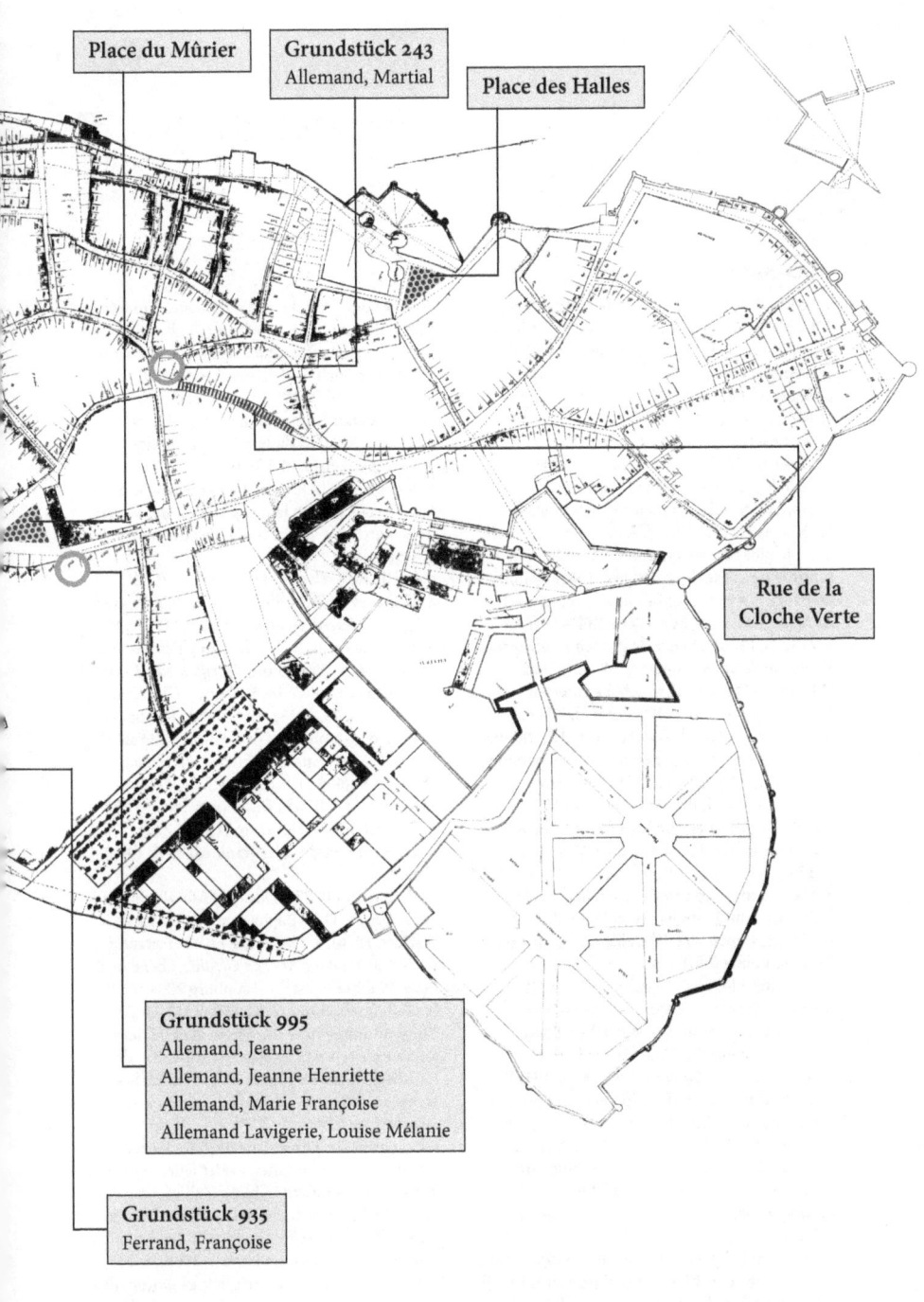

Place du Mûrier

Grundstück 243
Allemand, Martial

Place des Halles

Rue de la Cloche Verte

Grundstück 995
Allemand, Jeanne
Allemand, Jeanne Henriette
Allemand, Marie Françoise
Allemand Lavigerie, Louise Mélanie

Grundstück 935
Ferrand, Françoise

ANMERKUNGEN

Einleitung

1 So die Beschreibung, die A. R. J. Turgot, von 1761 bis 1774 Intendant des Limousin (d. h. der oberste königliche Verwalter dieser Provinz), von Angoulême gegeben hat; A. R. J. Turgot, „Mémoire sur les prêts d'argent" (1770), in: *Œuvres de Turgot et documents le concernant*, hg. v. Gustave Schelle, 5 Bde. (Paris 1913–1923), 3, S. 155–157. Zu den „Händeln" der 1760er- und 1770er-Jahre, siehe unten in Kapitel 4.

2 Honoré de Balzac, *Les illusions perdues* (1837–1843) (Paris 1974), S. 56, 176: „condamnée à la plus funeste immobilité", „enfin il lui fit sentir la nécessité de se *désangoulêmer*"; Honoré de Balzac, „Avant-propos", in: *Œuvres completes de M. de Balzac*, 17 Bde. (Paris 1842–1848), 1, S. 7–32, S. 12, 14. [In der deutschen Fassung von *Verlorene Illusionen*, übers. v. Melanie Walz (München 2014), finden sich die zitierten Passagen auf S. 45 und 200, Anm. d. Übers.]

3 „Procuration par Marie Aymard", 16. Oktober 1764, Archives départementales de la Charente [Archiv des Departements Charente, im Folgenden ADC], Bernard, Notar, 2E153; „Contrat de marriage de Estienne Allemand et Françoize Ferrand", 9. Dezember 1764, Bernard, 2E153.

4 Die Geburts- und Sterbedaten der Kinder, Enkel, Ur- und Ururenkel von Marie Aymard sowie die Namen von deren Ehepartnern sind in Anhang 1 aufgeführt.

5 Gioachino Rossini, *La gazza ladra* (1817). Rossinis „Diebische Elster" basiert auf einem französischen Theaterstück gleichen Titels: Théodore Baudouin d'Aubigny and Louis-Charles Caigniez, *La pie voleuse* (Paris 1815).

6 Carlo Ginzburg und Carlo Poni, „Il nome e i come: scambio ineguale e mercato storiografico", *Quaderni Storici* 40 (1979), S. 181–190. [Eine gekürzte deutsche Übersetzung erschien unter dem Titel: „Was ist Mikrogeschichte?", *Geschichtswerkstatt* 6 (1985), S. 48–52, Anm. d. Übers.]

7 Giacomo Leopardi, „L'infinito" (1819): „Così tra questa immensità s'annega il pensier mio: e il naufragar m'è dolce in questo mare". [„Dann versinkt der Geist/Im Uferlosen, und süß ist's mir in diesem Meer zu scheitern", übersetzt Emmerich Schaffran diese Verse aus Leopardis „Das Unendliche": Giacomo Leopardi, *Canzonen* (Bremen 1963), S. 49. Sprichwörtlich geworden ist die Nachdichtung Rainer Maria Rilkes: „... Untergehen in diesem Meer ist inniger Schiffbruch", Anm. d. Übers.]

8 Siehe unten in Kapitel 3. [Der deutsche Titel von Sternes Roman lautet *Yoricks empfindsame Reise durch Frankreich und Italien*, Anm. d. Übers.]

9 Emile Zola, *L'œuvre* (1886) (Paris 1983), S. 403; „Les réalistes du salon", in: Zola, *Œuvres critiques* (*Œuvres complètes*, vol. 32) (Paris 1906), S. 86. [Eine deutsche Übersetzung der Passage findet sich in: Emile Zola, *Schriften zur Kunst. Die Salons von 1866–1896*, übers. v. Uli Aumüller (Frankfurt a. M. 1988), im Kapitel „Der Salon von 1866", Abschnitt „Die Realisten im Salon", S. 30–35, S. 31; Anm. d. Übers.]. Siehe auch unten in Kapitel 11.

10 Siehe Marc Bloch, *Die seltsame Niederlage. Frankreich 1940 – Der Historiker als Zeuge*, übers. v. Matthias Wolf (Frankfurt a. M. 1992), S. 42.

11 Adam Smith, *The Theory of Moral Sentiments* (1790), hg. v. D. D. Raphael and A. L. Macfie (Oxford 1976), S. 234; deutsche Übersetzung nach *Theorie der ethischen Gefühle*, übers. und hg. v. Walther Eckstein (Hamburg 2004), S. 396 (6. Teil, 2. Abschnitt, 2. Kapitel, § 16). Und wie Edmund Burke über das Menschenbild der Ökonomen schrieb, so begehrte diese von der Gesellschaft „in törichtem Mutwillen nichts weiter zu wissen ...‚ als dass sie aus *Menschen im Allgemeinen bestand*": „Sie haben die Menschen nicht einmal in Ziffern, die doch im Gehalt steigen, wenn sie auf dieser oder jener Seite der Tafel stehen, sondern in bloße Zahlpfennige verwandelt, um sich das Rechnen abzukürzen." Edmund Burke, *Reflections on the Revolution in France* (1790) (Harmondsworth 1969), S. 168; deutsche Übersetzung nach *Betrachtungen über die Französische Revolution*, übers. v. Friedrich

Gentz, hg. v. Ulrich Frank-Planitz (Zürich 1986), S. 339.

12 Wie in dem legendären Vorspann der US-Seifenoper *Peyton Place* aus den 1960er-Jahren schwebt die Kamera hoch über einer stillen Kleinstadt; dann fährt ihr Blick in einem Zoom auf die Häuser hinunter – und auf die Familien, die darin wohnen. Eine andere, aber vergleichbare Perspektive findet sich in dem Eingangskapitel des 1995 erschienenen Romans *Chánghèn gê* („Das Lied vom langen Hass") der chinesischen Schriftstellerin Wang Anyi. Darin werden die verschiedenen Stadtviertel von Schanghai „von hoch oben betrachtet, vom höchsten Punkt der Stadt", zuerst bei Nacht als „eine düstere Masse", dann jedoch bei Tagesanbruch, „in der Dämmerung …, [wenn] die Wäsche, die auf den Leinen trocknet … die einzelnen Leben und Lieben erahnen lässt, die sich dahinter verbergen." [Eine Übersetzung des Romans ins Deutsche steht noch aus; die Übersetzung des Zitats folgt der englischen Ausgabe *The Song of Everlasting Sorrow: A Novel of Shanghai*, übers. v. Michael Nerry und Susan Chan Egan (New York 2008), S. 3, 6 f.; Anm. d. Übers.]

13 Urteilsniederschrift des *tribunal civil de première instance* [Zivilgericht der ersten Instanz] von Bayonne zu einem Gesuch des Martial Allemand Lavigerie, Archives départementales des pyrénées atlantiques [Archiv des Departements Pyrénées-Atlantiques, im Folgenden ADPA], Bayonne, Geburtsregister 1826–1837, 351, 7. September 1826, 52–53/904. Siehe auch unten in Kapitel 7.

14 Die Register und Verzeichnisse wirken meist „dürftig, trocken und formell", wenn man sie mit den reichhaltigeren und „gesprächigeren Quellen" der Notariats- und Gerichtsarchive vergleicht. Siehe Paul-André Rosental, *Les sentiers invisibles: espaces, familles et migrations dans la France du 19ᵉ siècle* (Paris 1999), S. 22 f. Aber sie sind „strukturell numerisch" in dem Sinne, dass ihre Inhalte gezählt oder „dépouillés" – gesichtet oder gehäutet – werden können, d. h. dass man sie auf Zahlen reduzieren kann: François Furet, „Quantitative History", *Daedalus* 100,1 (Winter 1971), S. 151–167, S. 158 [Eine „leicht überarbeitete Version" dieses Textes ist in deutscher Übersetzung erschienen: François Furet, „Die quantitative Geschichte und die Konstruktion der geschichtlichen Tatsache", in: *Seminar: Geschichte und Theorie. Umrisse einer Historik*, hg. von Hans Michael Baumgartner und Jörn Rüsen (Frankfurt a. M. 1982), S. 97–117, Anm. d. Übers.] In der Familien-

geschichte, wie sie von den Vertretern der Historischen Demografie betrieben wurde, waren die Namen von Individuen eine Art von „Zwischenprodukt", das dann von einer statistisch ausgerichteten Geschichtswissenschaft weiterverwertet und letztlich „verbraucht" werden sollte; denn diese „interessiert[e] sich ausschließlich für Gruppen; die Elemente, aus denen sie sich zusammensetzen, sind, für sich genommen, nicht von Interesse." Louis Henry, „Problèmes de la recherche démographique moderne", *Population* 21,6 (1966), S. 1093–1114, S. 1096 f.; Michel Fleury, *Nouveau manuel de dépouillement et d'exploitation de l'État civil ancien* (Paris 1985).

15 Zur Geschichte der Fußnote siehe Anthony Grafton, *Die tragischen Ursprünge der deutschen Fußnote*, übers. v. H. Jochen Bussmann (Berlin 1995) und die überarbeitete Neuauflage des englischen Originals: *The Footnote: A Curious History* (Cambridge, MA 1999).

16 Siehe „Historique des fonds de la série B", in: ADC, *Répertoires numériques de la série A et la série B*, hg. v. Léo Imbert und Léon Burias (Angoulême 1925), S. i–iii, hier S. i. Zur Definition der *isle de maisons* („Häuserinsel", d. h. Häuserblock oder -gruppe) in den Stadtplänen des 18. Jahrhunderts – als „ein abgeschlossenes Gebiet von Straßen mit Häusern daran" –, die als Grundeinheit der Steuerverzeichnisse von Angoulême fungierte, siehe M. Buchotte, *Les règles du dessein et du lavis, pour les plans particuliers des ouvrages et des bâtiments* (Paris 1754), S. 36 f. Ein „cadastre" (Kataster- oder Grundbuchwesen) für ganz Frankreich wurde 1807 eingeführt; siehe Marcel Marion, *Dictionnaire des institutions de la France aux XVIIᵉ et XVIIIᵉ siècles* (Paris 1923), S. 64 f.; zum „cadastre napoléonien" im Departement Charente siehe https://archives.lacharente.fr/s/1/cadastre-napoleonien/? [Stand: 07.11.2021].

17 So beschreibt Facebook selbst seine Aufgaben: https://about.fb.com/de/company-info/ [Stand: 07.11.2021].

18 Zur Soziologie des „persönlichen Einflusses" in der Tradition von Paul F. Lazarsfeld siehe Elihu Katz, „Lazarsfeld's Legacy: The Power of Limited Effects", in: Elihu Katz und Paul F. Lazarsfeld, *Personal Influence: The Part Played by People in the Flow of Mass Communications* (Piscataway, NJ 2006), S. xv–xxvii. [In der deutschen Übersetzung von Lazarsfelds Buch, *Persönlicher Einfluss und Meinungsbildung* (München 1962), übers. v. Rudolf Bischoff, ist dieses neue Vorwort noch nicht enthalten, Anm. d. Übers.] Zu sozialen Informationsnetzen siehe

Ronald S. Burt, „Social Contagion and Innovation: Cohesion versus Structural Equivalence", *American Journal of Sociology* 92,6 (Mai 1987), S. 1287–1335; zur „Ausarbeitung einer Mikro-Makro-Verknüpfung mithilfe der Netzwerkanalyse" siehe Mark S. Granovetter, „The Strength of Weak Ties", *American Journal of Sociology* 78,6 (Mai 1973), S. 1360–1380, S. 1378.

19 Abhijit Banerjee, Arun G. Chandrasekhar, Esther Duflo und Matthew O. Jackson, „Gossip: Identifying Central Individuals in a Social Network", Februar 2016, https://economics.mit.edu/faculty/banerjee/papers [Stand: 07.11.2021], NBER Working Paper Nr. 20422, National Bureau of Economic Research, August 2014, S. 2. Zu den Daten, die sich aus Interviews mit 90 118 amerikanischen Teenagern in den Jahren 1994/95 gewinnen lassen, siehe Ben Golub und Matthew O. Jackson, „Does Homophily Predict Consensus Times? Testing a Model of Network Structure via a Dynamic Process", *Review of Network Economics* 11, 3 (2012), S. 1–28. Wie Matthew Jackson 2014 bemerkt hat, liegt die „hauptsächliche Motivation" für die neuere wirtschaftswissenschaftliche Auseinander-setzung mit der Netzwerkforschung darin, „dass Ökonomen, die immer bessere Modelle des menschlichen Verhaltens entwickeln wollen, dabei nicht ignorieren können, dass der Mensch eine im Wesentlichen soziale Spezies ist, deren Interaktionsmuster ihr ganzes Verhalten prägen. Die Vorstellungen und Meinungen der Leute, die Produkte, die sie kaufen, ob sie in Bildung investieren, kriminell werden und so weiter – das alles wird von ihren Freunden und Bekannten beeinflusst. Letztlich wirkt sich dieses ganze Beziehungsnetzwerk – je nachdem, wie dicht es ist, ob manche Gruppen für sich gehalten werden, oder wer darin die zentrale Position einnimmt – darauf aus, wie Information sich verbreitet und die einzelnen Personen sich verhalten." Matthew O. Jackson, „Networks in the Understanding of Economic Behaviors", *Journal of Economic Perspectives* 28,4 (Herbst 2014), S. 3–22, S. 3.

20 Der einzige Buchhändler, der in den Steuerlisten von Angoulême für die Jahre 1763–1766 aufgeführt ist, Rezé, wohnte ausweislich des Registers in der Nähe des früheren Jesuitenkollegs: Isle du Collège, in: „Cahiers de l'état des classes faites pour la faction du role pour 1763", Archives municipales d'Angoulême [im Folgenden AM-A], CC42/2/12, „Répartition de la taille", 1766, CC62/32/1260, und siehe unten in den Kapiteln 2 und 3. Zu Paris als Informationsgesellschaft siehe Robert Darnton, „An Early Information Society: News and the Media in Eighteenth-Century Paris", *American Historical Review* 105,1 (Februar 2000), S. 1–35.

21 Zu diesem Lokal siehe Firmin Maillard, „Les derniers bohèmes", *La Renaissance littéraire et artistique* 1,31 (23. November 1872), S. 245 f., sowie unten in Kapitel 8.

22 Louis Henry, „La fécondité naturelle. Observation, théorie, résultats", *Population* 16,4 (1961), S. 625–636, S. 626.

23 „Our Story", https://www.ancestry.com/corporate/about-ancestry/our-story [Stand: 07.11.2021].

24 In den Firmengeschichten von ancestry.com und geneanet.org wird 1996 als das Jahr bezeichnet, in dem die gegenwärtige Ära der Online-Familienforschung anbrach; siehe https://www.familysearch.org/wiki/en/Geneanet und https://www.ancestry.com/corporate/about-ancestry/our-story [Stand: 07.11.2021]. Die „Stammbaum-Industrie" in Frankreich ist aber mindestens so alt wie die Idee eines „Generalarchivs der ganzen Welt", das Napoleon 1812 einrichten wollte, und dessen Auskünfte an „Familien oder Einzelpersonen, die sich dafür interessieren könnten", nach einer festen Gebührenordnung bezahlt werden sollten. Henri Bordier, *Les Archives de la France* (Paris 1855), S. 19, und „Arrêté du 6 mai 1812", S. 393. Zu der Einrichtung dieses Archivs, die letztlich im Sande verlief, siehe Emma Rothschild, „The Archives of Universal History", *Journal of World History* 19,3 (September 2008), S. 375–401.

25 Archives départementales de Seine-et-Marne [Archiv des Departements Seine-et-Marne, im Folgenden ADSM], Montereau-Fault-Yonne, 1839–1841, Heiratsvermerk für Jean-Baptiste Ferrand und Anne Nicolas Thiriot, 23. Januar 1839, 47–48/356; siehe auch unten in den Kapiteln 7 und 8.

26 Taufvermerk für Gabriel Ferrand, 13. April 1738, AM-A, Saint-Paul, GG89/36r; die Seite mit dem Eintrag fehlt in der Onlineversion, zwischen den Anzeigen 89/32 (34v–35r) und 89/33 (36v–37r.) In der Folge fehlt sie leider auch im Transkript des Registers, die der umtriebige Lokalhistoriker Hubert Marchadier veröffentlicht hat: https://en.geneanet.org/archives/releves/publi/hmarchadier/ [Stand: 07.11.2021].

27 Heiratsvermerk für Gabriel Ferrand und Marie Adelaide Devuailly, 30. Oktober 1763, AM-A, Notre Dame de Beaulieu [im Folgenden NDB], GG8/143.

28 „Table alphabétique des successions collatérales payées", ADC, 2C2/39, S. 30, und siehe unten in Kapitel 5. Ich bin Dominique Guirignon von den *Archives départementales de la Charente* zu großem Dank dafür verpflichtet, dass er mir eine Kopie der fehlenden Seite zur Verfügung gestellt hat.

29 „Séance du mercredi 8 decembre 1909", *Bulletins et mémoires de la société archéologique et historique de la Charente* [im Folgenden *BSAHC*], 8,1 (1910), S. xliv, und siehe unten in Kapitel 7.

30 Zu den Versuchungen durch allzu viele „Seitenblicke" und einen gut gemeinten, letztlich aber oberflächlichen „Transnationalismus im Vorbeifahren" siehe Lara Putnam, „The Transnational and the Text-Searchable: Digitized Sources and the Shadows They Cast", *American Historical Review* 121,2 (April 2016), S. 377–402. Zur Kulturgeschichte (oder Geistesgeschichte) und ihrer Veränderung durch „l'élargissement brutal des corpus" siehe Antoine Lilti, „Le pouvoir du crédit au XVIIIᵉ siècle: histoire intellectuelle et sciences sociales", *Annales. Histoire, Sciences Sociales* 70,4 (2015), S. 957–978, S. 968.

31 William Wordsworth, *The Prelude* (1850), 3. Buch, Verse 62 f.

32 Georges Lefebvre, „L'œuvre historique d'Albert Mathiez", *Annales historiques de la révolution française* 51 (Mai/Juni 1932), S. 193–210.

33 „Prologue", in: Luis González y González, *San José de Gracia: Mexican Village in Transition*, übers. v. John Upton (Austin, TX 1974), S. xv–xxviii, S. xviii, xxii, xxv.

34 Zum Realismus im Paris des 19. Jahrhunderts siehe unten in den Kapiteln 7 und 11, zu den Lebenswegen tüchtiger Frauen im Schanghai des 20. Jahrhunderts siehe Anyi, *The Song of Everlasting Sorrow* sowie Wang Anyi, *Fu Ping: A Novel*, übers. v. Howard Goldblatt (New York 2019).

35 Zehn Jahre später schrieb ein anderer Minister: „Ich habe deshalb beschlossen, dass keinerlei Papiere oder Register ohne mein vorheriges Einverständnis verkauft oder sonstwie dem Zugriff entzogen werden dürfen, ganz gleich, ob sie nun aus Amtsstuben oder Archiven stammen." Rundschreiben vom 17. Juli 1829 und 8. August 1839, in: ADC, Archive, 1 TPROV 1. Bei Ausbruch der Revolution im Jahr 1789 gab es in Frankreich bereits eine Fülle an Gemeinderegistern und Notarsurkunden; und die Errichtung, Ordnung und Bewahrung moderner Archive, die mit der Französischen Revolution ihren Anfang genommen hat und seither nicht mehr aufgehört hat, ist ein gewaltiges,

kontinuierlich verfolgtes Unternehmen. Zur Geschichte des Archivwesens in Frankreich und Großbritannien siehe François-Joseph Ruggiu, „Autres sources, autre histoire? Faire l'histoire des individus des XVIIᵉ et XVIIIᵉ siècles en Angleterre et en France", *Revue de Synthèse* 125,1 (2004), S. 111–152, S. 116, 139; zu den Notararchiven im Zusammenhang mit der Sozialgeschichte siehe Scarlett Beauvalet-Boutouyrie, Vincent Gourdon und François-Joseph Ruggiu, „L'acte notarié d'ancien regime au service d'une histoire sociale des individus", in: *Liens sociaux et actes notariés dans le monde urbain en France et en Europe*, hg. v. dens. (Paris 2004), S. 7–13. Zu den Notaren, die 1764 in Angoulême praktizierten, siehe die maschinenschriftliche Liste der Notare nach Wohnort und Namen, ADC, 6. Februar 2015. Im Departementsarchiv Charente wird mehr als ein Regalkilometer an Notariatsurkunden aufbewahrt; die älteste stammt aus dem Jahr 1395; Francine Ducluzeau, *Guide des archives de la Charente* (Angoulême 1983), S. 66–68. Zu dem königlichen Edikt von 1765 siehe „Les notaires de l'Angoumois", in: ADC, *Répertoire numérique de minutes notariales (série E) dressé par MM. de la Martinière et Imbert* (Angoulême o. J.), S. iv–lxiii, S. xvi–xxxv.

36 Alain Corbin, *Le monde retrouvé de Louis-François Pinagot* (1998) (Paris 2016), S. 7, 9; deutsche Übersetzung nach *Auf den Spuren eines Unbekannten. Ein Historiker rekonstruiert ein ganz gewöhnliches Leben*, übers. v. Bodo Schulze (Frankfurt a. M. 1999), S. 7, 9. Louis-François Pinagot, ein ganz gewöhnlicher Mann – ein Niemand oder Jedermann ohne höhere Bestimmung –, kam 1798 in der Basse-Normandie zur Welt und verdiente seinen Lebensunterhalt als Holzschuhmacher wie zwei Generationen zuvor Marie Aymards Schwiegervater.

37 Rosental, *Les sentiers invisibles*, S. 166, und Paul-André Rosental, „Pour une analyse mésoscopique des migrations", *Annales de démographie historique* 104,2 (2002), S. 145–160. Zu Maßstäben und zeitlicher bzw. historischer Skalierung siehe Les Annales, „Tentons l'expérience", *Annales ESC* 44,6 (1989), S. 1317–1323; *Les formes de l'expérience: une autre histoire sociale*, hg. v. Bernard Lepetit (Paris 1995); und *Jeux d'échelles: la micro-analyse à l'expérience*, hg. v. Jacques Revel (Paris 1996). Zu geschichtlichen Darstellungen, die versucht haben „die Mikroskala kleinteiliger Analyse einzusetzen, um die Validität von Erklärungsansätzen auf der Makroskala zu testen", siehe

Francesca Trivellato, „Is There a Future for Italian Microhistory in the Age of Global History?", *California Italian Studies* 2,1 (2011), https://escholarship.org/uc/item/0z94n9hq [Stand: 07.11.2021].

38 Zur „Sozialgeschichte von Individuen" und der Möglichkeit einer „nominellen [auf Namen basierten] Geschichte", die anhand einer „Anhäufung vieler kleiner Informationspartikel mitunter verschiedenster Art" verfährt, siehe François-Joseph Ruggiu, *L'individu et la famille dans les sociétés urbaines anglaise et française (1720–1780)* (Paris 2007) sowie Ruggiu, „Autres sources, autre histoire?", S. 139.

39 Zu sozialen Netzwerken und dem „Brückenschlag zwischen Mikro- und Makrogeschichte" siehe Claire Lemercier, „Formal Network Methods in History: Why and How?" https://halshs.archives-ouvertes.fr/halshs-00521527v2 [Stand: 07.11.2021], sowie „Formal Network Methods in History: Why and How?", in: *Social Networks, Political Institutions, and Rural Societies*, hg. v. George Fertig (Turnhout 2015), S. 281–310. Die Metapher des „sozialen Netzwerks" erlebte in den 2000er-Jahren eine wahre Verwendungsexplosion – auch, aber natürlich nicht nur, in der Geschichtswissenschaft. „Das Wort ‚Netzwerk' ist heute überall, auch in der Geschichtswissenschaft", schrieb Claire Lemercier im Jahr 2005. Siehe Claire Lemercier, „Analyse de réseaux et histoire", *Revue d'histoire moderne et contemporaine* 52,2 (April–Juni 2005), S. 88–112; Claire Lemercier, „Analyse de réseaux et histoire de la famille: une rencontre encore à venir?" *Annales de démographie historique* 109,1 (2005), S. 7–31; Michel Bertrand, Sandro Guzzi-Heeb und Claire Lemercier, „Introduction: où en est l'analyse de réseaux en histoire?" *Revista hispana para el análisis de redes sociales* 21,1 (Dezember 2011), S. 1–12, http://revista-redes.rediris.es/html-vol21/vol21_1f.htm [Stand: 07.11.2021]. Zu einer Verbindung zwischen mikro- und makrohistorischen Ansätzen „anhand der von den untersuchten Individuen selbst geknüpften Beziehungsnetze" siehe Emma Rothschild, *The Inner Life of Empires: An Eighteenth-Century History* (Princeton, NJ 2011).

40 Marc Bloch, *Apologie der Geschichtswissenschaft oder Der Beruf des Historikers*, übers. v. Wolfram Bayer (Stuttgart 1997), S. 68, 170. Zu Blochs Interesse an „den Reaktionen von Menschen angesichts ökonomischer Tatsachen, ihren Gefühlen von Unsicherheit oder Zuversicht, von Wut oder Genugtuung" siehe Georges Lefebvre, „Le mouvement des prix et les

origines de la Révolution française", *Annales d'histoire économique et sociale* 9,4 (1937), S. 138–170, S. 153, mit einem Zitat Blochs, in dem dieser die Dokumente beschreibt, die im Werk des Wirtschaftshistorikers François Simiand nicht berücksichtigt worden waren.

41 Bloch, *Apologie*, S. 75, 77. Zu einer Mikroökonomik der Entwicklung, die ihren Anfang bei den „ökonomische[n] Leben der Armen" nimmt und für viele „Arten von Belegen" qualitativer wie quantitativer Art offen ist, siehe Abhijit V. Banerjee und Esther Duflo, *Poor Economics. Plädoyer für ein neues Verständnis von Armut*, übers. v. Susanne Warmuth (München 2015), S. 13, 25. Unter den in letzter Zeit erschienenen Wirtschafts- und Alltagsgeschichten, die ebenfalls auf einem breiten Spektrum von Belegen basieren und sich mit ganz unterschiedlichen Epochen und Orten befassen, siehe Sheilagh Ogilvie, „Servage et marchés: l'univers économique des serfs de Bohême dans le domaine de Friedland (1583–1692)", *Histoire & Sociétés Rurales* 14 (2000), S. 90–125; Hans-Joachim Voth, *Time and Work in England 1750–1830* (Oxford 2000); Claire Zalc, *Melting Shops: une histoire des commerçants étrangers en France* (Paris 2010); Tracy Dennison, *The Institutional Framework of Russian Serfdom* (Cambridge 2011); Janet Y. Chen, *Guilty of Indigence: The Urban Poor in China, 1900–1953* (Princeton, NJ 2012); Francesca Trivellato, *The Familiarity of Strangers: The Sephardic Diaspora, Livorno, and Cross-cultural Trade in the Early Modern Period* (New Haven, CT 2012); Sunil Amrith, *Crossing the Bay of Bengal: The Furies of Nature and the Fortunes of Migrants* (Cambridge, MA 2013); Rohit De, *A People's Constitution: The Everyday Life of Law in the Indian Republic* (Princeton, NJ 2018); Philip T. Hoffman, Gilles Postel-Vinay und Jean-Laurent Rosenthal, *Dark Matter Credit: The Development of Peer-to-Peer Lending and Banking in France* (Princeton, NJ 2019).

42 Den „verzerrenden Effekt" des „Warum-Ansatz[es]" hat Christopher Clark in seiner großen Studie über die Ursachen des Ersten Weltkriegs darauf zurückgeführt, dass dieser „die Illusion eines ständig wachsenden Kausaldrucks erzeugt. Die Faktoren türmen sich auf und drücken auf die Ereignisse; politische Akteure werden zu reinen ausführenden Organen der Kräfte, die sich längst etabliert haben und ihrer Kontrolle entziehen." Christopher Clark, *Die Schlafwandler. Wie Europa in den Ersten Weltkrieg zog*, übers. v. Norbert Juraschitz (München 2013), S. 17f.

43 Bloch, *Apologie*, S. 169.
44 Zu der Annahme, der Französischen Revolution sei eine wirtschaftliche Krisenzeit vorangegangen, siehe unten in den Kapiteln 4 und 6. Zu dem Mentalitätswandel, den Tocqueville rückblickend im Frankreich der Mitte des 18. Jahrhunderts beobachtete, und den er, in den Worten François Furets, als eine „Kulturrevolution" ansah – oder eine „geistige und moralische Revolution, wenn man das vorzieht" –, siehe Alexis de Tocqueville, *Der alte Staat und die Revolution*, übers. v. Theodor Oelckers (Berlin 2014) sowie François Furet, *1789. Vom Ereignis zum Gegenstand der Geschichtswissenschaft*, übers. v. Tamara Schoenbaum-Holtermann (Frankfurt a. M. 1980), S. 176 [Eine spätere Auflage dieser deutschen Übersetzung trägt den Untertitel „Vom Ereignis zum Mythos", Anm. d. Übers.]. Zu den Debatten über „kulturelle" Erklärungen für das Wirtschaftswachstum im Frankreich des 19. Jahrhunderts siehe François Crouzet, „The Historiography of French Economic Growth in the Nineteenth Century", *Economic History Review* 56,2 (2003), S. 215–242; ein frischer Blick auf die kulturellen Grundlagen dieser Entwicklung findet sich bei Joel Mokyr, *A Culture of Growth: The Origins of the Modern Economy* (Princeton, NJ 2016).
45 Zu den zahlreichen umstrittenen Interpretationen der industriellen Moderne Frankreichs im 19. Jahrhundert siehe Emmanuel Fureix und François Jarrige, *La modernité desenchantée: relire l'histoire du XIXᵉ siècle français* (Paris 2015).
46 A. C. Grussenmeyer, *Documents biographiques sur son éminence le cardinal Lavigerie*, 2 Bde. (Algier 1888), 2, S. 305–308; *La lanterne* 3448 (29. September 1886), S. 4140 (21. August 1888).
47 Siehe Claire Lemercier und Claire Zalc, *Quantitative Methods in the Humanities: An Introduction*, übers. v. Arthur Goldhammer (Charlottesville, VA 2019), insbesondere zur Frage von Zahlen und Quellen (S. 26 f.), zu jener der Vollständigkeit und der Sehnsucht nach möglichst großer Ausführlichkeit (S. 3, 37) sowie zu den Freuden des *„input"* (S. 51 f.).

Kapitel 1: Die Welt der Marie Aymard

1 Taufvermerk für Marie Aymard, 8. Februar 1713, AM-A, Saint-Antonin, GG52/97; Begräbnisvermerk für Marie Aymard, 22. April 1790, Petit-Saint-Cybard [im Folgenden PSC], GG68/117.
2 Das Wort *marchand*, das in den Gemeinderegistern von Angoulême im 18. Jahrhundert häufig auftaucht, lässt sich mit „Kaufmann" oder „Ladenbesitzer" übersetzen. Mit aller gebotenen Vorsicht habe ich mich dafür entschieden, ihn in der Regel eher mit „Ladenbesitzer" oder „Krämer" (engl. *shopkeeper*) wiederzugeben. Zu den Schwierigkeiten bei der Übersetzung von *marchand* nicht nur von einer Sprache in die andere, sondern auch in die heutige Zeit, siehe Edmond Huguet, *L'évolution du sens des mots depuis le XVIᵉ siècle* (Genf 1967), S. 63 f., und Francesca Trivellato, *The Promise and Peril of Credit: What a Forgotten Legend about Jews and Finance Tells Us about the Making of European Commercial Society* (Princeton, NJ 2019), S. 100; siehe auch Michael B. Katz, „Occupational Classification in History", *Journal of Interdisciplinary History* 3,1 (Summer 1972), S. 63–88. Heiratsvermerk für Pierre Aymard und Anne Queil, 11. November 1711, AM-A, Saint-Antonin, GG52/94. Zu Anne Queils Eltern siehe den Taufvermerk für Françoise Dorbe, 8. Februar 1661, Heiratsvermerk für Pierre Cueil und Françoise Dorbe, 6. April 1676, Taufvermerk für Claude Queil, 4. Januar 1682, sowie den Taufvermerk für Anne Queil, 8. August 1689, Saint-Antonin, GG51/6, 97, 113, GG52/28.
3 Heiratsvermerk für Gabriel Boisdon und Anne Queil, 22. Juni 1718, AM-A, Saint-Antonin, GG52/111.
4 Heiratsvermerk für Marie Aymard und Louis Ferrand, 21. November 1735, Saint-Paul GG 89/20. Louis Ferrand war in „Toussigny" (Tauxigny) unweit der Loire zur Welt gekommen, einem Dorf oder *bourg* mit geschätzt 270 Haushalten. Taufvermerk für Louis Ferrand, Sohn des Claude Ferrand und der Louise Douard, 3. Januar 1706, AD Indre-et-Loire, Tauxigny, 1706–1707, 2/23. Abbé Expilly, *Dictionnaire géographique, historique et politique des Gaules et de la France*, 6 Bde. (Paris 1762–1770), 4, S. 340. Claude Ferrand war bei der Taufe seines älteren Sohnes Claude *fils* im Jahr 1696 als *sabotier* (Holzschuhmacher) bezeichnet worden. AD Indre-et-Loire, Tauxigny, 1696, 7/13.
5 Taufvermerk für Anne Ferrand, 17. August 1736, AM-A, Saint-Paul, GG89/25; Sterbevermerk für Anne Ferrand, 28. März 1738, Saint-Paul, GG89, 36r (Seite fehlt in der

Onlineversion des Registers); Taufvermerk für Gabriel Ferrand, 13. April 1738, Saint-Paul, GG89, 36r; Taufvermerk für Léonard Ferrand, 27. August 1739, Saint-Martial, GG106/116; Taufvermerk für Françoise Ferrand, 1. November 1740, Saint-Martial, GG106/151; Sterbevermerk für Léonard Ferrand, 24. September 1741, PSC, GG67/14; Taufvermerk für François Ferrand, 6. Mai 1742, PSC, GG67/18; Taufvermerk für Mathurin Ferrand, 23. September 1743, Saint-André, GG40/150; Taufvermerk für Marguerite Ferrand, 27. Dezember 1744, Saint-André, GG40/176; Taufvermerk für Jean Ferrand, 13. Juni 1749, Saint-André, GG41/108.

6 Taufvermerk für Jean Ferrand, 13. Juni 1749, AM-A, Saint-André, GG41/108.

7 Communautés, Menuisiers, AM-A, HH5, 1744–1745. Louis Ferrands Schwiegervater, Gabriel Boisdon, wird in den Quellen als ein „Zimmermeister" bezeichnet, zudem als *sindic* der örtlichen Schreinerinnung. Die Rangfolge innerhalb solcher kleinen Zünfte wird in den Gemeinderegistern nur annäherungsweise abgebildet. In dem Vermerk zu seiner Heirat 1735 wird Louis Ferrand als „garçon menuisier" bezeichnet, wobei das Wort „garçon" (Bursche, d. h. Lehrling) durchgestrichen wurde. Bei der Taufe seines ersten Kindes, der früh verstorbenen Anne, ist er 1736 als „maître menuisier" genannt, bei der Taufe seines Sohnes Gabriel 1738 dann aber wieder als „garçon menuisier"; im Taufeintrag für den kleinen Léonard, der ebenfalls früh starb, wird er als „maître menuisier" bezeichnet. AM-A, Saint-Paul GG 89/20, 25, 36, Saint-Martial, GG106/116. Die Begriffe *menuisier* – ein Schreiner oder (Möbel-)Tischler – und *charpentier* (Zimmermann) bezeichnen unterschiedliche, aber verwandte Holzhandwerke. Zu den Unterschieden und Gemeinsamkeiten zwischen beiden siehe Prosper Boissonnade, *Essai sur l'organisation du travail en Poitou depuis le XIᵉ siècle jusqu'à la Révolution*, 2 Bde. (Paris 1900), 1, S. 343–346.

8 AM-A, Saint-Paul, GG89/25; Saint-Paul, GG89, 36r; Saint-Martial, GG106/116; Saint-Martial, GG106/151; PSC, GG67/18; Saint-André, GG40/150; Saint-André, GG40/176; Saint-André, GG41/108; zum Beruf von Léonard Marechal, dem Taufpaten des kleinen Léonard, siehe Saint-Jean, GG74/98.

9 „Registre des ordinations remis aux archives de l'Evêché en septembre 1912", 24. Juni 1753, Archives diocésaines d'Angoulême. Marie Aymards Name ist in diesem Register zunächst „Amard" geschrieben und dann am Rand der Spalte zu „Aimard" korrigiert. Zu dem kostenlosen Unterricht an der höheren Schule von Angoulême siehe Prosper Boissonnade und Jean-Marie-Jules Bernard, *Histoire du collège et du lycée d'Angoulême (1516–1895)* (Angoulême 1895), S. 126 f., 210.

10 „Marché d'engagement de Ferrand et Delorière à M. Cazeau de Roumillac", 15. Dezember 1753, ADC, Caillaud, Notar, 2E259. Zu der „Revolution" von 1769 siehe unten in Kapitel 4.

11 Als Delorières Sohn im September 1757 heiratete, wurde er als der „Sohn des verstorbenen Hugues Delorière" bezeichnet. Heiratsvermerk für Jacques Delorière und Marie Boilevin, 6. September 1757, AM-A, Saint-Martial, GG108/185.

12 „Acte entre Aymard Ve Ferrand et Ferrand son fils", 6. Mai 1760, ADC, Jeheu, Notar, 2E850. Die Zahl der in Angoulême praktizierenden Notare war „derart übermäßig", wie es in dem königlichen Edikt von 1765 heißt, dass daraus Amtsmissbrauch und Faulheit gefolgt seien sowie „Aktivitäten, die mit ihrer Funktion nicht kompatibel waren": *Edit du roi, contenant règlement pour les Notaires de la ville, faubourgs et banlieue d'Angoulême* (Compiegne 1765), S. 1; siehe auch „Les notaires de l'Angoumois et le dépôt général de leurs minutes", S. xvi–xxxv. Der „schlechte Charakter" des Notars Guillaume Jeheu soll einer der Auslöser für die „Notars-Krise" von Angoulême gewesen sein; „Les notaires de l'Angoumois", S. xii.

13 „Acte entre Aymard Ve Ferrand et Ferrand son fils", 6. Mai 1760, ADC, 2E850.

14 „Acte entre Aymard Ve Ferrand et Ferrand son fils", 6. Mai 1760, ADC, 2E850. Die Notargebühr zur Erstellung der Vollmacht betrug 2 Livres und 10 Sols, und der Vorgang selbst war so unbedeutend, dass er von den Archivaren, die gegen Ende des 19. Jahrhunderts ein Inventar der Notariatsunterlagen im Archiv des Departements Charente aufstellten, gar nicht berücksichtigt wurde; Inventar der notariellen Niederschriften durch Guillaume Jeheu aus dem Jahr 1760 in *Inventaire sommaire des archives départementales antérieures à 1789, Charente, Archives civiles—série E (967–1385)*, hg. v. M. P. de Fleury (Angoulême 1887), S. 185 f.

15 „Mariage de Sr. Gabriel Ferrand avec Dlle. Marie Adelaide Devuailly", 15. Oktober 1763, ADC, Sicard, Notar, 2E6662. Marie Adelaides Großvater, zwei Onkel und ein Cousin waren allesamt Tuchfärber in Amiens. Siehe „Depost d'actes et jugement par les Srs. Lemaitre et Ferrand", 10. Oktober 1769, ADC, Caillaud,

2E290. Ihr Vater und ihre Mutter unterzeichneten 1760 einen neunjährigen Pachtvertrag für ein Haus in Angoulême; in Pacht gegeben wurde das Haus von der wichtigsten Vermietern des Stadtteils, in dem Gabriel lebte: „la dame abbesse de Ste Ausone." „Contrôle des actes des notaires et actes sous seing privé", 24. April–4. Oktober 1760, ADC, 2C2/162, 20/153.

16 „Vente de meubles par Marie Aymard à Gabriel Ferrand son fils", 10. Januar 1764, ADC, 2E153. Gabriels Unterschrift, die in den Unterlagen einer Gemeindeversammlung 1757 groß und selbstsicher gewesen war – und in der melancholischen Erklärung nach dem Tod seines Vaters eher schwach und hingekritzelt erschien –, hatte inzwischen eine ganz außergewöhnlich prunkvolle Gestalt mit zahlreichen Schnörkeln angenommen: die Handschrift eines öffentlichen Schreibers. AM-A, „Assemblée de paroisse", 1. April 1757, Notre-Dame-de-la-Peine [im Folgenden NDP], GG14/23–24; „Acte entre Aymard Ve Ferrand et Ferrand son fils", 6. Mai 1760, ADC, 2E850.

17 „Vente de meubles par Marie Aymard à Gabriel Ferrand son fils", 10. Januar 1764, ADC, 2E153.

18 Ebd.

19 „Quittance par Marie Aimard à M. Cazaud", 11. Januar 1764, ADC, Sicard, 2E6663.

20 „Procuration par Marie Aymard", 16. Oktober 1764, ADC, 2E153.

21 Ebd.

22 „Procuration par Marie Aymard", 16. Oktober 1764, ADC, 2E153. Die Rede von „personnes publiques" gehörte zu den Standardformulierungen der Notare; dasselbe gilt von der bedrohlich wirkenden Formulierung über die „Verpflichtung" zur Verpfändung von „tous et chacuns ses biens". Siehe etwa „Chetel pour Marguerite Labonne et Pierre Bruchier son fils à Mr. François Laforet", 9. Dezember 1770, ADC, Bernard, 2E164; „Procuration pour agir donnée par Coignet à Blanloeil sa femme", 29. März 1768, ADC, Caillaud, 2E287; und siehe Claude-Joseph de Ferrière, *La science parfaite des notaires, ou le moyen de faire un parfait notaire*, überarb. Aufl. (Paris 1752), 2 Bde.

23 „Procuration par Marie Aymard", 16. Oktober 1764, ADC, 2E153.

24 *Mémoire pour Jean-Alexandre James, negre, Intimé. Contre le Sieur CAZEAU, Appellant de la Sentence de l'Amirauté* (Paris [1779]), S. 3 f., 11.

25 Begräbnisvermerk für Marie Aymard, 22. April 1790, AM-A, PSC, GG68/117.

26 Taufvermerk für Anne Ferrand, 17. August 1736, AM-A, Saint-Paul, GG89/25; Sterbevermerk für Anne Ferrand, 28. März 1738, Saint-Paul, GG89/36r.

27 Taufvermerk für Gabriel Ferrand, 13. April 1738, AM-A, Saint-Paul, GG89/36r, nach einer vorläufigen Segenszeremonie „angesichts des drohenden Todes", am 10. April 1738; Seite fehlt in der Onlineversion des Registers.

28 Taufvermerk für Pierre Alexandre Ferrand, 16. März 1775, AM-A, NDP, GG14/53; Sterbevermerk für Gabriel Ferrand, 19. Dezember 1816, 1E52/426–427.

29 Taufvermerk für Léonard Ferrand, 27. August 1739, AM-A, Saint-Martial, GG106/116; Sterbevermerk für Léonard Ferrand, 24. September 1741, PSC, GG67/14.

30 Taufvermerk für Françoise Ferrand, 1. November 1740, AM-A, Saint-Martial, GG106/151.

31 Taufvermerk für Françoise Lafont, 16. Februar 1756, AM-A, Saint-Martial, GG108/143.

32 Heiratsvermerk für Martial Allemand Lavigerie und Louise Vaslin, 13. April 1790, AM-A, Saint-André, GG47/64–65; Scheidungsvermerk für Martial Allemand Lavigerie und Louise Vaslin, 2 brum. 5 (23. Oktober 1796), 1E11/4; Heiratsvermerk für Martial Allemand Lavigerie und Marie Louise Bonnite Raymond Saint Germain, 28 prair. 9 (17. Juni 1801), 1E23/69–70; Ehevertrag von Martial Allemand Lavigerie und Marie Louise Bonnite Raymond Saint Germain, 20 prair. 9 (9. Juni 1801), ADC, Duval, Notar, 2E6272.

33 Taufvermerk für François Ferrand, 6. Mai 1742, AM-A, PSC, GG67/18; „Marriage de Gabriel Ferrand avec Marie Adelaide Devuailly", 15. Oktober 1763, ADC, 2E6662.

34 Taufvermerk für Jean Ferrand, 26. Dezember 1766, AM-A, NDP, GG 14/38.

35 Isle des Jacobins, in: „Cahiers de l'état des classes faites pour la faction du role pour 1763", AM-A, CC42/1/11, und Isle des Jacobins, „Répartition de la taille pour la classe au dessus de 10s. de subsistance", 1766, CC62/9/346. Im Jahr 1765 wurde der François Ferrand, der zwei Jahre zuvor ein Hausbediensteter gewesen war, als Tagelöhner aufgeführt und war verheiratet; einen Beleg über seine Heirat gibt es jedoch in keinem der zwölf Gemeinderegister von Angoulême aus den Jahren 1763–1765.

36 https://de.geneanet.org/, https://www.filae.com und https://www.ancestry.com [Stand: 02.12.2021].

37 Taufvermerk für Mathurin Ferrand, 23. September 1743, AM-A, Saint-André, GG40/150.

38 Taufvermerk für François Ferrand, AM-A, 6. Mai 1742, PSC, GG67/18; „Marriage de Gabriel Ferrand avec Marie Adelaide Devuailly", 15. Oktober 1763, ADC, 2E6662.

39 „Etat des garsons fugitifs de la milice", 4. Oktober 1758, AM-A, EE5. „Tourangeau garson de Raby" stammte laut der einen Liste aus der Gemeinde Saint-Martial, nach einer anderen jedoch aus „Beaulieu"; das Datum ist jeweils identisch. Zu verwirrenden Einträgen in den Milizlisten siehe unten in Kapitel 2.

40 Taufvermerk für Marguerite Ferrand, 27. Dezember 1744, AM-A, Saint-André, GG40/176; „Procuration par Marie Aymard", 16. Oktober 1764, ADC, 2E153.

41 Begräbnisvermerk für Jeanne Allemand, 20. September 1767, AM-A, Saint-Martial, GG110/87; Taufvermerk für Martial Allemand, 22. Oktober 1767, Saint-Antonin, GG54/56; Taufvermerk für Jean François Ferrand, 28. Februar 1768, NDP, GG 14/41.

42 Bloch, *Apologie*, S. 68.

43 Taufvermerk für Jean Ferrand, 13. Juni 1749, AM-A, Saint-André, GG41/108.

44 Heiratsvermerk für Jean Ferrand und Elizabeth Boutoute, 14. Mai 1774, AM-A, Saint-André, GG45/64.

45 Taufvermerk für Martial Ferrand, 30. März 1775, für Etienne Ferrand, 3. Juni 1776, für Françoise Ferrand, 12. Juni 1777, Sterbevermerk für Etienne Ferrand, 19. November 1777, Geburtsvermerk für Jean-Baptiste Ferrand, 8 pluv. 4 (28. Januar 1796), AM-A, PSC, GG68/54, Saint-André, GG45/100, GG45/124, GG45/133, 1E7/40. Jean-Baptiste wird in den Einträgen über die Taufen seiner drei älteren Kinder nur „Jean" genannt, ebenso in dem Vermerk über seine eigene Taufe; „Jean-Baptiste" heißt er in den Unterlagen über die Geburt seines jüngsten Kindes.

46 *Supplément aux Affiches Américaines*, 90 (19. Dezember 1789), S. 1100; Dossiers „Ferrand" und „Ferrand (Jn. Bte.)", Archives Nationales [im Folgenden AN], Secours aux réfugiés et colons spoliés, F/12/2795.

47 „Etat des Refugiés, Déportés, et Propriétaires Colons", ADC, L152. Petition an den Innenminister, eingegangen am 24. Februar 1831, im Dossier „Ferrand", AN, Secours aux réfugiés et colons spoliés, F/12/2795. Sterbevermerk für Jean-Baptiste Ferrand, 9. Arrondissement, 16. November 1831, Archives de Paris [im Folgenden AdP], Fichiers de l'état civil reconstitué, V3E/D552, 10/37.

48 Es ist auch heikel, ja sogar ein wenig aufdringlich, wenn man die Möglichkeit in Betracht zieht, dass – beispielsweise – ein Louis Ferrand, der 1764 noch am Leben gewesen wäre, dieses womöglich mitsamt seinen Sklaven und einer neuen Gefährtin auf der jetzt unter britischer Herrschaft stehenden Insel Grenada hätte verbringen können.

49 Taufvermerk für Jean-François Cazaud, 21. April 1756, AM-A, Saint-Jean, GG74/70.

50 „Recensement général de l'isle de la Grenade", 25. Mai 1755, Archives Nationales d'Outre-Mer [im Folgenden ANOM], Dépôt des papiers publics des colonies, G/1/498. Die anderen Kategorien für weiße, männliche Inselbewohner waren „Knaben, die Waffen tragen", „Knaben unter zwölf" sowie „sehr alte und gebrechliche Männer".

51 „Etat général, année 1742", Grenada, ANOM, C/10a/2/2; „Recensement général de l'isle de la Grenade", 1755, ANOM, G/1/498; „Isle de la Grenade et dépendances, resultats des états dressés pour l'année 1782", ANOM, C/10a/4. Die Zahl der weißen Inselbewohner sank von 1187 im Jahr 1742 auf 1077 im Jahr 1755 und stieg dann bis 1782 auf 1189 an.

52 Brief vom 7. Juli 1758 von M. de Rochemore, in: ANOM, Grenada, Correspondance à l'arrivée, C/10a/2; Brief vom 20. März 1758 an Antoine Lefebvre de Givry, in: ANOM, Colonies B107/43r–44v, duplicata, fonds ministeriels, Isles du Vent 1758.

53 Census of Grenada, 1763, in: The National Archives, Kew [im Folgenden TNA], CO 101/1/ part 1/22v, 25r.

54 Adelaide Herbert du Jardin kam im Januar 1763 auf Martinique zur Welt, während jenes kurzlebigen Intermezzos (und juristischen Vakuums) unter britischer Besatzung, zwischen der Unterzeichnung der vorläufigen und der endgültigen Fassung des Friedens von Paris, mit dem der Siebenjährige Krieg endete. In dem Verfahren ging es um ihr Anrecht auf das Erbe ihres Onkels, Joseph Herbert, der ohne eigene Nachkommen und ohne Testament auf Grenada verstorben war – und das ausgerechnet während eines weiteren juristischen Vakuums, nämlich während jenes Zeitraums von 18 Monaten *nach* der endgültigen Unterzeichnung des Friedens von Paris am 10. Februar 1763, in dem der französischen Bevölkerung in den nun britischen Herrschaftsgebieten Kanada und Grenada ein vollumfängliches Recht auf Emigration zukam – sie durften „sich mit aller

Sicherheit und Freiheit [aus diesen Gebieten]
zurückziehen". Als Joseph im Januar 1765 starb,
bemühte er sich gerade um den Verkauf zweier
großer Plantagen auf Grenada, für die er
2,4 Millionen Livres verlangte. Adelaides
Anspruch auf dieses Erbe wurde zum Streitpunkt
zwischen einer Tante auf Martinique und ihrer
Mutter, der Witwe von Louis Ferrands
Bekanntem, die nach Grenada gegangen war,
ihren Anwalt, einen Engländer, geheiratet und
Adelaide nach London geschickt hatte, „um sie
dort im anglikanischen Glauben erziehen zu
lassen". „Herbert Du Jardin, Léon Marie,
négociant à la Martinique", 1781, ANOM, COL
E 220.

55 ANOM, Martinique, Saint-Pierre-le-Mouilla-
ge, Gemeinderegister für 1771, Sterbevermerk
für Marie Chambert, Ehefrau des Pierre Vanda,
5/37; 1772, Heiratsvermerk für Pierre Vvanda
und Marie Macary, 12/29; 1774, Geburtsvermerk
für Anne Marie Vanda, 15/18; 1775, Begräbnisvermerk für Pierre Vandas, 66 Jahre alt, 6/23;
1776, Begräbnisvermerk für Bernard Vandas,
„etwa siebzig" Jahre alt, 6/7. Register der
Gemeinde La Madeleine, Mont-de-Marsan,
verfügbar in den Archives départementales des
Landes [im Folgenden AD Landes]; 1707, E192/
GG24, 4/26; 1709, E192/GG26, 13/29. Pierre
Vanda war einer der hauptsächlichen Gläubiger
der Jesuiten auf Martinique. *Ordre général et
définitif de tous les créanciers des ci-devant
soi-disans jésuites, soit en France que dans les
colonies* (Paris 1772), S. 118.

56 Taufvermerk für Jean Pascal Yrvoix Chauvin,
Sohn des Philippe Yrvoix Chauvin und der
Françoise Durand, 6. April 1738, AM-A,
Saint-André, GG40/30. In der Woche darauf
wurde Gabriel Ferrand in der Gemeinde
Saint-Paul getauft.

57 „Chauvin, Jean Yrvoix, négociant, lieutenant
d'artillerie et capitaine de milice bourgeoise à
Sainte-Lucie, sa succession 1786", ANOM,
COL E 77.

58 „Missions religieuses, administration des
hopitaux" (1771), ANOM, COL F5a/16/3;
„Hopitaux de la Martinique", „Hopitaux des
frères de la charité".

59 Zu dem „verräterischen Betragen" der Briten
im Jahr 1759, dem Brand von 1759 und dem
Hurrikan von 1780 siehe Sidney Daney de
Marcillac, *Histoire de la Martinique, depuis la
colonization jusqu'en 1815*, 6 Bde. (Fort Royal
1846), 3, S. 255–274, und F.-R. Roux, „Guide des
ouragans", *Revue maritime et coloniale* 31 (1871),
S. 619–754, S. 729f. Zum Ausbruch des Mount
Pelée im Jahr 1902 siehe Philippe Deschamps,

*Deuil national: les cataclysmes de la Martinique,
Saint-Pierre et Saint-Vincent, 8 mai–30 août 1902*
(Paris 1903).

60 Taufvermerk für Jean Alexandre, Sohn des
Jean-François Cazeau du Brueil und der Marthe
de Bologne, 19. September 1727, ANOM,
Gemeinderegister von Basse-Terre, Guadeloupe,
1727, 4/15.

61 Brief vom 27. September 1729 von
Champigny de Noroy und Pannier d'Orgeville,
ANOM, Martinique, Correspondance à l'arrivée,
C8a/40/97v–98r.

62 Taufvermerk für Jean-François-Auguste,
19. Juli 1733, AM-A, Saint-André, GG39/205.

63 Taufvermerk für George Alexandre de Bologne, 16. März 1748, AM-A, Saint-Jean,
GG74/4; Taufvermerk für Jean François Cazaud,
21. April 1752, Saint-Jean, GG74/70; Taufvermerk für Marie Marthe Cazaud, 16. Juni 1757,
GG74/76; „Scellé après le décès de madame la
marquise de Cazot" [im Folgenden „Scellé
Cazot"], 22. Mai 1781, AN, Y//13802. Cazaud
beschrieb sich selbst als einen früheren Soldaten
im Regiment des Marquis de Surgère, das im
Österreichischen Erbfolgekrieg von 1740–1748
unter anderem am Entsatz der Belagerung von
Prag 1742 teilgenommen hatte; GG74/4. Jean-
François Cazaud, Jean-Alexandres Vater, wurde
1734 in Angoulême begraben, seine Ehefrau,
Marthe de Bologne, starb ebenda im Jahr 1744.
Begräbnisvermerk für Jean-François Cazaud,
16. Januar 1734, AM-A, Saint-Jean, GG73/32;
Begräbnisvermerk für Marthe de Bologne,
26. Oktober 1744, ADC, NDB, 3E16/1, 55/176.

64 Taufvermerk für Silvie Calixte Benoist,
7. Mai 1735, AM-A, Saint-André, GG39/231;
Heiratsvermerk für Jean-Alexandre Cazaud und
Silvie Calixte Benoit des Essarts, 19. September
1752, Saint-André, GG41/181. Die Heirat
erfolgte fünf Monate nach der Taufe ihres
„leiblichen und legitimen Sohnes" Jean François,
wie es in einer Randnotiz am Gemeinderegister
von Saint-Jean heißt; Taufvermerk für
Jean-François Cazaud, 21. April 1752, Saint-Jean,
GG74/70. Cazaud war bei früheren Gelegenheiten in den Jahren 1743, 1744, 1745 und 1748
in Angoulême gewesen; GG73/80, 86, 93,
GG74/4.

65 „Marché d'engagement de Ferrand et
Delorière à M. Cazeau de Roumillac",
15. Dezember 1753, ADC, Caillaud, 2E259.

66 Taufvermerk für Jean-François Cazaud,
21. April 1752, AM-A, Saint-Jean, GG74/70.

67 „Cause entre le sieur de Cazeaux, Français,
naturalisé Anglais, domicilié à l'Isle de la
Grenade; M. Delpech de Montreau, Et la

Dlle. Lucie", *Gazette de Tribunaux* 18,50 (1784), S. 369–373, S. 370.

68 Volkszählung Grenada, 1763, TNA, CO 101/1/part 1/22v, 25r.

69 Taufvermerk für Mélanie Gabriele Sophie Cazaud, 20. September 1764, AM-A, Saint-André, GG42/230.

70 „Cause entre le sieur de Cazeaux et la Dlle. Lucie", S. 370, 373.

71 Brief von Dugout de Casaud, Beilage zu einem Brief vom 9. Juli 1811 von Mr. W. Manning an Mr. Richard Ryder, TNA, HO/1/6/6.

72 „Cazaud de Roumillac habitant de la Grenade 1780–1782", ANOM, Secrétariat d'Etat à la Marine—Personnel colonial ancien, COL E 66; Brief von Cazaud de Roumillac an den Comte de Durat, 12. November 1781, „Raport, Le Sieur de Cazaud, François, habitant de la Grenade", undatiert.

73 „Kopie einer Denkschrift der Landbesitzer auf der Insel Grenada", Beilage zu dem Beschwerdeschreiben des Obersten Alexander Johnstone vom 1. Dezember 1769, TNA, Privy Council Papers, PC1/60/7; siehe auch Rothschild, *The Inner Life of Empires*. Ein Jahr darauf befand Cazaud sich unter den fünf Grundbesitzern – allesamt Nachbarn –, die Oberst Johnstones Plantage, die „Bacaye" hieß, „besichtigten und untersuchten", um ihren Wert dann auf die Summe von £ 95 017 – 1s. – 8d. zu schätzen, einschließlich 266 Sklaven, die nach Name und/oder Kategorie aufgeführt sind – „31 Kinder à £ 30", „16 Alte und Gebrechliche à £ 10" – und deren Gesamtwert auf £ 18 372 festgelegt wurde. „Inventory & Valuation of Bacaye Estate", 1. Dezember 1770, University of Bristol, West Indies Papers, Westerhall Estate, DM41/32/1.

74 „Report presented to the Committee am 20. Februar 1770", TNA, PC1/60/7; [Anon.], *A Narrative of the Proceedings upon the Complaint against Governor Melvill* (London 1770), S. 105–116.

75 *Narrative of the Proceedings*, S. 2, 92, 116.

76 „Cause entre le sieur de Cazeaux et la Dlle. Lucie", S. 370.

77 *Mémoire pour Jean-Alexandre James*, S. 2 f.; Petition des Jean-Alexandre Gintz, 9. Juni 1779, in: AN, Amirauté, Minutes, 1779, Z/1d/135. Das „Königreich Timor" wurde in der Druckausgabe der Flugschrift an der westafrikanischen Goldküste verortet; Jean-Alexandre hieß in der ersten Petition „Gintz" und „James" in allen weiteren.

78 *Mémoire pour Jean-Alexandre James*, S. 2 f.; Petition des Jean-Alexandre Gintz, 9. Juni 1779,

Versäumnisurteil, Jean-Alexandre James, Kläger, versus Decazeaux, Beklagter, 7. Juli 1779; Petition des Jean-Alexandre James, Kläger, versus Decazeaux, Beklagten, 6. September 1779, in: AN, Amirauté, Minutes, 1779, Z/1d/135.

79 Nach der Argumentation von Jean-Alexandres Anwälten war die Sklaverei zuerst in Frankreich und dann in England abgeschafft worden. In den europäischen Kolonien bestehe sie lediglich als eine „Praxis [fort], deren einzige Grundlage die Autorität der Verwaltungsbeamten bildet, die in diesen unterworfenen Gebieten eingesetzt sind". Nach der englischen „Rechtsprechung über die Neger [orig.: *Negre*]" sei ausnahmslos jedem Afrikaner, der in Großbritannien seine Freiheit eingeklagt habe, diese auch zugesprochen worden, und auch nach der gegenwärtigen Rechtslehre in Frankreich – etwa in den „allseits bekannten Gerichtsentscheiden in den Fällen von Francisque, Pampy und Juliette" – war die Sklaverei nur mehr eine Praxis, die „aufgrund von öffentlicher Autorität in den [französischen] Kolonien aufrechterhalten wird; folglich könne Jean-Alexandre, der nach Grenada gebracht worden war, als die Insel unter britischer Herrschaft stand, und der sowohl in England als auch in Frankreich gelebt hatte, weder nach der französischen Rechtsprechung noch nach der ständigen Übung in den französischen Kolonien als ein Sklave angesehen werden. *Mémoire pour Jean-Alexandre James*, S. 4–8.

80 *Mémoire pour Jean-Alexandre James*, S. 3 f., 9, 12.

81 Mr Cazaud, *Account of a New Method of Cultivating the Sugar Cane. Read at the Royal Society, Feb. 25, 1779* (London 1779), S. 70.

82 Election of Mr Cazaud, https://royalsociety.org/about-us/fellowship/fellows/ [Stand: 07.11.2021].

83 Cazaud verwendet das Währungssystem von *Pounds, Shillings* und *Pence*, das in Großbritannien und Irland noch bis zum *Decimal Day* am 15. Februar 1971 in Kraft war. Die Summe ist also zu lesen als: „3 333 333 Pfund, 13 Shillings und 4 Pence (*Fourpence*)" [Anm. d. Übers.].

84 Marquis de Casaux, *Considérations sur quelques parties du méchanisme des sociétés* (London 1785), S. 207.

85 „Cause entre le sieur de Cazeaux et la Dlle. Lucie", S. 372.

86 Der Haushalt von „M. Casaud, à la guadeloupe en amerique" war im Steuerregister für 1763 als in der Isle de M. de Chabrefy liegend aufgeführt, die später als Isle de la Cloche Verte bezeichnet wurde; „Cahiers pour 1763", AM-A, CC42/1/10. Im Steuerregister für 1766 wird „La Dame Cazaud, fille du Sr. Benoist, som mari aux Isles" in der Isle des Tiercelettes aufgeführt; „Répartition de la taille", 1766, AM-A, CC62/22/815.

Kapitel 2: Der Heiratsvertrag

1 „Contrat de marriage de Estienne Allemand et Françoize Ferrand", 9. Dezember 1764, ADC, 2E153. Françoise Ferrand wurde im November 1740 getauft, Etienne Allemand am 29. Februar 1740; AM-A, Saint-Martial, GG106/151, und Saint-Antonin, GG53/12.
2 Die Baukosten für ein solches „bürgerliches Haus" lagen in Angoulême damals bei etwa 12 000 bis 15 000 Livres, und der Kaufpreis lag um etwa ein Drittel unter dieser Summe. E. Munier, *Essai d'une méthode générale propre à étendre les connoissances des voyageurs*, 2 Bde. (Paris 1779), 1, S. 93; Etienne Muniers Sohn wurde in der Pfarrkirche von Saint-Antonin im September 1766 getauft, die Tochter von Etienne Allemand und Françoise Ferrand nur wenige Wochen darauf; Taufvermerk für Jean Munier, 14. September 1766, und für Jeanne Allemand, 22. Oktober 1766, AM-A, GG54/52.
3 „Contrat de marriage de Estienne Allemand et Françoize Ferrand", 9. Dezember 1764, ADC, 2E153. Der Ausdruck, den Françoise Ferrand zur Beschreibung dieses Geldes verwendete – „pour provenir de son pécule" –, leitet sich vom lateinischen Wort *peculium* ab, mit dem im Römischen Recht die kleinen Ersparnisse eines Sklaven (oder unmündigen Sohnes) bezeichnet wurden, der von seinem Herrn (oder Vater) abhängig war. Im Frankreich des 18. Jahrhunderts bezeichnete der Begriff *pécule* „dasjenige, welches einer, der sich in der Gewalt und Vormundschaft eines anderen befindet, durch eigenen Fleiß und Sparsamkeit erworben hat, und dessen freie Verwendung ihm gestattet ist". *Le Grand vocabulaire françois, par une société de gens de lettres*, 30 Bde., 1767–1774 (Paris 1772), 21, S. 323.
4 Den Heiratsvertrag von Gabriel Ferrands Schwägerin unterzeichneten im Spätsommer 1764 25 Personen. Gabriels eigener Ehevertrag aus dem Oktober 1763 trug die Unterschriften von 29 Zeugen und der von Jean-Baptiste Ferrands wurde 1774 von elf Signataren bezeugt. „Mariage du sieur Lemaitre et demoiselle Vuailly", 26. August 1764, Caillaud, ADC, 2E280; „Mariage de Gabriel Ferrand avec Marie Adelaide Devuailly", 15. Oktober 1763, ADC, 2E6662; „Mariage de Jean Ferrand avec Elizabeth Boutoute", 1. Mai 1774, ADC, Sicard, 2E6673. In den siebzig Ehe- bzw. Heiratsverträgen aus Amiens und Charleville, die Ruggiu für seine

Studie untersucht hat – und die allerdings aus wohlhabenderen Familien stammen –, sind im Schnitt weniger als neun Signatare je Vertrag belegt; Ruggiu, *L'individu et la famille*, S. 130–136.
5 Siehe den Heiratsvermerk für Marie Aymard und Louis Ferrand, 21. November 1735, AM-A, Saint-Paul GG 89/20; „Acte entre Aymard Ve Ferrand et Ferrand son fils", 6. Mai 1760, ADC, 2E850; „Vente de meubles par Marie Aymard à Gabriel Ferrand son fils", 10. Januar 1764, ADC, 2E153; „Procuration par Marie Aymard", 16. Oktober 1764, ADC, 2E153; Taufvermerk für Gabriel Ferrand, 7. November 1764, NDP, GG14/36.
6 Siehe Claire Lemercier, „Analyse de réseaux et histoire de la famille". Wie Vincent Gourdon geschrieben hat, war die Anzahl der Signatare je notariellem Heiratsvertrag nicht begrenzt, was „manche Familien dazu bewegt hat, die Zeremonie der Vertragsunterzeichnung zu nutzen, um die große Ausdehnung ihres sozialen Netzwerks zu demonstrieren". Vincent Gourdon, „Aux cœurs de la sociabilité villageoise: une analyse de réseau à partir du choix des conjoints et des témoins au mariage dans un village d'Île-de-France au XIXᵉ siècle", *Annales de démographie historique* 109 (2005), S. 61–94, S. 62.
7 „Rosemarin", oder Rose Marin, wurde am 3. Juli 1754 getauft, AM-A, Saint-Antonin, GG54/14; Jean Giraud wurde am 17. Juli 1685 getauft, Saint-André, GG35/231.
8 Siehe Anhang 2.
9 Sterbevermerk für Jean-Baptiste Marchais, 9. April 1765, AM-A, Saint-André, GG43/6; Sterbevermerk für François Boisnier, 10. April 1839, ADC, Aigre 1828–1842, 260/341.
10 Entscheidung vom 2. Nivôse 2 (22. Dezember 1793) und Randnotiz des „Volksvertreters" Guimberteau, Brief an den Polizeiminister vom 10. Floréal 6 (29. April 1798), in: „Marin, Rose", AN, „Police générale—Emigrés: demandes de radiation de la liste", Charente, F/7/4990, Dossier 32, 10/56, 32/56. Zu dem schweren Schicksal Rosemarins und zu Jean Guimberteau, einem der Vertreter von Angoulême beim revolutionären Nationalkonvent, siehe unten in Kapitel 5.
11 „Racom" könnte ein Name sein oder auch nur ein Teil eines längeren Namens. Den Mit-

arbeitern im Archiv des Departements Charente bin ich zu großem Dank verpflichtet für ihre Mithilfe bei dem Versuch, diese kryptische Buchstabenfolge zu entziffern. Eine Abbildung der Unterschriften kann hier eingesehen werden: http://histecon.fas.harvard.edu/visualizing/angouleme/aymard-files/adc_19712_2E153_5.JPG und http://histecon.fas.harvard.edu/visualizing/angouleme/aymard-files/adc_19712_2E153_6.JPG [Stand: 07.11.2021].

12 „Contrat de marriage de Estienne Allemand et Françoize Ferrand", S. [2r]. Der Vertrag befindet sich auf einer einzigen zusammenhängenden Folioseite, die zweimal gefaltet wurde, um vier (unpaginierte) Einzelseiten zu erhalten. Die Unterschriften beginnen am Fuß der dritten Seite [2r] und ziehen sich über die gesamte vierte Seite [2v] hin.

13 Etienne Allemand wurde am 29. Februar 1740 getauft; am 29. Januar 1752 unterzeichnete er den Taufvermerk für Jeanne Longeau, Tochter des Jean Longeau, eines Schlossermeisters, und der Jeanne Giraud; AM-A, GG53/12, GG54/5.

14 „Contrat de marriage de Estienne Allemand et Françoize Ferrand", S. [1r]; Heiratsvermerk für Etienne Allemand und Françoise Ferrand, 7. Januar 1765; Taufvermerk für Marie Allemand, 1. Dezember 1765; AM-A, NDP, GG14/36, Saint-Antonin, GG54/50.

15 Begräbnisvermerk für Guillaume Allemand *dit* Lavigerie, verstorben im Alter von 55 Jahren, 6. November 1687, AM-A, Saint-Paul, GG88/42.

16 Sterbevermerk für Marguerite Allemand, Tochter des Guillaume Allemand, 16. September 1808, ADC, Saint-Saturnin, Begräbnisse, 1802–1812, 148/248; Pierre Allemand, wohnhaft in Lavigerie, ADC, Saint-Saturnin, *Recensement*, 1841, 8/39 und 1846, 16/34.

17 „Cahiers pour 1763", AM-A, CC42/1/11. In den Unterlagen der Zunft oder Innung der „tailleurs" unterschrieb Marc Allemand in mehreren Jahren, manchmal als „Lavigerie" und manchmal als „Allemand"; AM-A, HH5, Tailleurs, 1745, 1747, 1748, 1752, 1753, 1755, 1760.

18 Marc Allemand war mit Elisabeth Lecler verheiratet, die 1731 starb, und heiratete 1736 Etiennes Mutter, Marie Giraud; AM-A, Saint-André, GG39/158, Saint-Jean, GG73/50. Seine Kinder wurden 1727, 1730, 1731, 1739, 1740, 1741, 1743 beziehungsweise 1744 getauft; Saint-André, GG39/91, 133, 158, und Saint-Antonin, GG53/5–6, 12, 19, 31, 39.

19 Jean Giraud heiratete Susanne Dufort in der Pfarrkirche Saint-Jean am 1. Dezember 1708, und Marguerite Barathe, ebenfalls in Saint-Jean,

am 29. Januar 1721. Seine 16 Kinder wurden in derselben Pfarrei getauft. AM-A, GG72/174, 177, 188, 206, 209, 218, 223, 233, 238 (eine Zwillingstaufe); GG73/4, 10, 18, 24, 31, 47, 59, 67. Zu den Schneidern Guillaume Dufort und Jean Barathe siehe GG72/128–129, 177.

20 Heiratsvermerk für Madeleine Allemand und Roch Godinaud, 21. Januar 1685, AM-A, Saint-Paul, GG88/26; Heiratsvermerk für Madeleine Allemand und Jean Glaumont, 30. Oktober 1700, Saint-André, GG37/138; Heiratsvermerk für Elisabeth Glaumont und Jean Dumergue, 1. Juli 1721, Saint-André, GG38/232; Heiratsvermerk für Madeleine Glaumont und Gilles Yrvoix, 9. Januar 1731, Saint-André, GG39/150; Taufvermerk für Jeanne Joubert, Tochter der Marguerite Allemand und des Pierre Joubert, 27. Januar 1681, Saint-Paul, GG88/2.

21 „Cahiers pour 1763", AM-A, CC42, „Répartition de la taille", 1766, AM-A, CC62. Die Liste von 1763 erstreckt sich über 64 Seiten in drei „cahiers", die von 1766 umfasst gar 70 Seiten, auf denen 2548 Haushalte aufgeführt werden. Beide gehen über die Kernstadtgemeinden von Angoulême hinaus und erfassen auch die noch weitgehend ländlich-agrarisch geprägten Außenbezirke. Zu den Steuerreformen und -kategorien der 1760er-Jahre siehe Mireille Touzery, *L'invention de l'impôt sur le revenu* (Paris 1994), Kapitel 4, verfügbar unter https://books.openedition.org/igpde/2079 [Stand: 03.12.2021]. Als Intendant der *Généralité de Limoges* war A. R. J. Turgot in einem geradezu bizarren Maß in die Details der steuerlichen Registerführung involviert: „Mir erschiene es zweckmäßig, jedem Hause ein quadratisches Stück Papier zuzuordnen"; sodann solle jede *isle de maisons* einzeln inspiziert und jedem Haus reihum eine Nummer zugewiesen werden. Die für individuelle Häuser vorgesehenen Zettel sollten in zwei oder mehr Spalten eingeteilt werden. Turgot brachte zudem „fiktive" Modelleinträge für die Steuerverzeichnisse in Umlauf; 1763 handelte es sich dabei um den Haushalt eines Perückenmachers, 1766 um eine Berechnung für einen Kaufmann mit sieben Kindern, einem Hausdiener und einer Magd, dessen Ehefrau im Lauf des Steuerjahres verstorben war. „Lettre circulaire aux officiers municipaux sur les rôles des tailles dans les villes", 31. August 1762, in: *Œuvres de Mr. Turgot, ministre d'Etat*, hg. v. Dupont de Nemours, 9 Bde. (Paris 1808–1811), 9, S. 433–437.

22 „Contributions, matrices foncières", 1791, AM-A, ungeordnet, 11B47, siehe auch unten in Kapitel 5.

23 Boissonnade und Bernard, *Histoire du collège d'Angoulême (1516–1895)*.
24 Emile Biais, „Notes sur les anciennes paroisses d'Angoulême", *BSAHC*, ser. 5, 4 (1881), S. 171–215, und 5 (1882), S. 247–284; S. 249–251.
25 Dabei handelte sich im Einzelnen um Marie Anne Chaumont Gautier, die Witwe eines Advokaten; Anne Marie Gralhat Fonchaudière, die Tochter des Postdirektors; ihren Gatten, der ebenfalls als Rechtsanwalt praktizierte; ihren Vater; und Mauricette Vinsac, die Tochter eines Druckers. Im Jahr 1763 wurde in derselben kleinen „Insel" von nur neun Haushalten, in der Gabriel wohnte – und die zu jenem Zeitpunkt als die „Isle du Sr. Marvaud" bekannt war –, eine Madame Chaumont, verwitwete Gautier, aufgeführt. Anne Marie Gralhat Fonchaudière und ihr Ehemann sowie Mauricette Vinsac wohnten in der unmittelbar angrenzenden „Isle du Collège St. Louis"; AM-A, CC42/2/11–12. In 1765 wurden Gabriel und Madame Chaumont Gautier als unmittelbare Nachbarn in der „Isle de la Place du Collège" geführt – ihre Nummern im Steuerverzeichnis waren 1233 beziehungsweise 1234 –, während die Fonchaudières und Mauricette Vinsac in der „Isle du Collège" wohnten; CC62/16–17/1233, 1234, 1264, 1269.
26 AM-A, CC42/1/10–11; CC62/8–9. Diese „Insel" war 1763 als die „Isle de M. de Chabrefy" bekannt.
27 Bei ihnen handelte es sich um Philippe Briand und Jean Guiton, die in dem Heiratsvermerk für Etienne Allemand und Françoise Ferrand vom 7. Januar 1765 als *„pensionnaires écoliers* in der hiesigen Pfarrei" bezeichnet werden; AM-A, NDP, GG14/36.
28 Die Signatare waren Jean-Baptiste Marchais de la Chapelle; sein jüngerer Bruder Pierre Marchais, der Gastwirt war; Marguerite Dumergue (Marchais), Pierres gesellige Ehefrau; seine Schwiegertochter Marie Durand; sein Enkel, der ebenfalls Jean-Baptiste Marchais hieß; und seine Nichte Marguerite Marchais, die Tochter eines anderen seiner Brüder, der Perückenmacher war. Alle (bis auf den Enkel) hatten einige Jahre zuvor den Heiratsvertrag von Marie Durand und dem jüngeren Jean-Baptiste Marchais unterzeichnet; Mariage du Sr. Marchais de la Chapelle et Dlle. Durand, Caillaud, 22. September 1752, ADC, 2E257. Die Unterschrift des Jean-Baptiste Marchais, der auf dem Heiratsvertrag vom Dezember 1764 neben den Schülern Briand und Guiton unterzeichnete, ist nicht identisch mit der Unterschrift des jüngeren Jean-Baptiste, des Ehemanns der Marie Durand. Die einzige Unterschrift in der Familie,

die ihr zumindest ähnelt, ist die des ältesten Sohnes von Jean-Baptiste und Marie Durand, des Enkels des Patriarchen, der auch wieder Jean-Baptiste Marchais hieß; siehe den Taufvermerk für Jean Clement Marchais, Jean-Baptiste Marchais de la Chapelle *fils ainé*, Taufpate, 23. November 1764, AM-A, Saint-Martial, GG109/187. Der jüngste Jean-Baptiste Marchais war zu diesem Zeitpunkt zehn Jahre alt; siehe seinen Sterbevermerk, ADC, Saint-Simon 1821–1836, 26. April 1824, 48/308.
29 Catherine Bonvallet wurde 1710 getauft und war die Tochter des „Concierge der königlichen Gefängnisse"; AM-A, 29. Oktober 1710, Saint-Paul, GG88/119. Marie Aymards Großvater mütterlicherseits, Pierre Queil, und ihr Onkel mütterlicherseits, Louis Queil, wurden unter anderem (neben anderen Tätigkeitsbezeichnungen) beschrieben als „Concierge der Kerker im Schloss" und „Concierge des königlichen Schlosses"; AM-A, Saint-Antonin, GG52/20, 45, 62, 82, 86.
30 Diese waren Jean-Baptiste Brillet, seine Ehefrau Elisabeth Yver Brillet sowie „Brillet" (Marie Brillet). Die „aides" waren eine Steuer oder „droit", die vor allem auf den Verkauf von Handelswaren und Getränken erhoben wurden; ob und in welchem Umfang sie erhoben wurden, war sehr unterschiedlich, doch unbeliebt waren sie immer. Siehe Marcel Marion, *Dictionnaire des institutions de la France*, S. 8–12.
31 „Marriage de Gabriel Ferrand avec Marie Adelaide Devuailly", 15. Oktober 1763, ADC, 2E6662. In dem Ehevertrag von 1764 befindet sich die Unterschrift von „St Mexant de Crevecoeur" in der Nähe der Unterschriften der beiden Schuljungen sowie des jüngeren Jean-Baptiste Marchais. Sie ähnelt stark der Unterschrift jenes „F. Crevecoeur", der 1763 Gabriels Heiratsvertrag unterzeichnet hatte. Die Signaturen ähneln zudem der eines gewissen „François St Mexant De Crevecoeur Boisnier", der 1770 das Gemeinderegister von Aigre zeichnete; ADC, Aigre 1763–1792, 63/322. Er ist 1780 als Einnehmer der „vingtième"-Steuer in Civray belegt, wo er als „François Boisnier de St Maixent" unterschrieb. AD Vienne, Civray 1780–1782, 28/95. Sein Vater Jean-César Boisnier war Postdirektor in Aigre und bezeichnete sich selbst als „Sieur de Crèvecoeur"; die Familie seiner Mutter hatte das Landgut St. Maixent erworben. Der ältere Bruder von François Boisnier, Louis Boisnier de Crevecoeur de la Richardière, war als Offizier auf Guadeloupe stationiert, starb jedoch 1830 in Aigre; Aigre 1828–1842, 52–53/341; „Boisnier de

Crevecoeur, Louis, 1753–1786", ANOM, COL E 36.

32 Benjamin Golub und Matthew O. Jackson, „Naïve Learning in Social Networks and the Wisdom of Crowds", *American Economic Journal: Microeconomics* 2,1 (2010), S. 112–149, 112. Zu den Begrifflichkeiten von Freundschaft und Verwandtschaft in ihren vielfältigen Schattierungen siehe AM-A, Saint-André, GG45/128.

33 Die „Enge" dieser Beziehungen wird hier ihrerseits sehr eng definiert: Als „enge" Beziehungen betrachte ich solche zwischen Eltern und Kindern, unter Geschwistern oder Eheleuten sowie die verschiedenen Formen von „Paten-Beziehung" (zwischen Taufpaten und Patenkindern einerseits sowie zwischen den Paten und den Eltern des Täuflings andererseits). Die Familien von Angoulême neigten zu der im 18. Jahrhundert vorherrschenden Praxis, zu Taufpaten des erstgeborenen Kindes je ein Großelternteil des Täuflings mütterlicher- und väterlicherseits zu bestimmen. Die Taufpaten aller weiteren Kinder entsprachen dann eher dem, was man sich gemeinhin unter „Paten-Beziehungen" im Sinne bewusster gesellschaftlicher „Kontaktarbeit" vorstellt: Diese Paten sind dann eher Freunde der Eltern oder potenzielle Förderer des Kindes und seiner Familie. Zu Taufpaten und -zeugen siehe Guido Alfani, Vincent Gourdon, Cyril Grange und Marion Trévisi, „La mesure du lien familial: développement et diversification d'un champ de recherches", *Annales de démographie historique* 129 (2015), S. 277–320; Gourdon, „Aux cœurs de la sociabilité villageoise"; sowie zu Freundschafts- und Verwandtschaftsnetzwerken im 19. Jahrhundert Corbin, *Auf den Spuren eines Unbekannten*, S. 75–82.

34 Zur „Erdős-Zahl", anhand deren die Nähe anderer Mathematikerinnen und Mathematiker zu dem ungarischen Mathematiker Paul Erdős bemessen werden kann (wobei das größtmögliche Maß an „Nähe" definiert ist als die Ko-Autorschaft eines wissenschaftlichen Beitrags mit Erdős selbst), siehe M. E. J. Newman, „The Structure of Scientific Collaboration Networks", *Proceedings of the National Academy of Sciences of the United States of America* 98,2 (16. Januar 2001), S. 404–409.

35 Soziale Netzwerke sind „kein Paradigma, das durch irgendeine mystische Eigenschaft die sozialwissenschaftliche Beschäftigung mit dem Individuum wieder in seine Rechte setzt, nachdem die betroffenen Disziplinen noch immer traumatisiert sind von zwei Jahrzehnten eines exzessiven Strukturalismus." Claire

Lemercier und Paul-André Rosental, „‚Pays' ruraux et découpage de l'espace: les réseaux migratoires dans la région lilloise au milieu du XIXe siècle", *Population* 55,4 (2000), S. 691–726, S. 707; Lemercier, „Formal Network Methods in History: Why and How?" https://halshs. archives-ouvertes.fr/halshs-00521527v2 [Stand: 07.11.2021].

36 Siehe Granovetter, „The Strength of Weak Ties", S. 1378.

37 Bloch, *Apologie*, S. 169.

38 Adam Smith, *An Inquiry into the Nature and Causes of the Wealth of Nations*, hg. v. R. H. Campbell und A. S. Skinner (Oxford 1976), S. 768. [Deutsche Ausgabe: *Der Wohlstand der Nationen. Eine Untersuchung seiner Natur und seiner Ursachen*, übers. v. Horst Claus Recktenwald (München 1993), S. 652.]

39 Banerjee u. a., „Gossip: Identifying Central Individuals in a Social Network", S. 3.

40 Anzeige von Rose Rezé gegen Bussac, [17. März 1769], ADC, 1B1090/2.

41 Es waren dies die Pfarrgemeinden Notre-Dame-de-Beaulieu, Notre-Dame-de-la-Peine, Petit-Saint-Cybard, Saint-André, Saint-Antonin, Saint-Jacques, Saint-Jean, Saint-Martin und Saint-Paul. Siehe GG38/138 (5. September 1715); GG39/1; GG39/85; GG66/27; GG39/91; GG39/97; GG39/102; GG39/117; GG39/130; GG39/133; GG39/158; GG39/163; GG39/165; GG125/91; GG39/191; GG81/205; GG39/196; GG7/173; GG73/31; GG89/28; GG8/3; GG8/12; GG73/50; GG53/5–6; GG53/16; GG53/31; GG53/38; GG53/39; GG53/48; GG89/55; GG8/51; GG42/31; GG42/38; GG74/67; GG74/69; GG8/114; GG42/89; GG74/87; GG74/95; GG14/36; GG54/50; GG43/49; GG44/8; GG14/44 (11. September 1770). Marc Allemand war der Taufpate einer Signatarin, Marguerite Faure, sowie von Kindern von vieren der Unterzeichneten; er unterzeichnete die Taufvermerke von vier Signataren und die Heiratsvermerke von zwölf der Unterzeichneten.

42 Etienne hatte zwei überlebende Halbgeschwister, Marie oder Emerie, die den Heiratsvertrag unterzeichnete, und Martial, der sich nicht unter den Signataren befindet. Außerdem hatte Etienne drei Vollgeschwister, Marguerite, Jeanne und Jean, die den Vertrag aber nicht unterzeichneten. Siehe AM-A, GG39/133, 158, GG53/5–6, 19, 39, GG43/49, 1E3/140. Von Françoises fünf überlebenden Geschwistern unterzeichneten nur Gabriel und Jean (später Jean-Baptiste) den Heiratsvertrag ihrer Schwester.

43 Siehe AM-A, „Faure musicien ses filles et sa belle sœur lingères", „Cahiers pour 1763", „Répartition de la taille", 1766, AM-A, CC42/1/24, CC62/22/821; „Rose Rezé fille marchande clincaillerie", CC42/2/13 und „Rose Rezé fille majeure", CC62/9/329. Die „taille" war eine Steuer auf Personen und Sachen, von welcher der Klerus und der Adel ausgenommen waren. Siehe Marion, *Dictionnaire des institutions de la France*, S. 526–532, sowie unten in den Kapiteln 4 und 5.

44 „Répartition de la taille", 1766, AM-A, CC62/8–9.

45 „Cahiers pour 1763", „Répartition de la taille", 1766, AM-A, CC42/1/7; CC62/33.

46 Sterbevermerk für Jean-Baptiste Marchais de la Chapelle, 9. April 1765, AM-A, Saint-André, GG43/6. Zur Käuflichkeit des Bürgermeisteramtes siehe Jean Jézéquel, *La révolution française 1789-1799 à Angoulême* (Poitiers 1988), S. 13; M. J. Dupin, „Notices sur Abraham François Robin, premier échevin de la ville d'Angoulême et Léonard Robin son fils, membre du tribunat", *BSAHC*, ser. 4, Bd. 6, pt. 2 (1868–1869), S. 825–906, S. 847 f.

47 Begräbnisvermerk für Marie Bonnard, gestorben im Alter von 29 Jahren, 12. Mai 1770, AM-A, Saint-André, GG 45/5; Begräbnisvermerk für Marguerite Godinaud, gestorben im Alter von 29 Jahren, 23. Dezember 1769, Saint-André, GG 44/28. Die aus den verheirateten jungen Frauen unter den Signataren waren Françoises Schwägerin Marie Adelaide Devuailly, die 1819 im Alter von 77 Jahren starb; deren Schwester Dorothée Devuailly Lemaitre sowie Catherine Lecler, die 1803 im Alter von 60 Jahren starb. AM-A, 1E34/54; 1E57/92.

48 Sie unterzeichnete im Zeitraum von 1719 bis 1768 Dokumente in fünf verschiedenen Pfarreien: Saint-Jean, Petit-Saint-Cybard, Saint-André, Saint-Martial und Saint-Jacques; siehe AM-A, GG72/216; GG66/13; GG72/237; GG66/23; GG66/27; GG66/32; GG73/20; GG39/228; GG67/31–32; GG42/197; GG109/132; GG130/71; GG43/39–40; GG44/8.

49 Pierre Marchais und Marguerite Dumergue heirateten am 27. Januar 1728, AM-A, PSC, GG66/28. Zu den Taufen und Begräbnissen ihrer Kinder siehe AM-A, GG7/139, 149; GG7/144, GG41/37; GG7/156; GG39/182, 199, GG41/15; GG39/203, 242; GG39/236; GG39/256; GG40/25, 79; GG40/53; GG40/92, 123; GG40/120; GG40/149, GG41/21; GG41/124.

50 Begräbnisvermerke für Marie Godinaud und Philippe Dumergue, 6. August 1740, für Jean-Louis Dumergue, 22. August 1740, und für

Pierre Marchais, 29. August 1740; AM-A, Saint-André, GG 40/76–79.

51 „Inventaire reqt. le Sr. Ferrand", 27. Oktober 1763, „Mariage de Gabriel Ferrand avec Marie Adelaide Devuailly", 15. Oktober 1763, ADC, 2E6662.

52 Die *généralités* waren die „Wirtschaftsprovinzen" Frankreichs; an der Spitze ihrer Provinzverwaltung stand jeweils ein königlicher „Intendant". Siehe Marion, *Dictionnaire des institutions de la France*, S. 257. Angoulême gehörte um die Mitte des 18. Jahrhunderts zur *généralité* von Limoges, deren Intendant Turgot war. A. R. J. Turgot, „Edit de suppression" (1776), in: *Œuvres de Turgot*, 5:238–255. Marc Allemand unterzeichnete in den Unterlagen der „Tailleurs" in mehreren Jahren; Louis Ferrand unterzeichnete bei den „Menuisiers" noch 1752 – wie so oft ging es in dem Schriftstück um eine „Zuwiderhandlung", einen Bruch der innungseigenen Satzung –; im Jahr darauf ging er nach Grenada; Pierre Godinaud, einer der Unterzeichneten des Ehevertrags, unterzeichnete 1762 auch in den Unterlagen der „Boulangers", der Bäckerzunft. AM-A, HH5, Tailleurs, 1745–760; Menuisiers, 1745, 1752; Boulangers, 1762.

53 „Mémoire en forme d'observations pour servir à toutes fins de doléances et plaintes de la ville d'Angoulême", in: Prosper Boissonnade, *Cahiers de doléances de la sénéchaussée d'Angoulême* (Paris 1907) [im Folgenden Boissonnade, *Doléances*], S. 96–153, S. 120.

54 Zu Anne Magdaleine Gralhat Fonchaudière als Postdirektorin vom Tod ihres Ehemanns 1774 bis zu ihrem eigenen Tod 1779 siehe den Beitrag von M. Dujarric-Descombes, „Séance du mercredi 9 mai 1917", in: *BSAHC*, ser. 8, 8 (1917), S. l.

55 Zu Patronen und anderen „hierarchisch Höhergestellten" als Trauzeugen bei Heiraten im 19. Jahrhundert siehe Vincent Gourdon, „Réseaux des femmes, réseaux de femmes. Le cas du témoignage au mariage civil au XIXe siècle dans les pays héritiers du Code Napoléon (France, Pays-Bas, Belgique)", *Annales de démographie historique*, 112 (2006), S. 33–55, S. 37.

56 Alle bis auf zwei der 62 wurden in den Innenstadtpfarreien Notre-Dame-de-Beaulieu, Notre-Dame-de-la-Peine, Saint-André, Saint-Antonin, Saint-Jean, Saint-Martial und Saint-Paul getauft; der Hutmacher Michel Albert und seine Frau, Marie Tilhard, waren in Saint-Ausone geboren. Siehe Anhang 2. Zur Mobilität innerhalb Frankreichs und zu

„*commerce* im traditionellen Sinne des Wortes – als einen Austausch auch von Menschen und Ideen", siehe Daniel Roche, *Humeurs vagabondes: de la circulation des hommes et de l'utilité des voyages* (Paris 2003), S. 10, sowie die beiden Sondernummern der Zeitschrift *French Historical Studies* zur Mobilität (Bd. 29,3, Sommer 2006) und zum Werk von Daniel Roche (Bd. 27,4, Herbst 2004).

57 Ich bin Monsieur David Richard, dem Archivar des Bistums Angoulême, zutiefst dankbar für seine freundliche Hilfe bei der Recherche der Ordinationsunterlagen sowie für den umfassenden Einblick in das Diözesanarchiv, den er mir ermöglicht hat.

58 Es gab zwei Alberts (aus der Familie des Hutmachers), Gabriel selbst, einen Dexmier, einen Giraud (Etiennes Onkel Jacques, das neunte Kind seines Großvaters mütterlicherseits), einen Glaumont, einen Godinaud, einen Guimard, einen Laforet, einen Lemaitre, einen Jean-Baptiste Marchais, einen Rezé, einen Jean Roy, einen Vinsac, zwei Yrvoix und einen Yver. Siehe J. Nanglard, *Deux registres d'ordinations du diocèse d'Angoulême, 1587–1603 et 1741–1769* (Angoulême 1912).

59 Taufvermerk für Matthieu Thibaud, 19. September 1709, AM-A, Saint-Antonin, GG52/87; Taufvermerk für Françoise Chabaribeire, 18. Juli 1728, Saint-Martial, GG104/67; Heiratsvermerk für Françoise Chabaribeire, 24. April 1746, Saint-Martial, GG107/114.

60 Taufvermerk für Françoise Dorbe, 8. Februar 1661, Heiratsvermerk für Pierre Cueil und Françoise Dorbe, 6. April 1676, AM-A, Saint-Antonin, GG51/6, 97; zu den verschiedenen Beschreibungen Pierre Queils im Laufe der Jahre siehe GG51/113, GG52/20, 25, 45, 47, 50, 55.

61 AM-A, Saint-Antonin, GG52/61–63.

62 AM-A, Saint-Antonin, GG52/82, 86, 92, 95, 108, 112.

63 Taufvermerk für Rose Marthe Jussé, 2. Juni 1695, Heiratsvermerk für Jean Marchais und Rose Jussé, 16. November 1723, AM-A, Saint-Ausone, GG58/24, 149; zu Jacques Jussé siehe Paul Mourier, „Recherches sur la fabrication des cartes à jouer à Angoulême", *BSAHC*, ser. 7, 3 (1902–1903), S. 179–232, S. 189, 212.

64 Abraham-François Robin, „Recueil Secret des pièces utiles et intéressantes concernant la Révolution Arrivée dans le Commerce de Banque de la Ville d'Angoulême, et les Persécutions Suscitées aux Banquiers en 1769",

ADC, Fonds Mazière, Objekt J607. Ein Transkript des „Recueil" wurde 1919 veröffentlicht; hierauf beziehen sich, sofern nicht anders angegeben, die folgenden Verweise auf diesen Text: Robin, „Recueil Secret", hg. v. Abbé Mazière, *BSAHC*, ser. 8, 9 (1918), S. 3–76, S. 42. Jean-Baptiste Marchais gelangte im Juli 1765 zu einer vorläufigen Einigung mit seinen Gläubigern; es ging dabei um Schulden in Höhe von mehr als 67 000 Livres; „Concordat entre le Sr. Marchais de la Chapelle et ses creanciers", 27. Juli 1765, Caillaud, ADC, 2E282.

65 So lautet die Beschreibung des maßgeblichen Historikers der Angoulêmer Pfarreienlandschaft aus dem 19. Jahrhundert; Biais, „Notes sur les anciennes paroisses d'Angoulême", Teil 2, S. 251.

66 Paul de Fleury, *Recherches sur les origines et le développement de l'imprimerie à Angoulême* (Angoulême 1901), S. 44–50; siehe Bibliothèque nationale de France [im Folgenden BnF], Katalognummern FRBNF30479086, FRBNF33251218, FRBNF33986736. Ode 1 in dem Band mit Gedichten befasste sich mit einem Tropensturm auf Guadeloupe im Jahr 1738: „Tempel und Paläste" seien in Schutt und Asche gelegt worden an den „glücklichen Gestaden der geliebten Insel", auf der „beinahe ohne Mühe und Aufwendung wir sehen, wie die Natur ihre Gaben zwei Mal im Jahr verschenkt"; „dort, am Strand eines klaren Meeres", herrscht „die Freiheit". Pierre de Bologne, *Odes sacrées, Dédiées à Monseigneur le Dauphin, Par M. de Bologne de l'Amérique*, überarb. Aufl. (Paris 1758), S. 1–5.

67 Siehe die Aufzeichnungen von Simon Rezé, *marchand cartier*, 1725, Saint-André, GG39/69. Der ältere Pierre Rezé wurde anlässlich seiner Heirat 1747 als „Pastetenbäcker" bezeichnet; AM-A, GG73/99. Der andere Pierre Rezé wurde zum Zeitpunkt der Taufe seiner Tochter Rose im Jahr 1735 sowie bei seiner zweiten Heirat 1745 als Musiker beschrieben; bei der Taufe von Roses erstem Kind 1762 wird er als „marchand de draps" (Tuchhändler) bezeichnet. AM-A, GG73/38, GG41/16, GG42/188.

68 Undatiertes Memorandum von Rezé, AM-A, Milice, Karton EE5.

69 Rose Rezé (1), die Signatarin des Ehevertrags, wurde am 18. Mai 1703 und [Luce] Rose Rezé (2) wurde am 10. Januar 1715 getauft; beide waren Töchter von Simon Rezé und Luce Jussé: AM-A, Saint-Antonin, GG52/67, 103. Rose Rezé (2) war mit dem Signatar François Marin verheiratet; Saint-Antonin, GG53/38. Rose Rezé (3), die Tochter des Jacques Rezé und der Marguerite Desboeufs, wurde am 13. März 1730 getauft, Saint-André, GG39/134; [Jeanne] Rose Rezé (4), Tochter des Pierre Rezé und der Françoise Barraud, wurde am 24. Februar 1735 getauft, Saint-Jean, GG73/38. Rose Rezé (4), die Nichte und Patentochter der Signatarin Rose Rezé war mit Louis Bignon verheiratet, der bei unterschiedlichen Gelegenheiten beschrieben wird als „Kontrolleur der Marine-Intendantur zu Rochefort", „Schreiber bei der Marine" und „Beauftragter der Marineschule". AM-A, Saint-André, GG42/188, 207; Sterbevermerk für Louis Bignon, AD Gironde, La Teste de Buch, 1783–1791, 26. April 1786, 101/252. Rose Rezé (1) starb unverheiratet am 24. Mai 1781 in Angoulême, Rose Rezé (2) am 19. Germinal 3 (4. April 1795), AM-A, GG55/29, 1E6/79; Rose Rezé (3) starb unverheiratet am 30. Fructidor 13 (17. September 1805) in Angoulême, 1E38/344–345; Rose Rezé (4) starb in Angoulême am 15. Juli 1816, 1E52/232–233.

70 Siehe die Unterlagen zu Simon Rezé, „cy devant maréchal des logis du régiment de la reine", 1769, Saint-Jacques, GG130/159; Simon Rezé, *marchand de modes*, 1780, PSC, GG68/125.

71 „Sommation respectueuse à la requete de Claude Rezé à Jacques Rezé et Marguerite Desboeufs son epouse", 6. August 1767, ADC, Bernard, 2E158; „Contrat de mariage de Claude Rezé, et de Rose Marin", 9. August 1767, ADC, Bernard, 2E158; Heiratsvermerk für Claude Rezé und Rose Marin, AM-A, 11. August 1767, GG54/54–55.

72 Anzeige von André de Bussac gegen Claude Rezé, 25. März 1769, ADC, 1B1090/1.

73 Es handelte sich um Rose Rezé (3). Anzeige von Rose Rezé gegen Bussac, [17. März 1769], ADC, 1B1090/2; Anzeige von Claude Rezé und Rose Marin gegen Bussac, 25. März 1769, ADC, 1B1090/1; Aussage des Pierre Naudon, 1. April 1769, ADC, 1B1090/1.

74 Zum Einfluss des Außenhandels im Frankreich des 18. Jahrhunderts siehe François Crouzet, „Angleterre et France au XVIIIe siècle: essai d'analyse comparée de deux croissances économiques", *Annales: Economies, Sociétés, Civilisations* 21,2 (March–April 1966), S. 254–291; Guillaume Daudin, *Commerce et prosperité: la France au XVIIIe siècle* (Paris 2005). Zu den Ursprüngen der neuen Globalgeschichte siehe Caroline Douki und Philippe Minard, „Histoire globale, histoires connectées: un changement d'échelle historiographique? Introduction", *Revue d'histoire moderne et contemporaine* 54,4bis (2007), S. 7–22, sowie *The French Revolution in Global Perspective*, hg. v. Suzanne Desan, Lynn Hunt und William Max

Nelson (Ithaca, NY, 2013); siehe auch Emma Rothschild, „A Horrible Tragedy in the French Atlantic", *Past and Present* 192 (August 2006), S. 67–108.

75 „Patrik Cremen", auf der *King of Prussia* gefangen genommen, starb 1757 in der Pfarrei Saint-Antonin und „Cornoille Mollony", „Beichtvater der englischen Gefangenen, irischer Priester", wurde im selben Jahr in der Krypta der Pfarrkirche begraben. Begräbnisvermerk für Patrik Cremen, 11. September 1757; Begräbnisvermerk für Cornoille Mollony, 24. November 1757, AM-A, Saint-Antonin, GG54/24.

76 „Procès verbal et visitte de pain", 26. Oktober 1757, ADC, Caillaud, 2E266.

77 In der Pfarrei Saint-Antonin gab es einen Experten für das seefahrerische Kernhandwerk der Frachtverladung und -sicherung (einen *armeur de navire*): eine eigenartige Figur, die als „aus ‚Chatel' in England gebürtig" beschrieben wird und erst kürzlich aus Bordeaux nach Angoulême gezogen war. Begräbnisvermerk für Thomas Pressis, 27. Juli 1762; AM-A, Saint-Antonin, GG54/39.

78 „Acte contenant déclarations et protestations", 16. Januar 1765, ADC, Caillaud, 2E281. Louis Marchais war ein Cognac-Händler und früherer Perückenmacher und ein jüngerer Bruder des Signatars Jean-Baptiste Marchais de la Chapelle.

79 ADC, „Procès-verbal de deux cabriolets", 22. Juli 1766, Bernard, 2E156.

80 Einige Jahre später sollte Turgot die Lotterie als Verweser der *Généralité de Limoges* selbst beaufsichtigen. Siehe „Lettre au ministre de la guerre", 8. Januar 1773, und „Lettre au Chancelier", 30. Januar 1774, in: *Œuvres de Turgot*, 3:597–612, 655–660.

81 Undatiertes Memorandum von Claude Rezé, der darin vom Bürgermeister eine „Vermehrung des Arbeitslohnes" erbat, weil die Kosten im Zusammenhang mit „öffentlichen Zeremonien" so sehr gestiegen seien. AM-A, Milice, Karton EE5.

82 Memoranda des Bürgermeisters Claude Tremeau, 24. Februar 1758 und 4. Oktober 1758. „Etat des miliciens", „Etat des garçons fugitifs", 24. Februar, 26. Februar, 4. Oktober, 9. Oktober 1758, AM-A, EE5.

83 „Se faire donner main forte." Memorandum von Claude Tremeau, 24. Februar 1758, AM-A, EE5; Turgot, „Lettre au ministre de la guerre", 8. Januar 1773, S. 611.

84 Turgot, „Lettre au ministre de la guerre", 8. Januar 1773, S. 605.

85 André Corvisier, *L'armée française de la fin du XVIIe siècle au ministère de Choiseul: le soldat*, 2 Bde. (Paris 1964), 1, S. 197–258; Boissonnade und Bernard, *Histoire du collège d'Angoulême*, S. 185.

86 „Relevé des états fournis à M. l'Intendant des garçons sujets à la milice dans la ville d'Angoulême", 4. Oktober 1758; „Milice 4: 8re 1758", Memorandum von Claude Tremeau. AM-A, EE5.

87 „Relevé des états fournis", 4. Oktober 1758; „Etat des garçons fugitifs de la milice", 4. Oktober 1758; „Etat des habitants de la paroisse de St Paul qui doivent contribuer à la conduite des miliciens d'Angoulême à Limoges", 4. Oktober 1758. AM-A, EE5. Eine Randnotiz links des Eintrags „Lavigerie" lautet: „Zu überprüfen – herausfinden, wie lange der eine bereits im Dienst gestanden hat, und ob der andere nicht in den letzten sechs Monaten seine Studien unterbrochen hat." Am rechten Rand findet sich dann die Anmerkung: „Bescheinigung des Lehrers vorgelegt, entschuldigt." Etienne Allemand (Lavigerie) war zu diesem Zeitpunkt achtzehn Jahre alt.

88 „Milice 4: 8re 1758", AM-A, EE5. Gabriel Merceron, ein Metzger, war der Neffe von Elisabeth Glaumonts Ehemann, Louis Merceron, der gleichfalls Metzger war; GG7/169, GG7/175, GG89/55.

89 „Nom des presens sur qui le sort a été tiré, Nom des absens"; „Généralité de Limoges, Milice 175—", AM-A, EE5.

90 „Etat des garçons fugitifs de la milice", 4. Oktober 1758, „Etat des garçons fugitifs de la milice de la ville d'Angoulême", 4. Oktober 1758. AM-A, EE5.

91 „Procuration par Marie Aymard", 16. Oktober 1764, ADC, 2E153; „Marché d'engagement de Ferrand et Delorière à M. Cazeau de Roumillac", 15. Dezember 1753, 2E259.

92 „Relevé des états fournis à M. l'Intendant des garçons sujets à la milice dans la ville d'Angoulême", 4. Oktober 1758, „Milice d'octobre 1758." AM-A, EE5. Gabriel, der älteste von Marie Aymards vier Söhnen, war 1758 zwanzig Jahre alt; François war sechzehn, Mathurin fünfzehn und Jean oder Jean-Baptiste war neun. Auf einer der Listen vom Februar 1758 gibt es einen Eintrag für „[den] Sohn der Witwe Ferrand", von dem es heißt, er sei „zu klein". „Etat des garsons qui doivent tirer au sort pour la milice le 24 fevrier 1758", AM-A, EE5.

93 Siehe Jan de Vries, *The Industrious Revolution: Consumer Demand and the*

Household Economy, 1650 to the Present* (Cambridge 2008), und Michael Kwass, *Contraband: Louis Mandrin and the Making of a Global Underground* (Cambridge, MA 2014). Pierre Léons Studie über zwei französische Familien aus dem Landesinneren im 18. Jahrhundert, ihre Exporte und Re-Exporte „d'indiennes, des mouchoirs, de ‚limoges', de mousselines, de siamoises", gibt einen lebhaften Eindruck über die vielfältigen Verbindungen zwischen dem Inneren Frankreichs und den kolonialen Ökonomien; Pierre Léon, *Les Dolle et les Raby* (Grenoble 1963).

94 „Acte en forme de déclaration requérant Nevers", 30. Dezember 1768, ADC, Caillaud, 2E288.

95 „Cahiers pour 1763", AM-A, CC42/2/12.

96 Paul Faveraud, der 1743 in La Rochefoucauld zur Welt gekommen war, heiratete 1775 Marie Hypolite Delafond. Er war der Sohn von Catherine Bouhier sowie ein Neffe von A. M. Bouhier und M. Faveraud. Taufvermerk für Paul Faveraud, 11. März 1743, ADC, La Rochefoucauld-Saint-Cybard, 1737–1756, 3E304/4, 74/188; Heiratsvermerk für Paul Faveraud und Marie Hypolite Delafond, 28. Februar 1775, AM-A, NDP, GG14/52. Zu dem Inventar, das dem Heiratsvertrag beigefügt war, siehe Albertine Cadet, „Les apothicaires du temps passé à Angoulême", *BSAHC* (1981–1982), S. 47–60, S. 57.

97 Zu afrikanischen Händlern als Abnehmern französischer Produzenten gefälschter „indischer" und „englischer" Textilien siehe Edgard Depitre, *La toile peinte en France au XVIIe et au XVIIIe siècles: industrie, commerce, prohibitions* (Paris 1912), S. 242–258; und Pierre H. Boulle, „Marchandises de traite et développement industriel dans la France et l'Angleterre du XVIIIe siècle", *Revue française d'histoire d'Outre-Mer* 62 (1975), S. 309–330.

98 „Verbal contenant depost reqt. les Dlles. Roger et Desbrandes", 31. Mai 1760, ADC, Jeheu, 2E850.

99 „La grande et capitale révolution a été l'indienne … Tout ce peuple de femmes qui présente sur nos promenades une éblouissante iris de mille couleurs, naguère etait en deuil. Ces changements, qu'on croit futiles, ont une portée immense. Ce ne sont pas là de simples améliorations materielles, c'est un progrès du peuple dans l'extérieur et l'apparence, sur lesquels les hommes se jugent entre eux; c'est, pour ainsi parler, l'égalité visible." Jules Michelet, *Le peuple*, 2 Bde. (Brüssel 1846), 1, S. 34.

100 „Recollement de l'inventaire des meubles et effets de feues M. et Mme. Robuste de Frédilly", 24. Mai 1745, ADC, Bernard, 2E134; „Inventaire des meubles, effets, titres et papiers de la communauté de M. Trémeau et de déffunte dame Gonnet son épouse", 5.–7. Dezember 1768, ADC, Caillaud, 2E288. Die Demoiselles Robuste waren Nachbarinnen des Signatars Jean-Baptiste Brillet; „Déclaration par M. Brillet", 5. September 1764, ADC, Bernard, 2E153.

101 „Acte entre Aymard Ve Ferrand et Ferrand son fils", 6. Mai 1760, ADC, 2E850. „Mariage de Jean Ferrand avec Elizabeth Boutoute", 1. Mai 1774, ADC, 2E6673.

102 „Inventaire reqt. le Sr. Ferrand", 27. Oktober 1763, ADC, 2E6662. Die acht Betten und 58 Laken machten einen Wert von 1598 Livres aus – bei einem geschätzten Gesamtwert des Hausstandes von 2268 Livres; außerdem werden noch 300 Livres erwähnt, die als Schulden „von seinen *pensionnaires* und anderen" ausstünden. Zwei Mal während der Schätzung öffnete der Buchhändler, der das Inventar erstellte, einen Schrank und fand darin Unterwäsche („hardes"), die „der Demoiselle Ferrand, seiner Schwester", gehörte.

103 Im Jahr 1763 zahlte er, wie aus dem Steuerverzeichnis hervorgeht, keine Steuern, da er sich auf Guadeloupe aufhielt; 1766 hieß es, seine Ehefrau Silvie, von der er sich inzwischen getrennt hatte, besitze „nichts" und wohne in der „Isle des Tiercelettes". „Cahiers pour 1763", AM-A, CC42/1/10; „Répartition de la taille", 1766, CC62/22/815.

104 Taufvermerk für Claude, 3. September 1758, AM-A, Saint-André, GG42/113.

105 „Cahiers pour 1763", AM-A, CC42/1/23-24-2/1; „Répartition de la taille", 1766, CC62/20–22. Heiratsvermerk für Claude Benoit des Essarts und Marguerite Tremeau, 18. Oktober 1757, AM-A, PSC, GG67/84.

106 Taufvermerk für François Martin Aliquain, AM-A, Saint-Jean, 1. Oktober 1775, GG75/46; zur Familie Martin de Bourgon siehe unten in Kapitel 6.

107 Taufvermerk für Catherine Bracher Toussaint, 10. November 1773, AM-A, PSC, GG68/47, und für Yves Louis Thomas Toussaint Brachier, 2. Februar 1775, PSC, GG68/54. Bei Catherines Taufpatin, die nicht signierfähig war, handelte es sich um eine gewisse „Catherine Dauphinet", und ihr Taufpate war Jean Letourneau.

108 Taufvermerk für Jean L'Accajou, 3. September 1775, AM-A, PSC, GG68/58. Von ihm heißt es, er sei am 26. Januar 1773 bei der Admiralität in La Rochelle angemeldet worden.

109 Die 1772 zu Ende gegangene Sklavenfahrt war die Fahrt Nr. 32267 in der Trans-Atlantic Slave Trade Database, https://www.slavevoyages. org/voyage/32267/variables [Stand: 03.12.2021], und die Fahrt, auf der Michel Delage starb, war die Fahrt Nr. 32279; siehe Jean Mettas, *Répertoire des expéditions négrières françaises au XVIIIᵉ siècle: ports autres que Nantes* (Paris 1984), S. 322. Delage hatte seine Karriere als Kapitän von Sklavenschiffen 1754 begonnen. Der Eigner der *La Cigogne* war Daniel Garesché, ein wohlhabender Sklavenhändler und Grundbesitzer in Saint-Domingue, der in der Revolutionszeit als Bürgermeister von La Rochelle amtierte. Das Schiff fuhr unter keinem guten Stern – und das galt nicht nur für seine verschleppte „Fracht", sondern auch für seine Besatzung; ein früherer Kapitän der *Cigogne* war ebenfalls an der Westküste Afrikas gestorben, und 1778 wurde das Schiff von den Engländern gekapert. Daniel Garesché rüstete dann noch zwei weitere Schiffe aus, die wiederum den Namen *La Cigogne* trugen und bis zum September 1792 auf Handelsfahrten gingen. Im Zeitraum von 1769 bis 1793 war Garesché der verantwortliche Eigner bei 33 Sklavenexpeditionen von 18 verschiedenen Schiffen.

110 Taufvermerk für Elizabeth Boutoute, 16. September 1755, AM-A, Saint-André, GG42/54; Heiratsvermerk für Elizabeth Boutoute und Jean Ferrand, 14. Mai 1774, AM-A, Saint-André, GG45/64.

111 Zu den Expeditionen nach Cayenne, bei denen geschätzt 9000 von insgesamt 14 000 Auswanderern starben, siehe Rothschild, „A Horrible Tragedy in the French Atlantic".

112 „Ferme de privilege de perruquier", 16. Juni 1772, ADC, Caillaud, 2E295.

113 Jean Dumergue, seine elf Brüder und zwei Schwestern waren die Kinder des älteren Jean Dumergue und der Elizabeth Glaumont; Elizabeth Glaumont war die Tochter des Jean Glaumont und der Madeleine Allemand, einer Großtante Etienne Allemands. AM-A, Saint-Paul, GG87/52, GG88/5, GG88/79; Saint-André, GG37/138, GG38/232, GG39/54; Saint-Antonin, GG53/12.

114 Taufvermerk für François Dumergue, 27. November 1732, AM-A, Saint-André, GG39/186.

115 Brief vom 2. Februar 1769, geschrieben von François Dumergue in Fort Dauphin, „Depost d'une lettre missive par le Sr. Dumergue aîné",

31. Mai 1770, ADC, Caillaud, 2E291. Zu der „amerikanischen Revolution" der französischen Kolonisten von Saint-Domingue in den Jahren 1768/69, nach Ansicht der Rebellen eine Unabhängigkeitsbewegung, in den Augen der kolonialen Obrigkeit jedoch eher eine antimonarchistische Rebellion, siehe Charles Frostin, *Les révoltes blanches à Saint-Domingue aux XVIIe et XVIIIe siècles (Haïti avant 1789)* (Paris 1975), S. 297–388.

116 *Supplément aux Affiches Américaines*, 35 (4. September 1769), S. 316.

117 *Supplément aux Affiches Américaines*, 17 (28. April 1770), o. S. Nannette war „25–27 Jahre alt" und hielt sich, wie man vermutete, zusammen mit einem „freien Neger" in Cap-Français auf.

118 *Supplément aux Affiches Américaines*, 29 (11. Juli 1770), S. 299; weitere Meldungen zu dem Vorgang gab es in Nr. 34 (15. August 1770), S. 336 f., Nr. 35 (22. August 1770), S. 347, und Nr. 36 (29. August 1770), S. 353.

119 Jean Joubert war ein Großcousin von Etienne Allemand; seine Großmutter, Marguerite Allemand, war Etiennes Großtante. Jean Joubert heiratete am 21. November 1753 Marguerite Durousot oder Durousseau. Marc-René Lefort Latour war der Taufpate des Sohnes von Jean Joubert und Marguerite Durousot, Marc-René Joubert, sowie von Jean Jouberts Bruder, der ebenfalls Marc-René Joubert hieß. AM-A, Saint-André, GG39/51, 124–125, GG42/199; Saint-Jean, GG72/149, GG74/56.

120 Vollmachten vom 5. August 1771, Berlin, und 23. August 1771, ADC, Caillaud, 2E296.

121 Brief von Louis Gabriel Latour in Saint-Domingue an Marc-René Lefort Latour in Angoulême, 8. August 1772, ADC, Caillaud, 2E296.

122 Brief von Louis Gabriel Latour, 8. August 1772.

123 „Quittance de 150 livres donnee par le sieur Lefort de la Tour pour ses enfants", 18. September 1772, ADC, Caillaud, 2E296.

124 Siehe Crouzet, „Angleterre et France au XVIIIe siècle"; Daudin, *Commerce et prosperité*.

Kapitel 3: Ein Blick von oben

1 Das Projekt, das zu der nun vorliegenden Visualisierung der Individualbeziehungen in den Angoulêmer Kirchenbüchern von 1764 geführt hat, begann im Jahr 2012 und ist seitdem durchweg von Ian Kumekawa koordiniert worden. Eine detaillierte Projektbeschreibung findet sich unter http://histecon.fas.harvard.edu/visualizing/angouleme/index.html [Stand: 08.11.2021]. Ian Kumekawa und ich sind insbesondere Amy Price zu Dank verpflichtet, die als Webdesignerin für die Gestaltung dieser Seite verantwortlich war; außerdem Jessica Crown für Transkriptionsarbeiten sowie Madeleine Schwartz, Paul Talma, Nicolas Todd, Fanny Louvier, Ye Seul Byeon und Lux Zhao.

2 Die verwendeten Daten aus den Kirchenbüchern basieren auf den Dokumenten, die auf der Website des Stadtarchivs von Angoulême verfügbar sind und den Bestand der zwölf Pfarrgemeinden umfassen, in die sich Angoulême 1764 gliederte, zu denen noch das Hospital Hôtel-Dieu als gesonderte Einheit kam. Die frühesten verfügbaren Einträge stammen aus dem Jahr 1583 und die Unterlagen des zivilen Personenstandswesens sind für die Jahre 1793 bis 1900 zugänglich. Auf der Website des Departementsarchivs Charente gibt es weitere Dokumente zu Angoulême. Wie der Verfasser der bislang einzigen größeren Studie der Angoulêmer Kirchenbücher 1992 schrieb, „stehen wir vor einer außerordentlichen, gewaltigen Fülle von Quellenmaterial, die leider noch nicht gebührend erschlossen worden ist." Laurent Raynaud, „La population d'Angoulême au XVIIIe siècle (1700–1791), essai démographique" (*thèse de maîtrise*, Universität Poitiers, 1992), Kap. 1, o. S.

3 Der Abbé Expilly schätzte 1763 die Einwohnerschaft von Angoulême auf 2240 Haushalte mit etwa 11 200 Personen. Expilly, *Dictionnaire géographique*, 1:188. Eine Studie von Angoulême, deren Ergebnisse 1765 in Limoges veröffentlicht wurden, basierte auf einem – heute nicht mehr erhaltenen – „Dénombrement fait dans cette Ville au commencement de Juin 1764"; in der gedruckten Fassung wird die Zahl von 12 174 Einwohnern angegeben; *Éphémérides de la généralité de Limoges pour l'année 1765* (Limoges 1765), S. 103. Jacques Necker schätzte nur wenige Jahre später die Einwohnerzahl von Angoulême auf rund 13 000; Necker, *De l'administration des finances de la France* (1784), in: *Œuvres complètes de M. Necker*, hg. v. A. L. de Staël-Holstein, 15 Bde. (Paris 1820–1821), 4, S. 327.

4 AM-A, GG52/164–165, 178–179. Johannes Calvin wohnte 1534 in Angoulême – in einem Haus in der Rue de Genève (!), mitten in der Altstadt –, bevor er sich dann in Genf niederließ. Zu Calvins Zeit in Angoulême, während deren er seine Schrift *Psychopannychia* – „Über die Nachtwache der Seele" – verfasste und überarbeitete, siehe Bruce Gordon, *Calvin* (New Haven, CT 2011), S. 38–40. Anekdoten über den Aufenthalt des „Ketzers" in der Stadt finden sich bei Louis Fourgeaud, *Origine et introduction du protestantisme en Angoumois: séjour de Calvin à Angoulême, son influence et ses résultats, ravages des protestants* (Angoulême 1909).

5 Begräbnisvermerk für die Dame Marie Jullie de Vassoigne, 18. August 1764, AM-A, Saint-Antonin, GG54/46.

6 Corbin, *Auf den Spuren eines Unbekannten*, S. 7–9.

7 Transkript des Urteils des *tribunal civil de première instance* von Bayonne auf den Antrag des Martial Allemand Lavigerie, ADPA, Bayonne, Geburten, 1826–1837, 351, 7. September 1826, 52–53/904.

8 Rosental, *Les sentiers invisibles*, S. 22 f.

9 Auf einer einzigen Seite am Ende des ersten *cahier* in dem 1763 angelegten Steuerverzeichnis für die dicht bevölkerte „Steuerinsel" in der Pfarrei Saint-André, in der auch der frühere Musiker und Tuchhändler Pierre Rezé wohnte, finden sich 39 Einträge, bei denen drei verschiedene Schreiber insgesamt 23 Fehler berichtigt haben. AM-A, CC42/1/22.

10 Ein Verwandter eines der Unterzeichneten des Heiratsvertrages wurde beschrieben als „fünf Fuß zwei Zoll groß, kastanienfarbenes Haar, blaue Augen, große Nase"; ein Entflohener, der bereits wieder eingefangen worden war, hatte „eine Narbe über dem linken Auge, leicht tränende blaue Augen, einen wohlgeformten, wiewohl etwas schiefen Mund, ein rundes Kinn." AM-A, „Milice", EE5, Memorandum von Claude Tremeau, 24. Februar 1758; Memorandum von Tremeau, 4. Oktober 1758.

11 *Esquisse d'un tableau historique des progres de l'esprit humain* (1793–1794), in: M. J. A. N. Condorcet, *Œuvres de Condorcet*, hg. v. A. Condorcet O'Connor und M. F. Arago, 12 Bde. (Paris 1847–1849), 6, S. 233 f. [deutsche Übersetzung nach der Ausgabe: *Entwurf eines historischen Gemähldes der Fortschritte des menschlichen Geistes*, übers. v. Ernst Ludwig Posselt (Tübingen 1796), S. 271, 273].

12 Pierre Goubert, „Une richesse historique en cours d'exploitation: Les registres paroissiaux",

Annales. Histoire, Sciences Sociales 9,1 (1954), S. 83–93, S. 85.

13 Neckers 1784 veröffentlichte Schätzung basierte auf einer Geburtenrate von 1:27 bezogen auf die bestehende Bevölkerung, was bei seiner für Angoulême angenommenen Einwohnerzahl auf etwa 491 Geburten hinausliefe. Necker, *De l'administration des finances de la France*, S. 327.

14 Taufvermerk für Marie [Charpentier], 18. Juli 1764, AM-A, Saint-Martin, GG83/58.

15 Taufvermerk für Pierre, Sohn des Jean Epagnon Desisles und der Marie Yrvoix Chauvin, 6. Januar 1764, AM-A, Saint-André, GG42/218; Taufvermerk für Pierre, Sohn des Jean Epagnon Desisles und der Marie Yrvoix Chauvin, 6. Dezember 1764, GG42/234. Taufvermerke für Jean Pascal Yrvoix Chauvin und Marie Yrvoix Chauvin, GG40/30, GG40/142; Heiratsvermerk für Jean Epagnon Desisles und Marie Yrvoix Chauvin, 13. Januar 1761, GG42/162.

16 Diese Schätzung der Sterbeziffern ist vermutlich zu niedrig angesetzt, da die Curés der verschiedenen Pfarrgemeinden offenbar unterschiedliche Gewohnheiten hatten, was die Verzeichnung von Todesfällen bei Säuglingen und Kleinkindern betraf. Siehe Goubert, „Une richesse historique en cours d'exploitation: les registres paroissiaux", S. 86.

17 Hierin inbegriffen sind die im Jahr 1765 gestorbenen Kinder des Jahrgangs 1764, die zum Zeitpunkt ihres Todes jünger als ein Jahr waren: sechs Mädchen und neun Jungen. Bei der Säuglingssterberate handelt es sich um die Zahl der verstorbenen Kinder im Alter von unter einem Jahr im Verhältnis zur Zahl der Lebendgeburten, bzw. um die „Wahrscheinlichkeit, zwischen dem Tag der Geburt und dem ersten Geburtstag zu sterben, auf 1000 Lebendgeburten bezogen". https://data.unicef.org/topic/child-survival/under-five-mortality/ [Stand: 08.11.2021]. Insgesamt war die Säuglingssterberate von 121 per 1000 im Jahr 1764 in der Stadt geborene Kinder deutlich niedriger als die geschätzte Sterberate für den (ländlichen) Südwesten Frankreichs im 18. Jahrhundert (164 auf 1000 Geburten); für die anderen Teile des Landes geht man sogar von einer Sterberate von 200 auf 1000 Geburten aus; siehe Jacques Houdaille, „La mortalité des enfants dans la France rurale de 1690 à 1779", *Population* 30,1 (1984), S. 77–106; und Pierre Goubert, „Legitimate Fecundity and Infant Mortality in France during the Eighteenth Century: A Comparison", *Daedalus* 97,2 (Frühjahr 1968), S. 593–603.

18 Laut Raynauds Übersicht gab es 263 Begräbnisse im Jahr 1764, gegenüber durchschnittlich 351 Begräbnissen im Jahr während der gesamten 1760er-Jahre bzw. 288 Begräbnissen im Jahresdurchschnitt für die gesamte Zeit von 1700 bis 1791. „Table Annuelle", in: Raynaud, „La population d'Angoulême", Schlussteil. Die in diesem Buch zugrunde gelegten Zahlen unterscheiden sich leicht von Raynauds Zahlen für 1764. Wir gehen hier von geschätzt 327 Begräbnissen aus, darunter 63 Begräbnisse, die in zwei Registern des Hospitals, der „Gemeinde Hôtel-Dieu", aufgeführt sind, AM-A, GG22 und GG23. Wir gehen außerdem von geschätzt 505 statt 502 Geburten und von 122 statt 119 Heiraten aus.

19 „Chetel pour Marguerite Labonne et Pierre Bruchier son fils à Mr. François Laforet", 9. Dezember 1770, ADC, Bernard, 2E164.

20 In der Pfarrei Saint-Martial starben in diesen Monaten des Jahres 1764 zwanzig Kinder; in den entsprechenden Monaten des Jahres 1765 waren es jedoch 68; AM-A, GG109/176–185, GG110/18–30. Über das gesamte Jahrhundert hinweg fiel ein Viertel aller Begräbnisse in die beiden Monate September und Oktober. „Des mouvements saisonniers 1700–1791", in: Raynaud, „La population d'Angoulême", Kap. 2.

21 Heiratsvermerk für Joseph La Chapelle und Anne Alary, 30. November 1764, AM-A, Saint-Antonin, GG54/47; Heiratsvermerk für Louis Roy und Anne Bergeasson, 6. März 1764, Saint-Jacques, GG130/7; Taufvermerk für Louis Roy, 8. September 1751, Saint-Jacques, GG127/93. Als er 1816 starb, wurde Louis Roy, Witwer der Anne Bergeasson, als 65 Jahre alt beschrieben; Sterbevermerk für Louis Roy, 10. März 1816, 1E52/102.

22 Begräbnisvermerk für Marguerite Cassaud, AM-A, NDB, 6. Oktober 1764, GG8/149.

23 Heiratsvermerk für Jacques Hazard und Jeanne Nouel, 16. Januar 1764, Begräbnisvermerk für Louis Hazard, 15. Februar 1764, Taufvermerk für Gabrielle Hazard, 20. Oktober 1764; AM-A, Saint-Martin, GG83/54, 55, 60.

24 „Acte de delliberation des habitants de la paroisse Saint-Martial de la ville d'Angoulême", 1. September 1782, ADC, Bernard, 2E188. Raynaud schätzt, dass mehr als 30 Prozent der Einwohner der Pfarrei Saint-Martial, abgesehen von jenen, die innerhalb der Stadtmauern lebten, als „ländlich" betrachtet werden sollten; die meisten von ihnen waren Tagelöhner in der Landwirtschaft. Raynaud, „La population d'Angoulême", Kap. 4.

25 Zu dem „kriecherischen Wohlstand" von „unfruchtbaren" Aufwendungen siehe Victor de Riqueti, Marquis de Mirabeau und François Quesnay, *Philosophie rurale, ou Economie générale et politique de l'agriculture* (Amsterdam 1763), S. 277. Die Ansichten Adam Smiths in Sachen produktiver und unproduktiver Tätigkeiten finden sich in: Smith, *The Wealth of Nations*, S. 330–336.

26 AM-A, GG68/2, GG14/35, GG130/17, GG89/107, GG42/230.

27 AM-A, CC42/1/24; CC62/20/803.

28 AM-A, CC42/1/4.

29 „Vente de meubles par Marie Aymard à Gabriel Ferrand son fils", 10. Januar 1764, ADC, 2E153.

30 AM-A, CC42/1/12, CC62/10/386; CC42/1/21, CC62/18/690; CC42/1/10; CC42/1/24.

31 AM-A, CC42/1/4.

32 AM-A, CC42/1/14–15.

33 Jeanne Mercier und ihr Ehemann, deren gemeinsamer Sohn im September 1764 in der Pfarrei Notre-Dame-de-la-Peine zur Welt kam, waren identisch mit „Maingaud perruquier et sa femme lingère", die im Steuerverzeichnis für 1766 genannt werden; AM-A, CC62/32/1257; GG14/35. Es gab vier unterschiedliche Frauen, die in den Kirchenbüchern als „Marguerite Sibilotte" verzeichnet sind, und zwei namens „Marguerite Sibilotte" in den Steuerverzeichnissen: Eine war Schneiderin und die andere handelte mit Tierhäuten. Geneviève Tardat, die als Taufpatin von gleich drei Kindern in Erscheinung trat, die im Laufe des Jahres 1764 in der Pfarrei Saint-André zur Welt gekommen waren, war zugleich „Geneviève Tardat boulangère". CC42/1/20, CC42/1/21; CC62/17/648, CC62/749; GG42/221, 223, 224, 230, 232, GG68/3. Anne Rezé, die im August einen Taufvermerk in der Pfarrei Saint-Martial unterzeichnete, war „Anne Rezé veuve Merceron marchande". CC42/1/17; Taufvermerk für Rose L'Homme, 19. August 1764, GG109/178; Heiratsvermerk für Anne Rezé und Pierre Merceron, 5. Juni 1721, GG52/119. Rose Rezé, die Patin eines Säuglings, der im November in Saint-Jean getauft wurde, war die Nichte eines Krämers, der den Heiratsvertrag von 1764 unterzeichnet hatte. Taufvermerk für Rose Chataignon, 3. November 1764, GG74/122. Sie war Rose Rezé (3); siehe oben in Kapitel 2.

34 Heiratsvermerk für Gabriel Lemaitre und Dorothée Devuailly, 4. September 1764, AM-A, NDB, GG8/147–148.

35 Heiratsvermerk für Joseph Farbos und Marguerite Godinaud, 27. Juni 1764, AM-A, Saint-André, GG42/226.

36 Begräbnisvermerk für Marguerite Godinaud, 23. Dezember 1769, AM-A, Saint-André, GG44/28; Heiratsvermerk für Joseph Farbos und Madeleine Courteau, 24. Juli 1770, Saint-Paul, GG90/43; Begräbnisvermerk für Joseph Farbos, 23. Juli 1771, Saint-André, GG45/19; Taufvermerk für Jean Abraham Rodriguez Sarzedas, 9. Juni 1773, Saint-Jean, GG75/25–26; Heiratsvermerk für Jean Marie Abraham Sarzedas und Madeleine Courteau, 21. Dezember 1774, Saint-André, GG45/73; Begräbnisvermerk für Madeleine Courteau, 11. Juni 1776, GG45/100; Heiratsvermerk für Jean Marie Abraham Sarzedas und Cecile Labrue, 8. April 1777, PSC, GG68/66; Begräbnisvermerk für Cecile Labrue, 4. Januar 1778, GG45/136; Begräbnisvermerk für Jean Marie Abraham Sarzedas, 22. Oktober 1783, Saint-André, GG46/102.

37 Taufvermerk für Gabriel Ferrand, 7. November 1764, AM-A, NDP, GG14/36.

38 Heiratsvermerk für Antoine Duvignaud und Marguerite David, 10. Januar 1764, Heiratsvermerk für Jacques Forgeron und Marguerite Rougnac, 5. März 1764, Taufvermerk für Magdelaine Forgeron, 31. Oktober 1764, AM-A, Saint-André, GG42/219, 222, 231.

39 Taufvermerk für François Joseph Varache, 7. Juli 1764, AM-A, NDP, GG14/35.

40 Taufvermerk für Rose Campot, 17. November 1764, AM-A, Saint-André, GG42/233. Rose Marins Vater, François Marin, und ihr Nachbar, der Sohn des Amtsschreibers, unterzeichneten den Vermerk für ein und dieselbe Taufe.

41 Die Familie Dupard wohnte in der „Isle de M. Arnaud/Point du Jour", CC42/1/18, CC62/15/587; die Familie Faure wohnte in der „Isle des Tiercelettes", CC42/1/24, CC62/22/821; die Familie Yrvoix wohnte in der „Isle de Carmélites", CC42/2/4, CC62/25/950.

42 Heiratsvermerk für Magdelaine Faure und Jean Roy, AM-A, 29. Oktober 1764, Saint-Jacques, GG130/25; „Mariage de Jean Roy et Magdeleine Faure", 28. Oktober 1764, ADC, Mallat, Notar, 2E908.

43 Signaturen der Magdelaine Faure, 21. September 1764, Saint-Jacques, GG130/22, 23. Oktober 1764, Saint-Paul, GG89/108, 18. November 1764, Saint-Martial, GG109/186.

44 Taufvermerk für Magdelaine Faure, AM-A, 21. August 1743, Saint-Jacques, GG126/48; Signaturen der Magdelaine Faure, GG129/9, 109, 158, GG130/22, 39, GG89/90, 108, GG109/186;

Signaturen der Luce Faure, GG129/9, 52, 109, 158, GG130/22, 39, 44, GG89/90. Zu den Berufen ihrer Schwester und ihres Schwagers siehe GG89/90, GG129/109, 157–158, GG130/9, 44.

45 „Faubourg de l'Houmeau, Platte forme du Palet", „Isle du Château-Gaillard", AM-A, CC42/2/14, 42/2/17; „Faubourg de l'Houmeau", „Isle du Château-Gaillard", CC62/34/1332, 62/37/1461.

46 „Ich habe meinem Buchbinder einige Bände geschickt, unter anderem das *Système de la Nature*", schreibt Madame La Baronne zu Beginn des antiphilosophischen Romans *Les Helviennes* des Abbé Barruel, der kurz vor der Revolution erschien. Der Buchbinderlehrling „blätterte die Nacht hindurch in diesen Bänden und nahm sich mit der Tochter seines Meisters einige Freiheiten heraus", der er im Vertrauen eröffnete, „dass keine Hölle sei, wie er gerade in einem von Madame La Baronnes Büchern gelesen". [Abbé Barruel], *Les Helviennes, ou Lettres Provinciales Philosophiques*, 4. Aufl., 3 Bde. (Paris 1789), 1, S. 5.

47 Heiratsvermerk für Jean Roy und Marie Doraud, 13. Januar 1767, AM-A, GG43/39; Heiratsvermerke für Jean-Jacques Roy (Sohn des Jean Roy) und Jean-Baptiste Durand (Enkel des Jean Roy), 1E33/36, 1E76/69–70, siehe auch http://elec.enc.sorbonne.fr/imprimeurs/node/23542 und http://elec.enc.sorbonne.fr/imprimeurs/node/23543 [Stand: 08.11.2021].

48 Unter den 122 Paaren von 1764 ließen 74 von in Angoulême registrierten Notaren Eheverträge aufsetzen; es ist anzunehmen, dass die anderen Paare ihre Verträge schlicht an anderen Orten aufsetzen ließen. Enregistrement des actes notariés, Table des contrats de mariages, 1760–1767, ADC, 2C2/29.

49 Verzeichnis der Notariatsakte des Jean Bernard, ADC, 2E130; Heiratsvermerke vom 4. Februar 1764, 17. Juli 1764, 30. Oktober 1764, Saint-Martial, AM-A, GG109/164, 175, 185; 28. Februar 1764, 1. Oktober 1764, Saint-Martin, GG83/55, 59. Zu Bernard siehe la Martinière, „Avant-Propos", in: *Inventaire sommaire des archives départementales antérieures à 1789, Charente, Archives civiles— série E (1736–3040)*, hg. v. P. de Fleury und J. de la Martinière (Angoulême 1906), S. i–iii, S. ii. Bernard schien besonders oft für Menschen tätig zu sein, die sich auf der Durchreise befanden. So setzte er etwa, einige Jahre später, einen Heiratsvertrag für einen fahrenden Händler aus der Diözese Albi auf, der „über die letzten zwei Jahre hinweg ein Stammgast in der Schenke" eines Gastwirts in der Angoulêmer Gemeinde Saint-Martial gewesen war und nun die Tochter eines anderen fahrenden Händlers (aus der Diözese Cahors), der dort ebenfalls ein und aus ging, zur Frau nahm. Als Trauzeuge fungierte der Gastwirt, der „bestätigte, dass er die besagten Parteien gut kannte, da er sie im Verlaufe der vergangenen beiden Jahre sehr oft, ja beinahe ständig, in seinem besagten Gasthause gesehen habe". Die Eheleute vereinbarten, dass sie ihren gesamten Besitz teilen wollten, „halb und halb, ohne Sorge darum, ob nun eines oder das andere mehr habe oder haben werde". Heiratsvermerk für Jean Bourgnol und Françoise Delbreil, Saint-Martial, 21. Januar 1772, GG111/31; „Contrat de marriage de Jean Bougnol and Françoise Delbrel", 19. November 1771, ADC, Bernard, 2E166.

50 Heiratsvermerk für Jacques Thinon und Marie Leger, 17. Juli 1764, AM-A, Saint-Martial, GG109/175; „Contrat de marriage de Jacques Thinon et de Marie Leger", 21. Mai 1764, ADC, Bernard, 2E153.

51 Expilly, *Dictionnaire géographique*, 2:494.

52 „Contrat de marriage de Jacques Thinon et de Marie Leger", 21. Mai 1764, ADC, 2E153.

53 Taufvermerke für Jean Thinon, 4. Juni 1767, Marie Thinon, 4. August 1768, Guillaume und Antoine Thinon, 24. Oktober 1771, Simon Thinon, 16. Mai 1774, François Thinon, 7. Mai 1777, und Marie Thinon, 23. August 1780; AM-A, Saint-Jacques, GG130/92, 126, GG131/25, 110, 231, GG132/93.

54 Expilly, *Dictionnaire géographique*, 1:440.

55 „Vente par Jacques Thinon, Marie Leger son epouse, Marie et autre Marie Godinaud à Jean Marchesson", 3. Februar 1776, ADC, Bernard, 2E175.

56 „Vente par Jacques Thinon", 3. Februar 1776, ADC, 2E175.

57 Taufvermerk für Marie Thinon, 23. August 1780; Begräbnisvermerk für Marie Leger, 29. November 1780; Heiratsvermerk für Jean Thinon und Françoise Brunet, 20. Februar 1781; Taufvermerk für Cecile Thinon, 21. April 1783; AM-A, Saint-Jacques, GG132/93, 107, 120–121; GG133/8.

58 Heiratsvermerk für Nicholas Gendron und Marie Thinon, 6. Juli 1790, Saint-Jacques, AM-A, GG134/101; Sterbevermerk für Nicholas Gendron, 17. November 1848, 1E142/97, und für Marie Thinon, 8. Mai 1850, 1E154/39.

59 Begräbnisvermerk für Marie Jarton, 14. Mai 1764, AM-A, Saint-Jean, GG74/119; Taufvermerk für Françoise Durand, Tochter des Cybard Durand und der Marie Jarton, 1. Juni 1717,

Heiratsvermerk für Philippe Yrvoix Chauvin und Françoise Durand, 20. Januar 1734, Saint-Jean, GG72/208, GG73/37.

60 „La veuve Yrvoix Chauvin, marchande de graisserie et Jean Desisles son gendre"; AM-A, CC42/1/14.

61 Siehe GG42/162, 218, 234; GG43/20, 50, und zu Desisles' Schulden siehe unten in Kapitel 4.

62 „Chauvin, Jean Yrvoix, négociant, lieutenant d'artillerie et capitaine de milice bourgeoise à Sainte-Lucie, sa succession 1786", ANOM, COL E 77. Es gab noch einen anderen Jean Chauvin auf Martinique, der mit dem ersten aber offenbar nicht verwandt war und als „praktischer" oder „Küstenlotse" seinen Lebensunterhalt verdiente; die Marineoffiziere, um deren Protektion er sich bemühte, beschrieben ihn als „ein hochmütiges Subjekt". Er löste sogar eine kleinere Krise während des französisch-amerikanischen Seekriegs von 1776–1778 aus, als er androhte, „Abschied zu nehmen und sein Glück anderswo zu suchen", wenn man ihm nicht unverzüglich eine staatliche Pension gewähre. Er halte „sein tägliches Brot im Dienste des Königs für zu unsicher", berichteten die Offiziere, und trotz „Bemühungen aller Art" seitens des örtlichen Festungskommandanten – bei dem es sich übrigens um den Vater der späteren Kaiserin Joséphine handelte – sollte er schließlich „aufbrechen und in die Dienste der Kaufmannschaft treten". Briefe des Chevalier de Beausset vom 28. März 1777 und 6. April 1777 sowie vom 28. Dezember [1776] aus der Feder des Chevalier d'Orves – der als Vermittler von Passagen an die „Neuengländer" tätig war, was er als „ein Hundeleben" bezeichnete – in: „Chauvin, Jean, pilote côtier à la Martinique 1777/1778", ANOM, COL E 77. Im Januar 1778 bot man Jean Chauvin schließlich doch noch eine königliche Pension an; „Jean Chauvin" und Brief vom 29. Juni 1777, vom Marquis de Bouillé, Gouverneur von Martinique, in: ANOM, Martinique, Correspondance à l'arrivée, C8a/76/65.

63 Taufvermerk für Nicolas Picard, 25. August 1764, AM-A, Saint-Martial, GG109/104.

64 Taufvermerk für Jeanne Boutoute, 6. Januar 1764, AM-A, Saint-André, GG42/218.

65 Signatur der Rose Civadier, 1. Mai 1764, AM-A, GG89/106; Ehevertrag von Antoine Pissiez und Rose Civadier, 12. Dezember 1765, ADC, Caillaud, 2E283; Heiratsvermerk für Antoine Pissiez und Rose Civadier, 28. Januar 1766, ADC, Balzac 1737–1792, 201/461.

66 Ergänzung zu dem Taufvermerk für Radegonde Françoise Bareau, 10. April 1764, AM-A, NDP, GG14/34.

67 Siehe die Trans-Atlantic Slave Trade Database, https://www.slavevoyages.org/voyage/32242/variables [Stand: 08.11.2021].

68 Taufvermerk für Marc Bodet, 4. November 1764, AM-A, St. Yrieix, GG117/24; Ehevertrag von Marc Gestraud und Mathurine Rippe, 16. September 1764, ADC, Caillaud, 2E27185.

69 „Opposition par Thereze Grellier au mariage de Marc Gestraud son fils", 22. September 1764, ADC, Bernard, 2E153.

70 Vereinbarung vom 28. August 1764, Coulomb, Notar, Toulon, in: „Mariage de Gestraud et Rippe", 16. September 1764, ADC, Caillaud, 2E27185; [M. Choquet], „Bagne", *Nouveau Dictionnaire pour servir de supplément aux dictionnaires des sciences, des arts et des métiers*, hg. v. Jean d'Alembert und Denis Diderot, 4 Bde. (Paris 1776), 1, S. 744–747.

71 Heiratsvermerk für Marc Gestraud und Mathurine Rippe, 11. Februar 1765, AM-A, St. Yrieix, GG117/27. Die Versöhnung der Familie fand im Jahr darauf statt, als Marc und Mathurine ihre Tochter „Thérèse" nannten und Thérèse Grellier als Taufpatin wählten; 22. November 1766, AM-A, St. Yrieix, GG117/48.

72 Heiratsvermerk für Guillaume Nouel und Jeanne Tabuteau, 13. Juni 1764, AM-A, Saint-Jean, GG74/120; Heiratsvermerk für Gabriel Lemaitre und Dorothée Devuailly, 4. September 1764, NDB, GG8/148.

73 Taufvermerk für Gabriel Lemaitre, Sohn des Charles Lemaitre und der Marie Anne Klotz, 20. August 1741, AM-A, NDB, GG8/38; Begräbnisvermerk für Marie Anne Klotz, 4. November 1748, NDB, GG8/76.

74 Heiratsvermerk für Johan Georg Klotz und Moricette Bourdage, 3. November 1717, AM-A, NDB, GG7/91; Taufvermerk für Marie Anne Klotz, 29. März 1718, NDB, GG7/94.

75 Zu Abraham Janssen und der Papierindustrie siehe Jules Mathorez, *Les étrangers en France sous l'ancien régime: histoire de la formation de la population française*, 2 Bde. (Paris 1919–1921), 2, S. 243–245, zu Theodore Janssen, http://www.historyofparliamentonline.org/volume/1715-1754/member/janssen-sir-Theodore-1654-1748 [Stand: 08.11.2021].

76 Siehe AM-A, NDB, GG7/91, 94, GG8/2, 38, 76; Saint-Jean, GG72/216, 221, 229, 234, 237, 239.

77 Sterbevermerk für Marie Rose Klotz, 6. Januar 1813, gestorben im Alter von 81 Jahren, geboren in Larochebeaucourt in der Dordogne, AM-A, 1E49/8–9; NDB, GG8/147–148, Saint-Jean, GG74/120. Die Schwägerin von Marie Anne Janssen, Marie Rose de la Place, war mit Charles Galard de Béarn aus Larochebeaucourt verheiratet.

78 Heiratsvermerk für Marie Anne Klotz und Charles Lemaitre, 7. Mai 1737, AM-A, GG8/2; Heiratsvermerk für Marie Anne Klotz und Jean Louis Nouel, 15. Juni 1751, GG8/89–90.

79 Heiratsvermerk für Jacques Klotz und Edmée Victoire Dupuis, 6. November 1755, Dampierre-en-Yvelines, Saint-Pierre, AD Yvelines, 1751–1775, 82–84/379; Taufvermerk für Rose Aglaée Klotz, 2. Juli 1756, 95–96/379.

80 http://www2.assemblee-nationale.fr/sycomore/fiche/(num_dept)/13631 [Stand: 08.11.2021]. Eintrag für das Haus Nr. 706, Sektion A, Beaulieu, in: „Contributions, matrices foncières", 1791, AM-A.

81 Taufvermerk für Mélanie Gabriele Sophie Cazaud, 20. September 1764, AM-A, Saint-André, GG42/230.

82 „Scellé Cazot", 22. Mai 1781, AN, Y//13802.

83 Madeleine Very, „Scellé Cazot", AN, Y//13802.

84 „Scellé Cazot", AN, Y//13802. Clement Tiffon war der Bruder von Catherine Tiffon, der Mutter jener „Rosse" (oder Françoise Rose Duriou), die 1750 in der Pfarrei Saint-André getauft wurde; AM-A, Saint-André, GG41/32–35, 124, GG42/21.

85 Me François, „Scellé Cazot", AN, Y//13802.

86 Pierre Aubry, „Scellé Cazot", AN, Y//13802.

87 Das Testament wurde am 28. August 1780 aufgesetzt und bei dem Pariser Notar Pierre Collet hinterlegt. Darauf wurde in dem Streit um die Siegel, bei Cazauds Prozess sowie in dem „Repertorium" (der Auflistung) von Collets Notariatsakte aus dem Jahr 1780 Bezug genommen; Me Delamotte, 28. November 1781, „Scellé Cazot", AN, Y//13802; „Cause entre le sieur de Cazeaux et la Dlle. Lucie", S. 371; Repertorium, MC/RE/X/14.

88 „Cause entre le sieur de Cazeaux et la Dlle. Lucie", S. 370.

89 „Cause entre le sieur de Cazeaux et la Dlle. Lucie", S. 369, 372; Artikel 4 des Friedens von Paris vom 10. Februar 1763, https://avalon.law.yale.edu/18th_century/paris763.asp [Stand: 08.11.2021].

90 „Cause entre le sieur de Cazeaux et la Dlle. Lucie", S. 372 f.

91 Taufvermerk für Marie Marthe Cazaud, 16. Juni 1757, AM-A, Saint-Jean, GG74/76.

92 *Mémoire justificatif du Marquis de Casaux, de la Société Royale de Londres* (London 1784), S. 18–22, 37, 104.

93 Heiratsvermerk für Elizabeth Bénédictine de Bologne und Etienne Clairefontaine, 13. März 1776, AD Lot et Garonne, Agen, St. Etienne, Heiraten, 1771–1781, 106–107/199; Elizabeth Bénédictine war eine Tochter von Georges de Bologne, dem jüngeren Bruder von Cazauds Mutter.

94 *Mémoire justificatif*, S. 208.

95 Ebd., S. 41.

96 Ebd., S. 89, „Pièces justificatives", S. xxii, xxiv; Smith, *The Wealth of Nations*, S. 625 f.

97 „Thoughts on the Mechanism of Societies", *Critical Review* 62 (1786), S. 42–47, S. 42 f.

98 „Observations sur la lettre monarchique de M. Casaux, imprimée dans la Gazette universelle, du 5 juillet 1791", in: J. P. Brissot, *Recueil de quelques écrits, principalement extraits du „Patriote françois"* (Paris 1791), S. 24–28, S. 25.

99 „Sur la grande question du veto", 1. September 1789, in: *Œuvres de Mirabeau*, hg. v. Mérilhou, 9 Bde. (Paris 1825–1827), 7, S. 244 Anm. 1.

100 Malouet war ein ehemaliger „Intendant" von Französisch-Guyana und amtierte 1814 als Marine- und Kolonialminister; „M. Malouet hat an Monseigneur geschrieben … dass er M. de Cazaud über die letzten zwei Jahre hinweg häufig gesehen hat, wobei dieser [d. i. Cazaud] ihm in Tonfall und Betragen stets wie ein Ehrenmann erschienen ist, der eine große Menge von aufgeklärten Gedanken bezüglich der Kultur und Policey [d. h. Verwaltung] der Kolonien vertrat." „Cazaud de Roumillac habitant de la Grenade 1780–1782", ANOM, COL E 66; undatiertes Memorandum aus dem Jahr 1781 oder 1782, „Raport, Le Sieur de Cazaud, François, habitant de la Grenade."

101 „DETOURNENT DE L'IDEE D'UNE LANTERNE." M. de Cazaux, *Argumens pour et contre le commerce des colonies* (Paris 1791), S. 1, 6.

102 Begräbnisvermerk vom 20. Januar 1796, St. Mary the Virgin, Woodford; „Woodford Register of Burials, 1766–1812", S. 57, verfügbar über das Online-Archiv des Essex Records Office, https://www.essexarchivesonline.co.uk [Stand: 14.12.2021].

103 „Cause entre le sieur de Cazeaux et la Dlle. Lucie", S. 371. Das Testament selbst fehlt unter den Akten des Notars, der es aufgesetzt hat; AN, Collet, Notar, MC/ET/X/688 (Juli–August 1780).

104 *Mémoire justificatif*, S. 193 f., 197.

105 Taufvermerk für Jean-François Cazaud, 21. April 1756, AM-A, Saint-Jean, GG74/70; Brief vom 9. Juli 1811, von Dugout de Casaud,

einem Brief vom 9. Juli 1811 beigelegt, den Mr. W. Manning an Mr. Richard Ryder geschrieben hat, TNA, HO/1/6/6.

106 Testament des John Francis Dugout, Marquis de Casaux, 10. März 1832, TNA, PROB 11/1796; Brief vom 9. Juli 1811, von Dugout de Casaud.

107 Testament Henriette Dugout de Casaux, registriert in Nantes am 23. Januar 1852 und in London am 22. März 1852 bestätigt, TNA, PROB 11/2148.

108 Ehevertrag von Mr. de Bologne und Mlle. Husson, 2. Januar 1738, ADC, Caillaud, 2E27163; Heiratsvermerk für Pierre de Bologne und Bénédictine Husson, 16. Januar 1738, AM-A, Saint-Jean, GG73/52.

109 Robin, „Recueil", S. 59.

110 Anzeige von Elizabeth Sterne, Information vom 9.–11. Oktober 1769, ADC, 1B1090/2. „Ich wünschte, ich hätte einen Hund – meine Tochter wird mir einen bringen", schrieb Laurence Sterne 1767 an einen Freund – und dann an seine Tochter: „Dein lebhaftes französisches Hündchen soll seinen Platz auf der anderen Seite meines Kamins haben." Briefe vom 11. August 1767 an J——H——S und vom 24. August 1767 an Lydia Sterne, in: *Letters of the late Lawrence Sterne* (London 1794), S. 211, 215.

111 Anzeige von Elizabeth Sterne, ADC, 1B1090/2.

112 Ebd.

113 Aussagen von François Veillon, Ofenwächter, und Jean Gimon, Perückenmachermeister, Information, 11. Oktober 1769, ADC, 1B1090/2.

114 Aussagen von François Foucaud, Messerschmiedemeister, Nicolas Boissard und Jacques Matard, Ladenbesitzer, Information, 11. Oktober 1769, ADC, 1B1090/2.

115 Heiratsvermerk für Alexandre Prevaut und Liberalle Langlade, Saint-André, 13. Juni 1769, AM-A, GG44/20; Taufvermerk für Jeanne Prevaut, Saint-Jean, 28. Oktober 1769, AM-A, GG74/161.

116 Auf der letzten Seite der Niederschrift von Elizabeth Sternes Anzeige findet sich umseitig der Vermerk: „nach Paris übersandt den 9. Dezember 1769". ADC, 1B1090/2.

117 Laurence Sterne, *Yorick's empfindsame Reise durch Frankreich und Italien*, übers. v. Christian Carl Meissner (Zwickau: Schumann, 1825), S. 223.

118 Brief vom 2. März 1770 von Lydia Sterne an Elizabeth Montagu, *Letters of Laurence Sterne*, hg. v. Lewis Perry Curtis (Oxford 1935), S. 454 f.

Kapitel 4: Die erste Revolution

1 Für das Einsetzen jener inneren Umbruchs-
prozesse hat Tocqueville in seinem Werk
unterschiedliche Zeitpunkte oder -räume
vorgeschlagen: das Jahrzehnt 1749–1759
(„ungefähr dreißig oder vierzig Jahre vor dem
Ausbruch der Revolution"), aber auch die Jahre
1769 (die Regierung war „mindestens zwanzig
Jahre vor dieser Revolution" aktiver geworden),
1774 („die Regierung Ludwigs XVI.") oder
1774–1779 („während der zehn oder fünfzehn
Jahre, welche der Revolution vorangingen").
Tocqueville, *L'ancien régime*, S. 47, 238, 269,
270, 280; *L'ancien régime et la révolution:
fragments et notes inédites sur la révolution*,
hg. v. André Jardin, in: Tocqueville, *Œuvres
complètes*, hg. v. J.-P. Mayer (Paris 1952), Bd. 2,
Teil 2, S. 33, 37 [*Der alte Staat und die
Revolution*, S. 38, 169, 170]. Zu dem Einfluss der
„provinziellen" Schriften A. R. J. Turgots auf
Tocqueville siehe Robert T. Gannett Jr.,
*Tocqueville Unveiled: The Historian and His
Sources for The Old Regime and the Revolution*
(Chicago 2003), S. 70, 87–107, und Robert
M. Schwartz, „Tocqueville and Rural Politics in
Eighteenth-Century France", in: *Tocqueville and
Beyond: Essays on the Old Regime in Honor of
David D. Bien*, hg. v. Robert M. Schwartz und
Robert A. Schneider (Newark, Del. 2003),
S. 172–191.
2 „Pendant la Révolution, la Charente reçut le
contrecoup des grands évènements se déroulant
à Paris et aux frontières en évitant les abus et les
dérèglements." Siehe https://www.charente.
gouv.fr/Services-de-l-Etat/Organisation-admi-
nistrative-de-La-Charente/Presentation-du-de-
partement/Son-histoire [Stand: 15.11.2021].
3 J.-P.-G. Blanchet, *Le clergé charentais pendant
la révolution* (Angoulême 1898), S. 450, siehe
auch unten in Kapitel 6.
4 Tocqueville, *L'ancien régime*, S. 219. [*Der alte
Staat und die Revolution*, S. 170.]
5 AM-A, Heiratsvermerk für Martial Allemand
Lavigerie und Louise Vaslin, 13. April 1790,
Saint-André, GG47/64–65. Louise Vaslin war die
Tochter des verstorbenen Jean Vaslin, der
Apotheker gewesen war, und der Elisabeth
Bouchet, Tochter eines Perückenmachermeisters;
Heiratsvermerk für Jean Vaslin und Elisabeth
Bouchet, AM-A, 5. Juli 1768, PSC, GG68/21.
Elisabeth Bouchet wohnte in der Rue de Genève
im Zentrum von Angoulême, nicht weit von der
Einmündung jener Straße, die zum Haus Marc
Allemands in der Petit Rue du Palais führte.
Eintrag für das Haus Nr. 403, Section A,

Beaulieu, in: AM-A, „Contributions, matrices
foncières", 1791.
6 Taufregister, AM-A, Saint-Antonin, GG54/50,
52, 56, 60; NDP, GG14/36, 37, 38, 41, 43, 44, 45,
46, 48, 49, 53, 56, 58, 61, 65.
7 Taufvermerk für Marie Françoise Allemand,
7. August 1778, NDP, GG14/56, und für Josephe
Allemand, 12. September 1779, NDP, GG14/58.
Marie Mandrou war die Witwe von Guillaume
Berthoumieu, „habitant à la ravine de la cartier
de la paroisse de notre dame de l'assumption des
cayes du fonds isle avache cote St Domingue."
8 Diese Berufe – unter anderen – übten die
Taufpaten der Kinder von Marie Aymard und
Louis Ferrand aus; AM-A, Saint-Paul GG 89/25,
36, Saint-Martial, GG106/116, 151, PSC,
GG67/18, Saint-André, GG40/150, 176,
GG41/108. Unter den Paten der fünf Kinder von
Marc Allemand und Marie Giraud befanden sich
eine Näherin, ein Schuhmacher und eine
Schneider; Saint-Antonin, GG53/5–6, 12, 19, 31,
39.
9 Taufvermerk für Jeanne Henriette Allemand
Lavigerie, 16. Dezember 1771, AM-A, NDP,
GG14/46.
10 Von Gabriels Kindern starb Joseph im Jahr
1793, Gabriel 1816 und Pierre 1841; Etienne
(Ferrand) heiratete 1794, und entweder Jean
oder Jean François erhielt 1793 eine Bescheinigung über seinen „civisme"; „Certificats
de civisme", ADC, L146, siehe auch unten in
Kapitel 6. Sechs von Françoises Kindern starben,
zwischen 1838 und 1860, in Angoulême; Pierre
starb 1834 in Le Mans, Josephe 1855 in Bayonne
und Louise Mélanie 1875 in Saint-Pavace.
Etienne heiratete 1807 in Pau, und Antoine
unterzeichnete den Vermerk über Martials
zweite Heirat im Jahr 1801. Françoises zweite
Tochter, die älteste Jeanne, starb im Säuglingsalter und wurde in der Pfarrei Saint-Martial
begraben; Taufvermerk für Jeanne Allemand,
22. Oktober 1766, GG54/52, Begräbnisvermerk
für Jeanne Allemand, 9. September 1767,
GG110/87. Das heißt also, dass sich unter den
Kindern Gabriels und Françoises jeweils eines
befindet, über das wir (zum jetzigen Zeitpunkt)
keinerlei Belege oder Informationen haben, die
über seinen Taufvermerk hinausgehen: Marie
Allemand, geboren 1765; und entweder Jean
Ferrand, geboren 1766, oder Jean François
Ferrand, geboren 1768. In der Pfarrei
Notre-Dame-de-la-Peine, in deren Bezirk die
beiden Familien lebten, war es üblich, auch über
die Begräbnisse von Säuglingen und Klein-

kindern Buch zu führen (was nicht überall der Fall war). In dem Zeitraum zwischen 1764 (als Gabriels erstes Kind geboren wurde) und 1783 (als Françoises jüngstes Kind geboren wurde) verzeichnete man in Notre-Dame-de-la-Peine die Taufe von 103 Säuglingen sowie 23 Begräbnisse von Säuglingen und jung gestorbenen Kindern; siehe AM-A, NDP, GG14/36–65. Es ist möglich, dass Marie Allemand, wie etwa auch Jeanne, schon als Säugling zu Pflegeeltern in eine Nachbargemeinde oder aufs Land gegeben wurde. Zu den unterschiedlichen Gepflogenheiten in verschiedenen Gemeinden siehe Goubert, „Une richesse historique en cours d'exploitation: les registres paroissiaux."

11 Sterbevermerk für Jeanne Allemand Lavigerie, AM-A, 3. Juli 1860, 1E185/57; Sterbevermerk für Martial Allemand Lavigerie, 18. August 1856, 1E173/83–84; Sterbevermerk für Louise Mélanie Allemand Lavigerie, 10. Oktober 1865, AD Sarthe [im Folgenden ADSa], Begräbnisse, Saint-Pavace, 1853–1882, 182/275.

12 Sterbevermerk für Jean-Baptiste Ferrand, AD Orne, Vimoutiers, Begräbnisse, 1863–1873, 12. August 1873, 527–528/543.

13 Turgot, „Mémoire sur les prêts d'argent", S. 156.

14 Siehe Turgot, „Mémoire sur les prêts d'argent", S. 157; Robin, „Recueil", S. 27, 31; siehe auch Emma Rothschild, „An Alarming Commercial Crisis in 18th Century Angoulême: Sentiments in Economic History", Economic History Review 51,2 (Mai 1998), S. 268–293. Zu den zeitgenössischen Darstellungen der „affaire d'Angoulême" gehören: [Mathieu François Pidanzat de Mairobert], L'Observateur Anglois; ou, Correspondance secrète entre Milord All'Eye et Milord Alle'Ar, 4 Bde. (London 1777–1778), 3, S. 307–311; [M. de Bachaumont], Mémoires secrets pour servir à l'histoire de la république de lettres en France, depuis MDCCLXII jusqu'à nos jours, 36 Bde. (London 1777–1789), 9, S. 143 f., 244–246.

15 Turgot, „Mémoire sur les prêts d'argent", S. 155, 159–161; Robin, „Recueil", S. 27, 31.

16 Turgot, „Mémoire sur les prêts d'argent", S. 156; M. Turgot, Mémoires sur le prêt à intérêt et sur le commerce des fers (Paris 1789), S. 2. Nach der Ansicht des Ökonomen und französischen Finanzministers Léon Say handelte es sich hierbei um „das vollständigste und überhaupt das vollkommenste Werk, das über die verzinsliche Geldleihe jemals geschrieben wurde; Léon Say, Turgot (1887), übers. v. G. Masson (London 1888), S. 74–76, 83.

17 „Ich dränge [meine Kinder] sehr dazu", die „Historie" geheim zu halten, schrieb Robin, weil er darin Personen mit Namen benenne, „deren Anstoßnehmen noch immer sehr gefährlich wäre". Robin, „Recueil", S. 18, 23.

18 P.-J.-L. Nouel, l'ainé & fils, & Drou, Au roi, et à nosseigneurs de son conseil (Paris 1776), S. 2, 54; Arrest du Conseil d' Etat du Roi, Qui ordonne la suppression d'une Requête imprimée, signée P. J. L. Nouel père & fils, & Drou Avocat. Du 9 Septembre 1776 (Paris 1776), S. 3.

19 Robin, „Recueil", S. 19 f.; Turgot, „Mémoire sur les prêts d'argent", S. 160, 197, 199. Schon lange vor dem Aufkommen des wesentlich jüngeren Begriffs „capitalisme" bezeichnete das Wort „capitaliste" einen Eigentümer von liquidem oder „mobilem", also gerade nicht grundgebundenem oder „immobilem" Besitz. Siehe Marc Bloch, Lucien Febvre und Henri Hauser, „Capitalisme et capitaliste", Annales d'histoire sociale 1,4 (Oktober 1939), S. 401–406, S. 406 Anm. 1.

20 Robin, „Recueil", S. 45 f. „Il faisait un peu de banque avec ses propres fonds"; Dupin, „Notices sur Abraham François Robin et Léonard Robin", S. 828.

21 Taufvermerk für Mélanie Gabriele Sophie Cazaud, 20. September 1764, AM-A, Saint-André, GG42/230.

22 Turgot, „Mémoire sur les prêts d'argent", S. 159–166; Robin, „Recueil", S. 21, 26, 31–34.

23 Turgot, „Mémoire sur les prêts d'argent", S. 158.

24 Robin, „Recueil", S. 20–27, 49.

25 Der ältere Pierre Nouel unterzeichnete den Vermerk über die Heirat seines Sohnes Guillaume Nouel mit Jeanne Tabuteau, 13. Juni 1764, AM-A, Saint-Jean, GG74/120; sein Enkel Pierre Nouel, Sohn des Jean-Louis Nouel und der Marie Anne Klotz, wurde am 15. Februar 1764 getauft; NDB, GG8/145.

26 Robin, „Recueil", S. 26.

27 Nouel und Drou, Au roi, et à nosseigneurs de son conseil, S. 11, 25, 31, 45; Conseil d'Etat, in: Robin, „Recueil", S. 49.

28 Taufvermerk für Rose Chatagnon, 5. November 1764, AM-A, Saint-Jean, GG74/122; Taufvermerk für Pierre und Marie David, AM-A, Saint-Antonin, GG54/67, 73; Eintrag für das Haus Nr. 999, Sektion C, Château, „Contributions, matrices foncières", AM-A, 1791; Au roi, et à nosseigneurs de son conseil, S. 19.

29 Turgot, „Mémoire sur les prêts d'argent", S. 155.

30 Robin, „Recueil", S. 26; „Sommation faitte par M. Marot, receveur des tailles", 23. November 1771, ADC, Caillaud, 2E294.

31 Robin, „Recueil", S. 25 f.

32 Taufvermerk für Pierre Joseph Audry, 26. November 1764, AM-A, Saint-André, GG42/233; Robin, „Recueil", S. 24.

33 Es gab einen Schuhmacher, der die Ansprüche eines anderen Schuhmachers übernommen hatte und von einem Anwalt vertreten wurde; diesem Mann schuldete Marie Aymard 72 Livres und 19 Sous. Einer Verkäuferin von Pottasche (zum Waschen) schuldete sie 74 Livres; einer von Kochfett 94 Livres; einem Tuchmacher und seiner Frau, die sich ebenfalls einen Anwalt genommen hatten, schuldete sie 49 Livres und 11 Sous. „Vente de meubles par Marie Aymard à Gabriel Ferrand son fils", 10. Januar 1764, ADC, 2E153. Keine dieser acht Personen, die ja durchaus komplexe Vorkehrungen getroffen hatten, taucht in den rivalisierenden Auflistungen des „Krisenpersonals" auf. *Au roi, et à nosseigneurs de son conseil*, S. 10–12, 25 f., 31, 45–48; Robin, „Recueil", S. 41–44.

34 Robin, „Recueil", S. 42.

35 Bei einem früheren Konkurs gehörten zu seinen Gläubigern einer seiner Brüder, ein Cousin, die Nouels *père et fils* sowie ein Schwager von Pascal Chauvin, dem wanderlustigen Seemann. Robin. „Recueil", S. 42; „Concordat entre le Sr. Marchais de la Chapelle et ses creanciers", 27. Juli 1765, ADC, 2E282.

36 AM-A, CC42/1/9, 42/1/23, 42/2/1; CC62/9/324, 62/20/776, 62/22/835.

37 Gabriel Ferrands Steuernummer war die 1234, in der Isle de la Place du Collège, laut dem Verzeichnis für 1766, und die Steuernummer für Faunier Duplessis, den Schwager des Schmiedes Lapouge, war 1240, in der Isle du Collège; AM-A, CC62/32/1234, 32/1240.

38 Robin, „Recueil", S. 29.

39 Anzeige von Lapouge, 28. Oktober 1769, „Information faitte en la chambre criminelle", 28. Oktober 1769, ADC, 1B1090/2.

40 „Acte entre Aymard Ve Ferrand et Ferrand son fils", 6. Mai 1760, ADC, 2E850.

41 Boissonnade und Bernard, *Histoire du collège d'Angoulême*, S. 97–120; siehe auch Albert de Massougnes, *Les Jésuites à Angoulême, leur expulsion et ses conséquences (1516–1792), étude historique* (Angoulême 1880).

42 Boissonnade und Bernard, *Histoire du collège d'Angoulême*, S. 97–120.

43 Im Jahr 1764 waren „Dorlet étudiant" und „Viger étudiant" Zeugen beim Begräbnis der alleinstehenden, im Alter von etwa 84 Jahren verstorbenen Jeanne Sauvet in der Pfarrei Notre-Dame-de-la-Peine; 9. September 1764, AM-A, NDP, GG14/35. Einige Jahre später war „Charles Menut etudiant" ein Zeuge beim Begräbnis von Jean Naigrier, der im Alter von 22 Jahren gestorben war – in seiner Kammer im Haus von Sr. Matard, einem Wachsmacher, bei dem er sich eingemietet hatte; 22. August 1776, AM-A, GG9/111.

44 Boissonnade und Bernard, *Histoire du collège d'Angoulême*, S. 142, 153, 167, 169, 177, 180; Petitionen vom 14. und 15. Februar 1766, Zitat ebd. auf S. 179.

45 Jean Rollet, „me de pention", AM-A, CC42/1/24; Jean Rolet, „cy devt homme d'affaires", CC62/21/813; siehe auch Boissonnade und Bernard, *Histoire du collège d'Angoulême*, S. 150, 159. In den Steuerverzeichnissen werden wiederholt Lehrer erwähnt: CC62/4, 62/6, 62/9, 62/12, 62/20, 62/21, 62/24, 62/31, 62/32 (drei), 62/35, 62/44, 62/57; siehe auch CC42/1/10, 1/11, 1/14, 1/22, 1/24, 2/11 (zwei), 2/12.

46 Collège d'Angoulême, *deliberations du bureau*, Einträge für 21. Januar, 3. Juni 2. September und 25. November 1774, ADC, D29, S. 153–154; Sterbevermerk für Roch Letourneau, 11. November 1774, AM-A, Saint-Paul, GG90/82.

47 Boissonnade und Bernard, *Histoire du collège d'Angoulême*, S. 223.

48 „Registre des ordinations remis aux archives de l'Evêché en septembre 1912", Archives diocésaines d'Angoulême.

49 Brief an die Verwaltung des Collège d'Angoulême von Coulon und Lavigerie, datiert „Angoulême 26 – de l'an 1786", ADC, D30.

50 Brief an die Verwaltung des Collège d'Angoulême von Lavigerie, 23. April 1790, ADC, D30.

51 Boissonnade und Bernard, *Histoire du collège d'Angoulême*, S. 212.

52 „Mémoire historique sur le séminaire d'Angoulême par un prêtre de la mission", *BSAHC*, ser. 4, 6 (1868–1869), S. 293–387, S. 307.

53 Boissonnade und Bernard, *Histoire du collège d'Angoulême*, S. 145, 200, 409; Collège d'Angoulême, *deliberations du bureau*, ADC, D29.

54 Robin, „Recueil", S. 20–23, 27; Boissonnade und Bernard, *Histoire du collège d'Angoulême*, S. 408.

55 Boissonnade und Bernard, *Histoire du collège d'Angoulême*, S. 163, 200–203; Bernard Destutt de Tracy, *Remarques sur l'établissement des Théatins en France* (o. O. 1755), S. 137 f.

56 Zu dem Edikt vom März 1768 über religiöse Einrichtungen, das als „Modell" für die revolutionäre Reform vom Oktober 1790 beschrieben worden ist, siehe Edme Champion, „La première atteinte à l'empire du catholicisme en France", in: *La Révolution française: revue historique* 45 (1903), S. 97–104; „Etablissements religieux", in: *Jurisprudence générale du royaume en matière civile, commerciale et criminelle*, hg. v. Dalloz (Paris 1849), Cour de Cassation, S. 161 f.

57 „Mémoire historique sur le séminaire d'Angoulême", S. 329 f., 350.

58 „Mémoire historique sur le séminaire d'Angoulême", S. 332–336; Abbé A. Mazière, *L'affaire Mioulle et le séminaire d'Angoulême en 1779* (Angoulême 1916).

59 Jean-Baptiste Mioulle wurde am 30. Juli 1757 getauft; AM-A, Saint-Antonin, GG54/23.

60 Mazière, *L'affaire Mioulle*, S. 7–12 sowie die Karte gegenüber S. 4.

61 Mazière, *L'affaire Mioulle*, S. 10, 16, 20–26, 30 f., 34, 37.

62 „Mémoire historique sur le séminaire d'Angoulême", S. 336.

63 *Histoire du collège d'Angoulême*, S. 195 f.; „Mémoire historique sur le séminaire d'Angoulême", S. 336; Mazière, *L'affaire Mioulle*, S. 24.

64 AM-A, EE1, Affaires militaires, „Expédition de délibération pour l'établissement provisoire d'un guet de nuit", 13. August 1779, vom Intendanten genehmigt am 11. November 1779.

65 AM-A, EE1, Affaires militaires, „Procès verbal des capitaine et premier sergent", 4. Dezember 1779.

66 AM-A, EE1, Affaires militaires, „Procès verbal des capitaine et premier sergent", 4. Dezember 1779; „Procès verbal des blessures recues par M. le maire", 4. Dezember 1779.

67 AM-A, EE1, Affaires militaires, „Procès verbal des capitaine et premier sergent", 4. Dezember 1779. Begräbnisvermerk für Jean Yrvoix, in dem es heißt, dieser sei am 3. Dezember verstorben, 4. Dezember 1779, AM-A, Saint-André, GG45/181. Seine Eltern waren Jean Yrvoix und Therese Tabuteau. Er war ein Neffe des Philippe Yrvoix, der den Heiratsvertrag von 1764 unterzeichnet hatte. Taufvermerk für Jean Yrvoix, Sohn des Jean Yrvoix und der Therese Tabuteau, 28. November 1749, NDB, GG8/83; Taufvermerk für Jean Yrvoix und Philippe Yrvoix, Söhne des Jean Yrvoix und der Marie Mesnard, 6. November 1733 und 7. November 1737, Saint-André, GG39/206, GG40/20.

68 Jean Tarrade, „De l'apogée économique à l'effondrement du domaine colonial (1763–1830)", in: Jean Meyer u. a., *Histoire de la France coloniale: Des origines à 1914* (Paris 1991), S. 199.

69 Victor Malouet, „Les quatre parties du jour à la mer" (1785), in: *Mélanges de littérature*, hg. v. J. B. A. Suard, 3 Bde. (Paris 1806), 2, S. 341–383, 370.

70 The Trans-Atlantic Slave Trade Database; siehe https://www.slavevoyages.org/assessment/ estimates [Stand: 15.11.2021]. Man hat die Gesamtbevölkerung von Saint-Domingue zur Zeit der Französischen Revolution auf etwa 520 000 geschätzt, davon (mindestens) 452 000 aus Afrika verschleppte Sklaven. M. L. E. Moreau de Saint-Méry, *Description topographique, physique, civile, politique et historique de la partie Française de l'isle Saint-Domingue*, 2 Bde. (Philadelphia 1797), 1, S. 5.

71 Heiratsvermerk für Jean Ferrand und Elizabeth Boutoute, 14. Mai 1774, AM-A, Saint-André, GG45/64.

72 Dossier „Ferrand (Jn. Bte.)", AN, Secours aux réfugiés et colons spoliés, F/12/2795, Petition vom 16. Oktober 1824; Dossier „Ferrand", AN, F/12/2795, Petition vom 18. Dezember 1822. Jean-Baptiste und Elizabeth waren 1777 noch immer in Angoulême; Taufvermerk für Françoise Ferrand, 12. Juni 1777, Begräbnisvermerk für Etienne Ferrand, 19. November 1777, AM-A, Saint-André, GG45/124, 133. Die Familie lebte „fünfzehn Jahre" lang in Cap-Français, bis 1793 oder 1794; Dossier „Ferrand (Jn. Bte.)", Petition vom 16. Oktober 1824.

73 *Supplément aux Affiches Américaines*, 91 (23. Dezember 1789), S. 1101; *Supplément aux Affiches Américaines*, 4 (26. Januar 1788), S. 710; *Supplément aux Affiches Américaines*, 10 (17. Mai 1788), S. 822. Das Geschäft befand sich an der Kreuzung der Rue Vaudreuil mit der Rue Saint-Joseph, nahe der Place de Clugny und dem Hafen. Es war in der Stadt allgemein bekannt: Eine neu angekommene Herstellerin von (bequemen!) Korsetts aus Fischbein nach dem „allerneusten Geschmack" bewarb ihre Waren 1789 unter anderem mit dem Hinweis, dass sie „gleich neben M. Ferrand horloger" ansässig sei, und ein Musiklehrer, der Gesangsstunden mit Schwerpunkt Opernarien anbot, versah die entsprechende Annonce mit der Angabe, er wohne zwischen „M. Ferrand, horloger" und „den Hutmachern". *Supplément aux Affiches Américaines*, Nr. 52, 64 (8. August 1789, 19. September 1789), S. 969, 1017. Zu den Straßen rund um die Rue de Vaudreuil siehe Moreau de Saint-Méry, *Description topographique*, 1, S. 383, 410–412.

74 *Supplément aux Affiches Américaines*, 24
(2. Mai 1789), S. 850. Der Impresario, Daniel
Bowen, verlegte seine Ausstellung später nach
Boston, wo sie als das „Columbian Museum"
firmierte. Samuel Adams Drake, *Old Landmarks
and Historic Personages of Boston* (Boston 1873),
S. 41.

75 Robin, „Recueil", S. 26, 42, 54.

76 Robin, „Recueil", S. 42; „Procuration donnée
par le sieur Pechillon de la Bordrie", 1. Mai 1773,
„Vente faitte à la demoiselle Marchais, épouse
dudit Sr Pechillon", 13. Juni 1773, ADC,
Caillaud, 2E297.

77 Brief vom 22. Oktober 1770, von Blanchard
de Sainte-Catherine, ADC, J563.

78 AM-A, CC42/2/11–12, CC62/32–33.

79 Taufvermerk für Marie Bellat, 19. Januar
1662, Heiratsvermerk für Pierre Tremeau und
Marie Bellat, 4. Februar 1674; AM-A,
Saint-Ausone, GG56/224, 257.

80 „Acte de notoriété justificatif du nombre des
héritiers du sieur Tremeau du Pignon",
24. August 1769, ADC, Caillaud, 2E290.

81 „Depost de testament de M. Tremeau",
14. März 1761, ADC, Caillaud, 2E273.

82 „Règlements et partage de partie des biens de
la succession de feu Monsieur Trémeau
Dupignon fait entre ses héritiers", 10. Mai 1768,
S. [7]. ADC, Caillaud, 2E287.

83 Taufvermerk für Noël Virol, Sohn des
Guillaume Virol, Perückenmacher, und der
Marie Brandt, 22. November 1736, AM-A, NDP,
GG13/119; „Brevet d'apprentissage du Sr. Virol
chez le Sr. Sirier maître chirurgien", 26. Januar
1760, ADC, Caillaud, 2E271. In der knappen
Aufstellung, die 1758 zur Vorbereitung der
Milizlotterie angefertigt wurde, wird der
„Perückenmacher Virol" als Vater zweier
(männlicher) Kinder genannt, von denen sich
„einer bei der Marine und einer in Amerika"
befand. AM-A, EE5, „Relevé des états fournis à
M. l'Intendant des garçons sujets à la milice dans
la ville d'Angoulême", 4. Oktober 1758.

84 „Règlements et partage", 10. Mai 1768, S. [17,
18, 19, 24, 25, 26f., 35, 41, 42, 47]; ADC,
Caillaud, 2E287. „Depost de testament de
M. Tremeau", 14. März 1761, ADC, Caillaud,
2E273.

85 Briefe vom 17. und 19. August 1783, von
Aretas Akers, in: „Akers, Aretas, habitant de l'isle
Saint-Vincent, et Robins, chirurgien Français,
1783", ANOM, COL E 2. Der jüngere Abraham
François Robin wurde am 23. März 1750
geboren und starb am 13. Januar 1833. Im
Taufvermerk für eine Tochter wurde er am
23. Juli 1788 als „früherer Stabsarzt" der Insel

St. Vincent beschrieben. Eine ältere Tochter
wurde am 19. März 1785 in Angoulême getauft,
nachdem sie bereits am 21. Dezember 1782 auf
St. Vincent eine Art „vorläufige Taufe"
empfangen hatte. AM-A, Saint-André,
GG41/125, GG46/149; PSC, GG68/95; 1E102/7.
Im Jahr 1791 wurde Robin als ein Bewohner des
Hauses Nr. 1014 erfasst, das sich in der Nähe der
(früheren) Kirche Notre-Dame-de-la-Peine
befand. Sektion C, Château, „Contributions,
matrices foncières", AM-A, 1791. Er war der
Sohn eines Cousins des Verfassers der
„geheimen Historie". Abraham François Robin,
dieser „geheime Historiker" (Sohn des Félix
Robin), und sein Cousin, ein Wundarzt namens
Félix Robin (Sohn des François Abraham Robin),
hatten zusammen fünf Söhne, die in Angoulême
zwischen 1740 und 1757 auf einen der beiden
Namen „Abraham François" oder „François
Abraham" getauft wurden; Saint-André,
GG40/79, 41/76, 41/125; PSC, 67/49, 67/79;
1E66/49, 1E89/8, 1E95/53, 1E102/7.

86 „Quittance de 4542 l. Donné par M. et
Mad. Delaplace Delatourgarnier à M. Delavallie-
re", 6. September 1765, ADC, Caillaud, 2E282;
„Avis des parents du fils mineur", 23. November
1766, Caillaud, 2E285.

87 Heiratsvermerk für Charles Henri David de
Lastour und Marie Louise Jeanne de Mons,
AM-A, Saint-André, 1. April 1765, GG43/5–6;
Heiratsvermerk für François Dumontet und
Françoise Abelard, NDB, 21. Oktober 1765,
GG8/159.

88 „Traité entre Dognon et M. Heritier",
29. April 1766, ADC, Jeheu, 2E851.

89 „Procuration donnée par madame Le Fleche
de Grandpré à M. de Conan son mari", 7. März
1772, ADC, Caillaud, 2E295.

90 *Affiches Américaines*, 7 (13. Februar 1771),
S. 53.

91 „Quittance ou descharge donnée par madame
Le Fleche de Grandpré au Sr. de Conan son
mari", 16. August 1772, ADC, Caillaud, 2E296.

92 „Obligation de la somme de soixante dix
mille livres par dame Marie Magdelaine Veyrier
de Montaugé à M. Emery Chaloupin",
4. November 1780, ADC, Bernard, 2E184.
Supplément aux Affiches Américaines, 25 (25. Mai
1779), S. 176. Als Teil der komplexen sozialen
Vernetzung der Exilierten waren Marie
Magdelaine Veyrier und Emery Chaloupin 1781
gemeinsam Paten bei einer Taufe in der
Angoulêmer Pfarrei Saint-Jacques; in einem
Dokument von 1784 heißt es, Marie Magdelaine
Veyrier, „gegenwärtig in Frankreich befindlich",
sei Patin bei der in Fort Dauphin in Saint-Do-

mingue vollzogenen Taufe einer Tochter des Jean-Baptiste Chaloupin; und 1791 war Emery Chaloupin Taufpate eines Sohnes von Jean-Baptiste Chaloupin, der zu diesem Zeitpunkt allerdings schon nach Angoulême übergesiedelt war. AM-A, Saint-Jacques, GG132/151, Saint-Antonin, GG55/69; Taufvermerk für Marie Françoise Chaloupin, 29. März 1784, ANOM, Fort Dauphin, 4/25.

93 Begräbnisvermerk für Thomas Sutton, Comte de Clonard, 15. September 1782, AM-A, Saint-Paul, GG90/131; Louis M. Cullen, „Irish Businessman and French Courtier: The Career of Thomas Sutton, Comte de Clonard, c. 1722–1782", in: *The Early Modern Atlantic Economy*, hg. v. John J. McCusker and Kenneth Morgan (Cambridge 2000), S. 86–104.

94 Begräbnisvermerk für Marie Lenoir, 12. Oktober 1786, AM-A, Saint-Paul, GG90/155.

95 „Procuration donnée par la dlle Chauvineau au sr Civadier son fils", 11. April 1772, ADC, Caillaud, 2E295; Taufvermerk für Louis Michel Civadier, 17. September 1741, AM-A, Saint-Paul, GG89/43. Zu den Familien Civadier und Chauvineau siehe GG89/4, 38, 60.

96 *Affiches Américaines*, 6 (7. Februar 1776), S. 66; *Supplément aux Affiches Américaines*, 50 (25. November 1786), S. 585 f.

97 Heiratsvermerk für Louis Michel Civadier und Marie Charlotte Pissiez, 9. Februar 1790, ADC, Balzac, 1737–1792, 427–428/461.

98 Begräbnisvermerk für Marie Charlotte Pissiez, 25. Juli 1790, ANOM, Saint-Domingue, Jacmel 1790, 16/24; Heiratsvermerk für Louis Michel Civadier und Anne Rose Pissiez, 14. Pluviôse 4 (3. Februar 1796), Jacmel 1796, 21–22/30. Der Vermerk über die zweite Eheschließung berief sich auf das Revolutionsgesetz vom 20. September 1792, nach dem eine heiratswillige Person, deren Eltern verstorben oder nicht vor Ort anwesend waren, „sieben Freunde" zusammenrufen sollte. Marie Charlotte war bei ihrer Heirat 23 Jahre alt, ihr Onkel war 48; als er Anne Rose heiratete, war diese 18 und er war 54 Jahre alt. Taufvermerk für Louis Michel Civadier, 17. September 1741, AM-A, Saint-Paul, GG89/43; Taufvermerke für Marie Charlotte und Anne Rose Pissiez, 30. November 1766 und 23. Mai 1777, ADC, Balzac, 1737–1792, 207, 291/461.

99 Ogerdias erwarb dieses Amt im April 1773 für 40 000 Livres von einem der Protagonisten – dem Chefankläger – in der Affäre um die Kapitalisten und die Kabalisten. Bei dieser Gelegenheit heißt es über Ogerdias, er sei ein „bourgeois de Paris". „Vente de l'état et office de conseiller du roi maître particulier des eaux et forets d'angoumois", 12. April 1773, ADC, Caillaud, 2E297; siehe auch die Petition vom 9. Juli 1773, AD Vienne, *maîtrise des eaux et forêts de Poitiers*, B68.

100 „Role du *Duc de la Vrillière*, 1772"; „Role de l'*Hector*, 1771–1772", in: Rôles d'équipages, verfügbar unter https://www.memoiredeshommes.sga.defense.gouv.fr/ [Stand: 15.11.2021]. Michelle Guesnois befand sich in Begleitung ihrer Mutter sowie einer Schwester und einer Nichte, abgesehen von ihren eigenen beiden Kindern, ihren drei „schwarzen Dienern", dem Koch Antoine Julie, der Amme Suzanne Marie, Jean Poupe, Flore und Marine.

101 „Contrat de mariage de Sr. Ogerdias et demoiselle Michel Guenois", 19. Mai 1762, ANOM, INDE, Serie O, Karton Nr. 26, 1762–1766; Heiratsvermerk für Ogerdias und Guesnois, 12. Juni 1762, ANOM, Chandernagor, 1762. Claude Ogerdias' Karriere im Dienst der Niederländischen Ostindienkompanie wird beschrieben in: F. Lequin, *Het Personeel van de Verenigde Oost-Indische Compagnie in Azie in de Achttiende Eeuw* (Leiden 1982), S. 105, 137, 283. Ich bin Professor Diana Kim sehr zu Dank verpflichtet für ihre Hilfe beim Ausfindigmachen der Eheverträge aus Chandernagor. Die Mitgift von Michelle Guenois war ein komplexes Bündel, das unter anderem 2333 Rupien umfasste, „deren Auszahlung an jene eines Schuldscheins des Rates von Chandernagor geknüpft ist, die derselbige mit Datum vom 1. Februar 1757 zugunsten der [Mutter der Braut] ausgestellt hat", sowie „Geschenke" an die Braut zu ihrer Heirat im Wert von 10 000 Rupien, deren Geber jedoch „dem Wunsche Ausdruck verliehen [hatten], dass sie unerkannt mögen bleiben".

102 Taufvermerk für Jean-Baptiste Ogerdias, der 1765 geboren war, 10. April 1768; ANOM, Chandernagor, 1768. Der Taufpate war Jean-Baptiste Chevalier, Gouverneur der Kolonie; siehe Jean Deloche, *Jean-Baptiste Chevalier, 1729–1789: le dernier champion de la cause française en Inde* (Paris 2003).

103 „Beschwerde [d. h. Anzeige] des Claude Ogerdias", worin dieser die „Abenteuer" aufzählt, von denen er gemeinsam mit Chevalier „betroffen gewesen" war. Ogerdias beschuldigte Chevalier später der „Vereinigung und Verbrüderung" mit den englischen Beamten; 16. Juli 1774, TNA, C 12/1041/9.

104 Die Beschreibung dieser Verfolgungsjagd zu Pferde findet sich in einem Brief vom 18. August 1772, der in Ogerdias' Personalakte überliefert

ist; „Ogerdias, Habitant de Chandernagor 1772",
ANOM, COL E325. Ogerdias wurde beschrieben
als „sehr üppig" und als „der einzige Mann, dem
Chevalier vertraut"; Brief vom 27. Juli 1772.
105 „Vente de l'état et office", 12. April 1773,
ADC, 2E297; *Registres des audiences de la
maitrise des eaux et forets*, ADC, B 140 58.
Ogerdias führte den Vorsitz bei Streitfällen wie
einem, in dem es (am 19. Juli 1773) um die
Zahlung von 20 Livres für den Verkauf und die
Lieferung von 400 Bündeln Eichenzweigen ging.
Der frühere Inhaber dieses Postens war der
Schwiegervater des Anklägers, den Robin in
seiner „geheimen Historie" als „diese[n]
unersättliche[n] Mann" bezeichnet hatte – und
dessen Vermögen bei seinem Tod auf den Wert
von 600 000 Livres taxiert wurde; „dieses
Vermögen ist die Frucht der Belästigungen und
Erpressungen, die er in Ausübung seines Amtes
stets verübt hat", sowie der „wucherischen und
zweimal wucherischen Zinsen, die er auf seine
diversen Kredite verlangte." Robin, „Recueil",
S. 31.
106 „Bail amphitéotique par les dames
Carmélites a M. Ogerdias", 17. April 1775, ADC,
Crassac, Notar, 2E10145. Eintrag für das Haus
Nr. 185, bewohnt von der Witwe Ogerdias,
Sektion B, Saint-Martial, in: AM-A, „Contributi-
ons, matrices foncières", 1791. Rose Civadier,
deren beide Töchter in Saint-Domingue ihren
Onkel heirateten, wohnte in unmittelbarer
Nachbarschaft in dem Haus mit der Nummer 188.
107 Sterbevermerk für Michel Beatrix Guesnoy,
3. Januar 1830, AM-A, 1E92/3; Taufvermerk für
Michel Beatrix Guenois, 12. Februar 1744,
ANOM, Chandernagor, 1744.
108 Heiratsvermerk für Martial Allemand
Lavigerie und Louise Vaslin, 13. April 1790,
Saint-André, AM-A, GG47/64–65; Taufvermerk
für Elisabeth Allemand Lavigerie, 5. Februar
1791, Saint-André, GG47/82.
109 Eintrag für das Haus Nr. 243, Sektion B,
Saint-Martial, in: AM-A, „Contributions,
matrices foncières", 1791; Taufvermerk für
Françoise Philippine Lavigerie, 27. Mai 1792,
Saint-Pierre, GG25/26. Zu den letzten Monaten
der *taille* siehe Mireille Touzery, „La dernière
taille: abolition des privilèges et technique fiscale
d'après le rôle de Janvry pour les derniers mois
de 1789 et pour 1790", *Histoire & Mesure* 12,
Nr. 1/2 (1997), S. 93–142.
110 Geburtsvermerk für Léon-Philippe
Allemand Lavigerie, 13. Prairial 3 (18. Juni
1795), AM-A, 1E4/94.

111 Tocqueville, *L'ancien régime*, S. 182 [*Der alte
Staat und die Revolution*, S. 128 f.].
112 Dekrete vom 1. April 1776 und 9. September
1776, in: Robin, „Recueil", S. 66–69; Nouel und
Drou, *Au roi, et à nosseigneurs de son conseil*,
S. 71.
113 Brief vom 22. Februar 1777 von Léonard
Robin an Abraham-François Robin, ADC, J700.
114 Taufvermerk für Claude, 3. September 1758,
AM-A, Saint-André, GG42/113.
115 Der Familienhistoriker der Robins, Dupin,
schreibt, dass Robins dritter Sohn, Félix-
Léonard, als Jurist für den Souveränen Rat von
Port-au-Prince in Saint-Domingue tätig gewesen
sei. Dupin, „Notices sur Abraham François
Robin, et Léonard Robin", S. 901.
116 [Chupin], *Précis pour messire Elie-Joseph de
Miomandre marquis de Châteauneuf ... contre les
sieurs Marot, père et fils* (Paris 1785), S. 6; [Riffé
de Caubray], *Mémoire pour un homme condamné
deux fois à la mort* (Paris 1788), S. 58.
117 Taufvermerk für Jean-Pierre Marot,
29. November 1749, AM-A, Saint-Paul,
GG89/62. Bei seiner Heirat in Cognac im Jahr
zuvor beschrieb er sich selbst als einen Kassierer,
„caissier à la recette des tailles", der aus dem Dorf
Guimps stamme. Heiratsvermerk für Pierre
Marot und Marie Chabot, 4. November 1748,
ADC, Kirchenbuch von Saint-Leger, Cognac,
1744–1751, 3E108/15, 115/182.
118 „Sommation faitte par M. Marot, receveur
des tailles", 23. November 1771, ADC, 2E294.
119 Der Anwalt, bei dem er diese Beschwerde
äußerte, war der Vater des „Abbé Mioulle."
„Sommation faitte par M. Marot", 23. November
1771, ADC, 2E294.
120 [François Laplanche], *Doutes, réflexions et
résultats sur l'accusation en crime de vol intentée
par le sieur Marot* (Paris 1785), S. 7; *Précis pour
messire Elie-Joseph de Miomandre*, S. 6 f.
121 Caubray, *Mémoire*, S. 58. Nouel und Drou,
Au roi, et à nosseigneurs de son conseil, S. 10–15.
122 Heiratsvermerk für François Laplanche und
Susanne Basque, 24. Januar 1775, AM-A,
Saint-Martial, GG111/139–140.
123 Taufvermerk für François Laplanche,
15. August 1751, AM-A, Saint-Jacques,
GG127/93.
124 Taufvermerk für Anne Tournier, 23. Juli
1764, AM-A, Saint-Jacques, GG130/15.
125 Caubray, *Mémoire*, S. 3 Anm. 1.
126 *Mémoire à consulter et consultation pour les
Sieurs Marot* (Paris 1784), S. 2; Taufvermerk für
Marguerite Tardat, 22. November 1772, AM-A,
Saint-Paul, GG90/65.

127 Heiratsvermerk für François Laplanche und Susanne Basque, 21. Januar 1775, AM-A, Saint-Martial, GG111/139–140; Taufvermerk für Jeanne Julie Laplanche, 29. April 1775, Saint-Martial, GG111/146; Taufvermerk für Susanne Basque, 20. Februar 1751, Saint-Martial, GG108/6.

128 *Mémoire à consulter*, S. 2–5.

129 Ebd., S. 5–12.

130 *Gazette des tribunaux* 27,8 (1789), S. 116; *Doutes, réflexions et résultats*, S. 5 f., 34, 47, 55 f.; *Mémoire pour un homme condamné deux fois à la mort*, S. 9 f.

131 *Mémoire à consulter*, S. 54 Anm. 1.

132 Nach Marots Darstellung war es „une marchande fripière d'Angoulême, nommée Dupart", die das Inventar von Laplanches Besitz anlegte: eine „willkürliche Schätzung", wie er schreibt, der Möbel, Kleider und Wäsche, die Laplanche und seine Frau besaßen; bei der Händlerin handelte es sich um Marie Guimard, die 1749 Louis Dupard heiratete. *Mémoire pour un homme condamné deux fois à la mort*, S. 6; AM-A, CC42/1/18, CC62/15/587, GG41/96.

133 Caubray, *Mémoire*, S. 77. Der in dem Haus vorhandene Hausrat wurde einige Wochen darauf öffentlich zum Verkauf gebracht. *Doutes, réflexions et résultats*, S. 56; *Points essentiels à saisir dans l'affaire des sieurs Marot, contre Laplanche* (Paris 1789), S. 16.

134 *Mémoire à consulter*, S. 55; *Doutes, réflexions et résultats*, S. 38 Anm. 1.

135 *Doutes, réflexions et résultats*, S. 19.

136 Caubray, *Mémoire*, S. 18; *Mémoire à consulter*, S. 16.

137 Eintrag für den 3. Februar 1785, in: *Correspondance secrète, politique & littéraire*, 18 Bde., 1787–1790 (London 1789), 17, S. 311 f., S. 312.

138 Cahiers Laplanche, 17. November 1778, ADC, 1B1099/2.

139 Einträge für den 15. und den 30. Mai 1783, in: *Mémoires historiques, politiques et littéraires*, 2 Bde. (London 1783), 6, S. 48–59, 65–78, S. 71; Eintrag für den 8. Februar 1785, in: *Mémoires secrets*, 28, S. 116–122, S. 116. Noch 1789 wurde die Angelegenheit als „diese außerordentliche Affäre" beschrieben; *Mercure de France*, 19 (9. Mai 1789), S. 90–96, S. 91.

140 Jules Simon, *La liberté politique*, 4. Aufl. (Paris 1871), S. 131.

141 *Doutes, réflexions et résultats*, S. 41, 102.

142 *Mémoire à consulter*, S. 4.

143 *Doutes, réflexions et résultats*, S. 65–71.

144 *Précis pour messire Elie-Joseph de Miomandre, marquis de Châteauneuf*, S. 2–4;

Consultation pour messire Elie-Joseph de Miomandre marquis de Châteauneuf (Paris 1784), S. 1 f.

145 Eintrag für den 15. Mai 1783, in: *Mémoires historiques, politiques et littéraires*, 6:55–56; Eintrag für den 8. Februar 1785, in: *Mémoires secrets*, 28:117. In Paris gewann Laplanche mit dem Kardinal de Rohan einen mächtigen Freund, der ihn im Gefängnis besuchte, seine Selbstsicherheit bewunderte und bei ihm eine „innere Gestimmtheit" beobachtete, „welche allein die Unschuld hervorzubringen vermag". Brief des Kardinals de Rohan vom 17. August 1784, zitiert in: *Doutes, réflexions et résultats*, S. 84 Anm. 1. Das in der französischen Nationalbibliothek in Paris aufbewahrte Exemplar einer 1788 zu Laplanches Unterstützung erschienenen Publikation trägt die Widmung: „Monsieur Lenoir Conseiller d'Etat à la Bibliothèque du Roy de la part de madame La Princesse de Rochefort"; die Fürstin von Rochefort war eine Patentochter und später auch die Erbin des Kardinals de Rohan. *Mémoire pour un homme condamné deux fois à la mort*, S. 1; BnF 4-FM-17558.

146 Caubray, *Mémoire*, S. 6 Anm. 1.

147 *Mémoire à consulter*, S. 2, 4; *Précis pour messire Elie-Joseph de Miomandre*, S. 6 f.

148 Der Titel der 1788 zu seiner Unterstützung erschienenen Schrift ist wie folgt formuliert: „Mémoire pour François Laplanche, ci-devant commis aux écritures dans l'un des deux bureaux de la recette des tailles d'Angoulême" – „Memorandum für F. L., vormaligen *commis aux écritures* in einem der beiden Steuerämter der *taille* in Angoulême". *Mémoire pour un homme condamné deux fois à la mort*, S. 1.

149 Caubray, *Mémoire*, S. 48, 50, 52, 55; *Doutes, réflexions et résultats*, S. 74–77, 127.

150 Caubray, *Mémoire*, S. 31, 66; *Mémoire à consulter*, S. 3, 24, 32, 40; *Doutes, réflexions et résultats*, S. 72 f., 105, 134.

151 Caubray, *Mémoire*, S. 31, 66; *Mémoire à consulter*, S. 3, 24, 32, 40; *Doutes, réflexions et résultats*, S. 72 f., 105, 134.

152 Caubray, *Mémoire*, S. 29.

153 *Doutes, réflexions et résultats*, S. 90 f. Anm. 1, 134.

154 *Doutes, réflexions et résultats*, S. 8; Aussage des Jean Gaudichaud, Information, 17. November 1778, ADC, 1B1099/2.

155 *Précis pour messire Elie-Joseph de Miomandre*, S. 1; *Doutes, réflexions et résultats*, S. 90.

156 Caubray, *Mémoire*, S. 83 f.

157 Tocqueville, *L'ancien régime*, S. 213, 290 [*Der alte Staat und die Revolution*, S. 130, 185].

158 Nouel und Drou, *Au roi, et à nosseigneurs de son conseil*, S. 2, 54.
159 Siehe François Furet, „Tocqueville est-il un historien de la Révolution française?" *Annales. Economies, Sociétés, Civilisations* 25,2 (1970), S. 434–451; Furet, *1789*, insbesondere S. 41–48, 198–227; Keith Michael Baker, *Inventing the French Revolution: Essays on French Political Culture in the Eighteenth Century* (Cambridge 1990).
160 „Diese Dimension des Lebens der Menschen interessierte ihn allenfalls wegen ihrer gesellschaftlichen oder geistigen Auswirkungen und nie um ihrer selbst wegen oder als grundlegender Mechanismus des Wandels"; Furet, *Penser la révolution française*, S. 238 f. [*1789*, S. 169 f.].
161 C.-E. Labrousse, *La crise de l'économie française à la fin de l'ancien régime et au debut de la révolution* (Paris 1944), „Plan de l'ouvrage", n. p., [S. xxxii].
162 Tocqueville, *L'ancien régime*, S. 270 f. [*Der alte Staat und die Revolution*, S. 178.]
163 Hoffman, Postel-Vinay und Rosenthal, *Dark Matter Credit*, Kap. 2. Ich bin Herrn Professor Postel-Vinay überaus dankbar dafür, dass er mir die Unterlagen der Verfasser zum Departement Charente zugänglich gemacht hat.

164 Tocqueville, *L'ancien régime*, S. 271, 273 [*Der alte Staat und die Revolution*, S. 171]. Daudin, *Commerce et prosperité*, siehe auch Jean Tarrade, *Le commerce colonial de la France à la fin de l'ancien régime: l'évolution du régime de ,l'Exclusif' de 1763 à 1789* (Paris 1972), Jean-Pierre Poussou, „Le dynamisme de l'économie française sous Louis XVI", *Revue économique* 40,6 (November 1989), S. 965–984, sowie Loïc Charles und Guillaume Daudin, „La collecte du chiffre au XVIII⁰ siècle: Le Bureau de la Balance du Commerce et la production de données sur le commerce extérieur de la France", *Revue d'Histoire Moderne et Contemporaine* 58,1 (2011), S. 128–155.
165 Philip T. Hoffman und Jean-Laurent Rosenthal, „New Work in French Economic History", *French Historical Studies* 23,3 (2000), S. 439–453, S. 442 f.; siehe auch *The French Revolution in Global Perspective*, insbesondere Lynn Hunt, „The Global Financial Origins of 1789", und Michael Kwass, „The Global Underground: Smuggling, Rebellion, and the Origins of the French Revolution".
166 „Cahiers des doléances et remontrances de la communauté de Châlus", in: Archives révolutionnaires de la Haute-Vienne, *Doléances paroissiales de 1789* (Limoges 1889), S. 3.

Kapitel 5: Die Französische Revolution in Angoulême

1 Jézéquel, *La révolution française à Angoulême*, S. 7, 167; Jean Jézéquel, „Charente", in: *Grands notables du premier empire*, hg. v. Louis Bergeron und Guy Chaussinand-Nogaret (Paris 1986), S. 1.
2 „Die Geschichte setzt sich zusammen aus dem Alltagsleben von Individuen, und gerade in außergewöhnlichen historischen Momenten sollte man das Verhalten gewöhnlicher Leute nicht aus den Augen verlieren"; Jézéquel, *La révolution française à Angoulême*, S. 7.
3 Zu den *cahiers de doléances* siehe *1789, les Français ont la parole: cahiers de doléances des Etats généraux: suivi d'un glossaire pratique de la langue de quatre-vingt-neuf*, hg. v. Pierre Goubert und Michel Denis (Paris 2013), sowie Timothy Tackett, „Use of the Cahiers de Doléances of 1789 for the Analysis of Regional Attitudes", *Mélanges de l'école française de Rome* 103,1 (1991), S. 27–46.
4 Procès-verbal d'assemblée de la ville et commune d'Angoulême, 26. Februar 1789, ADC, 142B6; siehe auch Boissonnade, *Doléances*, S. 28–31.

5 Cahier de doléances, maîtres selliers et charrons d'Angoulême, 24. Februar 1789, ADC, 142B8; Boissonnade, *Doléances*, S. 50–52.
6 Cahier de doléances, maîtres serruriers, maréchaux, taillandiers et forgerons grossiers d'Angoulême, 24. Februar 1789, ADC, 142B8; Boissonnade, *Doléances*, S. 52–54.
7 Cahier de doléances, maîtres tailleurs d'Angoulême, 24. Februar 1789, ADC, 142B8; Boissonnade, *Doléances*, S. 41. Jean Chauvignon, der das Protokoll unterzeichnet hat, war mit Jeanne Allemand verheiratet, einer Tochter von Marc Allemand und Marie Giraud; AM-A, NDP, GG14/44.
8 Cahier de doléances, maîtres cordonniers d'Angoulême, 25. Februar 1789, ADC, 142B8; Boissonnade, *Doléances*, S. 44 f. Zu dem Schuster Pierre Basque siehe AM-A, Saint-Martial, GG110/106, 165, GG111/184, 221.
9 Boissonnade, *Doléances*, S. 72–74, 108 f.; Mémoire en forme d'observations pour servir à toutes fins de doléance et plaintes de la ville d'Angoulême, que les députés du tiers Etat de la

dite ville adressent au ministre des finances, o. J. [1789], ADC, 142B6.

10 Boissonnade, *Doléances*: Angoulême, cordonniers, S. 43, serruriers, S. 53, communes, S. 62 f.; Courlac, S. 197, Orival, S. 212, Ruffec, S. 368, Villegast, S. 457.

11 Boissonnade, *Doléances*: Angoulême, tailleurs, S. 42, cordonniers, S. 44 f., selliers, S. 52, ville d'Angoulême, S. 145, 152 f.; Bon-de-Montmoreau, S. 193, Palluaud, S. 215, La Valette, S. 347.

12 „Cahier des doléances et réclamations des femmes du département de la Charente", in: Léonce Grasilier, „Le féminisme en 1790", *Nouvelle revue rétrospective* 11 (July–Dezember 1899), S. 87–102, S. 89, 91, 94, 102; Léon Burias, „Un cahier des doléances des femmes en 1790", *BSAHC* (1957), S. 37–46; *Cahier des doléances et réclamations des femmes par Madame B*** B**** (o. O. 1789), S. 1, 5, 8. Zu den *cahiers des femmes* siehe Christine Fauré, „Doléances, déclarations et pétitions, trois formes de la parole publique des femmes sous la Révolution", *Annales historiques de la Révolution française* 344 (2006), S. 5–25. Marie Sauvo wurde in der Dordogne geboren und heiratete mit 18 Jahren einen wesentlich älteren Anwalt aus Angoulême namens Pierre Decescaud, der später als Decescaud de Vignerias bekannt war. Das Paar lebte in Angoulême und in Vignerias, im Kanton Marthon bei Charras, westlich von Angoulême. Siehe AD Dordogne, Bussière-Badil, Taufvermerk für Anne Marie Sauvo, 3. Oktober 1757, 275/771, und Heiratsvermerk für Marie Sauvo und Pierre Decescaud, 15. Februar 1776, 515–516/771. Pierre Decescaud wurde in Charras am 21. Januar 1790 beerdigt; ADC, Charras, 3E88/3, 82/127.

13 „Cahier des doléances des femmes de la Charente", S. 90 (Hervorhebung E. R.); *Cahier des doléances des femmes par Madame B****, S. 3. Robin wohnte im Haus Nr. 1012 in der Rue de l'Evêché in der Sektion Château; die Familie Sauvo wohnte im Haus Nr. 1013 und Marie Sauvo Vignerias im Haus Nr. 1014; ihre Nachbarn nach der anderen Seite waren die Sazeracs, die Familie aus der Affäre um die Enkelkinder des Hutmachers und die Erbschaft auf Martinique. Einträge für die Häuser Nr. 1012, 1013, 1014, 1011 und 1010, Sektion C, Château, in: AM-A, „Contributions, matrices foncières", 1791.

14 „Cahier des doléances des femmes de la Charente", S. 101 f.; *Cahier des doléances par Madame B****, S. 18. Marie Sauvo heiratete 1792 erneut, der Bräutigam hieß Léonard Bargeiron,

und das Paar bekam im Jahr darauf einen Sohn; Heiratsvermerk für Marie Sauvo und Léonard Bargeiron, 22. Oktober 1792, AM-A, GG25/44, Geburt von Jean Bargeron, 28. April 1793, ADC, Charras, 1793–1801, 4/196. Marie starb im Alter von 82 Jahren in Souffrignac bei Charras; 7. Juli 1840, ADC, Souffrignac, 1823–1842, 240–241/268.

15 Brief vom 11. Mai 1788, von Léonard Robin an Abraham-François Robin, sowie der frühere Brief vom 22. Februar 1777, ADC, J700.

16 M. D. Massiou, *Histoire politique, civile et religieuse de la Saintonge et de l'Aunis*, 2. Aufl., 6 Bde. (Saintes, 1846), 6, S. 43 f. Das Departement Charente, dessen Hauptort Angoulême war, wurde oft auch als *Haute Charente* („Ober-Charente") bezeichnet; Saintes war der ursprüngliche Hauptort der *Charente Inférieure* („Nieder-Charente"), des heutigen Departements Charente Maritime.

17 Die Nummern in den Registern entsprechen dem System zur Hausnummerierung, das 1769 eingeführt wurde, sowie dem „Plan Directeur" von 1792, der heute an einer Wand im Gebäude der *Archives municipales d'Angoulême* ausgehängt ist. Siehe J. George, *Topographie historique d'Angoulême* (Angoulême 1899), S. 2, 4.

18 „Contributions, matrices foncières", 1791, AM-A. Zum Protokoll der Erfassung von Straßen und Häusern im Jahr 1792 siehe George, *Topographie historique d'Angoulême*. S. 2.

19 Diese Volkszählung wurde in einer der faszinierendsten Quellen zur Geschichte Angoulêmes während der Revolutionsjahre und der Frühzeit des Ersten Kaiserreiches beschrieben, dem „Journal", eine Art Rathaus-Logbuch, in das die Bürgermeister der Stadt jeweils hineinschrieben und das Mitte des 19. Jahrhunderts vom Sekretär des Bürgermeisteramtes transkribiert worden ist. Siehe auch den Eintrag für den 9. Brumaire 3, in: *Journal des maires d'Angoulême, 1790–1808*, hg. v. Vincent Mercier (Angoulême 1989), S. 45. Zu Mercier siehe unten in Kapitel 9.

20 Eintrag für den 11. Ventôse 8, in: *Journal des maires d'Angoulême*, S. 161.

21 „Etat sommaire des registres et papiers", in: „Inventaire des papiers du district d'Angoulême au moment de sa suppression", 22. Brumaire 4, ADC, L238.

22 „Registre pour recevoir les déclarations des citoyens domiciliés dans cette commune", AM-A, Contributions/Contributions personelles 1798/1799.

23 3. März 1793, *Archives parlementaires de 1787 à 1860: recueil complet des débats législatifs et politiques des chambres françaises*, hg. v. J. Mavidal und E. Laurent (Paris 1867–) [im Folgenden *AP*], 60, S. 108.

24 Eintrag für den 26. Ventôse 3, in: *Journal des maires d'Angoulême*, S. 51.

25 Undatierter und stark überarbeiteter bzw. mit Anmerkungen versehener Entwurf eines Korrespondenzsystems für das Departement Charente, in: „Archives. Récépissés d'objets et de documents", ADC, L131. Bei den Anmerkungen geht es insbesondere um die Rolle des „Generalsekretärs": „Briefe und Pakete, welche bei dem Direktorium eingehen, sollen auf dem Schreibtisch abgelegt und vom Präsidenten geöffnet und dem versammelten Direktorium vorgelesen werden, sodann *von dem Generalsekretär* registriert und *von ihm* ohne Aufschub an die zuständigen Amtsstellen verteilt werden."

26 „Registre destiné à constater la présence des employés", 12. Germinal 7 bis 21. Messidor 7, ADC, L121.

27 8. September 1793, *AP*, 73:521. Zu den Revolutionsfesten siehe Mona Ozouf, *La fête révolutionnaire: 1789–1799* (Paris 1976).

28 20. Dezember 1793, *AP*, 82:20–23.

29 Einträge für 19. Ventôse 7 und 9./10. Thermidor 7, in: *Journal des maires d'Angoulême*, S. 121 f., 138.

30 Der neue Kalender sollte, nach den Worten seines großen Visionärs – Gilbert Romme, der zugleich als Abgesandter des Nationalkonvents in Angoulême tätig war und dort für die Requirierung von Bohnen und Schmiedeessen zuständig war –, „ein neues Buch in der Geschichte aufschlagen" und „wird mit frischer Klinge die Annalen eines wiedergeborenen Frankreichs einkerben." Siehe Michel Froeschlé, „À propos du calendrier républicain: Romme et l'astronomie", *Annales historiques de la Révolution française*, 304 (1996), S. 303–325, S. 308. Zu Romme in Angoulême, wo er von Mercier in einer Seitenbemerkung als ein „blutrünstiger Prokonsul" bezeichnet wird, siehe *Journal des maires d'Angoulême*, S. 29–41, 55.

31 „Tauf"-Vermerk für Marie Andrée Marguerite Tessier – am Seitenrand des Registers wurde noch immer der alte Begriff „Taufe" gebraucht – in: AM-A, 1E1/106–107; Taufvermerk für Pierre Nouel, 15. Februar 1764, NDB, GG8/145. Die Verwendung der neuen, revolutionären Bezeichnungen setzte einige Tage später ein, am 27. Brumaire 2 (17. November 1793); 1E1/116.

32 Zur Errichtung des „état civil" siehe Gérard Noiriel, „L'identification des citoyens: Naissance de l'état civil républicain", *Genèses*, 13 (1993), S. 3–28.

33 Es blieben drei Pfarrgemeinden: eine neue Pfarrei Saint-Pierre, deren Pfarrkirche die Kathedrale von Angoulême war, Saint-Jacques und Saint-Martial. In der Pfarrei Saint-Pierre fand der Übergang von der kirchlichen zur zivilen Registerführung am 5. November 1792 statt, in der Pfarrei Saint-Martial am 15. November 1792; Saint-Pierre, AM-A, GG25/47, und Saint-Martial, ADC, 1791–1792, 3E16/23, 452/465. Im Fall der Pfarrei Saint-Jacques endet ein Registerband am 27. Oktober 1792 und ein neuer Band im republikanischen Stil beginnt am 18. November 1792; AM-A, GG134/186 und GG135/1.

34 Der Vater des neuen Bischofs Pierre-Mathieu Joubert war Arzt in Angoulême, seine Mutter war jung gestorben; als Pierre-Mathieu sieben Jahre alt war, heiratete sein Vater die Schwester des Tanzlehrers. AM-A, Taufvermerk für Pierre-Mathieu Joubert, 18. November 1748, Heiratsvermerk für Roch Joubert und Jeanne Lefort Latour, 23. Dezember 1755, Saint-André, GG41/93, GG42/60; siehe auch Jean Jézéquel, *La Charente révolutionnaire 1789–1799* (Poitiers 1992), S. 188–191. Im Dezember 1792 trat Pierre-Mathieu Joubert vom Bischofsamt zurück; Anlass hierfür war, einem Experten für die Geschichte des Klerus im Departement Charente zufolge, entweder ein Streit über bischöfliche Reisekosten oder die Verlängerung eines Urlaubs oder beides. Joubert heiratete 1793 in Versailles und starb, nach einer langen und ruhig verlaufenen Karriere in der napoleonischen Verwaltung des Departements Seine, 1815 in Paris. Blanchet, *Le clergé charentais pendant la révolution*, S. 134–140, 604–606. Zu Jouberts Bemühungen, seinen Namen von der Liste der *émigrés* entfernen zu lassen, den Gründen für seinen Rücktritt sowie der „Masse seiner Feinde" siehe „Joubert, Pierre-Mathieu", AN, Police générale, Charente, F/7/490, Dossier 12, 56/56.

35 Taufvermerk für Marie Anne Guimberteau, 5. November 1792, Geburtsvermerk für Pierre Tournier und Sterbevermerk für Magdeleine Brun, 6. November 1792; AM-A, Saint-Pierre, GG25/47.

36 AM-A, Scheidungsvermerk für Catherine Dorisse und Nicholas Valteau, 14. November 1792, Saint-Pierre, GG25/51–52. Der Zeuge war Jacques Rezé, der Sohn des Pierre Rezé, der erst als Musiker und dann als Tuchhändler tätig war; siehe GG45/3–4.

37 Die erste Verwendung der neuen, „revolutionären" Begrifflichkeit zur Verzeichnung einer Geburt war am 27. Brumaire 2 (17. November 1793); bei den Eheschließungen war es am 6. Frimaire 2 (26. November 1793) so weit, bei den Scheidungen am 13. Frimaire 2 (3. Dezember 1793); bei den Todesfällen am 20. Brumaire 2 (10. November 1793). AM-A, 1E1/116, 1E2/52, 54, 1E3/105.

38 Siehe AM-A, 1E3/102, 105.

39 Scheidungsvermerk für Jean Proullaud und Rose L'Homme, 14. Februar 1793, AM-A 1E2/10; Schiedsspruch vom 18. bis 22. Dezember 1792, ADC, *Sentences arbitrales*, L2158; Taufvermerk für Jean Proullaud, 24. Januar 1764, Saint-André, GG42/220; Taufvermerk für Rose L'Homme, 19. August 1764, Saint-Martial, GG109/178.

40 Die erste Scheidung wurde im Zivilregister der Stadt am 14. November 1792 verzeichnet, die vorerst letzte – bis 1884 – am 23. April 1814; AM-A, GG25/51, 1E50/130–131; 1E260/121. Alle 24 Scheidungen wegen Emigration des Mannes wurden zwischen November 1793 und Juni 1794 vollzogen. Von den Scheidungen, die mit Emigration nichts zu tun hatten, fielen 30 in die Anfangszeit des Scheidungsgesetzes zwischen 1792 und 1795; 13 Männer und 16 Frauen beantragten die Scheidung. In der Zeit von 1796 bis 1814, als das Scheidungsrecht und seine Anwendung restriktiver geworden waren, gab es 42 Scheidungen; 5 Männer und 28 Frauen reichten die Scheidung ein. Außerdem gab es 9 Scheidungen im beiderseitigen Einvernehmen. Eine Studie zu dem „Lotterleben" verheirateter Paare im Departement Charente hat, auf der Grundlage einer Teiluntersuchung, zu der Schätzung geführt, dass es in dem gesamten Zeitraum etwa 258 Scheidungen in dem Departement gegeben haben dürfte; Xavier Cottet, „La vie dissolue des époux charentais, de la Révolution au début de la Restauration: impact sociologique de l'introduction de la divorce en Charente, 1792–1816", *Revue de la Saintonge et de l'Aunis: bulletin de la Société des archives historiques* 28 (2002), S. 77–110, S. 78 Anm. 5.

41 Heiratsvermerk für Marie Fougere und Pierre Michel Rigaud, 7. Februar 1780, AM-A, Saint-André, GG46/3; Scheidungsvermerk für Marie Fougere und Pierre Michel Rigaud, 25. September 1793, 1E2/44; Heiratsvermerk für Marie Fougere und François Pasturaud, 14. Oktober 1793, 1E2/48.

42 Heiratsvermerk für Guillaume Roch Letourneau und Anne Morin, AM-A, 2. Mai

1775, GG68/56; Scheidungsvermerk vom 29. Juni 1793, 1E2/24–25.

43 Zu den zwei Schwestern, die beide Françoise Coupeau hießen, ihre ersten Ehemänner Marc und François Andraud sowie ihre zweiten Ehemänner, die beide Jean Clochard hießen, siehe AM-A, GG109/167; 1E2/72, 73; 1E23/17–18, 19, 25–26, 60–61; 1E25/138.

44 Taufvermerk für Jeanne David, 19. Februar 1761, AM-A, Saint-Ausone, GG62/65; Heiratsvermerk für Bartélemi Raimond und Jeanne David, 13. Vendémiaire 4 (5. Oktober 1796), 1E8/2.

45 Vorläufiger Entscheid in dem Scheidungsverfahren von Jeanne David und Bartélemi Raimond, 10. Nivôse 5 (30. Dezember 1796), 1E11/19–20; „durch einen Fehler" sei der vorläufige Entscheid „in das vorliegende Register eingetragen worden", heißt es in einer Randnotiz (von derselben Hand wie der Eintrag über den Entscheid). Scheidungsvermerk für Jeanne David und Bartélemi Raimond, 23. Prairial 5 (11. Juni 1797), 1E11/76; in dem Vermerk werden drei vorläufige Entscheide aufgeführt: vom 10. Nivôse 5, 10. Ventôse 5 und 10. Prairial 5, sowie eine Versammlung aller Beteiligten am 19. Prairial 5.

46 Sterbevermerk für Jeanne David, 6. Vendémiaire 6 (27. September 1797), 1E15/4.

47 Siehe etwa AM-A, 1E3/121.

48 „Tauf"-Vermerk für Catherine, illegitimer weiblicher Säugling, 1. März 1793, AM-A, 1E1/23–24.

49 Taufvermerk für Guillaume Verliac, 16. Mai 1789, Heiratsvermerk für Guillaume Verliac und Catherine Mesnard, 19. Mai 1789, Petition des Guillaume Verliac, AM-A, Saint-Martin, GG84/139–143. Guillaume Verliac begründete eine Dynastie von Zimmerleuten, Schreinern und Ebenholzschnitzern in Angoulême; sein Enkel, der im Jahr 1900 starb, war „Abteilungsleiter" bei der Präfektur des Departements Charente. Sterbevermerk für Laurent Verliac, 22. März 1900, AM-A, 1E310/34.

50 Berechnet auf der Grundlage von AM-A, 1E31, Sterbetafeln über zehn Jahre.

51 AM-A, Zivilregister für das Jahr 13, 1E38/9–22. Die Beschreibungen der verwendeten Schnüre, Fäden und Bänder waren mitunter außerordentlich präzise. „Denis" war „mit einem Stück Seidengewebe gekennzeichnet, von bronzener Farbe mit gelben Streifen, an welches an dem einen Ende ein Stück fein gestreifter Stoff [*milleraies*, hier geschrieben „milleret"] in derselben Farbe anschließt; das besagte Stück Stoff 15 Zentimeter lang und

4 Zentimeter breit, befestigt an dem rechten Handgelenk des besagten Säuglings."

52 AM-A, 1E45/405, 407, 409 (1812), 1E49/413 (1813), 1E50/350 (1814), 1E51/384 (1815), 1E52/448, 449 (1816).

53 George, *Topographie historique d'Angoulême*, S. 84, 112–116; James Forgeaud, „La Place du Mûrier et ses environs", *BSAHC* 143 (1987), S. 37–70; Forgeaud, „L'Ouest de la ville et le group épiscopal d'Angoulême", *BSAHC* 144 (1988), S. 98–112.

54 „Bail amphitéotique de 29 années par les dames relligieuses du tiers ordre de St. François à Me [d. h. Maître] Jean Bernard notaire royal", 5. August 1770, ADC, Caillaud, 2E292.

55 AM-A, CC42/1/23–24, CC42/2/1, CC62/20–22. George, *Topographie historique d'Angoulême*, S. 76 f.; James Forgeaud, „Le Château, le Chatelet, la Petite Halle et la Porte Chandos", *BSAHC* 143 (1987), S. 174–200.

56 „Titres et effets", 20. Mai 1790, in: ADC, 1QPROV 1/164–167 (Q VI 6). Von den 96 Nonnen in Angoulême, die in vielen Fällen schon seit ihrer Jugend in ihren jeweiligen Gemeinschaften gelebt hatten, erklärten 94, sie wollten dort bleiben. Blanchet, *Le clergé charentais pendant la révolution*, S. 38 f., 420–428.

57 „Chapelles", 6. Juli 1791, in: ADC, 1QPROV 1/164–167 (Q VI 9).

58 Blanchet, *Le clergé charentais pendant la révolution*, S. 151 f., 194–200; Jézéquel, *La révolution française à Angoulême*, S. 59–69.

59 „Vente de mobilier d'église", 23. Januar–10. Februar 1793, in: ADC, 1QPROV 2 24.

60 Blanchet, *Le clergé charentais pendant la révolution*, S. 151 f., 194–200; Jézéquel, *La révolution française à Angoulême*, S. 59–69.

61 „Procès verbal des cy-devant Dominiquains", 13. Januar 1791, in: ADC, 1QPROV 1/ 164–167 (Q VI 6).

62 Forgeaud, „La Place du Mûrier et ses environs", S. 41; Jézéquel, *La révolution française à Angoulême*, S. 68.

63 Jean Théodore Henry, bekannt als „Henry l'ainé", war der älteste Sohn von Jacques David Henry und Marie Lesueur; sein Bruder Joseph Frédéric Henry war mit Marie Joubert verheiratet, einer Tochter des Roch Joubert und Schwester von Pierre-Mathieu Joubert. Heiratsvermerk für Joseph Frédéric Henry und Marie Joubert, 8. September 1772, Saint-André, GG45/182. „Le seminaire d'Angoulême", 17. März 1792, in: „Décompte pour acquisition de domaines nationaux", 2062, in: ADC, 1QPROV 2 41 (Q XVIII 40). In dem Eintrag für Grundstück Nr. 127 im „Plan Directeur" ist „le

séminaire" durchgestrichen und durch „Henry l'ainé" ersetzt; Sektion B, Saint-Martial, in: AM-A, „Contributions, matrices foncières", 1791.

64 Zu der Verpflichtung zum Treueeid auf die neue republikanische Ordnung siehe Timothy Tackett, *Religion, Revolution, and Regional Culture in Eighteenth-Century France: The Ecclesiastical Oath of 1791* (Princeton, NJ 1986).

65 Bericht der Bürger Mignot, Menault und Gerbaud, zitiert in: Blanchet, *Le clergé charentais pendant la révolution*, S. 218 Anm. 2; Forgeaud, „La Place du Mûrier et ses environs", S. 41.

66 Die äußerst umfangreiche Literatur zu den *biens nationaux* wird zusammengefasst bei Bernard Bodinier und Eric Teyssier, *L'événement le plus important de la Révolution: la vente des biens nationaux (1789– 1867) en France et dans les territoires annexés* (Paris 2000). Die genaueren Umstände des Verkaufs von Kirchenbesitz in Bordeaux, wo dies – wie in Angoulême – beträchtliche Teile des städtischen Grundstücksmarktes betraf, hat Marcel Marion aufgearbeitet; für den Distrikt Caen liegt eine entsprechende Studie von Alain Corbin vor. Marcel Marion, *La vente des biens nationaux pendant la Révolution: étude spéciale des ventes dans les départements de la Gironde et du Cher* (Paris 1908); Alain Corbin, „Les biens nationaux de première origine dans le district de Caen", *Annales de Normandie* 39,1 (1989), S. 91–119.

67 Einen bemerkenswerten Beweis dafür, welch großes Potenzial Stadtpläne und Landkarten für unser Verständnis historischer Zusammenhänge bergen – in diesem Fall geht es um den Sklavenmarkt im Rio de Janeiro des 19. Jahrhunderts –, liefern Zephyr Frank und Whitney Berry, „The Slave Market in Rio de Janeiro circa 1869: Context, Movement and Social Experience", *Journal of Latin American Geography* 9,3 (2010), S. 85–110.

68 „Décompte", 2020, in: ADC, 1QPROV 2 41 (Q XVIII 40).

69 Ebd.

70 „Vente de biens nationaux", 25. Thermidor 3, in: ADC, 1QPROV 2 1 (Q XVIII 1).

71 „Vente de biens nationaux", 25. Thermidor 3, in: ADC, 1QPROV 2 1 (Q XVIII 1); Eintrag für das Haus Nr. 8C, Sektion C, Château, in: „Contributions, matrices foncières", 1791, AM-A; Wohnrecht auf Lebenszeit für Catherine de Saint-Mesmy, 31. Mai 1785, ADC, 2C2/239, 70/102; Sterbevermerk für Catherine Saint-Mesmy, 1. Januar 1827, AM-A, 1E83/8.

72 Eintrag für das Haus Nr. 988, erworben durch Thibaud, Sektion C, Château, in:

„Contributions, matrices foncières", 1791, AM-A; „Décompte",2259, in: ADC, 1QPROV 2 41 (Q XVIII 40).

73 „Décompte", Entscheide vom 5. März 1791 und 9. Nivôse 2 (Nr. 2169), in: ADC, 1QPROV 2 41 (Q XVIII 40). Das Haus in der Rue de Genève war im Besitz des „émigré Viville"; siehe auch „Information faitte en la chambre criminelle", Louis Arnauld de Viville, 17. November 1778, ADC, 1B1099/2.

74 „Décompte", 349, in: ADC, 1QPROV 2 41 (Q XVIII 40).

75 Eintrag für das Haus Nr. 1014, in Sektion C, Château, in: „Contributions, matrices foncières", 1791, AM-A; „Décompte",315, in: ADC, 1QPROV 2 41 (Q XVIII 40).

76 Gebot Nr. 1, 1. Juli 1790, in: Enregistrement des soumissions, ADC, 1QPROV 1 27.

77 Gebot Nr. 158, 2. August 1790, in: Enregistrement des soumissions, ADC, 1QPROV 1 27.

78 „Vente de biens nationaux", 21. Fructidor 3, in: ADC, 1QPROV 2 1 (Q XVIII 1); „Table alphabétique des successions collatérales payées", 1765–Jahr 7, ADC, 2C2/39, 6/29.

79 „Tableau des baux des biens et revenus nationaux", ADC, 1QPROV 1/343 (Q XIV 1); sowie für den dritten Pachtvertrag von 1794 (10. Ventôse 2), „Table alphabétique des successions collatérales payées", ADC, 2C2/39, 2/29.

80 „Table alphabétique des successions collatérales payées", ADC, 2C2/39. Hierbei handelt es sich um eine Auflistung von Transaktionen aus der Revolutionszeit, die auf einem älteren Papierformular eingetragen wurden, indem die Namen der „ci-devant propriétaires" in die Spalte eingetragen wurden, die eigentlich für die Namen von Verstorbenen vorgesehen war, während die Namen der „fermiers" in der eigentlich für Erben gedachten Spalte stehen. Die Seiten, auf denen der Besitz der „Tiercelettes" aufgeführt ist – einschließlich Gabriels „Kirche" –, fehlen in der Onlineversion des Dokuments, und ich bin Dominique Guirignon von den *Archives départementales de la Charente* unendlich dankbar dafür, dass er mir Kopien der fehlenden Seiten zur Verfügung gestellt hat (S. 29–32, zwischen den Abbildungen 27/29 und 28/29 im Online-Dokument).

81 Taufvermerk für Marguerite Aubert, 27. Dezember 1774, AM-A, Saint-André, GG45/73–74; ihre Großmutter war Marguerite Durousot und ihr Großvater war Jean Joubert; *AP*, 20. Dezember 1793, 82:20–23.

82 20. Dezember 1793, *AP*, 82:20–23.

83 Heiratsvermerk für Marguerite Aubert und Jean Noel Bonniceau, 5. April 1807, AM-A, 1E40/80–81. J.-B. Quignon, „Notices historiques et anecdotiques", 8 Bde., 8, S. 334, ADC, J75.

84 „Fête de la Raison", ADC, L144, (19)-(40); siehe auch Ozouf, *La fête révolutionnaire*.

85 Jean Glaumont war ein Onkel mütterlicherseits von Lecler-Raby, und Catherine Lecler seine Tante väterlicherseits; seine Großeltern mütterlicherseits waren Jean Glaumont und Marie Gendron. Heiratsvermerk für François Lecler und Françoise Glaumont, 30. April 1759, AM-A, Saint-Jacques, GG129/5–6; Taufvermerk für Jean Lecler, 29. Juni 1766, Saint-André, GG43/29–30; Heiratsvermerk für Jean Lecler und Catherine Raby, 12. Mai 1789, NDB, GG10/72.

86 Siehe AM-A, 1E1/166, 1E2/97, 1E3/148.

87 Bericht der Bürger Chancel, Blandeau und Lecler-Raby, 5. Prairial 7, zitiert in: *Journal des maires d'Angoulême*, S. 128–130.

88 *Journal des maires d'Angoulême*, S. 168, 199; Sterbevermerk für Jean Lecler, 22. August 1848, AM-A, 1E148/69.

89 Begräbnisvermerk vom 20. Januar 1796, St. Mary the Virgin, Woodford; siehe oben in Kapitel 3.

90 Bénédictine Bologne wurde am 3. September 1753 getauft und starb am 13. März 1841; den Quellen zufolge wohnte sie in der Rue de la Cloche Verte. AM-A, Saint-Jean, GG74/55, 1E126/25. Nachdem man Bénédictine die Schlüssel überreicht hatte, musste sie feststellen, dass das Haus in einem desolaten Zustand war, und holte rasch einen Notar hinzu, damit dieser eine Mängelliste aufstellen konnte. „Procès-verbal de maison pour Bénédictine Bologne", 13. Floréal 3 (2. Mai 1795), ADC, Bourguet, Notar, 2E10192; *déclaration* 86, „Registre pour recevoir les déclarations des citoyens domiciliés dans cette commune", AM-A, Contributions/ Contributions personelles 1798/1799; AM-A, 1F1, *Recensement* [1801], S. 15.

91 Heiratsvermerk für Jean-Baptiste Marchais und Marie David, 8. Mai 1792, ADC, Saint-Simon, 1737–1798, 3E387/1, 178/298. Der Standort des Hauses ist in dem Taufeintrag für Marie Davids Bruder angegeben; 10. März 1771, Saint-Antonin, GG54/67.

92 Sterbevermerk für Marie Billard, 24. Germinal 3 (13. April 1795), AM-A, 1E6/82.

93 Dieses Memorandum über die Geschehnisse vom 29. Juli 1789 wurde 1902 in einer Zusammenstellung von Quellen zum Thema zitiert; A. Lecler, „La grande peur en Limousin", *Bulletin de la société archéologique et historique* *du Limousin* 51 (1902), S. 17–62, S. 39. Lefebvres klassischer Studie *La grande peur* zufolge bewegte sich die Furcht von Ruffec aus nach Süden in Richtung Angoulême sowie ostwärts nach Limoges. Ihre „Überträger" waren, unter anderen, ein Finanzbeamter, der auf der Suche nach Räubern war; ein Architekt, der sich auf die Reparatur von Kirchen spezialisiert hatte; und vier oder fünf Männer, die durchs Land zogen und um Spenden baten, für versklavte Christen, wie sie sagten. Es ist nicht uninteressant, dass Leclers Beschreibung des Limousin – das Lefebvres hauptsächliche Grundlage für seine Darstellung der *Généralité de Limoges* war – sogar noch mehr Verweise auf auswärtige Feinde enthält. Der Architekt berichtete, er habe bei jemandem übernachtet, der einen Brief erhalten habe, dem zufolge „*vierzigtausend Spanier* das Languedoc verheert hatten"; dann war da ein „Kanonier, umgeben von den wackeren Kameraden, die mit ihm zusammen den Siebenjährigen Krieg durchgestanden hatten"; „in Brive waren es die Engländer, die von Bordeaux her im Anmarsch sein sollten. In Tulle hingegen waren es die Österreicher, die sich auf der Straße von Lyon her näherten, hieß es"; in Aubusson gab es „zwei Kanonen, die ein Herrscher aus Marokko gespendet hatte". Georges Lefebvre, *La grande peur de 1789* (Paris 1988), S. 171–179, 168, 189, 213–215, 227, „Notes bibliographiques", 237; Lecler, „La grande peur en Limousin", S. 27, 37, 39, 43, 47, 50, 59.

94 Jérôme Bujeaud, „Le conventionnel Jean-Antoine Dubois de Bellegarde", *Bulletin de la Société charentaise des études locales* 41 (Mai 1924), S. 118–179, S. 120–124.

95 Bujeaud, „Dubois de Bellegarde", S. 124–126, 138–140, 150.

96 Brief vom 31. Oktober 1791, von Mte Allemand in Angoulême an „Monsieur Baignoux l'aîné" in Bordeaux; AD Gironde, Fonds des négociants, Baignoux et Quesnel, Correspondance commerciale, 7B1007. Zur *Jeune-Créole*, einem Schiff der Flotte von Baignoux und Quesnel, das 1789 Bordeaux mit Kurs auf die Île de France verließ, siehe Eric Saugera, *Bordeaux, port négrier: chronologie, économie, idéologie, XVIIᵉ-XIXᵉ siècles* (Paris 2002), S. 360.

97 Sie waren Dubois de Bellegarde, Jean Guimberteau, Pierre Maulde de l'Oisellerie und Jean Brun; siehe https://www2.assemblee-nationale.fr/sycomore/recherche [Stand: 15.11.2021].

98 Einträge für Dubois de Bellegarde, Guimberteau und Maulde, *AP*, 51:310, 421, 560; „Dons patriotiques", 25. April 1792, *AP*, 51:380–381. Dubois de Bellegarde wurde 1763 in derselben Steuerinsel, der „Isle de la Grande Maison de Carmélites" nämlich, aufgeführt wie Marot, der Steuereinnehmer, und Brillet, ein Unterzeichneter des Ehevertrags von 1764; AM-A, CC42/1/7, CC62/6/221. Seine unmittelbaren Nachbarn in den Jahren 1791/92 waren sein Parlamentskollege Guimberteau und der Drucker Rézé; Einträge für die Häuser Nr. 327–330, Sektion B, Saint-Martial, in: AM-A, „Contributions, matrices foncières", 1791.

99 Aussage des Dubois de Bellegarde, 7. Januar 1793, *AP*, 56:383–384; „Ich will allein aus meinem Herzen sprechen … schneidet nur rasch diesen kriminellen Kopf ab!" („hatez-vous donc de faire sauter cette tête criminelle"). Dubois' Nachbar Guimberteau stimmte ebenfalls für die Todesstrafe, ebenso Jean Brun, ein Anwalt aus Angoulême und neues Mitglied des Nationalkonvents, von dem Reveillaud, der Experte für die Parlamentsgeschichte dieser Region, schreibt, dass er im Verlauf der Revolution „nur die allerbescheidenste Rolle spielte". Der vierte Deputierte aus Angoulême, Maulde de l'Oisellerie, stimmte zuerst für die Todes- und dann für eine lebenslange Haftstrafe; siehe https://www2.assemblee-nationale.fr/sycomore/recherche [Stand: 15.11.2021] und Eugène Reveillaud, *Histoire politique et parlementaire des départements de la Charente et de la Charente-Inférieure: de 1789 à 1830* (Saint-Jean-d'Angély, 1911), S. 275 f., 292 Anm. 2.

100 Brief von Jean Guimberteau, 27. Brumaire 2 (17. November 1793), vor dem Nationalkonvent verlesen am 21. November 1793; *AP*, 79:566.

101 Prosper Boissonnade, *Histoire des volontaires de la Charente pendant la Révolution (1791–1794)* (Angoulême 1890); Einträge für den 14. Brumaire 2, 8. Ventôse 2, 13. Germinal 2, 26. Prairial 2 und 14. Floréal 3, in: *Journal des maires d'Angoulême*, S. 26, 30, 31, 35, 54.

102 „An de J.C. 1795", in: Louis Desbrandes, „Chronique de la province d'Angoumois", AM-A, Fol. 380: „Nachdem sie beinahe ein Jahr lang im Hafen verblieben war, entschied die Verwaltung, dass es besser wäre, man müsse die Glocke mit einem Karren wiederum zurück in die Stadt verbringe und erneut im Glockenturm von Saint-André anbringe, was unter großen Kosten und Mühen geschah."

103 „An de J.C. 1794", in: Desbrandes, „Chronique d'Angoumois", Fol. 379.

104 Eintrag für den 19. Juli 1792, in: *Journal des maires d'Angoulême*, S. 18.

105 Jézéquel, *La révolution française à Angoulême*, S. 107.

106 AM-A, 28. Pluviôse 3, 1E6/59.

107 Einträge für den 14. Floréal 3, 10. Nivôse 14 und 22. Mai 1807, in: *Journal des maires d'Angoulême*, S. 54, 203 f., 209.

108 Briefe vom 17. Messidor, 19. Thermidor, 5. Fructidor und 7. Fructidor 2, in: „Prisonniers de guerre", ADC, L745.

109 Brief vom 7. Fructidor 2, in: ADC, L745.

110 Bericht von Blandeau und Lecler-Raby, 1. Germinal 8, zitiert in: *Journal des maires d'Angoulême*, S. 162 f.

111 Boissonnade, *Histoire des volontaires de la Charente*, S. 148.

112 „Observations impartiales sur une procédure instruite dans la commune d'Angoulême relativement aux troubles qui y ont éclaté dans les journées des 13. et 14. Messidor an 5", „Copie du cahier de l'information", AN, Correspondance générale de la Division criminelle du ministère de la Justice (An IV-1816), BB/18/218.

113 Erklärung von Catherine Callaud, verheiratete Labonne, 28. Messidor 5, „Copie du cahier de l'information", AN, BB/18/218.

114 „Copie du cahier de l'information", AN, BB/18/218.

115 Haus Nr. S, in Sektion D, Saint-Pierre, in: AM-A, „Contributions, matrices foncières", 1791; siehe auch „Extrait du registre des certificats de résidence", 25. Brumaire 6, in: „Marin, Rose", AN, Charente, F/7/4990, Dossier 32, 15/56. Das neue Stadtviertel bestand aus Häusern, die erst nach der Einführung des Nummerierungssystems von 1769 erbaut wurden; Rosemarins Haus befand sich in unmittelbarer Nähe der „salle de spectacle", Haus Nr. U – wo ihre Cousine Rose Rezé zur selben Zeit wohnte – nahe bei dem modernen Theater an der Place New York. Der Offizier, der Rosemarins Haus kaufte, später ein General der *gendarmes*, war (Cybard) Florimond Gouguet.

116 Brief vom „15 vantos lan 5" von Rose Marin an Guimberteau, in: „Marin, Rose", AN, Police générale, Charente, F/7/4990, Dossier 32, 53/56.

117 Beschluss vom 2. Nivôse 2 (22. Dezember 1793) und Randnotiz des „Volksvertreters" Guimberteau, Brief an den Polizeiminister vom 10. Floréal 6 (29. April 1798), in: „Marin, Rose", AN, F/7/4990, Dossier 32, 10/56, 32/56; Signaturen 10, 17, 45, 51/56.

118 „Marin, Rose", AN, F/7/4990, Dossier 32, 10, 11, 12, 27, 28, 33, 36, 43/56.

119 Brief vom „15 vantos lan 5", in: „Marin, Rose", AN, F/7/4990, Dossier 32, 2/56.

120 Randnotiz vom 10. Floréal 6, in: „Marin, Rose", AN, F/7/4990, Dossier 32, 10/56.

121 Briefe vom „15 nivos lan 5" und „15 vantos lan 5", in: „Marin, Rose", AN, F/7/4990, Dossier 32, 50–51/56, 53/56.

122 Briefe von Guimberteau in Tours vom 3. Pluviôse 2 (22. Januar 1794) und 16. Pluviôse 2 (4. Februar 1794), in: „Conseil provisoire et convention: comité de salut public", AN, AF/II/172.

123 Brief vom 24. Frimaire 2 (14. Dezember 1793) von Guimberteau in Tours, Randnotiz vom 10. Floréal 6, in: „Marin, Rose", AN, Charente, F/7/4990, Dossier 32, 10/56, 46/56.

124 Beschluss der Stadtverwaltung von Angoulême, 2. Nivôse 2 (22. Dezember 1793), „Radiation", 2. Thermidor 6, Brief vom 10. Floréal 6, in: „Marin, Rose", AN, Charente, F/7/4990, Dossier 32, 5/56, 10/56, 32/56. Guimberteaus Kommentar in dem Brief von 1793 war weitsichtiger, als die Zusammenfassung es vermuten lässt; er schrieb: „Bürger, deren Patriotismus außer Frage steht, haben mir versichert", dass Rose Marin Tours nicht verlassen habe und auch nicht emigriert sei; 46/46.

125 Taufvermerk für „Louis Mulatre fils naturel d'un père inconnu et d'Elizabeth negresse esclave", 1. November 1765, ANOM, Kirchenbuch der Gemeinde Saint-Marc, Saint-Domingue, 13/15, verfügbar unter http://anom.archivesnationales.culture.gouv.fr/caomec2 [Stand: 15.11.2021]. Zu Louis Félix während der Revolution siehe Jézéquel, *La Charente révolutionnaire*, S. 173 f.

126 Firmvermerk für Louis Félix, 16. April 1780, AM-A, PSC, GG68/81.

127 Taufvermerk für Françoise-Louise Javotte, uneheliche Tochter der Anne Mathieu und des Louis Félix, 2. Oktober 1785, AM-A, NDB, GG10/42.

128 Heiratsvermerk für Louis Félix und Anne Mathieu, 17. November 1789, AM-A, Saint-Martial, GG113/153–154.

129 Sterbevermerk für Anne Mathieu, 15. Pluviôse 6 (1. Februar 1798), AM-A, 1E15/41; Heiratsvermerk für Louis Félix und Marthe Dumergue, 29. Fructidor 6 (15. September 1798), AM-A, 1E14/114–115.

130 Siehe etwa AM-A, 1E7/29, 1E8/11–12, 1E9/35.

131 Aussage des Jean Rippe, „Copie du cahier de l'information". AN, BB/18/218. Blandeau, ein Apotheker und späterer Bürgermeister der Stadt, und Latreille, ein Bibliothekar und früherer Priester, waren zwei prominente Vertreter des revolutionären Terrors von 1793 in Angoulême;

siehe Jézéquel, *La Charente révolutionnaire*, S. 141–143, 194–195.

132 Eintrag für den 25. Fructidor 5, in: *Journal des maires d'Angoulême*, S. 83. Der Präsident der neuen Verwaltung war Blandeau, der Apotheker.

133 Einträge für den 14. Nivôse 6, 16. Pluviôse 6 und 8. Germinal 8, in: *Journal des maires d'Angoulême*, S. 93, 97, 165.

134 Jézéquel, *La révolution française à Angoulême*, S. 152–154, 167; Eintrag für den 4. Vendémiaire 8, in: *Journal des maires d'Angoulême*, S. 147 f.

135 Heiratsvermerk für Pierre Félix und Françoise Mallat, 27. Juli 1820, AM-A, 1E59/79–80.

136 Sterbevermerk für Louis Félix, 3. Oktober 1851, AM-A, 1E157/89–90; sein Alter wurde fälschlicherweise mit 82 Jahren angegeben. Auch wird er beschrieben als der Witwer von „Jeanne Chasteigner" (nicht Anne Mathieu) aus seiner ersten und von Marthe Dumergue aus seiner zweiten Ehe. Jeanne und Anne Chatainer waren seine Schwägerinnen, die Ehefrauen von Marthes Brüdern Pierre und Jean. Heiratsvermerke für Pierre Dumergue und Jeanne Chatainer, 1. Februar 1790, sowie für Jean Dumergue und Anne Chatainer, 3. Oktober 1791, AD Puy-de-Dome, Clermont-Ferrand, Saint-Pierre, 1787–1791, 98–99/223 und 157–158/223.

137 Léonard Robin wurde am 23. Juni 1745 getauft; AM-A, PSC, GG67/31. Abraham-François Robin und Anne Puisnege hatten – Dupin zufolge – vier Töchter und neun Söhne, von denen drei Töchter und sieben Söhne das Säuglingsalter überlebten; Dupin, „Notices sur Abraham François Robin et Léonard Robin", S. 900 f. Sechs der Söhne hießen „Léonard." Zur politischen Geschichte und zur Geschichte aus der Vogelperspektive siehe Lefebvre, „L'œuvre historique d'Albert Mathiez", S. 196, 209.

138 Abraham-François Robin, „Notes historiques", ADC, J700; diesen elfseitigen Nachruf verfasste Robin nach dem Tod seines Sohnes 1802.

139 Zur „affaire d'Angoulême" siehe die Briefe vom 22. Februar 1777 und 28. März 1778 von Léonard Robin in Paris an Abraham-François Robin in Angoulême, ADC, J700. Zur Rechtsprechung um die „terrains vains et vagues" siehe M. Baudrillart, *Traité général des eaux et forêts, chasses et pêches*, 5 Bde. (Paris 1825), 2, S. 871; zu Léonards Memoranda im Fall der Kommunen von Marquenterre – einem großen Sumpfgebiet in der Picardie, nahe der Sommemündung –, in denen er erfolgreich die

Sache des künftigen Karl X. gegen die ortsansässige Bevölkerung vertrat, siehe „Jugemens relatifs à la propriété des communes", in: Jean Baptiste Denisart, *Collection de décisions nouvelles et de notions relatives à la jurisprudence*, 9 Bde. (Paris 1786), 4, S. 754 f..

140 Briefe vom 3. Januar 1788 [1787], 11. Mai 1788 und 29. Dezember 1788 von Léonard Robin an Abraham-François Robin, ADC, J700.

141 Briefe vom 11. Mai 1788 und 9. August 1788 von Léonard Robin an Abraham-François Robin, ADC, J700; zu Méhémet-Aly, der 1751 unter dem Namen Jean-Marie-Alix Boullon Morange zum Christentum konvertierte, siehe *Réclamations pour le sieur Charles-Marie Canalès-Oglou* (Paris 1806), S. 11 f., 21 f., 49–60, 66.

142 Brief vom 3. Januar 1788 von Léonard Robin an Abraham-François Robin, ADC, J700.

143 Briefe vom 3. Januar 1788, 29. Dezember 1788 und 24. Januar 1789 von Léonard Robin an Abraham-François Robin, ADC, J700.

144 Brief vom 30. August 1789 von Léonard Robin an Abraham-François Robin, ADC, J700.

145 Ebd.

146 Brief vom 15. September 1789 von Léonard Robin an Abraham-François Robin, ADC, J700.

147 Brief vom 15. September 1789 von Léonard Robin an Abraham-François Robin, ADC, J700. Léonard Robins Adresse lautete: Rue Beaubourg, Hôtel de Fer oder Hôtel de la Fere; siehe die Liste mit den Namen und Adressen der 300 „Deputierten" oder Abgeordneten der Kommune, die am 18. September 1789 gewählt wurden, in: *Exposé des travaux de l'Assemblée-Générale des Représentans de la Commune de Paris*, hg. v. Jacques Godard (Paris 1790), S. 244; *Almanach général du département de Paris pour l'année 1791* (Paris 1791), S. 19. Zu der Kupferblechmanufaktur, die unter derselben Adresse 1770 eingerichtet wurde, siehe das *Dictionnaire raisonné universel des arts et metiers*, Neuaufl., hg. v. Abbé Jaubert, 5 Bde. (Paris 1793), 3, S. 475. Die Bankiers Féline, Léonards Klienten in dem Betrugsfall aus Rouen, waren Mieter in demselben Gebäude; *Almanach du voyageur à Paris* (Paris 1787), S. 115.

148 *Actes de la Commune de Paris pendant la révolution*, hg. v. Sigismond Lacroix, 19 Bde. (Paris 1894–1955), 1. Folge, 1, S. 383 f.; die bekanntere *Déclaration des droits des communes*, deren Entwurf von J.-P. Brissot stammte, folgte zwei Wochen später.

149 Stellungnahme vom 30. Januar 1790, in: *Actes de la Commune de Paris*, 1. Folge, 3, S. 645–647; *AP*, 10:761.

150 Brief vom 3. November 1789 von Léonard Robin an Anne Puisnege (Robin), ADC, J700.
151 Sigismond Lacroix, „Ce qu'on pensait des juifs à Paris en 1790", *Revue Bleu*, 4. Folge, 9,14 (2. April 1898), S. 417–424, S. 424; *Actes de la Commune de Paris*, 1. Folge, 5:498, 593–596; Robert Badinter, *Libres et Egaux … L'émancipation des Juifs sous la révolution française (1789–1791)* (Paris 1989), S. 203, sowie, zu der früheren „Deklaration", S. 186–190.
152 Léonard Robin, *Rapport et projet de réglement général sur les concours, pour tous les monumens et ouvrages publics de la ville de Paris* (Paris 1791), S. 5. Léonard Robin, *Rapport fait au nom des commissaires nommés pour l'examen du Mémoire de M. de Vauvilliers, sur l'administration et la juridiction pour les transports par eau des approvisionnemens de Paris* (Paris 1790), S. 11.
153 Jacques Godard und Léonard Robin, *Rapport de messieurs J. Godard et L. Robin, commissaires civils, envoyés par le roi, dans le département du Lot* (Paris 1791).
154 Léonard hielt öffentliche Ansprachen in Nîmes und Alès, und die Gesandten kehrten nach Paris zurück; die Lager in Jalès blieben. Robin, Mulot *prêtre*, Bigot, Robin *jeune*, Durouzeau, *Proclamation des commissaires civils, envoyés par le roi dans le département du Gard, et autres départemens voisins* (Nîmes 1791). Der Abbé Mulot war zum Zeitpunkt von Godards und Robins Petitionen für die Juden von Paris der „Präsident" der Pariser Kommune; in einer Rede aus der Feder Godards erklärte er, diese Juden seien „allesamt, überall, gänzlich tadellos in ihrem Verhalten gewesen", und verwies auf „die sozialen Qualitäten der Juden, ihre patriotischen Tugenden [und] ihre lebhafte Liebe zur Freiheit". Rede vom 25. Februar 1790, zitiert in: Lacroix, „Ce qu'on pensait des juifs", S. 423. Bigot de Préameneu, ein Anwalt aus Rennes, war, zusammen mit Mulot und Robin, 1791 ein Mitglied des Generalrats der Pariser; später, 1808, amtierte er als Religionsminister. François Rouvière, *Histoire de la révolution Française dans le département du Gard: la constitutante, 1788–1791*, 4 Bde. (Nîmes 1887), 1, S. 323 f.; François de Jouvenel, „Les camps de Jalès (1790–1792), épisodes contre-revolutionnaires?" *Annales historiques de la révolution française* 337 (2004), S. 1–20.
155 *Actes de la Commune de Paris*, 2. Folge, 5, S. 10, S. 127 f.
156 *Actes de la Commune de Paris*, 2. Folge, 5, S. 127–137, 161–177.
157 P.-J.-B. Buchez und P.-C. Roux, *Histoire parlementaire de la révolution française*, 40 Bde.

(Paris 1834–1838), 12, S. 481 f. Bigot, Mulot und Godard, Léonards Ko-Kommissare auf seinen Expeditionen in die Departements Lot und Gard, standen als Fünfter, Sechzehnter beziehungsweise Siebzehnter auf der Liste. Für Condorcet wurde Léonard zu dem Paradebeispiel für eine Herrschaft der Obskuren und „Selbstvermarkter". Die Pariser Abstimmung erregte heftige ironische Reaktionen, etwa in den Reflexionen, die im Mai 1792 in der *Chronique du mois* erschienen und sich mit den Vor- und Nachteilen von Zufalls- und Abstimmungswahlen befassten: „Soll es *Sitze* nur für Leute geben, die nichts tun müssen, oder aber sie gebrauchen, um irgendeine Art von *Überlegenheit* zu erringen, ein gewisses Maß an Tyrannei, so ist dafür alles auf bewunderswerte Weise eingerichtet; ich gestehe zu, dass dies unter der gegenwärtigen Ordnung noch immer möglich ist, wenn ich auch glaube, dass es gleichwohl schwierig wäre, wenn man an einen Rousseau, einen Mably, einen Bernardin de Saint Pierre denkt. Wer weiß? Der Zufall! Wer würde denn, bitte, an einen Monsieur Léonard denken? An Robin Léonard oder Léonard Robin, Deputierten aus Paris! Auf dem Stimmzettel mit Condorcet, und hat gewonnen! Welches Glück, dass Condorcet sich in einer dritten Abstimmung endlich gegen andere Intriganten wie J. P. Brissot durchsetzen konnte, der vierzehn Mal auf dem Stimmzettel gestanden hat." *La chronique du mois*, Mai 1792, S. 30 Anm. 1.
158 *AP*, Bd. 34, 10. Oktober 1791, S. 163 f., 28. Oktober 1791, 461; Bd. 43, 11. Mai 1792, S. 250; Bd. 44, 25. Mai 1792, S. 99 f., 1. Juni 1792, S. 443 f. Die Priester, die „Schwurverweigerer" oder *insermentés* waren, hatten sich geweigert, einen Gehorsameid auf das Gesetz abzulegen, das eine neue, zivile Verfassung des Klerus festlegte und am 26. Dezember 1790 in Kraft trat. Zur Registrierung von Ausländern siehe den Bericht über die Sitzung vom 18. Mai 1792, *Gazette nationale ou le Moniteur universel*, 141 (20. Mai 1792), S. 582.
159 Abraham-François Robin, „Notes historiques", ADC, J700. Léonard Robin starb 1802 im Alter von 57 Jahren, kurz vor dem 86. Geburtstag seines Vaters.
160 Rede Léonard Robins vom 7. September 1792, *AP*, 49:432–433, abgedruckt als *Rapport et projet de décret sur le divorce, par M. Robin* (Paris o. J. [1792]); Reden vom 6. September, 7. September, 13. September, 14. September, 15. September, 49:400, 432–436, 608–613, 643–644, 678; 18. September, 19. September, 20. September, 50:112–113, 149, 188–191.

161 *AP*, Bd. 50, 20. September 1972, S. 179–184 (Zivilverfassung), 188–191 (Scheidung).
162 *AP*, Bd. 50, 20. September 1972, S. 194. Der Text des Berichts und der Gesetzesentwurf wurden veröffentlicht als Léonard Robin, *Opinion et projet de decret sur les enfants naturels* (Paris o. J. [1792]); siehe auch *AP*, 50:194–199. Die Gesetzgebende Nationalversammlung ging am nächsten Tag zu Ende, und nach der Morgensitzung vom 21. September 1792 zogen die Deputierten zu den Tuilerien, um den Nationalkonvent willkommen zu heißen; *AP*, 50:201.
163 Léonard Robin, *Instruction sur la loi, qui détermine les causes, le mode et les effets du divorce* (Paris 1793), S. 3 f., 25. Der Streit drehte sich darum, ob einmal geschiedene Paare einander umgehend wieder heiraten könnten; eine Klausel des Gesetzes, die „viele Leute" für einen „typografischen Fehler in den gedruckten Fassungen des Gesetzes" gehalten hätten, wie Léonard schrieb, war tatsächlich eine Änderung des ursprünglichen Entwurfs in letzter Minute und während der laufenden Parlamentsdebatte.
164 Gedruckte Liste der Abgeordneten mit Datum 21. Dezember 1790, in: F.-A. Aulard, *La Société des Jacobins, 1789–1790* (Paris 1889), S. lxxi; Abraham-François Robin, „Notes historiques", ADC, J700.
165 Abraham-François Robin, „Notes historiques", ADC, J700; Huguet, *Discours prononcé par Huguet, sur la mort du citoyen Robin, membre du Tribunat, séance extraordinaire du 26 Thermidor an 10* (Paris 1802), S. 5 (in: ADC, J700); Abbé Mulot, *À la mémoire de Léonard Robin, tribun et membre de l'Académie de législation, discours prononcé à la séance publique du 1er Germinal an 11 par le cit. Mulot, ex-législateur* (Paris 1802), S. 14.
166 Bericht des Schauspielers Coittant, in: [Riouffe], *Mémoires sur les prisons*, 2 Bde. (Paris 1823), 2, S. 30; Robin, „Recueil", S. 37. Malesherbes, der damals 72 Jahre alt war, wurde aus dem Gefängnis Port-Libre in die wesentlich berüchtigtere „Conciergerie" gebracht und am 22. April 1794 guillotiniert; seine Enkelin Louise Le Peletier de Rosanbo und ihr Mann Hervé Clérel de Tocqueville, die Eltern von Alexis de Tocqueville, waren dort ebenfalls inhaftiert, entgingen jedoch der Hinrichtung.
167 Brief vom 9. August 1788 von Léonard Robin an Abraham-François Robin, ADC, J700.
168 Brief vom 30. August 1789 von Léonard Robin an Abraham-François Robin, ADC, J700.
169 Brief vom 24. September 1788 von Léonard Robin an Abraham-François Robin, ADC, J700.

170 Zu der Konfiszierung und dem Verkauf des Besitzes von Guillaume-Alexandre de Polignac zwischen dem 16. Dezember 1792 und dem 26. Oktober 1795 siehe H. Monceaux, „La révolution dans le département de l'Yonne: essai bibliographique 1788–1800", in: *Bulletin de la Société des Sciences Historiques et Naturelles de l'Yonne* 43 (1889), S. 45–586, S. 390–392, 460–470, 530–533, 539, 578.
171 Brief vom 20. Nivôse 9 (10. Januar 1801) von Léonard Robin an Canalès-Oglou, zitiert in: *Réclamations pour le sieur Charles-Marie Canalès-Oglou*, S. 98.
172 Maurice Roy, „Léonard Robin", *Bulletin de la société archéologique de Sens* 29 (1915), S. 95–119, S. 96–98, 101 Anm. 1; Heiratsvermerk für Léonard Robin und Marie Elisabeth Emilie Aubourg, 2. Nivôse 5 (22. Dezember 1796), ADSM, Fontainebleau, 1796–1797, 97/199; zu Léonards neuem Leben „dans un pays charmant, un peu eloigné de Paris avec un fort joli château pour logement, et des servitudes très convenables", siehe Abraham-François Robin, „Notes historiques", S. 7, ADC, J700.
173 Zu dem Amt des „conservateur des hypothèques" siehe Honoré de Balzac, *La vieille fille* (1836) (Paris 1978), S. 111 f.
174 Abraham-François Robin, „Notes historiques", S. 8–10.
175 Brief vom 19. Thermidor 9 (7. August 1801) von Léonard Robin an „la citoyenne Robin", Bibliothèque Historique de la Ville de Paris, Révolution française, Sammlung Etienne Charavay, ms. 814, Fol. 479.
176 Sterbevermerk für Léonard Robin, 18. Messidor 10 (7. Juli 1802), AD Yonne, 2E288/9, Paron, Jahr 10–1825, 6/134.
177 Der Zeitraum von 1792 bis 1816, in dem Ehescheidungen in Frankreich legal waren, ist in der Revolutionsgeschichtsschreibung vergleichsweise wenig beachtet worden, und Léonard Robins eigene Rolle bei den Geschehnissen von 1792 wurde aus der Rückschau der Restaurationsepoche verschleiert, wie sie es auch für seine Familie in Angoulême wurde. Wie der Verfasser der ersten detaillierten Studie zum Thema mehr als ein Jahrhundert später, 1897, schrieb, handelte es sich um „eine nur wenig bekannte Phase in der Geschichte der Ehescheidung in Frankreich". Pierre Damas, *Les origines du divorce en France, étude historique sur la loi du 20 septembre 1792* (Bordeaux 1897), S. 7; Léonards Rolle wird auf S. 106–117 beleuchtet.
178 Taufvermerk für Marie Madeleine Virol, 25. Oktober 1768, AM-A, Saint-Martial, GG110/116.

179 Taufvermerk für Noël Virol, 22. November 1736, AM-A, NDP, GG13/119; „Brevet d'apprentissage du Sr. Virol chez le Sr. Sirier maître chirurgien", 26. Januar 1760, ADC, Caillaud, 2E271. François Tremeau, Kaufmann auf der Insel Martinique, der sich gerade in Angoulême aufhielt, willigte ein, Noël Virol „unter seinen Schutz [zu nehmen], indem er ihm eine vorteilhafte und geeignete Stellung zur Erzielung seines Lebensunterhalts verschaffen" werde.

180 Guillaume Virol wurde am 22. Dezember 1763 begraben; AM-A, Saint-Antonin, GG54/44. Im Steuerverzeichnis für 1763 heißt es, er wohne in der „Isle des Jacobins", und er wird in der niedrigsten Einkommensklasse geführt; sein unmittelbarer Nachbar war François Ferrand, der Hausdiener von Pierre Marchais. AM-A, CC42/1/11. Nach seinem Tod verlangte sein Sohn Antoine, der Vater Marie Madeleines, ein Inventar vom Nachlass seines Vaters, dessen Gesamtwert auf 60 Livres taxiert wurde; dazu gehörten zwei Hemden, ein „schlechtes" Paar Schuhe, das Ladenschild seiner Perücken-macherwerkstatt, ein Hut und eine ebenfalls „schlechte" Perücke. „Inventaire des meubles de Guillaume Virol", 28. Dezember 1763, ADC, Bernard, 2E152. Antoine Virol hatte seinerseits die Berechtigung des Perückenmachers Louis Deschamps gepachtet, als dieser zu seiner unglücklichen Reise nach Cayenne aufbrach – die Rechte, die später von der Familie von Jean-Baptiste Ferrands Frau Elizabeth Boutoute verkauft wurden. ADC, 2C2/172, 175/203.

181 Noël Virol heiratete in Paris, und er und seine Frau waren die Taufpaten von Marie Madeleines jüngerer Schwester. Taufvermerk für Marie Brigitte Scholastique Virol, 8. Mai 1774, AM-A, Saint-Paul, GG90/81.

182 Interrogatoire de Marie Madeleine Virolle, 14. Floréal 2, „Comité révolutionnaire de la section des tuileries, contre Félicité Mélanie Ennouf et Marie Madeleine Virolle", in: „Affaire filles Virolle, Eunouf, Loisieller et autres", AN, W//359/759. Nach Marie Madeleines Darstellung hatte sie bis „zwei Jahre zuvor" für den „Comte de Culla" gearbeitet, danach dann für die „Marquise Cheverlai". Claude Gigon, der Marie Madeleines Fall Mitte des 19. Jahrhunderts in seiner Studie über die Opfer des revolutionä-ren Terrors im Departement Charente behandelte, vermutete, dass mit „Culla" der Comte de Culant gemeint gewesen sei, ein Offizier und Sohn eines vormaligen Militär-beamten auf Martinique, der als Vertreter des Adels der Charente an den Etats généraux von 1789 teilnahm; die „Marquise Cheverlai" sei die Gemahlin des Marquis de Chauveron gewesen, eines früheren Gouverneurs des Châteaus von Angoulême. Claude Gigon, *Les victimes de la terreur du département de la Charente: récits historiques*, 2. Aufl. (Angoulême 1866), S. 197; und zum Comte de Culant, https://www2. assemblee-nationale.fr/sycomore/fi-che/%28num_dept%29/11708 [Stand: 15.11.2021].

183 Interrogatoire de Marie Madeleine Virolle, 14. Floréal 2, AN, W//359/759; Audience du 16e Floréal, Bulletin du tribunal révolutionnaire, 71 (Paris 1794), S. 283.

184 „Voisi ma carte de citoiyen", in: „Affaire filles Virolle, Eunouf, Loisieller et autres", AN, W//359/759. *Bulletin du tribunal révolutionnaire*, 71, S. 283 f.; Henri Wallon, *Histoire du tribunal révolutionnaire de Paris*, 6 Bde. (Paris 1880–1882), 3, S. 382–392. Zu dem Ausdruck *pla bougre* siehe „Curiositez françoises", in: La Curne de Sainte-Palaye, *Dictionnaire historique de l'ancien langage françois*, 10 Bde. (Paris 1875–1882), 10, S. 333.

185 „Voisi ma carte de citoiyen", AN, W//359/759.

186 „Félicité Mélanie", in: „Affaire filles Virolle, Eunouf, Loisieller et autres", AN, W//359/759.

187 Wallon, *Histoire du tribunal révolutionnaire de Paris*, S. 385.

188 „Mandat d'arret", in: „Affaire filles Virolle, Eunouf, Loisieller et autres", AN, W//359/759.

189 „Mandat d'arret", Interrogatoire de Félicité Mélanie Ennouf, in: „Affaire filles Virolle, Eunouf, Loisieller et autres", AN, W//359/759.

190 Interrogatoire de Marie Madeleine Virolle, 14. Floréal 2, AN, W//359/759.

191 Diese Formulierung findet sich oben auf der Gerichtsakte: siehe Bulletin du tribunal révolutionnaire, établi au Palais, à Paris, par la *Loi du 10 Mars 1793, pour juger sans appel les CONSPIRATEURS*, 72, S. 284.

192 *Bulletin du tribunal révolutionnaire*, 72, S. 284 f.

193 *Bulletin du tribunal révolutionnaire*, 72, S. 285.

194 „Liste des guillotinés", in: *Liste générale et très-exacte des noms, âges, qualités et demeures de tous les Conspirateurs qui ont été condamnés à mort par le Tribunal révolutionnaire*, 4 (Paris 2), S. 22.

195 Charbonnier, *commissaire de police*, in: „Affaire filles Virolle, Eunouf, Loisieller et autres", AN, W//359/759.

196 Alexandre Sorel, *Le Couvent des Carmes et le séminaire de Saint-Sulpice pendant la Terreur* (Paris 1863), S. 436 f.

197 Verhör des Noël Virol oder Virolle, 30. Messidor 2, „Sur la prétendue conspiration des Carmes", in: Saladin, *Rapport au nom de la commission des vingt-un* (Paris 3), S. 173–184.

198 Saladin, *Rapport au nom de la commission des vingt-un*, S. 178 f.

199 Saladin, *Rapport au nom de la commission des vingt-un*, S. 173 f., sowie (zu den beiden Seilen) S. 175, 180–182.

200 Aussage des Belavoine, in: Saladin, *Rapport au nom de la commission des vingt-un*, S. 174.

201 Aussage des Jean-Baptiste Cacaut, in: Saladin, *Rapport au nom de la commission des vingt-un*, S. 174 f. Jean-Baptiste Cacaut wurde am 11. Nivôse 2 (31. Dezember 1793) unter dem Vorwurf „verdächtiger Umtriebe" im Kloster der Karmelitinnen inhaftiert und am 1. Fructidor 2 (18. August 1794) wieder freigelassen. Siehe Sorel, *Le Couvent des Carmes*, S. 380 f. Ein gewisser Jean-Baptiste Cacaud, der in dem Vorort Saint-Denis wohnte, hatte zuvor schon die Aufmerksamkeit der Pariser Polizei erregt; der Beschreibung nach war er 38 Jahre alt und 1777 aus Angoulême nach Paris gekommen. AN, Police générale, F/7/4787, verfügbar unter

https://www.geneanet.org/archives/registres/view/?idcollection=19949&page=336 [Stand: 15.11.2021]. Jean Cacaud, Sohn des Antoine Cacaud und der Jeanne Bonnin, wurde am 13. Januar 1754 in der Pfarrei Saint-Martial getauft; AM-A, Saint-Martial, GG108/85. Seine Eltern und sein jüngerer Bruder befanden sich unter den 4089 Individuen in den Kirchenbüchern von 1764.

202 Aussagen des Claude-Gabriel Chavard und des Jean-Anne-Michel Manuel, in: Saladin, *Rapport au nom de la commission des vingt-un*, S. 178–180. Chavard und Manuel kamen, wie auch Cacaut/Cacaud, im August 1794 wieder frei; Sorel, *Le Couvent des Carmes*, S. 384 f., 416 f.

203 Aussage des Noël Virolle, in: Saladin, *Rapport au nom de la commission des vingt-un*, S. 176 f. Bei dem Deputierten aus Angoulême handelte es sich um Dubois de Bellegarde, den aufbrausenden Offizier mit den patriotisch gesinnten Söhnen.

204 „Virol, s'est jeté par la fenêtre, au moment où nous venions de l'interroger." Saladin, *Rapport au nom de la commission des vingt-un*, S. 173.

205 „Liste des guillotinés", in: *Liste générale et très-exacte*, 9, S. 26–29; Liste der Gefangenen in: Sorel, *Le Couvent des Carmes*, S. 371–437.

Kapitel 6: Eine Familie in bewegter Zeit

1 „Certificats de civisme", ADC, L146; Einträge für Gabriel Ferrand, 28. Brumaire 2 (18. November 1793), Ferrand *père*, Pierre Alexandre Ferrand und Etienne Ferrand, 1. Nivôse 2 (21. Dezember 1793) sowie „Ferrand jeune instituteur", 26. Prairial 2 (14. Juni 1794). Sterbevermerk für Joseph Marie Ferrand, der im Alter von 23 Jahren in seinem Haus nahe der Place de Beaulieu verstorben war, AM-A, 17. August 1793, 1E3/61.

2 Eintrag für das Haus Nr. 913, Sektion C, Château, in: „Contributions, matrices foncières", 1791, AM-A. In den Anmerkungen zu diesem Register, die sich aufgrund ihrer Bezugnahmen auf Transaktionen aus den Jahren 6 und 7 in diese Zeit datieren lassen, wird das Haus als „umgebaut" und „erneuert" beschrieben.

3 Siehe oben in Kapitel 5.

4 „Actes civils", 1792–Jahr 2, in: „Justices de paix", Angoulême, *intra muros*, ADC, L2780.

5 Einträge für den 25. Brumaire und den 19. Frimaire 7, in: Mercier, *Journal des maires d'Angoulême*, S. 116–118. Der für dieses Verfahren verantwortliche Beamte war

Lecler-Raby, Etienne Allemands Großcousin zweiten Grades.

6 Undatierter Entwurf eines Korrespondenzsystems für das Departement Charente, ADC, L131, und siehe oben in Kapitel 5.

7 Siehe die Notiz vom 22. Frimaire 5, in: „Archives. Correspondance passive", ADC, L2026: „Ich bitte den Bürger Ducluzeau, der Bürgerin Dubousquet die Glocke zu zeigen, die im Departementsarchiv deponiert worden ist."

8 Notizen vom 2. Nivôse 6, 27. Germinal 6, 8. Frimaire 8 und 28. Brumaire 8, ADC, L131.

9 Notiz vom 7. Fructidor 2, in: ADC, L745.

10 Notizen vom 2. Nivôse 6, 27. Germinal 6, 8. Frimaire 8 und 28. Brumaire 8, ADC, L131.

11 „Registre destiné à constater la présence des employés", 12. Germinal 7 bis 21. Messidor 7, ADC, L121. Der andere Angestellte der Archivabteilung zeichnete als „Dupuy"; „Ducluzeau" wurde 1796 und 1797 ebenfalls als Archivar bezeichnet. Quittung vom 9. Prairial 4, Notiz vom 22. Frimaire 5, ADC, L2026; Notiz vom 22. Fructidor 5, ADC, L131.

12 Erklärung des Gabriel Ferrand, Eintrag 309, 21. Messidor 7 (9. Juli 1799), „Registre pour recevoir les déclarations des citoyens domiciliés dans cette commune", AM-A, Contributions/ Contributions personelles 1798/1799.
13 Sterbevermerk für Gabriel Ferrand, 20. Dezember 1816, AM-A, 1E52/426.
14 Unterlagen für den Zeitraum Juli 1790 bis April 1791; Kirchenbuch/Gemeinderegister von Jauldes, 1737–1792, ADC, 3E178/1, 357–364/376. In Unterlagen aus dem Diözesanarchiv Angoulême heißt es, „Ferrand Gabriel alias Etienne" (geboren am 2. Januar 1766, Etiennes Geburtsdatum) sei 1789 Vikar von Jauldes geworden; zum ersten Mal hat er im Kirchenbuch von Jauldes am 11. Juli 1790 unterschrieben. „Registre des ordinations remis aux archives de l'Evêché en septembre 1912", Archives diocésaines d'Angoulême.
15 Den Anteil der „schwörenden" Priester habe ich auf der Grundlage der Daten in Blanchet, *Le clergé charentais pendant la révolution*, S. 449–464, sowie Tackett, *Religion, Revolution, and Regional Culture in Eighteenth-Century France*, S. 367, berechnet.
16 Durch ein Dekret, das die Nationalversammlung am 29. April 1791 verabschiedete, wurde das Gebiet der Kathedralgemeinde (Saint-Pierre) mit äußerster Präzision festgelegt – „suivant ledit mur à gauche passant sur la porte du Palais, prenant les deux maisons qui y sont construites" – und Saint-Martial erhielt „le surplus de la ville, laissé par les confrontations de celles de Saint-Pierre." *Procès-verbal de l'assemblée nationale, imprimé par son ordre*, Bd. 54 (Paris [1791]), S. 8 f. Zu den Geschehnissen vom März und April 1791 in Angoulême siehe Blanchet, *Le clergé charentais pendant la révolution*, S. 64–92.
17 Mehrere der anderen widerriefen später oder schworen modifizierte, enger gefasste Eide; vier wurden deportiert. Blanchet, *Le clergé charentais pendant la révolution*, S. 57, 449–453; „Mémoire historique sur le séminaire d'Angoulême", S. 342–344.
18 Taufvermerk für Marguerite Rouhier, 12. Juni 1791, Saint-Martial, AM-A, GG113/209; ADC, Register von Saint-Martial, 1781–1792, 391/465.
19 „Mémoire historique sur le séminaire d'Angoulême", S. 344; Blanchet, *Le clergé charentais pendant la révolution*, S. 450.
20 Etienne unterzeichnete jeden Registereintrag der Gemeinde vom 12. Juni 1791 bis zum 13. August 1791; ADC, Saint-Martial, 1781–1792, 391–398/465.
21 ADC, Saint-Martial, 1781–1792, 452/465.

22 Dossier „Ferrand (Jn. Bte.)", AN, F/12/2795; Petition vom 16. Oktober 1824.
23 *Plan de la ville du Cap Français sur lequel sont marqués en teinte noire les ravages du premier incendie, et en rouge les islets, parties d'islets, édifices, etc. qui existent encore le 21 juin 1793*, BnF, verfügbar unter https://gallica.bnf.fr/ ark:/12148/btv1b55005281x/f1.item.zoom [Stand: 15.11.2021]. Zu dem Feuer siehe Convention nationale, *Relation détaillée des événements malheureux qui se sont passés au Cap depuis l'arrivée du ci-devant général Galbaud jusqu'au moment où il a fait brûler cette ville et a pris la fuite* (Paris 2), S. 52–62.
24 Dossier „Ferrand (Jn. Bte.)", AN, F/12/2795; Petition vom 16. Oktober 1824; Dossier „Ferrand", AN, F/12/2795, Petition vom 18. Dezember 1822; „In Verteidigung der Kolonie habe ich einen achtzehnjährigen Sohn verloren." Martial Ferrand war in Angoulême am 30. März 1775 getauft worden. Sein Taufpate war sein siebenjähriger Cousin Martial Allemand; AM-A, PSC, GG 68/56.
25 „Etat des Refugiés, Déportés, et Propriétaires Colons", ADC, L152.
26 „Etat des Refugiés", ADC, L152; Geburtsvermerk für Jean-Baptiste Ferrand, 8. Pluviôse 4 (28. Januar 1796), AM-A, 1E7/40. Zu den englischen, spanischen, portugiesischen und österreichischen Kriegsgefangenen im Kolleg siehe Boissonnade und Bernard, *Histoire du collège d'Angoulême*, S. 257.
27 „Etat des Refugiés", ADC, L152. Der Anspruch der Flüchtlinge auf Hilfsleistungen wurde zwischen Januar und Dezember 1795 erhoben; die „Bedürftigkeitsbescheinigungen" wurden im Sommer und Herbst 1798 ausgestellt.
28 „Registre destiné à constater la présence des employés", ADC, L121. Die Unterschrift von „Ferrand jeune" im Register für den 19. Messidor 7 (7. Juli 1799) war dieselbe wie die von Jean-Baptiste Ferrand im Geburtsvermerk für den Jean-Baptiste Ferrand vom 8. Pluviôse 4, AM-A, 1E7/40. Zu den Zuständigkeiten des „Dritten Bureaus" siehe Jules de la Martinière und Léo Imbert, *Répertoire numérique de la série L administration de 1789 à l'an VIII* (Angoulême 1911), S.L3.
29 Eintrag 308, 21. Messidor 7, „Registre pour recevoir les déclarations des citoyens domiciliés dans cette commune", AM-A, Contributions/ Contributions personelles 1798/1799.
30 Dossier „Ferrand (Jn. Bte.)", AN, F/12/2795; Bescheinigung vom 4. Vendémiaire 14 (26. September 1805). Antoine-Guillaume Chéreau, der die Bescheinigung unterzeichnete,

war im Jahr darauf der Verfasser zweier offenbar geisteskranker Werke über Quadrate, Kreuze, Rache und Seelenwanderung: *Explication de la croix philosophique* (Paris 1806) und *Explication de la pierre cubique* (Paris 1806).

31 AM-A, 1E12/67, 1E23/70, 1E25/31. Selbst vor der gesetzlichen Regelung von 1803, die zur Bestätigung einer Zivilehe dezidiert vier *männliche* Zeugen erforderlich machte, treten in den Zivilregistern von Angoulême deutlich mehr Männer denn Frauen als Zeugen in Erscheinung; siehe Gourdon, „Réseaux des femmes, réseaux de femmes", S. 35 und Anm. 2.

32 Déclarations 704, 714, 750, „Offrandes volontaires: dons patriotiques pour la contribution des habitants d'Angoulême", 1790, AM-A, CC58; *déclaration* 375, „Déclarations à fournir pour ceux dont le revenu est inférieur à 400 livres", 1790, AM-A, CC59.

33 „Certificats de civisme", Allemand Lavigerie, 31. Mai 1793 und 26. Prairial 2 (14. Juni 1794); Martial Allemand Lavigerie, 8. Oktober 1793 und 21. Fructidor 2 (7. September 1794); Antoine Allemand Lavigerie, 15. Juni 1793; „Lavigerie fils volontaire", 26. Prairial 2 (14. Juni 1794.) ADC, L146.

34 Eintrag für das Haus Nr. 935, Sektion C, Château, in: AM-A, „Contributions, matrices foncières", 1791, siehe auch „Par devant Duval notaire", Vereinbarung zwischen Etienne Allemand und seinen Kindern, 16. März 1811, ADC, Duval, Notar, 2E8751.

35 Undatierter Brief von Coulon, Lavigerie und Richein, in: „Collège d'Angoulême", Jahr 2 bis Jahr 5, ADC, L422.

36 Brief vom 16. Germinal 3 (5. April 1795) von der „Commission exécutif de l'instruction publique" an die Verwaltung des Departements Charente, der Einspruch gegen deren Anweisung aus dem Vormonat einlegt, durch welche sie eine Erhöhung der Pension bewilligt hatte, die den „Schützlingen des Bürgers Lavigerie" ausgezahlt wurde. Instruction publique, „Reponse des municipalités cantonales", ADC, L420. Zu Etiennes Schülern siehe Boissonnade und Bernard, *Histoire du collège d'Angoulême*, S. 212 Anm. 2.

37 Von den drei Professoren, die den Brief über die widersprüchlichen Anweisungen unterzeichnet hatten, starb einer kurz darauf und ein weiterer starb einige Jahre später „im Zustande völliger Entbehrung". Etienne, der „für zwölf Kinder verantwortlich" war, erhielt seine Pension nur bis 1797; um zu überleben, sah er sich danach „gezwungen, wiewohl schon über sechzig Jahre alt, die Stellung eines Kopisten bei

den *bureaux* des Departements anzunehmen." Boissonnade und Bernard, *Histoire du collège d'Angoulême*, S. 220.

38 „Paiement des traitements", in: „Compabilité générale du département", ADC, L206, und „Personnel", „Pièces diverses relatives au traitement du personnel des bureaux", ADC, L120.

39 „Indemnité aux employés du bureau des domaines", Jahre 3–4, in: ADC, 1QPROV 1/234–236.

40 Petition der Bürger Rullier, Henry und Lavigerie, 12. Pluviôse 4 (1. Februar 1796), ADC, Personnel, L120.

41 Extrait des registres des délibérations du directoire, 3. Brumaire 4 (25. Oktober 1795) und 15. Nivôse 4 (5. Januar 1796), ADC, Personnel, L120.

42 Brief vom 26. Frimaire 4 (17. Dezember 1795) von Etienne Allemand Lavigerie an Aubert Dubayet, ein Transkript befindet sich in den Archives Lavigerie, Archives de la Société des Missionnaires d'Afrique in der Via Aurelia in Rom [im Folgenden AL-R], A2-216 (51), Fol. 1. Von den 13 Kindern, die Etienne und Françoise bekamen, starb die älteste Tochter namens Jeanne (die 1766 getaufte) noch im Säuglingsalter, und es ist nicht unwahrscheinlich, dass ihr erstes Kind überhaupt, Marie, ebenfalls im frühen Kindesalter starb; jedenfalls fehlt von ihr in den umfassenden Kirchenbuchbelegen zu ihrer Familie nach ihrer Taufe jede Spur.

43 Siehe oben in Kapitel 2.

44 Brief vom 26. Frimaire 4 von Etienne Allemand Lavigerie an Aubert Dubayet, AL-R, A2-216 (51), fpl. 3; Jules Pelisson, „Fondation de l'église de Gondeville 1683–1703", *Archives historiques de la Saintonge et de l'Aunis* 8 (1880), S. 17–27, S. 25.

45 Heiratsvermerk für Pierre Allemand Lavigerie und Adelaide Charlotte Maslin, Sillé-le-Guillaume, 12. Pluviôse 4 (1. Februar 1796), ADSa, 1793 – Jahr 10, 58–59/398.

46 Erklärung des Etienne Allemand, Eintrag 372, undatiert (23. oder 24. Messidor 7), AM-A, „Registre pour recevoir les déclarations des citoyens domiciliés dans cette commune."

47 Erklärungen des Abraham-François Robin, Eintrag 114, des Louis Felix, Eintrag 160, des Pierre Marchais Delaberge, Eintrag 371, und der Michel Guenois, verwitwete Ogerdias, Eintrag 383, AM-A, „Registre pour recevoir les déclarations des citoyens domiciliés dans cette commune." In einer früheren Erklärung gab Michel Guenois an, dass sie nur mehr noch einen Teil des Hauses gemietet habe, weil sie sich die in der ursprünglichen Vereinbarung vorgesehene Miete nicht mehr leisten könne. „Contribution personelle", 332, 17. Brumaire 6; AM-A, „Contributions/Contributions personelles", 1798–1799.

48 Eintrag für das Haus Nr. 995, Sektion C, Château, in: AM-A, „Contributions, matrices foncières", 1791.

49 Erklärung der Jeanne Lavigerie *ainée*, Eintrag 493, 29. Messidor 7, AM-A, „Registre pour recevoir les déclarations des citoyens domiciliés dans cette commune." Jeanne Lavigerie war damals dreißig Jahre alt; sie wurde am 10. November 1768 in der Pfarrei Saint-Antonin getauft. AM-A, GG54/60.

50 Jean-Baptiste und Elizabeth wurden am 3. Floréal 3 (27. April 1795) in Angoulême „zur Hilfeleistung zugelassen"; ihr Sohn Jean-Baptiste Ferrand kam am 8. Pluviôse 4 (28. Januar 1796) zur Welt. „Etat des Refugiés, Déportés, et Propriétaires Colons", ADC, L152; AM-A, 1E7/40.

51 Balzac, *La vieille fille*, S. 84–86; „Erstens hatte Mademoiselle Cormon, gemäß den Gesetzen ihrer Familie, den Wunsch, einen Edelmann zu heiraten; jedoch von 1789 bis 1799 waren die Verhältnisse für diese Ansprüche sehr ungünstig" (*de 1789 à 1799, les circonstances furent très défavorables à ses prétentions*).

52 Heiratsvermerk für Martial Allemand Lavigerie und Louise Vaslin, 13. April 1790, AM-A, Saint-André, GG47/64–65; Begräbnisvermerk für Marie Aymard, 22. April 1790, PSC, GG68/117.

53 Taufvermerk für Martial Allemand, 22. Oktober 1767, AM-A, Saint-Antonin, GG54/56; Taufvermerk für Louise Vaslin, 5. Mai 1769, Saint-Jean, GG74/159.

54 Françoises Mutter, Marie Aymard, wohnte zum Zeitpunkt ihrer Heirat 1765 in der „Isle de la Place du Collège", Etiennes Vater in der „Isle de la Cloche Verte", nur wenige Minuten Fußweg entfernt; die Eltern von Gabriels Braut, Marie Adelaide, wohnten noch einige Minuten weiter die Rue des Cordeliers (die heutige Rue de Beaulieu) hinunter in der „Isle des Dames de Beaulieu", und die Mutter von Jean-Baptistes Braut Elizabeth Boutoute wohnte in der Pfarrei Saint-André. AM-A, CC42/1/11, 42/2/7, 42/2/11; GG45/64.

55 Elisabeth Boucher, die Mutter Louise Vaslins, wohnte bei ihrer anderen Tochter und ihrem Schwiegersohn in der Rue de Genève, nur ein paar Schritte entfernt von dem Haus an der Kreuzung der Petit Rue du Palais, in dem Martial und Louise wohnten und das 1764 Martials

Vater und Großvater bewohnt hatten; Unterlagen zu Haus Nr. 403, Sektion A, Beaulieu, und Haus Nr. 243, Sektion B, Saint-Martial, in: AM-A, „Contributions, matrices foncières", 1791. Louises Großmutter, die in einer Quelle als „la veuve de Louis Bouché et Gimon son gendre perruquier" bezeichnet wird, wohnte mit ihrer Tochter und ihrem Schwiegersohn, dem erwähnten „perruquier" oder Perückenmacher, in der „Isle des Tiercelettes", AM-A, CC42/1/24 und CC62/21/809; Taufvermerk für Louis Deschamps, AM-A, Saint-Martial, 1. September 1738, GG106/73.

56 „Mariage de Sr Lavigerie et Dlle Vaslin", 19. März 1790, ADC, Callandreau notaire, 2E9754. Martial wird beschrieben als der Sekretär eines „M. Barbier", der den Vertrag zusammen mit seiner Frau auch unterzeichnet hat.

57 „Mariage de Sr Lavigerie et Dlle Vaslin", 19. März 1790, ADC, Callandreau notaire, 2E9754.

58 Administration general des domaines, Contrôle des actes des notaires et sous signature-privée, bureau d'Angoulême, 1, 19. März 1790, ADC, 3QPROV 12608.

59 Heiratsvermerk für Etienne Ferrand und Marie Chausse Lunesse, 4. Messidor 2 (22. Juni 1794), AM-A, 1E2/124. Marie Chausse Lunesse war am 1. Juli 1764 in Marsac geboren, dem Heimatort ihrer Mutter; ADC, Marsac, 1737–1787, 117/275. Vier ihrer Geschwister wurden in der Pfarrei Saint-Martial getauft, und ihre Schwester Françoise wurde dort – von Etiennes unmittelbarem Amtsvorgänger – am 25. Januar 1790 getraut. AM-A, 25. Januar 1790, GG113/159–160; GG110/100, 133, GG111/47, 196.

60 Heiratsvermerk für Etienne Ferrand und Marie Chausse Lunesse, 4. Messidor 2 (22. Juni 1794), AM-A, 1E2/124. Zu Guillaume Roch Letourneau, der als „officier municipal révolutionnaire" bezeichnet wird, siehe AM-A, 1E2/91; zu seiner früheren Laufbahn siehe Blanchet, *Le clergé charentais*, S. 107 f.

61 Heiratsvermerk für Françoise Chausse Lunesse und Joseph Martin de Bourgon, 25. Januar 1790. AM-A, GG113/159.

62 H. Beauchet-Filleau und Paul Beauchet-Filleau, *Dictionnaire historique et généalogique des familles du Poitou*, 4 Bde. (Poitiers 1895), 2, S. 332 f. Alcide Gauguié, *La Charente communale illustrée: histoire et géographie pittoresque de la Charente* (Angoulême 1868), S. 104 f.

63 „Décompte", 302, in: ADC, 1QPROV 2 34 (Q XVIII 33).

64 Brief mit Eingangsdatum 24. Germinal 9, „certificat de résidence" vom 25. Brumaire 13, Zusammenfassung eines Gesuchs vom 4. Pluviôse 4, Visumsantrag an den *Citoyen* Fouché, 14. Frimaire 9, in: „Chausse Lunesse, Jean", AN, Charente, F/7/4988, Dossier 8, S. 6–7, 14, 16, 18/25.

65 Heiratsvermerk für Françoise Chausse Lunesse und Joseph Martin de Bourgon, 25. Januar 1790. AM-A, Saint-Martial, GG113/159–160.

66 AM-A, Saint-André, 3. September 1758, GG42/113; Taufvermerk für François Martin Aliquain, Saint-Jean, 1. Oktober 1775, GG75/46.

67 Briefe vom 28. Februar 1790, 8. April 1790, 8. August 1790 und 16. August 1791, in: „Bourgon, Jacques Martin de, maréchal de camp, gouverneur de la Guyane", ANOM, COL E 48. Jacques Martin de Bourgon setzte sich anschließend in Angoulême zur Ruhe, wo er sich in der Nähe des Fischmarkts (und der Place du Mûrier) einmietete; Eintrag für das Haus Nr. 692, Sektion A, Beaulieu, in: AM-A, „Contributions, matrices foncières", 1791. Seine Melde- und Nicht-Emigrationsbescheinigungen sowie eine Art polizeiliches Führungszeugnis („Nicht-Inhaftierungsbescheinigung") wurden von Louis Félix und Lecler-Raby unterzeichnet. Im Jahr 1802 schrieb er an das zuständige Ministerium sowie an Napoleon persönlich und bat darum, als über Sechzigjähriger von der Verpflichtung ausgenommen zu werden, auf seine Plantage auf Guadeloupe zurückzukehren, die, wie er schrieb, „von dem Bürger Salager, *weißer* Kaufmann auf der besagten Insel" bewirtschaftet und verwaltet wurde [Hervorhebung im Original]; er starb 1820 in Angoulême. Briefe vom 30. Vendémiaire 11 und 17. Brumaire 11, Zertifikate vom 29. Pluviôse 4, *4ᵉ jour complémentaire 5*, 9. Frimaire 6, 14. Floréal 7 und 2. Floréal 8, in: „Bourgon, Jacques Martin de"; Sterbevermerk für Jacques Martin de Bourgon, 23. Oktober 1820, AM-A, 1E60/121–122.

68 Der „Richtspruch", heißt es, sei von elf Richtern unterschrieben gewesen und wurde vor einem der Unterzeichneten des Heiratsvertrags von Etienne Allemand und Françoise Ferrand zugestellt: Thibaud, *commis du greffe*. Taufvermerk für Jacques de Bourgon, 30. Oktober 1787, AM-A, GG90/159.

69 Das Kind „est de leurs faits et œuvres." Heiratsvermerk für Françoise Chausse Lunesse und Joseph Martin de Bourgon, AM-A, GG113/159–160.

70 Jacques de Bourgon, geboren 1787, wurde Marineoffizier; François, geboren 1792, war als

General in Algerien im Einsatz; und Jacques Alfred, geboren 1794, wurde als General im Juni 1848 auf den Barrikaden von Paris/Saint-Denis getötet. AM-A, GG90/159, GG25/50, 1E4/26; Département de la Charente, *Procès-verbal des délibérations du conseil general, 1847* (Angoulême 1847), S. 121; AN, Légion d'honneur, LEONORE, LH/1766/43; Leonard Gallois, *Histoire de la révolution de 1848*, 4 Bde. (Paris 1849–1850), 3, S. 52–54.

71 Brief vom 26. Frimaire 4 von Etienne Allemand Lavigerie an Aubert Dubayet, AL-R, A2-216 (51), Fol. 1.

72 Geburtsvermerk für Décadi Montagnard Maslin, 21. Ventôse 2 (11. März 1794), ADSa, Sillé-le-Guillaume, Geburten, 1793–1802, 29/273.

73 Heiratsvermerk für Pierre Allemand Lavigerie und Adelaide Charlotte Maslin, 12. Pluviôse 4 (1. Februar 1796), ADSa, Sillé-le-Guillaume, Eheschließungen und Scheidungen, 1793 – Jahr 10, 58–59/398. Seinem Brief an Aubert Dubayet legte Etienne die Abschrift eines Briefs von Charlottes Mutter Charlotte Sevin bei, den diese am 28. Brumaire 4 (19. November 1795) in Lille geschrieben hatte.

74 Pierre Auguste Henry „fils ainé", der im Departement Sarthe den Vermerk über die Heirat von Pierre Allemand Lavigerie unterzeichnet hatte, war ein Sohn des Jean Théodore Henry, der das Gebäude des Priesterseminars erworben hatte; sein Onkel, Jean Théodores Bruder, hieß ebenfalls Pierre Auguste Henry. Taufvermerk für Pierre Auguste Henry, 11. März 1770, AM-A, Saint-Jacques, GG130/173–174; siehe auch Jézéquel, *La révolution française à Angoulême*, S. 90, 127, 162 f., und Jézéquel, „Charente", in: *Grands notables du premier empire*, S. 58 f.

75 Heiratsvermerk für Pierre Allemand Lavigerie und Adelaide Charlotte Maslin, 12. Pluviôse 4, ADSa, Sillé-le-Guillaume, 58–59/398; Heiratsvermerk für Etienne Ferrand und Marie Chausse Lunesse, 4. Messidor 2 (22. Juni 1794), AM-A, 1E2/124. Der Trauzeuge war Antoine Brun.

76 „Registre tenu pour le service des gardes nationales", 13. September 1790, AM-A, EE11; ADC, „Certificats de civisme", L146.

77 Siehe Boissonnade, *Histoire des volontaires de la Charente*, S. 159 f., 210, 221–224; und die Schilderung des schrecklichen Schlachtens aus der Feder des Kommissars Pierrat, S. 167. Boissonnade erwähnt beiläufig eine „Kompanie unter dem Befehl des Hauptmanns Ferrand", S. 188.

78 Expilly, *Dictionnaire géographique*, 5, S. 299.

79 AD Vendée, Les Sables-d'Olonne, AC194, Table alphabétique des sépultures et des déces, 1701–1802. Im Jahr 1789 starben in der Stadt 18 Personen, deren Nachname mit dem Buchstaben „B" begann; im Jahr 2 (1793/94) waren es 213: 101 aus der Bevölkerung und 112 aus der Kategorie „Militär und Flüchtlinge". Siehe 17–19/118; und 18/118: „les suppliciés sont indiqués par une x".

80 AD Vendée, Les Sables-d'Olonne, AC194, Geburten und Eheschließungen, Jahr 4, 24. Floréal (4. Mai 1796), 182–183/216. Der verstorbene Vater von Gabriels Ehefrau Florence Scholastique Borgnet war ein solcher Blockmacher oder Rollendreher (*poulieur*); zu anderen Verwandten siehe AD Vendée, Les Sables-d'Olonne, 6M309, liste nominative 1799, 20/121. Gabriels Trauzeugen kamen aus dem Militärmilieu der Stadt: ein Majoradjutant aus der „Ortschaft" Les Sables und ein Funktionär der „Versorgungsabteilung" der Armee.

81 AD Vendée, Les Sables-d'Olonne, AC194, Geburtsvermerk für Vincent Gabriel Ferrand, 11. Fructidor 4 (28. August 1796), Geburten und Eheschließungen, Jahr 4, 54–55/216; Geburtsvermerk für Stéphanie Ferrand, 24. Nivôse 7 (13. Januar 1799), 11. Fructidor 4, 182–183/216.

82 Sterbevermerk für Gabriel Ferrand, 19. September 1816, AD Loiret, Beaugency, Begräbnisse, 1811–1820, 180/284.

83 Scheidungsvermerk für Martial Allemand Lavigerie und Louise Vaslin, 2. Brumaire 5 (23. Oktober 1796), AM-A, 1E11/4.

84 Rede von Léonard Robin vom 7. September 1792, *AP*, 49:432–433.

85 Zu den 96 Scheidungen in Angoulême siehe oben in Kapitel 5.

86 Geburtsvermerk für Léon-Philippe Allemand Lavigerie, 13. Prairial 3 (18. Juni 1795), AM-A, 1E4/94.

87 Heiratsvermerk für Martial Allemand Lavigerie und Marie Louise Bonnite Raymond Saint Germain, 28. Prairial 9 (17. Juni 1801), AM-A, 1E23/69–70.

88 Heiratsvermerk für Martial Allemand Lavigerie und Bonnite Saint Germain, AM-A, 1E23/69–70.

89 Ehevertrag für Martial Allemand Lavigerie und Marie Louise Bonnite Raymond Saint Germain, Duval, 20. Prairial 9 (19. Juni 1801), ADC, 2E6272.

90 Ehevertrag für Martial Allemand Lavigerie und Bonnite Saint Germain, ADC, 2E6272. Der „Marchais de Laberge fils ainé", der den Ehevertrag unterzeichnete, war derselbe

„Jean-Baptiste Marchais de Laberge", der zusammen mit seinem Vater, dem früheren Bürgermeister Pierre Marchais de Laberge, Etienne Allemand als Gutsverwalter auf seinem Landgut beschäftigt hatte; außerdem waren sie die Vermieter der „citoyennes Lavigerie" an der Place du Mûrier; Heiratsvermerk für Jean-Baptiste Marchais de Laberge und Catherine Brun, 27. Juli 1784, AM-A, GG46/128.

91 Geburtsvermerk für Françoise Sylvia Allemand Lavigerie, 12. Frimaire 10 (3. Dezember 1801), AM-A, 1E25/31.

92 Geburtsvermerke für Adelaide Allemand Lavigerie, 19. Messidor 11 (8. Juli 1803); Pierre Jules Edouard Allemand Lavigerie, 30. Dezember 1806; Mamert Victor Allemand Lavigerie, 11. Mai 1808; Charlotte Ursule Allemand Lavigerie, 23. Oktober 1810; Adelaide Théonie Allemand Lavigerie, 8. März 1813; ADPA, Bayonne, Geburten, Jahre 6–11, 775/875; Geburten, Jahr 12–1813, 224, 336, 548, 754/820.

93 Taufvermerk für Françoise Ferrand, 12. Juni 1777, AM-A, Saint-André, GG45/124; „Etat de Refugiés", ADC, L152.

94 Heiratsvermerk für Joseph Brébion und Françoise Ferrand, Paris, 4. Arrondissement, 10. Floréal 8 (30. April 1800), Table des mariages et des divorces célébrés à Paris de 1793 à 1802, AdP, V10E/2, verfügbar unter https://www.geneanet.org/archives/registres/view/32378/235 [Stand: 15.11.2021]; Dossier „Ferrand, Françoise, Ve. Brébion", AN, F/12/2795. Im Jahr 1872 legte Françoises Tochter Clara eine Bescheinigung vor, die belegte, dass sie am 29. Januar 1804 in New York geboren war; „Certificat de vie", 11. März 1873, in: „Brébion Collet (veuve)", AN, F/12/2757.

95 Aussage des Bürgermeisters des 7. Arrondissements von Paris, 24. August 1814, in dem Dossier „Ferrand, Françoise, Ve. Brébion", AN, F/12/2795. In der Aussage, die zwei Nachbarn namens Gunther (einem Organisten) und Garnier (einem Bäcker) bestätigten, wurden die Alter von Françoises Kindern mit neuneinhalb, siebeneinhalb und fünf Jahren angegeben, womit diese Anfang 1805, Anfang 1807 und 1809 geboren sein dürften. Françoise wohnte in der Rue Grenier St. Lazare im heutigen 3. Arrondissement.

96 Brief vom 19. August 1814, von Lareintz vom *Bureau de Secours*, Marine- und Kolonialministerium, in: „Ferrand, Françoise, Ve. Brébion", AN, Secours aux réfugiés et colons spoliés, F/12/2795.

97 Brief vom 10. August 1860, vom Direktor des Außenhandels an den Landwirtschaftsminister,

in: „Ferrand, Françoise, Ve. Brébion", AN,
F/12/2795.

98 C. M. F. Puthod, *Coup d'oeil sur les moyens les plus praticables de procéder à la liquidation de l'indemnité affectée aux colons français* (Paris 1825), S. 4, 15.

99 Todesvermerk für Auguste Siva de Villeneuve Solard, 4. Juni 1839, AM-A, 1E120/36. Als ihre Adresse in Angoulême wird dort die Rue François 1er im Stadtzentrum angegeben; sie wohnte also nicht weit von der Place du Mûrier.

100 „Certificats de civisme", ADC, L146; Eintrag für Pierre Alexandre Ferrand, 1. Nivôse 2 (21. Dezember 1793).

101 Stéphane Calvet, *Dictionnaire Biographique des Officiers Charentais de la Grande Armée* (Paris 2010), S. 116f.

102 Calvet, *Dictionnaire Biographique*, S. 116f.

103 Sterbevermerk für Pierre Alexandre Ferrand, 4. Dezember 1841, AM-A, 1E126/97. Als seine Adresse ist die Rue de Périgueux angegeben.

104 Todesvermerk für Auguste Siva de Villeneuve Solard, 4. Juni 1839, AM-A, 1E120/36.

105 Kanzleigericht, London, Beschwerde der Clara Sophia Augusta de Ceve de Villeneuve Solar, 23. Januar 1786, Antwort von Sir Richard Worsley, 8. Dezember 1786, TNA, C/12/149/6. Zu Sir Richard Worsley und seinem früheren Rechtsstreit mit seiner Frau siehe Hallie Rubenhold, *The Lady in Red: An Eighteenth-Century Tale of Sex, Scandal, and Divorce* (New York 2009).

106 Sitzung vom 13. August 1792, in: Henry Lemonnier, *L'académie royale d'architecture 1671– 1793*, 10 Bde. (Paris 1911–1929), 9, S. 330.

107 Lemonnier, *L'académie royale d'architecture*, 9:332, 348–350. „Salon de 1795", in: *Collection des livrets des anciennes expositions depuis 1763 jusqu'en 1800* (Paris 1871), S. 80. Zu Silvestre Topin, dem „bemerkenswerten Studenten" und Protégé von Jacques-Louis David, siehe Boissonnade und Bernard, *Histoire du collège d'Angoulême*, S. 250.

108 Brief des Innenministers vom 21. Pluviôse 5 (9. Februar 1797), „Collège d'Angoulême", ADC, L422; Erstattung von Reisekosten, „Etat des dépenses de l'an 5 de l'école centrale", undatiert, „Ecole centrale d'Angoulême", ADC, L423; Boissonnade und Bernard, *Histoire du collège d'Angoulême*, S. 249f. Anm. 1.

109 „Etat des dépenses", ADC, L423; Boissonnade und Bernard, *Histoire du collège d'Angoulême*, S. 266, 290f.

110 Brief vom Innenminister an die Verwaltung des Departements Charente, 23. Prairial 6 (11. Juni 1798), ADC, L422. General Leclerc, Napoleons Schwager, starb 1802 in Saint-Domingue.

111 Brief vom 26. Floréal 7 (15. Mai 1799), in dem Silvestre mitteilt, dass er nach Angoulême zurückgekehrt war, dass er beabsichtigte, seine Arbeit am 1. Prairial (20. Mai) wieder aufzunehmen, und dass seine Vertretung schon „morgen" aufhören solle zu arbeiten; Brief vom selben Datum, in dem ihm mitgeteilt wird, er müsse einen Nachweis über seine Entlassung aus der Armee vorlegen; Briefe vom 18. Frimaire 6 und 2. Nivôse 6, in denen Silvestre als ein „ex professeur de dessein et réquisitionnaire" bezeichnet und ein weiterer Wettbewerb vorgeschlagen wird, um einen dauerhaften Nachfolger für ihn zu finden, ADC L423; Briefe des Kriegsministers an die Departementsverwaltung vom 3. Messidor 7 (21. Juni 1799) und des Innenministers vom 10. Messidor 7 (28. Juni 1799), ADC, L422.

112 Brief vom 7. Germinal 7 (27. März 1799) von Silvestre in Lyon, ADC, L423.

113 Silvestre Topin, Quittung über die Erstattung der Beschaffungskosten für „Objekte", die „zur Verteilung als Preise" aus Paris bestellt wurden, 28. Fructidor 7, ADC, L423.

114 Zahlung an Valleteau, Schreiner, „Etat des depenses de l'an 5 de l'école centrale", undatiert, ADC, L423; Boissonnade und Bernard, *Histoire du collège d'Angoulême*, S. 266, 290f. Nicolas Valleteau oder Valteau, der Schreiner, war zuvor der erste Mann gewesen, dessen Ehe in Angoulême geschieden wurde; AM-A, 14. November 1792, Saint-Pierre, GG25/51.

115 Heiratsvermerk für Laurent Silvestre Topin und Jeanne Lavigerie, 4. Thermidor 9 (23. Juli 1801), AM-A, 1E23/82–83. Zu dem Drucker und früheren Priester François Tremeau siehe Boissonnade und Bernard, *Histoire du collège d'Angoulême*, S. 235; Taufvermerk für François Tremeau, 19. Januar 1765, AM-A, NDP, GG14/36. Er war ein Großneffe des Kaufmanns, der auf Martinique ein Vermögen verdient hatte, und ein Neffe von Jean Brun, dem Deputierten des Nationalkonvents. Sein Großcousin, der ebenfalls François Tremeau hieß, starb 1802 auf Martinique; siehe Jézéquel, *La Charente révolutionnaire*, S. 224–226.

116 Vereinbarung zwischen Nicolas Topin und Jeanne Lorin über die Herstellung und den Verkauf von Helmen (*calottes*), 3. Dezember 1756, AN, MC/ET/XLI/537; David Harris Cohen, „The ‚Chambre des Portraits' Designed by Victor Louis for the King of Poland", *J. Paul Getty Museum Journal* 19 (1991), S. 75–98, S. 83, 91 f., 96. Silvestre Topin wurde am 22. Juni 1771 in Paris geboren, wie aus dem Vermerk über seine Eheschließung hervorgeht; AM-A, 1E23/83. Nicolas Topin verließ Paris 1773, heißt es in der Aussage Marie Catherine Lacornes aus dem Jahr 1790; seitdem habe sie nichts mehr von ihm gehört. „Marriage de Topin", 11. Dezember 1790, im Zusammenhang mit der Heirat von Silvestres älterem Bruder; AN, Y//5197/A, verfügbar unter https://www.geneanet.org/archives/registres/view/?idcollection=3914&-page=409 [Stand: 15.11.2021].

117 Marie Catherines verstorbener Vater, Jacques Lacorne, wurde 1762 im Ehevertrag seiner Tochter beschrieben als „maître d'académie pour la danse des pages de S. A. S. le duc d'Orléans." Ehevertrag vom 7. Mai 1762, AN, Denis, Notar, MC/ET/LX/345. *Déclaration de la citoyenne Topin, sous-gouvernante de Louise-Eugénie-Adelaide d'Orléans* (Paris 1793); Stéphanie Félicité de Genlis, *Mémoires inédits de madame la comtesse de Genlis*, 10 Bde. (Paris 1825), 4, S. 74.

118 *Déclaration de la citoyenne Topin*, S. 1–4. *Vie politique de Louis-Philippe-Joseph, dernier duc d'Orléans* (Paris 1802), S. 164–172.

119 „Madame Topin eilte aus freien Stücken zu jener fluchwürdigen Inquisition, der *Kommune von Paris*, und verriet die Emigration ihrer Wohltäter und bemühte sich nach Kräften, ihr Verhalten noch verhasster zu machen, indem sie böswilligerweise hinzufügte", Madame de Genlis habe sich gottlose Äußerungen zuschulden kommen lassen. „Personal History of Louis Philippe", *Quarterly Review* 52 (1834), S. 519–572, S. 534.

120 Geburtsvermerke für Marie Théonie Topin, 15. Oktober 1801 (23. Vendémiaire 10), Françoise Méloé Topin, 14. Januar 1803 (29. Nivôse 11), und François Topin, 12. August 1804 (24. Thermidor 12), AM-A, 1E25/12, 1E32/50, 1E35/133.

121 Boissonnade und Bernard, *Histoire du collège d'Angoulême*, S. 313–316.

122 AdP, *état civil reconstitué*, Geburtsvermerke für Charles Silvestre Topin, 16. Juni 1807, 9. Arrondissement, und für Marie Louise Topin, 17. September 1813.

123 „Inventaire Veuve Topin", 14. November 1810, AN, Trubert, Notar, MC/ET/XLII/748. Die Erklärung wurde von dem Maler Silvestre Mery abgegeben. Das „musée des artistes" war in der Konsulatszeit geschaffen worden, als ein Altenheim für bildende Künstler, das auch Ausstellungs- bzw. Verkaufsräumlichkeiten bot.

Es befand sich in einem Teil der früheren Sorbonne und sollte die Künstler aufnehmen, die zuvor im Louvre untergebracht gewesen waren, bis die Regierung 1801 beschlossen hatte, die Buchbestände der Bibliothèque nationale in den Louvre zu verlegen, was den Umzug auch der alten Künstler erforderlich machte. Louis-Pierre Baltard, *Paris et ses monuments, mesurés, dessinés et gravés par Baltard* (Paris 1803), S. 40.

124 AM-A, Heiratsvermerk für Martial Allemand Lavigerie und Louise Vaslin, 13. April 1790, Saint-André, GG47/65.

125 ADPA, Heiratsvermerk für Etienne Allemand Lavigerie und Marie Montesquieu, 1. Januar 1807, Pau, Marriages, 1807–1812, 2/272. Maries Vater Jean Montesquieu wird als Ladenbesitzer beschrieben; ihre Mutter Marie Barrère wurde nach ihrem Tod als *marchande épicière* bezeichnet. Sterbevermerk für Marie Barrère, 22. Mai 1832, Pau, Begräbnisse, 1823–1832, 621/654.

126 Aussage vom 16. November 1810, Duhalde, Notar in Bayonne, enthalten in: „Par devant Duval notaire", 16. März 1811, ADC, 2E8751.

127 ADPA, Sterbevermerk für Marie Montesquieu, 3. März 1837, Pau, Begräbnisse, 1833–1842, 311/667. 07–1812, 2/272.

128 Die Geburts-, Heirats- und Sterbedaten der Enkelkinder sind in Anhang 1 aufgeführt. Die beiden Enkelsöhne, von denen man kaum etwas weiß, sind Jean und Jean François Ferrand, zwei der sechs Söhne von Gabriel Ferrand und Marie Adelaide Devuailly. Antoine Allemand Lavigerie, der frühere Sekretär, bezeugte im Sommer 1801 die Heiraten seines Bruders und seiner Schwester in Angoulême; irgendwann vor dem März 1811, als sein Vater eine Vereinbarung über Unterhaltszahlungen für seine noch lebenden Kinder unterzeichnete (Antoine taucht darin nicht mehr auf), muss er gestorben sein. Heiratsvermerke für Martial Allemand Lavigerie und Jeanne Lavigerie, AM-A, 1E23/69–70 und 82–83; „Par devant Duval notaire", 16. März 1811, ADC, 2E8751, siehe auch unten in Kapitel 7.

129 Taufvermerk für Josephe Allemand Lavigerie, 12. September 1779, AMA, NDP, GG14/58.

130 ADPA, Bayonne, Heiratsvermerk für Joséphine Allemand Lavigerie und Joseph Alexandre César Ponsard, 23. September 1807, Eheschließungen, 1807–1823, 28/857; Geburtsvermerk für Alexandre Etienne Marcellin Ponsard, 20. April 1809, Geburten, Jahr 12–1813, 427/820; siehe auch den Geburtsvermerk für Camille Alexandre

Allemand Lavigerie, 21. Frimaire 8 (12. Dezember 1799), ADSa, Le Mans, Geburten, Jahr 8, 59/122.

131 Im Jahr 1813 bezeugten sie den Geburtsvermerk für eine weitere Tochter; wieder wurde Alexandre als „instituteur" bezeichnet, Pierre diesmal als „Berater des Kriegszahlmeisters". ADPA, Bayonne, Geburtsvermerke für Charlotte Ursule Allemand Lavigerie, 23. Oktober 1810, und Adelaide Théonie Allemand Lavigerie, 8. März 1813, Geburten, Jahr 12–1813, 548/820 und 754/820.

132 ADPA, Bayonne-Saint Esprit (Landes), Heiratsvermerk für Léon-Philippe Allemand Lavigerie und Hermine Louise Laure Latrilhe, 3. November 1824, Eheschließungen, 1814–1815, 248/1460.

133 ADPA, Bayonne, Sterbevermerke für Joseph Alexandre César Ponsard, 24. Februar 1847, und Joséphine Allemand Lavigerie, 29. April 1855, Begräbnisse, 1842–1857, 237/884 und 646/884.

134 „Registres matricules des sous-officiers et hommes de troupe de l'infanterie de ligne (1802–1815)"; „Vélites placés à la suite du 2ᵉ régiment de chevau-légers lanciers de la garde impériale, 21 août 1811–29 mars 1814." SHD/GR YC 163/94/114, verfügbar unter https://www.memoiredeshommes.sga.defense.gouv.fr/ [Stand: 15.11.2021].

135 Geburtsvermerk für Rose Calista Ferrand, 5. Arrondissement, 12. September 1833, Sterbevermerk für Elisa Collet, 9. Arrondissement, 5. April 1836, AdP. ADSM, Montereau-Fault-Yonne, 1839–1841, Heiratsvermerk für Jean-Baptiste Ferrand und Anne Nicolas Thiriot, 23. Januar 1839, 47–48/356. Jean-Baptiste bezeichnete sich selbst als den „Witwer" von Elisa Collet; in dem Vermerk über ihren Tod im Hôpital de l'Hôtel Dieu wird sie als „ledig" bezeichnet. AdP, DQ8, 785/2225, Drittes Bureau.

136 Sterbevermerk für Anne Nicolas Thiriot, 21. Oktober 1861, ADSM, Montereau-Fault-Yonne, 1860–1862, 274/422; Heiratsvermerk für Rose Calista Ferrand und Ferdinand Amedée Esnault, einen Spengler, 7. Juni 1864, Montereau-Fault-Yonne, 1863–1865, 185–186/380. Jean-Baptiste wird darin als Künstler und Maler bezeichnet; Rose Calistas Trauzeugen waren ein Buchhändler/Schriftsetzer und ein Kupferstecher.

137 AD Orne, Vimoutiers, Begräbnisse, 1863–1873, 12. August 1873, 527–528/543. Rose Calista Ferrand hatte eine Tochter, Isabelle Marthe Calista Esnault. Isabelle starb mit 25 Jahren im April 1891; sie wird als Näherin bezeichnet und wohnte bei ihren Eltern. Ihre

Mutter starb nur sechs Tage darauf als das letzte von Marie Aymards Urenkelkindern. Vimoutiers, Geburten, 1864–1873, 24. April 1865, 56/325; Todesfälle, 1885–1892, 14. April 1891, 277/480, und 20. April 1891, 278/480. Vimoutiers, Table de successions et absences, 1882–1893, 58/176.

138 Etienne Ferrands Weg war noch nicht einmal ungewöhnlich; von den 169 Priestern im Bistum Angoulême, die den Treueeid schworen, waren am Ende 60 verheiratet – mehr als jeder Dritte. Blanchet, *Le clergé charentais pendant la révolution*, S. 510, 555.

139 Eintrag für das Haus Nr. 935, Sektion C, Château, in: AM-A, „Contributions, matrices foncières", 1791.

140 Siehe Jézéquel, *La révolution française à Angoulême*, S. 90, 127, 162 f., und Jézéquel, „Charente", in: *Grands notables du premier empire*, S. 58 f.

141 Brief vom 30. August 1789, von Léonard Robin an Abraham-François Robin, ADC, J700.

142 Clark, *Die Schlafwandler. Wie Europa in den Ersten Weltkrieg zog*, S. 17 f.

143 Tocqueville, *L'ancien régime*, S. 107, 291. [*Der alte Staat und die Revolution*, S. 170, 269.]

144 Louis de Bonald, „Sur les éloges historiques de MM. Séguier et de Malesherbes", in: *Mélanges littéraires, politiques et philosophiques; par M. de Bonald*, 2 Bde. (Paris 1819), 1, S. 217–241, S. 225; Jean-Etienne-Marie Portalis, *Eloge d'Antoine-Louis Séguier, Avocat-Général au Parlement de Paris* (Paris 1806), S. 66 f., 80, 82. Siehe auch Felicité de Lamennais, *Réflexions sur l'état de l'église en France pendant le dix-huitième siècle, et sur sa situation actuelle* (Paris 1814), S. 45 f., 78; und Emma Rothschild, *Economic Sentiments: Smith, Condorcet, and the Enlightenment* (Cambridge, MA 2001).

145 Bonald, „Sur les éloges historiques de MM. Séguier et de Malesherbes", S. 224.

146 Tocqueville, *L'ancien régime*, S. 182. [*Der alte Staat und die Revolution*, S. 129 f.]

147 Georges Lefebvre, Einleitung zu Tocqueville, *L'ancien régime et la révolution* (Paris 1952), S. 9–30, 21.

148 Siehe Georges Lefebvre, „Les foules révolutionnaires" (1934), wieder abgedruckt in: Lefebvre, *La grande peur*, S. 241–264, 245 f.; und Jacques Revel, „Présentation", in: *La grande peur*, S. 7–23. Zu Marc Blochs Interesse an der kollektiven Darstellung sozialer Gruppierungen sowie an dem Verhältnis zwischen kollektivem und individuellem Bewusstsein siehe Charles-Edmond Perrin, „L'œuvre historique de Marc Bloch", *Revue Historique* 199,2 (1948),

S. 161–188, 184–187. Zu möglichen Wegen, auf denen die „Mechanismen" des zukünftigen Wandels in den bestehenden „Konfigurationen" einer bestimmten historischen Zeit vielleicht schon identifiziert werden könnten, siehe „Tentons l'experience", S. 1318; Jean-Yves Grenier und Bernard Lepetit, „L'expérience historique: à propos de C.-E. Labrousse", *Annales ESC* 44,6 (1989), S. 1337–1360; Jacques Revel, „Présentation", in: Revel, Un parcours critique: douze exercises d'histoire sociale (Paris 2006), S. 9–27, 23 f., 26; und Revel, „L'institution et le social", in: Lepetit, *Les formes de l'expérience*, S. 63–84.

149 Die Apotheke an der Place du Mûrier, in der so viele Kolonialwaren feilgeboten wurden, wechselte in den Jahren 1769–1775 dreimal den Besitzer. Zuerst fiel sie an Marguerite Delafond, die Tochter eines Wundarztes, als deren erster Ehemann, ein Apothekermeister, starb; dann führte Marguerites zweiter Ehemann, auch er ein Apotheker, die Geschäfte; dann wiederum sie, nachdem sie zum zweiten Mal verwitwet war; der nächste Besitzer war dann ihr dritter Ehemann, Paul Faveraud – ein Sohn, Neffe und Bruder von Signataren des Ehevertrags von 1764 –, der nach seiner Heirat die Apothekerzulassung der Stadt Angoulême erhielt. Paul Faveraud war ein Sohn von Catherine Bouhier, Neffe von A. M. Bouhier und Bruder von M. Faveraud. Taufvermerk für Marguerite Favereau, 19. März 1742, Taufvermerk für Paul Favereau, 12. März 1743, ADC, Larochefoucauld-Saint-Cybard, 1737–1756, 64–65, 74/188. Marguerite Delafond war bei ihrer ersten Heirat 23 Jahre alt; bei der zweiten war sie 38 und ihr Mann war 20 Jahre alt (ein früherer Lehrling ihres ersten Mannes); als sie Paul Faveraud ehelichte, war sie 43 Jahre alt. ADC, Montmoreau-Saint-Cybard 1651–1792, 3E247/1, 103/244; AM-A, NDP, GG14/42, 43, 48, 52; „Receptions d'apothicaires de 1765 à 1787", *BSAHC*, ser. 2, 3 (1861), S. 174 f.; siehe auch Albertine Cadet, „Les apothicaires du temps passé à Angoulême", *BSAHC* (1981–1982), S. 47–60, 55.

150 Giacomo Leopardi, „Dialogo di Tristano e di un amico" (1834), in: Leopardi, *Tutte le opere*, hg. v. Walter Binni, 2 Bde. (Milan, 1993), 1, S. 184. [Deutsche Übersetzung des „Dialog[s] zwischen Tristan und einem Freund" nach der Ausgabe der *Opuscula Moralia*, übers. v. Burkhart Kroeber auf Basis der Erstübersetzung von Paul Heyse (Berlin 2017), S. 227–241, S. 237.]

151 Tocqueville, *L'ancien régime*, S. 68.

152 Brief vom 11. Mai 1788, von Léonard Robin an Abraham-François Robin, ADC, J700.

153 Siehe oben in Kapitel 5.

154 Zur Erfahrung in der Geschichte, der Auswahl ökonomischer Indikatoren und historischen Ursache-Wirkung-Zusammenhängen siehe Grenier und Lepetit, „L'expérience historique: A propos de C.-E. Labrousse".

155 Balzac, *Les illusions perdues*, S. 30, 34 [*Verlorene Illusionen*, S. 10 f., 15 f., Anm. d. Übers.]. Der Vater in dem Roman war ein Mitarbeiter in einer Druckerwerkstatt, der schließlich der Witwe des früheren Eigentümers die Druckerpresse abkaufen konnte. Er erhielt dann den Auftrag, die Dekrete der revolutionären Regierung zu drucken, und stellte – da selbst Analphabet – zuerst einen Adligen aus Marseille als Setzer ein, der sich in Angoulême versteckt hielt („er setzte, las und korrigierte eigenhändig die Erlasse, die den Citoyens, die Adelige versteckten, die Todesstrafe androhten"), später dann einen Priester, „der sich seinerzeit geweigert hatte, den Eid auf die Verfassung zu leisten". Bis 1802 hatte es der ältere Séchard zu Reichtum gebracht; 1819 besaß er dann das örtliche Amtsblatt und erledigte – wie Abraham-François Robin vor der Revolution – die Druckaufträge des Bistums Angoulême.

156 Einträge für die Häuser Nr. 632–639 (Beaulieu), an der Nordseite der Place du Mûrier, und für die Häuser Nr. 1002–995 (Château), an der Südseite des Platzes, in: „Contributions, matrices foncières", 1791, AM-A.

157 Eintrag für den 10. Thermidor des Jahres 4, in: Mercier, *Journal des maires d'Angoulême*, S. 73 f.

158 Brief aus Angoulême des Abgeordneten Roux-Fazillac, 18. Oktober 1793, *AP*, 76:691. Zu Hinrichtungen auf der Place du Mûrier siehe George, *Topographie historique d'Angoulême*, S. 111.

159 Bericht der Bürger Mignot, Menault und Gerbaud, zitiert in: Blanchet, *Le clergé charentais pendant la révolution*, S. 218 Anm. 2; Forgeaud, „La Place du Mûrier et ses environs", S. 41.

160 In dem Register von 1791 waren für die unmittelbare Umgebung der Place du Mûrier sechs ansehnliche Grundstücke aufgeführt, die sich im Besitz der „Tiercelettes" befanden, und fünfzehn, die den „Jakobinern" (Dominikanern) gehörten, deren Kloster die östliche Begrenzung des Platzes darstellte. Den Dominikanern gehörte auch ein großer Teil der „Isle de la Cloche Verte", in der so viele Unterzeichnete des Heiratsvertrags von 1764 wohnten. Ein Haus aus „jakobinischem" Besitz, das direkt an der Place du Mûrier gelegen war, wird in dem kommentierten Grundbuch als „im Besitz der Nation

befindlich" geführt (diese Angabe ist durchgestrichen); dann hatte es jemand erworben (was
ebenfalls durchgestrichen ist), und schließlich
kaufte es der „geheime Historiker" der
Kreditkrise von 1769, Léonard Robins Vater;
„Monsieur Robin, der frühere Drucker, ist der
neue Besitzer geworden." Einträge für die
Häuser Nr. 614, 615, 629, 630, 635 (Beaulieu)
und 276–290 (Saint-Martial), in: „Contributions,
matrices foncières", 1791, AM-A.
161 Eintrag für das Haus Nr. 1000 (Château) in:
„Contributions, matrices foncières", 1791,
AM-A.
162 „Da das Eigentum ein unverletzliches und
heiliges Recht ist, kann es niemandem

genommen werden, wenn es nicht die gesetzlich
festgelegte, öffentliche Notwendigkeit
augenscheinlich erfordert." „Procès-verbal
fixative des alignements des rues de la ville
d'Angoulême", 11. Juli 1792 (Abschrift), S. 1, 12,
20, 25, 26, Angaben zu den Häusern Nr. 632, 761
und 1014; ADC, J112.
163 Erklärung Nr. 332 der Bürgerin Witwe
Ogerdias, 17. Brumaire 6, AM-A, *Contributions
personelles*, 1798–1799. Taufvermerk für Jeanne
Françoise Ogerdias, die am 2. April 1767
geboren war, ANOM, Chandernagor, 1768,
10. April 1768; Blanchet, *Le clergé charentais
pendant la révolution*, S. 425.

Kapitel 7: Moderne Leben

1 „Brillat-Savarin", in: *Œuvres complètes de H. de
Balzac*, 22 Bde. (Paris 1870–1879), 22,
S. 231–238, S. 238. Brillat-Savarin wurde 1755 in
Belley im Departement Ain geboren und starb
1826 in Paris.
2 Maurice Lévy-Leboyer, „La croissance
économique en France au XIXe siècle", *Annales.
Economies, Sociétés, Civilisations* 23, Nr. 4 (1968),
S. 788–807. Zu Kontinuitäten in der französischen Wirtschaftsgeschichte des 19. Jahrhunderts siehe Patrick Verley, *Nouvelle histoire
économique de la France contemporaine:
l'industrialisation 1830–1914* (Paris 2003); Fureix
und Jarrige, *La modernité desenchantée*,
Kapitel 2; und David Todd, *A Velvet Empire:
French Informal Imperialism in the Nineteenth
Century* (Princeton, NJ 2021).
3 Zu dem „gleichmäßige[n], fortwährende[n]
und ununterbrochene[n] Streben der Menschen
nach besseren Lebensbedingungen" beziehungsweise der Art, wie sie „beharrlich und
ununterbrochen danach trachteten, die
Lebensumstände zu verbessern", siehe Smith,
Der Wohlstand der Nationen, S. 283–286.
4 Im ersten Teil seiner *Wissenschaft der Logik*
unterscheidet Hegel zwischen einer guten oder
„wahren Unendlichkeit" und einer schlechten
Unendlichkeit, die sich durch das schlichte
Aufaddieren unendlich vieler Elemente
ergibt – laut Hegel ein „fortgehende[s]
Überfliegen der Grenze, das die Ohnmacht ist,
sie aufzuheben" (Frankfurt a. M. 1986, S. 264).
Siehe auch Rothschild, *The Inner Life of Empires*.
5 Zum „Nebeneinander von drei oder vier
Generationen auf engem Raum", was zur Folge
hatte, dass „Erinnerungen an alte Zeiten" ein Teil
des Alltags waren, siehe Corbin, *Auf den Spuren*

eines Unbekannten, S. 76. Das Pensionat der fünf
Schwestern am Rempart du Midi war ein solcher
Ort des Nebeneinanders; die Schwestern
wohnten dort, in wechselnden Konstellationen,
mit drei Nichten, einem Neffen, vier Großnichten, einem Groß- und einem Urgroßneffen.
Indem diese Untersuchung mit der Generation
der „Enkelsenkel" endet, schließt sie alle
weiteren Generationen aus, deren Kinder im
21. Jahrhundert womöglich noch am Leben sein
könnten. Zur Privatsphäre der Toten und ihrer
Nachkommen siehe Julia Stephens, „Picking the
Pockets of the Dead: A Reflection on the Ethical
Dilemmas of Writing Legal Lives" (Workshop
„Writing Legal Lives", Harvard University,
21. September 2019).
6 Guyot de Fère, *Annuaire des artistes français*
(Paris 1832), S. 377; Firmin-Didot, *Annuaire
générale du commerce et de l'industrie, de la
magistrature et l'administration, ou almanach des
500,000 adresses* (Paris 1842), S. 1229 f.; *Annuaire
générale du commerce* (1857), S. 1483.
7 *Almanach-Bottin du commerce de Paris* (Paris
1854), S. 193, 459, 1008.
8 Condorcet, *Esquisse d'un tableau historique des
progrès de l'esprit humain*, S. 233 f., und siehe
oben in Kapitel 2.
9 Louis Baunard, *Le cardinal Lavigerie*, 2 Bde.
(Paris 1896), 1, S. xii; Vicomte de Colleville, *Le
cardinal Lavigerie* (Paris 1905), S. 203.
10 Die Person des Präfekten war, wie der
Historiker Alphonse Aulard über das Vorgehen
der frühen Präfekten des Departements
Charente in den Jahren 1800–1814 geschrieben
hat, die eines „klugen und genauen Vollstreckers
von Anordnungen aus dem Ministerium, aber
kein Gehorsamsfanatiker. Nie ergriff er selbst die

Initiative, außer wenn er die individuelle Freiheit bedroht sah." Aulard, „La centralisation napoléonienne: Les préfets", *La révolution française* 61 (Juli–Dezember 1911), S. 322–342, S. 324 f. Zum Präfekturgebäude und dem Neubau an der heutigen Rue de la Préfecture siehe „La préfecture au fil des siècles" (2015), https://www.charente.gouv.fr/Services-de-l-Etat/Prefecture-et-sous-prefectures/Prefecture-de-la-Charente/La-prefecture-au-fil-des-siecles [Stand: 09.12.2021].

11 Zur Wiederherstellung des Kollegs siehe „Le lycée Guez de Balzac d'hier et d'aujourd'hui: quelques repères historiques" (2009), https://etab.ac-poitiers.fr/lycee-guez-de-balzac/ [Stand: 09.12.2021].

12 „Délibérations du conseil général de la commune, 1804–1815", AM-A, fols. 84v–85r. Zu den „Auslöschungen" und dem „profanierenden Wirken" des 16. und des 18. Jahrhunderts siehe „Discours sur l'église cathédrale d'Angoulême" (17. Januar 1869), in: Antoine-Charles Cousseau, *Œuvres historiques et archéologiques de Mgr Cousseau, ancien évêque d'Angoulême*, 2 Bde. [Bde. 1 und 3] (Angoulême 1891–1892), 3, S. 87, und siehe unten in Kapitel 9.

13 Zu diesem Denkmal siehe https://www.pop.culture.gouv.fr/notice/merimee/PA00104206 [Stand: 09.12.2021]; Odette Hamard, „Autour d'une Visite de Madame Royale Duchesse d'Angoulême", *BSAHC* (1970), S. 131–138.

14 Siehe unten in Kapitel 9, sowie zu den Abadies, *Entre archéologie et modernité: Paul Abadie architecte 1812–1884*, hg. v. Claude Laroche (Angoulême 1984), und *Répertoire des architectes diocésains du XIXᵉ siècle*, hg. v. Jean-Michel Leniaud, http://elec.enc.sorbonne.fr/architectes/ [Stand: 09.12.2021].

15 „Abadie (Paul)", in: Alexandre Du Bois und Charles Lucas, *Biographie universelle des architectes célèbres* (Paris 1868), S. 14–21, S. 17.

16 AN, Prisons-Charente, F/16/997.

17 AM-A, „Gefängnisse". Zeichnung, datiert 1816, Nr. 43; Berichte über Abadies diverse Projekte, datiert vom 22. April 1822, 20. Mai 1828 und 7. Februar 1832, Nr. 43, 50, 55 sowie mehrere unnummerierte. Im Lauf der Revolutionszeit wurden in Angoulême mindestens elf verschiedene Gebäude als Gefängnis genutzt. Im Juni 1819 legte Abadie seinen ersten Vorschlag für ein neues Gefängnis vor, das 1821–1823 am Standort des heutigen Lebensmittelmarkts gebaut und in den Folgejahren verschiedentlich renoviert wurde. Siehe Monique Bussac, „Brève histoire des prisons d'Angoulême", in: Jean-François Buisson

u. a., *Châtelet-Les Halles: 1,000 ans d'histoire urbaine à Angoulême (Charente)* (Angoulême 2005), S. 34–39.

18 *Paul Abadie architecte 1812–1884*, S. 36 f.; zu den vergleichsweise niedrigen Baukosten für den (pompösen) Justizpalast siehe „Abadie (Paul)", *Biographie universelle*, S. 18 f. Anm. 5.

19 Zu der neuen Präfektur siehe https://www.pop.culture.gouv.fr/notice/merimee/PA00104226 [Stand: 09.12.2021].

20 „Chronique", *L'écho du soir*, Nr. 128 (22. Oktober 1826), S. 4. *Ordonnance du roi portant création d'un collège royal de marine* (Brest 1816); die neue Schule wurde unter die Schirmherrschaft des „Admirals von Frankreich" gestellt; dies war der Herzog von Angoulême.

21 „Procès-verbal de prise de possession de l'apanage du comte d'Artois à Angoulême" (1774), hg. v. Léon Burias, *BSAHC*, Ser. 8, 15 (1924), S. 133–146, S. 137; AM-A, Plan Directeur.

22 *Histoire d'Angoulême et de ses alentours*, hg. v. Pierre Dubourg-Noves (Toulouse 1989), S. 292.

23 „Discours de M. l'évêque", 4. Juli 1852, in: Cousseau, *Œuvres*, 3, S. 150.

24 Mitteilung Nr. PA16000017, Base Mérimée; https://www.pop.culture.gouv.fr/notice/merimee/PA16000017 [Stand: 09.12.2021].

25 „Eglise Saint-Martial", verfügbar unter http://www2.culture.gouv.fr/Wave/image/merimee/PROT/PA16000018_DOC.pdf [Stand: 09.12.201]. Zur weißen Außengestaltung der Kirche siehe Louis-Edouard May, *Consécration de l'église St-Martial, 1853*, Musée des Beaux-Arts d'Angoulême.

26 „Wenn Gott auslöscht, dann nur um neu zu schaffen." „Discours pour la bénédiction de la première pierre de l'église de St Ausone", 4. Dezember 1864, in: Cousseau, *Œuvres*, 3, S. 184.

27 „Discours sur l'église cathédrale d'Angoulême", 17. Januar 1869, Brief an den Prinzen Louis-Napoléon, 1852, in: Cousseau, *Œuvres*, 3, S. 87, 417.

28 Im Heiratsvermerk seiner Tochter wird als Sterbedatum von François Laplanche der 3. Prairial 10 (23. Mai 1802) angegeben, als Sterbeort Paris; Heiratsvermerk für Aristide Louis Marthe Soulas und Jeanne Julie Laplanche, 16. Frimaire 11 (7. Dezember 1802), AD Val-de-Marne, Villeneuve-Saint-Georges, 1802–1803, 32–33/75. Eintrag für das Haus Nr. 51, Sektion D, Pierre, in: „Contributions, matrices foncières", 1791, AM-A. Aristide Soulas starb 1850 in dem Dorf Arnouville und wurde bei diesem Anlass als Steuereinnehmer im

Ruhestand bezeichnet; AD Val-d'Oise, Arnouville, 1844–1853, 52/83. Jeanne Julie lebte 1851 noch dort und wurde als „Staatspensionärin" im „Alter von 59 Jahren" beschrieben; tatsächlich war sie schon 76. AD Val-d'Oise, Arnouville, recensement de population, 1851: 2/14. A. L. Soulas, „contrôleur des contributions directes", war der Verfasser eines 1820 veröffentlichten Bandes mit dem Titel *La levée des plans et l'arpentage rendus faciles; précédés de notions élémentaires de trigonométrie rectiligne, à l'usage des employés au cadastre de la France* (Paris 1820). Ihr gemeinsamer Sohn Achille Elie Joseph Soulas, der 1800 geboren und bei der Heirat seiner Eltern 1802 offiziell als ihr Kind anerkannt wurde, war ein Erfinder, der 1841 in London ein Patent über „Verbesserungen an einem Apparat zur Strömungsregulierung von Flüssigkeiten" erhielt. AD Val-de-Marne, Villeneuve-Saint-Georges, 1799–1801, 36/140; *The Repertory of Patent Inventions*, Bd. 15, Januar–Juni 1841 (London, 1841), S. 256.

29 Geburtsvermerk für Adelaide Henriette Robin, 16. Februar 1793, AM-A, 1E1/19; Robin wird darin als „agriculteur" bezeichnet und unterschrieb als „Robin Américain".

30 Sterbevermerk für Elizabeth Stubbs, 28. Dezember 1824, ADC, Dirac, 1823–1832, 3E128/6, 35/260.

31 Angoulême, Etats des sections, 1827, ADC, 3 PPROV 16 3, Grundstücke Nr. 1094 und 1095, 297–298/336.

32 Sterbevermerk für François Abraham Robin, 13. Januar 1833, AM-A, 1E102/7.

33 Heiratsvermerk für Pierre Félix und Françoise Mallat, 27. Juli 1820, AM-A, 1E59/79–80; Matrice des propriétés bâties et non bâties, Angoulême-Ville, 1835–1911, ADC, 3 PPROV 16 5, 66/183.

34 Heiratsvermerke für Françoise Louise Javote Félix und Louis Emery, 13. September 1821; für Louise Charlotte Léontine Emery und Michel Guichard, 30. Juni 1841; für Marie Marthe Dumergue und Joseph Bargeas, 16. Dezember 1820; sowie für Thérèse Dumergue und Jean-Baptiste Bargeas, 16. Dezember 1820; AM-A, 1E62/99–100, 1E125/62, 1E59/128–130.

35 Dénombrement de la population, Etat nominatif, Angoulême 1846, ADC, 6M84, 283/646; Sterbevermerk für Louis Félix, 3. Oktober 1851, AM-A, 1E157/89; das Alter des Verstorbenen wird hier fälschlicherweise mit 82 Jahren angegeben.

36 Sterbevermerk für Catherine Raby, 1. Juni 1812, AM-A, 1E45/156; Etats des sections, Angoulême, 1827, ADC, 3 PPROV 16 3,

Grundstücke Nr. 17, 20, 80, 85, 86, 87, 219 und 306; 185, 262, 264, 265, 269, 272/336.

37 Sterbevermerk für Jean Lecler, 21. August 1848, AM-A, 1E148/69.

38 Heiratsvermerk für Marguerite Aubert und Jean Noël Bonniceau, 5. April 1807, AM-A, 1E40/80–81.

39 Sterbevermerk für Marguerite Durousseau, Witwe des Jean Joubert, 6. Juli 1809, AM-A, 1E42/208.

40 Blanchet, der Verfasser einer Kirchengeschichte des Departements Charente in der Revolutionszeit, gibt als ihre Anschrift „sise Rue du Palais" an; das Haus unter dieser Adresse gehörte Marguerites Bruder Théodore Aubert, der inzwischen als Kaufmann in Paris tätig war. Blanchet, *Le clergé charentais pendant la Révolution*, S. 157 Anm. 1; ADC, Etats des sections, Angoulême, 1827, 3 PPROV 16 3, 288/336; Matrice des propriétés bâties et non bâties, 1835–1911, 3 PPROV 16 5, 73/183; Quignon, „Notices historiques et anecdotiques", 8, S. 334, ADC, J75.

41 Sterbevermerk für Marguerite Aubert, 1. April 1842, ADC, Rouillac 1833–1845, 3E310/8, 413/541.

42 Léonard Robin starb am 17. Messidor 10 (6. Juli 1802) im Burgund; AD Yonne, Paron, 2E288/9, Jahr 10–1825, 6/134. „Inventaire après le décès du citoyen Robin, 21 thermidor an 10", Jean Petit, Notar, AN, MC/ET/CX/586.

43 „Da der rechtliche Stand von natürlichen [d. h. außerehelichen] Kindern, deren Väter noch am Leben waren, als das Gesetz vom 12. Brumaire 2 in Kraft trat – und dieser Sorte gehört der besagte Bürger Louis Léonard Robin an –, ungeklärt bleibt, verwahren sie sich gegen die Ansprüche des Letzteren", erklärten die Brüder; die Parteien einigten sich schließlich darauf, ein Inventar anzulegen. „Inventaire apres le décès du citoyen Robin", AN, MC/ET/CX/586. Zu den Erbansprüchen unehelicher Kinder siehe Jean-Louis Halpérin, „Le droit privé de la Révolution: héritage législatif et héritage idéologique", *Annales historiques de la Révolution française*, Nr. 328 (2002), S. 135–151.

44 „Inventaire apres le décès du citoyen Robin", AN, MC/ET/CX/586.

45 *Réclamations pour le sieur Charles-Marie Canalès-Oglou*, S. 11 f., 42 f.

46 J.-B. Sirey, *Jurisprudence de la cour de cassation, an XIV–1806* (Paris o. J.), S. 307–312, S. 308.

47 Ebd., S. 311 f.

48 Sterbevermerk für Louis Léonard Robin, 18. Januar 1825, AD Yonne, Paron, 2E288/9,

Jahr 10–1825, 129–130/134; Roy, „Léonard Robin", S. 104 f. Sterbevermerk für Marie Elisabeth Emelie Aubourg, 24. Mai 1843, 12. Arrondissement; AdP, état civil reconstitué. Sterbevermerk für Marie Robin, Angoulême, 27. März 1837; AM-A, 1E114/31. Taufvermerk für Jean Abraham François Robin, Saint-André, 19. März 1785, GG46/149–150; Marie Robin wird dort als eine Cousine väterlicherseits bezeichnet.

49 Brief vom 17. Floréal 2 (6. Mai 1794) von Citoyen Muron an den Ankläger Fouquier Tinville, AN, Tribunaux révolutionnaires et hautes cours du XIXe siècle, W//132, Nr. 70; Neil Schaeffer, *The Marquis de Sade: A Life* (Cambridge, MA 2000), S. 447–450.

50 Briefe vom 17. Floréal 2 und 3. Prairial 2 (22. Mai 1794) von Muron an Fouquier Tinville, AN, W//132, Nr. 70, W//152, Nr. 157.

51 Marie-Brigitte-Scholastique Virol, Acte de notoriété, 18. Oktober und 25. Oktober 1810, und „Inventaire", 22. Oktober 1810, Louis Athanaze Rendu, Notar, AN, MC/ET/CVIII/731.

52 „Inventaire", 22. Oktober 1810, AN, MC/ET/CVIII/731.

53 AM-A, Taufvermerke für Antoine, Noël und Marie Marguerite Virol, 15. Januar 1732, 22. November 1736 und 24. Mai 1740, NDP, GG13/111, 119, 125, und für Thibault Hypolite Virol, 23. August 1775, Saint-Paul, GG90/89.

54 Sterbevermerk für Gabriel Ferrand, 20. Dezember 1816, AM-A, 1E52/426.

55 „Séance du mercredi 8 decembre 1909", *BSAHC*, Ser. 8, 1 (1910), S. xliv.

56 Ich bin Monsieur Florent Gaillard zu großem Dank verpflichtet für seine Suche nach diesem Porträt in den Beständen der *Société archéologique et historique de la Charente*. Gustave Paillé war einer der Nachfolger Silvestre Topins als Professor der Zeichenkunst am Kolleg von Angoulême, und sein Sohn Maurice war „ein sehr angesehener Künstler"; „es ist bedauerlich", schreibt Emile Biais im Katalog des Museums von Angoulême, „dass sich von diesen intelligenten und allgemein geschätzten Künstlern keine Werke erhalten haben." Emile Biais, *Catalogue du musée d'Angoulême: peintures, sculptures, estampes* (Angoulême 1884), S. 20 Anm. 1.

57 Siehe oben in Kapitel 6.

58 Sterbevermerk für Vincent Gabriel Ferrand, 14. Februar 1825, AD Loiret, Beaugency, Sterbefälle, 1821–1832, 131/414; Geburtsvermerk für Pierre Lucien Eugène Ferrand, 6. Januar 1823, AD Loiret, Beaugency, Geburten, 1821–1826, 88/252; Heiratsvermerk für Pierre Lucien Eugène Ferrand und Eugénie Clementine Lormeau, 22. Mai 1852, AD Hauts-de-Seine, Montrouge, Eheschließungen, 1852, 19–20/57; Sterbevermerk für Pierre Lucien Eugène Ferrand, 28. Mai 1881, AdP, 3. Arrondissement, Akt Nr. 838; und zum „cabinet de lecture" der „Mme. Veuve Ferrand", *La presse*, Nr. 5057, 9. Mai 1850.

59 Geburtsvermerk für Eugène Gabriel Ferrand, 24. August 1884, AdP, 4. Arrondissement, Akt Nr. 2183; Geburtsvermerk für Juliette Marie Ferrand, 25. Februar 1886, 10. Arrondissement, Akt Nr. 980; Heiratsvermerk für Louis Gabriel Ferrand und Marie Emma Mélanie Manchuette, 2. Juni 1888, 3. Arrondissement, Akt Nr. 413; Sterbevermerk für Louis Gabriel Ferrand, 23. April 1907, 10. Arrondissement, Akt Nr. 2169.

60 Mort pour la France, Eugène Gabriel Ferrand, 5. Mai 1916, https://www.memoiredes-hommes.sga.defense.gouv.fr [Stand: 09.12.2021].

61 Heiratsvermerk für Jean Dinochau und Stéphanie Ferrand, 9. Dezember 1820, AD Loiret, Beaugency, Eheschließungen, 1810–1820, 290–291/302.

62 *Almanach-Bottin du commerce de Paris* (Paris 1854), S. 193, 459, 1008.

63 Beispielsweise beschrieb der Kunstkritiker Louis Etienne im Jahr 1863 Manets *Déjeuner sur l'herbe* wie folgt: „Irgendeine *bréda*, splitterfasernackt, lümmelt sich frech zwischen zwei Dandys, die ihrerseits zwirnfaserangezogen sind." Louis Etienne, *Le jury et les exposants: salon des refusés* (Paris 1863), S. 30; und siehe Pierre Bourdieu, *Manet: une révolution symbolique* (Paris 2013), S. 629.

64 Edmond de Goncourt, *Journal des Goncourt: mémoires de la vie littéraire*, 9 Bde. (Paris 1851–1896), 1, S. 126, 7, S. 256.

65 Beispielhaft für zahllose Erinnerungen an das kleine Lokal an der Ecke von Rue Bréda und Rue Navarin siehe Etienne Carjat, „Le Saint-Charles, ou une soirée chez Dinochau", *Le Figaro*, Nr. 423 (6. März 1859), S. 3–5; „Un diner chez Dinochau", in: Louis Lemercier de Neuville, *Les tourniquets: revue de l'année 1861* (Paris 1862), S. 41–50; Alfred Delvau, „Le cabaret Dinochau", in: *Histoire anecdotique des cafés et cabarets de Paris* (Paris 1862), S. 15–21; „Courrier de Paris", *Le monde illustré*, Nr. 766 (16. Dezember 1871), S. 37; „Chronique de Paris", *Le voleur illustré: cabinet de lecture universel*, 22. Dezember 1871, S. 1069 f.; Firmin Maillard, „Les derniers bohèmes, I" in: *La Renaissance littéraire et artistique*, 1. Jahrgang, Nr. 31 (23. November 1872), S. 245 f.; Firmin Maillard, *La cité des intellectuels:*

scènes cruelles et plaisantes de la vie littéraire des gens de lettres au XIXe siècle (Paris 1905), S. 286–289; „L'entresol de Dinochau: La Bohème en 1860", in: Louis Lemercier de Neuville, *Souvenirs d'un montreur de marionnettes* (Paris 1911), S. 119–169; Pierre Dufay, „Jean-Edouard Dinochau restaurateur des lettres", *Mercure de France* 281, Nr. 951 (1. Februar 1938), S. 489–514. Zu den *cabarets littéraires* von Paris siehe Joëlle Bonnin-Ponnier, „Les lieux de sociabilité de la bohème", *Cahiers Edmond et Jules de Goncourt*, Nr. 14 (2007), S. 103–124, Gilbert Beaugé, „L'autopsie d'un acte manqué: l'hommage à Delacroix d'Henri Fantin-Latour", https://halshs.archives-ouvertes.fr/halshs-00356960 [Stand: 09.12.2021], Bourdieu, *Manet: une révolution symbolique*, S. 669.
66 Firmin Maillard, „Les derniers bohèmes", S. 246.
67 „Dinochau", in: Pierre Larousse, *Grand dictionnaire universel du XIXe siècle*, Bd. 6 (Paris 1870), S. 870.
68 Zu Edouard Dinochau als „restaurateur des lettres" siehe Delvau, *Histoire anecdotique*, S. 20; zu Stéphanies „Strenge", *Journal des Goncourt*, 7, S. 257; zu ihren Kochkünsten, „Chronique de Paris", *Le voleur illustré*, 22. Dezember 1871, S. 1069; und zu den Rechnungsbüchern des Lokals, Lemercier de Neuville, *Souvenirs*, S. 122.
69 *Journal des Goncourt*, 7, S. 256, 257.
70 Lemercier de Neuville, *Souvenirs*, S. 124, Dufay, „Jean-Edouard Dinochau restaurateur des lettres", S. 494, „J.-E. Dinochau", in: Lemercier de Neuville, *Souvenirs*, S. [121]. Es gibt noch eine weitere Karikatur von ihm, ebenfalls in weiß-fülligen Hemdsärmeln und schwarzer Weste, beim Servieren einer Flasche Champagner festgehalten vor dem Hintergrund des überfüllten Gastraums, abgedruckt 1862 in: „Diner chez Dinochau"; Lemercier de Neuville, *Les tourniquets*, S. 48.
71 Sterbevermerk für Stéphanie Ferrand, 14. August 1870, AdP, 9. Arrondissement, Akt Nr. 1250.
72 *La liberté*, 9. Juni 1871.
73 Tribunal de commerce de la Seine, „Dissolutions", *Journal officiel de la République française*, 7. November 1871, S. 4344.
74 Sterbevermerk für Edouard Dinochau, 9. Dezember 1871, AdP, 10. Arrondissement, Akt Nr. 8530.
75 Tribunal de commerce de la Seine, „Qualifications de faillite", *La liberté*, 16. Juli 1872.
76 Cahier de charges, requête de M. Normand, syndic de la faillite Dinochau, 19. Oktober 1872, Paul Rigault, Notar, AN, MC/ET/LXXXVI/1220.

77 *La liberté*, 21. Oktober 1872; *Le Figaro*, 20. Oktober 1872.
78 „Etat des créances", in: Cahier de charges, Rigault, AN, MC/ET/LXXXVI/1220.
79 *Le Figaro*, 21. Oktober 1872; „Adjudication au profit de M. de Villemessant", in: Cahier de charges, AN, MC/ET/LXXXVI/1220.
80 Sterbevermerk für Alfred Charles Dinochau, AD Val-de-Marne, Le Kremlin-Bicêtre, 22. Februar 1901, 32/179.
81 Sterbevermerk für Elizabeth Boutoute, 5. Arrondissement, 13. Juni 1830; Sterbevermerk für Jean-Baptiste Ferrand, 9. Arrondissement, 16. November 1831; AdP, état civil reconstitué. Dem alten 5. Arrondissement entsprechen die heutigen 2. und 10. Arrondissement, das alte 9. Arrondissement entspricht den heutigen 4. und 1. Arrondissements. Das Sterbedatum und der Sterbeort Jean-Baptistes sind in dem Vermerk über die zweite Heirat seines jüngsten Sohnes festgehalten; ADSM, Montereau-Fault-Yonne, 1839–1841, Heiratsvermerk für Jean-Baptiste Ferrand und Anne Nicolas Thiriot, 23. Januar 1839, 47–48/356.
82 Dossier „Ferrand (Jn. Bte.)", AN, F/12/2795; Bescheinigung vom 4. Vendémiaire 14 (26. September 1805); Briefe vom 12. Dezember 1822 und 10. Oktober 1824 und Gesuch mit Eingangsdatum 24. Februar 1831.
83 Dossier „Ferrand, Françoise, Ve. Brébion", AN, F/12/2795; Brief Françoise Ferrands vom 26. September 1848; Brief Françoise Ferrands vom 9. November 1859; Brief vom 5. April 1860 von C. Brébion Ve. Collet; Brief vom 10. August 1860, mit einer Zahlung von 500 Livres an Mme. Ve. Collet. Nach 1814 finden sich in der Akte keinerlei Hinweise mehr auf Françoises zwei andere Kinder, Jean-Baptiste Adolphe und Joséphine Louisa.
84 Sterbevermerk für Françoise Ferrand, gestorben im Alter von 83 Jahren, wohnhaft in der Rue Myrha, Nr. 17, 26. März 1860, AdP, 18. Arrondissement, Akt Nr. 594.
85 Dossier „Ferrand, Françoise, Ve. Brébion", AN, F/12/2795; Brief vom 5. April 1860 von C. Brébion Ve. Collet.
86 Dossier „Brébion Collet (veuve)", AN, F/12/2757; Briefe vom 12. März 1866, 12. März 1870, 16. Januar 1873, 17. September 1774, 9. März 1875, 8. März 1876 und 23. Dezember 1876.
87 AdP, Sterbevermerk für Marie Thérèse Clara Brébion, gestorben im Alter von 82 Jahren, wohnhaft in der Rue Labat 49, 23. April 1889, 18. Arrondissement, Akt Nr. 1454. Als Claras Geburtsdatum ist in ihrer Akte der 29. Januar

1804 angegeben; Dossier „Brébion Collet (veuve)", AN, F/12/2757. Clara Brébions Ehemann Pierre Rose Collet starb am 25. Oktober 1843 im (damaligen) 7. Arrondissement (dem heutigen 3. oder 4.) AdP, état civil reconstitué, Vermerk 1220.

88 Heiratsvermerk für Rosalie Marie Collet, *couturière*, und Raphael Victor Bossard, *métreur*, 21. September 1861, AdP, 18. Arrondissement, Akt Nr. 678.

89 Das bedeutete eine außergewöhnlich hohe Kindersterblichkeit in dieser Familie; im Pariser Durchschnitt jener Zeit starb etwa einer von fünf Säuglingen; Etienne van der Walle und Samuel H. Preston, „Mortalité de l'enfance au XIXe siècle à Paris et dans le département de la Seine", *Population* 29, Nr. 1 (1974), S. 89–102. Die Bossards waren eine Familie aus der Pariser Innenstadt; alle Geburten und Todesfälle wurden innerhalb der Stadtgrenzen verzeichnet. Geburtsvermerk für Louis Victor Bossard, 3. März 1861, AdP, 18. Arrondissement, Akt Nr. 650; Sterbevermerk für Louis Victor Bossard, 22. April 1861, AdP, 18. Arrondissement, Akt Nr. 802; Geburtsvermerk für Jeanne Bossard, 25. Januar 1862, 18. Arrondissement, Akt Nr. 198; Sterbevermerk für Jeanne Bossard, 13. Mai 1866, 18. Arrondissement, Akt Nr. 1131; Geburtsvermerk für Augustine Clara Bossard, 11. Oktober 1865, 18. Arrondissement, Akt Nr. 3275; Sterbevermerk für Augustine Clara Bossard, 13. November 1865, 18. Arrondissement, Akt Nr. 3390; Geburtsvermerk für Francisque Joseph Victor Bossard, 23. Mai 1868, 18. Arrondissement, Akt Nr. 1727; Geburtsvermerk für Jeanne Bossard, 29. Oktober 1869, 18. Arrondissement, Akt Nr. 3638; Sterbevermerk für Jeanne Bossard, 19. Dezember 1869, 18. Arrondissement, Akt Nr. 3005; Geburtsvermerk für Joséphine Fernande Bossard, 1. Juli 1871, 18. Arrondissement, Akt Nr. 2184; Sterbevermerk für Joséphine Bossard, 16. Mai 1878, 7. Arrondissement, Akt Nr. 1071; Geburtsvermerk für Berthe und Charles Bossard, 10. Januar 1876, 18. Arrondissement, Akte Nr. 103 und 104; Sterbevermerk für Berthe Bossard, 15. Januar 1876, 18. Arrondissement, Akt Nr. 138; Sterbevermerk für Charles Bossard, 2. Februar 1876, 18. Arrondissement, Akt Nr. 286; Geburtsvermerk für Henri Léon Bossard, 31. August 1877, 7. Arrondissement, Akt Nr. 1203; Sterbevermerk für Henri Léon Bossard, 1. August 1885, 18. Arrondissement, Akt Nr. 2710; Geburtsvermerk für Charles Albert Bossard, 27. Juli 1880, 18. Arrondissement, Akt Nr. 2658; Sterbevermerk für Charles Albert

Bossard, 24. August 1880, 18. Arrondissement, Akt Nr. 2891; Sterbevermerk für Rosalie Marie Collet, 8. Oktober 1890, 18. Arrondissement, Akt Nr. 3617. Rosalies viertes Kind, Francisque Joseph Victor Bossard, das einzige, das seine Kindheit überlebte, starb am 15. April 1925 im 9. Arrondissement von Paris; 9. Arrondissement, Akt Nr. 520.

90 Heiratsvermerk für Francisque Joseph Victor Bossard, Lithograf, und Marie Madeleine Andres, Wäscherin, 25. April 1891, AdP, 18. Arrondissement, Akt Nr. 578; die Familie wohnte in der Rue de la Goutte d'Or, Nummer 42, als 1894 die Tochter Germaine Marguerite geboren wurde; bei der Geburt des Sohnes Louis Roger 1904 wohnten sie in derselben Straße im Haus Nummer 50; AdP, 18. Arrondissement, 1894, Akt Nr. 5098; 1904, Akt Nr. 3368.

91 Heiratsvermerk für Louise Jeanne Collet und Jérôme Lerouge, 12. Februar 1887, AdP, 11. Arrondissement, Akt Nr. 221; Sterbevermerk für Louise Jeanne Collet, 3. August 1899, 13. Arrondissement, Akt Nr. 1850; Sterbevermerk für Françoise Marie Rosalie Collet, 8. Oktober 1890, 18. Arrondissement, Akt Nr. 3617. Louise Jeanne Collet starb im Hôpital Broca; Jérôme Lerouge starb 1901 im Hôpital Bicêtre und wurde als Witwer von Jeanne Louise Collet bezeichnet; AD Val-de-Marne, Le Kremlin-Bicêtre, 20. November 1901, 153/179. Zu den Regularien für *marchands ambulants* in der Zeit vor und nach Louises Tod siehe Claire Zalc, *Melting Shops: une histoire des commerçants étrangers en France* (Paris 2010), S. 42–47.

92 Grundstück Nr. 1314, Rempart du Midi, ADC, Etats des sections, Angoulême, 1827–1961, 3 PPROV 16 3, 305/336.

93 Vereinbarung zwischen Etienne Allemand Lavigerie, Jeanne, Jeanne Julie, Jeanne Henriette, Françoise und Louise Allemand Lavigerie, Jean Théodore Henry l'aîné und Isaac Damade, „Par devant Duval notaire", 16. März 1811, ADC, 2E8751.

94 „Etat estimatif des meubles et effets", 16. März 1811, Anlage zur Vereinbarung zwischen Etienne Allemand Lavigerie und seinen Kindern, 16. März 1811, ADC, 2E8751; Eintrag für das Haus Nr. 935, Sektion C, Château, in AM-A, „Contributions, matrices foncières", 1791.

95 Vollmacht für Jean-Théodore Henry l'aîné, 16. November 1810, Notar Duhalde, Bayonne, und Vollmacht für Isaac Damade, 15. Dezember 1810, Jean Louis Pierre, Notar, Bar-sur-Ornain,

Anlage zur Vereinbarung zwischen Etienne Allemand Lavigerie und seinen Kindern, 16. März 1811, ADC, Notar Duval, 2E8751. Jean-Théodore Henry war zu diesem Zeitpunkt 76 Jahre alt; er war der Vater von Pierre Auguste Henry, der als Trauzeuge an den Hochzeiten von Pierre und Martial Allemand Lavigerie teilgenommen hatte. Taufvermerk für Pierre Auguste Henry, 11. März 1770, Saint-Jacques, AM-A, GG130/173–174; Sterbevermerk für Jean-Théodore Henry, 2. November 1818, 1E54/354–355. Isaac Damade, der als Hausbesitzer beschrieben wird, war zum Zeitpunkt seines Todes siebzig Jahre alt. Sterbevermerk für Isaac Damade, 16. Januar 1823, 1E71/5.

96 Vereinbarung zwischen Etienne Allemand und seinen Kindern, 16. März 1811, ADC, 2E8751.

97 Erklärung von Jeanne Lavigerie *ainée*, Eintrag 493, 29. Messidor 7, AM-A, „Registre pour recevoir les déclarations des citoyens domiciliés dans cette commune."

98 Eintrag für das Haus Nr. 856, Sektion C, Château, in AM-A, „Contributions, matrices foncières", 1791. Für Steuerzwecke wurde der Wert des Hauses auf 450 Francs geschätzt; das Grundstück war 266 „toises carrées" groß, das entspricht 1010 Quadratmetern. Zum Vergleich: Das in derselben Sektion gelegene Haus der Familie wurde auf 100 Francs und 25 „toises carrées" geschätzt. Eintrag für das Haus Nr. 935, Sektion C, Château.

99 Verkaufsvertrag für ein Haus am Rempart du Midi, Verkauf von Philippe Pierre Lambert an Jeanne, Jeanne Julie, Jeanne Henriette, Françoise und Louise Mélanie, 26. März 1811, Duval, ADC, 2E8751. Lambert tauchte 1799 in demselben Register wie Jeanne *ainée* auf und gab an, eine Haushälterin zu beschäftigen; „weitere Hausdiener" habe er „seit der Revolution keine mehr gehabt"; Eintrag 387, 26. Messidor 7, AM-A, „Registre pour recevoir les déclarations des citoyens domiciliés dans cette commune." Zu Lamberts Amtszeiten als Bürgermeister siehe https://maam.angouleme.fr/archives-municipales/histoire-dangouleme/les-maires-dangouleme/ [Stand: 09.12.2021]. Lambert hatte das Haus durch einen „Tauschakt" vom 10 Pluviôse 13 (13. Januar 1805) erworben; getauscht hatte er mit Alexandre René Gabriel Terrasson Montleau. Zu Terrassons politischem Wirken als Abgeordneter in der Restaurationszeit siehe http://www2.assemblee-nationale.fr/sycomore/fiche/(num_dept)/17218 [Stand: 15.12.2021], und zu seinen Bemühungen, von der Liste der

émigrés gestrichen zu werden (mit der Begründung, dass er Frankreich nur kurz verlassen habe, um seine Ausbildung bei einem Handelshaus in Hamburg fortzusetzen), siehe seine umfangreiche Akte im Archiv der „Police générale: les émigrés de la révolution", AN, F/7/4991/2/Dossier 20.

100 ADC, Archives de l'enregistrement, Fall Nr. 390, „Allemand Lavigerie, Jeanne, institutrice à Angoulême", 4QPROV 1/7777.

101 ADC, Fall Nr. 390, „Allemand Lavigerie, Jeanne, institutrice à Angoulême", 24. September 1817, 4QPROV 1/7777; Verkaufsvertrag vom 26. März 1811, Duval, ADC, 8751.

102 ADC, Fall Nr. 320, „Allemand Lavigerie, Etienne and Françoise Ferrand", 4 QPROV 1/7705.

103 Hoffman, Postel-Vinay und Rosenthal, *Dark Matter Credit*, Kapitel 3. Es kam zu einer neuerlichen Verbesserung der Kreditverfügbarkeit und zu einem Umbruch in der Strukturierung von Krediten, die zunehmend auch andere, neue Finanzinstrumente nutzten; außerdem traten jetzt andere Kreditnehmer auf, vor allem solche, die – wie der Vater der fünf Schwestern – die Stadthäuser von enteigneten Grundbesitzern aufkauften.

104 Transkript einer Vereinbarung zwischen Jeanne, Jeanne Henriette, Françoise und Louise Mélanie Allemand Lavigerie, Charlotte-Ursule Allemand Lavigerie und Françoise Méloé Silvestre Topin, 13. November 1839, in ADC, 4QPROV 1/2932.

105 Testament von Jeanne Allemand Lavigerie, datiert 12. Juni 1850 und am 9. Juli 1860 bestätigt, ADC, Goyaud, Notar, 2E10292.

106 Grundstücke Nr. 1311 und 1315, Rempart du Midi, ADC, Etats des sections, Angoulême, 1827–1961, 3 PPROV 16 3, 305/336.

107 Grundstück Nr. 1311, ADC, Matrice des propriétés bâties et non bâties, 1835–1911, 3 PPROV 16 5, 81/183.

108 Ebd. Camille besaß auch ein Haus in der Rue de l'Arsenal, Nr. 837, 124/183.

109 Grundstück Nr. 1347, ADC, Matrice des propriétés bâties et non bâties, 1874–1892, 3 PPROV 16 8, fol. 1165, 14/314. Pierre Auguste Henry Lacourade wohnte 1861 ebenfalls am Rempart du Midi; ADC, état nominatif, Angoulême, 1861, 194/765.

110 AM-A, „Ecoles Privées", 1849.

111 Charlotte-Ursule Lavigerie lebte zur Zeit ihrer Heirat 1836 in Angoulême; Françoise Méloé Allemand Lavigerie, als deren Geburtsort Bayonne angegeben wird, wohnte zum Zeitpunkt ihres Todes 1839 am Rempart du Midi; auch von

Françoise Topin hieß es anlässlich ihrer Heirat im Departement Aube, sie sei wohnhaft in Angoulême. Louise Lavigerie, die Tochter von Martials Sohn Léon-Philippe, wohnte zum Zeitpunkt ihrer Heirat 1855 bei ihren Großtanten am Rempart du Midi; Charlotte-Ursules Tochter Marie Lacourade wohnte zur Zeit ihrer Eheschließung im Jahr 1858 im Haus ihres Vaters am Rempart du Midi (Nr. 1347); Marie Françoise, die Tochter von Camille und Françoise, wohnte bei ihren Eltern in deren Haus neben dem Pensionat (Nr. 1315), als sie 1851 heiratete. Berthe Louise Topin/Taupin wohnte 1861 im Pensionat am Rempart du Midi, wie aus den Volkszählungsunterlagen aus diesem Jahr hervorgeht. AM-A, 1E110/73–74, 1E120/26, 1E156/16, 1E169/31–32, 1E178/109; Heiratsvermerk für Camille Alexandre Allemand Lavigerie und Françoise Méloé Topin, 4. Oktober 1830, AD Aube [im Folgenden ADAu], Ville-sous-la-Ferté, Eheschließungen, 1825–1860, 4E426/10, 53–54/289; ADC, état nominatif, Angoulême, 1861, 192/765.

112 Sterbevermerk für Laurent Silvestre Topin, 29. März 1850, AM-A, 1E185/28.

113 Diese ständige Wiederholung von Namen in verschiedenen Variationen wurde manchmal selbst den Angoulêmer Standesbeamten zu verwirrend. AM-A, GG25/26, 1E25/31, und siehe unten zu den aufeinanderfolgenden Einträgen für (Françoise) Adelaide (Méloé) Allemand Lavigerie und Charlotte (Alida) Ursule (Adelaide) Allemand Lavigerie.

114 Eintrag für den 21. Pluviôse 13, *Journal des maires d'Angoulême*, S. 197 f.

115 „Procuration [Vollmacht]", 15. Dezember 1810, Jean Louis Pierre, Bar-sur-Ornain, Anlage zu der Vereinbarung zwischen Etienne Allemand und seinen Kindern, 16. März 1811, ADC, 2E8751.

116 „Sur l'extirpation de la mendicité", 5. Juli 1808, in: *Corps du droit français, ou Recueil complet des lois, décrets, ordonnances*, hg. v. C.-M. Galisset, 14 Bde. (Paris 1828–1853), 2, S. 819 f.

117 ADAu, Fonds de la maison centrale de Clairvaux, 2Y1–2Y10. Schon im Januar 1817 erstellte Silvestre eine Kostenschätzung für die anstehenden Bauarbeiten; später im selben Jahr wurden ihm seine Auslagen für den Umzug nach Clairvaux erstattet; Memoranda vom 26. Januar 1817 und aus dem Dezember 1817, 2Y3, 289/475, 310/275. Charles Silvestre Topin wurde am 6. März 1822 als Stipendiat der Marineschule von Angoulême nominiert; M. Bajot, *Annales maritimes et coloniales*, 1822, Teil 1 (Paris 1822), S. 294. „Silvestre fils" taucht in den Akten des Gefängnisses von Clairvaux ab dem April 1833 auf; 2Y10, 575, 578/642. Als er (ebenfalls im April 1833) heiratete, gab er als Wohnort seiner Eltern Angoulême an; ADAu, Brienne-le-Château, 4E06420, 3–5/227.

118 Memorandum vom 16. August 1823 zu den „bains des entrans" und vom 5. Juni 1831 zu dem „prison des turbulens", ADAu, Fonds Clairvaux, 2Y5, 149/764, 2Y9, 488–490/527.

119 Brief von Jean-Baptiste Gaide, Gefängnisdirektor, an den Präfekten des Departements Aube, 17. August 1820, ADAu, Fonds Clairvaux, 2Y4, 88–91/764, und siehe Laurent Veyssière, „La tombe découverte à l'abbaye de Clairvaux 1820 est-elle celle de Guillaume de Joinville archevêque de Reims († 1226)?" *Bibliothèque de l'Ecole des chartes* 164, Nr. 1 (2006), S. 5–41, S. 15–17.

120 ADAu, Ville-sous-la-Ferté, Sterbefälle, 1830–1837, 4E42614, 2–32/248. Von den 173 Todesfällen, die 1830 in dem Dorf verzeichnet wurden, entfielen 143 auf Gefängnisinsassen (24 Frauen und 119 Männer).

121 Victor Hugo, *Claude Gueux* (Paris 1834), und siehe https://bit.ly/3IRnX78 [Stand: 15.12.2021].

122 In Hugos Erzählung ist es der Gefängnisdirektor, der ermordet wird. Brief von Jean-Baptiste Gaide an den Präfekten des Departements Aube, 16. April 1830, ADAu, Fonds Clairvaux, 2Y8, 623–628/698; Sterbevermerk für Pierre Etienne Delaselle, 9. November 1831, ADAu, Ville-sous-la-Ferté, Sterbefälle, 1830–1837, 4E426/14, 59/248.

123 Heiratsvermerk für Camille Alexandre Allemand Lavigerie und Françoise Méloé Topin, 4. Oktober 1830, ADAu, Ville-sous-la-Ferté, Eheschließungen, 1825–1860, 4E426/10, 53–54/289. Die Trauzeugen waren Jean-Baptiste Gaide, der Gefängnisdirektor, der so viele Sterbefälle von Häftlingen bestätigt hatte; der Baumeister Ferdinand Jolain; Marc-Antoine Ragon, der Gefängnisregistrar; und Nicholas Thevenin, der Gefängnisinspektor.

Kapitel 8: Geschichte(n) aus dem Wirtschaftsleben

1 Zu den Schwankungen, die in der Geschichte des langfristigen Wirtschaftswachstums ausgeblendet werden, sowie zu der Langfristigkeit und dem „Median" als genau den Bedingungen, über die Individuen niemals Informationen besitzen und die sie nie kennen können, siehe Grenier und Lepetit, „L'expérience historique: à propos de C.-E. Labrousse."

2 François Simiand, *Le salaire, l'évolution sociale et la monnaie*, 3 Bde. (Paris 1932), 2, S. 117.

3 Die „freien Berufe" – zu denen Soldaten, Matrosen, Regierungsangestellte, Lehrer, Ärzte, Apotheker und der Klerus gehören – zählten Mitte des 19. Jahrhunderts etwa eine Million der Berufstätigen Frankreichs, so zeitgenössische Schätzungen, bei den häuslichen Diensten waren es rund zwei Millionen. Siehe Maurice Block, *Statistique de la France*, 2. Aufl., 2 Bde. (Paris 1875), 1, S. 55–57. Die Klassifizierung der Beschäftigungen änderte sich von einem Zensus zum nächsten, wie Block bemerkte, und der Zensus von 1872 hätte seiner Meinung nach insbesondere „Hotelbesitzer, Totengräber und Akrobaten" in die Rubrik „Industrie" anstelle von „verschiedene Berufe" einsortieren sollen; und Portiers sollten nicht zusammen mit Rentiers und Immobilienbesitzern in die Kategorie „Personen, die ausschließlich von ihren Erlösen leben", aufgenommen werden; S. 57.

4 Dabei handelt es sich um öffentliche Berichte der Manufakturen, insbesondere der Textilmanufakturen. Smith, *Der Wohlstand der Nationen*, S. 74.

5 Zu Skalen und Zeitskalen siehe *Jeux d'échelles*, hg. v. Revel. Unter den Forschungsarbeiten zur Mikro-Makro-Geschichte seit den 1990er-Jahren ist Rosentals *Les sentiers invisibles* unter anderem ein wichtiger Beitrag zur Wirtschaftsgeschichte des 19. Jahrhunderts; Dennisons *The Institutional Framework of Russian Serfdom* nutzt die individuelle Skala der Wirtschaftsleben im (mittleren) Maßstab eines bestimmten Leibeigenen-Guts für die Beschreibung der institutionellen Grundlage der Leibeigenschaft in Russland und wie sie sich im Laufe der Zeit veränderte; Zalcs *Melting Shops* kombiniert die (Mikro-)Erzählung der individuellen Leben von Ladenbesitzern mit der (mittelfristig angelegten) Geschichte eines Handels und der langfristigen Geschichte von Bürgern und Nichtbürgern in Frankreich des 20. Jahrhunderts.

6 Heiratsvermerk für Martial Allemand Lavigerie und Louise Vaslin, 13. April 1790, Saint André, AM-A, GG47/64–65; Taufe von Françoise Philippine Lavigerie, 27. Mai 1792, Saint Pierre, GG25/26.

7 ADPA, Bayonne, Geburtsregister Jahre 6–12, 775/875; Jahr 12–1813, 224/820; 1826–1837, 52–53/904.

8 Sterbevermerk für Elisabeth Allemand Lavigerie, 4. Mai 1838, ADPA, Bayonne,

1826–1841, 620/818; Sterbevermerk für Joseph Alexandre César Ponsard, 24. Februar 1847, Bayonne, 1842–1857, 237/883.

9 Geburtsvermerk für Alexandre Etienne Marcellin Ponsard, 20. April 1809, ADPA, Bayonne, Jahr 12–1813, 427/820; Geburtsvermerke für Charlotte Ursule Allemand Lavigerie, 23. Oktober 1810 und Adelaide Théonie Allemand Lavigerie, 8. März 1813, 548/820 und 754/820.

10 Geburtsvermerk für Claude Frédéric Bastiat, 11. Messidor 9 (30. Juni 1801), ADPA, Bayonne, Jahre 6–12, 518/875; Sterbevermerk für Marie Julie Frechou, Bastiats Mutter, 27. Mai 1808, Jahr 9–1810, 592/854. Die Familie Bastiat lebte in der 27, Rue Pont-Majour, die Familie Allemand Lavigerie in der 16, Rue Pont-Majour. Geburtsvermerke für Pierre Jules, Victor Mamert, Charlotte Ursule und Adelaide Théonie Allemand Lavigerie, Jahr 12–1813, 224, 336, 548, 754/820.

11 Sterbevermerk für Pierre Jean Audouin, 11. Mai 1808; ADPA, Bayonne, Jahr 9–1810, 589/854; „Je persiste à croire que je mériterais moi-même la mort, si je ne la demandais pour le tyran. Je vote pour la mort." 16.–17. Januar 1793, AP, 57:374; https://www2.assemblee-nationale.fr/sycomore/fiche/(num_dept)/12891 [Stand: 09.12.2021]. Geburtsvermerk für Pierre Jules Edouard, 11. November 1806, Jahr 12–1813, 224/820; Heiratsvermerk für Joséphine Allemand Lavigerie und Joseph Alexandre César Ponsard, 23. September 1807, 1807–1823, 28/857.

12 Josette Pontet, „La Société des Amis de la Constitution de Bayonne (juillet 1790–juillet 1793)", *Annales du Midi* 106, Nr. 208 (1994), S. 425–449. Die drei Straßen, in denen diese Gesellschaft besonders stark vertreten waren, waren die Rue des Basques, die Rue Pont-Majour (in der Martial einen Großteil seiner Jahre in Bayonne wohnte) sowie die Rue Bourgneuf, in der er mit seiner Tochter Elisabeth lebte, als sie 1838 starb (S. 431). Auch Pierre Jean Audouin lebte in der Rue Pont-Majour wie auch die beiden Signatare seines 1808 ausgestellten Sterbevermerks – Jean Duverdier und Louis Peche –, beide waren auch die Signatare der Geburtsanzeige von Martials Sohn Victor im selben Jahr; ADPA, Bayonne, Geburtsregister Jahr 12–1813, 336/820, Begräbnisse, Jahr 9–1810, 589/854. Audouins Aktivitäten als Vizekonsul, bei denen er in Rom zu Besprechungen mit seinen Kollegen aus Malta, Tripoli, Konstantinopel und Korfu zusammenkam, sind beschrieben im *Journal politique de l'Europe*, Nr. 330 (22. November 1798), S. [3].

13 In Angoulême lebten 1806 rund 15 000 Menschen, wohingegen man in Bayonne etwa 14 000 Einwohner zählte. Siehe http://cassini. ehess.fr/cassini/fr/html/fiche.php?select_resultat=853 und http://cassini.ehess.fr/cassini/fr/ html/fiche.php?select_resultat=2448 [Stand: 09.12.2021].

14 Martials Enkel Charles Martial Allemand Lavigerie erklärte einem spanischen Marineoffizier gegenüber viele Jahre später: „Meine gesamte Kindheit verbrachte ich in der Nähe zur Grenze mit Spanien, im Schatten der Berge und an den Ufern jener Wellen, die unsere beiden Länder trennen." Baunard, *Lavigerie*, 2, S. 467 f.

15 Das Hôtel de Ville von Bayonne, erbaut 1838 bis 1843, trägt ein Hinweisschild, das auf die Ursprünge des Gebäudes als „mairie, hôtel de douanes et théatre" verweist.

16 *Courrier de Bayonne et de la peninsule: journal politique, commercial, litteraire et maritime* 1829, Nr. 1 (8. Oktober 1829), S. 1, Faksimile-Abdruck in: J.-B. Daranatz, *Le centenaire du «Courrier de Bayonne»* (Bayonne 1930), S. 33; und siehe Jean Crouzet, *Bayonne entre l'équerre et le compas, 1815–1852* (Bayonne 1986), S. 92.

17 *Courrier de Bayonne et de la peninsule* 1830, Nr. 48 (16. März 1830), S. 3 f.; BnF, FRBNF32750179.

18 Crouzet, *Bayonne entre l'équerre et le compas, 1815–1852*, S. 94.

19 Guyot de Fère, *Annuaire des artistes français*, S. 377; Guyot de Fère, *Annuaire des artistes français, statistique des beaux-arts en France* (Paris 1833), S. 295. Das Departement Basses Pyrénées entspricht dem heutigen Departement Pyrénées-Atlantiques. Elisabeth Allemand Lavigerie wurde 1837 in einem Musikverzeichnis aufgeführt; sie starb am 4. Mai 1838 in Bayonne. Planque, *Agenda musical ou indicateur des amateurs, artistes et commerçants en musique de Paris, de la province et de l'étranger* (Paris 1837) S. 231; ADPA, Bayonne, Begräbnisse, 1826–1841, 620/818.

20 „Lavigerie (Léon-Philippe), Details des services depuis l'entrée en fonctions", undatiert, in AL-R, A2.216; Heirat von Léon Bernard Lavigerie, 12. Juni 1860, AD Charente Maritime [im Folgenden ADCM], Rochefort, Eheschließungen, 52/134.

21 Heirat von Léon-Philippe Lavigerie und Louise Latrilhe, 3. November 1824, ADPA, Bayonne-Saint Esprit (Landes), 1814–1831, 248/1460; *Almanach royal et national pour l'an 1831* (Paris 1831), S. 202. Léon-Philippes Schwiegervater wurde, wie seine Schwester, als

örtliche Größe der Künste festgehalten; Guyot de Fère, *Annuaire des artistes français*, S. 377.

22 Heiratsvermerk für Pierre Jules Edouard Allemand Lavigerie und Eugénie Cassan, 6. Mai 1838, AD Aude, Lezignan, 1837–1840, 81/253. Geburtsvermerk für Joseph Victor Lavigerie, 9. Februar 1839, AD Aude, Narbonne; 29/172. Pierre Jules Edouard wurde im Eheregister als „employé aux contributions directes" und im Geburtsvermerk für Joseph Victor als „employé des contributions indirectes" bezeichnet. Sterbevermerk für Pierre Jules Edouard Allemand Lavigerie, Witwer von Eugénie Cassan, wohnhaft in Mende in der Lozère, 23. Dezember 1851; ADCM, Rochefort, Begräbnisse, 1851, 184/200.

23 Sterbevermerk für Victor Lavigerie, 16. Mai 1885, AD Landes, Pouillon, Begräbnisse, 1880–1894, 439/595.

24 Emile Daru, „Un grand Landais: S. E. le cardinal Lavigerie (1825–1892)", *Bulletin de la Société de Borda* 50 (1926), S. 33–39, S. 35. Daru, der 1926 nicht in der Lage war, „die exakte familiäre Beziehung zwischen Victor und Charles Lavigerie herzustellen", erwähnt von Victor Lavigerie, dass dieser 1870 nach Pouillon gezogen sei und „als alter Junggeselle von einer bescheidenen Pension und dem Einkommen aus einem Tabakladen lebte, der ihm bewilligt worden war."

25 Brief vom 16. Mai 1885, von Veuve Dufor in Pouillon an Kardinal Lavigerie, AL-R, A2.128.

26 AM-A, „Dénombrement 1851", Rempart du Midi, o. S.

27 Tod von Martial Allemand Lavigerie, 18. August 1856, AM-A, 1E173/83–84.

28 Sterbevermerk für Marie Louise Aimée Philippine Bonne de Raymond Saint-Germain, im Alter von 36 Jahren, 9. April 1813, ADPA, Bayonne, Begräbnisse, 1811–1825, 203/861. Die jüngste Tochter von Bonnite und Martial, Adelaide Théonie, kam am 8. März 1813 zur Welt; ADPA, Bayonne, Geburtsregister Jahr 12–1813, 754/820. Man gab sie in die Obhut einer Amme, der Frau eines Fischers im Dorf Urt, einige Kilometer östlich von Bayonne. Dort verstarb das Mädchen im Alter von vier Monaten im Juli 1813. Sterbevermerk für Adelaide Théonie Lavigerie, 21. Juli 1813, ADPA, Urt, Begräbnisse, 1813–1822, 5/83.

29 Ehevertrag von Martial Allemand Lavigerie und Bonnite Saint Germain, ADC, 2E6272.

30 *Loi et ordonnances relatives à la République d'Haïti et aux indemnités stipulées en faveur des anciens colons de Saint-Domingue* (Paris 1826), S. [3-]4.

31 *Le télégraphe, gazette officielle* (Port-au-Prince), Nr. 29 (17. Juli 1825). Zu den Konsequenzen aus der Entschädigung für Haiti siehe Frédéric Marcelin, *Haïti et l'indemnité française* (Paris 1897); François Blancpain, *Un siècle de relations financières entre Haïti et la France (1825–1922)* (Paris 2001), S. 62–79.

32 Gesetz vom 30. April 1826, in: *Loi et ordonnances relatives à la République d'Haïti*, S. 5.

33 „Liste des colons propriétaires à Saint-Domingue", Treffen am 15. Oktober 1819, in: *Droits de souveraineté de la France sur St-Domingue, contrat qui l'établit, violation de ce contrat, principes de compensations invoqués par les colons* (Paris, 1821), S. 53. Unter dem Namen „Lavigeris" ist kein Kolonist bekannt, und von den elf Erwähnungen des Wortes bei Gallica, der Online-Sammlung der BnF, findet sich eines im Memorandum von 1821; alle anderen sind Missdeutungen oder falsche Schreibweisen des Namens von Martials Enkel Kardinal Lavigerie [Stand: 14.09.2020].

34 *Etat détaillé des liquidations opérées par la commission chargée de répartir l'indemnité attribuée aux anciens colons de Saint-Domingue*, 6 Bde. (Paris 1828–1833), und zu den entstandenen oder verlangten Dokumenten siehe Paul Roussier, „Le dépôt des papiers publics des colonies", *Revue d'histoire moderne* 4, Nr. 22 (1929), S. 241–262, S. 251 f.

35 Abschrift des Urteils des „tribunal civil de première instance" von Bayonne auf Verlangen von Martial Allemand Lavigerie, ADPA, Bayonne, Geburtsregister 1826–1837, Nr. 351, 7. September 1826, 52–53/904.

36 ADPA, Bayonne, Geburtsregister 1826–1837, 7. September 1826, 52–53/904.

37 *Etat détaillé des liquidations*, Bd. 6, Forderungsnummer 4506, Einzahlungen 8854 und 8857, S. 596 f. Bonnites Name war falsch geschrieben: „Raymond Saint-Cermain". Es gab zwei unterschiedliche Übereinkommen, eines vom 1. Januar 1832 zugunsten von Pierre Jules Edouard, Victor Mamert und Charlotte Ursule (geboren in Bayonne in den Jahren 1806, 1808 und 1810), für drei Viertel der Kakaoplantage, sowie eine vom 22. Mai 1832 zugunsten von Adelaide (1803 in Bayonne geboren) für ein Viertel der Plantage.

38 Brief von Louis Gabriel Latour in Saint-Domingue an Marc-René Lefort Latour in Angoulême, 8. August 1772, ADC, 2E296.

39 *Etat détaillé des liquidations*, Bd. 5, Forderungsnummer 6077, S. 240. Louis Gabriel Lefort Latour hatte in Saint-Domingue geheiratet; seine Tochter wurde als Erbin ihrer Großmutter mütterlicherseits und ihres Vaters anerkannt, der „ehemaligen Grundbesitzer".

40 Pierre Auguste Henry Lacourade (III) wurde am 8. März 1811 geboren und war der Sohn von Jean Théodore Henry Lacourade (II) und Marie Françoise Lambert; Zeugen des Geburtsvermerks waren Pierre Auguste Henry Lacourade (II), „oncle breton", der erste Cousin seines Vaters und alter Freund von Martial, Pierre und Jeanne Allemand Lavigerie – sowie Jean-Baptiste Georgeon, der durch Heirat sein Onkel wurde. AM-A, 1E44/102–103. Heiratsvermerk für Pierre Allemand Lavigerie und Adelaide Charlotte Maslin, 12. Pluviôse 4 (1. Februar 1796), ADSa, Sillé-le-Guillaume, 1793–Jahr 10, 58–59/398; Heiratsvermerk für Martial Allemand Lavigerie und Bonnite Saint Germain, AM-A, 1E23/69–70; Heiratsvermerk für Laurent Silvestre Topin und Jeanne Lavigerie, 4. Thermidor 9 (23. Juli 1801), 1E23/82–83. Der Prozess der Namensgebung in der Familie Henry war genauso undurchsichtig wie der der Allemand Lavigeries. Jean Théodore Henry (I) – oder auch „Henry l'aîné", der das Seminar gekauft hatte und Martial, Pierre, Etienne und Joséphine beim Verkauf ihres Elternhauses als Rechtsbeistand unterstützte – hatte zwei Brüder, Pierre Auguste Henry (I), 1738 geboren, und Joseph Frédéric Henry, 1741 geboren. Er bekam 1770 einen Sohn, Pierre Auguste Henry (II). Joseph Frédéric Henry Lacourade, der 1790 starb, hatte einen Sohn mit Namen Jean Théodore Henry Lacourade (II), der 1776 zur Welt kam und Erbe von Pierre Auguste Henry (I) wurde; Pierre Auguste Henry Lacourade (III) war der Sohn von Théodore Henry Lacourade (II). AM-A, Saint Jacques, GG124/120, 187, GG130/173–174, GG131/187, GG134/112; Jézéquel, „Charente", in: *Grands notables du premier empire*, S. 29.

41 Der Vater von Pierre Auguste Henry (III), Jean Théodore Henry (II), war der Sohn von Joseph Frédéric Henry und Marie Joubert, der Tochter von Roch Joubert und Schwester von Pierre-Mathieu Joubert. Heiratsvermerk für Joseph Frédéric Henry und Marie Joubert, 8. September 1772, AM-A, Saint André, GG45/35; Taufvermerk für Jean Théodore Henry, Saint Jacques, 16. April 1776, GG131/187.

42 Ehevertrag zwischen Pierre Auguste Henry Lacourade und Charlotte Ursule Allemand Lavigerie, 18. Juni 1836, Simeon Mathé-Dumaine, Notar, ADC, 2E6622; Heiratsvermerk für Pierre Auguste Henry Lacourade und Charlotte Ursule Allemand Lavigerie, 22. Juni 1836, AM-A, 1E110/73–74.

43 Ehevertrag, 18. Juni 1836, ADC, 2E6622.

44 Ebd.

45 Auguste Lacroix, *Historique de la papeterie d'Angoulême* (Paris 1863), S. 60. Séchards Abhandlung über die Wissenschaftsgeschichte chinesischen, türkischen und niederländischen Papiers erstreckt sich über fünf Seiten in „einem der ernsten Gespräche, in denen zwei Liebende sich alles sagen können"; das Gespräch soll um Mitternacht auf dem Platz stattgefunden haben, während der schändliche Mitbewerber Cointet aus der Druckerei an der Place du Mûrier „nach den Schatten der Frau und des Mannes [sah], die auf den Musselinvorhängen sich abzeichneten". *Illusions perdues*, S. 507, 510.

46 Cour royal de Bordeaux, „Lacourade, C. Laroche – Lacour et autres", 6. Januar 1829, in: Roger, Garnier und Roger, *Annales universelles de la législation et de la jurisprudence commerciales*, 7 Bde. (Paris 1824–1830), 6, S. 148–151.

47 ADC, état nominatif, La Couronne, 1841, 6M75, Moulin de Lacourade, 21–24/86.

48 ADC, état nominatif, La Couronne, 1846, 6M87, Moulin de Lacourade, 47–51/81; état nominatif, Angoulême, 1846, 37/646; Lacroix, *Historique de la papeterie d'Angoulême*, S. 78, 81.

49 ADC, état nominatif, Angoulême, 1861, 194/765.

50 Dénombrement de la population, Etat nominatif, Angoulême 1846, ADC, 6M84, 92/646. Die zusammenfassenden Statistiken zur Frauenbeschäftigung gelten für das Zentrum der Stadt, 2–241/646.

51 Smith, *Der Wohlstand der Nationen*, S. 92.

52 AM-A, 1E141/2–134; zu den in Cap-Haïtien, Ile Maurice, Verona und Point-à-Pitre geborenen Bräuten siehe 1E141/11–12, 19, 115, 127.

53 AM-A, 1E197/2–94.

54 ADC, état nominatif, Angoulême, 1846, 54, 57, 61/646.

55 „Faits divers", *Le XIXe siècle*, Nr. 3526 (25. August 1881), S. [3].

56 Heiratsvermerk für Pierre Allemand Lavigerie und Adelaide Charlotte Maslin, 12. Pluviôse 4 (1. Februar 1796), ADSa, Sillé-le-Guillaume, 58–59/398; Geburtsvermerk für Jules Etienne Scipion Allemand Lavigerie, 4. Fructidor 5 (21. August 1797), ADSa, Sillé-le-Guillaume, Geburtsregister 1793–Jahr 10, 128–129/274; Geburtsvermerk für Camille Alexandre Allemand Lavigerie, 21. Frimaire 8 (12. Dezember 1799), ADSa, Le Mans, Geburtsregister Jahr 8, 59/122.

57 Geburtsvermerke für Charlotte Ursule Allemand Lavigerie, 23. Oktober 1810 und Adelaide Théonie Allemand Lavigerie, 8. März

1813, ADPA, Bayonne, Geburtsregister Jahr 12–1813, 548/820 und 754/820.

58 Abbé Boudet, „Jacques-Pierre Brissot", *Procès-verbaux de la Société archéologique d'Eure-et-Loir*, Bd. 14 (Chartres 1936), S. 461–467, S. 465 f.

59 Capitaine Sicard, „Tableau statistique des armées mises sur pied par la France", *Journal des travaux de la société française de statistique universelle* 12 (1842), S. 207–224, Sp. 217, 222.

60 Emile Biais, zitiert in: „Procès-verbaux, 9. Januar 1895", *BSAHC*, Folge 6, 5 (1895), S. xxiii–xxiv.

61 Es gab eine Steinbrücke über die Traire, die Charles kurz nach seinem Abschied aus dem Gefängnisdienst baute; er wurde von der Gemeinde Perusses wegen fehlerhafter Arbeit bei der Konstruktion eines *abreuvoir* und eines *lavoir* verklagt. Er gewann den Prozess im Berufungsverfahren schlussendlich, da einer der Gutachter der Anklage seine Aussage zu der Konstruktion nicht unter Eid geleistet hatte. „Travaux publics, experts, serment", 25. August 1849, *Journal du palais: jurisprudence administrative* 11 (1849–1851), S. 125 f.; die Brücke wird beschrieben unter https://www.pop.culture.gouv.fr/notice/merimee/PA52000011 [Stand: 09.12.2021]. Charles Silvestre Topin heiratete am 15. April 1833 Aglaée Doré, in Brienne-le-Château, rund vierzig Kilometer von dem Gefängnis entfernt. Sein Sohn Louis Silvestre und seine Tochter Louise Marie Antoinette kamen dort 1834, beziehungsweise 1835 auf die Welt; ADAu, Brienne-le-Château, Eheschließungen 1833–1846, 3–5/227 und Geburtsregister 1834–1847, 12, 51/299.

62 Louis Silvestre war Zeuge bei der zweiten Eheschließung seines Vaters, mit Pauline Elisa Mairet, am 19. Juni 1862; AdP, 10. Arrondissement, Vorgang 519. Sterbevermerk für Louis Silvestre Topin, 9. März 1870, ADAu, Brienne-le-Château, Begräbnisse, 1861–1874, 180/298. Brienne-le-Château war eine Zeit lang als Brienne-Napoléon bekannt – laut dem Sterberegister vom 28. Dezember 1849 bis zum 31. Dezember 1879 –, in Erinnerung daran, dass Napoleon I. hier seine Militärschulzeit absolviert hatte. ADAu, Brienne-le-Château, Begräbnisse, 1847–1860, 52/251, Begräbnisse, 1875–1889, 123/399.

63 Henri Silvestre Topin wurde am 2. Oktober 1846 in Chaumont geboren; AD Haute-Marne, Chaumont, Geburtsregister 1843, 38–39/52. Seine Dienstzeit in der Armee von Versailles wird in seinem Dossier als Empfänger der

Légion d'honneur beschrieben; AN, LEONORE, LH/2613/24.

64 David Todd, *L'identité économique de la France: libre-échange et protectionnisme, 1814–1851* (Paris 2008), Kapitel 3 und 8; „Ordonnance du roi relative à l'uniforme des directeurs, inspecteurs, sous-inspecteurs et employés du service active des douanes", 30. Juni–6. Juli 1835, in: *Jurisprudence générale du royaume en matière civile, commerciale et criminelle, 1835*, hg. v. Dalloz (Paris 1835), S. 86.

65 Heiratsvermerk für Léon-Philippe Lavigerie und Louise Latrilhe, ADPA, Bayonne-Saint Esprit (Landes), 3. November 1824, Eheschließungen, 1814–1854, 248/1460.

66 AN, LEONORE, LH/1507/29.

67 Sterbevermerk für Pierre Félix Allemand Lavigerie, 10. Juli 1882, ADPA, Bayonne, Begräbnisse, 1880–1891, 166/806.

68 Heiratsvermerk für Léon Bernard Lavigerie und Augustine Marie Joséphine Amélie Chesse, 12. Juni 1860, ADCM, Rochefort, Eheschließungen, 52/134. Léon-Philippe Allemand Lavigerie lebte in der Rue de l'Arsenal 4, und die Adresse des frischvermählten Ehepaares lautete Rue de l'Arsenal 44; Rochefort, 1854, Begräbnisse, 80/236, und Rochefort, 1861, Geburten, 66/157.

69 L. Lavigerie, „Étude sur deux plantes tinctoriales de Taïti", in: *Archives de médecine navale*, hg. v. A. Le Roy de Méricourt, Bd. 3 (Paris 1865), S. 147–156.

70 Dora Hort, *Tahiti: The Garden of the Pacific* (London 1891), S. 141 f., 198, 203, 219, 229.

71 Geburtsvermerk für Léon Louis Adolphe Gabriel Lavigerie, 17. Januar 1866, ADCM, Rochefort, Geburten, 11/165.

72 Geburtsvermerk für Emile Léon Gabriel Lavigerie, 22. August 1867, AD Allier, Vichy, Geburtsregister 1863–1871, 162/300.

73 L. Lavigerie, *Guide médicale aux eaux minérales de Vichy* (Paris 1868).

74 Lavigerie, *Guide médicale*, S. iii–iv.

75 Lavigerie, *Guide médicale*, S. iv, vi, 58, 149, 219–224, 239, 244, 248, 284. Zu den Abläufen seiner wissenschaftlichen Untersuchungen siehe Lavigerie, „Etude sur deux plantes tinctoriales de Taïti", S. 148; „bevor man überhaupt daran denken darf, einen Farbstoff festzustellen, ist es unabdingbar, seine Eigenschaften zu verstehen; hier, wie in anderen Wissenschaften, muss man vom Einfachen zum Komplexen voranschreiten und sich dabei von der Induktion leiten lassen."

76 Sterbevermerk für Léon Bernard Lavigerie, 3. Oktober 1871, AD Allier, Vichy, Begräbnisse, 1863–1882, 2E311 14, 312/751.

77 Hort, *Tahiti: The Garden of the Pacific*, S. 230.

78 Heiratsvermerk für Paul Marie Emmanuel Pouvreau und Alice Laure Augustine Amélie Lavigerie, 19. Oktober 1881, ADCM, Rochefort, Eheschließungen, 96/123.

79 Geburtsvermerk für Henri Marie Léon Pouvreau, 3. Juli 1884, ADCM, Rochefort, Geburten, 2E311/389*, 107/220; die Adresse lautete Rue de l'Arsenal 46, nur ein paar Schritte von dem Haus entfernt, in dem sein Großvater und Urgroßvater dreißig Jahre zuvor gelebt hatten.

Kapitel 9: Familienkapital

1 Block, *Statistique de la France*, 1, S. 56; Simiand, *Le salaire, l'évolution sociale et la monnaie*, 2, S. 117.

2 Siehe Alain Plessis, „La Révolution et les banques en France: de la Caisse d'escompte à la Banque de France", in: *Revue économique* 40, Nr. 6 (1989), S. 1001–1014; Bertrand Gille, *La banque et le crédit en France de 1815 à 1848* (Paris 1959). Zur Transformation im Grundstücksmarkt in Verbindung mit den *biens nationaux* siehe Bodinier und Teyssier, *L'événement le plus important de la Révolution*, und für eine detaillierte Studie zu den langfristigen Wirkungen des napoleonischen Kaiserreichs siehe Gabriele B. Clemens, „Vieilles familles et propriété neuve – spéculations sur les biens nationaux dans les départements rhénans", *La*

Révolution française 15 (2018), http://journals. openedition.org/lrf/2251 [Stand: 04.01.2022].

3 E. v. Böhm-Bawerk, Kapital und Kapitalzins. 1: Geschichte und Kritik der Kapitalzins-Theorien (1884), https://www.digitale-sammlungen.de/de/view/bsb11124333?page=90,91&q=sieg [Stand: 04.01.2022]; Turgot, *Mémoires sur le prêt à intérêt et sur le commerce des fers*.

4 Die Schwager waren Zeugen beim Geburtsvermerk für ihren Neffen, Jules Etienne Scipion Allemand Lavigerie, am 23. Juli 1853; ADSa, Le Mans, Begräbnisse, 1853–1855, 60/463.

5 Siehe Heiratsvermerk für Camille Alexandre Allemand Lavigerie, ADAu, Ville-sous-la-Ferté, 53–54/289; Heiratsvermerk für Jules Etienne Scipion Allemand Lavigerie, ADSa, Le Mans, 246/338.

6 Sterbevermerk für Pierre Allemand Lavigerie, 26. April 1834, ADSa, Le Mans, Begräbnisse, 1833–1834, 461/524.

7 *Firmin-Didot, Annuaire générale du commerce* (1841), S. 1338 f.

8 Heiratsvermerk für Jules Etienne Scipion Allemand Lavigerie und Louise Marguerite Poirier, 26. Dezember 1832, ADSa, Le Mans, Eheschließungen, 1831–1832, 246/338.

9 Zu diesen Handelsverpackungen siehe Tariq Alis Untersuchung der Jute-Verpackungsindustrie in Bengalen, *A Local History of Global Capital: Jute and Peasant Life in the Bengal Delta* (Princeton, NJ 2018).

10 *Firmin-Didot, Annuaire générale du commerce* (1842), S. 1299 f.; 1849, S. 1229 f.; 1850, S. 1710 f.

11 „Lavigerie et Demorieux C. Fourché et l'administration des postes", in: *Recueil Dalloz Sirey de doctrine de jurisprudence et de législation* (Paris 1850), Teil 3, S. 66.

12 B. Houreau, „Question des fils de chanvre et de lin", in: *Revue du progrès*, 2. Reihe, 4 (August 1840), S. 38–52, S. 47–50. Zur *Revue du progrès* siehe Cyrille Ferraton, „Organiser le travail. La Revue du progrès de Blanc", in: *Quand les socialistes inventaient l'avenir*, hg. v. Thomas Bouchet u. a. (Paris 2015), S. 151–157.

13 Chambre de Commerce de Bordeaux, *De l'union douanière de la France avec la Belgique* (Bordeaux 1845), S. 108, 157 und siehe Todd, *L'identité économique de la France*, Kapitel 14.

14 Firmin-Didot, *Annuaire générale du commerce* (1849), S. 1229; (1852), S. 1710; Scipion Lavigerie, *Arrêté du 26 avril 1849 concernant le jour du marché de la ville du Mans, Signé: l'adjoint, Scipion Lavigerie* (Le Mans 1850).

15 „Monsieur Fauchille" signierte den Vermerk für Camilles Eheschließung außerhalb des Gefängnisses im Jahr 1830, „Jean-Baptiste Fauchille" und „B. Fauchille" signierten 1851 den Heiratsvermerk für Camilles Tochter Marie Louise in Angoulême, und „Edouard Victor Fauchille" signierte 1883 in Paris den Heiratsvermerk für Marie Louises Sohn René. Heiratsvermerk für Camille Alexandre Allemand Lavigerie und Françoise Méloé Topin, ADAu, Ville-sous-la-Ferté, 53–54/289; Heiratsvertrag von Jean Henri Portet und Marie Louise Allemand Lavigerie, ADC, Raynal-Rouby, Notar, 2E10262; Heiratsvermerk für Jean Henri Portet und Marie Louise Allemand Lavigerie, AM-A, 1E156/16; Heiratsvermerk für Etienne Henry Marie René Portet und Jeanne Anne Parot, AdP, 1. Arrondissement, Akt Nr. 385. Zur langen Familiengeschichte der Fauchilles siehe Paule

Danes-Fauchille, *Sayetterie et bourgetterie lilloises ou l'industrie drapière à Lille* (Nanterre 1991).

16 Geburtsvermerke für Silvestre Allemand Lavigerie, 27. Juni 1831, sowie von Marie Louise und Françoise Julia Allemand Lavigerie, 9. Januar 1833, AM-A, 1E93/71, 1E100/4. Zur Figur des *commis voyageur* siehe Claire Lemercier, „Un litige entre un commis voyageur et sa maison de commerce en 1827", *Entreprises et histoire*, Nr. 66 (2012), S. 228–231 und Arnaud Bartolomei, Claire Lemercier und Silvia Marzagalli, „Les commis voyageurs, acteurs et témoins de la grande transformation", *Entreprises et histoire*, Nr. 66 (2012), S. 7–21.

17 Heiratsvermerk für Jules Etienne Scipion Allemand Lavigerie, ADSa, Le Mans, 246/338; Sterbevermerk für (Charlotte) Ursule (Adelaide) Allemand Lavigerie, 5. August 1840, ADC, La Couronne, 1833–1842, 3E120/7, 425/561; Grundbesitz Nr. 1315, ADC, Matrice des propriétés bâties et non bâties, 1835–1911, 3 PPROV 16 5, 87/183.

18 *Recueil général des lois, décrets et arrêtés depuis le 24 février*, Bd. 1 (Paris 1848), Artikel 67 (6. März, Sklaverei), 75 (7. März, *comptoir national*), 77 (8. März, Sparkassen) und 306 (27. April, Abschaffung der Sklaverei), S. 17–19, 107. Zur kurzen Geschichte der *comptoirs nationaux d'escompte*, gegründet zugunsten des „Kleinhandels", siehe Alphonse Courtois, *Histoire de la Banque de France et des principales institutions françaises de crédit depuis 1716* (Paris 1875), S. 172–179.

19 „Statuts du comptoir national d'escompte de la ville d'Angoulême 5 Mai 1848", *Bulletin des lois de la République française*, 1848, Reihe 10, Ergänzung, Teil 2 (Paris 1849), S. 228–233, S. 228.

20 Quignon, „Notices historiques et anecdotiques", 3, S. 194–199, ADC, J70.

21 „Statuts du comptoir national d'escompte", S. 230, 232.

22 Geburtsvermerk für Jean Henri Portet, 3. Juni 1823, ADC Sireuil 1823–1832, 8/198; Heiratsvermerk für Jean Portet und Julie Besson, Tochter von Jean Besson, „tailleur de pierre", 8. Juli 1822, ADC Saint-Simon 1821–1836, 20/308; Geburtsvermerk für Jean Portet, Sohn von Jean Portet, „cultivateur", aus dem Weiler Patureau, 24. Pluviôse 7, ADC Sireuil 1793–1802, 101/170.

23 Ehevertrag zwischen Jean Henri Portet und Marie Louise Allemand Lavigerie, 3. Februar 1851, ADC, 2E10262; Heiratsvermerk für Jean Henri Portet und Marie Louise Allemand Lavigerie, 4. Februar 1851, AM-A, 1E156/16.

Marie Louise war die ältere der beiden am
9. Januar 1833 geborenen Zwillingsschwestern.
Ihre Schwester Françoise Julia starb bereits am
darauffolgenden Tag, ihr älterer Bruder Silvestre
überlebte seine Geburt 1831 ebenfalls nur um
wenige Tage; AM-A, 1E93/71, 1E95/65, 1E100/4,
1E102/4.
24 Sterbevermerk für Jeanne Julie Allemand
Lavigerie, 19. Mai 1838, AM-A, 1E117/34;
Abschrift der Übereinkunft vom 13. November
1839, in ADC, 4QPROV 1/2932.
25 Adelaide Lavigerie wurde am 19. Messidor 11
(8. Juli 1803) in Bayonne geboren; ADPA,
775/875. Sie unterschrieb den Ehevertrag ihrer
Schwester Charlotte Ursule als „Adelaide Méloé
Lavigerie" und wurde in ihrem Sterbevermerk
als „Françoise Méloé Allemand Lavigerie"
aufgeführt; in der Übereinkunft zu dem Besitz
am Rempart nach ihrem Tod wird sie als
„Françoise Adelaide Méloé Allemand Lavigerie"
geführt. Charlotte Ursule signierte ihren
Ehevertrag als „Charlotte Ursule" und die
Übereinkunft vom November 1839 als „Alida
Henry-Lacourade, née Allemand Lavigerie"; der
Sterbevermerk lautet auf den Namen „Ursule
Adelaide Allemand Lavigerie". Ehevertrag
18. Juni 1836, ADC, 2E6622; AM-A,
1E120/26; ADC, La Couronne, 1833–1842,
425/561; Abschrift der Übereinkunft,
13. November 1839, in ADC, 4QPROV 1/2932.
26 Die Übereinkunft vom November 1839,
signiert nach dem Tod von (Françoise) Adelaide,
aber noch vor dem Tod von Charlotte Ursule,
sorgte dafür, dass die vier Schwestern, die noch
am Leben waren, ihren Anteil an dem Besitz am
Rempart du Midi in gleichen Teilen an Charlotte
Ursule und Françoise Méloé weitergaben, sich
aber das Recht ausbedungen, dort bis zum Tod
der letzten Schwester weiter wohnen zu dürfen.
Den Schwestern gehörten zu diesem Zeitpunkt
13 von 15 Teilen der Immobilie, ihre Nichten
besaßen jeweils ein Fünfzehntel, entsprechend
des Testaments von Jeanne Julie. Den
fünfzehnten Teil, der der verstorbenen Adelaide
gehört hatte, kauften die Schwestern ihrem
Bruder, Martial Allemand Lavigerie (Adelaides
Vater) ab; Adelaides eigenes Haus war, in
Abweichung von der familiären Neigung zur
weiblichen Erbfolge, an ihren Vater und ihre drei
Brüder übergegangen, die Zoll- und Steuereintreiber. Abschrift des Übereinkommens,
13. November 1839, in ADC, 4QPROV 1/2932.
27 Testament von Jeanne Allemand Lavigerie,
signiert am 12. Juni 1850, hinterlegt am
10. Januar 1851 und registriert am 9. Juli 1860,
ADC, 2E10292.

28 Ehevertrag zwischen Jean Henri Portet und
Marie Louise Allemand Lavigerie, 3. Februar
1851, ADC, 2E10262.
29 Ehevertrag, 3. Februar 1851, ADC, 2E10262.
30 Ebd.
31 Nachfolge von Jean Henri Portet, AdP,
17. Dezember 1902, DQ32554.
32 Ehevertrag zwischen Charles Gabriel Kiener
und Louise Allemand Lavigerie, 21. März 1855,
ADC, De Jarnac, Notar, 2E14663; Heiratsvermerk für Charles Gabriel Kiener und Louise
Allemand Lavigerie, 22. März 1855, AM- A,
1E169/31–32.
33 So die Beschreibung des Autors, Buch-
sammlers und Zollbeamten Lambert Ferdinand
Joseph Van Den Zande, der in Marseille in der
Nachbarschaft der Lavigeries lebte; Brief vom
28. September 1852 von Van Den Zande an
François Grille, in: Grille, *Miettes littéraires,
biographiques et morales*, 3 Bde. (Paris 1853), 3,
S. 63–66. Hier erwähnt er auch, dass Louise in
Angoulême Lehrerin geworden sei; „Notice sur
Van Den Zande" in: *Catalogue de la bibliothèque
de feu M. Van Den Zande* (Paris 1853), S. v– x.
34 Sterbevermerk für Etienne Marie Kiener,
27. Dezember 1871, AdP, 5. Arrondissement,
25/31.
35 Heiratsvermerk für Charles Gabriel Kiener
und Louise Allemand Lavigerie, 21. März 1855,
AM-A, 1E169/31–32. Zum Besuch von
Louis-Napoléon in Angoulême siehe F. Laurent,
*Voyage de Sa Majesté Napoléon III, empereur des
Français, dans les départements de l'est, du centre
et du midi de la France* (Paris 1853), S. 439–448.
36 Ehevertrag zwischen Charles Gabriel Kiener
und Louise Allemand Lavigerie, 21. März 1855,
ADC, 2E14663.
37 Heiratsvermerk für Léon Bernard Lavigerie,
ADCM, Rochefort, Eheschließungen, 52/134.
38 *Notice historique et descriptif du chemin de fer
de Montauban à Rodez* (Villefranche 1859).
39 ADC, état nominatif, La Couronne, 1872,
Moulin de Lacourade, 10/85.
40 Sterbevermerk für Martial Allemand
Lavigerie, 18. August 1856, 1E173/83–84.
41 Ehevertrag zwischen Alexis-Henry-Evariste
Brinboeuf-Dulary und Marie Françoise Henry
Lacourade, 25. September 1858, ADC,
De Jarnac, 2E14677.
42 Heiratsvermerk für Alexis-Henry-Evariste
Brinboeuf-Dulary und Marie Françoise Henry
Lacourade, 29. September 1858, AM-A,
1E178/109; Ehevertrag, 25. September 1858.
43 Ehevertrag, 25. September 1858, ADC.
44 Alexis-Henry-Evariste Brinboeuf-Dulary
wurde am 11. Februar 1834 in Angoulême als

Sohn von Pauline Neuiller-Noguera und Alexis-Eugène Brinboeuf-Dulary geboren – der selbst der Sohn von Henri Brinboeuf-Dulary und Therese (Mimi) Demontis war. AM-A, 1E103/17, 1E43/10–11. Sein Großvater, Joseph Dulary, lebte in Artibonite, Saint-Domingue, und starb in Cap-Français; Heiratsvermerk für Henri Brinboeuf-Dulary und Therese Demontis, ADC, Barbezieux-Saint-Hilaire, 1805–1809, 127/273. Zum Sklavenhandel der Familie Brinboeuf-Dulary siehe TNA, HCA30/304, Amitié de Nantes, abgefangene Briefe und Papiere. Zu den vielen gerichtlichen Schwierigkeiten der Familie Demontis, darunter den Schulden für die Plantage, siehe „Houdaigné C. les heritiers Demontis", 30. Juli 1811, in: J.-B. Sirey, *Recueil général des lois: Jurisprudence de la cour de cassation* (Paris 1811), Bd. 11, Teil 1, S. 345 f. sowie „Réplique pour le sieur Frichou-Lamorine, contre le sieur Roy d'Angeac, tuteur de la veuve Demontis", in: *Annales du barreau Français*, 13 Bde., 1822–1847 (Paris 1841), 11, S. 223–288.

45 Geburtsvermerk für Marie Alexis Robert Brinboeuf-Dulary, 3. Januar 1863, Geburtsvermerk für Louise Marie Germaine Brinboeuf-Dulary, 18. Juni 1869; Sterbevermerk für Alexis-Henry-Evariste Brinboeuf-Dulary, 11. Oktober 1870; AM-A, 1E193/2, 1E211/53, 1E216/178. Die Männer der Familie von Alexis-Henry-Evariste lebten nicht lange; sein Vater starb mit 25 in Angoulême, sein Großvater mit 41. Sterbevermerk für Henri Brinboeuf-Dulary, 15. Dezember 1830, AM-A, 1E92/126; Sterbevermerk für Alexis-Eugène Brinboeuf-Dulary, 26. November 1835, 1E108/116.

46 Heiratsvermerk für Marie Alexis Robert Brinboeuf-Dulary und Louise Anne Elisa Plantevigne, 21. Oktober 1895, ADC, Marcillac-Lanville 1893–1902, 72/273; Heiratsvermerk für Louise Marie Germaine Brinboeuf-Dulary und Marie Aimée Poute de Puybaudet, 16. Mai 1889, AD Gironde, Arcachon, 23–24/63.

47 Sterbevermerke für Jeanne Allemand Lavigerie, Gattin von Laurent Silvestre Topin, 26. März 1852 und von Jeanne Henriette Allemand Lavigerie, 27. Juli 1852, AM-A, 1E160/35, 79; von Joséphine Allemand Lavigerie, 29. April 1855, ADPA, Bayonne, Begräbnisse, 1842–1857, 646/884; von Laurent Silvestre Topin, 29. März 1860, AM-A, 1E185/28; und von Jeanne Allemand Lavigerie, 3. Juli 1860, 1E185/57.

48 ADC, état nominatif, Angoulême, 1861, 192/765.

49 Heiratsvermerk für Léon Bernard Lavigerie, ADCM, Rochefort, 52/134.

50 Sterbevermerk für Léon-Philippe Allemand Lavigerie, 15. September 1860, AD Maine et Loire, Saumur, Begräbnisse, 1856–1860, 273/287; „Etat civil", *L'echo saumurois*, Nr. 118 (2. Oktober 1860), o. S., S. [3]. Die Zeugen waren Stanislas Chantoiseau und Jean Bougron.

51 „Discours pour la bénédiction du chemin de fer de Cognac", 15. Oktober 1867, in: Cousseau, *Œuvres*, 3, S. 365–367; https://maam.angouleme.fr/musee-du-papier/memoires-de-la-poudrerie/ [Stand: 04.01.2022]. Zu Balzacs Aufenthalt in der *poudrerie*, deren Direktor der Ehemann seiner Freundin Zulma Carraud war, siehe Honoré de Balzac, *Correspondance avec Zulma Carraud*, hg. v. Marcel Bouteron (Paris 1951).

52 „Discours pour la bénédiction de la première pierre de l'église de St Ausone", 4. Dezember 1864, „Discours prononcé pour la bénédiction de la première pierre de l'Hôtel de ville", 15. August 1858, in: Cousseau, *Œuvres*, 3, S. 184, 348 f. Zu Cousseaus Freundschaft mit Paul Abadie dem Jüngeren siehe den Briefwechsel in: Cousseau, *Œuvres*, 3, S. 418–432, und mit Charles Martial Allemand Lavigerie, Brief vom 12. August 1872, S. 393 f.

53 François Caron, *Histoire économique de la France, XIXe–XXe siècles* (Paris, 1981), S. 50–64; zu den Unternehmern siehe Hélène Vérin, *Entrepreneurs, entreprise. Histoire d'une idée* (Paris, 2011).

54 „Abadie, Paul, père", http://elec.enc.sorbonne.fr/architectes/0; „Abadie, Paul", http://elec.enc.sorbonne.fr/architectes/1 [Stand: 04.01.2022].

55 „Fête de la Raison", ADC, L144(19).

56 „Un certain luxe grave"; „Discours prononcé pour la bénédiction de la première pierre de l'Hôtel de ville", 15. August 1858, in: Cousseau, *Œuvres*, 3, S. 348 f.

57 Signatur von Antoine Laurent, bei der Heirat von Albert La Goutte, genannt La Feuillade und Antoinette Laurent, 8. Mai 1764, AM-A, Saint-Antonin, GG54/46; Taufvermerk für Pierre Laurent (Lorant), Sohn von Antoine Laurent, Steinmetz, und Catherine Piffre, 10. April 1768, Saint-Martial, GG110/102; Geburtsvermerk für Etienne Laurent, Sohn von Pierre Laurent, Steinmetz, und Anne Varache, 5. Dezember 1811, 1E44/346; Heiratsvermerk für Etienne Laurent, „entrepreneur des travaux publics", und Geneviève Tardieu, 9. November 1835, 1E107/124; Geburtsvermerk für Jeanne Marie Laurent, Tochter von Etienne Victor Laurent, „entrepreneur", und Geneviève Tardieu,

20. Januar 1845, IE137/11. Zu Laurents Rolle bei Abadies Projekten, siehe *Paul Abadie architecte 1812–1884*, S. 19, 156. Etienne Victor Laurent war bei der Grundsteinlegung der Kirche Saint-Ausone 1864 anwesend und seine elegante Ausführung der Restaurierung der Kathedrale wurde 1869 auch vom Bischof betont; „Discours sur L'église cathédrale d'Angoulême", 17. Januar 1869, Procès-verbal, 4. Dezember 1864, in: Cousseau, *Œuvres*, 3, S. 87, 449.

58 Vgl. Todd, *Velvet Empire*.

59 Dubourg-Noves, *Histoire d'Angoulême*, S. 225.

60 Es gab zudem ein kleineres, silbernes Abbild von Papst Pius IX. „Discours prononcé pour la bénédiction de la première pierre de l'Hôtel de ville", 15. August 1858, Procès-verbal, 4. Dezember 1864, in: Cousseau, *Œuvres*, 3, S. 350, 447.

61 Nein! Nach tausend Jahren
Und stolz auf unser Schicksal
Soll ein Bürgermeister in spätren Tagen
Napoleon dem Dreißigsten
Einst die Schlüssel der Stadt übergeben
Und ihn begrüßen: „Tretet ein, Sire, in den Schutz unserer Mauern."
Jean-François Eusèbe Castaigne, *Ode lue à la pose de la première pierre de l'hôtel de ville d'Angoulême le 15 août 1858* (Angoulême 1858), S. 6, 9, 12.

62 „Oraison funèbre du général de Pontevès et des Français morts devant Sebastopol", in: Cousseau, *Œuvres*, 3, S. 305, 306, 326.

63 Castaigne, *Ode*, S. 11.

64 Sterbevermerke für Jean Thibaud in Kalkutta, Jean Viand in Fort de France, Louis Mouchère in Bastia und Noel Merceron in Oran; Sterbevermerk für Louis Queille in San Francisco; Sterbevermerk für Jean Juzeaud in San Francisco. AM-A, 1E160/143–145. Pierre Hector Juzeaud wurde 1810 in Angoulême geboren; sein Bruder André, geboren 1808, starb 1849 in Basse-Terre, Guadeloupe. 1E41/60, 1E43/65, 1E154/103–104. Der Zeuge von Juzeauds Tod war Emmanuel Guiot Desvarennes, ehemals Postmeister in Angoulême und Enkel von Guillaume Guiot Desvarennes und Françoise Bresdon, die in Guadeloupe geheiratet hatten. AM-A, 1E50/132, 1E131/13, 1E198/95.

65 Sterbevermerke für Andre Fondrat in Shanghai, Philippe Pingeon in Tejeria, Veracruz, und Pierre Huchet in Veracruz; AM-A, 1E198/6, 17, 107.

66 Heiratsvermerk für Georges Henry Lacourade und Jeanne Angelique Adele Daniel de Colhoe, 16. Mai 1868, AM-A, 1E209/44. Seine Frau war die Enkelin von Adelaide Henriette Robin, Tochter von Abraham François Robin und Elizabeth Stubbs, und von Pierre Denis Robin, Sohn von Jean Abraham François Robin und Catherine Henriette Audouin. Heiratsvermerk für Adelaide Henriette Robin und Pierre Denis Robin, eine weitere Ehe unter Blutsverwandten vierten Grades, 7. Juli 1813, 1E49/236–237; Sterbevermerk für Adelaide Henriette Robin, 16. Februar 1873, AM-A, 1E226/18. Ein Hinweis für die Komplexität der Namensgebung in der Familie Robin ist, dass Adelaide Henriette im Heiratsvermerk als Tochter von Abraham François Robin und dass Pierre Denis, der ihr erster Cousin war, als Sohn von Jean Abraham François Robin identifiziert wurden; als Hauptzeuge der Eheschließung galt Abraham François Robin, „väterlicher Onkel der besagten Eheleute". Der Vermerk für Adelaides Geburt, vom 16. Februar 1793, hielt fest, dass „die Bürgerin Adelaide Henriette, Schwester des Kindes, ihr den Namen ‚Adelaide Henriette' gab." Adelaide hatte zwei Schwestern, von denen eine Françoise Angelique Aimée hieß, geboren am 11. November 1782 auf St. Vincent und am 19. März 1785 in Angoulême getauft; die andere trug den Namen Adelaide Françoise Angelique und wurde am 21. Juli 1788 in Angoulême getauft; AM-A, GG46/149, GG68/95.

67 Siehe „Abadie, Paul, père", http://elec.enc. sorbonne.fr/architectes/0 [Stand: 04.01.2022]. Camille Allemand Lavigeries Haus befand sich auf dem Grundstück Nummer 837 in der Rue de l'Arsenal, das von Paul Abadie auf Nummer 854; ADC, Matrice, Angoulême, 1835–1911, 3 PPROV 16 5, 124/183 und 3 PPROV 16 6, 91/211. Martial Allemand Lavigeries verwitweter Schwiegersohn, Pierre Auguste Henry Lacourade, lebte 1846 mit seinen beiden Kindern in der Rue de l'Arsenal; ADC, Etat nominatif, 1846, 37/646. Abadie der Ältere erwarb zudem ein Grundstück in Saint Jacques de l'Houmeau, das er der Familie von Henry Lacourade abkaufte. ADC, Matrice, Angoulême, 1834–1887, 3 PPROV 16 6, 49/211.

68 Heiratsvermerk für Etienne Henry Marie René Portet und Jeanne Anne Parot, 18. Juni 1883, AdP, 1. Arrondissement, Akt Nr. 385.

69 AdP, état civil reconstitué, Geburtsvermerk für Paul Mallard, 9. November 1812, (alt) 4. Arrondissement, 9/51. Der Vermerk für Abadie den Jüngeren als Offizier der Légion d'honneur, LH/1/36, führt nur den Geburtsort an. Paul Abadie der Ältere wurde im Zensus von 1846 als alleinstehend registriert, er lebte in der Rue d'Austerlitz in Angoulême. ADC, Etat nominatif, 1846, 48/646. Er war zudem der Vater einer 1826 in Angoulême geborenen Tochter, die er 1857 anerkannte; AM-A, 4. August 1826, 1E78/96, Anmerkung, 4. März 1857. Adabie der Ältere war zu diesem Zeitpunkt „Inspektor der Diözesangebäude", in einer provinziellen Gesellschaft, in der die Bezeichnung als *enfant naturel* offenbar unauslöschlich war – auch noch mehr als 50 Jahre nach Léonard Robins Appell für die Rechte aller Kinder –, denn in demselben Zensus von 1846 wurden noch die vierzigjährige Verkäuferin von eingelegtem Gemüse „Marguerite", der siebzigjährige „Jacques" und seine ebenfalls siebzigjährige Frau „femme Jacques" so gekennzeichnet. Marguerite, Rue de Sully, und Jacques, Rue à la Hart, in ADC, Etat nominatif, 1846, 173, 208/646.

70 25. November 1846, AM-A, 1E141/127–128; Ehevertrag zwischen Paul Abadie und Maria Alida Camia, 25. November 1846, ADC, André Saint-Marc, Notar, 2E19907. Paul Abadie war unter seinem offiziellen Namen „Paul Mallard" oder „Paul Mallard surnommé Abadie" verheiratet und wurde als 1812 im 5. Arrondissement von Paris geboren geführt; seine Eltern signierten den Heiratsvermerk.

71 Louis Tourneur, Maria Alidas Vormund, heiratete 1832 Anne Adelaide Robin, Tochter von Félix-Michel Robin. Sie lebten in 15, Rempart du Midi; AM-A, 7. Juli 1832, 1E97/65–66; ADC, état nominatif, Angoulême, 1846, 93/646. Zu Louis' fünf Jahres-Patent, ausgestellt 1836 für ein Instrument, das zum Unterricht in der Kosmografie verwendet wurde und das er als „uranographique" und „amphéligéographe" bezeichnete, siehe *Bulletin des lois du royaume de France*, 9. Folge, 12 (Paris 1836), S. 326 f.

72 Erklärung von Simon Vieilh, „géreur de l'habitation de monsieur Martin Subercasaux", 16. April 1834, ANOM, Sainte-Rose, Guadeloupe, état civil, 14/35, und Sainte-Rose, affranchissements, 8/15. Die Freilassung verlief „wie von Artikel 5 der königlichen Anordnung vom 12. Juli 1832 vorgeschrieben"; dabei handelte es sich um die administrative Anordnung von Louis-Philippe, mit der „Handreichungen" oder Prozeduren für Sklavenbesitzer bekannt gegeben wurden, die ihre Sklaven freilassen wollten.

73 Abadie C. Subercaseaux, „Un enfant naturel ne peut être reconnu par testament olographique, un tel acte n'ayant pas le caractère d'un acte authentique." Urteil des cour de cassation, 18. März 1862, in: *Jurisprudence générale du royaume en matière civile, commerciale et criminelle, cour de cassation*, hg. v. Dalloz (Paris 1862), S. 284 f.

74 François Simon Vieilh, als „rentier" aufgeführt und wohnhaft in La Sauve, Gironde, war einer der Signatare des Heiratsvermerks für Maria Alida 1846; AM-A, 1E141/127–128.

75 Ehevertrag zwischen Paul Abadie und Maria Alida Camia, 25. November 1846, ADC, 2E19907. Jacques Nadaud, der Ingenieur im Ruhestand, war 1774 in Angoulême als Sohn von François Nadaud und Marie Tabourin (Marie Charas) geboren worden und starb dort 1854; AM-A, NDP, GG 14/48, 1E167/104, und siehe AN, LEONORE, LH/1972/55. Nicolas Veillon oder Vellion, der Möbelhändler, war der Schwiegervater von Vincent Mercier, dem Sekretär des Bürgermeisters und Herausgebers des *Journal des maires d'Angoulême* aus den Revolutionsjahren. Heiratsvermerk für Vincent Mercier und Marie Anne Veillon, 15. März 1832, AM-A, 1E97/23–24; Paul Abadie der Ältere signierte den Vermerk. Zu diesem Zeitpunkt lebte Paul Abadie mit Vincent Mercier, seiner Frau und seinen beiden Schwagern zusammen. Rue d'Austerlitz, ADC, Etat nominatif, 1846, 47–48/646.

76 „Abadie, Paul", http://elec.enc.sorbonne.fr/architectes/1 [Stand: 04.01.2022].

77 Abadie C. Subercaseaux, 18. März 1862, in: Dalloz, *Jurisprudence générale*, S. 284–288. Die zusätzliche Summe von 40 000 Francs war von Maria Alidas Vater gegen Anfechtungen durch „meine Erben, ganz gleich aus welchem Grund" gesichert worden. „Déclaration et acceptation d'emploi par Madame Abadie", 20. August 1870, AN, Panhard, Notar, Paris, MC/ET/XIV/906.

78 Alfred Van den Brule, *Hubert Rohault de Fleury, secrétaire général du Voeu national: le Sacré-Coeur de Montmartre* (Paris 1928), S. 343, 366; und siehe „Le Sacré-Cœur de Montmartre", in: *Paul Abadie architecte 1812–1884*, S. 129–145.

79 Sterbevermerk für Paul Abadie, 3. August 1884, AD Yvelines, Chatou, 1882–1884, 223–224/271; *Le Figaro*, 3. August 1884. Pauls Mutter, Louise Joséphine Mallard, war sechzehn Jahre zuvor im Alter von 80 Jahren in Chatou verstorben; 1. Oktober 1868, Chatou, 1867–1872, 273/553.

80 „Inventaire apres le decès de Monsieur Abadie", 29. August 1884, AN, Georges Magne, Notar, Paris, MC/ET/LXXVI/1047.

81 Sterbevermerk für Alida Camia, Witwe von Paul Abadie, 24. Juni 1903. AD Hauts de Seine, Neuilly-sur-Seine, Begräbnisse, 1903, 142/297. Ihr Tod wurde von ihrem Sohn, der in der Rue Saint Honoré in Paris lebte, sowie einem örtlichen Beamten angezeigt, „in Abwesenheit jeglicher anderer Verwandter oder Nachbarn". Die Namen ihrer verstorbenen Eltern seien „den heute Erschienenen unbekannt".

82 Table des successions et absences, Le Mans, Jules Etienne Scipion Allemand Lavigerie, verstorben am 22. Juli 1853, Nachkommenschaft erklärt am 19. Januar 1854; ADSa, 1853–1854, Nr. 21, 2/200. Sterbevermerk für Jules Etienne Scipion Allemand Lavigerie, Bankier, in seinem Domizil an der Place des Halles, ADSa, Le Mans, Begräbnisse, 1853–1855, 60/463.

83 Marie Louise Allemand, ihr kleines Kind, ihre Mutter und ihr Ehemann gehörten zu den (vergleichsweise glücklichen) Opfern eines furchtbaren Eisenbahnunglücks im September 1853, als der Nachtzug aus Paris nach Bordeaux mit einem Güterzug kollidierte, der aus Angoulême nach Paris unterwegs war. Sechs Bahnmitarbeiter kamen ums Leben, mehr als 30 Passagiere wurden verletzt; in einem Bericht war von ihr als „Madame Porté aus Angoulême" die Rede, die sich das Schulterbein gebrochen habe, in einem anderen ging es um „eine junge Mutter, die weinend nach ihrem Kind rief". Das Kind wurde wohlbehalten gefunden, es „spielte in der Nähe des Wracks im Sand"; „Madame Lavigerie" und Jean Henri Portet, „greffier du tribunal de commerce d'Angoulême", wurden leicht verletzt, und die Familie konnte ihre Reise fortsetzen. *Journal des débats*, 21. September 1853, *La presse*, 24. September 1853, *Le pays*, 25. September 1853. Geburtsvermerk für Etienne Henry Marie René Portet, 2. Februar 1852, AM-A 1E158/16; die Familie lebte zu dieser Zeit am Rempart du Midi, und Martial Allemand Lavigerie, 84 Jahre alt und als Großvater des Kindes aufgeführt – dabei war er in Wirklichkeit dessen Großgroßonkel –, signierte als Zeuge. Ihr zweites Kind, bekannt als Valentine, wurde in Le Mans geboren. Geburtsvermerk für Julie Marie Valentine Portet, 21. Oktober 1856, ADSa, Le Mans, Geburten, 1855–1857, 275/532. Nun lebte die Familie in 33, Place des Halles und der Großvater Camille Alexandre fungierte als Zeuge. Sterbevermerk für Adelaide Charlotte Maslin, 80 Jahre, Witwe von Pierre Allemand Lavigerie, wohnhaft Place des Halles, 18. Januar 1858; ADSa, Le Mans, Begräbnisse, 1856–1858, 437–438/647. René Maslin, Adelaide Charlottes Bruder, der in den Familienurkunden der Allemand Lavigeries in unterschiedlichen Departementen eine konstante Rolle spielte – so signierte er etwa 1796 Adelaide Charlottes Hochzeit, 1797 Scipions und 1799 Camilles Geburt, dann 1831 die Hochzeit von Camille (in

der Aube) und 1832 Scipions Eheschließung, 1833 den Sterbevermerk für Pierre, 1851 Marie Louises Hochzeit (in Angoulême) und Scipions Tod 1853 –, starb zwei Tage später, am 20. Januar 1858; ADSa, Le Mans, Begräbnisse, 1856–1858, 438/647.

84 Firmin-Didot, *Annuaire générale du commerce* (1854), S. 1934.

85 Firmin-Didot, *Annuaire générale du commerce* (1855), S. 1934, 1936; *Annuaire générale du commerce* (1856), S. 1937, zu diesem Zeitpunkt hatte Lemarchand einen neuen Partner für den kaufmännischen Bereich, „Lemarchand et Ravase, successeurs de Lavigerie et Demorieux, *fabr. de sacs*".

86 *De l'union douanière de la France avec la Belgique*, S. 93, 153 f.

87 Firmin-Didot, *Annuaire générale du commerce* (1852), S. 1710 f.; zur *L'Obéissante*, siehe Pierre Souvestre, *Histoire de l'automobile* (Paris 1907). Ernest Bollée, der Vater des „Vaters" des ersten französischen Automobils, Amédée Bollée, taucht 1852 im *Annuaire* als Gießer von Kirchenglocken auf, im Dorf Ste-Croix-Lez-Le-Mans; S. 1712.

88 *Le Canal des deux mers: journal du commerce universel* 1, Nr. 38 (21. September 1872), S. 655. *Bulletin du canal interocéanique* 2, Nr. 42 (15. Mai 1881), S. 371. Zum Wachstum der Banken im Second Empire, siehe Alain Plessis, *The Rise and Fall of the Second Empire, 1852–1871*, Übers. Jonathan Mandelbaum (Cambridge 1979), S. 71–83.

89 Cour de cassation, Nr. 8824, 15. November 1875, in: *Journal des tribunaux de commerce* 25 (1876), S. 382–387; „Banquiers, comptes", in: Dalloz, *Jurisprudence générale du royaume en matière civile, commerciale et criminelle* (1876), S. 212–214; zusammengefasst in: „Change", *Journal du droit international privé* 4 (1877), S. 143.

90 Mündliche Aussage von „Monsieur Portet-Lavigerie, banquier au Mans", Ministère de l'Agriculture, *Enquête agricole: enquêtes départementales*. IIe série, 2e circonscription, *Orne, Mayenne, Sarthe, Maine-et-Loire* (Paris 1867), S. 206.

91 Bericht vom 29. Dezember 1871, in: Archives de la Banque de France [im Folgenden ABF], Secrétariat du Conseil Général, MA.AO.15.B.5, Correspondance et propositions, 1862–1959. Portet-Lavigerie war von 1856 bis 1872 Verwalter und Mitglied des örtlichen Beirats für die Diskontsätze, dann wurde er zum Censeur befördert.

92 F. Legeay, *Le guide du voyageur au Mans* (Le Mans 1879), S. 85; das Haus, vom Kaufmann Le Prince um 1760 erbaut, grenzte an das Gefängnis; heute ist es ein Bürogebäude der Crédit Lyonnais an der Place de la République.

93 Félix Talvande selbst war der Sohn des Direktors der Banque de France-Niederlassung in Nantes; Heiratsvermerk für Félix Talvande und Marguerite Adelaide Louise Froger de Mauny, 8. Juni 1862, ADSa, Eheschließungen, 1861–1862, 260–261/518; *Journal officiel de la République française*, 16. September 1879, S. 9176.

94 Das Landgut wurde später geführt als Eigentum von „Monsieur et Madame Henri Portet-Lavigerie". *Annuaire des châteaux et des départements, 1897–1898: 40,000 noms & adresses de tous les propriétaires des châteaux de France, manoirs, castels, villas, etc. etc.* (Paris 1897), S. 688.

95 Sterbevermerk für Louise Mélanie Allemand Lavigerie, 10. Oktober 1865, ADSa, Begräbnisse, Saint-Pavace, 1853–1882, 182/275.

96 Sterbevermerk für Marie Théonie Topin, 3. September 1868, ADSa, Begräbnisse, Saint-Pavace, 1853–1882, 193/275; Marie Théonie Topin wurde am 23. Vendémaire 10 (15. Oktober 1801) in Angoulême geboren, AM-A, 1E25/12.

97 Eugène Adolphe Disdéri, „M. Boittelle et son fils Olivier", https://www.musee-orsay.fr/fr/collections/catalogue-des-oeuvres/notice.html?nnumid=69612 [Stand: 04.01.2022].

98 Heirat von Olivier Boittelle und Julie Marie Valentine Portet, 30. Mai 1876, ADSa, Le Mans, Eheschließungen, 1875–1876, 316–317/446.

99 *Annuaire des châteaux et des départements* (1899–1900), S. 95; *Touring Club de France: revue mensuelle* 15 (1905), S. 396; *Le XIXe siècle: journal quotidien politique et littéraire*, 10. Februar 1890, S. 2 (anlässlich eines Preises für einen rot-weißen Bullen).

100 René Portet, *Des latins juniens; De la condition juridique des étrangers en France et de la naturalisation* (Evreux 1882).

101 Heiratsvermerk für Etienne Henry Marie René Portet und Jeanne Anne Parot, 18. Juni 1883, AdP, 1. Arrondissement, Akt Nr. 385. In der schwindelerregenden Mobilität, die für die Rechtsverwaltung so charakteristisch war, begann René Portet seine Juristenkarriere 1885 als *juge suppléant* in Clermont (Oise) und übernahm dann später in Le Havre (Seine et Oise) eine Stelle; er wurde 1886 in Bernay (Eure) zum stellvertretenden Staatsanwalt, was er

anschließend 1887 in Libourne (Gironde) und 1889 in Angoulême ebenfalls war; als Staatsanwalt fungierte er dann ab 1891 in Marmande (Lot et Garonne), ab dem April 1894 in Apt (Vaucluse) und ab August 1894 wieder in Clermont. René Portet starb im Alter von 42 Jahren im Dezember 1894 in Clermont. *Journal officiel de la République française*, 1885–1894; AD Oise, Clermont, 1894–1896, 21. Dezember 1894, 121/417.

102 Berichte vom 7. Juli 1872, 9. Juni 1874, 10. Oktober 1876, 24. Mai 1877 und 3. November 1880 in ABF, Inspection Générale, PA.K.6.B.3.

103 Bericht vom 22. Juni –7. Juli 1881, in ABF, Inspection Générale, PA.K.6.B.3 „Liquidateurs judiciaires de la Banque Talvande et Cie et consorts c. Porte-Lavigerie et consorts, cass. Civ.", 19. März 1894, in: *Journal des faillites et des liquidations judiciaires françaises et étrangères: revue de jurisprudence* 13 (1894), S. 193–214, S. 194, 199.

104 Sterbevermerk für Camille Alexandre Allemand Lavigerie, 7. November 1881, ADSa, Begräbnisse, 1880–1881, 400/436.

105 Die Vereinbarung zwischen Talvande und Henri Portet-Lavigerie wurde am 15.–16. November 1881 fertiggestellt; „Liquidateurs judiciaires", S. 199 und „Soc. Talvande et Cie.", in: *Revue des sociétés* (1894), S. 223–232, S. 229.

106 *Le gaulois*, Nr. 2395 (20. März 1889), S. 3.

107 Berichte vom 6.–13. Oktober 1884, 4. Juli 1885, 24. Juni 1887 und 1. Juni 1889, in ABF, Inspection Générale, PA.K.6.B.3.

108 *Le gaulois*, Nr. 2395 (20. März 1889), S. 3; „Liquidateurs judiciaires", S. 194.

109 „Liquidateurs judiciaires", S. 194, 196.

110 Ebd., S. 197–201.

111 „Soc. Talvande et Cie.", S. 231.

112 Vente par licitation, in: *Le petit ardennais*, Nr. 3078 (13. Juli 1889), S. [4]. *Rapport du préfet, conseil général de la Sarthe* (Le Mans 1889), S. 405. Henri zog sich erst im Dezember 1890 von seiner Funktion als „Censeur" der Banque de France zurück, der verantwortlich für die „Überwachung" der örtlichen Banken war; der Direktor der Niederlassung in Le Mans hielt fest, dass er 1888 bei drei von zwölf Sitzungen des Bankrats anwesend gewesen war. Brief vom 1. Januar 1889 vom Direktor an den Gouverneur und vom 25. Dezember 1890 von Henri Portet an den Gouverneur, in ABF, Secrétariat du Conseil Général, MA.AO.15.B.5.

113 Propriétaires des villas, in: *L'avenir d'Arcachon*, Nr. 544 (7. Mai 1887), o. S.

114 Die Adresse der Rue Gluck findet sich in dem Heiratsvermerk für René Portet 1883 und in einem Hinweis zur Liquidation der Schiefer-Manufaktur 1889; Jean Henri Portet starb am 18. Juni 1902 in seinem Haus in der Rue Mogador. AdP, 9. Arrondissement, Akt Nr. 898.

115 *Annuaire des châteaux et des départements* (1887–1888), S. 688; (1899), S. 96, 1196; *Le petit ardennais*, 13. Juli 1889, S. [4].

116 *Le Figaro*, 26. Juli 1891. Louis-Napoléon war der jüngere Bruder von „Napoleon IV.", dem damaligen „Pretender" auf den französischen Thron.

117 Sterbevermerk für Jérôme Lerouge, 20. November 1901, AD Val de Marne, Begräbnisse, 1901, Le Kremlin-Bicêtre, 153/179; Sterbevermerk für Jean Henri Portet, AdP, 9. Arrondissement, Akt Nr. 898.

118 „Succession de M. Jean Henri Portet", AdP, DQ7/32554, 17. Dezember 1902.

119 Eine der frühen Bestrebungen der modernen Sozialwissenschaften war die Abwendung vom „Einzigartigen" und die Hinwendung zum „Regelmäßigen", wie in Simiands Manifest aus dem Jahr 1902: „das Individuelle auslöschen, um das Soziale untersuchen zu können". François Simiand, „Méthode historique et science sociale", *Revue de synthèse historique* 5 (1902), Nr. 1, 1–22 und Nr. 2, 129–157, S. 17, 21, 154 f. Die „einmalige Zahl, individuell betrachtet" – der Preis eines Esels, „die Anzahl der verstoßenen Kinder einer Gemeinde – waren für C.-E. Labrousse, der Simiand folgte, nichts weiter als die Schutthalde einer „profanen" Geschichte. Labrousse, *La crise de l'économie française*, S. 122.

120 Hoffman und Rosenthal, „New Work in French Economic History", S. 449. Zum ähnlich unplausiblen Dualismus aus Finanzialisierung, gemessen an den veröffentlichten Statistiken der Banken, als Maß für die wirtschaftliche Entwicklung, versus der Vielzahl an finanziellen Instrumenten in kleinen Städten siehe Hoffman, Postel-Vinay und Rosenthal, *Dark Matter Credit*. Zu den formellen und informellen sozialen Netzwerken als „wichtige Quelle für Kredite, Versicherungen, Informationen, Rat und andere wirtschaftliche wie nicht wirtschaftliche Gewinne" siehe Abhijit Banerjee, Arun G. Chandrasekhar, Esther Duflo und Matthew O. Jackson, „Changes in Social Network Structure in Response to Exposure to Formal Credit Markets" (MIT, 2019).

121 Block, *Statistique de la France*, 1, S. 55; Olivier Marchand und Claude Thélot, *Deux siècles de travail en France: population active et structure sociale, durée et productivité du travail* (INSEE, Paris 1991), Tabelle 3t, S. 175; und zu einigen der Schwierigkeiten langfristiger Schätzungen Alain Blum, „Bibliographie critique", *Population* 4 (1991), S. 1009–1011.

122 Block, *Statistique de la France*, 1, S. 55; Marchand und Thélot, *Deux siècles de travail en France*, S. 175.

123 Es waren Bauern, die, in der älteren Wirtschafts- und Sozialgeschichte, als gefangen in Institutionen galten, inklusive ihrer eigenen Wünsche nach Sicherheit, und von Transaktionskosten behindert wurden, darunter jenen, die von Soldaten und Steuereinnehmern angerichtet wurden. Hoffman und Rosenthal, „New Work in French Economic History", S. 446, 449 f. Zu den Schwierigkeiten der Berechnung von Dienstleistungen bei landesweiten französischen Berechnungen siehe François Fourquet, *Histoire des services collectifs dans la comptabilité nationale* (Paris 1976).

124 World Bank, „Employment in services (% of total employment)", https://data.worldbank.org/indicator/sl.srv.empl.zs [Stand: 12.11.2021]. Die verwendeten Statistiken zeigen eine Zunahme in der Beschäftigung des Dienstleistungssektors – „definiert als Personen, die in irgendeiner Aktivität … gegen Bezahlung oder Gewinn … im Großhandel oder Einzelhandel und im Restaurant- und Hotelgewerbe arbeiten; sowie in den Bereichen Transport, Lagerung und Kommunikation; Finanzierung, Versicherung, Immobilien und Geschäftsdienstleistungen; außerdem Gemeinde-, Sozial- und persönliche Dienstleistungen" – von etwa 35 Prozent 1991 auf etwa 49 Prozent 2018. Fügt man dem auch nur eine geringe Schätzung für unbezahlte Haushaltsarbeiten hinzu, arbeitet die Mehrheit der Weltbevölkerung im Bereich Dienstleistungen. Die neuesten Zahlen sprechen für Deutschland von 72 Prozent, für Frankreich 77 Prozent, Großbritannien 81 Prozent, Schweden 80 Prozent und die Vereinigten Staaten 79 Prozent.

125 Carl E. Schorske, *Thinking with History: Explorations in the Passage to Modernism* (Princeton, NJ: Princeton University Press 1998).

126 Siehe Daudin, *Commerce et prosperité*; Todd, *Velvet Empire*.

Kapitel 10: Charles Martial und Louise

1 Baunard, *Lavigerie*, 1, S. vi.

2 Es gab einen „mit Trüffeln gefüllten, riesigen Kapaun" und „Moët Champagner" bei einem kleiner Dinner; „zum Nachtisch erlaubte ich mir, meine kleinen Verse [‚versiculets'] vorzulesen, faits en omnibus. Alle Gäste lachten über sie, und Monsieur l'abbé war der Erste, der laut auflachte." Briefe vom 28. September 1852 und 6. Januar 1853 von Joseph Van Den Zande an François Grille, in: Grille, *Miettes littéraires, biographiques et morales*, 3, S. 63, 95.

3 Baunard, *Lavigerie*, 1, S. vi, ix, xii, 19; Louis Baunard, *Le doute et ses victimes dans le siècle présent* (Paris 1866); *La lanterne* 2940 (9. Mai 1885), 5098 (6. April 1891).

4 Claude Thiébaut, „Les manifestations pour le centenaire de la naissance du cardinal Lavigerie (Rome, Alger, Tunis, und Paris 1925)", *Revue historique* 291, Nr. 2 (April – Juni, 1994), S. 361–399.

5 Léon Lavigerie, *De l'hépatite et des abcès du foie* (cand. Léon Lavigerie) (Paris 1866); Scipion Lavigerie, *Arrêté du 26 avril 1849*.

6 *La presse*, 19. Juni 1902, S. 2.

7 „M. Robin était paperassier"; J. Dupin, „Notices sur Abraham François Robin et Léonard Robin", S. 829.

8 Brief vom 16. Januar 1873 von Clara Collet, Rue des Quatres Frères, Paris 18, in: „Brébion Collet (veuve)", AN, F/12/2757; dies war der Brief mit der mit Bleistift ergänzten Bemerkung „très malheureuse".

9 Colleville, *Le cardinal Lavigerie*, S. 203.

10 Société des Missionnaires d'Afrique, Accueil, unter https://mafrome.org/archives-des-mafr/ [Stand: 05.01.2022].

11 Vgl. „Rome: In the footsteps of Lavigerie", https://www.peresblancs.org/lavigerie_vie_romegb. htm, und „Le cardinal Charles-Martial Lavigerie: Photos Archives", https://www.peresblancs.org/ photoslavigeriegb.htm [Stand: 05.01.2022].

12 Émile Zola, *La fortune des Rougon* (1871) (Paris 1981), S. 28, 99, 101; *L'assommoir* (1876) (Paris 1978), S. 159, 415, 434.

13 Colleville, *Le cardinal Lavigerie*, S. 8, 18 f.; Baunard, *Lavigerie*, 1, S. v, xi.

14 Registres matricules des sous-officiers et hommes de troupe de l'infanterie de ligne (1802–1815), und siehe oben, Kapitel 6; Hort, *Tahiti: The Garden of the Pacific*, S. 241; „M. Biais communique une aquarelle représentant M. Ferrand, archiviste de la Charente, peinte d'apres un portrait de M. Paille". BSAHC, Folge 8, 1 (1910), S. xliv.

15 Skulptur von Gustave Crauk zu Kardinal Lavigerie, *Le Figaro*, 11. Februar 1898; Thiébaut, „Les manifestations pour le centenaire de la naissance du cardinal Lavigerie", S. 370–374, 396.

16 *La lanterne* 4140 (21. August 1888), S. 3; https://commons.wikimedia.org/wiki/ File:Bonnat_-_Le_cardinal_Charles_Lavigerie,_ archev%C3%AAque_d%27Alger_(1825-1892). jpg [Stand: 05.01.2022]. Der Maler, Léon Bonnat, wurde 1833 in Bayonne geboren; seine Eltern lebten in der Rue Pont-Majour, genau wie Martial Allemand Lavigerie, Frederic Bastiat und der revolutionäre Pierre Jean Audouin. 22. Juni 1833, ADPA, Geburtsregister 1826–1837, 577/904.

17 Jules Cambon, „Souvenirs sur le cardinal Lavigerie", *Revue des deux mondes* 32 (1926), S. 277–289, S. 279.

18 Baunard, *Lavigerie*, 1, S. 4.

19 Baunard, *Lavigerie*, 1, S. 4. Zur École des Carmes, der École ecclésiastique des hautes études, siehe Brigitte Waché, „L'École des Carmes, 1845–1875", *Revue d'histoire de l'Église de France* 81, Nr. 206 (1995), S. 237–253.

20 Baunard, *Lavigerie*, 1, S. 24–26; Denys Affre, Erzbischof von Paris und Gründer der École des Carmes, durch den Charles Martial zum Subdiakon geweiht wurde, starb durch einen Querschläger am 25. Juni 1848, als er dabei war, an den Barrikaden der Faubourg-Saint-Antoine zu vermitteln; siehe Louis Girard, *Nouvelle histoire de Paris: la deuxième République et le Second Empire, 1848–1870* (Paris 1981), S. 34–43.

21 C. Allemand-Lavigerie, *De Hegesippo: disquisitionem proponebat Facultati litterarum Parisiensi* (Paris 1850), S. 2–12, 43 f.

22 Allemand-Lavigerie, *De Hegesippo*, S. 29.

23 Ch. Allemand-Lavigerie, *Essai historique sur l'école chrétienne d'Edesse: thèse presentée à la faculté des lettres de Paris* (Paris 1850), S. 7 f., 16.

24 Allemand-Lavigerie, *Essai historique sur l'école chrétienne d'Edesse*, S. 12, 14, 41, 68 f., 71, 112, 117.

25 Baunard, *Lavigerie*, 1, S. 43.

26 J. R. [Ferdinand Van Den Zande], *Stances à Monsieur l'Abbé L.**** (Paris 1852) und *Epître à Monsieur l'abbé L**** (Paris 1852).

27 *Oedipe à Colone, de Sophocle. Edition nouvelle, par l'abbé Lavigerie* (Paris 1850); *M. T. Ciceronis ad M. filium de Officiis libri tres. Edition classique, revue, expurgée et annotée par M. l'abbé Lavigerie* (Paris 1853).

28 P. Clausolles und Charles Martial Allemand Lavigerie, *Cours complet d'histoire et de*

géographie de M. l'abbé Lavigerie et de M. P. Clausolles: histoire de France élémentaire. Depuis les Gaulois jusqu'à nos jours (Lyon 1853); http://ife.ens-lyon.fr/ife [Stand: 05.01.2022]. Die Beschuldigung des Rationalismus stammt aus der gallischen Zeitung *L'observateur catholique*, einem Exponent für die Sache einer autonomen Kirche Frankreichs; Baunard, *Lavigerie*, 1, S. 48.

29 Baunard, *Lavigerie*, 1, S. 52.

30 „Discours prononcé par M. le contre-amiral Aimé Mathieu, gouverneur de la Martinique, à l'ouverture de la session coloniale de 1847, le 17 juin" (Martinique 1847), zu finden auf der Website der Bibliothèque Schoelcher; http://www.patrimoines-martinique.org/ark:/35569/a011416928915afUxwv [Stand: 05.01.2022]. Mathieu war von 1858 bis 1861 Präsident der Œuvre des Écoles d'Orient; sein Vorgänger war Pierre François Joseph Bosquet, Marschall von Frankreich, der ein ausgesprochen brutaler General in Algerien war, bevor ihm in der Schlacht an der Alma im Krimkrieg das Kommando über eine Division von „zouaves" zugeteilt wurde, also Kabylen-/Zuaven-Soldaten in der französischen Armee. Siehe „Directeurs généraux et présidents successifs de l'Œuvre d'Orient", *Œuvre d'Orient*, Nr. 552 (1966), S. 350.

31 Baunard, *Lavigerie*, 1, S. 55–57.

32 Œuvre des Écoles d'Orient, *Souscription recueillie en faveur des chrétiens de Syrie: rapport de M. l'abbé Lavigerie* (Paris 1861), S. 2. Zum Bürgerkrieg im Libanongebirge siehe Leila Tarazi Fawaz, *An Occasion for War: Civil Conflict in Lebanon and Damascus in 1860* (Berkeley 1994.); zur Geschichte der humanitären Intervention siehe Davide Rodogno, *Against Massacre: Humanitarian Interventions in the Ottoman Empire, 1815–1914* (Princeton, NJ 2011) und Gary J. Bass, *Freedom's Battle: The Origins of Humanitarian Intervention* (New York 2008).

33 *Souscription recueillie*, S. 1, 9; und siehe Bernard Heyberger, „La France et la protection des chrétiens maronites: généalogie d'une représentation", *Relations internationales*, Nr. 173 (2018), S. 13–30.

34 *Souscription recueillie*, S. 66, und zu den geografischen Ursprüngen der Spenden, S. 10 f. Die Schätzung zu den zerstörten Dörfern und Kirchen stammt aus dem *Bulletin* des Œuvre, zitiert in: Baunard, *Lavigerie*, 1, S. 61.

35 Sterbevermerk für Laurent Silvestre Topin, 29. März 1850, AM-A, 1E185/28, Sterbevermerk für Jeanne Allemand Lavigerie, 3. Juli 1860, 1E185/57.

36 *Souscription recueillie*, S. 18.

37 AD Maine et Loire, Saumur, Begräbnisse, 1856–1860, 15. September 1860, 273/287.

38 Baunard, *Lavigerie*, 1, S. 64.

39 *Souscription recueillie*, S. 18 f.; *Indicateur marseillais* (Marseille 1860), S. 98 f.

40 *Souscription recueillie*, S. 30, 33. Die 350 Kinder, „unter denen viele Waisen waren", beschrieb der französische Orientalist Baptistin Poujoulat, der zu dieser Zeit im Libanon war; Baptistin Poujoulat, *La vérité sur la Syrie et l'expédition française* (Paris 1861), S. 297–300.

41 Ein Gemälde des flämischen Orientalisten Huysmans aus dem Jahr 1861 zeigt diese Szene. Der Titel des Bildes, „Mon salut d'amitié et de respect à tous ceux qui vous parleront de moi", auf dem der Emir zu sehen ist, wie er christliche Frauen und Kinder rettet, während im Hintergrund Feuer, Rauch, Krummsäbel und die französische Flagge zu sehen sind, stammt von einem Chronisten, der Charles Martials Reise beschrieb. *Souscription recueillie*, S. 41, 50–52; Poujoulat, *La vérité sur la Syrie*, S. 445; https://en.wikipedia.org/wiki/Emir_Abdelkader#/media/File:Jean-Baptiste_Huysmans_1.jpg [Stand: 05.01.2022]. Zu dem Ereignis rund um Abd el-Kader siehe Leila Fawaz, „Amīr 'abd al-Qādir and the Damascus ,Incident' in 1860", in: *Études sur les villes du Proche-Orient XVIe–XIXe siècles: hommage à André Raymond*, hg. v. Brigitte Marino (Damaskus 2001), verfügbar unter http://books.openedition.org/ifpo/3351 [Stand: 05.01.2022].

42 Baunard, *Lavigerie*, 1, S. 89.

43 Entscheidung von Napoleon III., zitiert in einem Brief des Außenministers Thouvenel an den Marineminister vom 7. Juli 1860; „Menschlichkeit verlangt eine rasche Intervention und dringende Anweisungen", hatte Thouvenel am Vortag dem französischen Botschafter in Konstantinopel geschrieben; Briefe vom 6. Juli 1860 und 7. Juli 1860 in: Ministère des affaires étrangères, *Documents diplomatiques, 1860* (Paris 1861), S. 196, 197.

44 Zum Seidenhändler und -fabrikanten Fortuné Portalis, der als Präsident von Charles Martials örtlichem Komitee fungierte und dessen Seidenmanufaktur in „Pteter" (Btater) Schutz für christliche Flüchtlinge bot, siehe *Souscription recueillie*, S. 32–34.

45 *Souscription recueillie*, S. 48, 56 f., 62, 71 f.

46 Charles Martial „widmete sich mit ebenso großem Eifer wie Erfolg" darum, die benötigte Hilfe bereitzustellen, nachdem die Neuigkeiten von den „Massakern in Syrien" bekannt geworden waren, sein „Verhalten" in den „verwüsteten Territorien des Libanon" seien eine

„Ehre für unser Land" gewesen. *Le constitution-nel*, 46. Jahrgang, Nr. 44 (13. Februar 1861), S. [3].

47 *Le constitutionnel*, Nr. 240 (28. August 1861), S. [1].

48 Siehe „Rome: In the footsteps of Lavigerie", https://www.peresblancs.org/lavigerie_vie_romegb.htm und „Le cardinal Charles-Martial Lavigerie: Photos Archives", https://www.peresblancs.org/photoslavigeriegb.htm [Stand: 05.01.2022]; Baunard, *Lavigerie*, 1, S. 101.

49 V. de Maumigny, *Les voix de Rome: impressions et souvenirs de 1862* (Paris 1863), S. xvii–xviii.

50 Dekret vom 5. März 1863, in: *Collection complète des lois, décrets, ordonnances, réglements, et avis du conseil d'état*, Bd. 63 (Paris 1863), S. 213.

51 Zu der Kontroverse über die Mitra siehe Bernard Berthod, „Retrouver la foi par la beauté: réalité et utopie du mouvement néogothique dans l'Europe du XIXe siècle", *Revue de l'histoire des religions*, Nr. 227 (2010), S. 75–92. Zur Beisetzung von Bastiat, siehe Pierre Ronce, *Frédéric Bastiat: sa vie, son œuvre* (Paris 1905), S. 266 f.

52 Zur Wirtschaftsgeschichte der Region und der Expansion, die nach der deutschen Annektion des Elsass 1870 begann, siehe Louis Laffitte, „L'évolution économique de la Lorraine", *Annales de géographie* 21, Nr. 120 (1912), S. 393–417. Zum entmutigenden Zustand von Nancy dreißig Jahre zuvor, siehe Stendhal, *Lucien Leuwen* (1837) (Frankfurt 1984), Teil 1.

53 „Der Bischof war entzückt" von dieser (ungewöhnlichen) Gelegenheit, so Baunard, und von der „inbrünstigen und leidenschaftlichen Aufführung dieser jungen Schauspieler, in deren Seelen Elektra, Orest, Aigisthos und Klytaimnestra eingezogen sind." Baunard, *Lavigerie*, 1, S. 139.

54 Die Stola gehörte zur Diözese Toul, deren Bischof Charles Martial ebenfalls war. Genehmigung vom 16. März 1865 in: Abbé Pierre-Etienne Guillaume, *Le surhuméral: prérogative séculaire des seuls évêques de Toul, chez les Latins, en raison de l'antiquité de leur église* (Nancy 1865), S. 5 f.

55 AL-R, Casier A2–280.

56 *Relation des fêtes qui ont eu lieu à Nancy les 14, 15, 16 et 17 juillet 1866* (Nancy 1866), S. 83 f., 117, 134. Der Samt tauchte überall wieder auf; junge Arbeiter mit blauen Samtmützen; der Prinz in schwarzem Samt; der tiefrote Samt des Vorhangs und die grünen Samtbanner mit Goldfransen der Stadtverwaltung; in roten Samt gewickelte Blumensträuße für die Kaiserin und in grünen Samt gewickelt für den Prinzen; sogar im Schlafzimmer der Kaiserin hing ein Porträt einer „in rotem Samt gekleideten Persönlichkeit"; S. 96 f., 100, 119, 128, 141, 168.

57 *Relation des fêtes*, S. 133 f.

58 Baunard zitiert aus einem Brief des Gouverneurs von Algerien vom 17. November 1866, der Charles Martial darin diese Position anbietet, sowie aus dem Antwortschreiben vom 19. November; Charles Martial verließ Nancy im April 1867. Baunard, *Lavigerie*, 1, S. 149 f., 156. Die Ernennung wurde Ende Dezember 1866 öffentlich gemacht; *La presse*, 31. Dezember 1866, S. [2].

59 Briefe von Charles Martial in Algier an die „Administration des Cultes" in Paris vom 31. Oktober, 6. November, 23. November und 22. Dezember 1867; AN, F/19/7595, Dossier 15. Seine Vorgänger hätten den Palast stillgelegt, schrieb er, und „nach einigen Tagen der Anstrengungen" sei er nun gezwungen, dasselbe zu tun; er nutzte den Palast nur für „offizielle Empfänge", für „sein Sekretariat" und als „pied à terre". Charles Martial vermittelte den Eindruck, er sei in einem umschlossenen Raum „unter dem afrikanischen Himmel" gefangen und müsse ohne Garten auskommen, „in dem ein Bischof die Bewegung finden kann, die er braucht"; „insbesondere, da ein Bischof [nicht] für einen Spaziergang auf die Straßen und Plätze gehen kann."

60 *Annales de la propagation de la foi* 40 (Lyon 1868), S. 485 f.; Baunard, *Lavigerie*, 1, S. 266–269.

61 Baunard, *Lavigerie*, 2, S. 672.

62 Bertrand Taithe, „La famine de 1866–1868: anatomie d'une catastrophe et construction médiatique d'un événement", *Revue d'histoire du XIXe siècle*, Nr. 41 (2010), S. 113–127, S. 119.

63 *Les orphelins arabes d'Alger, leur passé, leur avenir, leur adoption en France et en Belgique: lettre de Monseigneur d'archevêque d'Alger* (Paris 1870), S. 6.

64 *L'illustration, journal universel*, Nr. 1299 (18. Januar 1868); siehe https://www.gettyimages.com/detail/news-photo/starvation-inalgeria-in-1868-orphans-are-taken-in-by-chruch-news-photo/89866327?adppopup=true [Stand: 05.01.2022]. Charles Martial sprach einige Monate später die Hungersnot in seinem regelmäßigen Briefwechsel mit der Verwaltung in Paris zu seinen Bemühungen um einen mit Mauern begrenzten Garten an; „die Mauer ist für uns entscheidend, denn der Mangel kehrt zurück und füllt die Straßen mit arabischen Vagabunden der übelsten Sorte." Brief vom 19. Dezember 1868, in AN, F/19/7595, Dossier 15.

65 *Recueil de lettres publiées par Mgr l'archevêque d'Alger, delégué apostolique du Sahara et du Soudan, sur les œuvres et missions africaines* (Paris 1869), S. 29, 65; Baunard, *Lavigerie*, 1, S. 211.

66 *Recueil de lettres*, S. 5, 91.

67 Baunard, *Lavigerie*, 1, S. 279 f., der hier aus einem Brief an einen ungenannten Freund zitiert, sowie S. 462 f.

68 Der Artikel wurde als ausführliche Fußnote in: *Les orphelins arabes d'Alger* abgedruckt, in dem selbstreferenziellen Modus, der zu diesem Zeitpunkt so typisch für die Schriften von Charles Martial war. *Recueil de lettres*, S. 65; *L'univers*, Nr. 989 (19. Januar 1870), S. [2], abgedruckt in: *Les orphelins arabes d'Alger* als Fußnote 1, S. 2–4. Die „zwei neuen Christen" erhielten, wie es in Angoulême so viele Jahre zuvor schon einmal gehandhabt worden war, „zwei symbolische Wachsstöcke".

69 „Lettre pastorale pour la prise de possession du diocèse d'Alger", 5. Mai 1867, in: *Recueil de lettres*, S. 7–25, S. 9, 13.

70 Peter Brown, „A World Winking with Messages", *New York Review of Books*, 20. Dezember 2018, S. 52–54, S. 52.

71 Zitiert in: Peter Brown, *Through the Eye of a Needle: Wealth, the Fall of Rome, and the Making of Christianity in the West, 350–550 AD* (Princeton, NJ 2012), S. 452. Zu den Nonnen, die aus Oloron in den Pyrenäen angereist waren, siehe Baunard, *Lavigerie*, 1, S. 385 f.

72 *Recueil de lettres*, S. 9.

73 Zu François Elie Roudaire in den 1870er-Jahren in Algerien siehe Philipp Nicolas Lehmann, „Changing Climates: Deserts, Desiccation, and the Rise of Climate Engineering, 1870–1950" (PhD diss., Harvard University 2014); zur Transsahara-Bahn siehe T. W. Roberts, „The Trans-Saharan Railway and the Politics of Imperial Expansion, 1890–1900", *Journal of Imperial and Commonwealth History* 43 (2015), S. 438–462.

74 *Recueil de lettres*, S. 14, 15, 21.

75 Zu den „frères armés", siehe Baunard, *Lavigerie*, 2, S. 663–666; Colleville, *Le cardinal Lavigerie*, S. 178 f., 212 f.

76 Colleville, *Le cardinal Lavigerie*, S. 8.

77 *La lanterne* 5098 (6. April 1891).

78 Eugène Etienne, 1844 in Oran geboren und Führer der Kolonialpartei, zitiert in: Charles-Robert Ageron, „Gambetta et la reprise de l'expansion coloniale", *Revue française d'histoire d'outre-mer* 59, Nr. 215 (1972), S. 165–204,

S. 165 f. Jules Ferry, Verfechter einer säkularen Erziehung und auch der Kolonialpolitik, war 1880–1881 und 1883–1885 Premierminister.

79 Paul Deschanel, *Gambetta* (Paris 1919), S. 261.

80 Undatierter Brief, zitiert in: Baunard, *Lavigerie*, 1, S. 150 f. Zum Konflikt zwischen Charles Martial und dem Generalgouverneur von Algerien über die Konvertierung siehe Marcel Emerit, „Le problème de la conversion des musulmans d'Algérie sous le Second Empire: le conflit entre MacMahon et Lavigerie", *Revue historique* 223 (1960), S. 63–84.

81 *Souscription recueillie*, S. 88.

82 Brief vom 10. Mai 1869, in: *Recueil de lettres*, S. 89 f., 93.

83 So der Bericht der englischen Reisenden Lady Herbert; Lady Herbert, „The Arab Christian Villages in Algeria", wieder abgedruckt in: *Littell's Living Age*, Nr. 1693 (25. November 1876), S. 500–504.

84 *La justice* 256 (27. September 1880).

85 „Confection d'un Cardinal", *Le rappel* 4454 (21. Mai 1882).

86 „Gazette du jour", *La justice* 858 (22. Mai 1882), „Mamamouchi", *La justice* 859 (23. Mai 1882).

87 Brief vom 12. August 1872, in: Cousseau, *Œuvres*, S. 393 f.

88 Dies war 1875, und Baunard gibt auch an, dass Charles Martial seine Ferien 1873 in Lacourade verbracht habe; Baunard, *Lavigerie*, 1, S. 413, 494. Louise Lavigerie Kiener, von der Baunard durchweg als „Kiener" schreibt, ist im Übrigen in der Biografie so gut wie unsichtbar.

89 Sterbevermerk für Charles Gabriel Kiener, 10. Juli 1875, ADC, La Couronne, 1873–1877, 2E120/14, 205/394. Der Urkundenbeamte fügte eine persönliche Bemerkung hinzu: Gabriel „starb in einem Haus, das er nur wenige Tage bewohnt hatte."

90 Charles Martial war nach der Taufe nach Paris gegangen; den Folgemonat verbrachte er in Lyon, im Juli war er in Marseille. *La presse*, 1. Februar 1870; *Le gaulois* 590 (15. Februar 1870); *L'univers* 1172 (24. Juli 1870).

91 ADC, état nominatif, La Couronne, 1876, Lacourade (Village, Usine), 57–60/93. AD Val de Marne, Le Kremlin-Bicêtre, 31. Januar 1898, 17/172.

92 Brief datiert auf „Sonntag", von Louise an Charles Martial, AL-R, A2/147. „Das Hôtel du Louvre ist nicht länger bewohnbar, da die Warenhäuser einen Großteil von ihm absorbiert haben", schrieb sie von dem Gebäude, das im Zentrum der Spekulationsgeschäfte von Zolas

Kaufhausroman *Au bonheur des dames* (dt. *Das Paradies der Damen*) steht und Ort des besonders unheilvollen Hochzeitsbanketts in *Pot-Bouille* (dt. *Ein feines Haus*) ist.

93 Auf den „5. November" und 15. September 1882 datierte Briefe von Louise an Charles Martial, AL-R, A2/148, A2/150.

94 Brief datiert auf „Nay, 5. Dezember", von Louise an Charles Martial, AL-R, A2/146.

95 Brief datiert auf „Lacourade, 8. Juli [1883]", von Louise an Charles Martial, AL-R, A2/154.

96 Brief datiert auf „Lacourade, 28. Februar", von Louise an Charles Martial, AL-R, A2/157.

97 Brief datiert auf „Lacourade, 28. Mai [1883]", von Louise an Charles Martial, AL-R, A2/153. René und Jeanne Anne Parot heirateten am 18. Juni 1883 in Paris. AdP, 1. Arrondissement, Akt Nr. 385.

98 Hirtenbrief vom Mai 1867, in: *Recueil de lettres*, S. 8, 11.

99 *Documents sur la fondation de l'Œuvre antiesclavagiste, par S. Em. le cardinal Lavigerie* (Saint-Cloud 1889), S. 388, 566.

100 Es gab einen „Diözesanarchitekten" in Nancy, zu der Zeit, als Charles Martial dort Bischof war: einen ehemaligen Gefängnisarchitekten wie Charles Martials Großonkel, Silvestre Topin, der bei den Feierlichkeiten 1866 beim Besuch der Kaiserin Eugénie eine kleinere Rolle spielte. Zu Charles-François Chatelain siehe das *Répertoire des architectes diocésains du XIXe siècle*, http://elec.enc.sorbonne.fr/architectes/ [Stand: 05.01.2022].

101 Colleville, *Le cardinal Lavigerie*, S. 1.

102 Briefe vom 31. Oktober und 6. November 1867 sowie vom 16. September und 19. Dezember 1868, von Charles Martial in Algiers an die Administration des Cultes in Paris; AN, F/19/7595. Charles Martial hatte bereits eine feste Meinung über die Gesellschaft entwickelt, in der er sich niedergelassen hatte: „Wir leben hier in einem Land, in dem alles hierarchisch und auf militärische Art beurteilt wird, und ein Erzbischof verliert all seine Autorität und sein Prestige, wenn man erkennt, dass er schlechter untergekommen ist als ein Leutnant des Arabischen Büros." (Brief vom 31. Oktober 1867)

103 Félix-Augustin Leclerc de Pulligny, *Six semaines en Algérie: notes de voyage d'un membre du Congrès scientifique tenu à Alger (avril 1881)* (Paris 1884), S. 159–163.

104 Brief vom 31. Oktober 1867; AN, F/19/7595.

105 Baunard, *Lavigerie*, 1, S. 379–381, 404, 462.

106 Daniel E. Coslett, „(Re)Creating a Christian Image Abroad: The Catholic Cathedrals of Protectorate-Era Tunis", in: *Sacred Precincts: The Religious Architecture of Non-Muslim Communities across the Islamic World*, hg. v. Gharipour Mohammad (Leiden 2014), S. 353–375, S. 356–362.

107 Botschaft des Erzbischofs von Paris, 18. Januar 1872, in: *Œuvre du vœu national au Sacré-Cœur de Jésus* (Paris 1872), S. 42, 44; https://www.sacre-coeur-montmartre.com/francais/histoire-et-visite/article/histoire [Stand: 05.01.2022]. Charles Martial überwies eine persönliche Spende von eintausend Franc; siehe Coslett, „(Re)Creating a Christian Image Abroad", S. 368 Anm. 61. Zur „mosquée Abadie" siehe *L'église du Sacré-Cœur à Montmartre: sera-t-elle de notre style national, ou sera-t-elle d'un style etranger? Par un comité d'archéologues* (Paris 1875), S. 11, 12, 18, 44.

108 Charles Martial war zu diesem Zeitpunkt apostolischer Verwalter, Baunard, *Lavigerie*, 2, S. 158, 166, 172, 209.

109 Victor Guérin, *La France catholique en Tunisie, à Malte et in Tripolitaine* (Tours 1892), S. 48–53. Es war Charles Martials eigene Schätzung, dass die Kathedrale in 82 Tagen gebaut wurde; siehe Coslett, „(Re)Creating a Christian Image Abroad", S. 358. Der Anlass für Charles Martial, Queen Victoria zu feiern – „Gott segne England dafür, dass es seine sozialen Werte bewahrte" –, war ein Anschlag auf die Königin am Bahnhof von Windsor, den sie überlebte. *L'univers*, Nr. 5270 (15. April 1882), S. [2].

110 Jacques Legoff, *Saint Louis* (Paris 1996), S. 295–297.

111 Im ersten Jahr beteiligten sich 250 Spender; der prominenteste unter ihnen war der Comte de Chambord, Enkel von Karl X., den die Legitimisten für den rechtmäßigen Anwärter auf den französischen Thron hielten. Bei seinem Tod 1883 hinterließ er diesem Vorhaben weitere 100 000 Livres. Baunard, *Lavigerie*, 2, S. 236 f., 245 f.

112 *Recueil de lettres*, S. 8; *De l'utilité d'une mission archéologique permanente à Carthage, par l'archevêque d'Alger* (Algiers 1881).

113 Die Vergangenheit existiert weiter fort, so beschreibt es Freud, vergleichbar der Beobachtung, „derselbe Boden trüge die Kirche Maria sopra Minerva und den alten Tempel, über dem sie gebaut ist"; Sigmund Freud, *Das Unbehagen in der Kultur* (Wien 1930), S. 10. Der Reiseführer *Rom: Auf den Spuren von Augustinus* des verstorbenen Priesters Jacques Casier führt an, dass Charles Martial im August 1872 und aus Anlass des Namenstags des heiligen Augustinus

„in Rom im Hotel Minerva, Piazza della Minerva 69 [wohnte], einem guten Hotel mit dreihundert Betten. Essen für 6, 22 und 27 Lire. Der Führer aus dem 19. Jahrhundert schreibt, es sei auf Kirchenmänner ausgerichtet." https://www.peresblancs.org/lavigerie_vie_romegb.htm [Stand: 05.01.2022].

114 Der frühere, von Charles Martial beschriebene Akt des Vandalismus war der Abbau eines Teils der ohnehin schon baufälligen Kirche Sainte Anne in Jerusalem aus dem 12. Jahrhundert, wodurch man Steine für die Errichtung osmanischer Kasernen (an der Stelle des früheren Palasts von Pontius Pilates) gewann; die wiederaufgebaute Kirche wurde dann von den „Weißen Vätern" betreut. *Sainte Anne de Jérusalem et Sainte Anne d'Auray, lettre à Mgr l'évêque de Vannes par l'archevêque d'Alger* (Saint-Cloud 1879), S. 74. Die Kathedrale in Karthago wurde im Mai 1890 geweiht und ist heute ein Konzertsaal, das „Acropolium". Die dauerhafte Kathedrale von Tunis wurde als Architekturwettbewerb ausgelobt und unter der Leitung eines Diözesanarchitekten aus Smyrna im „byzantinisch-maurischen" Stil über einem alten christlichen Friedhof errichtet. Siehe die Beschreibung auf der Halimede-Architekturwebseite http://halimede.huma-num.fr/node/1154 [Stand: 05.01.2022], und Coslett, „(Re)Creating a Christian Image Abroad", S. 365.

115 Brief vom 11. Juli 1884 von Louise in Lacourade an Charles Martial, AL-R, A2/159. Zur Kathedrale von Saint-Front, siehe *Paul Abadie architecte 1812–1884*, S. 87–101.

116 Brief vom 11. Juli 1884 von Louise in Lacourade an Charles Martial, AL-R, A2/159.

117 Sitzung vom 7. September 1905, in: *Bulletin de la Société historique et archéologique du Périgord* 32 (1905), S. 374; *Annuaire du tout Sud-Ouest illustré* (Paris, 1906), S. 1231; und siehe http://elec.enc.sorbonne.fr/architectes/305?q=Lambert [Stand: 05.01.2022].

118 *La justice* 4703 (29. November 1892).

119 *La lanterne* 3448 (29. September 1886), 4140 (21. August 1888).

120 Baunard, *Lavigerie*, 1, S. 452.

121 *La lanterne* 2940 (9. Mai 1885).

122 *La justice* 2443 (22. September 1886).

123 Georges Picot, *Le cardinal Lavigerie et ses œuvres dans le bassin de la Méditerranée et en Afrique* (Paris 1889), S. 1, 8.

124 Picot, *Le cardinal Lavigerie*, S. 14.

125 *La lanterne* 3448 (29. September 1886).

126 Baunard, *Lavigerie*, 1, S. 319.

127 „Extrait de la lettre de son éminence le cardinal Lavigerie à M. Keller, sur le Sahara et le Soudan", in: *Allocution prononcée le 21 septembre 1890 par son éminence le cardinal Lavigerie* (Paris 1890), S. 91–100, S. 95 f.

128 *La justice* 4703 (29. November 1892).

129 *Journal officiel de la République française* 264 (9. September 1889); *Tunis journal* 624 (15.–17. August 1889), 640 (1. Oktober 1889).

130 *La lanterne* 2940 (9. Mai 1885).

131 *La lanterne* 2940 (9. Mai 1885), 5700 (28. November 1892).

132 Grussenmeyer, *Documents biographiques*, 2, S. 305–308.

133 Ebd., 2, S. 292–315.

134 Cambon, „Souvenirs sur le cardinal Lavigerie", S. 288.

135 Grussenmeyer, *Documents biographiques*, 2, S. 301.

136 Brief vom 15. April 1869, in: *Recueil de lettres*, S. 68; *L'armée et la mission de la France en Afrique: discours prononcé dans le cathédrale d'Alger par Mgr. l'archevêque d'Alger* (Algiers 1875), S. 63.

137 *L'esclavage africain: conférence faite dans l'église de Saint-Sulpice à Paris par le cardinal Lavigerie* (Paris 1888), S. 5 f.; *Documents sur la fondation*, S. 50.

138 *Documents sur la fondation*, S. 49; Baunard, *Lavigerie*, 2, S. 444–447.

139 „Discours prononcé par son éminence le cardinal Lavigerie", 31. Juli 1888, in: *Documents sur la fondation*, S. 83–117; *Times* 32451 (30. Juli 1888), 32453 (1. August 1888).

140 *Documents sur la fondation*, S. 430, 623.

141 Ebd., S. 427 f., 566.

142 Ebd., S. 86, 161, 296 f.

143 Ebd., S. 289, 308 f.

144 Taithe, „La famine de 1866–1868", S. 122, 125.

145 *Documents sur la fondation*, S. 86.

146 Baunard, *Lavigerie*, 2, S. 444.

147 Colleville, *Le cardinal Lavigerie*, S. 203.

148 Brief vom 20. November 1889 an Charles Martial von General Count Dampierre, AL-R, D1/920. Die *Première messe en Kabylie* von Horace Vernet, gemalt 1854, zeigt eine mit einer großen Menschenmenge gefeierte Messe in Ostalgerien während des Feldzugs 1853.

149 Die Botschaft war für Kardinal Manning bestimmt: „Übergeben Sie in meinem Auftrag aus Paris der Antislavery Society 50,000 Francs (£1,975)." *Times*, Nr. 32547 (11. November 1888), Nr. 32536 (6. November 1888).

150 *Documents sur la fondation*, S. xl, xli, 165, 170, 687.

151 Brief vom 30. August 1890 an Charles Martial von der Witwe des Forschers Paul

Soleillet, AL-R, D1/923. Soleillet war der Verfasser eines 1881 veröffentlichten Projekts für die Transsahara-Bahn und der Verbündete von Arthur Rimbaud bei afrikanischen Waffengeschäften; er starb 1886 in Aden. *Les voyages et découvertes de Paul Soleillet dans le Sahara et dans le Soudan en vue d'un projet d'un chemin de fer transsaharien*, hg. v. Jules Gros (Paris 1881); Henri Dehérain, „La carrière africaine d'Arthur Rimbaud", *Revue de l'histoire des colonies françaises* 4 (1916), S. 419 f.

152 Brief vom 2. Februar 1889 von Charles de Montferrand an Charles Martial, AL-R, D1/874. Montferrand wurde 1894 als „Verwalter" einer Handelsbank geführt, der Banque nationale de Haïti, die ihre Zentrale in Port-au-Prince sowie ein Kapital von zehn Millionen Francs hatte. Werbeanzeige in: Ottomar Haupt, *Traité des opérations de banque contenant les usages commerciaux*, 8. Ausg. (Paris 1894), o. S. Zur Geschichte der Bank siehe Frédéric Marcelin, *La Banque nationale d'Haïti; une page d'histoire* (Paris 1890); Blancpain, *Un siècle de relations financières entre Haïti et la France*, S. 91–110.

153 Ministère des affaires etrangeres, *Conférence internationale de Bruxelles: 18 novembre 1889 – 2 juillet 1890, protocoles et acte finale* (Paris 1891); W. R. Bisschop, „International Leagues", in: *British Institute of International and Comparative Law, Problems of the War*, 3 Bde. (Cambridge 1915–1917), 2, S. 117–133.

154 Zu der zunächst für Luzern vorgesehenen Konferenz, die Charles Martial im letzten Moment wegen der französischen Wahlen absagte und die dann schließlich in Paris stattfand, siehe Baunard, *Lavigerie*, 2, S. 496–509, 544–550.

155 *Conférence internationale de Bruxelles*, S. 12, 16, 30; Alfred Le Ghait, „The Anti-Slavery Conference", *North American Review* 154, Nr. 424 (März 1892), S. 287–296, S. 288.

156 *La lanterne* 5700 (28. November 1892).

157 *La lanterne* 5098 (6. April 1891).

158 Cambon, „Souvenirs sur le cardinal Lavigerie", S. 286; François Furet, *La Révolution de Turgot à Jules Ferry, 1770–1870* (Paris 1988).

159 *Times*, Nr. 32507 (3. Oktober 1888).

160 Zu „mahométisme", „islamisme" und „fanaticisme", siehe *Recueil de lettres*, S. 10–17, 76–90.

161 Über den muslimischen Glauben schrieb Charles Martial 1879: Er „bietet eine Art Befriedigung für die tiefsten Bedürfnisse des menschlichen Herzens, für religiöse Bedürfnisse, und zwar durch den Anteil an Wahrheit, den er enthält, doch zugleich räumt er alle Barrieren zu

den Leidenschaften beiseite, er legitimiert all die Unordnung der Sinne, er vergöttert die brutale Gewalt"; er „kann nur durch seine eigene Kraft sterben." Bericht von Msgr. Lavigerie an das Œuvre de la propagation de la foi, in: *Œuvre de Saint Augustin et de Sainte Monique* 29 (Januar 1879), S. 370; zitiert in: Grussenmeyer, *Documents biographiques*, 1, S. 539.

162 Baunard, *Lavigerie*, 2, S. 423, 532. Zu den neuen Medien in Nordafrika zu Charles Martials Zeiten siehe Arthur Asseraf, *Electric News in Colonial Algeria* (Oxford 2019) und hier insbesondere die Einleitung und Kapitel 1 zu den Neuigkeiten von der tunesischen Invasion auf der Place du Gouvernement in Algiers, an der Charles Martial in den ersten Tagen seines afrikanischen Lebens (eingeschränkt) wohnte.

163 Baunard, *Lavigerie*, 2, S. 627 f.

164 *La lanterne* 5700 (28. November 1892).

165 Grussenmeyer, *Documents biographiques*, 2, S. 349.

166 Brief vom 3. Januar 1874 an Monseigneur de Rodez, zitiert in: Baunard, *Lavigerie*, 1, S. 422.

167 *Relation des fêtes qui ont eu lieu à Nancy*, S. 82 f. Der „prince imperial" soll dabei seine Mutter an der Hand gehalten und einen „schwarzen Samtanzug mit roten Seidenstrümpfen" getragen haben.

168 Dies stand in Zusammenhang mit dem Volksentscheid über eine Verfassungsreform im Mai 1870, der aber durch den Deutsch-Französischen Krieg obsolet wurde. *Le constitutionnel* 128 (8. Mai 1870).

169 *Annales de l'Assemblée nationale* 4 (1871), Sitzung vom 12. Juli 1871, S. 7 f., und zur liberal-konservativen Partei, „La semaine politique", in: *La revue politique et littéraire*, Nr. 53 (Juli–Dezember 1871), S. 1245–1247, S. 1246.

170 Charles Martials Wahlaussage wird zitiert in: Daru, „Un grand Landais", S. 37 f.; siehe auch J. Tournier, *Le cardinal Lavigerie et son action politique (1863–1892)* (Paris 1913).

171 *Annales de l'Assemblée nationale*, Sitzung vom 12. Juli 1871, S. 7; F. Laudet, „Le cardinal Lavigerie et la Gascogne", *Revue de Gascogne*, n. s., 21 (1926), S. 5–21.

172 Tournier, *Le cardinal Lavigerie et son action politique*, S. 36–40. Zur Presse im kolonialen Algerien siehe Asseraf, *Electric News*.

173 Brief vom 13. Februar 1891 an Charles Martial von Claire Boissart de Lagrave, geborene Dereix, AL-R, D1/927.

174 Zu Leo XIII. und Frankreich siehe Mgr de T'Serclaes, *Le pape Léon XIII: sa vie, son action religieuse, politique et sociale*, 3 Bde. (Paris

1894–1906), 2, S. 310–509; Baunard, *Lavigerie*, 2, S. 557–567.

175 Xavier de Montclos, *Le Toast d'Alger: documents 1890–1891* (Paris 1966); Baunard, *Lavigerie*, 2, S. 564.

176 Baunard, *Lavigerie*, 2, S. 563–567.

177 *Au milieu des sollicitudes*, 16. Februar 1892, https://www.vatican.va/content/leo-xiii/en/encyclicals/documents/hf_l-xiii_enc_16021892_au-milieu-des-sollicitudes.html [Stand: 05.01.2022]; Tournier, *Le cardinal Lavigerie et son action politique*, S. 390–401.

178 Kopie eines undatierten Briefes und Brief vom 1. September 1890 von Charles Martial an Jean-Baptiste Etchevery, AL-R, D8/21, 23.

179 Félix Klein, „La mort et les funérailles du cardinal Lavigerie", *La semaine des familles* 51 (18. März 1893), S. 810–813, und 52 (25. März 1893), S. 820–822; Baunard, *Lavigerie*, 2, S. 674–678, und https://www.peresblancs.org/lavigerie_deces1892gb.htm [Stand: 05.01.2022].

180 Klein, „La mort et les funérailles du cardinal Lavigerie", S. 813; A. Joseph Rance-Bourrey, *Les obsèques du cardinal Lavigerie (Alger, Tunis, Carthage): journal d'un témoin* (Paris 1893).

181 Testament von Charles Martial, AL-R, D-20-1; die 145 000 Francs, die Louise 1906 in Tunis besaß, werden in einem Brief vom 12. September 1906 erwähnt, von Madame Byasson, AL-R, D20/137.

182 Louis Lavigerie, „L'héritage du cardinal Lavigerie: Le Diamant", in: *Les temps nouveaux: supplément littéraire* 4, Nr. 47 (o. J.), S. 486–488, S. 487.

183 „Faire Part", in AL-R, A2–216. Die erwähnten Familienmitglieder, neben Louise und Léons Witwe mit ihrem Sohn, Schwiegersohn und ihren beiden Enkelkindern, waren Charles Martials Cousins ersten und zweiten Grades: alle Nachfahren von Françoise Ferrand und Etienne Allemand, dem Paar aus dem Ehevertrag des Jahres 1764. Da war ihre Cousine ersten Grades, die Witwe von Brinboeuf-Dulary, jenem Kaufmann aus der Familie der Sklavenhändler; ihr Sohn, ein Armeeoffizier, ihre Tochter und ihr Schwiegersohn, ebenfalls ein Offizier; ihr Bruder, der die Urenkelin von Elizabeth Stubbs und Abraham François Robin, dem flüchtigen Sklavenhändler der 1780er-Jahre, geheiratet hatte; sowie Berthe Topin, von der Louise als „diese unglückliche Berthe" sprach.

184 Testament von Charles Martial, AL-R, D-20-1.

185 Notiz vom 27. Februar 1907, AL-R, D20/6(2); Lavigerie, „L'héritage du cardinal Lavigerie", S. 487.

186 Skulptur von Gustave Crauk von Kardinal Lavigerie, *Le Figaro*, 11. Februar 1898.

187 *Le Figaro*, 23. Juli 1901.

188 https://www.peresblancs.org/lavigerie_alger2.htm, Photos Archives, 1882–1892, 1890 à Biskra, „Photo prise par sa sœur, Vve Kiener"; https://www.peresblancs.org/archives/2Cardinal_90Biskra2.jpg [Stand: 05.01.2022].

189 https://www.peresblancs.org/lavigerie_deces1892.htm; https://peresblancs.org/archives/cardinal_deces11.jpg [Stand: 05.01.2022].

190 Lavigerie, „L'héritage du cardinal Lavigerie", S. 487.

191 Geburtsvermerk für Marie Amanda Dominica Jeanne Suberbie, Tochter von Jean Clotaire Suberbie, Kontrolleur indirekter Steuern, 6. November 1867, ADPA, Pau, Geburtsregister 1863–1872, 473/1078; Heiratsvermerk für Jeanne Suberbie und Jean Marcel Byasson, AdP, 2. Juni 1891, 16. Arrondissement, Akt Nr. 366. Jean-Henri-Marcel Byasson wurde 1866 in Paris geboren und diente in der Marine – auf einem Schiff mit Namen *Sfax*, benannt nach der Stadt in Tunesien, die 1881 Schauplatz eines heftigen Bombardements durch die Franzosen gewesen war –, bis er 1894 in die Kolonialverwaltung auf Madagaskar wechselte. Er war zunächst in Ivongo und dann in Farafangana Verwalter; man kannte ihn wegen seiner „Erfahrung, Takts und Eifers in der Verwaltung". „Nécrologie" in: *Journal officiel de Madagascar et dépendances*, Nr. 852 (11. November 1903), S. 10235 f. Er starb auf See, als er auf dem Heimweg für einen sechsmonatigen Urlaub nach Bénéjacq war. *Journal officiel de Madagascar*, Nr. 824 (5. August 1903), S. 9812.

192 Sterbevermerk für Madame Louise Allemand-Lavigerie, 21. August 1906, ADPA, Bénéjacq, Begräbnisse, 1902–1908, 26/48.

193 Briefe vom 3. Januar 1906 und 23. Juni 1906 von Louise an Charles Martials Testamentsvollstrecker, AL-R, D20/133, 134. „Ich bin ein wenig erschöpft und beschäftigt mit Hausarbeit", schrieb sie im Januar, „doch die Darmentzündung, unter der ich so lange litt, hat sich ein wenig beruhigt."

194 Brief vom 12. September 1906 von Madame Byasson, AL-R, D20/137. Julie Byasson war nach den Bedingungen von Louises Testament ihre „Universalerbin" und, genau wie ihr Bruder, bestimmte Louise, dass im Fall von Streitigkeiten über den Nachlass, der in gleichen Teilen an Louis Lavigerie und die beiden Kinder seiner verstorbenen Schwester gehen sollte, das Eigentum an Julie zurückfallen sollte.

Hinsichtlich der „Kleidung und des Silbers, die vom Kardinal stammten", durfte Julie behalten, was sie wollte; sie war ebenfalls „absolut frei und Herrin" ihrer Wahl. Sie wurde angewiesen, „die Schränke, Schubladen und Papiere alleine durchzugehen". Julie selbst litt große Not, schrieb sie, „mit drei Jungen, die auf den Kampf des Lebens vorbereitet werden müssen. Dies wird für Katholiken schwer werden, angesichts der gegenwärtigen Zeiten."
195 Brief vom 21. September 1906 von Mme. Byasson, AL-R, D20/141. Ihr wurden alle

Unterlagen von Louise übergeben, hatte sie vier Tage zuvor geschrieben, nachdem sie einen Brief von Louis Lavigerie erhalten hatte, „damit sie nicht an ihn gehen würden und ich sie, zum großen Teil, zerstören kann." Kopie eines Briefs vom 12. September 1906 von Louis Lavigerie an Madame Byasson, Brief vom 17. September 1906 von Madame Byasson, AL-R, D20/138, 148. Louis Lavigerie lebte zu dieser Zeit in der Rue Lepic im 18. Arrondissement von Paris, wie seine Cousinen, die Enkelinnen von Françoise Ferrand, im Schatten der neuen Sacré-Cœur.

Kapitel 11: Das Ende der Geschichte

1 Brief von Balzac vom 26. Juni 1836 und Antwort vom 28. Juni 1836, in: Balzac, *Correspondance avec Zulma Carraud*, S. 224–227.
2 Émile Zola, „Le sens du réel", in: *Le roman expérimental*, 5. Aufl. (Paris 1881), S. 206 [Übers. J. P.].
3 Der Kritiker Lousteau unterweist in Paris Lucien Chardon de Rubempré darin, wie er nach und nach die „konkreten" und „eindringlichen" Romane von Diderot und Sterne, die „Ideenliteratur", brandmarken und sie damit zugleich gegen die „Bilderliteratur" positionieren könne, Letztere vor allem in Form des unglaublich leicht zugänglichen und „oft in ein Drama verwandelten" „modernen Romans" von Walter Scott; und wie die Bilderliteratur des 19. Jahrhunderts, angefüllt mit Leidenschaft und Stil, dem „Positivismus" der „Ideenliteratur" des 18. Jahrhunderts, der „alles infrage gestellt" hat

und von der „kalten und mathematischen Diskussion" bestimmt wurde, entgegensteht. Balzac, *Illusions perdues*, S. 362, 378 f.
4 Zum „genauen Studium der Dinge und Tatsachen" siehe Émile Zola, „Les réalistes du salon", in: *Œuvres critiques*, S. 86, und zum Naturalismus in der Geschichte und dem Roman „Le naturalisme au théâtre", in: Zola, *Théâtre* (*Œuvres completes*, Bd. 31) (Paris 1906), S. 293. Zum „Positivismus der Kunst" siehe Émile Zola, *Le ventre de Paris*, S. [212], und zu Diderot als Positivist „Le naturalisme", in: *Œuvres critiques*, S. 520.
5 Émile Zola, *L'œuvre*, S. 192; *Mes haines*, in: *Œuvres critiques*, S. 54.
6 Émile Zola, *Mes haines*, in: *Œuvres critiques*, S. 55.
7 Émile Zola, *Le Docteur Pascal* (dt. *Doktor Pascal*).

REGISTER